城市经济学

王雅莉　张明斗　编著

中国财经出版传媒集团
中国财政经济出版社

图书在版编目（CIP）数据

城市经济学/王雅莉，张明斗编著. —北京：中国财政经济出版社，2017.5
ISBN 978 - 7 - 5095 - 7499 - 7

Ⅰ.①城… Ⅱ.①王…②张… Ⅲ.①城市经济学 - 高等学校 - 教材 Ⅳ.①F290

中国版本图书馆 CIP 数据核字（2017）第 109472 号

责任编辑：胡 博 庄 莉　　　责任校对：胡永立
封面设计：邹海东

中国财政经济出版社 出版

URL：http：//www.cfeph.cn
E － mail：cfeph @ cfeph.cn
（版权所有　翻印必究）

社址：北京市海淀区阜成路甲28号　邮政编码：100142
营销中心电话：88190406　北京财经书店电话：64033436　84041336
北京财经印刷厂印刷　各地新华书店经销
787×960毫米　16开　29.75印张　557 000字
2017年6月第1版　2017年6月北京第1次印刷
定价：60.00元
ISBN 978 - 7 - 5095 - 7499 - 7
（图书出现印装问题，本社负责调换）
本社质量投诉电话：010 - 88190744
打击盗版举报热线：010 - 88190414　QQ：447268889

前言

本书第一版自2008年3月由首都经济贸易大学出版社出版以来,取得良好的使用效果和较大社会反响。2014年获得辽宁省"十二五"普通高校本科省级规划教材,依托于该教材的《城市经济学》课程获得2016年辽宁省精品资源共享课,该教材不仅成为各大高校所指定的必修教材和主要参考资料,也成为城市实际工作者的培训和自学教材。随着我国经济步入新常态,政府专门召开了城镇化工作会议,出台了新型城镇化发展规划,将新型城镇化作为我国面向现代化的发展任务。这种指导城市化发展的政策实践,给城市经济学理论发展提出了新要求。为了满足高校广大学生和社会读者学习城市经济学新理论、新观点的需求,本书决定再版。与第一版相比较,本次再版的主要更新是:

(1) 根据中国新型城镇化的发展规划及内在要求,在第十四章城市发展战略与政策中列出专节阐述了新型城镇化战略与政策。对读者理解新型城镇化含义及其发展意义、新型城镇化规划、任务和政策有直接的帮助。

(2) 根据我国新的城市发展内容和国家政策、策略,重新编写了相关章节或做了重要更新。一是对第二章城市经济基础理论中的第三节城市化理论进行重新编写,突出城市化理论的重要性和关键性;二是对第四章城市规模经济中增添了城市群和城市化区域的内容,在对城市群和城市化区域的形成过程及半城市化区域进行分析的基础之上,从以美国为代表的经济集聚点和非集聚点的"全国一盘棋"模式、以日本为代表的同构"城市圈"模式两大层面说明了城市化区域的空间布局;三是对第五章城市土地利用与内部空间结构中的第四节我国城市土地利用制度与政策进行了重新编著,突出了我国城市土地开发利用的历史演变及其面临的挑战;四是对第六章城市基础设施经济进行了重新编著,突出国家关于城市建设的PPP机制；五是对第十一章城市环境经济进行了重新编著，突出了对城市环境状态和发展方向的阐述；六是对第一、三、七、八、九、十、十二、十三章的部分内容进行了更新，使其内容更加系统化和合理化。

（3）全书中所有的案例和拓展阅读资料均进行了更新，对于读者了解知识背景、扩展理解思路具有重要帮助。

本次再版的编著工作，全部由城市经济学教师和博士研究生参与完成。具体分工为第一章修订：王雅莉；第二章第一、二节修订：王雅莉，第三节重写：张明斗；第三章修订：王雅莉、王巍；第四章第一、二节修订：王雅莉、张明斗、汤姚楠，第三节增加：王雅莉；第五章第一、二、三节修订：张明斗，第四节重写：张明斗；第六章重写：王雅莉、姜义颖；第七章改写：王雅莉、刘洋；第八章修订：王雅莉、王妍；第九章更新：王雅莉、张红；第十章更新：王雅莉、张景波；第十一章重写：张明斗；第十二章更新：王雅莉、李磊；第十三章更新：王雅莉、蒋宇宁；第十四章第一、三、四、五节更新：王雅莉、张明斗，第二节增加：张明斗。全部案例和拓展阅读资料更新均由张明斗完成，最后由王雅莉总撰定稿、张明斗确定全书行文体例。

本书出版过程中，得到中国财政经济出版社庄莉编辑的大力支持，在此表示感谢。

本书的再版，参考了大量国内外资料，主要参考资料在书后列出，向所有文献作者致以诚挚的谢意。

王雅莉　张明斗

2017年3月28日

目 录

绪论 …………………………………………………………（ 1 ）

第一章　城市和城市经济 ………………………………（ 13 ）
　　第一节　城市 ………………………………………（ 13 ）
　　第二节　城市经济 …………………………………（ 28 ）
　　第三节　城市化 ……………………………………（ 34 ）

第二章　城市经济基础理论 ……………………………（ 41 ）
　　第一节　经济区位论 ………………………………（ 41 ）
　　第二节　集聚经济理论 ……………………………（ 64 ）
　　第三节　城市化理论 ………………………………（ 72 ）

第三章　城市经济增长与发展 …………………………（ 92 ）
　　第一节　城市经济增长的涵义与测度 ……………（ 92 ）
　　第二节　城市经济增长模型 ………………………（ 96 ）
　　第三节　城市经济发展 ……………………………（113）
　　第四节　城市经济增长与发展政策 ………………（123）

第四章　城市规模经济 …………………………………（131）
　　第一节　城市规模经济与适度规模 ………………（131）
　　第二节　城市规模分布 ……………………………（143）
　　第三节　城市群和城市化区域 ……………………（153）

第五章　城市土地经济与空间规划 ……………………（158）
　　第一节　城市土地概述 ……………………………（158）
　　第二节　城市土地利用 ……………………………（166）

第三节　城市内部空间结构的演进与城市规划 …………………… (171)
　　第四节　我国城市土地利用制度与政策 ………………………………… (179)

第六章　城市基础设施经济 ……………………………………………………… (196)
　　第一节　城市基础设施概述 ……………………………………………… (196)
　　第二节　城市基础设施供求和发展模式 ………………………………… (201)
　　第三节　我国城市基础设施的建设 ……………………………………… (214)
　　第四节　城市基础设施产业化趋势与政府规制 ………………………… (226)

第七章　城市住宅经济 …………………………………………………………… (236)
　　第一节　城市住宅经济概述 ……………………………………………… (236)
　　第二节　我国城市住房制度的问题与改革 ……………………………… (242)
　　第三节　我国城市住房政策及其完善 …………………………………… (251)

第八章　城市交通经济 …………………………………………………………… (265)
　　第一节　城市交通经济概述 ……………………………………………… (265)
　　第二节　城市交通的经济学分析 ………………………………………… (269)
　　第三节　城市交通模式 …………………………………………………… (277)
　　第四节　城市交通政策 …………………………………………………… (286)

第九章　城市福利经济 …………………………………………………………… (295)
　　第一节　城市福利概述 …………………………………………………… (295)
　　第二节　城市公共资源与公共事业 ……………………………………… (299)
　　第三节　城市贫困与解困对策 …………………………………………… (307)

第十章　城市安全经济 …………………………………………………………… (315)
　　第一节　城市安全经济概述 ……………………………………………… (315)
　　第二节　城市突发事件与公共应急预案的经济分析 …………………… (320)
　　第三节　城市治安的经济学分析 ………………………………………… (329)

第十一章　城市环境经济 ………………………………………………………… (335)
　　第一节　城市环境与城市环境问题 ……………………………………… (335)
　　第二节　城市环境的经济分析 …………………………………………… (341)

第三节　生态城市建设 …………………………………………… (347)

第十二章　城市商流经济 ……………………………………………… (359)
　　第一节　城市商流经济概述 ……………………………………… (359)
　　第二节　城市物流经济 …………………………………………… (364)
　　第三节　城市资金流经济 ………………………………………… (374)
　　第四节　城市劳务流经济 ………………………………………… (380)
　　第五节　城市信息流经济 ………………………………………… (394)

第十三章　城市财政与地方社会财力 ………………………………… (404)
　　第一节　城市地方社会财力概述 ………………………………… (404)
　　第二节　城市财政 ………………………………………………… (409)
　　第三节　城市社会融资 …………………………………………… (418)

第十四章　城市发展战略与政策 ……………………………………… (430)
　　第一节　城市发展战略体系 ……………………………………… (430)
　　第二节　新型城镇化战略与政策 ………………………………… (437)
　　第三节　城市现代化战略与政策 ………………………………… (443)
　　第四节　城市国际化战略与策略 ………………………………… (448)
　　第五节　城市竞争合作战略与政策 ……………………………… (453)

参考文献 …………………………………………………………………… (461)

绪 论

学习目标

通过绪论的学习，应能够充分理解城市经济学的产生背景、发展历程和基本理论体系，了解城市经济学学科性质和研究范围，明确城市经济学是以研究城市空间要素利用为核心的资源配置和城市福利最大化的经济科学，它以集聚经济原理为核心的关于城市经济力集聚和扩散及其城市化需求与供给的运行规律的研究属于理论经济学，而以城市公共产品有效供给为核心的对各种城市经济具体问题运行规律的研究属于应用经济学。同时要初步了解城市经济学的方法论与理论流派。

一、什么是城市经济学

城市经济学是关于城市空间有效利用及在城市空间资源制约下的经济活动规律的科学，它是一门新兴的经济学分支学科。城市化是社会生产力发展的一个必经阶段，城市经济学所揭示的科学规律对指导国家和民族的现代化进程有重要的理论指导和实践意义。全面了解什么是城市经济学，要从它的产生和发展的历史谈起。

20世纪的60年代，随着第二次世界大战后世界各国经济的快速发展，对城市空间的经济性利用达到了空前的程度。把农业国转向工业国的愿望，追求高于农村生活质量的城市生活方式和由集聚带来的大量的生产力外部效果和规模效益，使人们纷纷进入城市。这在提高了人们生活质量的同时，也使城市空间的经济密度极度提高，甚至超过了它的可容纳水平，出现了所谓"城市病"。即：由于大城市数量和人口的猛增造成了生态环境恶化、交通拥挤、住房紧张、地价上涨、犯罪率上升等严重问题。这些问题的出现，妨碍了城市的进一步现代化和生产力的进一步发展，促使许多专家、学者从经济学、人口学、社会学、地理学、生态学、城市规划学等不同学科的不同角度寻找各种城市问题产生的原因并探寻解决的办法。于是，在这种对各种城市问题的大量、系统的研究热潮中，城市经济学建立起来并得到了迅速发展。

将城市经济学作为一门独立学科来研究，一般认为始于美国学者威尔伯·汤普森于1965年主编的《城市经济学导论》一书，之后随着大量城市经济学教科书和专著的陆续问世，城市经济学作为一门独立学科的地位得以确立。到目前为止，短短几十年的时间，城市经济学得到迅速发展，并成为世界各国高等院校经济学科大学生的必修和选修课程。

城市经济学开辟了一个全新的研究领域。首先，它把经济学研究从过去的主要关注资源随着时间延续的利用状态，转向主要关注资源随着空间变化的利用状态及其空间资源的有效利用，为解决人类社会人口增多而生活和生产空间日益狭小的矛盾而发挥了和正在发挥着重要作用；其次，空间资源从来就是人类社会发展的重要资源，在经济学的思想史上，对空间资源早就存在大量的相关论述，为城市经济学形成一门独立的学科奠定了深厚的基础。

早在16世纪，就有文献讨论了城乡关系、城市中心的位置及规模等问题。到了资本主义发展较快的18世纪后期及19世纪，则有更多的学者涉猎城市经济的研究。亚当·斯密对城市及其功能进行过详细的论述。如在《国民财富的性质和原因的研究》一书中，斯密多处提出有关城市商业、金融及城乡关系的精彩观点。他指出："要先增加农村产品的剩余，才谈得上增设城市"，城市化"决不能超过农村的耕作情况和改良情况所能支持的限度"。这与当时英国推行牺牲农业、实行片面工业化进而实行殖民扩张的政策形成鲜明对比。50年之后，德国人冯·杜能（Von Thunen）提出了城市经济学的大量基础性概念。他于1826年发表的《孤立国对于农业及国民经济之关系》一书，对城市与农村之间的通融、城市增长对耕地的影响、城市及商业活动对地租及农产品价格的影响、土地类型划分等内容作了较为详尽的阐述。另一位德国学者韦伯（A. Weber）于1909年出版了《纯粹的区位理论》一书，表明他在杜能的基础上，是真正把经济学理论应用于城市空间方面研究的第一位西方学者。他认为，区位因子决定生产场所；工业配置时，要尽量降低成本，尤其是运费；工业区位理论对城市工业发展与布局以及工业区位的选择等问题的研究具有重要意义。他的经济学思想与当时流行的德国历史学派有所差异，他特别强调了空间因素在生产领域中的作用。两位德国学者关于空间经济的研究成果，可视为西方城市经济学最重要的先导。

在这一时期，作为西方经济学的古典经济学阶段的主流学派，对城市问题，特别是许多国家的快速城市化，马歇尔（Marshall）和大多数古典经济学家却罕有著述；即使到了新古典及后凯恩斯阶段，主流经济学也很少论及城市。这不能不使人感到遗憾。

此外，20世纪20年代兴起的土地经济学，可看成西方城市经济学又一个重要的先导性学科。著名学者伊利和莫尔豪斯，融合德国历史学派和20世纪美国制度学派的经济学思想，于1924年出版了《土地经济学原理》一书。该书成为了西方土地经济学的经典之作，其中已大量涉及城市土地结构、土地政策等内容。美国土地学家赫德（R. M. Hurd）于1924年研究了美国200个城市的资料后，提出"楔形理论"，指出城市土地利用功能分区是从中心商业区向外放射，形成楔形地带。这一理论是城市内部地域结构的三个基本理论之一；美国经济学家帕克（R. E. Park）、伯吉斯（E. W. Burgess）于1925年通过对当时的新兴大城市芝加哥的调查，总结出城市人口流动对城市功能地域分异的五种作用力，即：向心、专业化、分离、离心、向心性离心。它们在各功能地带间不断交叉变动，使城市地域形成了由内向外发展的"同心圆式结构体系"。其结构模式为：中心商业区、过渡带、工人居住区、高级住宅区、通勤居民区。城市土地市场的价值表现为：越靠近闹市区，土地利用集约程度越高；越向外，土地利用越差，租金越低。1936年，霍伊特（H. Hoyt）在研究了美国的64个中小城市的房租资料和若干大城市资料以后对"楔形理论"和"同心圆式结构体系"加以发展。他们根据城市发展由市中心沿主要交通线向外扩展的事实，认为同心圆理论将城市由市中心向外均匀发展的观念不能成立。高租金地域是沿放射形道路呈楔形向外延伸，低收入住宅区的楔形位于高租金楔形之旁。这些研究，将城市问题从单纯的工程技术领域拓展至社会经济领域，从而确立了城市经济学的社会科学性质。

第二次世界大战之后，西方学者对城市经济的研究形成一个高潮。战后第一篇重要文献首推克拉克（Clark, C.）的《城市人口密度》（1951年），这是一篇研究世界上各种类型城市人口密度的实证文章，引起许多学者的重视。而第一本重要的理论专著要算温格（Wingo）的《交通与城市土地》（1961年），这本著作是美国未来资源研究所研究城市经济计划的一部分，是一本富有创见及系统性的专著。到了20世纪60年代，城市经济整个研究领域几乎已不存在空白，在各专题上都有重要的成果。在城市交通方面，迈耶·凯因及沃尔的《城市交通问题》（1965年），成为美国城市交通研究的权威著作，而瓦尔斯的《公路拥挤的私人和社会成本的度量与理论》（1961年）和维克利的《城市和郊区公共交通的定价》（1963年）等论文，首次提出了关于交通拥挤的经济学解释；在城市财政方面，纳什的《财产税经济学》（1960年）和蒂博特的《地方公共支出的纯粹理论》（1956年），可谓这方面重要的基础性著作；在城市经济住房方面，格利格斯的《住房市场及公共政策》（1963年）中也有多方面的新的研究成果。

在这些研究的基础上，原来作为先导的空间经济学，此时朝着专业性分学科的方向前进。如阿朗索（Alonso）《区位与土地利用》（1964年）可说是城市产业区位研究的重要基础性著作；艾萨德的著作《区位与空间经济学》（1956年）及胡佛的著作《经济活动的区位》（1968年）则将空间经济学推向新的高度。显然，这方面的理论研究从一开始就对城市经济学的发展起着至关重要的作用；同时，它还为那些研究城市问题的著名经济学家，如迪克西（Dixit）、米尔利斯（Mirrlees）和索洛（Solow）提供了相关的概念。从这一角度讲，城市经济学有别于其他经济学科，例如，劳动经济学虽比城市经济学产生得早，却被视为经济学的一个旁支，而城市经济学却得益于20世纪六七十年代微观经济学的发展（这正是城市经济学研究兴起的部分原因），即在拥有了分析消费者、厂商和市场行为的大量工具之后，城市经济学理论进一步细化了空间分析，有效地拓展了其理论体系，从而它不是作为经济学的一个旁支，而是作为一个相对独立的经济学学科得到蓬勃发展。

这里有必要提及促进城市经济学成为独立学科发展的另一重要动因。1959年，美国未来资源研究所成立"城市经济学委员会"，组织有关专家拟定城市经济学研究纲要；1969年，美国经济学会又将"城市、区域经济学"划为12个大分科中的第11个分支；从20世纪60年代开始，《城市研究》、《区域科学与城市经济学》、《城市经济学杂志》等相继创办，高校开始培养城市经济学硕士、博士，米尔斯、赫德、缪斯等人的城市经济学专著先后出版。值得提出的一个有趣现象是，过去的空间分析文献主要由德文写成，这给建立分析城市经济的空间模型带来了麻烦。1954年，廖什经典著作英文版的问世使得母语是英语的学者知晓了空间分析，从而城市经济学科在英语国家得到了迅猛发展。

二、城市经济学的学科性质与研究范围

（一）城市经济学的学科性质

20世纪60年代末，西方城市经济学已完成初创阶段进入发展时期，70年代就开始作为独立学科而继续发展。尽管城市经济作为一个独立研究领域已不可否认，但它究竟是一门怎样的学科，学术界众说纷纭，尚无定论。在研究对象上，有的认为要研究"城市与区域经济及国民经济其余部分关系问题"；有的认为应"在价格的理论牢固基础上研究城市内在问题"。在研究方法上，有的采用新古典学派的一般均衡理论，如米尔斯据此提出的地租理论和选址理论；有的更多地采用实证分析方法，如凯因对以住房市场为基础的土地利用的实证研究。较多的学者赞同"把任何系统地运用经济学原理去解决城市问题的企图，都当作城市经济学"。例如，缪斯这样写道："本人是不断涌现的自称为城市经济学家中的一员，自感自己的专业由发生在城市地区的一些问题来限定。不过，其他人喜欢将城市经济学视为，原理上包含有城市内部结构经济理论的特点，以及将城市内部结构作为国民经济部分与国民经济的关系这样一门学科。我发现城市经济学家感兴趣的方面及我自己工作的大部分是前者"。这得到了赫希的认可："城市经济学就是运用经济学原理和经济学分析方法去研究城市问题以及城市地区所特有的经济活动"。

关于城市经济学的性质，归纳目前国内学术界的不同认识，基本上有四种观点：

1. 城市经济学属于应用科学。因为城市经济学不研究经济活动、经济关系的一般规律，也不研究城市经济中的各种技术经济问题，而是应用政治经济学、生产力经济学的一般原理，研究城市资源、能源、住宅、交通运输、环境污染及城市的合理布局等问题，它主要是为实现经济效率而提供理论服务的。

2. 城市经济学属于综合学科。因为城市经济学是以某一国家的城市作为研究对象，涉及城市工业、商业、交通运输业、财政、金融、税收、工商行政等管理部门，也涉及社会制度、政治历史、自然地理等方面。所有这些，都需要进行综合的研究。从学科归属看，列入经济学科中的综合学科较合适。

3. 认为城市经济学属于边缘学科。理由是：城市经济学既可看作是经济学的分支，又可看作是城市科学的分支。由于现代城市科学理论发展很快，它对城市经济学的作用显得更直接。同时，城市经济学与许多自然科学、技术科学有密切的联系，有着十分明显的交叉性，比如，城市经济学与生态学结合产生了城市经济生态学；城市经济学与地理学结合产生了城市经济地理学等。

4. 认为城市经济学是一门为城市经济的宏观管理和微观管理提供科学理论基础和方法论原理的理论科学。理由是：（1）从研究任务看，它要揭示城市经济的发展规律，研究城市在经济建设中的地位和作用，叙述城市经济与整个国民经济的相互关系，阐明城市内部的各种经济关系，为制定城市经济发展战略与城市经济政策提供理论依据；（2）从学科特点看，它是通过高度的科学抽象，概括城市空间内的工业、交通、邮政、通讯、商业、服务、城建、财政、金融等经济部门和经济组织的活动规律；（3）从研究角度看，它以马克思主义政治经济学的一般原理为基础，从国民经济全局出发，研究社会主义城市系统形成、变化和发展的规律，通过对城市经济的性质、中心、类型、结构、效益的分析，并联系生产力的发展状况揭示城市经济中诸种生产关系。

以上概括有一定代表性，但不是很全面、包罗无遗。但是可以作为我们进一步研究城市经济学的对象、内容、性质和任务的良好基础。

(二) 城市经济学的研究对象

学科的研究对象决定于学科性质的定位，而学科性质的定位又源于关于该学科的实际发展中需要解决的问题。根据城市经济活动的发展，以研究经济活动的空间特征的城市经济学，目前出现了许多新的研究特点：

1. 研究重心由单纯的空间理论分析逐渐转移到解决城市实际问题的城市部门和政策分析。随着城市化发展和对城市资源的不断扩展利用，出现了大量需要解决的城市问题。城市经济学的研究重心就由单纯对空间经济的理论分析转移到解决城市问题的大量应用性研究。根据城市经济发展中所出现的各种具体问题，城市经济学进行了大量的对策性研究和政策研究，使城市经济学的应用性更为加强。由于城市问题大多表现为是公共产品的供应问题，于是把公共经济和公共政策分析的一些方法用在城市问题的研究上，使城市经济学成为研究公共产品和私人产品之间联系的很好的桥梁。与此同时，另一些研究将城市经济学的研究工具运用于研究发展中国家的城市问题，使得城市经济学作为一门针对城市问题的经济学科的特点突出出来。

2. 不断融入其他学科的一些研究成果，纳入学科的"边缘"进行结合，从而拓展了城市经济学的研究视野。例如，对诸如住房、交通、公共选择等一些城市问题的研究热点，西方经济学界大量地将其放在城市经济学框架内来讨论。20世纪六七十年代的城市住房分析主要关注低收入者的住房问题，20世纪80年代以后更重视住房投资及供给方面的研究，有关住房的财产性质、税收影响及供给行为的实证分析大量出现；城市交通经济研究早先借助新古典理论的效用与需求分析方法，近期更多地采用效用与需求的随机模型做城市交通形式的模拟比较研究，并在城市交通政策方面的经济分析——城市交通项目的成本/效益分析后的最佳政策选择方面取得了可喜的进展；较早的城市公共财政分析是描述性的单向研究，在博特的经典著作发表之后，这种状况大为改观。除了研究城市财政、城市公共服务，与上级政府的财政关系等之外，还特别研究居民的财政反应在空间上的表现。此外许多根据成本和效益的各种假设与计算，寻找公共设施最优区位选择的公共选择问题；把环境舒适性作为密集的集体消费的"物品"，研究其无形或有形、定价或不定价而对市场行为的影响以及它们与政府行为关系的说明，都是通过设计最优化模型的实证研究进行并取得有影响的成果。

3. 广泛运用计量经济工具完成大量的实证研究。城市经济学的早期，对于很多问题的研究都是规范研究，然而近些年来在西方城市经济学的各专题中，大量发表的文献多为实证研究而非规范研究，它们几乎都是城市经济的经验计量研究。通过现有理论的实证检验及修正，有助于理论体系的准确及完整，并且某些结论对于政策制订部门有间接启示作用。这种实证研究的盛行，主要原因在于，西方国家统计网较发达、实际资料较易获得、各种计量经济模型丰富而有效、和计算机普及等。充足优质的数据、特别设计的计量工具和拥有计算机的专家们将会进一步地深化城市经济学的应用研究。

4. 追踪现代各学科的发展动向，借鉴其他领域的新研究成果。随着经济学的不断发展，出现了很多的新分支和重要的新研究成果，如信息经济学、产权交易经济学、产业组织学、资源环境经济学等。近些年来，随着城市经济学研究领域的不断细化，接受和借鉴新成果的影响有日益增大的趋势。例如，关于信息不确定性及不对称性的研究成果就被适时地引入城市经济学中关于企业布局的理论之内，提出了信息成本与性质在布局中的影响机制的新观点。又如，在金融市场分析中，关于风险对投资组合决策的影响的研究成果，就被借用来研究住房及办公楼的空间结构的说明。甚至经济学以外的专业如社会学、地理学等的最新研究成果，也逐渐地被引入城市经济学理论之中。

5. 模拟城市经济运行的模型不断增加，使城市公共政策研究不断深化。在城市中，诸如交通体系规划和住宅计划等问题，越来越受到城市政府的关注，解决这些问题，需要政策分析，于是通过模型试验进行政策评价的研究方法在城市经济学中发展起来。当然，这类研究需要大量的资金支持，并受政府兴趣的影响。此外，城市经济学的理论是在不断的探索和新的认识中进行的，模型不断地发生变化。例如，在20世纪80年代中期，大多数有关家庭和就业选址的模型还在假设厂商聚集于中心商务区，然而不到十年，在西方发达国家只有不到10%的就业集中在中心商务区；假定城市只有单中心的模型也不适用于现今郊区化的实际情况和复杂的交通体系；等等。有关这些现象的模拟分析还远未得到发展，正是城市经济学有待开拓的领域。

综合这些研究的变化，我们可以把城市经济学的研究对象概括为：城市经济学是研究以城市空间要素利用为核心的城市资源配置和城市经济福利最大化的经济科学，它研究的以集聚经济原理为核心的城市经济力的集聚和扩散及其城市化的需求与供给的运行规律属于理论经济学，而研究的以城市公共产品有效供应为核心的各种城市经济具体问题的运行规律则属于应用经济学。

(三) 城市经济学的研究范围

上述对城市经济学科性质和研究对象的分析，决定了城市经济学的研究范围和主要内容。

1. 城市经济基本范畴和城市经济学基础理论问题的研究。主要分析城市的形成与发展、城市经济本质以及城市化问题。根据城市等于"城"加"市"综合的内涵，城市经济的基本范畴包括以"城"为标志的城市土地和基础设施（主要是公共产品）的经济系列，和以"市"为标志的城市社会产品（主要是私人产品）的经济系列；而各种要素向城市集聚，是城市经济优于乡村经济的最重要特征，因而以集聚经济为核心所展现的城市规模经济、城市范围经济、城市分工经济理论以及中心地理论等，构成城市经济学的基础理论。在本书的结构框架中，这部分内容由第一章和第二章阐述。

2. 以城市经济增长为主要目标的"城"经济运行规律的研究。从城市增长机制出发探寻的对城市经济规模、土地、空间、结构、基础设施、人口、住宅等问题的研究，反映了支撑城市增长的"城"经济发展的基础条件和增长动力的一般规律。城市经济增长是城市生存、发展的必要条件，城市规模是城市生存、发展的充分条件。城市土地和空间结构是城市增长的载体和资源限制，城市基础设施是城市增长的基础和共享条件，城市人口是城市增长的动力，城市住宅经济既是城市经济增长和发展的主体内容之一，又是保证城市人口规模从而城市化水平的基本条件。这是研究城市经济学的一个新视角，本书在第三、四、五、六、七章的内容对这些问题进行了探讨。

3. 城市社会性共享产品的供求规律与运行分析。这是从社会性发展角度出发对"城"经济活动构成要素的具体分析。"城"经济的活动，除了第2部分阐述的服务于城市经济增长的目标外，还要有从服务于城市居民福利和社会目标角度研究的城市共享条件的发展问题，这主要是城市交通、城市环境、城市福利和城市安全的经济运行问题。城市交通和城市环境是从对城市空间的社会性利用上研究城市运行效果的经济问题，城市福利和城市安全是从城市范围内的居民效用和企业效用出发研究的城市软硬环境的经济运行问题。它们都具有城市纯公共产品供给的特色，研究这些公共产品的运行规律及其与私人产品之间的均衡，是城市经济学最新发展方向之一。本书第八、九、十、十一章阐述了这些问题的基础理论。

4. "市"经济及其主要构成要素的运转规律的经济分析。这构成了城市经济学理论体系新发展的另一个重要内容。与城市公共产品运行规律的探讨相对称，城市经济学需要研究以"私人产品"为基础的城市经济的运行系统，或者说，城市中非基础设施产业的城市非农产业如何运转，特别是作为一个开放系统如何运转，是城市经济学研究的一个新视角。这主要是指城市商流、物流、资金流、劳务流和信息流的各种规律。本书在第十二章阐述了城市中的这些产品和要素的流通特点及运行规律。

5. 城市政府公共经济行为和城市公共政策的研究。城市经济具有显著的公共经济特色，城市政府作为城市经济运行的一个重要主体，如何影响甚至控制城市经济的运行效果，成为城市经济学研究的一个突出特色。城市政府在市场经济体制下的管理职能，一般表现为城市发展战略的制定、以战略为依据的城市公共政策（城市公共项目）的选择执行以及落实战略与政策的城市公共财务收支的决策和实施。对这些管理职能的经济分析，已经成为城市经济学的重要构成内容。本书分别在第十三、十四章分析了城市财政与地方社会财力和城市发展战略与政策的经济规律。

三、城市经济学的方法论与理论流派

前已述及，从20世纪60年代开始，经济学家围绕城市经济问题展开的大量研究，表明城市经济学是以研究空间经济和城市公共产品及其与私人产品关系为特色的经济学。空间经济资源与时间经济资源不同，在总量上它不能够存在替换，因而更多地表现为公共资源；而时间资源存在着大量的替换的可能性，因而可以更多地表现为私人资源。同时，城市作为一个整体，是公共产品与私人产品的交汇处，公共产品与私人产品分别和他们之间实现了均衡，城市经济和城市化经济就会实现均衡。因此，城市经济学在研究方法上，既要运用实证分析方法，探索其发展规律，又要运用规范分析方法，探索其发展目标。于是，城市经济学的研究方法形成了两套范式：规范主义（Normative）和实证（Positive）主义。

规范分析一类的研究方法，一般是通过严格的经济学模型的推演来得出诸如"完全竞争型的市场是有效率的"等理论命题，说明应该怎样组织经济体的结构才能够达到高效率；相比之下，实证主义的研究方法是要利用现有的资料论证现实的经济是如何运行的，而且运行过程和规范主义理论的描述是否一致。它的研究方法一般通过5个步骤：（1）对现有相关研究资料的收集；（2）进一步修正和分析收集到的数据；（3）建立能够解释城市问题的模型；（4）结合数据来估计经济模型内的参数，并检验理论假说的准确性；（5）利用模型进行预测和政策制订等等。当然，根据所研究问题的性质，可以对这些步骤的内容进行修正和调整。

值得注意的是，传统经济分析在上述两类方法的运用上，都是主取其一，要么规范分析（例如福利经济学），要么实证分析（例如微观经济学和宏观经济学）。城市经济学的研究却是两种方法都要用：首先在不同性质的问题研究上分别采取其中一种方法，然后将研究的内容要结合起来进行系统考虑，就要同时考虑两种方法的研究结果。这是城市经济学研究的一个突出特点。

城市经济学研究中的一些最初的理论模型，经过大量的实证研究，不断地出现

了对模型的修正意见,形成许多新的认识;但这并不妨碍初始的模型对人们认识城市经济和城市化经济运行规律的引导作用。因此,不能简单地判断哪些模型是更好的,从而不能断定哪些方法是更好的。实际上,无论是规范分析还是实证分析,都只是在研究路径的角度对城市经济学进行了概要的描述,影响这些内容的往往是经济学者在研究城市经济问题时的经济理念。换言之,理论流派的差异会对相关城市研究的过程和方法产生明显的影响。

在城市经济学研究的流派中,目前有两类学者,颇具代表性。

一类是绝大多数城市经济学者所认为的,他们属于"主流城市经济学派"(Mainstream Urban Economics)。他们研究框架内的核心命题,是如何利用有限的空间和时间资源来最大化城市内部主体的效用。这个命题的一般表述是:城市内的土地、资本和时间资源等等都是有限的,在利用这些有限的资源时,应当使某个产品或者活动所带来的边际收益等于其边际成本,否则,交易中的某一方的福利就会蒙受损失。这一原则就是市场配置资源的最佳方式,这是主流城市经济学家们深信不疑的。当然,他们也承认在某些情况下(比如垄断、外部性和公共品等)市场会出现失灵,所以需要政府干预。例如市场配置资源的过程可能无法兼顾收入分配的公平,所以制订收入调节的公共政策很有必要;虽然收入调节政策本身可能会带来一定的效率损失,然而社会往往会容忍一定的效率损失来实现更为公平的收入分配结构。例如对低收入家庭的住房政策研究,研究人员首先会收集住房市场和低收入家庭状况的数据,然后建立模型和用统计数据进行参数估计,寻找到能够改善低收入家庭住房条件的最优方法。主流城市学家认为,兴建大量公房来解决低收入居民的住房问题是一项成本非常高昂的计划,一个比较好的办法是采用居住许可证方式,鼓励城市居民在私人住房市场购买合适的住房;同时政府对城市住房市场的居住许可补贴被经济理论证明是一个比较有效的方法,等等。此外,主流学派还采取宏观经济学的研究成果平稳市场体制中的城市经济运行,认为城市政府应该采用积极的财政政策和货币政策,来实现短期的城市经济稳定与长期内城市经济的平稳增长。这些思想决定了这个学派内的研究很多都是围绕着政策的制订来开展的。

城市经济学领域的另一个主要研究思想被称为"保守主义城市经济学"(Conservative Urban Economics),其理论创始人是米尔顿·弗里德曼(Milton Friedman,1962),他的基本思想可以简单表达为:经济制度的最终目标是保护社会的成员在从事经济活动时具有充分的自由,因此,他认为政府对市场干预必须受到限制而且政府权力要分散到地方而不能过于集中。保守主义经济学家对垄断的理解非常独特,在他们看来,垄断最重要的成因是政府的低效率的类似于合谋性质的管制政策,所以如果能够通过立法的方式来降低政府对本地经济的干涉行为,那么就有可能有效避免垄断。而对于外部性的现象，弗里德曼等人非常推崇科斯（Coase，1960）的理论，即如果能够充分界定产权而且达成协议的交易费用是可以忽略的话，那么外部性就不会带来低效率。最后，保守主义的城市经济学家认为降低城市的贫困水平是社会的中心任务之一。围绕这个问题，这个学派提出了负向收入税的概念，而它成了城市经济学中的一个非常经典的命题。他们认为负向收入税至少可以带来三个方面的好处：（1）它直接提高了低收入家庭的购买力；（2）负向收入税可以帮助市场在无约束的条件下运行；（3）这项制度也在客观上激励了低收入人群更努力地工作。可见，负向收入税完全不同于一般意义上的政府对当地居民的简单补助计划，因为它内含的经济学理念是保守主义的，或者说是更强调居民的自由选择权利，而主流学派的补助计划则体现出更多的官僚机构（如社会保障部门）对经济干预的色彩。

由于基本的经济理念存在差异，保守主义的城市经济学家在设计城市经济政策时，和主流城市经济学家会有很大不同。例如，很多城市都面临着大批公共旧房改造的问题。主流经济学家认为，旧房产生了巨大的外部不经济，因此城市政府必须出面来拆除这些破损房屋。但是，保守主义城市经济学家反对这种做法，他们提出，对破旧房屋进行抽税并通过负向的收入税来为贫困居民增加收入可能是更好的选择。同时，他们还对政府所认为的低收入家庭使用破旧房屋会带来负外部性的论断提出了批评，因为相应的经济学模型表明公共住房计划的决策者可能在很多情况下都具有家长式的作风，他们经常武断地推理贫困的城市居民对住房需求将会大于对其他产品的需求。

在国内，近年来对城市经济学的研究虽然还没有形成明显的流派，但是也存在着差异很大的各种观点。有的认为应主要用宏观经济学观点阐述城市经济问题，有的认为应主要用微观经济学观点阐述城市经济问题，有的认为城市经济学就是空间经济学，有的认为城市经济学的重心是公共经济学，等等。可见，城市经济学还是一门成长中的年轻的经济学，它将在人们关注城市经济问题和城市化的历史潮流中，不断地产生新观点，不断地完善其体系，最终成为指导城市化进程和解决城市经济问题的重要的理论和应用的经济学。

本章小结

1. 城市经济学是关于城市空间有效利用及在城市空间资源制约下的经济活动规律的科学，它是一门新兴的经济学分支学科。它以集聚经济原理为核心关于城市经济力集聚和扩散及其城市化的需求与供给的运行规律的研究属于理论经济学，而以城市公共产品有效供给为核心的对各种城市经济具体问题运行规律的研究则属于应用经济学。

2. 由于城市化是社会生产力发展的一个必经阶段，城市经济学所揭示的科学规律在指导国家和民族的现代化进程有重要的理论指导和实践的现实意义。

3. 关于城市经济学的性质，目前存在着争论，国内学术界基本有四种不同的认识，认为城市经济学是：应用经济学、综合经济学、边缘经济学和理论经济学。

4. 城市经济学的研究范围和主要内容包括：（1）对城市经济基本范畴和城市经济学基础理论问题的研究；（2）以城市经济增长为主要目标的"城"经济运行规律的研究；（3）城市社会性共享产品的供求规律与运行分析；（4）"市"经济及其主要构成要素的运转规律的经济分析；（5）城市政府公共经济行为和城市公共政策的研究。

5. 城市经济学的研究方法包括规范分析和实证分析；城市经济学的流派主要有"主流城市经济学派"（Mainstream Urban Economics）和"保守主义城市经济学"（Conservative Urban Economics）。

思考题与练习题

1. 城市经济学是在怎样的历史背景下发展起来的？
2. 如何理解城市经济学的研究对象？
3. 城市经济学区别于其他经济学科的最主要学科特征是什么？
4. 比较下面的经济学研究对象，它们是属于独立的宏观经济学、微观经济学、公共经济学、城市经济学还是共属于某几个学科？（1）城市住宅；（2）城市市场价格；（3）城市融资；（4）城市土地利用；（5）城市规划；（6）城市交通；（7）城市居民消费选择；（8）城市基础设施；（9）城市市场结构；（10）城市环境；（11）城市利率；（12）城市工资。

第一章　城市和城市经济

学习目标

通过本章学习，要能够充分理解城市、城市经济和城市化的起源、发展和现代形式，深刻理解城市经济与城市化经济的不同内涵，体会城市经济和城市化经济的研究对象和理论内容体系。

第一节　城　　市

城市，是人类社会发展到一定阶段的产物，有着深刻的社会经济和历史根源。城市的产生，象征着人类的社会进步和文明发展。近代工业的出现，起始了城市化的进程，工业引发的近现代商业和服务业，使得目前全世界已有一半的人口生活在城市里。城市的形成和城市化的发展极大地推动着社会经济的发展，但是在给人类带来不尽的繁荣和梦想的同时，也带来了许多问题和困惑。多年来，各国政府日益重视对城市的研究，力求解决大量城市问题和提升城市化的效率，使现代城市成为世界各国不断创造文明和集聚财富的高水平空间地域。

一、什么是城市

（一）城市的多种定义

城市是一个综合体，从不同的角度观察，会有不同的定义。国内外的学者，从经济、社会、地理、历史、生态、政治、军事等角度，对城市下过各式各样的定义，约有几十种。

从经济学角度来说，城市是商业、工业、金融、信息、旅游文化和各种服务业等非农产业和非农业人口的集聚地与网络系统，是某一地区或国家的生产、消费等经济中心和经济发展的龙头，在区域经济和整个国民经济中居于主导地位。

从历史学、地理学和心理学的角度看，城市是人类文明进步的产物，是地处交通方便且覆盖有一定面积的人群和房屋的密集结合体。它起源于古代战争防御的堡垒，自由交易物品的场所，祭神拜祖的圣地，以及共同生产生活和游戏娱乐的聚居地。城市既是物质的，又是精神的，是自然的和人工物所构成的物质形态，也是文化所形成的心理状态。

根据生态学、环境学和系统学的观点，城市是以人类社会为主体，以地域空间和各种设施为环境的生态系统，这个生态系统是城市社会（人口、劳力、智力）与城市空间（地域环境、自然资源、人工设施）的对立统一体。其中，城市本身就构成了环境，是自然环境和社会环境的总和。城市是自然环境不可分割的部分，城市社会环境是人们发展的条件，城市生态环境是人们生存的条件。所谓"凝固的音乐"、"立体的画"、"活动的风景线"，是对城市环境的理想要求。

而根据人类学和社会学，城市是特定的生活社区，是人类聚落的形式之一，是具有某些特征的、在地理上有界的社会组织形式。由于人口的密集，它在整个人类活动和社会结构中处于显著的位置，是社会政治、法律、文化、教育、体育、医疗卫生、社会保障等制度制定和实施的最重要的区域。

文化学和民俗学则把城市看成是一种氛围，一个集合体，是各种礼俗和传统以及由这些礼俗中所包含的并随传统而流传的那些复杂的思想和情感所构成的整体。

可见，作为非农产业人口集聚的生活社区，城市是自然、政治、经济、社会、科学、文化发展中的节点和中心，是人类各种力量聚集的焦点。英国城市经济学家K.巴顿说，现代市场经济社会的"城市是一个在有限空间地域内的各种市场（住房、劳动力、土地、运输、商品等市场）交织在一起的网络系统"。法国一位地理学家说："城市既是一个景观，一片经济空间，一种人口密度；也是一个生活中心或劳动中心；更具体点说，也可能是一种氛围，一种特征或一个灵魂。"城市属于历史范畴，是社会经济发展的产物和社会经济发展历史过程的具体体现，也是社会再生产过程的具体体现；从社会经济管理的角度看，城市是人类生活社区的形式之一，是区域管理主体（国家、城市政府）的职能结构，也是区域管理客体的空间表现。我国对于城市本质和特征最权威的提法，表现在《中共中央关于经济体制改革的决定》之中，即："城市是我国经济、政治、科学技术和文化教育的中心，是现代工业和工人阶级集中的地方，在社会主义现代化建设中起主导作用"。

综合上述论述，我们可以把城市的定义表述为：城市是指一定规模及密度的非农业人口聚集地和一定层级或地域的经济、政治、社会和文化中心。

（二）城市的特征

城市自身有独特的成长机制和运行规律，它显著地区别于农村，主要表现是：

1. 在载体上，城市体现出环境的高组织化和物质设施的高集中性特点。环境组织化是指对自然环境的人为改造，这种人为改造体现为大量建筑物和构筑物的存在，其程度远高于农村，其目的是使环境适合于人的需求；物质设施的集中化表现为各种工作、居住等场所和交通等设施在市区内的高系统性和高密度分布。这种载体特征使城市一方面在外部景观上明显区别于农村，另一方面在功能上为人们的生产生活提供了更大的便利。

2. 在人口上，城市具有多元性和高度社会化特点。首先城市人口集中程度远高于农村，人口从事非农产业；其次城市人口中三教九流无所不有，人们从事不同职业并分化为不同阶层，呈现出多元化的特点；再次城市家庭规模小型化、结构简单化，人们有更多精力和时间投入家庭外的社会活动；最后不同阶层、行业等背景的人为保护自身利益或为实现自己的兴趣和价值取向，往往以一定方式组成一定的社团群体，表现出城市人口较强的社群性。

3. 在经济上，城市体现了要素的空间集聚性和规模经济性。首先，经济要素特别是劳动力要素不断地向城市集聚，使得在城市里能够形成规模庞大的、甚至跨区域的经济实体；其次，城市经济的非农产业门类齐全、功能完备，经济结构能在更大程度上满足经济发展的需要，形成规模经济的特点；再次，城市分工不断分化和细化，形成不同功能的高频率的各种经济活动，使城市比农村更具有活力，城市成为"繁华"的代名词。

4. 在生活方式上，城市总是体现出现代化特点。首先是工作职业化，城市人大多从事固定的职业，工作与生活相分离，工作时间具有分割性，日常时间安排较具节奏性和条理性；其次是行为传媒化，报纸、广播、电视、电话、电脑等发达的传媒技术是城市居民须臾不离的主要行为手段，他们借此了解外部世界发生的一切和与他人随时进行间接交往；再次是交往多样化，城市人的交往范围极大的拓宽，交往的内容、方式和规则也随之表现出多样性。

5. 在文化底蕴上，城市文化带有明显区别于农村文化的多元性、开放性、技术性和商业性特点。城市由分工、产业、人群等多项城市元素的不同性质构成了城市的多元社会，其文化底蕴上必然体现出多元性，城市就成为不同文化的交汇融合之处；其次，城市是个开放系统，每天都进行大量的内部交流和与外部的交流，人们的意识更为开放，观念更具弹性和适应性；再次，城市是个技术社会，城市的一切，包括人的行为，都受到技术化和商业化的影响，使得城市文化在内容上倾向于技术性和商业性。

二、城市的形成和发展

（一）城市的形成

地球上最早的城市约产生于公元前3500年，至今已有5000年历史。从世界范围看，城市的产生源于三次社会大分工的生产力发展和剩余产品导致的私有制的生产关系的发展。

早在新石器时代中期，经过与自然界的长期斗争，原始人学会了播种和有组织的采集，使得农业与畜牧业分离开来，产生了第一次社会大分工。农业革命为人们提供了食物来源和积蓄；并使人类为适应新的生产方式和生活方式，形成了原始群居的固定居民点。它们主要分布在尼罗河、底格里斯河、幼发拉底河、印度河和黄河等冲积平原上。

随着生产力的发展，人们产生了对生产工具和劳动技术的进一步需要，这促进了制造技术的发展和金属工具对石器的全面替代，从而使手工业和农业分离开来，即产生了第二次社会大分工。这时社会劳动产品除了人们自己食用外开始有了剩余，于是商品交换、商品生产和货币相继出现，而只以交换为目的的社会阶层——商人也随之出现，其结果导致商业从农业和手工业中分离出来，产生了第三次社会大分工。

手工业和商业集中的场所，成为部落及部落联盟之间的物资交易市场。随着生产范围的扩大和剩余产品的增多，土地和工具等生产资料逐渐为部落联盟的首领们或其他个人所占有，出现了私有制，部落之间的交换就转换为个人之间的交换。于是，原始社会向人类的第一个阶级社会过渡。阶级的出现和部落之间的战争，使部落联盟的首领们为了保护自己，在原始的居住地上不断地修建城池，产生了人类最早的城市。

可见，城市最初形成于世界上社会分工深化的最先建立奴隶制国家的文明地方，是与生产力发展和民族、阶级、国家等社会文明同步出现的。公元前约3500年前，西亚两河流域最初建立的许多城市（如吴尔城），公元前约3000年尼罗河流域的埃及所形成的卡洪城，公元前约2500年印度河流域形成的莫享约达罗城等，公元前约1500年在我国黄河流域形成的殷代商城（位于今日河南省郑州市中心及北关一带，面积达320万平方米，包括"城"和"郭"，城市外还有许多于工业工场、窖穴、墓葬等），等等，都是这样。这是人类继农业革命之后的又一伟大革命——城市革命,它对传播人类文明的贡献,仅次于文字的发明。

根据生产力与所有制和城市的发展关系,可以体会到"城"最初是指在一定地域上用作防卫而围起来的墙垣,即军事设施和统治中心;与此相对应的"市",最初是以"集市"表现的交易场所,大多不在"城"内。在生产力发展的驱动下,商品生产日渐发达,商品交换日趋频繁,这种交换活动逐渐要求一个安全、通达、固定的场所和环境,于是,"市"向"城"内驱动或者逐渐形成"城"的状态,最终相互结合,形成一体化——"城市",因而城市是"城"与"市"的综合。这种从"城"的统治与防卫据点,到"市"的交易场所,进而"城"与"市"的紧密结合,反映了城市功能逐渐多元化的演进历程。

(二) 城市的发展

城市一经形成,就成为促进经济发展与社会进步的巨大推动力,并且伴随社会生产力的发展与生产关系的变革,逐步成为一个国家或地区的政治、经济、文化中心。纵观世界各国城市发展的历史主线,城市走过了如下主要的历史过程。

1. 古代城市。主要是奴隶社会和封建社会时期、人类农业文明占主导地位的历史阶段的城市,其时间跨度长达四五千年,城市发展畅饮战争的盛衰存亡,几经兴废,变化极大。

人类社会的原始城市规模狭小、功能单一、建筑粗糙、居住和活动分散,是人类亿万年进化的结果。进入奴隶社会,城市的经济功能还不很突出,主要是行政、军事、宗教和手工业的中心。由于社会生产力水平很低,不少城市居民都还从事一定的农业劳动,在城内经常保留着大片的耕地、菜园和果园。此阶段代表性的城市有雅典、斯巴达、罗马等,其中罗马城在公元1世纪时,人口就已达到35万,人口密度为2.5万人/平方公里。我国夏代的安邑、阳翟等城市也是在这一时期产生的。

随着社会分工不断扩大和完善,商品生产和商品交换愈加频繁,交通运输趋向发达。这时在一些主要河口和海岸出现了封建社会的商业城市,使城市发展从最初形态跨入了历史性成长阶段,其主要特征是:(1) 城市所处位置大都是交通便利之处,成为商品市场、贸易中心或农产品集散地;(2) 手工业匠人在城市的专业化和集中化趋势不断增强,对乡村和周围地区的影响逐渐扩大,成为手工业生产集中地;(3) 城市规模主要取决于自身的经济实力和对外的吸引能力,总体规模较小、数量很少;(4) 城市消费规模超过生产规模,城市消费主要靠农村的地租和税赋支撑,城乡关系对立。这些特征使古代城市不仅是政治文化和军事中心,也开始发展成为商品市场、贸易和经济中心,城市功能逐步走向多样化,城市的一些管理问题开始突出，一些相应的法律条文开始产生。

中古时期的东方城市，既是全国或地方的政治统治中心，耸立着封建主的宫殿与府第，又是商业与手工业集中的地方。我国唐代的长安、明代的南京、北宋的东京、隋唐的淮（安）、扬（州）、苏（州）、杭（州）等，都是著名的统治中心和商业城市。与现代城市相比，这些传统城市都具有鲜明的封闭性、孤立性、消费性等自然经济特色。

西方封建社会城市在经历了最初几个世纪的城市衰落期后，于9世纪逐渐兴起，最初在封建主城堡周围发展，也有在交通枢纽及罗马营塞城的基础上发展。这些城市大多数分为城堡和市区两部分，城堡居住着贵族地主，是政治中心，城堡周围是手工业者和商人聚集的市区。随着市区的扩大和市民人数的增多，市民联合起来与封建领主做斗争，获得了一定的自主权，有的还形成了完全独立的自治市。威尼斯、热那亚、佛罗伦萨等都是当时的著名城市。

总之，古代城市主要以政治、军事功能为主，经济功能较弱，主要是手工业和初级商业，规模小、质量低、技术含量少，发展十分缓慢。

2. 近代城市。18世纪欧洲的工业革命揭开了城市革命性发展的序幕。随着以机器体系为基础的新一代生产力的崛起和资本主义生产关系的确立，城市工业迅速发展，大工业城市数量急剧增加，导致城市总人口迅速增加。如英国伦敦总人口1800年为86.5万人，1900年增加到453.6万人；法国巴黎总人口1800年为54.7万人，1900年增加到271.4万人；美国纽约总人口1800年为60万人，1900年增加到343.7万人。这些近代城市的形成，标志着人口城市化的开端和城市发展史跨出决定性步伐的阶段。

这一阶段城市发展的显著特征是：（1）城市是机器大工业生产的中心，集聚效应使生产原料、劳动者、资金以及市场信息等生产要素迅速向城市集中，带动了城市交通、市场的发展，使之同时成为商业贸易中心。大工厂和商业金融机构取代了封建城堡和教堂，增强了城市辐射力。（2）城市规模扩张、人口增加、数量猛增。城市迅速发展，同时表现出两种倾向：一方面城市各种先进的公用设施与市政工程，如电灯、电话、上下水道及各种公用交通，逐步出现并迅速普及，促进了城市发展，另一方面出现了环境污染，布局紊乱，交通拥塞，用地、住房紧张等一系列严重的城市问题，人们称之为"城市病"。（3）城市成为行政管理中心，城乡对立、差距拉大。随着城市的发展，经济主导地位从乡村移向城市，城市文明成为农村人口向往和追求的目标。农村则越来越变成城市粮食、资源和工业原料的单纯供应者，并依附于城市的发展。于是，城市的中枢管理职能日益突出起来。

3. 现代城市。第二次世界大战结束以后，世界进入了现代城市的发展阶段。这是城市发展史上前所未有的高级阶段。城市人口迅猛增长，经济实力空前增长，出现了前所未有的特大都市、大都市区、都市带和都市系统等，如墨西哥的墨西哥城，日本的东京都，巴西的圣保罗，美国的纽约，中国的上海、北京等。

这一阶段城市发展的主要特点有三：

第一，城市日益成为现代经济活动中心，成为人类主要的聚居地。经济增长推动了人口向城市集中的步伐，世界上住在城市里的人 1950 年平均有 28.4%，到 1990 年已经达 50% 以上，发达国家更是 70%—90% 的人口都在城市中生活。城市里不仅拥有便利而广阔的商品市场和先进而雄厚的科技力量，还拥有现代化的工业、交通运输业和服务业。特别是第三产业得到空前发展，商贸、金融、证券、房地产、咨询等行业蓬勃兴起，各种商业活动和金融活动异常活跃。城市不仅自身综合实力雄厚，还决定并推动着整个国家和地区的经济发展。

第二，城市空间组合发生巨变，要求城市朝着高质量和多功能方向发展。随着现代科学技术和社会生产力的迅猛发展，愈益细密化的社会分工出现了有规律的空间分布。大城市内部出现了较明显的地域分工，如工业区、商业区、住宅区、文教区等。同时现代科学技术使城市具有发达的科学管理和城市基础设施，使城市可以满足向高质量、多功能发展的社会要求。在单一城市发展的基础上，出现了城市群落、城市带、城市圈等城市群体布局，甚至有的发达地区出现了跨国的城市群落"一体化"趋向。

第三，城乡融合、差别缩小。现代城市是随着科学技术和社会生产力的发展而发展的，这种发展从物质和文化上都为农村现代化提供了示范。农村在生产条件、技术手段和交通状况、教育水平以及生活服务设施，都直追城市，城乡差别不断缩小，出现了城乡融合的过程。

4. 未来城市。是即将进入信息社会和知识经济时代的城市。"信息社会"的提法，首见于 1982 年英国科学家詹姆斯·马丁的论著《电讯化社会》，书中预言目前正迅速地化为现实。1993 年初，美国政府率先提出兴建"信息高速公路"。紧接着欧盟、日本、加拿大、韩国、新加坡和南美洲一些国家都纷纷响应，竞相提出本国或本地区的"信息高速公路"[①] 计划，标志着人类开始向信息社会跨进。这种信

---

① "信息高速公路"，是指数字化大容量光纤通信网络，它可将文字、声音、图像等多种媒体融为一体，进行高速度、自动化地信息传输。这样，人们只要拥有一台多媒体电脑终端或手机终端，就可以和政府机关、科研院所、学校、企业、商店、医院、银行、新闻团体和娱乐场所等各种部门自由联系，处理诸如办公、查询、会晤、求学、诊病、购物、游戏等许多事务，从而极大地方便人们的生产与生活。

息化浪潮，将极大地推动城市建设，城市规划和城市管理向现代化迈进，并直接改变传统城市形态与功能，一种新型的"智能型城市"将矗立在世人面前。所谓"智能型城市"，就是高度信息化和全面网络化的城市。它将和人一样具有高度的智慧和理性的思维：它的大脑是市政府决策部门，各项决策将通过发达而灵敏的城市"神经系统"——城市计算机网络，高效而可靠地指挥调度它的"筋骨"——城市基础设施系统、它的"肢体"——城市建筑环境系统、它的"血脉"——城市经济系统和它的肉体——城市生活社区。它将和我们今天所熟悉的城市有明显不同的各种特征：

（1）城市功能将发生历史性变化。在信息社会，作为第四产业的信息产业将得到迅速发展，使城市产业结构进一步优化，一大批与信息密切相关的新兴产业登上历史舞台。城市将从工业制造中心、商业贸易中心逐步转为信息流通中心、信息管理中心和信息服务中心。

（2）城市经济力由主要是物质要素集聚转向主要是人力资本集聚，城市物质规模经济转向知识规模经济，使城市经济的发展龙头作用更加突出。

（3）城市环境将得到很大改善。由于家庭办公系统的普及，使得人们工作岗位与居住场地相分离的现象成为过去，人们不再因工作单位改变而必须迁徙住址；这将减少城市上下班的通勤交通量，减少了占地过大的道路交通系统和汽车尾气、噪声污染及交通事故，过宽的路面、过多的停车场中的一部分可以改变为林荫绿带和街头花园，城市公共环境的清洁、舒适和安全度大大提高。与此同时，人们的居住面积增加，户内外设施标准提高、独立式花园住宅成为时尚而广受青睐。

（4）城市的人本特征进一步突出。由于避免了重复劳动，提高了工作效率，使闲暇时间倍增，人们可以更多地进行旅游和娱乐活动，故城市游览与娱乐场所须从分布上提高密度，设备上提高档次，规模上增加面积。

（5）城市运行的民主性、效率性得到根本提高。由于巨型信息系统能十分快捷地提供各种背景资讯，一方面使居民可以直接了解城市的各种事情，使更多的专业人员介入城市规划的自始至终，从不同学科角度影响城市发展的一系列重大问题。城市规划方案不再是市政府官员与专家学者之间的"纸上谈兵"，将成为城市每位市民关心和讨论的"炉边对话"，通过信息联网使公众参与达到前所未有的程度；另一方面由于减少了因通信手段落后、和邮路误差所造成的信息失真，从而使决策可以做到更为科学、缜密和及时。城市管理与监控借助计算机网络的先进和发达手段，使城市建设与管理真正摆脱"人治"、走上"法治"轨道。

城市发展各历史阶段的主要特征，列在表 1-1 中。

表 1-1　　　　　　　　各历史阶段城市发展的主要特征

城市阶段	发展状况	城市建设	经济功能	城乡关系
古代城市	城市规模很小，数量很少	市政设施简陋，生活条件落后	手工业集中地、农产品集散地	城市相对封闭、城乡分离
近代城市	城市规模扩张，数量猛增	市政设施完备，生活条件改善	机器大工业、商贸物流中心	城乡对立、差距拉大
现代城市	城市规模相对稳定，数量持续增加	市政设施优越，生活条件完善	第三产业中心、城市功能多元化	城乡差距缩小、逐渐融合
未来城市	形成大都市连绵区和新兴小城市	城市信息化、园林化、生态化	信息流通、管理和服务中心	城乡一体化

（三）城市发展的规律

现代城市发展不是杂乱无章的，而是遵循一定的规律。城市经济学的任务之一，就是要努力探索并坚决遵循城市发展规律。所谓城市发展的规律性，是指城市发展各要素之间的矛盾对立统一运动中固有的、本质的、必然的联系性。概括起来，主要有下列内容：

1. 城市由单一功能向多功能、由相对封闭到逐渐开放发展的规律。这是基于世界城市 5000 多年的发展历史、四个历史发展阶段的总趋势而得出的结论。由最初防御性统治中心的"城"发展到经济性交易中心的"市"，再发展到二者合二为一的"城市"，是社会分工推进的结果；随着科学技术的发展，特别是商品生产和商品交换的发展，城市功能不断扩展，由军事政治中心发展到经济、文化、科技中心，也是社会分工和生产要素组合不断创新的结果。同时，城市由最初封闭性的统治中心发展到不断地吸收周围城乡的各种原材料、信息，并不断地向周围城乡扩散质高量多的商品、技术、人才等的经济中心，这个过程中产生大量的城市与区域的互动，是生产力的开放性要求所致，它形成了城市发展的生机活力源泉和开放性；这种开放性使城市功能得以发挥，促进了城市的进一步发展，使之成为一个区域或一个国家乃至洲际性、国际性的发展中心，这仍是历史的必然。

2. 城市人口规模与城市承载能力、城市建设规模与城市经济规模相适应的规律。现代城市首先是一个物质载体。城市的承载容量是由城市基础设施、文化设施、交通设施、服务设施、环境设施等的承载容量所决定的。城市的各类设施数量多、质量高，而且布局合理、配套齐全，则城市的负荷能力就强；反之则弱。城市的人口规模必须和城市的负荷能力相适应。如果城市人口盲目膨胀，超过城市的负荷能力，就会出现各种"拥挤"和"病态"。而城市建设，主要是城市基础设施的建设，是城市生产和居民生活的物质条件。城市经济发展规模，很大程度上受制于城市自身的建设规模。如果城市经济发展不顾城市建设的发展可能，就会产生负效益。同时，城市建设规模亦受制于城市经济规模，它一方面必须以城市经济规模为规划基础，另一方面又必然受制于城市经济规模所提供的资金能力。这两种建设规模若相互协调，则能相互促进、共同发展；若分割开来，单纯片面地强调任何一方面，都会造成比例失调，既有害于城市自身建设，又阻碍城市经济的发展。

3. 城市和区域相互依存、彼此推动的规律。根据第1条城市发展规律，城市和它周围的管辖区、经济区、影响区等处于不同辐射作用下的区域有着密切联系：一方面区域是城市的发展腹地，区域所处的经济地理位置的重要程度和经济、交通发展水平，对城市的功能性质和规模起着巨大的制约作用；另一方面城市是区域的中心，城市对区域的经济发展起着关键性的龙头、牵引和辐射作用。这是一条客观规律。

4. 城市与乡村相互促进、共同繁荣的规律。这是第3条城市发展规律的延伸。城市以自身优越的社会化大生产、商品化经济，特别是以发达的交通网络，冲击并改造着乡村的自然经济，扩散性城市化①改变着城乡关系，城乡之间朝着尽可能平衡、协调发展的方向转变。这种转变既可以由市场机制自发地进行调节，也可以由城市政府有意识地进行调节，但政府调节是根据市场调节的要求而进行的调节，这也是一条客观规律。城市与乡村的兴旺是相辅相成的。乡村是城市的资源、劳动力要素供给者和商品消费者，而城市是乡村发展的资金、技术供给者和农产品消费者；乡村长期处于落后状态，必然要拖城市发展的后腿，城市最后的全面发展，要靠乡村地区的兴旺。

5. 不同规模、不同功能的城市同时并存的规律。这是基于一个国家城市体系内部矛盾运动的分析得出的结论。现代各国城市体系，多呈现不同规模、不同功能并存的状态，大、中、小城市按比例发展。这种客观存在的必然现象，只是在不同

---

① 指城市在其发展的中后期之后，出现了人口向郊区流动、市中心人口密度降低的现象，使城市化效应向周边地区扩散。

发展阶段，某类或某规模段城市发展速度有所变化而已。这种现象一方面是由于受所在地理位置、自然资源和区域经济发展水平等区位条件的制约所决定，另一方面也是充分利用区域内地理位置资源、能源等自然条件，形成区域或全国范围内的技术经济优势，合理布局区域或全国生产力的客观要求。各城市在专业化特点鲜明的基础上，城市职能、分工体系合理，大、中、小规模齐备的城市空间组合形式，将会有力地促进地区经济和社会各项事业的发展。

三、城市的本质

根据上述城市的发展历程，可以体会到城市的本质表现为两个方面：

一是城市的自然本质。城市作为承载居民各种活动的空间，其本质是人类为满足自身生存和发展需要而创造的人工环境。城市物化环境的背后是人类社会的存在，而人类的需要又是人们创造和开发城市的动力之源，即城市产生和发展来自于人的生命力量——人们的需要和欲望，人们需要非农产业的产品、需要为从事非农产业的生产而要求的相对集中的居住方式，需要为这种生产和生活方式而提供的所有服务，于是适应这种生产和生活方式的城市就迅速发展起来。城市人口由不同年龄的人组成，就形成了适应不同年龄段人口需要的人工环境；城市是人一生的生命起点和归宿，就承担了市民从出生到死亡的一切共享性服务；等等。适应城市的这种自然性，虽然各个历史时期城市的性质、功能、形态都会发生变化，但作为以人为主体的城市自然性不会变化。人的需要，人的生命的延续，人对城市生活的人工环境的要求，这些推动了城市自然本质的延续和发展。

二是城市的经济本质。城市作为承载社会生产活动的空间，其经济本质是一种特殊的生产力。所谓生产力，是参与社会生产和再生产过程的一切物质的、技术的要素的总和。作为系统而存在，生产力的基本要素是劳动资料、劳动对象和劳动者。但这三个基本要素都是从时间角度来观察的生产要素，而没有考虑空间条件。随着人口的逐渐增多，地球上的空间越来越少，空间就会越来越成为一种特殊的生产要素而存在。实际上，西方经济学已经把土地作为重要的生产要素之一。只是城市仅仅作为土地的生产要素还不够，城市作为生产力各个要素的"载体"，不只是简单地起一种承载作用，而是能够对生产力的实体或主体部分起到"放大"作用。即作为集聚特征的城市土地及其空间，能够把常规的生产力要素的作用"放大"，起到一种特殊形态的生产力——集聚和系统形态的生产力的作用。

恩格斯在《英国工人阶级状况》中曾经指出："像伦敦这样的城市，就是逛上几个钟头也看不到它的尽头，而且也遇不到表明快接近开阔的田野的些许征象——这样的城市是一个非常特别的东西。这种大规模的集中，二百五十万人这样集聚在一个地方,使这二百五十万人的力量增加了一百倍"。这里,恩格斯揭示了一个奇特的社会现象,即城市集聚能够使人的力量大大增加。那么,这放大了一百倍的二百五十万人的力量是什么呢?无疑是指人类在利用自然以获得物质生活资料的能力在城市中表现出来的一种特殊性——由集聚力量和系统力量导致的集聚效应和系统效应。前者由于集聚和积聚,产生了"三个臭皮匠顶个诸葛亮"的效果,后者由于达到了城市规模,使城市各个局部产生了超过各个部分之和的"整体效应",从而使常规生产力的作用在城市中得到成倍的"放大"。

城市的集聚效应和系统效应源于大规模的人口集聚和其引致的工业集聚。马克思和恩格斯指出:"城市本身表明了人口、生产工具、资本、享乐和需求的集中,而在乡村里所看到的却是完全相反的情况:孤立和分散"。列宁、斯大林也指出:城市的"特点是工人与企业的最大集中"。没有这种高度集聚,就无所谓城市。可见,"集聚"是城市最重要的特征之一;同时,城市作为一个复杂的巨系统,"系统"也是城市最重要的特征之一[①]。城市这个复杂的巨系统,其要素不仅有工厂、商店、银行等生产和流通设施;还有供水、排水、煤气、热力、道路、交通、邮电、通讯、电力等基础设施;当然,还有住宅、剧院、学校、医院、园林等生活服务和文教卫生设施。这些设施通过城市规划形成一定的结构,这个结构产生了比单类设施功能的机械相加大得多的整体功能。因而,城市能够以较低的费用、较短的时间组织大规模的商业流通和物资集散。可以认为,这种"大得多的整体功能"就是城市对生产力的实体或主体部分起了"放大"作用的结果。城市总体规划,就是按照城市这个巨系统的运动发展规律绘制的一定时期内城市系统功能的结构图。因此,城市的经济本质是一种特殊形态的生产力,即集聚的和系统形态的生产力。

四、城市的功能和性质

(一)城市的功能

所谓城市功能是指城市在一定时期里和一定的地域内(包括一定地区、一个国家直至整个世界)在政治、经济、文化生活中所负担的任务和所起的作用,以及由于这种作用发挥而产生的效能。现代城市功能,通常可以从两个方面进行分类。

---

① 系统的各构成部分组成整体功能,它不是由系统内部各要素功能的简单相加得来,而是由各要素功能的有机综合产生的;整体功能大于各要素功能的相加之和。

1. 城市的普遍功能与特殊功能。这是就城市功能的普遍性和特殊性进行的分类。

（1）城市的普遍功能指任何城市都具有的共同性功能。无论城市规模大小、历史长短，以及地理位置如何，无一例外。现代城市的普遍功能主要包括5个方面：①承载功能。城市是由自然物质承载体（如土地、水源等）和人工物质承载体（如道路、桥梁、文化设施等）构成的巨大载体，为人们在城市开展各种活动提供物质条件和环境条件。城市的载体功能有限，超出它的承受能力，城市处于超负荷状态，会出现功能紊乱现象。②经济功能。是当代城市普遍具有的核心功能，主要包括生产、交通、分配、消费以及与其密切相关的信息、金融、科技、商业、运输等功能，起着组织和配置城市资源、发展城市经济的重要作用。在现代市场经济下，是经济功能是城市不可缺少的重要功能。③政治功能。城市往往是一定地区或国家的政治中心，是各级国家政权机关所在地。例如有些城市是省会、地方专属的政府机构所在地，有些城市是国际、国内各种政治会议的会所，还有些是地方性群众政治活动的集聚地。这些政治功能在现代城市中或强或弱的都有存在。④文化功能。现代城市往往是一个国家或地区的教科文卫体等文化事业的集中地，既肩负着城市文明的基础教育功能，又承担着城市精神文明建设和繁荣文化的任务。这种城市文化功能在产业革命后更为普遍。⑤社会功能。城市是各种社会组织、各类社会活动最集中的场所，各种社会团体，如政府机构、企业、非营利组织、宗教组织等的社会活动，大都以城市为依托，将其自身巨大能量传布到广大地区和全国甚至国外；同时，城市在实施社会福利、社会救济、社会保险及保护环境、治理污染等事业最得力，因而现代城市的社会功能十分普遍。

（2）城市的特殊功指城市特有的只能由某一个或某一类城市所独有、而不可能为每一个城市都必备的功能，亦称城市主导功能，反映了城市的特性。它与城市的地理位置、自然资源和历史条件有重要关系。例如，海滨城市、边防城市，主要是由地理位置决定。只有位于海岸，才能成为海滨城市；只有位于国家的边境，才能成为边防城市；而石油城市、煤炭城市、钢铁城市、林业城市等，主要由其附近的自然资源决定；再如旅游城市、历史名城（如杭州、桂林、北京、西安等），主要由其自然环境和历史条件决定，如果离开特定条件，就不可能有这些城市。可见，城市的特殊功能，是由城市形成的主导动因及其发展性质决定的，它具有与其物质内容相一致的两大特性：对城市发展的决定性和对区域作用的辐射性。前者对城市的形成和发展具有支配作用的功能，城市因其盛而盛，因其衰而衰；后者是以满足自身以外的区域的需要而发挥其主导作用的，是城市经济成长的基础。由此，城市的特殊功能一方面决定城市的形成和发展，一方面作为区域的经济中心发挥其辐射作用。

城市的普遍功能，体现着一切城市的共性，是区分城市与乡村的界限；而城市的特殊功能，体现着城市的个性，是区分此城市与彼城市、这类城市与那类城市的重要标志。

2. 城市的主要功能与辅助功能。这是就城市功能的重要性程度而进行的分类。

（1）城市的主要功能。是指城市多种功能中对城市发展起决定作用、能够反映城市特征的功能。对一个城市来说，哪种功能是主要功能，不是由人们主观臆断，而是客观存在。诚然，一个城市的主要功能需要人为加以确定，但是这里有个主观认识必须符合客观实际的问题。自产业革命以来，城市功能发生了划时代的变化，城市的经济功能大大加强。为了适应现代社会发展经济的趋势，世界各国的城市都大力发展经济活动，其中新建大批城市也是出于发展经济的目的。在这样的发展中，城市的分工越来越明显，城市经济功能中的某种功能常常上升为城市的主要功能，一般常常以城市的某一生产专业化的部门名称表示，并成为确定城市性质的根本原因之一。这种城市的主要功能反映城市的性质，表明了城市在一定历史时期的发展方向，是城市核心竞争力的具体体现。

城市的核心竞争力，与企业核心竞争力独有某种产品特点有所不同的是，它表现为是对所拥有的稀缺的、不可模仿的要素和资源进行配置和利用的能力。具体包括集聚能力、辐射能力、流通能力和增长能力。城市竞争力既表现在科技水平、生产效率和服务质量上，也表现在政治、人文、环境、气候、交通等方面。中国城市众多，情况各异，许多城市都有其发展的特殊性，在考虑城市竞争力的决策时，要十分重视发展城市的个性或培养形成城市个性的因素。城市特色是城市的品牌、城市的标志。一座城市作为一个自然生长的有机体，其魅力在于城市个性和城市特色，它们是城市经济发育、文化积淀等的外在体现，是城市发展品牌效应和城市竞争力的基础。截至2015年底，我国设市的县级市及以上的城市共652个，每个城市的情况都不相同，影响它们发展的因素也各异。沿海开放城市的竞争力，有部分是来自中央政策的支持；具有各种优势产业的城市，其内容大不相同，钢铁城市、旅游城市、汽车城市，不一而足，不同产业对GDP的贡献率均不同，影响着城市竞争力的形成。

（2）城市的辅助功能。是指与城市主要功能相比占据比较次要地位的功能，包括许多内容。一般说来，辅助功能是保证主要功能的充分发挥，保证城市发展和人民生产、生活需要的城市功能。辅助功能并不是不重要或可有可无的，它们都是每个城市必不可少的，有的甚至十分重要。例如对于一座矿业城市，其主要功能是对矿产品进行加工，因而其主要功能是工业功能。这时它的教育功能与大学城比起来显得次要的多。然而，矿产品的开采和加工，矿业的高水平发展，都离不开高素质的人才。因而，教育功能也可能是这一城市的重要功能。但是教育功能不是这个矿业城市的主要功能，它不可能像大学城一样办教育产业。再比如，北京的经济功能很重要，但是不应当把经济功能作为它的主要功能，它的主要功能应当是政治文化功能。可见，不能说一个城市的辅助功能不重要，但是也不能作为其主要功能来发展，这是两个不同的概念和问题。

值得提出的是，我国对城市的辅助功能认识不足是个突出问题。如果说有的城市因为长期在主要功能方面不明确而影响了城市发展的话，那么，不重视城市主要功能和辅助功能之间的协调发展关系、造成"骨肉"关系脱节则更是相当普遍的现象。许多城市出现的住房难、乘车难、吃水难、入学难、就医难等等，都是忽视了城市辅助功能造成的苦果。许多城市的实践证明，解决这些脱节问题要付出相当代价，甚至需要花费比当初协调发展多几倍的财力、物力、精力和时间。因此，处理好城市主要功能和辅助功能的关系十分重要。

（二）城市的性质

反映城市本质特征的某种属性就是城市的性质，它是由城市内部的矛盾性所决定的规定性。古代城市只有两种不同的性质：政治军事城市和商品交换城市。21世纪初，国外有人把城市划分成六类：行政城市（首都、税收关卡等）、军事性城市（城堡、要塞）、科学文化城市（大学城、科学城、文化城等）、生产性城市、交通运输城市（港口、交通枢纽、商品集散地）、旅游疗养城市等等。而根据劳动地域分工理论，城市性质可以分成三类：（1）政治中心城市。指政治功能特别突出的城市，一般一个国家只有一个，即国家的首都。即使首都的其他功能也较突出，还是要列入政治中心。（2）经济中心城市。指经济功能特别突出的城市。由于经济门类很多，通常以经济细分类内容表达城市的性质，如工业中心城市、商业中心城市、金融中心城市、交通枢纽城市等。而工业城市又可以细分成钢城、石油城、煤城、综合工业城市等。（3）文化中心城市。指历史文化底蕴深厚和文化产业比重较大的城市，具体可以分为历史文化名城、科学城、大学城、旅游城等。这三类城市性质的确定，都是指单一特征非常突出的城市，而在更多的情况下，城市的特征可能有两个或两个以上，这时城市具有兼质性，形成了所谓兼质城市或综合性城市。

正确确定城市性质，对于城市建设和城市发展极其重要。

1. 正确确定城市性质可以明确城市的发展方向，充分发挥城市的优势。城市性质问题是个经济问题，符合客观实际的确定城市性质，城市优势才能真正发挥出来，潜在的优势就会转变为经济实力；否则，城市性质不明确，城市各种经济部门盲目发展，形成"大而全"、"小而全"的局面，会造成资源、资金、人力、物力的浪费，影响城市优势的发挥。

2. 正确确定城市性质是搞好城市规划、建设好城市的前提。纵观我国城市发展史，除极少数城市外，绝大多数城市都有一段"有建设无规划、先建设后规划、边建设边规划"的经历，不少城市都在布局混乱、乱搭乱建问题成堆、严重影响城市功能之后才不得不花大力气治理。造成这种局面的原因很多，而城市性质不明确是其中最重要的原因之一。

3. 正确确定城市性质还有利于城市经济结构合理化和城市的协调发展。人们曾经认为，确定城市性质就是给城市的部门排队，没有排上的门类，其部门似乎是可有可无的，其实不然，确定城市性质的重要意义恰恰在于明确城市发展方向、明确城市优势使城市经济结构合理化，使城市协调发展。一般来说，城市总是有优势和劣势，围绕优势发展其他各业，做到不是"大而全"、"小而全"的发展，也不是单打一的"跳光杆舞"，而是在突出城市优势中同时协调其他经济部门的发展，以获得较好的综合经济效益。

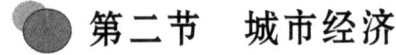

第二节 城市经济

一、城市经济的内涵与演变

（一）城市经济的内涵

"城市经济"作为一个独立概念，并引起各学科注意，始于18世纪产业革命。随着电力蒸汽机等先进生产力的出现和广泛使用，城市工业迅速发展，提出了城市供水供电等共享性基础设施产业的发展和城市土地的合理利用问题。当时欧洲的许多自治城市政府成立了专门的市政管理部门负责城市土地利用规划及其基础设施的建设，其中就提出了土地利用和基础设施建设的投入产出效率问题，从而"市政经济"或"城市经济"的概念应运而生。第二次世界大战以后，"城市经济"的概念得到广泛的传播。在发达国家，随着农业机械化、电气化和化学化，其劳动生产率迅速提高，节余出大量农业剩余劳动力；在发展中国家，随着由农业国向工业国转变的发展要求，也有大量农业剩余劳动力涌向城市。这些发展导致了城市人口急剧膨胀，出现所谓的"城市人口爆炸"和一系列"城市病"，地价昂贵、能源短缺、住房紧张、交通拥挤、供水不足、环境恶化、失业上升、犯罪猖獗、贫富悬殊、阶级矛盾尖锐等等，这些由城市扩张带来的问题引起了各国政府和经济学家们的重视，于是学术界就纷纷展开了对这些发生在"城市中的经济问题"的研究。从而在城市中与城市土地利用、市政设施供应和城市贫困相关而发生的各种经济问题，以及与解决这些问题相应的城市政府的经济职能，就成为城市经济最初的内涵。

随着时代的发展和经济理论的深入研究，有些学者开始探究为什么城市会存在？城市在哪里发展？试图根据主流经济学派的逻辑思路，在生产什么、生产多少和怎么生产的基础上，补充在哪生产的研究，把城市的存在和发展作为生产力的研究范畴纳入经济学体系。于是，人们认为，凡是与城市空间的资源利用相关的各种经济问题，都可以纳入城市经济的概念，具体可以包括：市场在城市发展中的作用，城市内土地地租与土地利用，贫困与住宅的空间因素，地方政府的经济职能（地方财政支出与税收、市政基础设施建设、教育与预防犯罪等公共物品的提供）。

在力图把城市经济问题纳入主流经济学体系的努力中，逐渐形成了区别于主流经济学研究对象的城市经济概念。目前人们普遍认为：城市经济，是指以一定地域为依托，以一定空间结构形式为特征，人口和生产要素集聚程度较高，综合性较强，非农产业部门门类复杂、社会和环境效益较显著的整体性、系统性经济体系。

作为一个独立的概念，城市经济与它的外部系统和内部系统都有明显的区别。

与它的外部系统比较，主要是与农村经济和农业经济相区别。虽然城市经济与农村经济、农业经济的"边界"并不十分明确，许多地方相互交叉，部分问题重合，但是二者有实质性的区别，即城市经济是聚集程度较高和系统效益较高的经济。这与农村和农业的分散性经济及其自然依赖较强的经济特征有显著区别。

与它的内部系统比较，主要是与城市内的工业经济、商业经济、交通运输经济等部门经济相区别。这些城市内的部门经济活动在外延上，与城市经济发生密切联系，构成城市经济的一部分，但是它们不是同一的系统。它们之间是块块（城市经济）和条条（部门经济）的关系，虽然相互交叉、部分重合，但往往表现出此系统与彼系统的区别。城市经济与部门经济的专业性、分工的相对单一性、生产系统的纵向关系性和经济性质的内部性、私人产品性的特点显著不同，它是以一定地域为依托的综合性经济，它具有分工和产业的横向关系性、基础设施的网络性和经济性质的外部性、公共产品性的突出特点。

(二) 城市经济的演变

城市经济概念最初形成时,主要是在理论界使用,并没有引起城市政府的注意。随着技术与产业的进步,特别是在第二次世界大战之后,和平与发展的主题,使得无论是东方城市还是西方城市,都处于迅速发展之中。城市发展的巨大成果和日益突出的"城市病",逐渐引起城市政府关注。随着城市政府管理职能的扩展,城市经济的内涵也不断发生演变。

1. 以城市土地利用与城市空间结构规划为核心的城市经济的概念。19世纪20年代西方国家的城市出现了大发展,引起社会的广泛关注,学者们纷纷投入力量研究城市发展现象,其中较多的是一些学者从经济学角度研究城市土地问题。诸如城市发展方案的选址,城市基础设施的通盘规划与布局,各种建筑物的规划设计,工业区、商贸中心和市场以及居民区的位置与空间结构,怎样充分合理利用城市土地,处理好城市空间结构问题,成为学者们关注的焦点。于是人们认为,所谓"城市经济",就是城市土地和空间结构的合理利用问题。这一时期的主要成果来自以下几个方面:

(1) 德国学者罗舍尔(W. Roscher)于1868年提出的"区位"概念:即为了"生产上的利益"而选择空间场所,它受原料、劳动力、资本等制约;另一位德国学者、现代工业区位理论的创始人韦伯(A. Weber)于1909年写成专著《工业区位理论:论工业区位》,其核心是认为区位因子决定生产场所。工业配置时,要尽量降低成本,尤其是运费。工业区位理论对城市工业发展与布局以及工业区位的选择等问题的研究具有重要意义。1924年,美国学者F. A. 费特发表论文《市场区域的经济规律》,论述了城市区位,加深了城市经济的研究。

(2) 美国经济学家(R. E. Park)、伯吉斯(E. W. Burgess)等于1925年通过对当时新兴大城市芝加哥的调查,总结出城市人口流动对城市功能地域差异的五种作用力:向心、专业化、分立、离心、向心性离心。它们在各功能地带间不断交叉变动,使城市地域形成了由内向外发展的"同心圆式结构体系"。其结构模式:中心商业区、过渡带、工人居住区、高级住宅区、通勤居民区。城市土地市场的价值分带:越靠近闹市区,土地利用集约程度越高;越向外,土地利用越差,租金越低。

(3) 美国土地学家赫德(R. M. Hurd)于1924年研究了美国200个城市内部资料后,提出"楔形理论",指出城市土地利用功能分带是从中心商业区向外放射,形成楔形地带。是与同心圆理论相区别的城市内部地域结构的三个基本理论之一；1936年，霍伊特（H. Hoyt）在研究了美国64个中小城市房租资料和若干大城市资料以后又加以发展。

这些研究将城市经济问题从单纯的工程技术领域扩展至社会经济领域，确定了城市经济这个社会科学的概念内涵。

2. 利用相邻学科的理论拓展城市经济的内涵。20世纪40年代之后，对城市经济问题的研究已进入系统化阶段，涉及城市房地产市场、级差地租、土地价格、土地合理利用、企业布局、空间距离与运输成本等。对这些问题的研究，学者们运用相邻学科的成果，进一步拓展和完善了城市经济的内涵。

（1）运用城市地理学理论拓展城市经济内涵。这一时期，城市经济学的一些创建者，除了以主要精力研究城市土地问题，为城市经济学作为一门独立学科奠定理论基础外，另有一些学者则侧重于吸收其他相邻学科的"营养"。20世纪30年代至60年代，欧美一些学者相继运用城市地理学理论研究城市经济问题，特别是城市中心地学说和市场学说，创造了新的城市经济内涵。

中心地学说最早产生于20世纪30年代，当时欧洲国家工业化和城市化发展迅速。德国学者克里斯泰勒（W. Christaller）于1933年对一定区域内的城镇等级、规模、数量、职能间关系及其空间结构的规律性进行了调查研究，然后采用六边形图示对城镇等级与规模关系加以概括；1940年，另一位德国学者廖什（A. Losch）论证并发展了中心地学说，提出生产区位经济景观。第二次世界大战后，中心地学说在美洲、西北欧各国得到承认，并在居民点网和交通网规划中得到应用。

还有一些经济学家和地理学家运用城市地理学的概念、范畴与原理，对城市经济活动进行分析。如对城市体系和分类、城市选址、城市工业区配置、市中心与腹地联系等具体研究课题以及城市化进程、城市人口、城市职能等理论研究课题，通过深入的专业研究与探讨，使城市经济的涵义进一步丰富化。

（2）运用政治经济学理论扩展城市经济内涵。二战后的20世纪50—60年代，地处欧美和东亚的一些资本主义国家城市化进程加快，城市经济大发展，带来了城市化的好处，但也引起了一系列城市经济问题。为了使城市居民能公平地分享城市发展的好处和解决城市现实问题与经济发展的关系，城市经济学的研究采用了政治经济学的一些研究方法和手段，扩大了城市经济的研究范畴。这些研究主要表现在根据城市经济发展的成果和发展中产生的具体问题，研究这些成果的分配方式和所产生的问题对城市各种经济主体带来的利益方面的影响，以及采取何种公共政策使城市发展成果能够公平分配和解决城市问题以保证城市经济顺利发展和实现市民公平。这使得城市经济不仅指城市土地的利用和空间结构的规划，还包括了城市公平分配政策。

3. 运用"城市病"的研究与治理理论拓展城市经济内涵。城市病是针对城市经济与社会发展中所出现诸多弊病的一种形象化比喻，通常指城市化进程太快、城市经济和社会发展缺乏严格管理或城市规划失控情况下所出现的种种问题，如城市人口规模急剧膨胀，城市物流人流过密，交通阻塞，住房拥挤，地价房价高涨，失业率上升，生态环境恶化，犯罪增多等。这些问题的出现，为二战后呈上升趋势的资本主义世界（特别是其大城市）的经济、社会发展带来诸多负面影响。这使许多专家、学者从经济学、社会学、地理学、人口学、生态环境学和城市规划学等不同学科的角度分析其产生原因，寻求其解决办法。特别是经济学的研究，运用其经典方法，即供求分析方法来研究城市病问题。这样，城市经济增加了关于对城市化供求关系方面的问题的分析，使城市经济涵义扩展到包括了城市化经济的内涵。当然，城市经济和城市化经济的涵义不同，目前存在着不同的争论。本章在第三节讨论这个问题。

二、城市经济的特征

与城市作为实体空间的特征不同，城市经济作为一种社会形态，有如下的一些特征：

1. 要素空间分布的高集聚性。城市经济由众多相关要素的高度集聚而成。这种高集聚性，使城市经济成为配置空间资源的优化区域，成为一定地域内的经济中心（经济增长极）和政府调控经济活动的枢纽点。

2. 经济活动的高开放性。城市经济表现为跨区域、跨国界的人流、物流、能流、资金流、信息流的有效率活动，是沟通城乡和国内外经济联系的纽带，其市场规模和开放程度决定了一个城市经济系统的发展水平和在区域中地位的重要性程度。

3. 投入产出的高效益性。集聚经济是城市经济的内在组成部分，也是一种节约经济和效率经济，其社会化大生产的分工与合作、经营规模的合理化、发达的基础设施与先进的管理服务，可以使城市经济往往以较少的投入取得较高的效益。

4. 城市环境的高外部性。城市作为一个巨大的公共产品，其整体和局部都包含了各种各样的"外部性"问题。既有积极的外部性可以增加城市价值，也有消极的外部性将增加城市发展的成本。这些与其他社会经济系统相比显得十分突出。城市的环境污染（污水、二氧化碳、噪音等）和交通拥堵正日益成为城市面临的两大典型的消极外部性问题（边际私人成本与边际社会成本失衡），成为城市经济的显著特色。

5. 经济社会结构可持续发展的多样性和系统性。城市经济结构的可持续发展具有多样性，这主要是基于城市本身的多样性。自然禀赋、文化传统、开发历史、经济体制等诸多因素的差异决定了每个城市都有自己独特的发展轨迹。处于不同发展阶段的城市，面临的生态环境和社会经济问题不同，解决问题的方式也就不同。即使是相同的问题，也会因为传统文化、经济实力、社会制度的不同而存在不同的解决方式。其次，城市经济结构的可持续发展具有系统性。城市可持续发展系统是由经济、社会、环境（资源）三个子系统构成的相互联系、相互制约又相互依存的统一整体。这要求城市经济和社会发展均不能超越城市在开放条件下的自然资源与生态环境的承载能力。

三、城市经济的运行

城市经济运行包括了三个方面的经济循环或者说三个经济过程：

1. 城市国民财富的再生产过程。城市国民财富包括国民财产和自然资源。国民财产包括生产性固定资产和流动资产，非生产部门的财产和居民财产；自然资源包括城市土地、地理环境和其他资源。城市国民财富的再生产过程包括城市生产、流通、分配、使用四大环节。生产过程通过劳动者运用劳动手段加工劳动对象，生产出新的社会产品，流通过程通过商品货币交换实现经济主体的供求行为，分配过程通过要素报酬和国家调节形成各经济主体的最终收入，使用过程通过消费和投资再生产出劳动三要素。四大环节的活动川流不息地依次进行，形成了城市财富的存量和流量。存量是一定时点上存在的变量数值，如固定资产、人口总数是存量；流量是一定时期内发生的变量数值，如投资、人口出生数是流量。流量来自存量，又归入存量之中。

2. 城市国民收入的运动过程。城市国民收入是城市社会总产品扣掉物质消耗后的新创造价值。城市社会总产品生产出来形成销售收入后，扣掉补偿固定资产磨损和原材料等流动资产的消耗，形成国民收入。国民收入首先在城市的生产单位内进行初次分配，即将新创造价值分成劳动者劳动报酬、投资者收益和单位收入；然后要对初次分配结果进行再分配，即劳动者、投资者和单位收入的一部分要通过利税形式形成国家财政收入，余下的留归经济主体分别成为企业基金和居民可支配收入；企业基金和居民可支配收入还可能进行再分配，表现为国家对本市财政和城市财政对城市经济主体的转移支付以及城市企业、居民之间的相互馈赠；最后国家、企业和个人不再进行再分配的收入将分别用于投资和消费。这些分配和再分配的货币收支活动都会影响城市经济的运行。

值得指出的是，上述城市的国民收入运动过程基本上与国家经济的国民收入运动过程类同。此外，城市中还有十分特殊的国民收入运动，即一定时期内总量既定的城市土地,会随着社会经济发展和需求的增多而不断地增值。这种增值形成了城市特色的初始国民收入,它的初次分配一般形成土地所有者和土地使用者的收入,其再分配在我国目前还没有专门规定,而对这部分收入的使用往往由土地所有者和土地使用者用于再投资和消费活动。

3. 城市社会资金的循环与周转过程。城市国民财富的再生产和国民收入的运动统一于城市资金的循环和周转。城市资金的循环是城市资金根据再生产需要经过准备、生产和销售三个阶段而相应地表现为货币资金、生产资金和商品资金三种形态,并依次转化,最后又回复到原来的形态。城市资金周而复始的循环过程中,三种资金的循环是同时并存,依次进行的,否则,将会引起一系列不良后果。城市社会资金的周转是指城市社会资金循环的周而复始,不断反复的周期性运动过程。社会资金周转的快慢,反映着城市资金的利用效果。

这三个过程在城市经济的运行中,虽然表现形式和特点不同,但三者相互影响,相互作用,共同构成了城市经济运行的有机系统。

第三节 城 市 化

一、城市化的缘起与内涵

（一）城市化的源起

城市化作为一种社会现象,究竟从何缘起和从何时开始,理论界有着两种不同的看法:

一种是"城乡分离论",即认为自有城市之初就有城市化进程,如英国经济学家巴顿提出"在公元前六千年已经开始城市化",欧美一些学者多持此观点。

另一种是"产业革命推动论",即认为真正意义上的城市化只是在18世纪中叶的产业革命以后才出现的。城市化是工业化的产物,社会化机器大工业这台强大的马达驱动了城市化的滚滚车轮。

从历史的角度看,在奴隶社会到封建社会的漫长岁月中,一直是"乡村在经济上统治城市",真正的大城市在这里只能看作王公的营垒和经济结构上的赘疣,因为它们是"以土地财产和农业劳动为基础的城市",在城乡关系的矛盾运动中,农村居于主导地位。

而从英国发端的工业革命则极大地改变了这一历史状况,它使城市性质发生了根本变化。即城市从政治、军事堡垒一跃而成为经济活动的中心和生产要素的集聚地。日益茁壮的城市经济发展为国民经济的主体,并使农村成为自己的附庸,从这时起在城乡关系的矛盾运动中,城市居于主导地位。19世纪初,经历了工业革命洗礼的英国城市人口已占总人口的32%,而当时尚为殖民地的美国,城市人口仅占总人口的4.7%。

因此,可以认为,城市化起源于工业化,而不是发源于城乡分离。城乡分离促使了城市的产生,而工业化促使了城市化的发生。城市与城市化是两个问题,城市化历史不等于城市发展史。人类迄今已有约6000年的城市建设和发展史,但城市化历史却只有短短200多年。城市历史虽然很久远,但城市规模与功能却很少发生革命性的变化,直至近代,在英国和欧洲相继发生产业革命之后,城市规模与功能才发生革命性变化,成为经济发展的中心和带动力量,拉开了世界城市化进程的序幕。

世界城市化的实践表明,各国城市化的发展有着共同的规律。各国的经济基础、政治制度、地域条件、历史文化迥然相异,但城市化的驱动力却有着共同的机制:比较优势和农业剩余、非农产业、集聚经济和外溢效应,四大历史条件促使了城市化的发生。城市的产生仅仅有前两个条件即可,城市化的发生则必须增加后两个条件。而这后两个条件,正是随着工业化发生的同时而产生的,因此工业化引起了城市化的进程。

(二) 城市化的涵义

关于城市化的涵义,不同学科依据各自的研究角度分别有不同的理解。例如,人口学认为城市化是农村人口转变为城市人口的过程;地理学认为城市化是农村地区转变为城市地区的过程;从社会学角度看,城市化是由农村生活方式转化为城市生活方式的过程;从经济学角度看,城市化则是由农村自然经济转化为城市社会化大生产的过程。

综合这些涵义,城市经济学所认为的城市化,表现为非农产业产出和要素集聚与扩散的过程与影响,进而表现为由此导致的农业剩余劳动力及其人口的非农化和城市化。

在城市化的进程中,由于各种原因,产生了种种对于城市化的误解,形成了一些误区。

第一,认为城市化就是要把农村人口变为城市人口。这使一些城市政府产生误解,盲目地把城市郊区农民的农业户口改成城市户口。一些被改了户口的农民说,我们还在种菜，生活方式一点没有改变，可是农民的宅基地、免税免费等待遇没有了，因而要求把户口再改回来。这种"户籍式"城市化完全忽视城市产业发展这个核心问题，因而不是真正的城市化。

第二，认为城市化就是扩展城区，建设高水平的城市建筑物，形成繁华景观。这种误解使得一些城市政府盲目的"圈地"扩城，大搞"尖、精、洋"建筑物和所谓城市标志景观。这种一味扩大城镇地域空间的"景观式"城市化，脱离了城市产业和居民的实际需要，耗费大量资金，又远离城市化目标，甚至还会造成城市化的障碍，因而也不是真正的城市化。

第三，认为城市化就是要把农村地区变成城市地区。这种误解使得一些城市政府盲目的申请"县改市"和"城市升级"，使得一些"小城市"尽管称为某某"市"，城与市的功能都极端缺乏。这种"行政式"的城市化导致决策者严重忽视城市化的本质内涵，会在实际上拖延城市化的发展。

可见，只变户口不变职业、只变景观不变产业、只变名称不变功能，都不是真正的城市化。根据城市化的内涵，城市化必须有两方面的核心内容：（1）由非农产业的迅速发展而引起的居民职业由农业的改变为非农业的，可以简称为"非农业化"；（2）由非农产业的迅速发展而引起的人类聚落由农村的改变为非农村的，可以简称为"非农村化"。两方面核心内容集中到一点，就是一定要有非农产业的大力发展，否则城市化就是一句空话。

因此，城市化是社会生产力的变革所引起的人类生产方式、生活方式和居住方式等一系列社会经济结构改变的过程。它表现为：一个国家或地区内的人口由农村向城市转移、农业人口转化为非农业人口；农村地区逐步演化为城市地域；城镇数目不断增加；城市人口不断膨胀、用地规模不断扩大；城市基础设施和公共服务设施水平不断提高；城市居民生活水平和居住水平发生由量变到质变的改善；城市文化和价值观念成为社会文化的主体，并在农村地区不断扩散和推广。从而城市化体现为物质文明进步的同时，成为精神文明前进的动力。

二、城市化的本质

城市化作为一个国家的社会经济发展到一定阶段必然出现的历史发展过程，是全球性的社会现象，这种现象突出地表现为农业人口向非农业人口、乡村人口向城市人口的转化与聚集过程。然而，透过这种现象，表现出的城市化的本质，是深刻的社会经济结构转化的过程。从发达市场经济国家城市化的进程中可以看到，"人口的转移和人口的集中"只是城市化的表现形式或重要前提；而"经济活动的集聚"则是城市化的主要内容；"社会经济结构的转变"才是城市化的实质与核心。

即城市化实质上是一个以人为中心的、受众多因素影响的、极其复杂多变的系统转化过程,它不仅是农业人口转化为非农业人口,并向城市(镇)集中和集聚的过程,而且是城市(镇)在空间数量上增多、区域规模上扩大、职能和设施上完善以及城市(镇)的经济关系、居民生活方式和人类社会文明广泛渗透等一系列社会经济结构转变的过程。

伴随着这种社会经济结构转变的进程,城市化的社会经济效果集中表现在:(1)城市产业结构高级化。随着城市化的推进,使得原来从事传统低效的第一产业的劳动力转向从事现代高效的第二、三产业,产业结构逐步升级转换,国家创造财富的能力不断提高。(2)居民收入水平不断提高。一方面,大批原来的低收入居民群体,通过在城市产业就业或者由从事农业改为从事非农业,工资水平大幅度提高;另一方面,一些在城市投资的居民,随着城市产业的高效率发展,获得大量的投资收益。使得越来越多的居民在城市化发展中增加收入、得到实惠。(3)城市外溢效应显著。城市化造成了巨大的社会经济影响,人们崇尚城市文明,使其不断向周边和偏远的广大农村地区渗透和传播,影响到农民生产方式和生活方式不断文明化、现代化,从而使农村发展纳入城乡一体化进程,提高了综合国力。(4)要素生产率成倍提高。生产要素在城市中运用,由于集聚的大量外部性和规模经济原因,使原材料、机器设备、劳动力、土地等生产要素的产出效率成倍提高,相对节约了社会资源。(5)促使人的优良素质和社会优良秩序的形成。人们按照既定的游戏规则从事城市的先进生产活动和其他社会活动,遵守规范和崇尚技术的理念,使人们形成自律、自尊、自强的普遍社会风尚。这是现代文明的灵魂,是城市社会的真正魅力所在。因此,城市化会促使人们的生活方式、价值观发生重大变化,社会将建立起根本区别于农业社会的城市社会新秩序。(6)不断推动创新能力的产生。城市产业的高级化,主要依托科学技术的发展。城市化过程增强了人们和各种要素的联系与结合,使社会信息和技术思想通过方便的交流而不断出现融和与裂变,推使创新不断产生。

可见城市化的本质是通过创造一种发展的环境条件而推动社会经济结构的巨大变革。

三、城市化经济的涵义

随着城市化的产生与发展,城市化经济成为具有独特意义的经济学范畴,它与城市经济的概念不完全性同。

城市化经济有两种涵义,一是作为描述城市化特殊经济效应的专门术语,指由城市共享基础设施和经济集聚产生的大量的正外部性,使城市产出随着城市规模的增大，在不增加城市总投入的情况下不断趋于上升的现象，其含义类同于规模经济、范围经济等经济术语。这种城市化经济的涵义在学术上已经十分明确。二是作为一种社会形态，泛指由城市化现象引起的、在城市化进程中展现出来的社会经济运行过程和由此所产生的社会经济活动，犹如与城市社会、城市环境并列的城市经济的含义。但是这里的城市化经济与城市经济的概念并不完全相同：城市化经济一定是伴有城市化效应的社会经济过程，而城市经济不一定是伴有城市化效应的发展过程。所谓城市化效应，就是社会经济发展引起了总人口中的城市人口比重上升。这种城市化经济的涵义在学术上还不十分明确，因而有必要加以澄清和强调，因为这种区分对于能否有效地推进我国城市化进程十分重要。

首先，城市化经济源于具有一定功能的城市。城市固然是城市化的基础，但是不具有现代功能的城市不可能产生城市化经济。带来城市化效应的城市，是在历史基础上，通过产业革命形成的具有一定社会经济功能的城市。产业革命前的城市和一些小城镇，没有一定的社会经济功能，不能满足发展非农产业从而实现劳动力向非农产业转移的要求，因而就不会产生城市化经济。形成城市非农产业发展需要的各种功能，是城市化经济的一个目标性内涵。在内生城市化的进程中，这种城市功能是市场机制的作用结果；而城市的市场作用功能既包括城市自由市场的经济功能，也包括由这种自由市场功能所决定的城市政府的一般管理功能。市政府的具体管理活动是外生于市场机制的，而市政府的一般管理功能却是内生于市场机制的。后者包括基于市场交易需要的服务功能和基于市民福利需要的管理功能两大方面。具有这些城市功能的城市导致了城市化经济。

其次，城市化经济源于城市化。没有城市化，也没有城市化经济。城市化经济所依存的重要社会基础是城市"化"的过程。这种"化"一般指人们的社会生活方式由乡村的变为城市的。这种改变是在城市功能的基础上，由人们有进入城市或参与城市生活的意愿和经济能力，即希望由农村生活方式改变为城市生活方式的强烈意愿和对进入城市所需成本的货币支付能力来支撑的。可见，城市化经济的实质是由人们自愿地普遍地追求城市的社会经济功能而强烈要求进入城市和自觉地建设城市的行为过程，是由城市的社会经济功能引起的，随着经济的集聚而人口集聚的过程，同时也表现为这些城市社会经济功能在空间上集聚和普遍扩散的过程。因此，城市"化"是由非农产业发展导致的城市功能化而引起的人们向城市转移或自动地建设城市、使具有一定功能的城市在空间上从无到有、从小到大的发展过程。

综合城市化经济的两个来源，城市化经济是指由非农产业发展引起的农村剩余劳动力（从而人口）向城市转移及其相应的城市功能建设的社会经济运行或活动，因而它与建立在一定城市功能上的能够引起人们向城市转移的城市经济的概念相同，而与自有城市以来的泛指城市内一般经济活动的城市经济涵义不同，从而区别于产业革命前的城市经济。如果把产业革命前城市中的一般经济活动称作城市经济的话，产业革命后城市中的经济活动更突出地表现为城市化经济。

根据前述的城市化缘起理论，城市功能和城市"化"都是来自工业化，因此可以推论，城市化经济是工业化经济的产物。工业化从一开始和发展到现在都在稳定地、持续地、不断地改变着、增加着和扩展着城市功能，并在技术上支持着城市功能的产业化；因此，工业化通过不断地扩展对劳动及其他要素的需求，来不断地引起和支持着城市化进程，使得城市化经济领域出现。而城市化经济一旦形成，又强劲的推动着工业化发展，因为城市功能为工业和其他行业的产业化发展创造了基础设施、公共服务等方面的共同的、必备的社会条件。可见，工业化经济与城市化经济在社会生产力的推动下形成了相互促进的发展格局。现代经济一个突出的发展特征表现为：产业功能和城市功能在互为因果、相互促进的发展中不断地形成"社会一体化"。根据这种趋势，那些仅仅关注城市建设或仅仅关注城市某种产业发展的做法，都不符合城市化经济的内涵要求，因而也不符合现代意义的城市经济的涵义。

本章小结

1. 城市定义迄今还没有一个一致定论。本书把城市定义表述为：城市是指一定规模及密度的非农业人口聚集地和一定层级或地域的经济、政治、社会和文化中心。

2. 城市作为承载居民各种活动的空间，其本质是人类为满足自身生存和发展需要而创造的人工环境。这是城市的自然本质。而城市的经济本质是一种特殊形态的生产力，即集聚的和系统形态的生产力。

3. 城市经济，是指以一定地域为依托，以一定空间结构形式为特征，人口和生产要素集聚程度较高，综合性较强，非农产业部门门类复杂、社会和环境效益较显著的整体性、系统性经济体系。城市经济作为一种社会形态，具有五个方面的特征：要素空间分布的高集聚性、经济活动的高开放性、投入产出的高效益性、城市环境的高外部性、经济社会结构可持续发展的多样性和系统性。

4. 城市化发生的历史条件有比较优势和农业剩余、非农产业、集聚经济和外溢效应，后两个条件是工业化的结果，故工业化引起了城市化的进程。城市化表现为非农产业产出和要素集聚与扩散的过程与影响，进而表现为由此导致的农业剩余劳动力及其人口的非农化和城镇化。城市化的本质是社会生产力变革所引起的人类生产方式、生活方式和居住方式等一系列社会经济结构改变的过程。

5. 城市化经济的实质是指对于具有一定城市功能的城市，在不断吸引农村剩余劳动力及其人口向城市转移的过程中带来的各种社会经济问题及其所形成的社会经济领域。城市化经济是工业化经济的产物。工业化经济与城市化经济在社会生产力的推动下形成了相互促进的发展格局。

思考题与练习题

1. 相对于农村而言，城市具有哪些特征？举例说明。

2. 举例说明我国古代城市是如何形成和发展的？与西方国家早期城市的形成与发展有什么不同？是否符合城市发展的一般规律？

3. 我国对城市的辅助功能的认识有哪些不足？举例说明。结合本章相关内容谈谈如何处理好城市主要功能和辅助功能的关系。

4. 什么是城市化？城市化的本质是什么？城市和城市化的形成都具备哪些条件？

5. 如何理解城市经济和城市化经济，二者有什么区别和联系？举例说明。

6. 某地区的两个地方分别生产小麦和布料的劳动生产率数据如下表所示，请计算生产的机会成本，填入表内。并分析：（1）假设运输费用为零，两公斤小麦可以换一尺布，那么一个西部家庭将一小时生产布料的时间用于生产小麦，在将小麦换成布料，是否更合算？（2）假定（1）中的每次交换需要2/3小时时间，这种交换是否仍有利？（3）当每次交换的成本为多少时间时，交换的净收益为零？（4）在什么情况下，劳动生产率的差异会导致城市的发生？

	每小时劳动的产量		生产的机会成本	
	东部	西部	东部	西部
小麦	1	12		
布料	1	3		

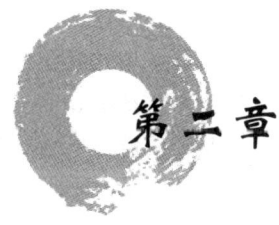# 第二章　城市经济基础理论

学习目标

通过本章的学习，使本科生了解有关城市经济的基础理论，理解城市为什么会产生和为什么会在一定的地方产生，初步了解城市群落中城市之间的关系以及不同城市在城市体系中发挥的作用；明确经济区位论、中心地理论和集聚经济理论的原理及其对城市经济学的理论基础作用；深刻理解城市化理论的基本内容，了解我国城市化发展的历程，理解城市化发展的动力和规律。

城市经济学在我国，通常被认为是应用经济学，很少探讨其基础理论。然而，在把城市实际问题作为对象进行研究的过程中，人们日益发现，许多实际问题不能解决，恰是由于其基础理论认识不清，仅就城市问题本身往往不能提出解决这些问题的方法。于是城市经济学开始关注理论问题：城市为什么会在某个地方首先出现，人们在城市活动的选址行为会受到哪些因素影响，城市为什么会发展到城市体系，为什么会出现城市化现象等问题，都是需要根据更为本质的基础理论来回答，于是城市经济学基础理论部分开始出现。这些基础理论对解决城市经济的具体问题十分重要。本章将集中讨论这些问题，以便为后续各章讨论城市经济的应用问题奠定思想和理论基础。

第一节　经济区位论

经济区位论是学习城市经济学的基础理论之一。城市经济学的特色在于从空间角度出发研究资源的最佳配置，而空间资源配置就是区位要素如何依据经济原则的配置过程。经济区位论通过地租、运输成本、通勤和运输时间以及与城市间距离等

区位要素分析了厂商、居民和其他经济主体选择"在哪"的行为决策问题，就是说，在何处和怎样做才能使其经济活动的收益更大。它为城市经济和城市化经济问题的研究提供了大量的基础性概念和观点，因而全面解释城市和城市化现象，需要对城市区位的存在和发展进行研究，而这种研究的理论基础是工业区位论、农业区位论、交通区位论和商业区位论等经济区位原理。

一、农业区位论

农业区位论主要指冯·杜能（J. H. Thünen）[①] 1875 年创立的"农业区位论"，其特点是立足于单一的经济主体，着眼于到城市的距离和成本、运费最省。杜能古典农业区位论源自于他的"孤立国"模型（图 2-1）。

他首先确立了几个基本假定：（1）一个大平原的中央有一个城市，它与周围农业地带组成一个孤立地区。该区位于中纬，具有同样适宜的气候和肥沃的土地，宜于植物、作物生长；平原之外，没有适合耕种的土地，只有荒原与外部世界相隔绝。这个区域可称为"孤立国"。（2）"孤立国"既无河川、亦无运河，马车是唯一的运输手段（当时火车尚在试验阶段，汽车尚未出现）。（3）农村与中心的城市具有单一的市场关系，中心城市是农产品的唯一贩卖中心，也是工业产品的唯一供应者。（4）获得最大的区位地租是农民生产的动力，为此他们会根据市场供求关系来调整其生产的产品。（5）农产品价格、农业劳动者工资、资本的利息皆假定不变。（6）运输费用同运输重量和距离成正比，由农业生产者负担。显然，满足上述条件的是一个均匀连续的多向同性面的假定空间。

根据这些基本假定，杜能逐步形成了他的农业区位向心圈的理论模式。他首先选用了一组供计算的经济指标，作为推导、计算的定量依据。这些经济指标的相互关系表现为：（1）市场上农产品销售价格决定于经营的产品种类和经营方式及城市对农产品的需求；（2）农产品销售成本等于生产成本和运输费之和。以 π 代表单位产品利润，P 代表产品市场价格，C 为生产成本，T 为运输费用，则农业利润的表达式为：

$$\pi = P - (C + T) \qquad \text{式（2-1）}$$

对于式 2-1 中的利润 π，假定农产品的生产成本同与城市的距离无关，即 C 在区域内是无差异的，则农产品的利润 π 的大小，就完全取决于到城市的距离。

[①] 19 世纪初德国经济学家、经济活动空间模式的创始人。他的名著《孤立国》于 1826 年完成，成为第一部区位理论的古典名著。以后，西方的工、商业区位，特别是空间相互作用和城市地域结构理论，无不以杜氏的学说为出发点。

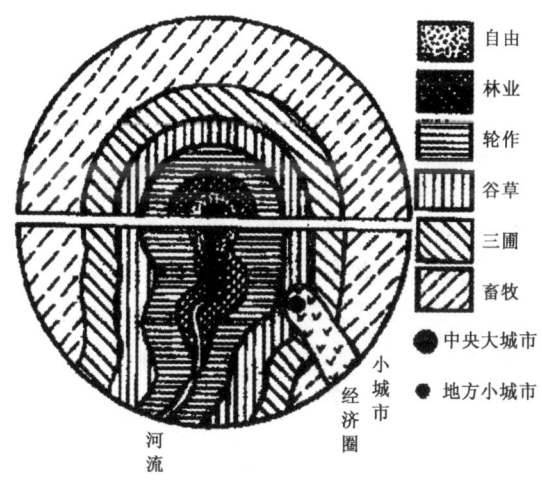

图 2-1 杜能的孤立国模型

杜能认为,这时的 π 可以定义为区位地租。这样,杜能把农业生产的纯收入与区位地租等同起来。如果进一步地,用 R 代表单位面积的区位地租,Q 代表单位面积的产量,P 代表单位产品的销售价格,C 代表单位产品的生产成本,t 代表单位产品的运费率,k 代表生产地到城市的距离,则区位地租的表达式为:

$$R = Q(P - C) - Qtk = Q(P - C - tk) \quad \text{式}(2-2)$$

可见,离城市中心越远,运费率越高,区位地租就越小;区位地租与到城市中心的距离和运费率都是反方向变动的。这一原理可以用图 2-2 的模型作进一步的解释。

若以纵坐标表示土地收益(区位地租),横坐标表示到城市的距离,当生产成本一定时,土地收益曲线为从左上方向右下方倾斜的直线,其斜率的绝对值为运费率。另外,由于不同农产品的运费率不同,其土地收益曲线的斜率也就不同,这样随着到城市的距离的增加,在不同区间各种农产品的相对收益水平会发生变化,进而形成环绕中心城市的圈层地带,每个圈层地带由一个获益最高的农作物品种占据。在图 2-2 中,a、b、c 为三种农产品的收益曲线,在圈层 I 中种植 a 种农作物收益最高,在圈层 II 中种植 b 收益最高,而圈层 III 则以 c 为最高。这样就会在城市外围形成分别种植这三种不同农作物的圈层地带。

距离的影响不仅会导致不同作物品种间的圈层替代,还会导致同一作物品种不同耕作方式的圈层替代。其原因在于对同一种农作物品种而言,采用不同的耕作制度所支付的成本不同。在前述收益公式中,当我们仅讨论一种农作物时,运费率可视为不变,因此令:

$$P_k = P - kt \qquad 式（2-3）$$

这里 P_K 是离城市距离为 K 的地方的农作物净价格，离城市越远，运费越高，当地农产品的净价格就越低。而此时的收益为：

$$R = (P_k - C_j)Q \qquad 式（2-4）$$

式 2-4 中的 C_j 是采用耕作制度 j 时的生产成本，产量较高的耕作制度成本也高。由于不同耕作制度所支付的成本不同，随着与中心城市距离的增加，当地的农产品净价格就会相应下降；直到某一点上，采用原来的耕作制度的成本就会变得较高，将会被较低成本的耕作制度所取代，从而形成耕作制度完全不同的圈层。杜能正是将运费和生产成本等因素综合在一起构建出围绕中心城市的孤立国的农业生产布局模型，这些圈层称为杜能环或杜能圈。

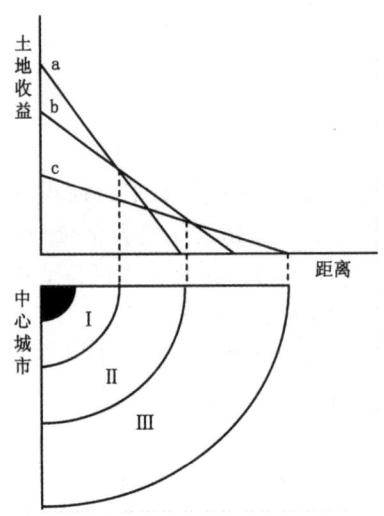

图 2-2 圈层农业地带形成机制

图 2-1 的杜能的孤立国模型，共包括 6 个圈层地带，涵盖了当时所流行的一般耕作制度和农作物品种。

1. 自由农业带，是离中心城市最近的环状农业产业地带。这一地带主要耕作精细菜地和果园，这类农产品有的因经不起长途运输，只能靠人工肩挑进城，有的只能在极新鲜时小批量发售，所以都只能在城市附近生产。如城市每日必需的鲜奶由于不耐长时间运输，且运输成本高昂，必须在这一地带生产。

2. 林业带。孤立国中的平原，除了供应城市粮食外，还必须供应城市所需的薪柴、木材和木炭等等。这些林产品和粮食一样，属于必需品。由于营林的成本较低，而运输成本极高，如果将林业放到远离城市的地方，城市中林产品的价格就会十分高昂；因此，与生产成本较高而运输成本较低的谷物比较，在靠近城市的地方种植树木收益会更高。因而靠近城市的农民会放弃种植谷物而改种收益更高的树木。故林业会自然地向城市靠近，成为紧邻自由农业带的第二个产业圈。

3. 轮栽作物制带。孤立国的第三圈，其突出特点是同一块地上要划分为六个区，轮流栽种不同的作物。其中第一区栽种马铃薯，第二区栽种大麦，第三区为苜蓿，第四区为黑麦，第五区为豌豆，第六区为黑麦，谷物面积占50%左右。由于没有休闲地，土地肥力消耗很大，需要从城市运输粪肥补充地力，同时耗费的人工等费用也较粗放的耕作制度要高。因此只有在当地农作物的价格高于其生产成本时，这种耕作制度才可能存在，故它只能出现在紧靠林业带的位置上，是离城市最近的一种耕作制度。

4. 轮作休闲制带。与轮栽作物制不同的是，为了保持地力同时还要降低肥料等生产成本，就必须拿出一部分土地进行休闲。轮作休闲制是将一块土地划分为七个区，其中三个区分别种植黑麦、大麦和燕麦，三个区种植牧草，另有一个区休闲，因此也称为七区农作制。这种农作制里，谷物播种面积只占总面积的43%。可见，由于据城市较远，这一地带的农作物价格已经不能维持轮栽作物制，不得不让位给轮作休闲制。

5. 三区农作制带。随着与城市距离的加大，不断增加的运输费用使谷物的本地价格进一步下降，轮作休闲制也逐渐变得难以为继，更加粗放的三区农作制开始取代轮作休闲制。三区农作制是将一块土地划分为三个区，两个区分别种植黑麦和大麦，另一区休闲。这样可以用于种植谷物的面积仅占此地带内全部土地面积的24%。三区农作制区域产肥不足，必须依靠牧场来补充，因而和它相邻的圈层，往往开辟为永久性牧场。

6. 畜牧业圈。是孤立国的最外圈，在这里种植谷物向城市出售已经完全无利可图，生产的谷物仅供自用。故土地主要用于生产牧草养畜，以畜产品如黄油、奶酪等供应城市市场。黄油、奶酪等畜产品之所以能够放在离城最远的地方生产，是因为其生产成本非常高，是谷物的14倍，而运输费用仅为谷物运输费用的2倍（这些数据皆来自杜能对田庄的实际经营），因此运距对它的影响不大。由于黄油的当地价格不会像谷物一样随着距离的增加而迅速下降，所以它可以在谷物生产带之外进行生产而仍能获利。

畜牧业圈之外的土地尽管仍然同样肥沃，但已失去商业利用价值而撂荒。

杜能古典农业区位论原理对于研究各产业以市中心为参照系的选址和乡村转向非农化利用的区位地租、或称为城市化租金有重要现实意义，这一问题将在第5章继续阐述。

二、工业区位论

目前主要以韦伯的工业区位论为代表。韦伯（A-Weber）1909年创立"工业区位论"，其特点是立足于单一的企业或工厂，着眼于成本、运费最省。这个模型的基本假设是：厂商是二维平面上的一个点，厂商是典型的"经济人"，追求利润最大化，这样，工业区位论的核心问题就成为：厂商应如何选址充分获取区位因素来最大化它的利润。

所谓区位因素，韦伯说是"作为区位的经济原因运作的力"。韦伯的意思是说，经济活动发生在空间的某个特定点或若干点上，而没有发生在其他点上，是由于这个或这些特定点上存在着某些因素，使得经济活动在这里进行可以获得更大的利润。就是说，收入一定时，在这个（些）点上，工业生产的成本最低；在这一地方整个生产过程和分配过程比其他地方更为廉价。而把经济活动拉向这些特定地点的力量就是区位因素。

韦伯将区位因素分为两类：一般区位因素和特殊区位因素。前者是对所有工业企业选址或多或少均产生影响的因素，例如运输成本、劳动力成本和地租，所有的工业生产都应当考虑；后者是指那些仅对特定工业生产有影响的因素，例如原材料的易腐性、空气湿度对制造过程的影响、对淡水的依赖等等，由于它们只对特定工业有影响，故为特殊区位因素。

依照区位因素所起的作用和影响方式，可以进一步地将其区分为地域性区位因素和"集聚"或"分散"的区位因素。前者指可以将工业导向地球表面上的某些地方，从而形成一个工业空间分布的基本结构；后者则是仅能对由前者造成的工业空间分布结构中特定点的集聚规模产生影响的区位因素，它可以影响到这些特定点的规模，但不能影响这些点的区位。

那么，这些不同类别的区位因素怎样影响工业生产活动呢？韦伯对企业在一定区位上的生产和流通活动后的产品销售价格①的构成项目进行了分析，他认为对于确定区位有意义的、可作为区位因子的项目，主要是：（1）土地租金；（2）建筑物、机器、设备等固定资本购置费；（3）原料、燃料购入费；（4）劳动成本；（5）运费；（6）利率；（7）固定资本折旧费。对于这些区位因子，韦伯认为从中找出地方区位因子非常重要，它们是认识是经济区位的直接因素。于是韦伯对其作了具体的分析：首先，土地租金对农产品价格的影响大，故对农业来说是地方因

---

① 某区位上产品销售价格，其内容主要包括：（1）利润；（2）固定资本的折旧费；（3）流动资金的支出，工资、原燃料的购入费以及管理费、租税、保险金等一般费用；（4）原燃料和成品的运费。

子；对工业来说，由于生产用地狭小，土地租金对生产费的影响不大，故不是工业区位的地方因子。其次，固定资本购置费用很大，但可通过折旧逐年摊提，以及偿付利息来补偿。折旧费同地理环境大体上无关，故不具备成为地方区位因子的条件。第三，利率作为纯理论的考察，在经济一体化国家无地方差异，形成不了地方因子。这样，剩下来的作为地方区位的因子，就只有（3）、（4）、（5）三项了：原料、燃料购入费的地区差异较大，其与距离和运输方式的难易有重要关系；劳动成本是生产成本的重要组成部分，不仅要考虑数量，而且同时要考虑效率；而原燃料和产品的运费，由于产地和市场位置的原因，以及运输方式的不同，表现出了强烈的地域差异。为便于计算，他认为原材料的价格地域差异可以合并到运费差异中去，即将价格低的原料产地当作近产地处理，价格高的产地当作远产地处理，从而把原料价格的差异调整到运费差异中去。这样，一般地方因子就只剩下了运费和劳动力两项。再加上集聚因子对工业区位的调整，形成了区位研究的三区位因子说。

为了寻求工业区位形成原因和过程的"纯"理论解释，韦伯首先提出三个基本假设：（1）给定原料产地的地理位置；（2）给定消费地的地理分布和规模；（3）劳动力分布在区域内若干个固定位置上，不能流动。且每个工业部门的工资是"固定的"，在该工资水平上劳动力供给无限。

在上述假设条件基础上，韦伯分三步逐一考察运输成本、劳动成本和集聚分散这三种区位因素对工业分布格局形成的作用和影响：

第一步，假设只有运输成本是影响工业区位的因素，其他因素都没有区域差异，此称为运输指向。仅受运输指向影响形成的工业分布格局是韦伯工业区位论中的基本格局。

第二步，同时考察运输成本和劳动成本两个区位因素共同作用下的影响。取消劳动成本没有区域差异的假设，那么劳动成本就成为一个必须与运输成本同时考虑的区位因素，即在运输指向形成的基本工业分布格局上叠加劳动力指向的影响。劳动力指向会使由运输成本指向形成的基本工业分布格局产生第一次偏移。

第三步，在前两步基础上进一步叠加集聚与分散因素的区位影响。集聚指向会使由上述两个区位因素指向形成的工业分布格局再次产生偏移。

由于运输指向是韦伯理论的基础，这里主要加以考察。

运输指向，即运输成本决定企业的区位选择。运输总成本是采购成本和配送成本的总和，采购成本指将原材料从原产地运送到工厂所花费的成本，配送成本是指将企业的产成品从工厂运至消费者所花费的成本。这里，企业的行为目标是通过使运输成本的最小化来实现利润的最大化。企业利润等于总收入减去投入成本和运输成本后的差额。为了集中考察运输成本的影响，运输指向模型有4点假设：

(1) 单一产品。(2) 单一可转移的投入品。其他投入品都是随处以固定价格取得。(3) 固定技术系数生产函数。企业生产过程中使用的各种要素比例固定不变。(4) 固定的价格。于是，总收入、投入成本在各个地方都是相同的。因为企业是以固定价格购买固定数量的各种投入品。而采购成本和配送成本则随着空间的改变发生着变化，因而企业会选择使运输总成本最小化的地方作为所在地。较低的采购成本将企业拉向原料产地，较低的配送成本将企业拉向市场所在地。

设单位产品单位距离的运输费为 t_1，而生产单位产品所需要的原材料的单位距离运输费为 t_2（注意这里的运费率不是单位距离上运输单位原材料的费用）；原材料产地为 A，产品销售地为 B；企业运输成本等于运输原材料的采购成本和运输产成品的配送成本之和。这时，可以肯定，企业选址的最优区位一定在 A 和 B 两点连线之间的总运输成本最小的地方。

假定企业的初始区位位于 A 和 B 之间的某一点 X，如果 $t_1 > t_2$，即单位距离运输一单位产成品的成本要大于运输一单位产品的原材料的成本，那么企业如果从 X 向产品销售地 B 移动一单位距离，则每单位产成品将节约运输产品成本 t_1，增加运输原材料成本 t_2。由于节约的成本大于增加的成本，所以向 B 点移动可以降低企业总运输成本。这一过程会一直持续下去，直到企业区位选择在 B 点（如图 2-3a 所示）。如果企业区位从 X 移向原材料产地 A，则企业的总运输成本会增加，所以企业不会向 A 点移动。如果 $t_1 = t_2$，则企业无论移向 A 或者移向 B，节约的运输成本与增加的运输成本恰好相等，因而企业无论位于 AB 之间的哪一点，运输成本都为最小（如图 2-3b 所示）。同理，当 $t_1 < t_2$ 时，则企业从 X 向 A 点移动会节约总运输成本，所以企业的选址最终会在 A 点（如图 2-3c 所示）。

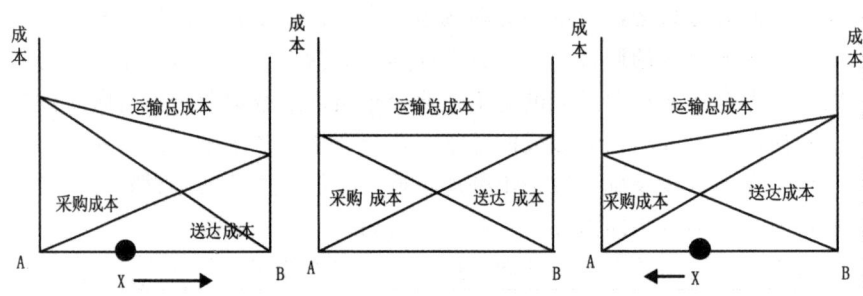

图 2-3a 市场指向　　图 2-3b 运费率相同时的区位选择　　图 2-3c 原材料指向

上述关系可以由式 2-5 表达：

$$T = t_2 AX + t_1 XB = t_2 AX + t_1(AB - AX) = t_1 AB + (t_2 - t_1)AX \quad 式（2-5）$$

式中：T 为单位产品运输总成本；AX 为企业到原材料产地的距离；XB 为企业到

销售地的距离；AB 为原材料产地和销售地之间的距离。

给定运费率和原材料产地与销售地位置，t_1AB 就是常数，则 (t_2-t_1)AX 最小时总运输成本达到最小；如果 $t_1 > t_2$，则 $t_2 - t_1 < 0$，那么 AX 最大时 (t_2-t_1) 最小，当 X 为 B 时 AX 最大，即为 AB，所以企业位于销售地 B；如果 $t_1 < t_2$，则 X 为 A 时 (t_2-t_1)AX 为零，是最小值，企业就会位于原材料产地 A；如果 $t_1 = t_2$，则 $(t_2-t_1) = 0$，那么企业总运输成本等于常数 $t_1 \times AB$，企业位于 AB 之间哪一点都可。由此可以结论为：如果产品运费率大于原材料运费率，企业应位于销售地，这些市场导向性企业的选址促使了市场中心城市的场所内生；如果产品运费率小于原材料运费率，企业应位于原材料产地，这些资源导向型企业的选址促使了资源型城市的产生；如果产品运费率等于原材料运费率，则企业可选址于 AB 之间（包括 A 和 B）任意一点，这类企业的选址可能会导致综合类城市的产生。

上述运输指向模型仅考虑了一种原材料的区位因素，现在考虑两种原材料区位性的情形。假设原材料 M 产地为 A，原材料 Z 产地为 B；产品的运费率为 t_1，原材料 M 的运费率为 t_2，原材料 Z 的运费率为 t_3；其他条件不变。企业现在要选择的区位就是要以三项运费率决定的成本之和最小。这时企业的选址一定是在这三点围成的三角形内部的某一点，设该点为 K，此时运输总成本 $T = t_1 S_B + t_2 S_A + t_3 S_C$，达到最小。如图 2-4 所示。

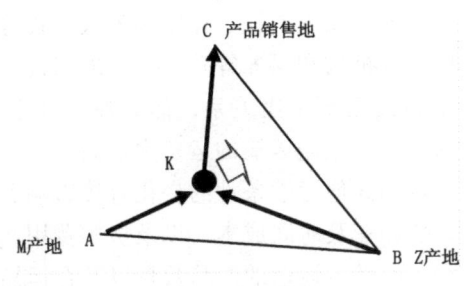

图 2-4 韦伯区位三角形

假如原材料 M 的运费率 t_2 降低，企业可以向 B 和 C 靠近（图 2-4 中的阴影箭头方向）。因为企业到 A 的距离增加虽然增加了原材料 M 的运费，但会减少运输 Z 和产品的成本，从而会降低企业的总运输成本。因为 M 的运费率降低而节约的运输成本大于增加的运输成本。

工业区位论揭示了企业选址原理，运用这一原理研究城市中各种经济主体的选址并进而依据这种选择研究城市的区位原因及整体布局规划，都是非常方便的分析工具。故工业区位论是城市经济学的基础理论之一。

三、交通运输区位

交通运输区位是通过分析运输方式、距离、交通线中的场站等运输区位因素和运费之间的关系，来研究如何选择实现总运输费用最小的运输方式（对于运输需求主体）和如何选择建设运输方式的区位以及在既定的区位上选择何种所建设的运输方式（对于运输供给主体）。

运输成本是由运输的货币成本、时间成本和其他成本构成的。其中，运输所花费的时间成本，是高价值或易腐货物运输尤其是客运或信息传递中总成本支出的一个重要部分。所谓运费率是单位货物移动单位距离所支付的运输成本。在上述的区位研究中，为了简便起见，人们通常假定运费率不变，即运输成本是距离的简单正线性函数，它随着距离的增加呈正比例增加。然而，实际的运费率很少遵循这一严格的距离原理。在实际生活中，运费率结构是十分复杂的，除了距离因素之外，它还受到其他诸多因素的综合影响。这一理论以美国经济学家胡佛的区位理论为代表。

胡佛区位理论的特点在于他把运输费用分为与距离变化相关的线路运输费用和与距离变化无关的场站作业费用。其目的在于，告诉人们经济活动要选择尽量靠近各大中转场站的区位，以减少货物的中转次数，从而节约运费。

一般运费成本包括线路运输成本和站场作业成本两部分。线路运输成本包括线路维修、管理、运输工具磨损、动力消耗、保险和工人工资等；场站作业成本包括装卸、仓库、码头、管理经营机构和保养等费用。一般来说，线路运输成本是随距离的延长而增加的，与距离接近于正比关系，然而在实际上，当距离较长的延续时，运费率是趋于下降的，从而短途运输的运费率要高于长途运输。这是由于，除了运输距离、方向、运输量和其他运输条件的变化直接影响着运费的变化外，场站作业的费用，如场站费、装卸费及时间成本，以及机构费用和服务于用户的相关费用等不由距离的长短决定，而是由运输的产品数量以及在运输途中需要停转、包装变化和运输方式改变等因素决定。这些因素不仅造成企业区位的变化，直接影响到经济活动区位的选择，也造成运输区位的变化，直接影响到不同运输方式的选择。

不论何种运输方式，运输作业都是从始发站装运开始，经过途中运输，最后到终点卸货、暂时存仓、交付货物等。由于场站作业费用的存在，运输距离与运输费用之间的变化就不是简单的比例关系。由于需要支付不取决于运输距离的站场作业成本，在站场数目一定的情况下，运输距离越长，单位距离分摊的场站作业费用越少，单位的平均运输费用即运费率就会随着距离的增加而递减。就是说，平均运费在整个运输过程中随着距离增加会趋于下降。这种现象，一般称之为远程运输经济。随着交通运输技术的迅速发展，平均运输成本随距离增大而降低的趋势将会不断增强。

交通运输区位的第二个规律，是由运输方式不同决定的运费率的不同而形成了不同运输区位的选择。交通运输主要包括铁路、公路、水运、航空和管道五种运输方式。不同的运输方式通常具有不同的成本结构和服务特性，其运费率不同，优缺点也各不相同。表2-1列举了五种运输方式的优缺点和服务特性。一般地说，汽车运输的终端或场站作业成本较之线路运输成本通常较低，而铁路和水运的终端或站场作业成本往往较高；某种运输方式的线路运费高、而一般场站作业费用低，适合于短距离运输；而场站作业费用高、线路运费低的运输方式对于长途运输更为有利。因此，公路运输在短途运输中具有较大优势，铁路和水运则在长途运输中具有较大优势。各种运输方式的运费随距离的变化如图2-5所示，公路运费随距离的增加上升很快，只有在OA较短的运输距离内，公路运费较低，具有相对优势；铁路与水运相比，随着距离的延长铁路运费上升更快，所以在OA或OB距离之间（即中长途范围内），铁路运费低于水运，具有相对优势；而当运输距离超过OB时（即长途运输），水运才真正显现出其运输成本低廉的优势。航空货运无论是短途、中途还是长途，运费都十分昂贵。因而航空运输仅限于价值较高、体积重量较小、要求保鲜而需要尽快到达的少量货物的运输。

表2-1 各种运输方式的比较

运输方式	优势	劣势
铁路	随着运距的增大，效率逐渐增加，线路运输成本处于中等水平。	终端成本高，需要较大的初始投资；运输时需要对货物进行分类、编组，时效性差。
水运	线路运输成本较低，只有铁路的1/3左右；随着运距增大，其效率增加；适合半成品、散装原料和集装箱运输。	终端成本高于线路运输成本数倍，运输速度慢。
公路	终端成本小，车辆购置费较大；短途运输成本比铁路低，覆盖范围广；适合易腐、质量轻小货物和旅客的灵活、方便的短途运输。	线路运输成本较高，是铁路的4倍多；不适合大批量长途运输。
航空	随着距离增加，具有远程运输经济；适合旅客及易腐、轻小、高附加值货物运输；速度快。	终端和起降成本高；线路运输成本高，是铁路的16倍多；成本最高的运输方式。
管道	线路运输成本最低，甚至比水运更低；适合大批量长距离运输；适合大规模液体的运输。	固定成本高，随着距离增大迅速增加；受商品种类的限制；必须有规律地流动。

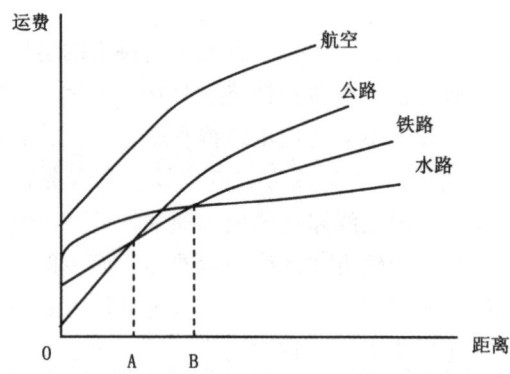

图 2-5 各种运输方式综合运费的比较

胡佛详细研究运输费用的目的在于，告诉企业在区位选择时应趋向于避免原料与产品需要多次中转的交通枢纽位置，并且根据运输距离的不同，通过选择适当的运输方式来降低运输成本。

可见，整个运输成本并非是与距离完全成正比，而是在站场费用既定的情况下随运输距离的增加运费率递减，这种现象在各种运输方式中都存在。如果原料产地与产品市场之间没有直达运输，必须经过运输方式的改变而在某地中转，并且原料又是失重原料，那么运价递减率的优势将消失，在转运点由于中转而支出的费用将急剧增加。如果企业在转运点布局，将可以避免原料和产品的多次中转，减少装卸倒运量，还可以减轻原料重量并增加产品价值，于是转运点就成为运输成本最小的工业区位。事实上，在各国经济发展中，港口和铁路枢纽都是重要的工业集聚地。

运输区位理论运用运费率比较了运输方式和运输线路及站场的经济效果，为研究城市内部和城市间的交通区位提供了理论依据。

四、商业区位论

商业区位论也称"销售区位论"或"市场区位论"。所依托的销售区原理最先由克利斯塔勒（Christaller，1966）提出，销售区指一个销售商以最低的"社会价格"提供商品的区域。"社会价格"是对所谓"净价"的定义，指包含方位效益的商品成本，等于供应商的商品售价和消费者行程成本二者之和。在商品相同的条件下，供应商的销售区是其商品价格低于其竞争对手的区域。

以顾客在某一地区的商店购买巧克力为例，假定这个地区的区位经济特征是：(1) 商品价格相同；(2) 每位顾客的行程成本（行程费用和时间成本）每公里0.5元。如果这个地区中心只有一家商店 A，图 2-6 表明了生活在该地区不同位置的顾客购买巧克力的社会价格。假如 A 商店每包巧克力卖 8 元,对住在隔壁的家庭来说,巧克力的社会价格是 8 元;对住在离商店 10 公里的家庭,社会价格就是 13 元 ($=8+0.5\times10$);若离商店 30 公里的家庭,社会价格将升为 23 元。

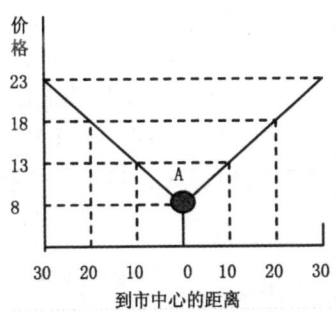

图 2-6 垄断条件下的巧克力价格

由于只有一个商店,销售商就是一个垄断者。图 2-7 显示了垄断者根据边际成本等于边际利润的原则选择的利润最大的销售量,此时垄断提供 q_m 单位的巧克力,市场垄断价格为 p_m,阴影部分是总利润。

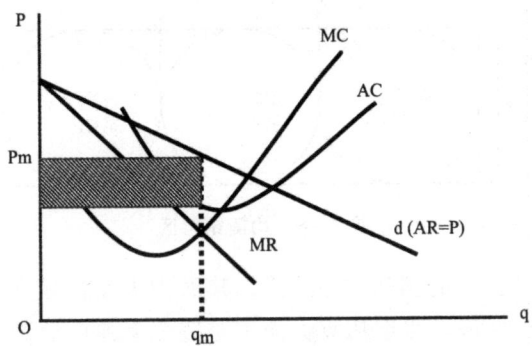

图 2-7 单一商店的价格与数量

由于垄断者在经济上获利,会吸引新的商店进入,一些顾客(居住在新商店附近)将光顾新店。这时 A 商店的需求曲线将向左移动,每一价格上的顾客将减少;随之边际收益曲线也左移,结果是产出下降、利润减少。换句话说,新企业的进入引起了竞争、导致每个商店的产出和利润减少。当每个新进入的企业都是按照边际收益等于边际成本的利润最大化原则确定销售量,就会使原来的企业的利润不断减少。直到产品售价等于其平均生产成本,经济利润消失,就不会再有企业进入,这时就实现了生产者均衡。

新企业的进入产生了两方面的经济影响：一是降低了每个商店的产出，单个商店的平均成本上升。因为许多家商店都销售巧克力，规模经济消失，每个商店都以较高的成本销售。二是商店数量增多会缩短顾客的购买出行距离，降低其行程成本。这样会通过商店数量的增减权衡商品销售成本和行程成本，实现商品社会价格的均衡，从而形成商品的均衡销售区。图 2-8 展示了三个商店处于均衡状态下的销售区。乙和丙各自在离甲的商店 20 公里处开了商店，店内巧克力售价同为 8 元。与甲商店相比，乙在西区的社会价格要低些，而丙在东区的社会价格低些。这三个商店把这一地区分成了三个相等的销售区，每一商店拥有半径为 10 公里的圆形销售区。

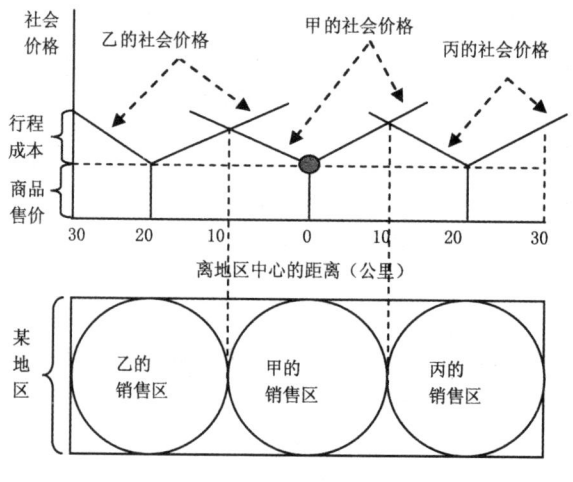

图 2-8　均衡销售区

销售区作为每家公司的销售"领地"，其面积大小决定于行程成本、人均需求、人口密度和规模经济。假定巧克力需求是完全无弹性的，设 d 为人均需求，e 为人口密度，A 为地区面积，q 为商店的平均销量；而这些变量间的经济关系是：（1）地区总需求量（D）是人均需求量（d）与人口密度（e）和地区面积（A）的乘积；（2）进入公司的数量是总需求量除以公司平均销量（q）；（3）销售区的大小等于地区面积除以公司数量（N）。于是可以得到销售区（M）的计算公式：

$$M = \frac{A}{N} = \frac{Q/de}{Q/q} = \frac{q}{de} \qquad 式（2-6）$$

其中公司平均销售量受规模经济和行程成本的影响。规模经济增长意味着在更大的销售范围内平均成本处于斜率为负的区段，从而产出增长的收益将超过行程成本增加，使得各个公司的供应量都增加；这种供应量的增加，会加剧公司间的竞争，在人均需求不变的情况下，一些公司会被挤出，公司数量会减少。而行程成本下降会使平均总成本曲线的最低点右移，因而会扩大销售区，强化大规模供给的优势，这时销售成本的增加低于收益的增加，故每个公司的供应都会增加。同样，这种供应增加，也会加剧公司间的竞争，在人均需求不变的情况下，一些公司会被挤出，公司数量会减少。因此，公司平均销售量与规模经济成正比，与行程成本成反比。图2-8反映了这种关系。

商业区位论的中心思想——销售区位论是解释城市体系机制的基础理论，在第4章中我们将运用这一理论说明城市体系。

五、中心地带理论

中心地带理论的思想萌芽最早出现于美国，美国的乡村社会学家加尔平发表了一篇名为"农村聚落的社会剖析"的论文，他提出了在所有影响农户和贸易中心关系的条件都相同的情况下，农村社区就会呈现出以贸易中心为核心的圆形的假说。但真正为中心地学说奠定理论基础的是第二次世界大战前的两位德国学者，即经济地理学家克里斯塔勒和经济学家廖什，他们两人通过对一段时间和一定空间上零售者和消费者行为的观察研究分别建立了各自的理论。

（一）克里斯塔勒式的中心地带理论

克里斯塔勒（Christaller，1933）在《南德中心地》一书中，通过对德国南部城市群的观察，系统阐明了中心地的数量、规模和分布模式，建立了克里斯塔勒式的中心地带论，它是来自实际统计研究的一个经验性的科学推断。后来一些学者又加以发展，成为可以用来预测一个地区的城市数量、规模和范围的模型。

这一理论建立在销售区分析的扩展基础上，是在市场导向的企业行为假定下，分析销售区规模和数量从而城市规模和数量的变化。假定一个地区有16万人口，消费三种产品 Q_1、Q_2、Q_3，不存在购物外在性，人均需求相同，人口密度均匀，供应者没有投入品问题（即假定投入品以相同价格在区内所有位置都可以买到），三种商品的供应商因规模经济的要求不同而对其需求的数量不同。相对于地区人均需求，Q_1（例如工艺品）的规模经济最高是16万人，因而只需1家公司就够了，Q_2（例如服装）的规模经济中等是4万人，地区内需要4家销售公司，Q_3（例如食品）的规模经济最小是1万人，地区内需要16家销售店。

这里的销售公司都是市场导向型公司，其选址原则是以便利顾客为唯一宗旨，因而最大程度的降低行程成本。由于人口密度均衡，中心位置是行程成本最低的地方，于是规模经济最高的 Q_1 公司在地区中心定址。一旦该公司坐落在中心位置，公司职员会选在公司附近居住以减少通勤成本，于是公司周围人口密度增加，并形成城市，即图 2-9 中的大城市。

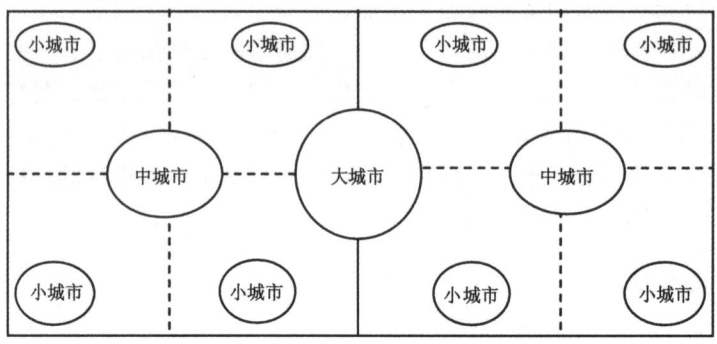

图 2-9　中心位置决定的等级城市

Q_2 销售公司面对均匀的人口密度区域，会形成 4 个同等的销售区（销售区原理）。其中两个会坐落在 Q_1 公司所在的大城市内，另两个分别坐落在大城市的两边。以这两家大城市外的 Q_2 销售公司为中心，同 Q_1 公司的作用一样，会形成两座新的城市，即图 2-9 中的中城市。

Q_3 销售公司面对均匀的人口密度区域，会形成 16 个同等的销售区。其中，大城市中可容有 4 家，每座中城市中分别可容有 2 家，余下的 8 家会把其余的销售区域划分为 8 个销售区，从而又会出现 8 个城市，即图 2-9 中的小城市。

在这个长方形的地区里，共有 11 座城市，位于中心地区的大城市销售所有的商品，Q_1 商品把这里作为销售中心面向全区销售；大城市有 4 万人，意味着可以支持 4 家 Q_3 公司；而所支持的 2 家 Q_2 公司吸引了 8 万人的购买，除了本市的 4 万人外，另 4 万人来自周围的 4 个小城市，每个小城市约 1 万人。两座中等城市销售 Q_2 和 Q_3 商品，它们分别有 2 万人，意味着每个城市可以支持两家 Q_3 公司。每个城市的 Q_2 商品的顾客分别有 4 万人，其中 2 万人来自本市，另 2 万人来自周围的小城市。8 个小城市只出售 Q_3 商品，每个城市有 1 万人，意味着只能支持 1 家 Q_3 公司。

由这一简单的中心位置模型生成的城市等级体系（图 2-10）表明，城市越大，出售的商品种类越多。每个城市从高一级的城市输入商品，向低一级的城市输出商品，形成城市由大到小的城市销售或经济网络。这里蕴含着三个规律：

（1）一个地区存在着不同规模和范围的城市，这种多样性是由于各种消费品具有不同的与人均需求相对应的规模经济，因而其销售区不同。如果没有与人均需求相对应的规模经济的差异，地区内的城市将会一模一样。

(2) 城市有大有小，是由于商品的规模经济性有大有小，规模经济大的商品在大城市销售，规模经济小的商品在小城市销售。大城市有容纳多种商品的空间，小城市有容纳较少商品的空间；而大城市较少和小城市较多，是由于规模经济大的商品其销售区较大，而销售商较少，规模经济小的商品其销售区较小，而销售商较多。

(3) 消费者的购物路线往往是流向大城市，是由于存在着购物时间上的规模经济。

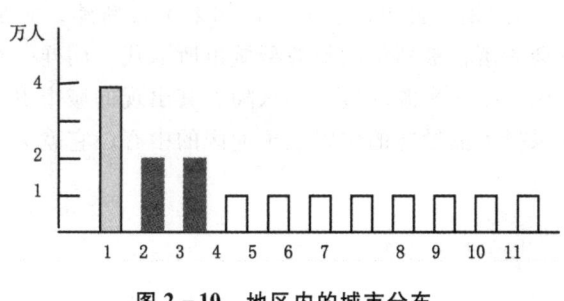

图 2-10 地区内的城市分布

为了明确现实中城市的等级规模和数量，有必要对简单中心位置模型的假定作回归现实的分析。

首先，当与人均需求相关的规模经济增大时，商品的销售区会扩大，销售公司的数量会减少，从而城市的数量会减少，但是城市等级模式依然存在，因为每个城市依然供应大一点的城市所销售商品的一部分。

其次，在非完全替代品的情况下，消费者是通过比较而购物的。因此，某一大类的销售商会群集在一起为比较购物提供便利。假如 Q_2 是非完全替代品，需要在自己的理想位置（中心位置）上折衷，群集在地区中心位置（往往是大城市）利用购物外在性，销售区就会减少。这时这个地区就只有大城市和小城市，从而城市数目减少。但比较购物只是减少城市数量，而不会破坏城市的等级。

再次，在互补商品的情况下，假定 Q_2 和 Q_3 是互补商品，消费者希望在同一购物途中购买两种产品，因此，不同大类的销售商也会集聚在一起为一次性购物提供便利。如果没有 Q_2，Q_3 就不能生存的话，这一地区就只有两类城市：大城市和中等城市，因为 Q_3 是 Q_2 的互补品，为此，它在自己的理想位置（中心位置）上折衷，到 Q_2 的销售区从而利用与一次性购物相关的购物外在性。这时，城市均衡数量减少，但也不会破坏城市等级。

最后，人均需求的变化对城市体系的影响是两方面的：（1）如果某商品的人均需求随着城市规模的扩大而下降，就会打乱城市等级。因为这时小城市的人均需求大,中等城市居中,大城市最小甚至为零。这时中小城市因供应大城市里没有的商品而增长,且小城市的数目会增加。(2)如果某商品的人均需求随着城市规模的扩大而增长,该商品供应商会更集中在中等城市和大城市,从而会因销售区减少而减少小城市。于是产生总数目减少,但城市等级不会被破坏。

上述情况都是针对市场导向企业的行为假定,对于资源导向型公司的位置决定来说,它会破坏中心位置等级。因为一个因资源优势而成长的城市,不受中心位置的影响,当它的规模能够和销售公司的规模经济相容时,比如人口发展到4万人,就会容纳1个Q_1商品的销售公司,这个公司如果不是新建,而是原来的大城市搬迁来的,大城市就会衰落,被新型的资源型城市所取代。同样,对于投入品导向型行业,如果其公司位于投入来源附近,那么随着其出现的城市也会拥有一些大城市里没有的商品,如果投入品导向的位置位于地区的中心,它就会取代原来的大城市成为地区的最大城市。

(二)廖什式的中心地带理论

廖什(Lösch)与克里斯塔勒的经验研究不同,他遵循了微观经济学的研究思路。

假设土地是同质的,要素和人口的区域分布是均匀的;消费者偏好相同,收入无差异,对厂商的产品的需求具有一定弹性。

现有一家啤酒厂A,啤酒出厂价格为m,消费者采购啤酒的单位距离往返费用为t,距离用r表示,需求函数为$p=a-bQ$,p为消费者支付价格,等于厂商价格加上往返费用,即$p=m+tD$,将其带入需求函数,得到$(m+tD)=a-bQ$。可见,离啤酒厂A越远,消费者支付价格越高,需求数量就越少。当$D_1=(a-m)/t$时,需求量为零。就是说,如果离厂商的距离超过D_1时,消费者不会购买此啤酒,因而啤酒厂A销售的直线最大距离就是r_1。于是以πD_1^2为半径的圆行区域,是啤酒厂A的销售区。在这个区域之外,会有其他的啤酒生产者来满足消费者的需求,形成相邻的圆形销售区。随着进入的生产厂商数量的增加,厂商之间靠得越来越近,会形成图2-11a所示的情形。对于每个圆形销售区之间的空白区域,啤酒生产商会继续进入。结果,通过空间价格竞争,同质厂商们占据了所有的土地,整个空间经济将呈现出一个类似"蜂窝状"的六边形集合。在图2-11b中,7个有代表性的厂商,分别占据着7个六边形市场的中心区位,其中每相邻的3个厂商,按照三角形的区位模式开展生产,从而确保生产区位到市场边界的距离最小化。这种空间经济结构使所有厂商的平均社会价格达到最小,使经济中竞争性的厂商数量最大化。

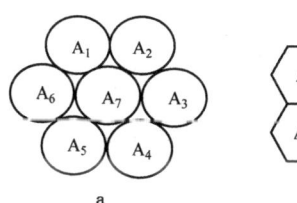
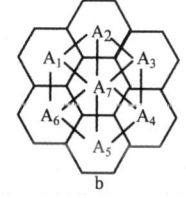

图 2-11　六边形市场领地形成过程

在廖什模型框架中,六边形的空间经济结构对单一产业来说是最优的,但是由于实际经济中许多产业的需求曲线和产品的价格弹性之间存在显著的差异,不同产业特有的六边形市场区位会有一定的区别。一般来说,附加值高的产品的需求曲线往往弹性比较大,其产品运费的微小上涨会引起其需求的大幅度降低,使得这些产品的产业市场区域小于附加值低的产品的产业。在多厂商和多产品的经济中,廖什认为,实现空间的最优利用效率就等同于让每个生产点集中的厂商数量最大,这时会产生集聚经济。廖什的论证说明,一定的空间范围,往往会形成这样的空间结构:一个基本的中心城市、周围的居民区和工业集聚地带。廖什理论第一次向我们展示了城市化本身是能够独立于地方性的特殊情况而普遍存在的。

六、城市引力模型与城市区域理论

(一) 城市引力模型

城市引力模型是研究城市经济影响力范围从而城市区域辨识的方便工具。早在1858年,卡利(H. C. Carey)就参照牛顿万有引力定律(两物体间的引力与其质量的乘积成正比,与其距离的平方成反比),提出过两地区的互动量公式: $I = P_i P_j / d^2$,式中,I 为互动量,$P_i P_j$ 为两地的人口,可视为"城市质量",d 为两地之间距离;1931年,瑞利(W. J. Reilly)又将该公式加以发展,提出分析城市之间的某地受两城市商业吸引力作用程度的公式: $S_i / S_j = (P_i / P_j) \cdot (D_j / D_i)^2$,式中,$S_i$、$S_j$ 是 i、j 两个城市对其中间某地的居民出售货物的相对数量,由公式可知,它决定于两城市间的人口(P)对比和与两城市之间的距离的平方(约为销售区)的共同作用。

空间相互作用表现为两个不同区域之间的商品流动、资金流动、区间贸易、上下班通勤、旅游流动、学生入学、人口迁移、参加会议、信息流动、公共设施和私人设施的利用乃至知识的传播等等现象之间的关系,是研究城市经济引力的入手点。这种空间相互作用的经济效果主要和经济作用点的区域规模、考察对象之间的距离和介质的连通性质紧密相关。例如，同样距离为 50 公里的到上海的某地和到绵阳的某地，在购物便利性、工作机会的易获得性、与博物馆的邻近性、与乡村生活方式的接近程度等方面，分别受上海和绵阳的影响大不相同，因为上海、绵阳的经济规模不同；其次，上海对苏州和扬州的经济作用、文化影响等有明显差异，是由于上海距离苏州和扬州的远近程度不同的缘故；再次，南通、苏州与上海距离相近，但是每天苏州与上海之间的游客明显地大于上海与南通之间的游客，这是因为上海与南通之间有长江的阻隔，空间介质不同。这些的差异说明空间相互作用受多种因素影响，但是主要的因素是空间某区域本身的经济质量和它与能够产生影响的地方的距离。依据这种事实，人们建立了引力模型：

$$F_{ij} = G\frac{p_i p_j}{r_{ij}^2} \quad\quad 式（2-7）$$

式 2-6 中，P_i、P_j 为两个城市的人口数量，表示城市规模；r_{ij} 表示两个城市之间的距离；F_{ij} 表示两个城市之间的引力。可见，城市间的引力与城市规模成正比，与城市间距离的平方成反比。

参照引力模型，饶会林教授（1999）提出了城市影响力模型来表示一座中心城市所产生的经济影响：

$$R_{ik} = \frac{P_i}{d_{ik}^2} \quad\quad 式（2-8）$$

式 2-7 中，R_{ik} 表示城市 i 在 k 点的影响力；P_i 表示城市 i 的社会经济综合能量；d_{ik} 表示城市 i 与 k 点之间的标准距离。一个城市的社会经济综合能量是城市的质量（mass），可以用多种经济指标来反映，例如国民生产总值、人口、特殊产品的数量等表明城市的"经济力"；一个城市与其发生影响力作用点的标准距离指经济距离，一般是指运费最省的交通距离。因为城市 i 对某地的影响力，不仅取决于地面距离，而且取决于交通方式的方便程度以及交通工具的运行速度。两地之间交通快捷、方便，则相当于缩短了两地的空间距离。举例来说，河北承德市与唐山市之间由于没有公路、铁路相通，相互之间的影响力很小，而承德市与北京市之间实际距离相仿，但因为交通畅通，因而相互之间的影响力要大得多。标准距离的计算需要引入标准速度 V 作为度量的一个基准：

$$d = d_1 \times \frac{V}{V_1} \quad\quad 式（2-9）$$

式 2-8 中，V 为标准速度，V_1 为交通工具的实际运行速度，d_1 为两地间的实际距离，d 为标准距离。

综合城市质量和标准距离两方面的含义，可以理解城市影响力就是城市的经济力对扩散的作用点方圆半径内的影响水平。

那么怎样确定城市经济力到作用扩散点的方圆半径距离呢？这可以由式 2－7 导出：

$$d_{ik} = \sqrt{\frac{P_i}{R_k}} \qquad 式（2－10）$$

由式 2－10 能够体会到，d_{iK} 是由中心城市 i 的经济力 P_i 和其最低影响力水平 R_K 决定的到 k 点的影响区域的半径距离；即由中心城市的质量和到其作用点所发挥的最低经济力（影响力边缘）所确定的中心城市影响力半径值。依据 d_{ik}，就可以圈定城市 i 的影响力区域范围。这一范围就是城市区域。

（二）城市区域理论

根据上述分析，可以明确：城市"经济力" P_i 的概念，是指城市对其周围地区的影响力和作用强度，其主要有形式和内容有三：（1）城市吸引力。城市集聚作用使得外部区域的资源、信息等要素向城市流动，城市经济力越大，其吸引力就越大。（2）城市辐射力。城市发展到一定程度，其生产力和产业结构会向更高层次发展，在一定的空间内，会把较低层次的剩余经济力向四周区域扩散，从而形成在区域中的资源、信息等要素的辐射功能。城市辐射力的大小取决于城市的经济总量和产业结构。（3）城市中介力。即城市作为交通运输中心、商业服务中心、金融中心和信息中心，促进城市与区域之间的人流、物流、信息流、商流、资金流的相互流动的作用。城市中介力大小取决于城市第三产业的发展程度和城市经济力总体水平。

考察式 2－10，城市对 k 点的影响力，必然随着城市到 k 点的距离 d_{ik} 值的增加呈递减趋势，且对于速度越慢的交通线路方式递减速度越快，那么城市影响力范围在什么阈值上划定为适宜？或者说，d_{ik} 值为多少时为经济区域的合理半径？这里有相对解决和绝对解决两种方法，相应的可以得出相对性城市经济区域和绝对性城市经济区域。

1. 相对性城市经济区域。1948 年康务尔斯（P. D. Converse）提出了分流点（Broaking Point）的概念，即在城市化程度较高的地区，两个城市同对某一区域的引力的平衡点和分界点。这一点可以作为划分相对性城市经济区域的界限。其求法为：

令：$R_{ik} = R_{jk}$

则有：$\dfrac{P_i}{d_{ik}^2} = \dfrac{P_j}{d_{jk}^2}$　　　　　　　　式（2－11）

解出 d_{ik} 值，得：$d_{ik} = \dfrac{d_{ij} - d_{ik}}{\sqrt{P_j/P_i}} = \dfrac{d_{ij}}{1 + \sqrt{P_j/P_i}}$，$d_{jk} = \dfrac{d_{ij}}{1 + \sqrt{P_i/P_j}}$

式中，d_{ij} 是 i、j 两个城市间的距离，等于 $d_{ik} + d_{jk}$。

式 2-11 表明，在城市 i 和 j 之间的 k 点上，该两城市的影响力是均等的。

如果一个城市与周围的 n 个城市相邻，用同样的方法不难分别求出这个居中央位置的城市与周围 n 个相邻城市的均衡影响力 k_1、k_2、k_3、……k_n，然后将这些 k 点相连就可以划出中心城市与周围相邻城市接壤的均衡影响力范围了。

这种相对的划分城市影响力范围可以清晰地了解到区域内城市经济影响的相互关系，有利于认识城市在区域中的地位和制定城市发展战略。但是不适宜用于相距较远和空间介质性较强的城市影响力关系的分析，因为相距较远和空间介质性较强会破坏空间匀质性假定。

2. 绝对性城市经济区域。与相对性城市经济区域分析方法主要考虑两个城市对同一地点 k 的影响的分析不同，绝对性城市经济区域的判定方法是通过分析城市的农业人口和非农业人口的影响关系而确定 d_{ik} 值的。设 m 为城市人口密度，n 为农村人口密度，α 为农业人口与城市人口的比例，P_j 为城市 j 的城市人口总数；令城市区域面积 S = 市区面积 + 郊区面积，即：

$$S = \dfrac{P_j}{m} + \alpha \dfrac{P_j}{n} \qquad 式（2-12）$$

从中解出：$d_{ik} = \sqrt{\left(\dfrac{1}{m} + \dfrac{\alpha}{n}\right)\dfrac{P_j}{\pi}} \qquad 式（2-13）$

则城市 j 到 k 点的影响力 R_k 为：$R_k = \dfrac{\pi}{\dfrac{1}{m} + \dfrac{\alpha}{n}} \qquad 式（2-14）$

是从农副产品供应角度考虑出发的城市的影响力，而以 d_k 为半径的范围就是城市 j 的绝对性经济区域。这种确定方法，对于我国的市管县体制中的区域合理划分、制定充分发挥城市对农村经济影响力的政策有积极的现实意义。

不论采用给定 α 值方法还是事先确定 R_k 值的方法求出的基本常识区域，都不可避免地会发生城市区域重叠现象。这是城市化程度提高的表现，它反映了城市之间的社会经济联系日益紧密。为了认识这种现象，有必要从更大的范围认识城市区域。这可以在基本城市区域划分的基础上，把发生重叠关系的城市区域联系成为一个整体，在更大的范围内进行较大的城市区域的辨识和规范研究，分别认识和确立中型的城市地区、城市化区域、大城市区和大城市化区域。参考美国人口普查的定义，常见的关于城市地区的概念主要有：

（1）城市（town，或 urban place）。指在相对小的区域内有最低的人口数量的非农生活区。一般至少有 2500 非农业人口的地区。

（2）城市（city）。泛指具备最低城市功能的具有一定人口规模的非农业生产和生活区，包括市区和郊区两部分，一般人口规模在 1 万—5 万人以上。

（3）城区（urban area）。城市的市区部分，不含郊区。

（4）中心城市或中心地（Central City 或 Central Place）。是城市化地区中人口最多的设有建制的城市（镇）。有说人口至少在 1.5 万人以上[1]。

（5）城市化地区（urbanized area）。指包括一个大的中心城市（自治市）和具有一定人口密度的周边地区的城市地区，通常人口至少要在 5 万人以上[2]，相当于我国的城市建成区含义；这样我国每一个县级市以上的城市构成了一个个的城市化地区。中心城市外围的城市化地区称为城市边缘（urban fringe）。

（6）大城市地区（metropolitan area，MA）是指一个拥有大量人口的核心城区和在经济意义上与这个核心结为一体的邻近社区的广大区域。通常必须有 10 万人以上，其中核心城区必须有 5 万人以上。核心城区和与其结为一体的邻近社区互相有大量的往返人口。大城市地区中可能有多个中心县区（central county），这与我国市管县体制中的地级以上的城市内容相当。

（7）大城市统计区（metropolitan statistical area，MSA）。指以一个大城市为中心，包含有 1 个或几个与之经济联系密切的大型城市化县区或一簇县区。中心大城市一般在 100 万人左右。

（8）大城市联合统计区（Consolidated metropolitan statistical area，CMSA）是包含有两个或更多的大城市统计区的复合大城市地区。人口范围往往在几百万到超过 1000 万以上。

不同规模和范围的城市及其城市区域概念的生成，决定于城市化发展的历史。世界城市化的状况目前已经由最初的单体城市，发展到由城市连绵体构成大城市群、大都市带的最新状态，形成了更为广阔的城市化经济的运行区域。对于这些巨大型城市化区域的未来发展趋势，人们存在不同的意见。一种意见认为，由于交通和通讯条件的改善，城市动力场会不断扩大和延伸。以前相对独立的大大小小的城市动力场会逐渐合并形成一个庞大的复杂系统，几个大都市带互相连接，形成一种有许多大的节点或发展极联结成网络的更大的城市地域空间，可称之为世界性大都市带（Ecumenopolis）；而相反的意见认为，人类正从机械时代进入电子时代，尽

---

[1] 许学强等编著. 城市地理学［M］. 第 1 版，高等教育出版社，1997.
[2] 美国人口普查标准。

管大都市中心将变成高度一体化的通讯网络中心，实际优势可能增加，但实际发展速度将放慢，大都市带以外的具有高度舒适环境的较小中心，借助于发达的电子通讯网络，将会获得较快发展①。

对这些问题的研究，有待于城市化经济发展的进一步实践。而最新的一个关于城市化区域的概念——CITISTASES（Neal R. Peirce，etc，1993），为我们提供了研究城市化区域的新视角。如果把政治性的城市和经济性的城市结合起来考虑，就有了CITISTASES，它来源于古希腊城邦 city‑state 一词，中文接近的意思是"城市自理区域"，或"现代城邦"（饶会林，1999）。它表明现代城市区域由经济自治（各种经济一体化或共同体）的力量使然，正在走向自然的"城市一体化"。CITISTASES 在地理上的接近，使人们能够集聚在一起，形成一种直接的联系纽带，并相互理解；CITISTASES 是当今流动性最大的定居形式，无论人口、劳动力还是商品、资金都在加速流动，它打破了贸易壁垒，其巨大能量在国内外以至于整个世界集聚或分散；CITISTASES 是信息革命的结果，它的最新产品就是人才，因而它能够应对挑战；CITISTASES 作为规划、促进经济发展方面的职能，以稳步上升的公共意识应对发展潜力、教育、基础设施、环境质量等方面的挑战；CITISTASES 已展现的强劲增长能力成为国家竞争力的主要内容。因此，未来的经济发展，是 CITISTASES 的发展，它将成为城市化经济运行的重心所在。

第二节 集聚经济理论

一、集聚经济的涵义

集聚经济（agglomeration economies）是城市经济学的一个核心概念，一般指因企业、居民的空间集中而带来的超额经济利益或成本节约。在某一地理区域范围（城市）内，在生产方式、技术水平、市场价格都不变的情况下，若单个企业的生产成本随着进入该区域的企业数目增多或居住人口的增多而下降、企业获得了额外的收益时，或者整个地区（城市）的国民产出随着进入该区域的企业数量或居住人口的增多而上升，城市按人平均的或按总产出平均的各项投入都下降时，就是发生了集聚经济。集聚经济是基于空间向心力的由多种因素导致的一种外在性。当集

---

① 许学强、周一星、宁越敏编著. 城市地理学 [M]. 第1版，高等教育出版社，1997.

聚适度时，出现正的外在性，即发生了集聚经济；当集聚不适度时，出现负的外在性，即发生了集聚不经济。集聚经济的度量有多种方法（吕玉印，2000），但就其内涵而言，在理论上可以有两种表现，一是表现为城市的边际收益大于零，另是表现为城市的规模收益增加。

城市边际收益指每当增加一个城市人口所增加的国民产出，如果城市增加一个人口所增加的国民产出高于当时的城市人均国民产出，就出现了集聚经济。这可以借助于城市生产函数来分析。设 Y 为城市总产出，P 为城市总人口，在 $Y = f(P)$ 上，如果 $dY/dP >$，这一阶段上的人口规模，都会产生集聚经济，当然这种集聚经济有一个从大变小的过程；

城市规模收益指适当增加城市人口密度，使人均的城市成本下降的现象。这可以借助于城市等产量曲线来分析。设 E 为进入城市的企业，P 为城市总人口，二者是城市集聚的主导因素。图 2-12 分别反映了企业与人口的城市规模收益的递增（A）、不变（B）和递减（C）的情况。城市 A 的等产量线由 10 单位发展到 30 单位，是通过均匀地在城市增加企业和人口而实现的，即规模收益不变；城市 B 的等产量线由 10 单位发展到 30 单位，是通过增加较少的企业和人口而实现的，因而规模收益是递增的；而城市 C 的等产量线由 10 单位发展到 30 单位，是通过增加更多（超过产出的速度）的企业和人口而实现的，因而规模收益递减。这个过程中都会产生集聚经济，尽管其收益程度不同。收益程度的差异取决于企业和行业规模经济差异、规模经济不同的部分投入替代以及生产的各种区位条件等方面的差异。

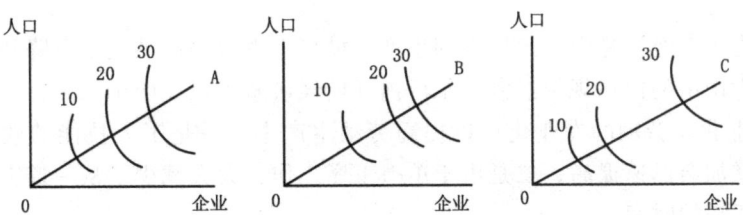

图 2-12　企业与人口的城市规模收益情况

德国学者韦伯最早提出要加强对经济凝集作用的分析研究。他在 1909 年出版的经典著作《工业区位论》中，系统地阐述了集聚经济理论。韦伯认为，集聚实质上是工业企业在空间集中分布的一种生产力布局形式，集聚使企业获得成本节约形成集聚经济。但集聚经济并不是无条件的，只有把存在着种种内外联系的工业按一定规模集中布局在特定地点，才能获得最大限度的成本节约；而那种无任何联系的、过渡性的偶然性集结，可能不会有集聚利益，一些恶性集结还可能给地区经济发展造成恶果。可见，韦伯的集聚经济与规模经济有关，他强调工业企业在空间上的规模化。根据他的理论，集聚分为两个阶段：低次阶段是单纯由企业经营规模扩大而带来的生产集聚，即"所有具有自足完整组织的大规模经营"；高次阶段是同类或不同类企业的集中构成的总生产规模的扩大，主要是扩充大规模经营的利益。而阿尔弗雷德·马歇尔（1920年）把集聚带来的好处归纳为两种主要表现形式：第一类集聚经济能为产业内部的厂商带来正的外部性；第二类集聚经济则对当地的产业总体产生正的外部性。这种区分的发展形成了两个重要的概念：地方化经济和城市化经济。

二、地方化经济

地方化经济是行业的集聚经济。如果行业内的企业生产成本随着行业总产量的提高而降低，就出现了地方化经济。行业聚集经济决定于行业内多个企业的空间分布状态：行业内的企业，若密集地聚合于某个地区之内，企业间可以就近得到相互交往的便利，就会产生地方化经济；若是零散的分布于广大地区，企业间联系很松散或没有联系，就不会产生地方化经济。可见，同行业的企业在空间上互相靠近，形成企业群就可以降低它们的生产成本。这种地方化经济的出现主要有工厂内规模经济、中间投入品的规模经济、范围经济和关联经济、买和卖的规模经济与集聚外部性、劳动力市场共享和知识溢出等机制。

（一）工厂内的规模经济

工厂内规模经济是由于工厂内部生产规模扩大引起的产品成本下降和收益的增加现象。生产中的内在规模经济，工厂内规模经济基于以下两个原因：

1. 专业化。劳动的专业化可以提高劳动生产率，一是工人技能的效率随着重复次数的增加会迅速提高，二是由于单一工序工作，大大减少了从一道工序转向另一道工序所需的时间。

2. 生产要素的不可分割性。如果投入具有最小效率规模，那么这个投入对于生产过程来说是不可分割的。如果将不可分割的投入分为两半，两部分总产出将小于整体投入的产出。

（二）中间投入品的规模经济

工业企业生产过程中所需投入的中间产品，如果其需求量不值得自己来生产，即自产不存在规模效益，往往是从具有规模经济的供应商那里采购来的。如果企业所需要的中间产品在设计和制造方面需要常常和供应商进行面对面的协调，或者中间产品本身体积较大、易损坏，需要迅速运送等等原因，都会使企业考虑到其选址要靠近中间产品供应商。于是在一个具有规模经济的供货商周围就会集聚许多企业形成企业群落构成地方化经济。

弗农（Vernon）曾经以曼哈顿的服装制造业为例，说明源于中间投入品生产中的规模经济而在空间上集聚的企业群。为什么服装厂会集聚在纽扣厂附近？这是由于（1）它们必须监督纽扣的生产，（2）面对面接触会节省交易费用，（3）分享同一个纽扣供应商的规模效益（Arthur O'Sullivan，2000，P27）。这种围绕中间产品供应商而集聚的现象，是地方化经济的生产性特征。现代社会的公司总部一般集聚在中心商务区（CBD）[①]，就是基于分享中间产品供应商信息的规模经济：广告一般外包给广告公司，请专门律师事务所代理法律诉讼，到最大的经济咨询公司交流经济信息，等等。而高科技企业所在地要靠近具有规模经济效益的电子元件生产商，特别是非标准的电子零件企业；出版行业要靠近能够提供专门信息（研究机构、大学、图书馆等）和图示（图表设计公司）的组织的周围。尽管现代通讯工具使人们的交流十分方便，但在事实上，面对面的交流在直接影响交易决策上发挥着重要作用。

（三）范围经济和关联经济

范围经济与关联经济是既相联系又明显区别的两个不同的概念。范围经济指企业生产两种或两种以上的产品而引起的单位成本的降低，或由此而产生的节约；关联经济指企业"纵向一体化"引起的单位成本的降低，或由此而产生的节约。

生产中出现的内部范围经济表现为在同一个生产过程中，除了生产出主产品外，不必增加专门投入而生产出副产品。如炼油厂在生产汽油的过程中，可以同时生产出柴油、沥青等附加产品。这种现象，使一些企业采取了多样化（Diversification）经营策略，即在同一生产过程中联合生产经营相关的几种产品，以便获得范围经济效益。于是，非农产业最初的单一性产品的生产，逐渐地演变为某一大类的产品生产，这使得行业的内涵丰富了。丰富的大类产品所形成的内涵丰富的行业进一步扩大了生产空间，增进了行业内部的生产要素集聚。随着生产规模和联合生产的扩大，有些企业又发现，在生产达到一定规模后，如果兼并某些上道工序或下道工序产品的生产，可以使规模经济效益在原来的基础上扩大。因此，把上下关联的多个生产过程集中在一个生产过程中，也可以获得额外收益。这种做法叫作纵向兼

[①] 山田浩之（1991）第6—8页，程红（2001）第281—283页．

并（Vertical Merger）或纵向一体化（Vertical Integration），它可以在总产出增加的情况下，使产品平均成本下降。这种现象被称为"关联经济"（丹尼尔·F. 史普博，1999）。关联经济使企业的规模沿着纵向扩大，进一步扩展了生产空间。对于这种过程，美国经济学家艾伦·斯科特（A. Scott）认为，生产过程中空间纵向分解或纵向一体化中，交易成本起着决定性作用，每单位产出的交易费用越大，厂商或企业越有可能通过空间集聚而减少交易费用。同时可以把这种交易成本赋予"空间"的意义，引入城市化的理论研究中①。可见，关联经济的形成，主要不是技术的原因，而是表现为交易成本的社会性、制度性原因，这一点可以用于解释对城市化经济需求的社会经济学因素。

（四）买和卖的规模经济与集聚外部性

加工型产业出现之后，买卖活动的一个本质变化是为了满足生产需要而进行的大量中间产品交易以及群体生产的劳动者对消费品的集体购买。这就扩大了商业活动的范围和内容，产生了商业的规模经济和外部性。

商业的规模经济除了与加工企业一样，来自专业化分工和先进管理手段的采用外，还有自身的特点：（1）大批量采购和销售的经济性。商业企业采购活动要花费大量的交易费用，或经营费用。大批量采购能够显著降低单位商品分摊的交易费用，享受较大的批量折扣，降低单位商品的购进成本。商业企业在销售商品时，需要借助促销手段来销售商品，通过大批量的商品销售规模，会降低单位商品的促销费用。（2）大批量运输与储存的经济性。在运输工具额定运载能力一定的前提限制下，商业企业运输批量越大，就越能降低单位商品的运输成本，特别是大批量运输还能取得整车运输和利用先进运输工具、装卸设备的经济性。尽可能减少库存，减少资金占压是商业企业降低经营成本的重要途径之一。大规模商品销售需要大批量储存作为物质保证，而大批量储存能更加合理的利用储存空间，获得大批量商品储存的经济性。

商贸企业聚集的外部性，一是指卖方坐落在企业群落中会得到众多的"购买人气"和营销的空间外部性；二是指买方在商店群落中采购会得到"货比三家"、"竞争压价"及"一揽子购买"的外部性。例如一个孤立的音像制品店搬迁到一家食品店旁边，两家的销售额都增长了。这种一家商店对顾客的吸引给另一家商店带来了利益，就是空间的营销外部性（shopping externality）；（1）在群落商店购买非完全替代品可以充分地讨价还价以降低选购成本；（2）在具有规模经济的商店里

---

① 冯云廷. 城市集聚经济 [M]，第 1 版，东北财经大学出版社，2001.

购买互补商品可以享受一揽子购买的便利，一次性地实现全部购买。这些机制会导致相关联产品的商贸企业形成零售群落，使消费者充分享受购物外在性和商贸企业规模经济的好处，这是市场型城市产生和发展的内在机制。

（五）熟练劳动力市场的共享效率

熟练劳动力市场的共享效率来自两个方面，一是当企业群落共用一个劳动力市场时，可以降低用工和就业的信息成本和交易成本；二是可以使厂家共享高水平劳动效率并节约劳动力支出和使劳动者实现充分就业。

假如企业生产从而用工有旺季和淡季之分，存在两条需求曲线（D_{good}，D_{bad}）。企业独处时在旺季和淡季都雇用同等数量的工人，但分别支付不同的工资，见图2-13（1）；而企业在群落中时，在旺季和淡季支付相同的工资，但是雇用的工人数在旺季更多，在淡季较少，见图2-13（2）（Arthur, O'Sullivan, 2000）。

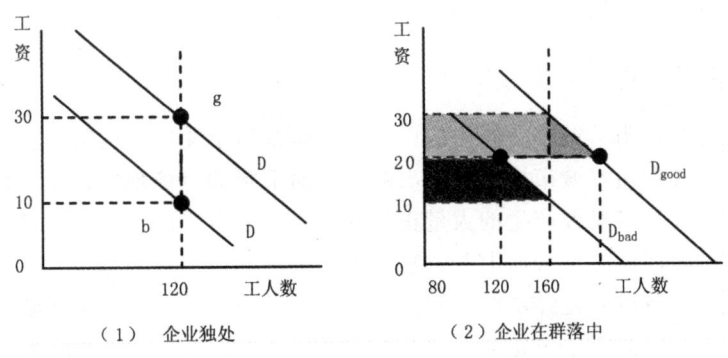

图2-13 共享劳动力市场的收益与成本

由于群落中的单个企业的淡季和旺季不是同时出现的，此消彼长，因而会形成全行业对工人的稳定的需求，群落中的劳务市场的工资就是稳定的，这种稳定水平一般比独处的企业淡季时高，旺季时低。可见，群落中的企业在旺季时可以少支付工资，从而就会得到浅阴影梯形部分的共享收益。其中矩形部分表示在雇用120名工人时所节约的劳动成本，三角形部分表明在160名工人时，雇用第121名工人时获得的额外收益。而在淡季时，群落中的企业就会减少工人，但在岗的工人工资仍然保持原来的水平，这样就会比独处的企业多支付深阴影梯形部分的成本，其中矩形部分是实际多支付的工资，三角形部分是由于少雇用工人所损失的收益。浅阴影梯形部分和深阴影梯形部分相比较，收益大于成本，即企业通过旺季以同样工资雇用更多的工人，创造的收益在弥补淡季的支出以后仍然存在的大量剩余，这就是群落给企业带来的好处。而从工人的角度说，在企业群落处工作，可以得到高于在独处企业工作时的工资,即使在淡季,由于集聚的信息是广泛的和充分的,可以在极短的时间内实现在不同企业间的转移。

(六)信息集聚的外部经济

厂商集聚的另一个明显好处是加快了知识和信息在本产业中的传递。在不同厂商内工作的员工如果能够经常进行正式或非正式的交流,无疑会提高产业中每个厂商的产品创新和管理创新水平。如果该产业的规模越大,这种交流的机会就越多,从而知识交流带来的外部性就越大。这一点在高新技术产业集群中表现得尤为明显。比如,在美国的硅谷地区就形成了一种崇尚合作交流的创新氛围,许多中小企业的科学家和高级工程师经常在一起交换知识和信息,从而使得这个地区企业成为近二十年全球最有活力的电子和计算机的研发中心。不仅如此,由于产业内厂商间实现了知识共享,对其他外部厂商产生了很强的吸引力,因此会有更多的企业进入这个集群,进而影响到城市结构的变化。

三、城市化经济

第一章已经说明了城市化经济的内涵,这里指城市化经济的第一种涵义。即单个企业的生产成本随着城市地区总产出的上升而下降的经济现象。就是说,由城市共享基础设施和经济集聚产生的大量正外部性,使城市产出在不增加城市总投入的情况下随着城市规模的增大而上升。它是集聚经济的另一种类型。

城市化经济与地方化经济的区别体现在两个方面:(1)城市化经济源于整个城市经济的规模,而不单单是某一个行业的规模;(2)城市化经济为整个城市带来利益,而并非只针对某一个行业中的企业。城市化经济出现的原因和地方化经济出现的原因是相同的。它是地方化经济效应从产业扩展到区域的结果,具体表现在:

1. 城市基础设施的共享效率。如果提供中间投入品的厂商不仅仅是为一个产业服务(地方化经济)而是为几个产业的厂商服务,那么我们就应该把这种类型的集聚经济划归在城市化经济的范畴内。比如,类似机场、港口和铁路等交通设施的投入是不可分割的,而且一般情况下都具有外部性,可以为城市的每个产业提供运输服务。它们都存在明显的规模经济,成本的大部分都是固定投入,使用量越大,平均使用成本就越来越低。所以,随着城市规模的扩大,交通设施服务的种类也更丰富,对城市内厂商的外部性也越大,经济效率就越高。

2. 产业集群的外部性。地方化经济中的范围经济与关联经济,在城市化经济中已经由企业或行业的产品和生产过程集聚(多样化或纵向一体化)发展到企业集群式的集聚，甚至形成了企业网络。在更广阔的空间中，范围经济使拥有多个行业的企业集团出现了，关联经济使企业纵向一体化不只限于工业企业，而是出现了科工贸一体化等更综合性的一体化形式。企业集聚范围的扩大和深度的扩展，使城市中生产经营的成本更低，增强了企业生产经营的灵活性，使企业建立起人与人之间的信任关系和保障这种信任关系的社会制度安排，从而积累社会资本、节省交易费用；使地方特色产业发展起来并保持声誉成为可能；使专业知识和技能特别是经验得以传播和扩散，激发新思想、新方法的产生和应用。这些，导致了产业和产业地区的簇起状态，在扩展城市规模的同时，提升了城市质量，增强了城市特色。

3. 交易集聚的外部性。随着城市规模扩大、人口增加和人口密度提高，使得讲求规模效益的商贸企业从柜台式零售发展到"超市""自助消费""休闲屋"；从单店经营发展到连锁经营。前者利用了消费者的购物"外在性"（购物的互补性和替代性），后者则充分利用了营销的外部效果。此外，商业企业大规模连锁经营或有众多分支机构的企业集团获得标准化和简单化的经济性：大规模商业企业在众多分支机构中的选择、店铺的空间布置、店面的装修、设备的配置、商品的陈设等方面的标准化、简单化设施，一方面可以使其顾客降低购物过程中的信息搜索费用，并保持相对稳定的顾客群，另一方面，是更重要的通过标准化、简单化来降低企业经营成本，使企业经过长期摸索得出的成功经验能在众多分支机构中以一种标准化模式推广应用，取得更大的经济效益。如现代市场营销中的企业视觉识别系统（CIS）的导入，能通过标准化、简单化识别标记、和谐的色彩搭配、打动人心的口号与企业宗旨来突出企业整体形象，企业的每个分支机构只要按照统一部署行动，都能从中获益。

4. 城市劳动力集聚的外部性。大城市人口众多，密度高，一般具有比较多的劳动力储备。这对于城市内产业经营非常有利。从厂商角度来看，可以非常容易地雇佣和解雇员工，企业用工数量富有弹性，劳动市场的工资可以保持相对稳定；从劳动者角度来看，可以有效降低对工作岗位的搜寻成本，方便地在产业间实现就业转移。城市劳动力市场保证了城市劳动力的总供给和总需求比较稳定，这对于产业的长期稳定发展（因为各个产业每年的景气程度可能是不同的）十分重要。

5. 集聚式人力资本形成的外部性与城市的智能性。城市能够产生人气聚集的"集聚效应"。知识、技术、人力集合起来能够产生更大的能量。人才一般多是一技独长，聚众之长就会形成人才聚集优势，形成"合理结构"，靠"合力"取胜。首先，城市中聚集了各种类型的企业，需要各方面的人才，可以充分利用城市中人力资本集聚的外部性：一群独立自主又彼此依赖、相互关联的成员集合在一起，利用各自的人力资本要素,促进信息与知识的流动和新思想、新技术的创造,发挥出整体系统大于部分之和的效应。其次,在一个环境快速变化的动态竞争环境里,信息共享、资源互补、集聚竞争优势,这种安排相对于刚性化与缺乏弹性的垂直一体化安排更有效率,对环境变化具有更强的适应能力。再次,对于组织及其成员的作用:人力资本集聚可以提高组织的运作效率,保证组织持续不断地产生创新成果,可以不断提高个人的技术知识水平和创新能力,为个人发展提供良好机遇和广阔空间。最后,城市中人们沟通的便捷性有利于知识积累与创新能力的加强。城市提供了人们沟通的便捷性,例如现场研讨、频繁的面对面交流,特别是各种非正式交流,如工作之余的聊天,不同的思想在交流中相互碰撞而产生新的火花,更加方便提供了学习途径。这些渠道往往对创新提供具有重大作用的关键信息,克服和不足了正式渠道的时滞性缺陷。

在社会人力资源的分配过程中存在着"马太效应",人才愈多的城市愈容易吸引人才,人才愈少的城市愈容易流失人才。拥有较多人才的城市,其经济发展水平也较高或者具有迅速提高的可能性,可以为各类人才的生活和工作提供较为优越的综合环境和自我价值实现机会,从而对人才有较大的吸引力;而较高的经济发展水平又进一步产生对人才的大量需求。同时,人力资本集聚产生的品牌与声望效应具有外部效应:(1)使城市之外的人们产生敬仰与倾慕之情,扩大人力资本集群的影响力,会在社会公众中形成良好的"以人为本"品牌形象,形成良好的口碑为人们传播,从而能吸引更多、更优秀的人才来工作,形成循环累积效应,就会减少雇佣专业人才方面的交易成本;(2)"名人效应"吸引了众多的高素质人才,即在某些领域闻名的企业家、管理者、科研骨干、学术带头人,更能够以他们的知识积累和社会威望形成影响力,包括以非凡品质和魅力形成的感召力,会产生强大的凝聚力,招揽各方面人才,聚贤纳士,进一步扩大人才优势。城市中这种人才聚集的自我实现、自我发展效应,会不断提高城市劳动力层次,提升城市的智能性。

第三节 城市化理论

城市化作为城市人口占总人口比重不断上升的社会现象,是人类历史长河中的一个必然过程。它推动经济发展的中心从乡村转移到城市,促进城市在数量上急剧扩张,在质量上不断提高,从而改变了经济发展的空间方向和基本方式。

一、城市化的动力机制

城市化发展的动力机制是推动城市化发生和发展所必需的动力的产生机理,以及维持和改善这种作用机理的各种经济关系、组织制度等所构成的综合系统的总和。城市是现代区域社会经济要素及产业的核心空间载体,城市的发展区别于增长的主体动因是新兴产业的不断出现,夕阳产业的及时淘汰,即产业结构的调整与优化是推动城市发展的核心动力。克拉克就认为,城市化是第一产业人口不断减少,第二、三产业人口逐渐增加的过程。

城市化的发生与发展受到三大力量的推动与吸引:即农业发展、工业化和第三产业崛起。并随着城市化进程的深入,这三种力量依次处于主导地位,表现为产业结构的大规模调整,农业剩余劳动力向各非农产业部门转移。

(一) 农业生产率的提高是城市化的基础动力

农业发展对城市化的支持作用表现在以下几个方面:

(1) "食物贡献"。农业通过所能提供的食物商品数量决定着城市化的人口规模。而农业提供商品性食物的数量,取决于农业的发展水平。

(2) "原料贡献"。工业作为城市生产的核心,需要有大量充足的原料供应,其中相当部分来自农业,这也取决于农业的发展水平。

(3) "市场贡献"。农村是一个潜力巨大的市场,随着农业发展、农民收入水平的提高,恩格尔系数不断下降,农民对工业投入品和工业消费品的需求将不断提高,从而使城市工业品的销售市场扩大。

(4) "人力贡献"。随着农业劳动生产率的提高,不断地产生着农业剩余劳动力,他们会向城市转移。当农业边际产出为负的劳动力向城市转移完毕之后,农业边际产出为零的劳动力也会向城市转移,从而为城市发展贡献了人力资源。

(5) "资金贡献"。在内生城市化过程中,农民携带资金进城兴办产业,农民付费购买城市户口,农民集资兴建城市基础设施等;在外生城市化的过程中,政府通过"价格剪刀差"等方式从农业积累资金用于城市非农产业发展。

(6) "土地贡献"。新兴城市和城市规模扩大所需占用的土地,大都来源于农用土地。而农用土地的减少,要以农业劳动生产率的提高为条件。

(二) 工业化是城市化的发动机

对城市化与工业化的关系,有专家作了这样一个比喻:"工业化是城市化的发动机,城市化是工业化的推进器",这是很有道理的。城市化是与产业革命相伴而生。1801年，英国城市人口比例已经相当于我国1990年的水平，达到26%，城市数量106座；1851年，其城市人口比例已达45%，接近目前世界城市化平均水平，城市增至265座；进入19世纪，法、德、美、葡等国相继完成了工业革命，整个西方城市化过程相继铺开。第二次世界大战以后，工业化开始在发展中国家的城市化中显示出较大作用。工业化是城市化的决定性动因，这是世界城市发展的客观历史和现实。

工业化对城市化的推动作用体现在：

（1）工业化发展促进了工业的集中和企业规模的扩大，从而导致城市规模扩大和新的工业城市的形成，这是"集聚经济效益"作用的必然规律。

（2）工业化带来的产业结构升级的变化不断地吸收着从土地中释放出来的农业剩余劳动力，从而促进了城市人口的增加。

（3）工业化由于技术含量和剩余价值较高，使以大工业为基础的城市经济成为国家经济生活的主体，使生产力发展的动力和重心从农村转移到了城市，强化了城市的中心地位。

（4）工业化使城市经济关系和生活方式逐渐渗透到农村，不断瓦解着自给自足的自然经济和小商品经济，使之日益社会化和商品化，其结果必然是农村居民在各个方面同市场、同城市发生愈来愈紧密的联系，从而改变着他们的生活习惯、文化传统以及物质和文化生活的需要。

（三）信息化是促进多样城市化的推动力

人类在工业化社会之后，过渡到后工业化社会（信息化社会）的主要特征是服务业在经济中占据主导地位，服务业成为城市空间综合体和带动收入与就业增长的主导产业部门。信息技术对城市经济的渗透和城市经济结构中信息经济比重的提高，使城市通过产业结构调整和整合，推动产业结构高级化，从而优化和强化了城市的现代功能，使城市经济成为融合金融、通讯、科技、服务在内的综合经济体系。高新技术产业作为信息经济发展的动力和灵魂，推动了城市信息化、网络化进程，使城市成为信息汇聚的中心、技术创新的中心和新思想（包括新的价值观念、文化理念、消费需求等等）的发源地。城市结构中的高新技术园区、科学城的金融、信息咨询等功能逐渐占据主导地位，传统工业居于次要地位，城市发展将主要依赖于智能资源的贡献。

综上所述，城市化经济的产生机制，从历史渊源来看，是农业剩余、非农产业、集聚经济与外衣经济的综合作用，它们是城市化经济产生和发展的四大命题。

二、城市化一般规律

城市化是人类社会的一种普遍现象,在历史的长河中,它根据其自身的内在规律发展。从一般性上来说,这些规律可以从时间、空间、量的变化和质的变化几个方面去考察。

(一) 时间维度的城市化

时间维度的城市化,表现为以S型曲线表达的城乡人口随着工业化进程发展的有序变化和阶段性特征。

如果把城市化看作是一种自然历史进程,那么城市化进程与生物生长过程有些类似。生物生长过程一般分为延迟期、加速期、对数期、减速期、恒定期和衰亡期6个阶段,其生长因子[①]主要有维生素、氨基酸、嘌呤和嘧啶等。城市化过程类似的可以划分为初期、中前期、中后期和末期阶段[②],其中中前期是城市化的加速时期,我国大部分城市处于这个时期。这种类似于生物生长过程的城市化可以用S型的生长曲线来表现。

对于S型的城市化发展轨迹理论首推美国城市地理学家诺瑟姆的研究。1975年,他在《城市地理》一书中通过对各个国家城市人口占总人口比重变化的研究发现,城市化进程具有阶段性规律,即全过程呈一条稍被拉平的S型曲线(图2-14)。后来人们又进一步的研究证实,城市化阶段性的一般规律是:(1) 第一阶段为城市化的初级阶段,一般城市人口低于总人口的20%左右,城市人口增长缓慢。(2) 第二阶段,城市化进程逐渐加快,当城市化水平为33%—35%时出现持续递增的加速度,S曲线呈指数曲线攀升,一般到50%左右出现城市化拐点,城市化加速度开始递减,城市化的边际成本将逐渐增大,但城市化率还是上升的,一直持续到城市人口超过70%以后才进一步趋缓。城市化拐点把中期阶段细分为中前期和中后期,反映了城市化加速度的不同。(3) 第三阶段,城市化进程缓慢上升或停滞或略有下降趋势。这种表现为一条光滑的扁s型曲线的发展趋势,当然并不是任何国家都非常显著,但大部分国家的数据基本上支持了这一结论。

1996年谢文蕙教授运用S型曲线的数学模型,对世界和部分国家在1800—1982年的

---

① 某些微生物生长代谢所必需的、但自身又不能合成的微量有机化合物的统称。参见《辞海》上海辞书出版社.1979年版第359页"生长曲线"。

② 饶会林著. 城市经济学 [M].第1版,东北财经大学出版社,1999.

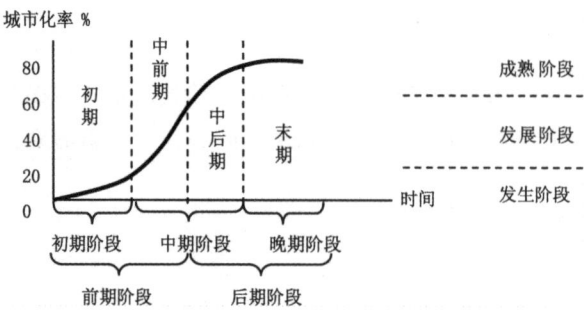

图 2-14 城市化阶段

180 多年来城市化发展水平的历史数据进行时间序列回归,得出全世界城市化的回归方程为:

$$Y = \frac{1}{1+Ce^{-rt}} = \frac{1}{1+5.7307e^{-0.01729t}} ①$$

谢文蕙教授运用该回归方程计算出英国、原联邦德国、美国、前南斯拉夫、日本、印度、前苏联、法国等国家的城市化曲线估计式。并用判断城市化起步早晚的积分常数 C 的水平和判断城市化发展速度快慢的积分常数 t 的水平,说明了英国、法国、西德、美国等国的工业化起步较早,已进入城市化高级阶段,原苏联和日本工业化起步稍晚,但城市化速度较快,已进入城市化中级阶段,印度等发展中国家工业化起步较晚,尚处于城市化初期阶段的世界城市化进程的基本状况。

与图 2-14 横轴表现的三个阶段相适应,纵轴相应地表现出城市化进程的发生、发展和成熟三个阶段。城市化犹如一个生物体,有它的成长过程;所以展现出这样有规律的 S 型曲线,是如同生物体的生长因子一样,也有自己的生长因子。一般来说,城市化生长因子有产品需求及其弹性、产业结构高级化、城市规模经济和集聚经济等,特别是工业化进程。目前理论上已有的多种解释,如英国范登堡提出"城市发展阶段说",美国刘易斯提出"城市周期发展规律说",以及国内学者提出的"产业结构变动说"、"人口转变说"、"城市文明普及率加速定律"等等,都可以提炼出城市化生长因子,它们会影响到各国城市化的不同时段。然而,尽管在划分城市化阶段上目前还存在分歧,但对于城市化的阶段性规律却已被人们普遍认同,它不是人为的,而是一种自然的经济发展规律。

---

① 式中,Y 为城市化水平,t 为时间。样本数 N = 15,相关系数 R = 0.9989,标准差 S = 0.008,检验数 F = 3588。参见谢文蕙、邓卫编著. 城市经济学 [M]. 第 1 版, 清华大学出版社, 1996.

(二) 空间维度的城市化

空间维度的城市化，表现为由聚集与扩散机制决定的集中型城市化与扩散型城市化交织的区域经济运行规律。

集聚与扩散是城市经济区域形成和发展的内在机制。中心城市的能量聚集和扩散，是一个连续不断发展的过程。城市化的过程首先是集聚的过程，积聚到一定程度，就要向外扩散，扩散扩张了对新的经济活动的吸聚力，新的集聚又为新的扩散创造条件，在这种聚集—扩散—再聚集—再扩散的链齿式发展过程中，城市化由城市范围发展到城市化地区。

从地理空间的表现形式来看，集聚过程导致集中型城市化，使城市人口密度的增加，一般是城市化前期的主要地理特征；扩散过程引起扩散型城市化，使城市化范围扩展形成城市化地区，一般是城市化后期的主要地理特征。见图 2 – 15。

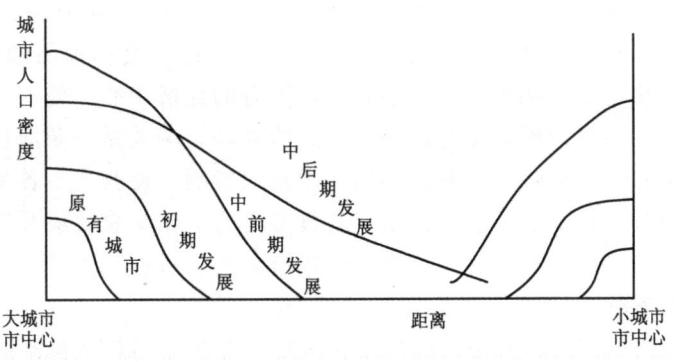

图 2 – 15　集中型城市化与扩散型城市化形成城市化区域

城市化初期发展阶段，人口向城市集中，城市人口密度升高，城区不断扩大；中前期发展阶段，市中心人口密度达到最高程度，城区继续扩大。这时以集中城市化为主，开始出现扩散型城市化；到中后期阶段，市中心人口密度下降，而城市人口总量仍在增加，其中原市区内人口增长速度不如新发展的城区快，城区扩展比较迅速，是比较明显的扩散型城市化阶段。这时，较大的城市的边缘很可能与另一个城市的边缘接壤，构成城市化地区。

经过这种集中与扩散的过程，城市与区域形成了一个紧密的经济系统。城市是相应区域的中心，区域又是相应城市中心的腹地，如果城市与区域之间没有严重的封闭边境和人为关卡，城市与区域的相互作用，必然形成空间经济的效果：(1) 相互作用导致城市与区域间的分工；(2) 城市与区域中的分工组织不再是孤立、分散的个体，通过相互接近形成了地域社会经济系统而产生系统组合的整体效应；（3）城市群组合效应促进城市（镇）增长序列化，即不同城市有不同发展速度，在一定外部条件下，城市群内城市增长趋于有序化，大小不同规模的中心城市产生；（4）以中心城市为核心的城市群形成了较大范围的城市化经济区。

这种城市化经济区的范围随着其集聚力和扩散力的大小不同而不同。每个城市在地理空间上都存在着自己的外部效应场，即城市经济影响区。中心城市对周围地区的作用力，一方面因经济场强度不同而不同，另一方面因距离远近而不同。

经济中心的聚集与扩散使得城市与区域总是在不平衡中向前发展。约翰·弗里德曼用核心——边缘关系来描述这种发展过程。在一定时期内，一个地区只有一个经济增长点，随着发展区域内会出现新的增长点，它比原来的经济中心具有更强的比较优势和竞争能力。这种比较优势越强，经济活动转移的梯度就越大，转移的速度就越快。新增长点的生产能力提高后，许多产品就可以满足本地的需要，不再通过经济输入，与原来的经济中心展开竞争，使原有的经济秩序被打破；与此同时，新兴地区变得富足了，对高科技产品、高档商品的需求增加了，而这些产品在相当长时期内，往往还会来自原有的经济中心，使老增长点出现了扩大市场的机会，从而形成新老经济增长点的互动影响关系。新增长点的形成不仅对原经济中心产生影响，还对其四周产生重大影响，使其产生各种新的增长机会。可见，经济增长中心出现扩散效应之日必是另一轮集聚效应开始之时。城市与区域之间就是在这种集聚——扩散——新的集聚、或者说平衡——不平衡——新的平衡中发展的。

总之，任何一个国家和地区的城市化进程，在集聚与扩散机制的作用下都要经历一个城市经济系统由小到大、由较简单到较复杂，由若干孤立的城市发展到城市群或大城市到城市延绵区的历史过程，这是城市与区域经济变动的一个基本规律。

（三）质态维度的城市化

质态维度的城市化，表现在城市性状和结构（城市职能、城市产业结构和规模结构的相互联系和相互区别）演变的动态趋势上。

从城市产生到城市化现象，反映了人类社会生活方式的一种本质改进：城市是同乡村形成鲜明对照的人类社会组织形态，而城市化则是由乡村的生活方式不断地转向城市生活方式，使人类的生活形态发生根本的变革。从经济角度来看，城市化的质态充分地表现在：伴随着社会化大生产和商品经济转向市场经济，伴随着工业革命和人们转向非农业，伴随着人口集聚和高人口密度社区的形成，伴随着城市公共经济的日益突出，和伴随着城市日益成为区域的经济中心。这种城市性状的改变就是城市化的过程。而这个过程，是与城市的职能结构、产业结构和规模结构的变化紧密地结合在一起的：（1）城市职能往往是由单一到多项，由简单到复杂，并倾向于由地理、资源等地方性优势所决定。例如有的城市是从原来的政治军事性职能发展到增加了经济性职能，有的城市是从工商业中心逐渐发展到文化中心、社会活动中心或政治中心等职能，虽然变化顺序不同，但都依存于地方优势，而且最终都是使城市职能越来越丰富、越来越结构化，并沿着单一性——综合性——专业性——新的综合性的职能变化规律发展。（2）结构转换是城市发展的本质原因，而导致城市经济结构转换的，主要是产业结构和规模结构的变化。产业结构的调整与比较利益的转移有因果关系，故城市动态比较利益推动着城市产业结构从而职能结构的转换。规模结构的调整与城市功能具有正相关性的：城市规模越大，城市功能越多，其辐射能量越大。大城市具有较多的功能和较强的辐射能量，从而形成较大范围的经济、贸易、通讯、科技等综合性功能中心。

这里值得指出的是：大城市作为城市化的主导力量是城市化质态的一个规律。英国1801—1851年以大伦敦为首的10大城市人口，占总人口的比重从16%增长到23%；1950年，英国总人口的15%居住在最大城市——大伦敦。美国1870—1940年随着工业化迅速发展，大西洋沿岸和其他交通沿线的大城市迅猛发展；1950—1980年，以大城市为中心的大都市区由169个增加到318个，增加了88.2%，其人口由8485万增加到16943万，增长97.3%，在全国总人口中的比重由56.1%上升到74.8%；其中18个巨大都市区分别占全部大都市区人口和全国总人口的45.6%和34.7%；70年代初，美国第二产业就业人数的3/4聚集在大都市区内。日本土地资源结构与中国相似，比较易于利用的土地面积只有国土面积的20%（中国为15%），但日本人口密度更超过中国。从明治维新以来，日本人口即向大城市集中；1950—1980年间，城市人口随着工业高速发展，约增加了3000万，其中70%集中在三大城市圈（东京圈、名古屋圈、大阪圈），30%集中在地方城市；只占全部国土面积10.4%的三大城市圈在1970年集中了总人口的43.5%。英美日三个国家中，工业化均集中在城市地区进行，且大城市发展发挥了主导作用，并演化出以大城市为中心的大都市区、城市带或城市圈。

总之，城市职能、产业和规模结构是城市化规律的质的规定性，它要求城市系统中各个因素之间要保持相互的适应性。在城市化过程中，城市系统诸因素的质的相互适应状况处于不断的矛盾变化之中，可能出现不适应的情况，因此必须按照城市化的质态协同规律，采取相应措施，不断提高它们的适应水平，以实现质态协同的优化。

(四) 量态维度的城市化

量态维度的城市化,表现为城市人口规模与城市经济发展的正相关性和人口迁移与流动的规律。

城市化是伴随着工业化发生的农村剩余劳动力向非农产业从而人口向城市集中的过程。这种过程在数量的变化上,突出地表现在如下两个方面:

1. 城市化水平与经济发展水平的正相关性。首先,城市化水平随着经济发展水平的提高而提高。钱纳里(1988)[①]曾回归分析过1950—1970年101个国家的经济发展水平数据与城市化水平数据,证明在一定的人均GNP水平上,有一定的生产结构、劳动力配置结构和城市化水平相对应。当人均收入超过500美元(按1964年价格计算)时,作为一种典型情况,城市人口在总人口中占主导地位;超过700美元时,作为一种典型情况,工业中雇佣的劳动力超过初级生产部门;当收入水平超过2000美元时,这些过渡过程才告结束。其次,城市化水平较高的国家或地区,在一定的条件下,也会促进经济发展水平的提高。就是说,城市化水平的提高与人均GNP增长之间的关系,不是一种单向的决定关系,而是一种相辅相成、互促互进的双向因果关系。但是我国曾出现违反这一规律的现象。例如向俊波、陈雯经过实证指出,苏州市自1980年来的20年城市化水平与其总体发展水平(用人均 *GDP* 表示)和产业结构没有直接的相关关系[②]。我国这种相关关系不显著现象的基本原因,是基于政策干预的结果。我国的城市化进程,一是工业化的发展,二是受我国经济发展的薄弱基础和实行封闭城市化政策的累积因素影响。前者促使我国走向正常的城市化,后者则扰乱了城市化的一般规律。

2. 城市人口增长与城市规模和城市数目变化的关系。城市人口增长有三种机制:(1)自然增长。是由原有城市人口的生育导致的城市人口增长。(2)机械增长。指农村人口迁入城市导致的城市人口增长。(3)外延增长。指原来属于乡村范围的人口聚集点变为独立的城市,和城市扩张使邻近的农村地区变为城市。三种机制中,原有城市人口自然增长可以使城市人口绝对数增加,但只有在城市人口自然增长率高于农村时,才能提高城市化率。因而城市化是主要是由后两种机制推动的:机械增长使城市人口密度增高,外延增长使城区范围扩大。两种机制相对作用

[①] H. 钱纳里、M. 塞尔昆. 发展的格局:1950—1970 [M]. 中国财政经济出版社,1989.

[②] 向俊波、陈雯. 区域产业结构与城市化——以江苏省苏州市为例的分析 [J]. 中国经济问题(厦门),2001.

的大小对城市规模和城市数目的变化有重大影响,从而与城市化质态规律相联系。一般情况下,在城市化发展的中前期,城市人口规模的变动具有大城市超先增长的客观必然性,在大城市规模不断扩大的同时,中小城市升级不断变为大城市,大城市数目增加。例如全世界 100 万人口规模的城市,1800 年只有伦敦 1 座城市;1850 年有 3 座,占城市总人口的 6%;1900 年增加到 16 座,占城市总人口的 13.9%;1950 年达到 115 座,占城市总人口的 23.6%;1980 上升到 234 座,占城市总人口的 40%,全世界平均每八个人中有一人居住在大城市。从 1900 年到 1980 年,世界大城市人口增加速度等于总人口增加速度的 3 倍,等于城市人口增加速度的 1.5 倍。2000 年全世界百万人口以上城市达到 400 多座。大城市外延增长的结果,还出现了巨型城市系统,即大城市带。这是以一个或几个规模较大的城市为中心,不断向外延伸所形成的广大的城市区域。1950 年世界上超过 200 万以上的大城市群共有 17 个,超过 1600 万人的大城市群只有两个:美国的纽约——新泽西(1234 万人),英国的大伦敦(1025 万人);到 1985 年,超过 200 万人以上的大城市群发展到 99 个,超过 1000 万人的大城市群发展到 12 个,目前已超过 20 个。可见,大城市超先增长规律,从世界城市化整体运动趋势看是存在的,具有客观性和普遍性。

三、世界城市化道路与发展模式

城市化发展道路与发展模式问题,以各国的发展背景、地理历史条件和政治文化传统的不同而各异。

(一)世界城市化道路问题

发达国家和发展中国家虽然城市化起步不同,城市化发展历史和城市化水平都存在较大差距,但是从选择的城市化道路来看互有交叉。各国由于工业化发展程度不同,社会历史发展情况不同,农村人口向城市转移的方式也有所区别,但从总体上来看,基本上可以把世界城市化道路的分为两种:以大城市集聚为主的集中道路和以中小城市为主的分散道路。

1. 以大城市集聚为主的集中道路。在发达国家中,这种道路的代表是美国、英国、日本。这些国家由工业化引起了本国产业结构和社会经济结构的变化,第一产业比重逐渐下降,二、三产业在国民经济比重上升,并占据主导地位;加上农业技术革命使得农业生产率提高,产生了过剩的农村劳动力,而这些剩余劳动力刚好满足工业化对劳动力的需求。例如美国农业人口向城市转移大约经历了 150 年(19 世纪 20 年代至 20 世纪 60 年代)。这一历史过程不仅与工业化同步,而且与农业现代化同步。大量农村人口向大城市转移，使得美国成为高度城市化国家。美国40%的人口居住在29座100万人以上人口规模的大城市，仅波士顿至华盛顿、匹兹堡至芝加哥、洛杉矶至圣地亚哥三大城市带，城市人口占全国人口的1/3。再如英国是城市化发展最早的国家，也是城市化水平最高的国家之一。英国工业化起步早，大量的资本、技术、劳动力等资源向大城市集中，大城市由此得到了迅速发展，大城市人口也迅速膨胀。英国统计学家普赖斯·威廉斯以每个十年人口普查期全国人口的平均增长率用指数100表示，对1801—1871年英国城市人口增长进行了统计，其中10万人以上的大城市人口在1801—1811年间增长指数为150，1811—1821年间增长指数为163，1821—1831年间为239，1831—1841年间为202，1841—1861年间为172，1861—1871年间为131；而小城市的人口增长率只有1811—1821年间达到105。在日本，实行的是高度集中的城市化战略，城市化与工业化同时发展。工业化首先在大城市地区发展，然后向外扩散，波及到周围的城市和地区，总体上说是高度集中的。目前日本仅东京、大阪、名古屋三大城市带的人口就占全国人口的1/2。

发展中国家中有相当多的国家走的是集中型大城市化道路。其特征是片面发展一座或几座大城市，使城市人口主要集中在这些经济活动集中的大城市当中。因此城市首位度非常高。如墨西哥的墨西哥城集中了全国制造业就业人口的30%、商业就业人口的28%、服务业就业人口的38%。目前该市的人口已占全国人口的1/3左右。此外，韩国的汉城市，1980年人口就达到840万人，占全国人口的22.3%；巴西的大圣保罗地区在1980年占全国总人口的比重也达到了10%。这些发展中国家之所以走集中型的城市化发展道路，主要是由于城乡二元经济结构所导致。农村生活和城市生活的鲜明对比，使得大量农村人口盲目涌入大城市，于是大城市畸形发展局面就形成了。这种超大城市的发展，不但造成大城市同周边地区的发展脱节，使城市本身发展失去依托，而且更加强化了城乡差距，于是有更多的农村人口向大城市迁移，超过城市负荷，形成严重的"城市病"。

2. 以中小城市（镇）为主的分散道路。德国和法国是发达国家中分散道路的代表。在德国，中小城市是城市化的主体。全德国有大中小城市580多个，其中人口在百万以上的城市只有柏林、汉堡、慕尼黑三个，绝大部分是中小城市，其中2万至20万左右的城市约占76%。德国只有1/3的人口居住在84个大城市里，而大多数居住在小城市和农村，将近660万的人口在2000人以下的居民点居住，4970万人生活在2000—10000人口的小城市里。伴随工业化和城市化的推进，德国农村劳动力人口的流动，近距离的占主导地位，大多数人向农村附近的小城市流动。法国的城市化发展从19世纪30年代一直持续到20世纪70—80年代，历时时间相对较长。法国的城市结构体系，虽然有像巴黎大区这样超过1000万人的超级城市，但是占主体地位的仍是中小城市。法国农村劳动力的转移方向也分散于各中小城市和小城市。德、法等发达国家之所以走上以中小城市为主的分散型城市化道路，既符合本国实际情况，又是本国政府政策引导和农村居民自主选择的结果。例如在德国，德国人有着强烈的传统文化观念，农村居民亲近感很重，即使为了寻求工作岗位也不轻易远离故土，绝大部分是在家乡或者省内附近的城市就业。德国农村人口的流动绝大部分是个人单独行动，总体上是分散性流动，所以德国人口过度集中的大城市较少。在法国，随着农村人口向城市集中之后，巴黎在全国的经济、社会生活中的主导地位发展到不正常的程度，带来了严重的城市病。为了控制大城市盲目发展，法国政府采取了一系列措施，例如在巴黎附近建立卫星城，均衡分布工业和人口，同时鼓励工业分散、发展落后地区，使许多位于农村地区的小城市得到快速发展，吸收了大量农村人口。

发展中国家也有很多国家走分散型的城市化道路。例如罗马尼亚，新中国成立以来，共兴建了300多座城市，其中三万人以下的小城市占总数的70%。这些小城市作为城乡之间、工农之间的结合点，成为方圆15—20公里范围的经济中心。这种分散型城市有利于加强同农村地区的联系，小城市功能得以发挥。但是，由于小城市（镇）过于分散，会造成整个国家城市布局的不合理，难以形成整个国家的凝聚力。

（二）城市化发展模式

这里所说的城市化模式是指城市化发展的主导力量以及在主导力量影响下的城市化特征及发展方式。由于各国的经济发展道路和历史背景不同，推动城市化的力量各不相同。城市化的推动来自何种力量，与经济发展的内在机制相吻合。根据世界经济发展的市场作用和政府作用，城市化模式可以分为市场主导型、政府主导型和混合型的城市化模式。

1. 市场主导型城市化模式。市场主导型城市化模式反映了内生城市化的过程，在我国也叫作自下而上的城市化。这一模式的基本特点在于，城市化的主体是企业和居民个人，它要求充分发挥市场机制在人口向城市迁移、要素向城市集聚、城市内部功能调整和外部扩张、产业结构的调整升级、城市之间的发展协调，以及城乡关系调整等方面的基础性和主导性作用。遵循市场的一般规则，依靠各个城市化主体的自主决策、创新和协调，尊重市场规律和市场的选择来推进城市化进程。市场主导下的城市化发展是依赖市场机制对各种要素和资源进行合理配置而进行的，因而城市化发展的协调性较好。这一历史进程，源于非农产业（高度节约空间性生产）与农业（依存自然状态劳动生产率较低）的比较优势，人们为了寻求这种比较优势，发展非农产业、集聚性的生产和生活，经济性的城市就会形成和发展。这一过程，市场机制对各种生产要素和资源进行配置，城市化主体和各种生产要素、资源从欠佳区位向最佳区位集聚，即从农村地域向城市地域集聚，城市对各种生产要素和资源的集聚效应得到发挥，使城市的比较优势更为显著，这会吸引人们继续进入城市，城市规模扩大，城市人口比重提高，与之相伴随的是城市第三产业得到发展并进一步产生规模效应。这样，城市的各种功能相继逐步得到完善，城市在量和质上都得到了发展，城市化整体水平得到提高。当然，这一过程是一个长期缓慢的过程，而且，由于市场机制具有自发性和盲目性的特点，市场主导型城市化模式中也存在着市场失灵问题，例如会造成"城市病"、"空心化"等城市化失衡问题。

2. 政府主导型城市化模式。政府主导型城市化模式反映了外生城市化的过程，在我国也叫作自上而下的城市化。这一模式的基本特点在于，城市化的主体是政府，用行政手段调节城市化进程，通过制度性安排来确定城市化的方向和形式，决定城市发展规模，包括在特殊情况下增减城市数量和城市人口规模，进行行政区划调整；通过政府的经济计划安排投资项目进行城市基础设施的建设和城市其他公共产品的建设。这种模式大部分发生在二战以后的发展中国家。二战后，一些原来的殖民地、半封建半殖民地国家和地区获得独立，纷纷要求经济建设和发展。而延续发达国家的市场型城市化过程要经过一个漫长的时间。于是，随着政府主导型的经济发展模式的兴起，政府主导型的城市化模式也就出现。一般来说，这种模式是在中央政府的城市化战略下，由地方（城市）政府具体推进城市化。这种推进，一般是首先制定城市土地利用政策，然后发展非农产业和吸引农业剩余劳动力进入非农产业就业和城市居住，并根据城市发展的目标规模实施相应的城市基础设施建设，同时确定城市第三产业发展政策，推动第三产业发展。单纯的政府主导型城市化，往往是城市化规模和布局服从于整个国民经济发展的需要，在发展中国家，由于经济基础十分薄弱，首先全方位地进行工业化。为了从农村积累城市化发展资金，政府一般采取严格限制城市消费人口的办法，使对城市配给的商品粮主要是支持工业生产的人口需要。因而有必要采取城市户籍制度。当城市工业发展到一定程度时，再反哺农业，并逐渐放开城市制度门槛。虽然政府主导型城市化模式更多的是发展中国家为了服从于国民经济发展的大目标控制城市发展的过程，但是如果单纯地认为只有政府主导才不能出现城市病、才能保证城市化正常发展的观点是错误的。政府全面排斥市场机制，通过指令性计划、政策法规、制度安排等行政手段取代市场，对各种生产要素和资源流向实行高度集中的计划配置，取消市场的作用，会造成经济效率低下，损失规模经济效益、降低人们普遍的福利水平。

3. 混合型城市化模式。受新古典综合派经济学思想的影响，多数人们认为，当今的经济发展是混合体制的世界，城市化进程中的市场因素和政府因素是同时存在的，应当使二者同时发挥作用。一种因素的存在并占主导地位并不应也不能完全排除另一种因素的存在和发挥作用。在不同的经济体制下，某种模式相对于另一种模式在推进城市化时更有主导地位的意义，就可以成为主导；当条件转换时，城市化的主导机制就应当转换。更多的情况是二者要结合起来，同时发挥作用。在政府主导型模式下不应排除市场机制的自发作用，在市场主导型模式下也不应排斥政府的作用。我国的城市化过程，目前大多数城市是在城市政府的主导下，充分利用市场机制，根据城市资源的供给条件和城市非农产业发展的需要，通过有弹性的户籍制度和适度的城市福利水平制度，释放有限度的城市空间，来调节城市人口规模，尽可能使城市化在城供给与城需求、市供给与市需求以及城与市之间的平衡中进行。

四、中国城市化现状与趋势

中国城市化从总体上看，同其他国家一样是随着工业化的进程而发展的。当然由于很多特殊原因，有时候与工业化和国民经济的发展不太相关。但是，当调整了由制度引起的一些特殊现象后，城市化仍然会是工业化和经济发展的函数，会随着市场经济的发展而发展。

（一）我国城市化发展历程

目前我国的城市化率已经达到54.77%，按照2014年国务院印发的《关于调整城市规模划分标准的通知》，全国有超大城市6座，特大城市10座，大城市124座。全国有将近30%的人口居住在大城市。

我国城市化经历了一个曲折历程。新中国成立近70年来，城市化进程大致分为五个阶段：

1949—1957年为第一阶段，是向城市化的过渡阶段。1949年建国前后，全国共有城市132个，城市居住人口5765万人，仅占全国总人口的10.6%。随着我国50年代中期开始的大规模的工业化建设，在"重点建设，稳步前进"方针的指导下，新建了6个城市，大规模扩建了20个城市，一般性地扩建74个城市。8年间城市人口增加了4184万人，年均递增523万人，递增率9.07%，城市化率提高至15.4%，年均递增0.6个百分点。到1957年我国非农就业比重达到了18.1%，城市总量达到177个，城市化水平处于起步性的缓慢发展阶段。

1958—1960年为第二阶段，是城市化的"大跃进"阶段。1958年，在"用城市建设的大跃进来适应工业建设的大跃进"的号召下，城市工业大发展，城市数量与城市人口有较大幅度增加。这一阶段，我国城市人口增加2352万人，年均增加784万人，年递增率达到7.31%；城市数量增加19个，平均每年有6个新城市出现，城市化水平由1958年的16.2%上升至1960年的19.7%，年均增加1.17个百分点。这一阶段的城市化水平增速达到历史最高点。

1961—1977年为第三阶段，是反城市化与城市发展停滞阶段。这一时期，由于粮食供应不足和城市基础设施紧张，城市各单位纷纷精简在岗职工；并以"不在城里吃闲饭"的口号开展"上山下乡"活动，同时以"备战备荒"战略支援三线建设，沿海工厂大量内迁，大多布局在农村。这些使得大量城市人口转到农村。这一阶段，我国城市人口绝对数虽然以年均1.95%的低速增加，年递增247.6万人，但是城市化水平总体下降，由1961年的19.3%降至1977年的17.6%，城市数量也由208个减少至188个，平均每年消失1.25个城市。

1978—1996年为第四阶段，是我国城市化稳步推进的阶段。1978年党的十一届三中全会以后，全国改革开放给城市发展带来了蓬勃发展的机遇。国务院分别于1984年10月和1986年4月颁布了新的设镇规定和设市标准，小城市迅速增加。此期间，我国城市数量由1978年的193个增加到1996年的666个，新增城市数量是前28年新增城市数量的8倍多；城市人口以年均6.46%的速度较快增长，平均每年增加1114.39万人；城市化水平由1978年的17.92%增至1996年的30.48%，年均增长约0.7个百分点。1996年城市化率首次超过30%，使我国城市化步入中期发展阶段。这一阶段，我国中小城市发展迅速，大城市和超大城市18年间总共增加了28个，而中小城市新增436个，占新增城市总数的91.6%，表现出明显的城市化特色。

1997年至今为第五阶段，是我国城市化推进的加速阶段。由于前一阶段城市建制数量的急剧增长带来了虚假城市化与大量优质耕地流失的负面效应，我国就对城市数量实行了较严格的控制，城市化进入以开发区为主要标志的产业空间拓展、人居环境改善带来的城市质量提高和城市形态区域化扩张为显著特征的现有大中城市规模扩张的新阶段。这一阶段，我国城市数量虽然在总体上有所下降（由666个降为661个），但是城市人口绝对数年均增加1854.25万人，增速为4.7%，城市化水平以年均增加1.23个百分点的速度大幅提高，城市化步入中期快速发展阶段。

（二）我国城市化的发展现状和发展趋势

据世界城市化发展的一般规律，城市化水平在30%以下为城市发展的初级阶段，30%—70%为中期阶段，70%以上为后期阶段。我国现阶段城市化呈现出较以往不同的发展特点。

1. 城市化水平持续提高，稳步上升趋势明显。改革开放以来，我国城市化呈现稳中求进、增长迅速的态势。城市人口由 1978 年的 17245 万人增加到 2011 年的 69079 万人，绝对数额增加 51834 万人，年均增加 1570 万人；城市化水平由 1978 年的 17.92% 增长到 2011 年的 51.27%，年均增长 1.04 个百分点，特别是近十年来，我国城市化发展更为迅速，2002—2011 年间，城市化水平以年均 1.22 个百分点上升，城市化率由 39.07% 上升到 51.27%，突破了 50% 的城市化门槛。在城市化水平逐步提升的过程中，城市面积在不断扩大，城市产业在不断扩张。2011 年我国城市建成区面积已达 43603.2 平方公里，比 2002 年的 25973 平方公里，增加了 17630.3 平方公里，年均增加 1763.03 平方公里。2011 年我国城市产出 293025.5 亿元，比 2002 年的 64292.4 亿元增加了 228733.1 亿元，年均增加 25414.79 亿元。农村转移劳动力越来越多地进入城市，城市不断增长的就业和投资对城市规模不断地提出挑战，助推着城市空间的持续扩张。面对我国近三亿农业剩余劳动者需要向非农业转移的现状，可以预期，我国城市化将会继续保持快速发展的趋势，沿着世界各国城市化进程"S"形曲线发展。

2. 人口流动加速，出现双向转移现象。双向转移是指，农村和小城镇的人口不断地向特大城市转移，而北上广深等一线大城市中已转移人口和大中专新毕业生却向中小城镇转移。大中城市集聚着良好的社会资源和市场条件，信息量大、流动量大，具有强大的就业吸引能力，吸引着农村人口和劳动力不断地进入，使其谋求更好的教育和职业，实现自身价值。2011 年，中国外出农民工中，有 10.3% 分布在直辖市、20.5% 分布在省会城市、33.9% 分布在地级城市，与 2009 年相比，在直辖市、省会城市的农民工比例分别上升了 1.2、0.7 个百分点，人口向大中城市集聚的现象十分显著，这是城市化的一般规律。然而与此同时的新情况是：一些已经转移到北上广深等一线城市的劳动者和一些大中专院校毕业生构成的城市新劳动者，却在向中小城市移动。随着特大城市中生活成本越来越高、工作压力持续增长、房价居高不下的持续，人们向生活成本较为低廉、工作相对稳定的中小城镇转移。北京 2012 年职工年平均工资为 62677 元，月平均工资为 5223 元，相对于 2011 年增长了 11.8%。但用于房租、餐饮费、交通费、电话费等的固定生活支出，就占了一般工资收入的一半以上。这种因特大城市生活成本上升而转向中小城市的现象，是与西方曾经的"郊区化"类同的城市化特殊情况。于是，中国城市化在未来一段时期将展现出双向转移的趋势特征。

3. 半城市化问题突出，城市化发展将更加注重内涵和质量。所谓半城市化，是指这样一种发展状态：农村人口向城市迁移的过程中，只是发生了简单的空间转移，社会身份、职业特征不发生转移。虽然住进了城市，却没有城市户籍；虽然身在工商业工作，却仍然被称其为农民工；虽然已经在城里有了房产和公司，却仍然是两栖劳动者。这些转移人口没有获得城市公共服务，没有真正融入到城市生活中去，是半城市化的承载者。2014年我国城市化率为54.77%，扣除半城市化人口，实际城市化率只有36%左右。城市化水平虚增，损害了半城市化人口的利益，并且城市化质量因此而降低，出现城市化质量与数量的失衡。对此，我国政府一直在采取措施纠正，然而解决半城市化问题存在着大量困难，主要是政府用于城市福利的能力还比较薄弱，转移人口市民化还要走一个较长路程。从根本上说，解决半城市化现象，必须通过持续地深化改革。由此，这种不断解决半城市化问题的过程，将成为我国城市化进程的一个突出特征。

从发展趋势看，我国城市化会更加注重质量。随着科学发展、和谐发展、可持续发展理念的落实，中国城市化将由数量规模扩张型为主，向数量规模扩张与城市功能内涵提升并重的发展转变，并将走向城市现代化。

4. 在不断调整城乡失衡、区域失衡中走向城乡一体化和区域协调发展。城市化的最终目标是要达到城乡一体化，为此要不断地调整城乡失衡现象，实现城乡协调发展。我国目前的城市化，由于行政管理体制约束，城乡发展具有明显的不协调性。重城轻乡投资模式盛行，农村财力和物力等资源被城市吸走，城乡收入差距时有拉大。农村居民家庭人均收入由2002年的2475.6元增加到2011年的6977.3元，十年间年均增速18.18%，低于城市居民人均可支配收入年均增长的18.31%；2011年，城乡收入比例为3.13∶1，结果是农村发展的资金投入乏力。与此同时，城乡公共服务尚未实现均等化，城乡居民在医疗、教育和社会保障等方面存在明显的差异。新型农村合作医疗制度覆盖面广、参保人多，对于减轻农民负担具有正向作用，但仍存在着农民看病难、看病贵的现象；农村九年义务教育执行力度不足，师资水平递增，仍有辍学现象；农村社会保障仍处于体系建设中。对此，城市化以缩小城乡差距为宗旨，不断改变城乡失衡最终走向城乡一体化，将是城市化一般趋势。

同时，虽然由于资源禀赋、历史条件、经济发展水平、政策指向等原因，未来中国各区域的城市化发展不平衡状况仍将持续，但是会在城市化水平提高的某个时期，城市化的区域差距开始逐步缩小，并最终走向区域协调发展。

5. 城市群和城市化区域将成为城市化的主体形态。从城市化的地域发展形态来看，中国城市化将形成以城市群为核心的空间组织结构。随着城市化进程的不断推进，城市化的空间组织结构不断发生着变化。城市群的形成与发展，是现代城市化进程的重要特征，也是21世纪中国区域经济和城市化发展的重要趋势之一。城市群的形成和发展是由区域经济和城市化发展的内在规律决定的。城市化的集聚与扩散机制使城市会沿着单中心城市—多中心城市空间结构—城市群—城市化区域发展，这一趋势不可阻挡。城市化的集聚规模将不断扩大，城市群的集聚规模也进一步扩大，全国以城市群为核心的区域发展格局将基本形成。东部沿海地带的六大城市群，随着沿海大通道的建设，将连为一体，形成中国沿海巨大城市密集带和城市化区域；内陆的城市也会随着国家"一带一路"战略不断形成小城市群，城市群在全国及东中西部经济发展中的核心地位将更加突出。

6. 城市化快速发展中，城市病频现，急需提高城市治理水平。我国快速城市化进程中出现了多种城市病，主要原因是城市治理水平较低。所谓"城市病"是指人口向大城市集中而引起的一系列社会问题，表现在人口膨胀、交通拥堵、环境恶化、住房紧张、就业困难，城市摊大饼式扩延、地矛盾尖锐等，可能会引发市民身心疾病。城市病几乎是所有国家曾经或正在面临的问题，但城市病的轻重可以因政府重视程度和管理方法差异而有所不同。我国城市化进程中，城市空间规模扩张与要素集约水平不匹配、基础设施增长速度与城市需求不均衡，都急需城市治理水平的提高。我国城市治理时间较短，管理体制不够清晰，规范管理和长效管理相对薄弱，需要参考发达国家的城市化和城市治理经验，形成合理的城市治理结构，从有效率的城市管理中扩展城市的资源配置，缓解城市化的矛盾。这将是我国城市化发展中的一个长期趋势。

本章小结

1. 经济区位论是城市经济学的基础理论之一，对空间资源的配置就是如何根据经济原则对区位要素配置的过程。

2. 农业区位论着眼于到城市的距离最短和运费最省，对研究各产业以市中心为参照系的选址和乡村转向非农化利用的区位地租（城市化租金）有重要现实意义。

3. 工业区位论着眼于以区位因素分析的生产成本最小，运费最省。区位因素很多，不同的区位因素对不同的行业影响不同。有些企业选址靠近原材料产地，有些靠近销售地，有些靠近运输的中转站。

4. 交通运输区位论着眼于运输区位因素研究总运输费用最小，是交通区位选择的理论基础。

5. 商业（销售）区位论着眼于以最低的"社会价格"提供商品的区域。其中心思想是解释城市体系机制的基础。

6. 克里斯塔勒式的中心地带理论是对销售区理论的扩展，其模型可以用来预测一个地区的城市数量、规模和范围。

7. 廖什式的中心地带理论认为城市化机制是由大大小小的六边形空间经济结构展现的，该模型的理论基础是圆形销售区。

8. 城市引力模型是研究城市影响力范围进而辨识城市区域的方便工具。城市区域理论总结了不同城市区域的概念和特征。

9. 集聚经济理论是城市经济学的又一个基础理论，一般指因企业、居民的空间集中而带来的超额经济利益和成本节约，是基于空间向心力由多种因素导致的一种外部性。

10. 地方化经济是因为某一产业的空间集聚而产生的，可以降低产业内所有企业的生产成本，提高经济效率，是行业的集聚经济。其形成机制主要有工厂内的规模经济、中间投入品的规模经济、范围经济和关联经济、买和卖的规模经济与集聚外部性、劳动力市场共享效率和由信息集聚导致的知识溢出等机制。

11. 城市化经济是地方化经济效应的扩展，是从某一产业的规模经济扩展到了城市空间内所有产业的规模经济，表现为城市公共产品的共享效益。

12. 城市化的动力来自农业剩余、非农产业结构变迁、集聚经济和外溢效应。城市化的一般规律变现为时间维度的S曲线成长、空间维度的集聚与扩散、质态维度的城市功能提高和量态维度的城市人口增长。

13. 城市化道路分为以大城市集聚为主的集中道路和以中小城市为主的分散道路，城市化发展模式分为市场主导型、政府主导型和混合型发展模式。

14. 我国的城市化进程发展较快，且面临着诸多现实问题，未来的发展要适应国情，量力而行，更加注重城市化质量和内涵。

思考题与练习题

1. 工业区位理论的主要内容是什么？举例分析现实中工业布局与韦伯工业区位理论的差距和原因。

2. 考察某一城市的农业种植发布，与杜能农业圈理论的结论是否吻合；产生差距的原因是什么？

3. 请举例说明交通运输、商业活动对企业区位选择的影响。

4. 考察你所在城市的商业中心，他们在城市中是如何分布的，各自功能有何异同。

5. 运用所学知识说明，为什么城市中大的零售商经常集聚在一起。

6. 毕业生为什么总是选择到大城市去工作，虽然大城市的生活成本很高；你毕业后打算到什么样的城市去工作？为什么？

7. 查阅相关文献，了解我国城市化发展中存在哪些问题、有何对策，专家们在什么问题上争论较多。

8. 未来我国城市化将呈现怎样的发展趋势？城市发展又有哪些趋势呢？

9. 假设一个城市内有丰田和本田两家汽车经销商，二者相距3里，经市议会批准分别有自己的销售范围。丰田经销商想把销售点重新选择在靠近本田经销商附近，并向市议会提出重新分区的要求。对此，本田经销商做出反应："Econ100的经验是，供给的上涨将导致价格的下降。如果丰田经销商搬到我的销售点附近，汽车供应量将上升，这样我们只能以降价的方式卖出同样数量的汽车。"他这种说法正确吗？请做出评论，并以图示说明和标示其正确还是不正确。

第三章 城市经济增长与发展

学习目标

通过本章的学习,在理解城市经济增长和发展概念的基础上,要初步了解城市经济增长模型和内在机制,理解城市发展的含义与科学发展观的关系,明确城市产业结构几种分类的意义,理解城市产业结构转换和产业集群对城市发展的作用;深刻理解城市经济增长与发展的目标和政策。

 第一节 城市经济增长的涵义与测度

一、城市经济增长的涵义

城市经济增长(Urban Economic Growth)指城市经济的动态演化过程,是城市经济作为一个整体的规模扩张与水平和质量的提高。一个城市的经济增长,包括社会产品和生产能力增长两种内涵。社会产品的增长内涵习惯上认为是城市 GDP 数量的增多,这与国民经济的衡量类同。而生产能力增长的内涵则比较复杂。因为决定城市生产能力的诸要素与整个国民经济比较来看,不仅包括人力资源、自然资源、资本积累的数量与质量以及技术水平的高低,还要包括空间状态的土地经济和自然资源利用上的规模经济、集聚经济、地方化经济、城市化经济等内容。故城市经济增长既包括直接决定生产能力的生产要素的规模扩大和质量改进,也包括间接影响生产能力的生产要素的程度与水平。这比研究整个国民经济的经济增长的内涵要丰富得多。

首先,城市经济增长的特殊属性之一可以归因于规模报酬递增,而研究国民经济范围内经济增长的新古典模型往往限制递增规模经济,对于由规模经济原因引起的经济增长研究甚少。第二章已经指出,城市经济能够增长,城市能够长大的一个本质原因是集聚经济,它是由地方化经济(行业规模经济)和城市化经济(城市规模经济)两个方面的外部经济现象所决定的。因而,探讨城市规模报酬递增的发展机制和过程,是研究城市经济增长理论的一个研究特色,这是研究国民经济增长理论所忽略的。

其次,国民经济增长理论往往是抽掉空间因素后的动态分析,而对城市经济增长的讨论必须考虑空间因素,即考虑作为"城"的城市土地资源的利用和基础设施的建设(主要是公共产品),与作为"市"的城市一般产品(主要是竞争性的私人产品)的生产规模和人口规模要相适应。具体来说,研究城市经济增长考虑空间因素,一要考虑城市土地资源的有效利用,这是个空间经济分析问题;另要考虑城市在国民经济体系中,作为经济增长极的空间、区位因素和其增长的扩散及对整个城市体系的影响中的多种空间经济问题。

再次,城市层面上的经济增长分析与国民经济增长分析比较,更重视制度和政府政策的作用。后者在经济增长分析中,往往把制度性、政治性因素作为既定前提,同时对于在市场经济条件下,往往忽略作为供给政策的经济增长方面的政府干预、公共政策的研究,因而经济增长理论分析更多的是一种技术经济分析,这在城市层面是很不够的。在城市经济增长的分析中,制度、政治、政府、政策是无法回避的重要决定因素,其中最重要的是国家的城市政策和城市政府的公共政策的影响。

最后,城市经济增长的动态规律与国民经济范畴的经济增长规律不同,后者遵循经济周期的一般规律,而城市经济增长虽然受国民经济一般运行周期的影响,但是其增长状态不完全决定于此,城市往往有自己的增长动态和规律,这是由城市的基础部门以及起支撑作用的地理位置、资源条件、历史传统、居民精神等因素决定的。这样就会出现,即使在国民经济高涨时期,也会有衰退城市;即使在国民经济衰退时期,也会有居于"发展极"地位的繁荣城市。

综上所述,城市经济增长是一个复杂的概念,它有着丰富的内涵。究竟采用什么样的指标来反映城市经济增长,要根据所研究问题的目的而定。

二、城市经济增长的测度

城市经济增长的测度,是指采用什么样的指标来反映城市经济增长的问题。在城市经济学中,这种测度既是城市经济增长理论的一个组成部分,又是一个相对独立的研究工具。这种工具的发展并不全都与理论研究同步。考察城市经济增长,最主要的测度指标有二:就业量指标和国民收入指标。

（一）国民收入指标

衡量城市经济增长的国民收入指标包括国民收入总额（Total income）和人均国民收入（per Capita Income）两个指标。

1. 运用国民收入总额测度城市经济增长。国民收入总额（Y）代表城市经济的总量，实际测算中往往用城市的国内生产总值。根据研究问题的需要，分析城市经济增长状态可以分别采用定基速度、环比速度和平均速度。三者又分别分为发展速度和增长速度。

（1）定基速度。是依据基期（一般用数字 0 表示）水平，研究此后一段时期内（可以到 t 时期）城市经济的增长状态，包括定基发展速度和定基增长速度两个指标。定基发展速度是某一时期内城市经济总量水平（Y_t）与基期水平（Y_0）之比式（3-1）：

$$G = \frac{Y_t}{Y_0} \times 100\% = \frac{UGDP_t}{UGDP_0} \times 100\% \qquad 式（3-1）$$

定基增长速度是某一时期内城市经济总量水平（Y_t）比基期增加的增长率，见式 3-2：

$$G = \frac{Y_t - Y_0}{Y_0} \times 100\% = \frac{\Delta Y_t}{Y_0} \times 100\% \qquad 式（3-2）$$

（2）环比速度。是一个长时期内城市经济分期的逐期发展和增长速度，包括环比发展速度和环比增长速度两个指标。环比发展速度是城市经济各个时期（t）的产出水平与其上一时期（t-1）水平之比（指数或倍数），见式（3-3）：

$$g = \frac{Y_t}{Y_{t-1}} \times 100\% = \frac{UGDP_t}{UGDP_{t-1}} \times 100\% \qquad 式（3-3）$$

环比增长速度是各个时期的城市经济产出水平相对上一时期水平的增加率式（3-4）：

$$g = \frac{Y_t - Y_{t-1}}{Y_{t-1}} \times 100\% = \frac{\Delta Y_t}{Y_{t-1}} \times 100\% \qquad 式（3-4）$$

环比速度和定基速度之间存在着换算关系：

$$G = g_1 \times g_2 \times g_3 \times \cdots \times g_n$$

（3）平均速度。是某一长时期内城市经济发展和增长每一年度的平均状态，包括发展速度和增长速度两个指标。平均发展速度（$\overline{G}$）是某一长时期内城市经济增长定基发展速度的平均值，反映每年平均发展的递增水平式（3-5）：

$$\overline{G} = \sqrt[n]{G} = \sqrt[n]{g_1 \times g_2 \times \cdots \times g_n} \qquad 式（3-5）$$

平均增长速度是平均发展速度的增量部分，其关系是：
$$\bar{g} = \bar{G} - 1$$

2. 运用人均国民收入测度城市经济增长。以人均指标计算的城市经济增长速度更能反映人民生活水平或市民福利的提高幅度。见式（3-6）的表达式：

$$g_p = \frac{Y_t/P_t}{Y_0/P_0} \times 100\% \qquad 式（3-6）$$

可见，人均国民收入增长率依存于两个因素：国民收入增长率（g）和人口的增长率（p），国民收入增长率会提高人均收入增长率，而人口增长率会降低人均收入增长率。即：

$$g_p = g - p \text{①}$$

运用上述指标应当注意：（1）国民收入指标本质上是以货币度量的物质财富，而考察经济增长，不应只度量物质财富的增加，而要度量社会福利的增长。因此要注意国民收入指标相对于市民福利的内涵的全面性，例如国民收入指标没有包括环境污染的副作用。（2）测度经济增长使用的是实际城市经济产出，而不是名义产出，即在应用国民收入指标时要以价格指数对名义指标进行修正，从而能够正确地反映发展或增长的动态。

（二）就业量指标

就业量（Employment）对城市经济来说是一个重要的测度指标，它甚至比国民收入指标更常用，也更有用。城市的总就业量是各部门就业量的总和，一般被分解为两个部分：向城市域外提供产品和劳务的部门，即"输出部门"的就业量和向城市内部提供产品和劳务的部门即"本地部门"的就业量。

运用就业量测度城市经济增长，一是就业量与人口之间存在着稳定的对应关系，而人口规模是测度城市化水平最适宜的工具，在城市增长与城市经济增长大部分相通的情况下，就业量自然被用来作为一种测度工具；二是就业量在外部条件不变的前提下，与城市的经济规模存在着稳定的对应关系。考察如下的生产函数：

$$Y = f(L, K, T) \qquad 式（3-7）$$

式中，Y 为城市总产出，L 为就业量（劳动力），K 为资本，T 为技术。在外部条件，特别是技术水平不变时，T 为常数，而资本有机构成不变 K 就成为 L 的函

---

① 令国民收入为 Y，人口为 P，人均收入为 $R = Y/P$，进行微分，得：$dR = d(Y/P) = (PdY - YdP)/P^2$，两端除以 R，并整理得：$dR/R = dY/Y - dP/P$，令 $g_p = dR/R$，$g = dY/Y$，$p = dP/P$，则：$g_p = g - p$。

数,设 $K=g(L)$,带入(3-7)式,$Y=f[L,g(L)]$,可见,城市总产出实质是就业量的函数。

就业量指标提出的一个重要背景是城市经济基础模型(Economic Base Molel)(见第二节)。这一模型把城市经济分成向域外提供产品和劳务的基础部门与只向城市内部提供产品和劳务的非基础部门,城市经济增长与否取决于二者之比,特别是在这样的两部门模型中的就业量的对比,故就业量成为城市经济增长的最主要测度指标。

运用就业量指标测度城市经济增长,要注意就业量与总产出的有效关系区域。根据等产量曲线,劳动力 L 投入量的增加(就业量的上升),必须在生产的经济区内才能对总产出有效果,如果在生产的经济区外,就业量上升只能表现为劳动力资源的浪费。如图 3-1 所示:

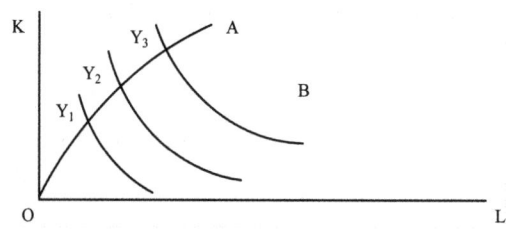

图 3-1 城市生产的经济区

图中,Y_1、Y_2、Y_3 为等产量线,OA、OB 为各等产量线上的拐点与原点之间连线的轨迹,称为脊线。如果生产不在两条脊线所围成的经济区内进行,劳动和资本的投入是不可替代的,就业量的增加并不能使总收入提高。在我国的转轨经济中,由于劳动力市场不完全等原因,这种情况有可能存在。故运用就业量指标时,要注意到其有效区间。

第二节 城市经济增长模型

一、需求指向的城市经济增长模型

需求指向模型(The Demand-Orientated Model)是研究来自城市域外的市场需求作为城市经济增长动力的模型;它根据来自城市域外的市场需求,分析城市经济发生增长现象和过程的内在机制。主要包括城市基础部门模型和凯恩斯城市经济增长模型。

(一) 城市基础部门模型

城市基础部门模型 (Export Base Model) 是最早最广泛被用于分析城市经济增长的经济模型。它把一个城市的经济划分为两类大部门：基础部门 (basic sector) 和非基础部门 (non‐basic sector)。基础部门是城市以外部市场导向的产出部门，可以理解为是以出口为基础的城市产业集合 (Export‐base Industries)；另一方面，还有很多城市产业主要是为当地居民提供服务，比如零售业、餐饮业等，这些服务部门构成了城市的非基础部门。这一模型的核心思想是，城市外部（本国市场或国际市场）向本市的基础部门提出需求，本市基础部门又向本市非基础部门提出需求，城市经济增长取决于基础部门和非基础部门的比例，这一比例越高城市经济增长率就越高。

上述增长机制可以用对城市劳动的需求来表现。对城市劳动的总需求来自两类活动。一是来自城市之外的需求为对象的城市基础部门，生产输出商品 (export)；再是为满足城市自身的多种需求的地方 (local) 产业，可称之为非基础部门。"如果只站在什么是带来城市成长这种观点上，这个单纯的二分法只能成为一个为分析城市成长机制的工具"（山田浩之，1991）。就是说，在输出产业和地方产业之间的关系上，作为城市成长的动因并使其持续成长成为可能的是前者，支持前者并对前者起被动反应的是后者。在这个意义上，前者称之为基础的经济活动（城市的基础经济或支柱产业），后者则称之为非基础的经济活动（非支柱产业）。不过，某些产业是否算是输出产业或地方产业，要根据每个城市的特点而有所不同。渔业城市的水产品和水产加工品是输出商品，旅游城市出售的土特产品及其服务也是输出商品，但它们的输出部分必须大于城市自身消费的部分；而输出大于自销的商品在一个城市内可能有多个，反映了城市产业空间的容量；同一个城市，各个不同时期的输出商品有不同，反映了城市产业结构的变化。这种二分法是我们认识城市经济增长机制的方便工具。

设 L 为城市就业人员总数，B 为城市输出产品产业就业人员总数，N 为城市非输出产品产业就业人员总数，$L = B + N$，而 $N/B = \alpha$ 为非输出产业就业人员与输出产业就业人员的比例，这种二分法的分析工具，可以写成下面的公式：

$$L = (1 + \alpha)B \qquad \text{式 (3-8)}$$

反映了城市就业人口规模是由城市输出产业的就业规模和非输出产业就业与输出产业就业的人数比例来决定的。根据这一规律，也可以探讨城市化的经济增长机制。即：

$$P = (1+\alpha)(1+\gamma)B \qquad 式（3-9）$$

式（3-9）中，P 为城市人口总量，$\gamma = e/L$ 为城市非就业人口与就业人口的比例，式（3-9）表明，城市化增长从产业的增长角度看，决定于三个因素：(1) 输出产业的就业规模 B，(2) 非基础产业就业与输出产业就业的人数比例 α，以及 (3) 城市全部就业人员的广义抚养系数 γ。这里，B 是根本的决定性因素，α、γ 是引起联动关系的比例，隐含了内在的乘数关系，从而使模型由静态走向动态（饶会林，1999）：

$$P_t = (1+\alpha_t)(1+\gamma_t)B_t \qquad 式（3-10）$$

如果根据统计资料，能够算出某一城市历史上各个年代的 α,γ 值，就能够据其对该城市的城市化发展前景进行预测，当然必须注意未来进程中由于产业结构变化而导致的 α,γ 值的变化。

把城市就业结构与城市输出产业的关系再做细分，例如设城市输出产业的配套产业的就业人数为 N_1，城市共同服务业的就业人数为 N_2，城市非就业人口为 e，而 $N_1/B = \alpha$ 为配套产业的就业与输出产业就业人数的比例，$N_2/(B+N_1+N_2+e) = \beta$，为服务业的就业人数占城市人口的比例，并令乘数 $\lambda = (1+\alpha)/(1-\beta-\beta\gamma)$，则上述模型可以进一步扩大为：

$$\begin{aligned} P_t &= B_t + N_{1t} + N_{2t} + e \\ &= B_t + \alpha_t B_t + \beta_t(B_t N_{1t} + N_{2t} + e) + \gamma_t(B_t + N_{1t} + N_{2t}) \\ &= \{[(1+\alpha_t)(1+\gamma_t)]/(1-\beta_t-\beta_t\gamma_t)\}B_t \\ &= \lambda(1+\gamma_t)B_t \end{aligned} \qquad 式（3-11）$$

在式（3-11）中，根据城市输出产业的就业人数 B，城市非输出就业系数 α 决定了为城市输出产业配套的产业就业人数 $N_1 = \alpha B$；而城市增长的就业乘数 λ，决定了城市的全部就业人数：$B + N_1 + N_2 = \lambda B$；城市消费（非就业）人口数则由城市输出产业就业人数的就业乘数 λ 和广义抚养系数 γ 共同决定：$e = \lambda\gamma B$；而城市服务业的就业系数 β 在广义抚养系数 γ 的基础上决定了为全城提供共同服务的产业就业人数：$N_2 = \lambda(1+\gamma)\beta B$；最后城市总人口：$P = \lambda(1+\gamma)B$，是依存于城市输出产业就业容量的城市生产人口与消费人口的总和。

如果考虑流动人口，设流动人口为 P'，其占总人口的比例为 μ，$P' = \mu P$。在有流动人口的情况下，假定流动人口流向城市服务业，于是城市服务业劳动者人数会增加：$\Delta N_2 = [\beta\mu/(1-\beta-\beta\lambda)]B$，从而引起城市消费人口的相应增加：$\Delta e = [(\beta\gamma B)/(1-\beta-\beta\gamma)]B$，于是，流动人口在该城市的常住人口为：

$$\Delta P = \Delta N_2 + \Delta e = [(1+\gamma)\beta\mu/(1-\beta-\beta\gamma)]B^{①}。$$

上述方法在实际中应用，可能会遇到同一产业区分输出和非输出就业人数以及统计数字的困难，为此，也可以用区位商表明城市某一行业产出中用于输出部分的比例。计算公式为：

$$LQ = \frac{城市中某一行业就业量/城市总就业量}{全国该行业就业量/全国总就业量} \qquad 式（3-12）$$

根据区位商[②]，如果某城市某一行业就业量的就业比重超过全国，意味着该城市的这种产业是输出产业；其超过的倍数，就是该城市从事该产业输出产出的就业人数比重。此时，城市依存于输出产业的增长乘数[③]可以表达为：

$$\lambda' = \frac{B}{B'X} = \frac{LQ}{LQ-1} \qquad 式（3-13）$$

式（3-13）中，B'是城市基础部门中输出产出的就业人数，它等于城市该部门在全国的就业集中度（区位商）与城市该部门就业比重超过全国平均比重的比值。

上述原理的增长机制基础源于地方收入的乘数效应。城市基础部门的职工收入花在对地方产品（非基础部门产品）的购买上，增加了地方产品的销售。假如这些职工将收入的60%用于这种购买，即对地方消费的边际倾向（m）为0.6，这使地方部门会增加销售收入进而转化为个人收入，其中又有60%用于对地方产品的购买，又会增加第二轮的地方收入，等等。最终在地方消费边际倾向的作用下，使城市总收入增加若干倍。假设城市基础部门输出销售的初始值为ΔX，城市总收入最终可以达到：

$$\Delta_{总收入} = \Delta X \frac{1}{1-m} \qquad 式（3-14）$$

这种依存于输出产业的城市增长（乘数就业乘数、收入乘数）受到需求指向批评论者的指责，他们认为现代城市，城市政府通过政策降低生产成本刺激城域内产业间的联系获得增长，或者刺激技术进步导致劳动生产率提高增加收入，都不必依赖于输出产业[④]。但是对于发展之初和发展中的城市来说，二分法的分析是有重要意义的。"供给主义"者忽略了"比较优势"。实际上，根据二分法，可以建立城市经济增长的系统分析模型，如鲍莫尔（W. S. Baumol）的非均衡增长模型，奥

---

① 以上数学公式的详细推导可参见饶会林著. 城市经济学 [M]. 东北财经大学出版社，1999.
② 区位商的涵义是全国对某一产业的产品的全部消费量，多大比重是在某一个城市地区产出，它是从全国角度来看的产业分布；而从一个城市来看，如果某种产业在全国占的比重较大，就称该城市地区对该产业的集中度较大，因而区位商又可以称为产业集中度。
③ 运用这一方法是假定全国居民的消费倾向、该行业产出没有区别。
④ 参见蔡孝箴主编. 城市经济学 [M]. 第1版，南开大学出版社，1997.

特斯（W. E. Oates）的城市增长与恶化关系模型，凯德（N. Kaldor）的中心——边缘模型等都建立在这种二部门的分析基础之上①。当然，当城市发展到一定的阶段，形成区域内的产业链时，城市基础部门的作用可能会减弱，然而"外溢效应"仍然会使城市产生乘数，这时城市所基于的不是单纯的物质产品的输出，而是智能产品的输出。因此，在内生城市化的经济运行中，需求是重要的决定因素。

美国学者吉诃布斯（J. Jacobs，1969）说："假如它是城市，那个城市就有输出产业"。但是同时她又说："只有输出产品是不够的——从城市的最早输出产业和面向输出产业的供给产业（地方产业）出发，使城市经济多样化，并使其通过派生的过程，城市才得以成长。"她从19世纪20—30年代底特律的最早输出产品面粉开始，通过制粉机零件—制粉机—船舶发动机零件—船舶发动机—船舶，形成了船舶输出产业。其后的专业化推动了底特律作为船舶用发动机的输出基地；再其后的产业关联是机器部件加工——冶炼业——铜。后来矿石枯竭，但在已形成一定规模的涂料、蒸汽发动机、水泵、药品、家具产品的基础上，又形成了许多输出产品，从而在弥补了铜冶炼业衰退的同时，还有剩余的资金积累。最终，汽车成为底特律最大的输出产业。吉诃布斯把这一过程称为是城市化经济的"反复体系（reciprocating system）"②。这一体系中导致城市化经济不断增长的内在基础性机制，是城市的输出乘数，包括收入乘数和就业乘数。内生城市化的发展都经历了这样的增长过程，因此，要借助于市场机制使城市不断长大，就要经历这种城市经济增长机制和其相适应的经济增长体系的形成过程。为了使乘数分析更具一般化，需要进一步了解凯恩斯乘数增长模型。

（二）凯恩斯乘数增长模型

乘数概念最早由英国经济学家卡恩（R. E. Kahn）在1931年提出，经凯恩斯（J. M. Keynes）在《货币、利息与就业通论》中进一步发挥而成乘数原理。把凯恩斯乘数运用于城市经济增长的分析，可以规定一些相应的经济增长变量。如果用 Y_u 表示城市的总收入，C_U 表示城市的消费量，I_U 表示该城市的总投资水平，G_U 表示城市政府的支出，X_U 表示城市向其他地区输出的商品，M_U 表示城市从其他地区输入的商品，则城市总需求方程及其总需求各构成部分的决定式形式如下：

总需求方程：$Y_u = C_u + I_u + G_u + X_u + M_u$ 式（3-15）

消费方程：$C_u = a + bY_u(1 - t)$ 式（3-16）

---

① 参见孟晓晨编著. 西方城市经济学 [M]. 第1版, 北京大学出版社, 1992.
② 转引自山田浩之著. 城市经济学 [M]. 第1版, 东北财经大学出版社, 1991.

输入方程：$M_u = c + d Y_u(1-t)$ 式（3-17）

投资方程：$I_u = I_0 + e Y_u(1-t)$ 式（3-18）

税收方程：$I_u = t Y_u$ 式（3-19）

政府支出方程：$G_u = G_0 - f Y_u(1-t)$ 式（3-20）

上述方程中的参数都是根据城市经济的特点定义的，其中：（1）消费方程中的 a 是城市基本消费水平，外生决定，b 是城市居民边际消费倾向，与全国增长模型一样。（2）输入方程中的 c 是城市必须从外地输入的商品量，d 是城市边际输入倾向。这里的城市输入除了供应本地作消费品外，主要是用于中间产品满足本地输出产品的生产需要。经济增长中的城市与外部的关系就以其输出水平的提高为着眼点。故假定输出水平 X_U 外生给定，这是城市经济不同于全国经济的区别之一。（3）投资方程中的 e 是城市总投资相对于当地经济总收入规模的边际倾向，即城市总收入的边际投资倾向。城市投资行为模拟与全国增长模型完全不同，它不是把投资完全地作为外生变量，除了考虑受全国经济影响而外生决定的投资部分外，城市相当一部分投资是由本地的收入情况决定的。这是由于，城市内的投资者和银行往往要根据本地经济水平来发放贷款（McCann，2001），同时由于企业和居民在城市内的集聚会提高当地劳动力市场的效率，从而借助集聚的外部性来增加当地的收入水平，这是城市经济不同于全国经济的突出区别。（4）政府支出方程中的 G_0 是城市政府根据实际需要计划支出的水平，f 是城市政府依存于本市收入规模而需要变动或调整的边际倾向。国家范围的模型往往把政府支出 G 看作是与总收入无关的外生变量，但在城市中，政府在做出有关财政支出的决定时却必须考虑到当地居民的收入水平。政府财政支出计划具有逆向于当地收入水平的特点，为了弥补市民的需求缺口，当市民收入水平比较高时，政府支出（公共投资与补贴）就少（从 G_0 中减掉较大的一部分调整量使 G_U 变得更少），而收入水平比较低时，政府支出就高一些（从 G_0 中减掉较小的一部分调整量使 G_U 不太低），于是在一定程度上与当地居民的收入呈反方向变动关系，故 f 的符号为负。这是城市范围的增长模型与国家范围的增长模型之间的第三类差别。

如果假定城市政府有固定支出 G_U，按照固定税率 t 在本地征税，这样居民的税后可支配收入就是 $Y_U(1-t)$。把式（3-16）、（3-17）、（3-18）、（3-19）、（3-20）都代入到式（3-15）中，我们可以得到：

$$Y_u = a + b Y_u(1-t) + I_0 + e Y_u(1-t) + G_0 - f Y_u(1-t) + X_u - [c + d Y_u(1-t)]$$

式（3-21）

整理后得到：

$$Y_u = \frac{a - c + I_0 + G_0 + X_u}{1 - [(b-d) + (e-f)](1-t)} \qquad \text{式 (3-22)}$$

这就是凯恩斯思想的城市经济增长模型，式中的 $1/\{1 - [(b-d) + (e-f)](1-t)\}$ 部分是城市经济增长的乘数。它表明，当地方投资、政府支出或输出增加一个单位的时候，城市地区的总需求就会按照这个乘数的数量来增长。在城市地方税率 t 不发生变化的情况下，这个乘数的取值就完全依赖于 $(b-d)$ 和 $(d-f)$ 的大小。$(b-d)$ 的内涵是城市居民消费本地商品的边际倾向与消费外地商品边际倾向的差异，这种差异越明显，乘数值就会越大，因为相对较高的本地商品边际消费倾向意味着更多的城市居民收入将进入本地区厂商生产的本地消费品的经济循环，这样乘数效应就会更加明显；而 $(e-f)$ 的内涵是本地投资的边际倾向，反映了和本地收入水平相联系的本地投资规模。e 描述了市民的私人投资行为，f 描述了城市政府进行公共投资和补贴根据市民收入的调整行为，如果假定 $e>f$，表明由于收入的增长，市民私人投资超过了城市政府依据收入的调整量，这时本地的收入增长速度和私人与公共部门的投资差距，已经由 Black 证明呈现正相关关系（Black，1981）。就是说，私人能够替代城市政府投资的调整量差距越大，城市地区总收入的增长速度就越快。这种包含了城市居民—厂商之间的商品流动 $(b-d)$ 传导机制和地方投资 $(d-f)$ 传导机制的乘数，就是"城市经济增长的复合乘数"。根据这一乘数，可以进行城市经济增长的需求因素分析。

凯恩斯思想的城市经济增长模型与城市基础部门模型有着密切的关系。对于式（3-22），可以进一步地分解为两项内容，即：

$$Y_u = \frac{a - c + I_0 + G_0 + X_u}{1 - [(b-d) + (e-f)](1-t)}$$

$$= \frac{X_u}{1 - [(b-d) + (e-f)](1-t)} \qquad \text{式(3-23)}$$

$$+ \frac{a - c + I_0 + G_0}{1 - [(b-d) + (e-f)](1-t)}$$

构成城市经济增长的两部分内容（等式的右端）：第一项是出口乘数，它的内涵是收入意义上的而不是就业意义上的城市基础乘数；第二项是城市总需求中其他部分对城市总收入的影响乘数。对于第一项内容，如果城市输出产业有一个增加的输出量 ΔX_u，就会影响到城市总收入有一个增加量 ΔY_u，即：

$$\Delta Y_u = \frac{\Delta X_u}{1 - [(b-d) + (e-f)](1-t)} \qquad \text{式 (3-24)}$$

将式（3-24）与前面的城市基础部门模型式（3-8）$L = (1 + \alpha) B$ 相比，

能够发现，二者的本质内涵是一样的。不过城市基础部门模型中的 α 是城市基础部门（输出部门）的就业人数引起整个城市就业人数变化的一个乘数，而在凯恩斯模型中，是城市产品输出引起城市总产出（总收入）相应变化的乘数关系。因此，也可以用凯恩斯模型来分析城市基础部门（输出部门）和非基础部门（非输出部门或本地部门）的相互关系。即城市基础部门模型中的就业乘数也可以看成是城市输出产品对当地中间消费品和投入要素使用的一个衡量，因为城市基础和非基础部门就业变动的联系是由于这两个部门的生产交易所带来的，它的强度由两个方面来决定：对该城市的本地化产出的边际消费倾向（$b-d$）和当地投资带来的引致支出即城市内的边际公共投资与私人投资的边际倾向（$e-f$）。这些分析使我们能够明确认识到城市经济的增长机制在城市经济总量上是如何运作的，那么，对于具体不断进入城市的经济个量，例如新进入城市的一个企业，对城市经济增长有什么影响呢？

一个厂商迁入某一城市，由于它的市场范围比该城市规模大，所以迁入厂商将会增大城市的商品输出；但是，新迁入的厂商和当地部门的产业联系在初期往往比较弱，即厂商对当地产出的消费低于当地的平均水平（Sinclair 和 Sutcliffe，1978，1983）。因此，对于一个新进入城市的企业对城市经济增长乘数的影响，有两方面的内容：一是新迁入厂商对当地产品和服务的初始消费量，设 ΔX_f 来表示；另是新迁入厂商的初始消费行为引起的对本地经济的多层次的连锁影响所形成的总影响量，可以用 $\Delta X_f(b_s - d_s)(1 - t_s)$ 来表示，其中 b_s 是新迁入厂商的边际消费倾向，d_s 是新迁入厂商的边际输入倾向，t_s 是新迁入厂商要承担的税收。这样，新迁入厂商在本市的每一轮的产出循环的总影响可以表示为如下的方程式：

$$\Delta Y_f = \Delta X_f + \frac{\Delta X_u(b_s - d_s)(1 - t_s)}{1 - [(b-d)+(e-f)](1-t)}$$

$$= \Delta X_f \left\{ \frac{1 + (b_s - d_s)(1 - t_s) - [(b-d)+(e-f)](1-t)}{1 - [(b-d)+(e-f)](1-t)} \right\} \quad (3-25)$$

式（3-25）通过把一些特殊的收入乘数变动从一般的增长乘数中提取出来，实现了对城市经济增长乘数更为精确的描述，我们可以运用它对城市经济增长进行更细致的分析，这种分析可以帮助我们更加清楚地认识城市产业结构变化特别是厂商迁徙或新厂商出现对城市经济增长的影响。当然，式（3-25）没有告诉我们乘数效应要通过多少时间才会发挥作用，这需要从时间与空间两个纬度进一步展开收入变动的乘数分析。目前一些经济学家的研究已经实现用离散时间的方法重新刻画每一轮的城市收入——支出的变动，从本质上说是将经济基础模型与乘数加速模型结合起来，在这种研究中，式（3-25）中的系数决定了对现实城市经济的模拟效果。

式（3-25）中的系数，$(b_s-d_s)(1-t_s)$ 是新迁入厂商的地方化供给条件，而 $[(b-d)+(e-f)](1-t)$ 是该地区厂商商务行为的平均水平，也是新迁入厂商要逐渐达到的目标。新迁入的厂商进入本地后，可能会遇到与以前完全不同的供给条件，不过随着时间的推移，该厂商可能通过不断搜寻新的要素供给者来努力实现地方化供给条件。但是，也存在着这样的可能，即新厂商无法得到足够多的地方要素供应者的支持，这样厂商的边际支出系数会和当地其他厂商非常不同。从长期来看，这类迁徙厂商的逐渐增多可能会改变本部门乃至于整个城市的输出系数模式。而且如果这个新转移厂商的规模相对于当地经济来说非常大的话，可以预计城市的输出乘数会变化得非常快。有趣的是，不同厂商的迁入会在不同的方面改变城市的经济增长乘数，因为不同类型的厂商会表现出多种对中间投入品和生产要素的需求模式。若要深入讨论这些问题，必须通过城市投入产出模型，分析城市内的每个部门的支出联系，以便能够比较精确地研究由于城市产业结构变化所带来的整个城市增长乘数的变化。本节第三部分将进行这种分析。

二、供给基础的城市经济增长模型

供给基础模型（The Supply-Base Model）认为：城市经济增长取决于城市内部的供给情况。城市区位资源和生产能力条件好，就能获得城市经济增长的动力。供给基础决定的城市经济增长模型，是根据城市资源和要素的生产能力，分析城市经济发生增长现象和过程的内在机制。主要包括新古典城市经济增长模型、累积因果效应经济增长模型。

（一）新古典城市经济增长模型

新古典经济增长模型是从供给角度、即生产要素对经济增长的贡献角度来分析经济增长机制的经典模型。它最初由经济学家索罗（Solow，1957）在柯布—道格拉斯生产函数的基础上建立。1978 年，盖里、秋山和藤原（Chali, Akiyama and Fujiwara, 1978）根据城市经济的特点，建立了一个简单的柯布—道格拉斯式的城市经济的生产函数：

$$Y_{ut} = Ae^{rt}K_{ut}^{\alpha}L_{ut}^{1-\alpha} \qquad 式（3-26）$$

式中，Y 表示城市产出，u 和 t 分别代表某个城市和某个时期，A 是技术水平，e 是自然对数，r 是一个反映技术进步速度的数值，K 和 L 是投入的资本和劳动，最后 α 和 $1-\alpha$ 分别代表了产出对资本及劳动力的弹性。对上式全微分，可以得到：

$$\frac{\Delta Y_{ut}}{Y_{ut}} = \frac{\Delta A_t}{A_t} + \alpha \frac{\Delta K_{ut}}{K_{ut}} + (1-\alpha)\frac{\Delta L_{ut}}{L_{ut}} \qquad 式（3-27）$$

式（3-27）中的 α（资本产出弹性），和 1-α（劳动产出弹性），二者之和等于1，表示假定城市生产的规模收益不变。运用这一公式，可以对城市经济增长作如下的政策分析：

1. 测算各生产要素对城市经济增长的贡献

各种要素对城市经济增长的贡献分为绝对贡献和相对贡献两种。绝对贡献由 $\Delta A/A$、$\Delta K/K$、$\Delta L/L$ 的数值给出，相对贡献由 $\frac{\Delta A/A}{\Delta Y/Y}$、$\frac{\Delta K/K}{\Delta Y/Y}$ 和 $\frac{\Delta L/L}{\Delta Y/Y}$ 的数值给出。

2. 测算技术进步的成效

在新古典经济增长模型中，$\Delta K/K$、$\Delta L/L$、$\Delta Y/Y$ 的数值可以通过统计数字的搜集计算得出，但 $\Delta A/A$ 无法由统计数字得出，因而采取剩余法计算。即由：

$$\frac{\Delta A_t}{A_t} = \frac{\Delta Y_{ut}}{Y_{ut}} - \alpha \frac{\Delta K_{ut}}{K_{ut}} - (1-\alpha)\frac{\Delta L_{ut}}{L_{ut}} \qquad 式（3-28）$$

计算得出。

3. 制定城市生产要素组合的调控政策

根据新古典城市经济增长模型，可以分析资本与劳动两种要素的内在依存性，从而分析采取何种更有效的要素投入政策。如果暂不考虑技术进步，假定城市经济增长只由资本和劳动使然，城市经济增长的新古典模型可以变为：

$$\frac{\Delta Y_{ut}}{Y_{ut}} = \alpha \frac{\Delta K_{ut}}{K_{ut}} + (1-\alpha)\frac{\Delta L_{ut}}{L_{ut}} \qquad 式（3-29）$$

两端分别减去 $\Delta L/L$，可得：

$$\frac{\Delta Y_{ut}}{Y_{ut}} - \frac{\Delta L_{ut}}{L_{ut}} = \alpha\left(\frac{\Delta K_{ut}}{K_{ut}} - \frac{\Delta L_{ut}}{L_{ut}}\right) \qquad 式（3-30）$$

式（3-30）左端是城市劳动者创造的人均收入的增长率，右端是城市劳动者人均技术装备的增长率，二者之间的关系由 α 系数权衡；而劳动者人均创造的收入是否有增长，决定于城市的资本增长率与城市劳动增长率之间的关系。资本增长率大于劳动增长率时，城市人均收入会增长；二者相等时，城市人均收入就没有增长；资本增长率小于劳动增长率时，城市人均收入就会有负增长。可见人均收入增长依存于劳动者每人平均的技术装备，这是现代城市生产的突出特点。因此，适当使资本略高于劳动的要素配合方案是促进城市现代经济增长的基本经济政策。

不同城市投入要素的不同比率，是影响城市经济不同增长水平的一个原因。为了分析城市间要素流动对城市经济增长的影响，盖里等人假定每个城市的产出弹性和技术进步的速度是完全相同的,但是城市间的资本和劳动力的边际产出存在着差异,并且这些边际产出是由城市的资本和劳动力的比率所决定的。这样,盖里等人采用美国城市的数据,估计了上述模型。他们从城市要素市场的完全竞争性假定出发,说明了在均衡状态,城市工资水平将会等于劳动的边际产出,而资本的租金即利率水平将等于资本的边际产出的模型,即:

$$W_{ut} = P_t \left(\frac{\partial Y}{\partial L} \right)_{ut} \qquad 式(3-31)$$

$$R_{ut} = P_t \left(\frac{\partial Y}{\partial K} \right)_{ut} \qquad 式(3-32)$$

式(3-31)和式(3-32)分别是城市劳动要素和资本要素的报酬表达式,其中,P是产出品的价格。可见,如果假定产品价格P在每个城市都是相同的数值,那么,资本和劳动的比率将会决定城市间要素报酬的差异。这样,城市各不相同的资本和劳动力的比率,就会影响到劳动者和资本投资者在不同城市进行工作或者投资的选择,从而导致要素在城市间的流动。这意味着每个城市劳动力的增长应该包括本地劳动力的自然增长量和由于要素价格差异而从外部地区吸引过来的劳动力数量。对于城市资本的积累也存在着类似的情况。

城市间的要素流动,是以劳动力和资本对于要素价格差异的调整不是"瞬间"假定为前提的,即要素市场的调整机制具有一定的时间滞后性。但是在长期中,生产要素的流动肯定能够消除城市间要素报酬的差异。那些劳动资本比例比较高的城市一般来说工资水平比较低而资本利息比较高。所以,这些地区会出现劳动力外流与资本流入并存的现象。同样,一些城市会有相反的情况,是因为它们的劳动资本比例比较低,所以相应的工资水平比较高而使用资本的费用比较低。如果假定资本对要素市场的价格变动是敏感的,那么低工资的城市将会因为具有较慢的劳动力流出速度和较快的资本流入速度而获得更多的生产投入要素,从而其经济增长速度也会高于那些高工资水平的城市。最终所有地区的工资水平会趋向一个稳定的均值[①]。不过也有一些证据表明现实情况更为复杂,例如有些城市的工资率一直高于其他城市,而且增长速度更快。这种现象不能由假定要素是替代关系的新古典经济增长模型解释,而必须开辟新的途径。

(二)累积因果效应城市经济增长模型

在城市经济中,供给基础包括城市产业的物质与技术基础、专业化协作程度和

[①] 有关城市间工资和人均收入趋同的假说一直是城市经济学实证研究中的经典命题之一,这方面的大量研究支持了存在城市和区域间的人均收入长期收敛的情况;但也有证据表明实际经济中存在着收入梯度。

投资环境。这三方面相互影响，会使城市在不增加要素投入的情况下获得经济增长。这里的原因除了技术进步外，最主要的是导因于城市集聚经济的影响。城市集聚经济会使城市经济产生一种极其奇特的现象——规模报酬递增现象（Richardson，1985）。这种规模报酬递增的客观存在意味着城市间经济增长的差距可能会长期存在，甚至可能不断扩大。这是一种"累积因果效应"。这一思想的系统阐述最早是由发展经济学家缪尔达尔（Myrdal，1957）完成的。他认为，不发达国家经济中存在着一种地理上的"两元经济"，即经济发达地区和不发达地区并存的现象。这种状况的根本原因是地区间人均收入水平和工资水平存在着差距，它使得经济系统中比较发达的地区获得更快的发展速度，而落后地区发展会更慢。因为，如果规模经济的假设条件能够在城市范围内成立，那么资本和劳动力就不一定存在着替代关系，它们可以同时流入城市，而不像前面所描述的这两类要素呈现反方向的流动趋势。就是这种规模报酬递增现象，将会使发达地区的快速增长长期地持续存在。为了明确这一理论中所阐述的城市经济增长机制，我们以城市间的劳动力要素的转移为例，用与新古典均衡理论比较的方法说明城市经济增长的累积因果效应。

假设有两个城市 A 和 B，它们的初始经济状态完全相同。在图 3-2 中，城市 A 的初始劳动力供给和需求曲线是 S_a 和 D_a，相应的均衡工资水平是 W_{a0}；而城市 B 的初始劳动力供给和需求曲线是 S_b 和 D_b，这个地区的工资水平和城市 A 是相等的，为 W_{b0}。现在，假如城市 A 由于某种外生的原因，经济得到快速增长，对劳动力需求增大，使劳动力需求曲线向右上方向移动，达到 D_{a1}，均衡劳动力数量由 L_{a0} 增加到 L_{a1}。而在短期内由于地区劳动力供给的变化比较小，从而造成了城市 A 的工资水平高于城市 B 的工资水平，达到了 W_{a1}。所以，城市 B 的工人有动力向城市 A 迁移。随着这种迁移，城市 B 的劳动供给下降，劳动供给曲线向左移动，从 S_b 降低到 S_{b1}，均衡劳动力数量由 L_{b0} 降低到 L_{b1}，均衡工资水平由 W_{b0} 上升到 W_{b1}；而城市 A 的劳动供给，由于吸收了来自城市 B 的迁移劳动力，劳动供给曲线向右移动，由 S_a 增加到 S_{a1}，均衡劳动力数量由 L_{a1} 继续增加到 L_{a2}，均衡工资水平则下降到 W_{a2}。这样一直到城市 A 的工资水平与城市 B 的工资水平相等，即当 $W_{a2} = W_{b1}$ 时，城市间的劳动力转移才会停止。这就是新古典理论解释经济增长中城市间劳动力移动的基本原理。

但是，在现实经济中，至少在发展中国家，城市的经济增长并不完全像新古典模型所描述的那样进行。缪尔达尔强调，在快速经济增长过程中，发展速度比较快的城市和地区（城市 A）的确会因为具有比较高的工资水平而对落后地区（城市 B）的劳动力产生吸引力，但是城市 A 由于具有比较多的资本和技术积累，所以在生产领域很可能具备规模报酬递增的特点，这样它就会倾向于从城市 B 吸收高技

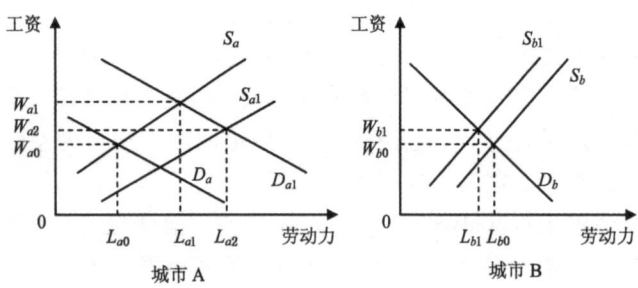

图 3-2 新古典理论的城市经济增长中的劳动力转移

术水平的劳动力,从而获得更快的发展速度。因此,可以认为城市 A 的工资水平不会稳定在 W_{a2},高技术劳动力的大量流入所带来的快速经济增长,会使城市 A 对劳动力的需求进一步增大(即需求曲线从 D_{a1} 右移至 Da_2),从而再次提高工资水平,达到 W_{a3},并进而继续对地区 B 的劳动力产生吸引力;另一方面,人力资本的持续外流将会使得 B 地区的经济增长速度降低,从而进一步减少对劳动力和其他要素的需求,这样新的需求曲线 D_{b1} 和供给曲线 S_{b1} 的交点决定了新的工资水平 W_{b2},这个值仍低于城市 A 的新均衡工资水平,从而继续推动该地区的劳动力流向城市 A。所以,他认为,这两方面的作用会产生"累积性因果循环",发达城市借助规模报酬递增的优势可以从落后地区持续地获得劳动力供给,从而实现持续的增长并越来越发达,而落后城市则越来越落后。这样,地区间的工资差别、人均收入差别和经济发展水平差距将会越来越大。这一过程可参见图 3-3。

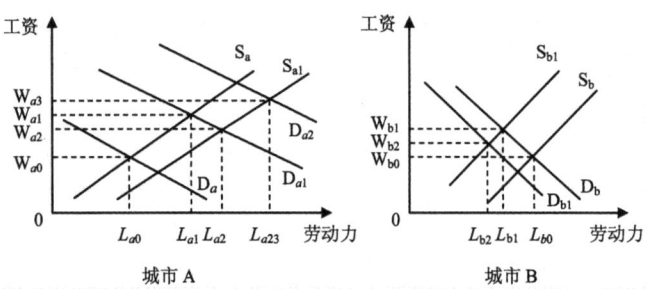

图 3-3 累计因果模型的城市经济增长中的劳动力转移

缪尔达尔的累积因果模型发表以后,得到了很多学者的应用。普里德(Pred,1966)利用累积因果模型分析了美国制造业在 1860—1900 年间的发展过程。他认为,拥有开发某种新产品技术的企业家,一般都会把企业设立在那些能够为该产业提供各类服务的城市中。而新的企业又会为本行业的发展创造出更多的需求,并为其他相关企业带来产业城市化经济的好处。另外，从供给的角度分析，产业内具有创新能力的企业不断增加，也会反过来进一步推动这个行业的技术进步能力。而这两方面的合力将会推动制造业在大城市带不断集聚。很明显，这个过程具有很强的积累因果的特性，其内在机制或其重要原因就是制造业本身存在着广泛的规模报酬递增现象，特别是在产业成长时期，这种状态更加明显。布拉德福德和凯莱基安（Bradford and Kelejian，1973）也对城市经济增长的循环因果模型进行了深入的实证研究，发现累积因果模型的确可以用来解释很多城市中心的衰退过程。他们发现，一旦城市政府出台一些不利于中等收入家庭的公共税收政策或低收入家庭在城市中心过度集聚的话，中等收入家庭就会从城市中心迁向郊区。而这样的结果，会使市中心的税收进一步下降，低收入家庭占城市中心比例继续增大，就更不利于中产家庭在城市中心的生活条件和生活环境，从而进一步推动中产家庭加速迁离市中心。这项研究对众多城市管理者的启示是：在制订城市经济政策时，需要研究该计划（特别是一些管制措施）是否在长期具有累积因果的特性，是否会对城市经济的持续增长带来不利影响。从这些成果的分析中，可以深刻体会到，累积因果模型和一般新古典城市经济增长模型比较的最大区别，是它强调城市经济中普遍存在着的规模报酬递增现象，这一理论的提出，对新古典理论的线性增长模式与思想提出了巨大的挑战，如何运用这一理论深入研究和解释现代经济增长中的区域差距和城市经济增长的集聚机制，是经济理论界的重要任务。

三、城市经济增长的投入产出模型

将从需求和供给分别分析城市经济增长的两种角度结合起来，可以采用投入产出（input – output）模型。投入产出模型运用于城市经济，可以方便地研究城市经济增长中的部门作用和要素作用。

假设城市中有三个生产部门：制造业部门、生产服务部门和生活服务部门。其中，制造业是城市基础部门，例如电脑、机器装备、纺织品、钢材等，其大部分产品输出，少量供应本地的消费和投资需要；生产服务部门是为城市生产提供上游产品的部门，例如煤、机械产品、化工材料、零配件等，它主要用于满足中间需求，但也有少量用于投资需求和输出需求；生活服务部门是一个非常多样化的部门，包括商业服务、医疗服务和其他各项私人服务，如餐馆、杂货店、干洗店等。它是为地方生活服务进行生产的部门，它只由城市居民购买，不用于中间需求和投资需求。城市各生产部门的生产活动除了消耗本市的中间产品外，还要消耗域外的输入产品，同时需要大量的初始要素投入，包括资本、劳动和土地要素。这些要素都是由当地居民来提供的，具体到某一个具体部门，其要素投入的内在结构存在着差异，有的劳动多些，有的资本多些，这里为了简化，没有进行细分，而是放到一行里。生活服务部门与前两个部门比起来，所需要的初始投入中的劳动要素比重更大一些。这些投入品经过生产后会有一个增值的过程，假设劳动力、资本和土地完全被该市居民控制，于是城市生产要素的收入将会完全地计入当地的经济中。

由表3-1表达的城市投入产出表，行表示产出品和要素的供应去向，列表示城市生产部门对于中间投入的需求结构和各种经济主体对城市最终产品需求的部门结构，反映了城市各生产部门经济活动的来龙去脉。例如城市的制造业部门，从纵列来看，在年度生产中，需要18亿元本部门的产品投入，价值18亿元的地方生产服务、27亿元的劳动资本等初始投入和27亿元的输入品投入，从而生产出90亿元的产品价值。这里包括了两类需求：对中间产品的投入需求和对初始要素的投入需求。城市每一部门都有这样的生产过程。从横行来看，制造业部门生产出的90亿元产品，分别分配给本部门18亿元、生产服务部门6亿元和生活服务部门10亿元作为中间产品使用，分配给居民消费4亿元、投资11亿元用于最终产品使用，还有41亿元的产品输出本市，这是城市经济增长的关键性力量。

表3-1 城市投入产出表

流投入产出量		产出品						总产出
		中间需求			最终需求			
		制造业	生产服务	生活服务	消费	投资	输出	
中间投入	制造业	18	6	10	4	11	41	90
	生产服务	18	10	3	0	10	9	50
	生活服务	0	0	0	60	0	0	60
初始要素投入		27	29	44	0	0	0	100
输入		27	5	3	12	3		50
总投入品		90	50	60	76	24	50	

本市居民共需要购买76亿元的消费品和24亿元的投资品，正好用完他们提供的初始投入的要素报酬100亿元。城市在本年度的输出产品共有50亿元，与各部门的总输入价值相等。表的最后一列被称为"总产出"，它代表了每个部门的总产出价值，对于一个生产周期（年度）来说，各部门的总投入价值等于其总产出价值，整个城市是200亿元，制造业是90亿元。可见，表3-1中存在着中间产品与中间消耗、总投入与总产出、居民要素报酬与消费和投资的支付以及城市输出输入

等方面的静态平衡。若要从动态角度分析城市投入产出比例，还必须掌握城市各生产部门的投入产出系数，包括直接投入系数和完全投入系数。

直接投入系数被定义为每个部门所使用的某个投入品数量与该投入品总价值的比例，设 a_{ij} 直接投入系数，x_{ij} 为中间产品流量，X_j 为城市生产部门的总产出，其表达式为：

$$a_{ij} = \frac{x_{ij}}{X_j} \quad 0 \leq a_{ij} \leq 1 \qquad \text{式（3-33）}$$

表 3-1 中的生产服务业生产 50 亿元产出，需要 6 单位的制造业产品投入，相应的投入系数就是 6/50 = 0.12，类似的还可以计算出生产服务业对本部门投入品的消耗系数为 10/50 = 0.1，对劳动、资本和土地的消耗系数 29/50 = 0.58 以及输入系数 5/50 = 0.1。居民行为分别由消费和投资行为构成对各种最终产品的使用过程，例如居民每消费和投资 1 元产品，需要制造业产品 0.15 元（[4+11]/[76+24]）、生产服务业产品 0.1 元（[0+10]/[76+24]）、生活服务业产品 0.6 元（[60+0]/[76+24]）和输入产品 0.15 元（[12+3]/[76+24]）。这些投入系数的总和恒等于 1[①]。根据表 3-1 计算的投入系数列于表 3-2 中。

表 3-2　　　　　　　　　　投入系数表

| | 制造业 | 生产服务 | 生活服务 | 居民（I） | | | 输出 |
				消费	投资	小计	
制造业	0.2	0.12	0.1667	0.0526	0.4583	0.15	0.8
生产服务	0.2	0.2	0.05	0	0.4167	0.1	0.2
生活服务	0	0	0	0.7895	0	0.6	0
初始要素投入	0.3	0.58	0.7333	0	0	0	0
输入产品	0.3	0.1	0.05	0.1579	0.125	0.15	
总投入品	1	1	1	1	1	1	1

根据表 3-1 和表 3-2 的信息，我们可以得到每个部门的产出方程。设 M 表示制造业的总产出水平，SP 表示为生产服务部门的总产出水平，SL 表示为生活服务部门的总产出水平，E_m 和 E_s 分别表示城市制造业和生产服务部门的输出产品数

---

① 投入系数的总和恒等于 1 意味着总投入的价值等于总产出，生产系统是稳定的。它依存于几个关键性的假定：城市内所有的商品与服务的价格不变；所有的商品和服务都是在规模报酬不变的前提下生产；投入系数不会因为产业生产规模的扩大而发生改变。

量，I 表示城市居民的总收入。于是，城市各个部门的总产出可以表示如下：

$$M = 0.2M + 0.12SP + 0.1667SL + 0.15I + E_m \qquad 式（3-34）$$

$$SP = 0.2M + 0.2SP + 0.05SL + 0.1I + E_s \qquad 式（3-35）$$

$$SL = 0.6I \qquad 式（3-36）$$

$$I = 0.3M + 0.58SP + 0.7333SL \qquad 式（3-37）$$

在城市经济中，城市输出 E_m 和 E_s 一般作为外生变量，不由计算而是由城市政府决策确定，所以不能用原来的系数分析，而是根据城市发展的现状和外来情况进行决策。进行这一假定是由于在城市中，输出产品能够在多大程度上支持城市经济增长，既是客观基础，又是战略基础，是人们十分关注的问题，城市政府可以依据战略需要调整城市当前输出产业的实际比例来确定城市产业战略发展规模。故可以把上述式子表达为依存于城市战略输出产品的总产出变化的表达式，通过矩阵代数的方法达到这一目的。把上述式（3-34）到式（3-37）用矩阵表示为：

$$\begin{bmatrix} 0.8 & -0.12 & -0.1667 & -0.15 \\ -0.2 & 0.8 & -0.05 & -0.1 \\ 0 & 0 & 1 & -0.6 \\ -0.3 & -0.58 & -0.7333 & 1 \end{bmatrix} \begin{bmatrix} M \\ SP \\ SL \\ I \end{bmatrix} = \begin{bmatrix} E_m \\ E_s \\ 0 \\ 0 \end{bmatrix} \qquad 式（3-38）$$

解上述矩阵，得到：

$$M = 1.9512E_m + 1.1113E_s \qquad 式（3-39）$$

$$SP = 0.7907E_m + 1.9533E_s \qquad 式（3-40）$$

$$SL = 1.1185E_m + 1.5709E_s = 0.6I \qquad 式（3-41）$$

$$I = 1.8642E_m + 2.6183E_s \qquad 式（3-42）$$

可以看到，城市内厂商对外贸易量的变化对该城市内不同产业的影响存在着明显差异。例如，在式（3-39）中，当城市制造业产出的输出产品增加 1 元时，会使制造业总产出增加 1.95 元；而同样是制造业产出增加 1 元，却只能让生产服务业的总产出增加 0.79 元，让生活服务业增加 1.1185 元。这使人们注意到，制造业的输出使总产出增加较多的是生活服务业，而不是生产服务业。制造业的输出增加一个单位，还会使地区总收入增加 1.864 个单位，进而会牵动城市生活服务部门总产出增加 1.8642 × 0.6 = 1.1185 元。与此类似，城市生产服务业的输出产品增加 1 元，也会对所有的部门产生不同的乘数效应。另外，投入产出模型还向我们展示了城市内每个部门经济扩张所相应需要输出变动的数量。比如，要增加 1 元的生产服务业输出产品的增加值，城市内的制造业必须能够有 0.7907 元的增加产出，同时生产服务业本部门的总产出也要增加 1.9533 元。从这个意义上说，投入产出模型可以用来衡量一个城市经济的规模是否足以支持大量的输出扩张。

这些分析中所得出的不能被人们直接看到的产业间关系的信息，实际上是由人们不注意的产业间大量的间接关系所决定的。例如人们可能关注制造业输出一单位产品，对本市生产服务业的影响，很少关注对城市生活服务业的影响。可是上例中，制造业输出一单位产品，影响较大的却是生活服务业。就是由于产业间存在着大量的间接消耗关系。这种关系不能由直接投入系数反映，需要由完全投入系数反映。它的内涵是直接投入和间接投入的总和，其表达式为：

$$b_{ij} = a_{ij} + \sum_{l=1}^{n} b_{il} a_{lj} \quad (i,j = 1,2,\cdots\cdots,n) \qquad 式（3-43）$$

根据式（3-43），可以得到投入产出分析的基本公式：$X = (I-A)^{-1}Y$，其中 $(I-A)^{-1}$ 被称为列昂节夫逆矩阵[①]，通过它可以分析城市产业间的各种复杂联系。城市投入系数表可以告诉城市地方政府官员，输出产业需要本地多少中间投入品，如果地方供给相对不足，那么应该如何解决这个问题；还可以帮助地方官员认识生产技术进步使投入系数发生改变后对城市经济增长的影响；在公共项目的决策上，可以使城市项目管理者很方便地评估某个外生的投资项目对城市总需求的影响。比如要新建一个大型游乐场，那么投入产出模型可以告诉决策者这个项目将会为这个城市的每个部门带来多少新增就业人口与产出。

第三节　城市经济发展

一、城市经济发展的内涵与科学发展观

城市经济发展（urban economic development）与城市经济增长（urban economic growth）概念的最大区别，是其不仅包括更多的产出，还包括导致城市经济质量提高的城市产业结构、经济结构甚至社会制度（体制）结构的转换。这种结构转换的实质是：越来越多的人口进入城市，不但参与利益的生产，同时参与利益的分配，共享城市经济增长的成果。因此，城市经济发展是包括数量和质量以及效率与公平同时改进的经济增长过程。作为数量增长的表现主要是城市 GDP 的增加，作

---

① 列昂节夫逆矩阵是包括 n 个生产部门的所有投入品系数的 n×n 矩阵。关于"投入产出分析"原理可参看 [美] 密契尔·托达路著．经济发展计划化——模型与方法 [M]．第 1 版，中国社会科学出版社，1979．

为质量增长的表现主要是城市生活质量的改善,包括医药卫生条件改善和高寿、更好的住房和文化教育水平等。这一过程同时也是经济和政治体制变迁的过程,内含着科学发展观的思想。

科学发展观是坚持以人为本,全面、协调、可持续的发展观。以人为本,就是要把人民的利益作为一切工作的出发点和落脚点,不断满足人们的多方面需求和促进人的全面发展;全面,就是要在不断完善社会主义市场经济体制,保持经济持续快速协调健康发展的同时,加快政治文明、精神文明的建设,形成物质文明、政治文明、精神文明相互促进、共同发展的格局;协调,就是要统筹城乡协调发展、区域协调发展、经济社会协调发展、国内发展和对外开放;可持续,就是要统筹人与自然和谐发展,处理好经济建设、人口增长与资源利用、生态环境保护的关系,推动整个社会走上生产发展、生活富裕、生态良好的文明发展道路。

科学发展观下的城市化进程,是在城市化的进程中实现以人为本,实现全面、协调、可持续的城市发展。这里的以人为本,是要把人们对城市化的需求作为城市化政策的出发点和落脚点,通过适度的城市化供给来不断满足人们对城市化的需求和实现城市居民的全面发展;这里的全面,是要使城市化的进程,在同一于社会主义市场经济体制不断完善、保持城市经济持续快速协调健康发展的同时,也同一于政治文明、精神文明的建设过程,形成城市中的物质文明、政治文明、精神文明相互促进、共同发展的格局;这里的协调,是要在城市化进程中统筹城乡发展、区域协调发展、经济社会协调发展和国内发展与对外开放的协调;这里的可持续,表现在城市化进程要实现人与自然和谐发展的过程,城市经济建设、人口增长与资源利用、生态环境保护相互协调,并能够保持长期的动态均衡。

二、城市产业结构及其演变

城市产业结构指一定质量、一定数量和一定序列的产业部门组合,反映了城市经济的增长高度。因为城市生产力的发展,是随着城市的社会分工越来越细、新的行业和生产部门不断涌现、各部门行业之间形成互相依存互为条件和相互制约的经济联系而进行的。城市产业结构包括多种产业分类,除了基础产业与非基础产业的构成分析城市经济增长机制外,还有三次产业构成、要素投入构成和主次产业构成。

(一) 三次产业构成与城市经济质量的提高

三次产业分类法是依据产业的演进顺序对产业进行的分类。这种分类从20世纪的30—40年代开始,目前已成为国际上广泛流行的划分方式。联合国国际劳工组织于 1971 年颁布过《全部经济活动的国际标准分类索引》(Indexes to The International Standard Industrial Classification of All Economic Activities),简称"标准产业分类"(SIC),把全部经济活动分成如下 10 个大类:

1. 农业、狩猎业、林业和渔业;
2. 矿业和采石业;
3. 制造业;
4. 电力、煤气和供水业;
5. 建筑业;
6. 批发与零售业、餐馆与旅店业;
7. 运输业、仓储业和邮电业;
8. 金融业、不动产业、保险业及商业性服务业;
9. 社会团体、社会及个人的服务;
10. 不能分类的其他活动。

其中,1—2 类属于第一产业,3—5 类属于第二产业,6—10 类属于第三产业。

中国国家统计局 1985 年对三次产业在中国的划分作了专门的规定,即:

第一产业为农业(包括林业、牧业、渔业等);

第二产业为工业(包括采掘业、制造业、自来水、电力、蒸汽热水、煤气业)和建筑业;

第三产业为除上述各业以外的其他产业,包括四个层次:(1) 流通部门,包括交通运输业、邮电通讯业、商业饮食业、物资供销和仓储业;(2) 为生产和生活服务的部门,包括金融保险业,地质普查业,房地产业,公用事业,居民服务业,旅游业,咨询信息服务业和各类技术服务业等;(3) 为提高科学文化水平和居民素质服务的部门,包括教育、文化、广播电视事业,科学研究事业,卫生、体育和社会福利事业等;(4) 为社会公共需要服务的部门,包括国家机关、政党机关、社会团体,以及军队和警察部门等。

依据三次产业划分法考察城市经济增长高度,一般来说,后序产业的比重越高,表明城市经济质量越高。这也是我国一些城市政府十分关注提升第三产业比重的原因。但是三次产业发展要有一个合理的序列关系,如果一个城市地区的第一产业很弱,就会无力支撑二、三产业的发展;如果第二产业很弱,也没有能力发展高层次的第三产业。某县级市的第三产业产值占 68%,仍然是一个落后地区,关键是没有强有力的第二产业。因此,城市三次产业结构递进应当循序渐进,形成有序的发展链条。某些城市在一定时期内实行跳跃式发展,必须有稳固的前序产业作为发展的支撑,这个前序产业不管是来自本地区还是相邻城市的产出都必须是稳固的，这是产业结构发展的突出特点。因为，产业结构是一个纵横交错多层次的复杂结构，它随时间变化有其固有的层次序列从而形成"序列效益"。产业断链，就会损失序列效益。盲目地跳到高层次产业，没有稳固的前序产业作支撑，高层次产业就不会太久，从而造成城市资源的浪费。

在一个较大的城市地区，如果区域内的某城市的高层次产业比重较高，或者城市的三次产业结构不断向上发展，都可以说是城市经济质量在提高。

（二）要素投入构成与城市技术进步

要素投入分类法是依据各生产要素在不同产业部门中的密集程度和不同比例而进行的分类，包括劳动密集型产业、资金密集型产业、技术密集型产业三大类。凡单位劳动力占用资金较少、资本有机构成和技术装备水平较低、需要投入劳动力较多、单位成本中活劳动消耗所占比重较大的产业，称为劳动密集型产业，如服装、皮革、饮食业等；凡投资比较集中、资本有机构成高而所需劳动力较少的产业，称为资金密集型产业，如石油、化工、钢铁、机械制造业等；凡生产过程机械化、自动化程度和技术层级较高且对知识人才素质要求较严的产业，称为技术密集型产业（或知识密集型产业），如电子、航天、生物工程行业等。在实际构成中，有的行业不一定是单纯某一种要素密集度高，而有可能是两种都高。

经济发展的根本特征是产业结构由简单到复杂、由低级到高级的不断转化。经济发展的进程呈现着共同的演变规律：由以劳动密集型产业为主，转化为以资金密集型产业为主，再发展到以技术密集型产业为主。这一规律的基础是不同社会资源累积的顺序与速度、规模的差异，以及由技术进步带来的各种社会资源的有序替代。

与自然资源形成的天赋过程不同，劳动力、资金、科学技术这些社会资源是随着社会发展而逐步累积起来的。图3-4直观地显示出各种资源的累积过程与产业结构的相应变化。其中，曲线OL、OC、OT分别表明劳动力、资金、技术要素的累积规模，OM、MN、NF分别表示经济发展的不同阶段。曲线的不同形状反映出不同要素积累过程的差异：劳动力增长在达到一定程度后呈缓慢下降趋势；资金的增长呈直线型上升；技术要素的累积为二次曲线形式，反映出技术进步的加速规律。曲线的位置变化反映出各种资源相对重要性的变化。在经济发展的早期（OM）阶段，劳动力是最重要的社会生产资源，其规模随人口增长而不断扩大。资金、技术要素虽有一定积累，但速度很慢，规模有限，与各种资源的累积规模差异相适应，这一时期的产业主要是农牧业、采掘业、手工业、轻纺工业等劳动密集型产业。在MN阶段，资本积累规模急剧扩张。曲线OC超过OL，表明资本替代劳

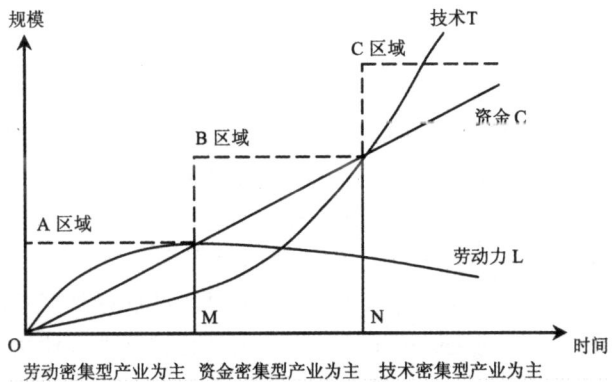

图3-4 生产要素累积过程与相应的产业结构变化

动成为最重要的社会资源。冶金、机械、化学、电力、交通运输等资本密集型产业逐步成为社会生产的主要行业。与此同时，技术要素的积累规模也在迅速扩张，并且呈现出不断加速的趋势。当曲线 OT 超过 OC 以后，技术就成为最重要的生产要素。电子、电器、航天、合成材料等技术密集型产业也逐步取代传统的资本密集型产业，成为社会生产的主要产业。

城市的要素投入结构，后序要素投入的比例和贡献越高，表明城市经济质量越高。这种要素投入替代比例的不断变化，反映了城市经济的"硬发展"，因为从劳动密集到资金密集再到技术密集，要求城市劳动力素质有极大的提高和城市资金的利用效率不断提高，从而保证城市经济素质的整体转换。为此，城市政府要增加教育和培训费用，加大城市人力资本投资和保护技术进步。

（三）主次产业构成与城市产业集群

主次产业的分类是为了确定城市发展重点而选择城市主导产业并形成城市产业集群的一种发展视角。

选择城市主导产业，一般有三个基准：

1. 收入弹性基准。需求的收入弹性是对某种商品需求量的增长率与人均国民收入增长率的比值，它用来衡量当人均收入增长 1% 时，会对某商品的需求增长多少。一般说来，主导产业应具有较高的收入弹性，因为收入弹性高的产业，有着广阔的市场，而广阔的市场正是产业进一步发展的先决条件。把收入弹性高的产业作为主导产业，就是要生产和出口那些由于人均收入增长而会引起需求较大增幅的商品，这样会使城市获得极大的市场潜力。

2. 生产率上升基准。在经济发展过程中，各产业的生产率（全要素生产率）

上升率是不会相同的，造成差异的原因，最主要的是技术进步的影响。哪个产业在技术上首次出现突破性进展，哪个产业就会迅速地增长与发展，生产率上升就保持一个较高的水平。这应当是主导产业具有的品质。所谓生产率上升基准就是要把因将来的生产率（以技术进步率代表）提高而有可能成为具有优势的产业作为主导产业。如果说收入弹性基准侧重反映需求结构变化对产业结构影响的话，那么生产率上升基准则侧重反映供给结构对产业结构的影响。

3. 产业关联基准。产业关联指产业之间的投入产出联系，一个产业与其他产业的这些联系越密切，越能带动整个城市经济发展。检验这种联系的效果包括前向关联度和后向关联度。前向关联度指一个产业的产品被其他产业用作中间产品的数量占该产业中间需求总量的比重，如种植业产品作为食品工业的中间产品占食品工业全部中间产品的比重；后向关联度指一个部门使用其他部门提供的中间产品价值占该产业投入品总值的比重，如日用化工部门使用基本化工、炼油、原油开采等投入品分别占中间总投入的比重。这两个关联效果指标越高，表明产业的影响力越大。因此，把产业关联度高的产业作为主导产业，可以带动关联产业的迅速发展，并形成产业链条。城市经济中的机械电子工业、建筑业等均有产业关联度高的特征。

根据上述三个基准，选择城市主导产业，对此外的城市产业，可以再分成次级产业和再次级产业，这些可以作为城市政府实施产业政策的依据。

循着产业关联的脉络发展，有可能形成产业集群。关于产业集群的定义，目前有多种类型。马歇尔把专业化产业集聚的特定地区称作"产业区"（industry district）；迈克尔·波特（1998）指出，产业集群是某特定领域中，一群在地理上邻近、有交互关联性的企业和相关法人机构，以彼此的共通性和互补性相联结。……绝大部分产业集群包含最终产品或服务厂商，专业元件、零部件、机器设备以及服务供应商、金融机构，及其相关产业的厂商，也包含下游产业的成员（如销售渠道、顾客），互补性产品制造商，专业化基础设施的供应商，政府与其他提供专业化训练、教育、信息、研究和技术支援的机构（如大学、思想库、职业训练机构），以及制定标准的机构。……最后，产业集群还包括同业公会，和其他支持产业集群成员的民间团体；美国学者斯科特（Scott A. J.）在研究洛杉矶的妇女服装工业时，从理论上把劳动分工、交易费用和集聚联系起来，将新产业区定义为基于合理劳动分工基础上的生产商在地域上集结成网（生产商和客商、供应商以及竞争对手等的合作），并与本地的劳动力市场密切相连的产业组织在地域空间上的表现形式；韩国学者朴杉沃（Park S. O.）则认为，新产业区的贸易取向性，使新生产活动以一定的规模在一定空间范围内集聚，具有明显劳动分散、生产网络和根植性；台湾学者吴思华指出，产业集群是由一群独立自主又彼此依赖的成员组合，成员间常具有专业化分工，资源互补现象，彼此间维持着长期非特定和约关系，并认为凭借此种关系可维持长久的交易，这些交易不一定以契约维持，而透过承诺与任凭进行，使集聚内的企业获得集群外企业所没有的竞争优势；国内学者王缉慈认为集群揭示了一些地方的相关企业集结成群，从而获得竞争优势的现象和机制。"产业群"指其特定的产业内涵，"企业群"指其企业"扎堆"的特征，都是指具有专业化特征的企业和有关机构在地理空间集结成群的现象；复旦大学的仇保兴认为小企业集群是一种自主独立相关联系的企业依据专业化分工和协作建立起来的组织，是市场失灵和内部组织失灵的一种制度性方法。综合以上学者的定义，产业集群（Industrial Cluster）是在某特定领域中，一群在地理上邻近、有交互关联性的企业和相关法人机构所组成的区域内的一种创新协作网络。

产业集群的空间特征是它的地理集中性，即大量相关产业集中在特定地域范围内，生成竞争的自强化机制和"优胜劣汰"的自然选择机制，刺激企业创新和企业衍生；产业集群的产业特征表现在技术可分性、垄断竞争型市场结构和动态多变性及速度经济性上。产业的产品和服务在生长技术上具有垂直分离的特征，并能形成较长的价值链。产业产品的水平方向和垂直方向的差异化潜力大，不会陷入价格竞争的恶性循环。产业竞争对时间和空间的控制特征将决定产业组织和生产组织的形式，企业通过控制开发和生产组织的时间来换取在空间上扩张的灵活性，在动态多变、对速度经济性要求很高的产业环境下，企业出于对协调、沟通和信息跟踪反馈的需要，必须在空间上形成集聚以获得竞争优势；产业集群的组织特征表现为生产系统、社会系统和竞合联系。产业集群首先是一个有地域界限的网络生产系统，企业网络节点间的联接主要发生在有上下游生产联系的供应商和客户间。其次是一个社会系统，会随着生产社会化不断扩大而完善供应商和专业化基础设施的提供者、销售渠道和客户、并扩展到辅助性产品制造商提供的专业化培训、教育、信息研究和技术支持的政府和其他机构——如大学、标注的制定机构、智囊团、职业培训提供者和贸易联盟等组织。集群组织的竞合联系是保持产业活力的源泉，互补性合作关系使得相关企业形成一个体系（生产链、价值链、生产体系、生产综合体等），从而强化生产者在空间集聚的倾向；产业集群的经济特征是企业及其支撑机构在空间上的集聚形成的集聚经济（见第二章）；产业集群的发展特征表现为产业的累积因果性和路径依赖性。当某些成功的发展因素（企业家才能、资本供应、劳动力供应、土地供应和当地生产的中间产品等）在区域中不同行为主体间存在较紧密的联系时，一种产业的扩张会增加其他公司的利益，依赖于成功因素所产生的"极化效应"将促成扩张和累积因果作用。当曾经成功的发展因素随时间推移成为制约因素时，会出现"集群锁定现象"，因而，适时通过替代或补偿过时的资源、技术、基础设施和思维方式，才能促进产业集群的进一步发展；产业集群的环境特征一方面表现为"灵敏的经济基础"，另一面是集群的创新环境。即产业集群中由于地理接近，企业间密切合作，经常的面对面的交流有利于各种新思想、新观点、新技术和新知识的传播，由此形成的知识溢出效应将增强企业的研究和创新能力。

城市政府推进主导产业政策和产业集群政策，会促使城市产业链的形成，这对于扩张城市经济规模、促进经济增长和城市经济质量的提高，将发挥巨大的作用。

三、城市结构效益的测度

城市结构效益，指由于城市经济结构的转换和递进，而使城市经济和社会效益提高。测度城市结构效益，可以运用如下两种方法：

1. 城市产业部门相对社会劳动生产率。是反映某产业结构效益的测度指标，公式如下：

$$\text{城市某产业相对社会劳动生产率} = \frac{\text{城市某产业增加值占城市国民收入的比重}}{\text{该产业劳动力占城市全部社会劳动力比重}} \times 100\%$$

式（3-44）

如果城市各产业的相对社会劳动生产率都是上升的趋势，则反映城市产业结构趋向合理化。因为城市的各产业之间及产业内部如果能够按其自然比例发展，就能使资源得到合理有效的利用，有利于促进劳动消耗的节约和经济效益的提高。否则，城市各产业的相对社会劳动生产率趋于下降，说明城市产业结构有不合理的地方，应采取措施加以调整。

2. 城市产业结构改变指数。是衡量城市产业结构高度化从而反映城市结构效益的指标。公式如下：

$$\text{结构改变指数} = \sum \left(\frac{P_{i2}}{\sum_{i=1}^{n} P_{i2}} - \frac{P_{i1}}{\sum_{i=1}^{n} P_{i1}} \right)$$

式（3-45）

式中，P_i 为城市 i 产业部门的产值，1、2 为两个比较时期，n 为产业部门总数。式（3-45）的计算，是把城市内所有在考察期产值比重大于基期的产业部门的增长比重加总，其数值越大，说明结构改变的程度越大，产业结构走向了高度化。这种结构改变和高度化的本质是技术进步的作用。这一过程是：新技术在各产业部门得到广泛运用，社会资金有机构成不断提高，社会产出能力不断增强，出现了满足新的社会需要的新兴产业部门，新兴产业崛起壮大，夕阳产业衰落，传统产业得到改造，等等。这种结构不断改变的过程就是产业结构高级化的过程。结构改变指数反映了这种高级化的程度。

四、城市可持续发展

可持续发展思想是鉴于传统发展思想只追求经济增长无视资源的有限性、将发展与环境保护相割裂、导致世界资源环境承受前所未有的压力而提出的，其实质是一种强调社会、经济发展与资源、环境相协调的发展模式。从非持续发展走向持续发展，是经济、社会和技术上的一次质的革命，其意义不亚于人类发展史上的任何一次重大的社会变革。

城市可持续发展的涵义是：城市经济发展即满足当代人的需要，又不对后代人满足其需要的能力构成危害的发展[1]，是把发展建立在成本效益比较和审慎的宏观分析基础上，它能加强环境保护，并导致福利水平的提高和维系[2]。

我国城市的可持续发展战略目前不同于发达国家的显著之处是必须不断地促进经济增长，因而并不完全从消极保护环境的单一目标出发，而是从经济、社会、环境综合发展出发寻求协调发展的途径：以发展经济摆脱贫困为中心，以科技进步为动力，以防治污染和改善生态环境为基础，以控制人口数量和提高人口素质，全面促进社会发展和加强国际合作为支撑条件和主要措施，这是我国可持续发展的综合战略。这一战略的实施在我国经济发展背景和现实条件下，要靠彻底的两个转变来实现：

1. 经济体制转变将完成我国可持续发展的经济机制建设。我国城市的可持续发展必须以经济发展为中心，但又不允许以损害长期生计的持续性来获取眼前利益，这只能靠提高各种资源利用率和结构协调效益来保证。这一方面需要运用市场机制建立宏、微观效益转换机制，通过产权市场推进资产存量的效益性流动，通过资金市场推进资产增量收益率的提高，通过人才劳务市场推进职工素质的增强，等等；另一方面通过政府机制加强环境监测和生态保护，争取经济、社会和生态环境的动态平衡。

2. 经济增长模式转变将培育我国可持续发展的经济能力素质。我国客观上存在着资源节约的深厚潜力：（1）我国资本存量十分庞大但利用很不充分，很多地方只要加强管理和进行最低限度的技术改造，就可使资本生产率提高。（2）劳动投入位于世界之首但劳动素质不高，只要强化竞争机制和加强在职培训，就可提高

---

[1] 参见 WCED, Our Common Future, Oxford University Press, 1987, p. 43.
[2] 参见世界银行. 1992年世界发展报告[M]. 中国财政经济出版社，1992.

劳动力素质从而使劳动生产率提高。(3) 生产要素投入和组合方式严重损失了协调效益、规模效益和结构效益。对此，需要国家运用产业结构、组织和技术政策促进企业合理竞争，实现规模经济和专业化协作，形成适合产业技术特点和经济发展阶段的产业组织结构。(4) 要素的技术结构，硬件技术偏于落后，软件技术差距更大，应推行重大技术经济政策，用先进技术改造传统产业，促进高技术产业的形成。

两个转变会使我国城市在不增加物质资源投入的情况下实现经济增长，是我国目前提高资源利用效益，缓解资源供给不足，降低对自然资源开发速度的现实选择。它可为我国进入可持续发展里程奠定坚实的能力基础。

我国正处于城镇化快速发展时期，多年来，中国的城镇化在取得发展成效的背后也累积了一些顽疾，某些地方政府热衷于搞政绩工程，将城镇化简单等同于造城运动和房地产化，导致出现城市摊大饼式扩张、农业转移人口难以融入城市，城市发展缺乏产业支撑等问题突出。此外，雾霾、交通拥堵、房价高企等大城市病开始困扰中国城市居民；逃离北上广现象折射出青年人对大城市爱恨交加的复杂情结，也透射出人们对城市环境改善的期待。针对这些现存的问题，国家大力推行新型城镇化战略，着力聚焦人的城镇化，努力优化城镇化布局和形态，推动城乡一体化发展，完善城镇化体制机制，实现城市可持续发展，以此达成改善民生和居民幸福指数提升的根本初衷。

新型城镇化作为以城乡统筹、城乡一体、产城互动、节约集约、生态宜居、和谐发展为基本特征的城镇化，不是简单的城市人口比例增加和面积扩张，而是要在产业支撑、人居环境、社会保障、生活方式等方面实现由"乡"到"城"的转变，这是对新型城镇化的认识定位。新型城镇化的核心要求就是要在城镇化进程中不断生成城市发展的可持续性。新型城镇化进程中要通过发现新模式和新机制来促成城市可持续发展的实现。例如城市可持续发展的新型模式：绿色城市、智慧城市和人文城市，城镇化发展的持续性社会机制：包容性城镇化、民生性城镇化和均衡性城镇化。新型城镇化要求将城镇化发展的质量和效率提到第一位置，对城市政府制定城市发展战略和调节政策有重要指导意义。新型城镇化战略既吻合国家宏观形势的大背景和经济发展的新常态，也能够为城市可持续发展找到关键性要素和核心结节，是健康推进新型城镇化的实现和城市可持续发展的理论研究和实践进程的有效途径。

第四节 城市经济增长与发展政策

城市经济增长作为一个价值判断问题,其增长方向、增长速度以及增长结构应当如何确定?这需要通过城市经济增长与发展的目标和政策来回答。

一、城市经济增长与发展的目标模式

城市经济学家们在制定城市经济增长和发展政策时一般追求两个目标:资源配置的帕累托最优与社会福利的公平化。

(一)帕累托最优的资源配置

主流城市经济学家普遍认为,帕累托最优是用来衡量城市范围内的资源是否实现了优化配置的重要标准,大多数城市经济发展政策都是要努力让现有的城市资源配置趋向于帕累托最优的水平。假设在一个只有一个城市的社会里,城市政府要对有限的城市资源做两种性质不同的分配:用于当前扩建城市的投资和用于研究城市环境保护以实现城市的可持续发展。前者是当期的生产行为,后者是长期的投资行为。现在假设城市政府每年研制的环境保护措施能够使未来每一年都能持续获得 Δx 的城市产出流。而这样做的机会成本是,如果用环保费用去扩建城市,可以获得 ΔX 的当期产出。所以,城市报酬率是 $\Delta x/\Delta X$,图 3-5 中的 XX 线表明了这个跨期替代的过程。

定义城市效用函数为:

$$U = U(X,x) \qquad 式(3-46)$$

式中,X 是当期产出,x 是未来的产出。在图 3-5 中,XX 线表明城市的资源潜力。I_1、I_2、I_3 曲线从城市的生产主体看,是一组效用曲线或福利函数,根据生产者行为理论,城市必然选择 A 点来确定其生产行为,以使资源利用达到最大效率;而从消费主体看,则是一组无差异曲线簇,根据消费者行为理论,城市将会选择 A 点来确定其消费行为,因为这个决策可以使得城市的投资报酬率(生产的边际替代率)$\Delta x/\Delta X$ 和最高的那个无差异曲线相切(如图 3-5 中的 YY 线),从而实现有效率的城市投资活动。

如果把这个单个城市经济拓展到整个城市体系的市场经济的情况,那么,城市现在不再是自给自足的独立经济单位,城市把自己的生产品拿到市场上去出售以获

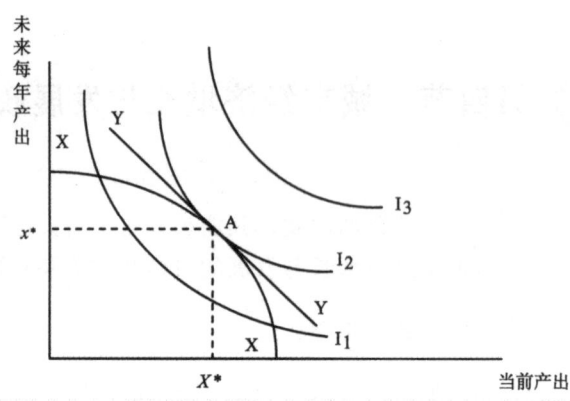

图 3-5 城市生产的帕累托最优分析

得收入,并进一步用所获收入去购买其他产品。这时,城市最优行为将遵循 $\Delta z/\Delta Z$ = MRS 的原则,z 是放弃当期收入 Z 后所获得的持续性未来收入,MRS 是城市效用函数的边际替代率。对于市场中众多的生产者而言,他们都要面临同样的选择,即如何将资源或时间合理配置在投资将来或者生产当期就能被消费掉的产品。在此基础上,他们还要决定需要使用多少当期收入来消费,进而可以把多余的钱借给那些愿意牺牲当期消费并投资未来的人。所以,就需要在借贷市场上融通资金。在这个市场上,拥有良好投资机会的生产者愿意为得到投资所需的资金而支付利息。利息率越高,他们对借贷资金的需求 DD 就越小;相反,借贷资金的供给 SS 是利息率的增函数,两者相交于 B 点,从而决定了均衡利息率水平和货币借贷量 m^*。这样,城市可以把部分收入用于投资并获得持续回报 $\Delta z/\Delta Z$,或者把它借出去以获得利息 r^*,这意味着:$\Delta z/\Delta Z = r^* = MRS$。换句话说,城市投资的未来回报必须等于其在借贷市场所能得到的利息。在这个均衡条件下,经济中每个人具有相同的收入边际替代率,它们在数值上等于市场利息率。可见,完全竞争市场经济使得每个人投资未来的收益和当期收入的边际替代率完全相同,就实现了资源配置的帕累托最优。可是,这种完全市场经济配置资源的结果往往会因为垄断、公共产品、外部性和信息不对称的影响而出现低效率。所以将帕累托最优效率设立为城市经济增长的目标模式,就是要努力改善这些市场失灵导致的低效率情况。

(二)社会福利的公平化

经济增长必须实现社会公平才具有社会意义,如果增长的收益只为部分人所得,不能为全体城市居民造福,就没有达到城市经济增长的目的。因此,城市经济学家在强调经济增长的同时，也提出了衡量社会福利水平的各种方法。

假设城市社会由 n 个人组成，U 是每个人的效用，社会福利函数可以被定义为：

$$S = S(U_1, U_2, U_3, \cdots, U_n) \qquad 式（3-47）$$

社会福利函数的具体表达式有多种，根据福利经济学的分析，帕累托最优只是社会福利最大化的必要条件，社会福利最大化的充分条件依托于不同社会福利的价值标准。例如庇古标准、卡尔多—希克斯的补偿检验法则标准、西托夫斯基的补偿检验标准、李特尔标准等。一种考虑权重的社会福利函数反映了对各个社会层次的人们的社会福利的不同要求，即：

$$S = b_1 U_1 + b_2 U_2 + b_3 U_3 + \cdots\cdots + b_n U_n \qquad 式（3-48）$$

但是，城市经济学家认为，合理的社会福利函数必须依赖于那些福利最低的人的处境得到改善，例如罗尔斯（Rawls, 1971）认为：

$$T(U_1, U_2, \cdots, U_k) = \min(U_1, U_2, \cdots, U_k) \qquad 式（3-49）$$

罗尔斯设想社会中的每个成员都会对某个状态产生一致的意见。这个状态指的是社会中的每个人不需要特殊的知识就一同达成的共识，而社会中的理性人不会预先赞同一个将会使得其利益受损从而提升他人利益的社会福利函数。相反，他们会根据最坏情况排列的最大化来进行选择，当然这种行为主要适合于那些风险规避型的人。这里，需要注意的是，在罗尔斯主义的模型框架下，社会契约并没有要求每个人的最终福利完全相同，而是强调要在最大原理的基础上实现每个人权利和机会的等同化。米尔（Mier, 1993）把罗尔斯的思想引入了对城市经济发展的研究中，同时，作为城市发展的规划者，他努力把城市发展政策的核心思想定位为"帮助那些福利最低下的人"并取得了成功。

综上所述，城市经济增长的目标既要在当前消费和未来投资的权衡中体现资源配置的效率，又要在满足最大多数人的需要上体现社会福利。这一目标的实现，不能依赖自由市场机制，需要城市政府制定经济增长政策。

二、城市经济增长和发展政策

城市经济增长和发展政策是使城市经济围绕其目标而实现城市经济增长的管理手段，它对城市经济的增长效果有重要影响。推动城市经济增长的政策方法很多，这里从产业政策、要素投入及收益政策和公共环境政策三个方面介绍城市经济增长和发展的推动政策。

（一）城市输出部门和地方化部门的产业政策

城市输出部门是城市经济增长的重要源泉，因此，城市发展政策的决策者应该努力寻找到那些具有发展潜力的城市输出产品的生产部门，并为这些部门的发展制定产业政策。

1. 确定城市基础部门。城市基础部门的经济特征一般表现在：（1）输出产品的产值占本市总产出的很大比重；（2）较多地采用本地投入品，增长乘数和产业关联度高；（3）较高的边际输入倾向转化为输出产品；（4）在全国具有较高的收入弹性。城市增长政策制定者要搜集足够的资料研究哪些产业具有这样的特征。

2. 制定扶持城市基础部门的产业政策。城市基础部门是城市发展的支柱，它要带动城市经济高速增长和全面发展。城市政府要在国家总体产业政策的指导下，研究采用哪些政策措施能够有效扶持和使用与城市基础部门，确定本市产业政策重点，同时通过地方财政税收政策、信贷政策、资源政策及收益政策等扶持城市基础部门的发展。

3. 发展城市地方化部门的政策。地方化部门是城市经济增长的重要依托性力量，它的作用主要在于：（1）为城市基础部门提供中间产品；（2）为城市的各种生产活动提供配套产品和生产性服务；（3）为城市居民提供各种生活性、发展性和享受性的服务。使本地的一般需求尽可能实现地方化，是现代经济发展的特点之一，城市政府要努力扶持产品本地化，可以在税收、信贷、资源和收益等政策上采取有针对性的政策措施，发展本地产业。

4. 培育产业集群。城市产业集群往往由城市基础部门吸引它的上游和下游的产品，以及集聚经济原因形成的本行业规模扩大而导致，它是现代区域性发展的主要原因。城市政府应当根据本地条件，积极培育产业集群。主要做法是：（1）积极促进本地主导产业的中间产品本地化，实现其与上游产品的产业链锁。主导产业不是支柱产业，发展主导产业和其中间投入品，是产业集聚的基本途径。（2）以优惠措施吸引城市域外与本城市基础部门类同的产业进入本市，以壮大本地基础产业规模，形成产业集群。（3）支持本地各种技术进步和新产品开发，以核心性产品的开发牵出系列产品群，实现创新性产业集群。

（二）城市经济增长的要素投入和收益政策

城市经济增长依存于要素投入和投入的积极性。这种积极性与要素报酬政策密切相关。

1. 城市劳动力投入及其报酬政策。在劳动生产率一定的情况下，劳动力持续稳定的增长是城市经济增长的重要动力。而城市劳动力供给的基本来源之一是外部劳动力的流入。现在很多研究表明，更大的劳动力转移将会促使城市对劳动力需求进一步提升，故城市政府应制定促使劳动力合理流动和充分利用的政策。例如，防止劳动力歧视政策、同工同酬保证政策、最低工资政策等，使城市经常性地保持着吸收就业的经济增长活力。同时，政府要提供劳动力的公共培训，提高劳动者的人力资本，使劳动者素质不断提高，促进城市经济增长。

2. 城市资本投入及其报酬政策。持续的资本投入是支撑城市经济长期增长的重要条件。我国城市政府一般应考虑如下一些资本利用和开发政策：(1) 积极促进私人投资的政策。我国城市私人资本总体投资不足，很多城市私人资本往往没有实现充分利用。为此，城市政府应采取引导私人资本流向的政策。例如，实行税收减免、投资补助及对中小企业的扶助计划都会对地方经济增长与发展产生显著影响。(2) 稳定中央政府和地方政府的公共投资政策。公共投资是政府责无旁贷的社会责任，在实际工作中，政府应兼顾城市大型机场、高速公路和运输管通等高投资项目与对现有投资存量维护、保证城市居民基本生活需要项目之间的关系。城市政府应寻找社会公益性强烈和回报率高的项目。(3) 完善城市资金市场，广泛利用社会闲散资金从事城市建设。最主要的是疏通城市融资渠道，保证社会资金的市场流通，使投资人安全地获得市场收益，并能吸引更多资金，提高资金使用效率。

3. 城市经济增长的技术进步政策。技术进步是促进城市经济增长的根本性机制，城市政府应积极实施促进城市技术进步的经济政策：(1) 知识创新政策。很多发达国家在快速城市化过程中，城市政府往往制订大量政策鼓励技术进步。他们对高校和研究机构的基础性和应用性研究提供各类资金支持。(2) 中小企业技术进步政策。城市中小企业技术开发能力薄弱，但在城市经济增长中具有重要作用。为此城市政府应尽可能鼓励和帮助他们采用先进技术，提供政策扶持。如优惠技术贷款、提供公共实验室、一般技术的公共供给等。(3) 技术开发和生产关联政策。技术开发往往和本地区重要产业有紧密联系，一些美国的实证研究表明，高校研发中心的发展和美国6个部门的地方化增长呈现显著的正相关关系。因此，城市地方政府订立重要的技术开发和生产关联政策对支持本地经济增长很有作用。

4. 城市发展创新和企业家精神政策。城市内部有活力的新兴产业发展需要富有创新精神的企业家及其风险投资行为。因此，城市政府应采用一些降低和分散投资风险的政策措施来鼓励企业创业。

(三) 城市经济增长的公共环境政策

是指城市的自然环境、文化和公共品（或者统称为"社会适宜度"）供给的状态，它是决定一个城市经济增长的重要因素。随着技术进步，生产摆脱了以往的资源、地理、气候、运输等约束条件，很多工业企业选址都逐步摆脱了传统意义上的资源、中间投入品或市场导向的特点，转而关注企业发展的社会环境。因此，拥有一个比较理想的"社会适宜程度"的城市可以让该地区企业更容易雇佣到有能力的劳动力。但是，到目前为止，很少有实证研究确切地估计了不同社会适宜程度对当地经济增长的影响。我国目前完善城市经济增长的公共服务环境是城市发展的重要方面，对此城市政府可采取如下一些政策。

1. 城市投资环境的建设。主要指投资的硬环境和软环境。硬环境是城市资源、自然环境及其基础设施和服务的功能状态。每一个城市都有其区位特点，城市政府应充分发挥本地硬环境的潜力，结合本地环境状况进行基础设施建设和提供优质的基础设施服务；软环境主要指城市市场发育水平和政府公共服务水平。城市市场发育水平将直接影响商务活动的效率，特别是要素市场的水平，直接影响投资者的决策。城市政府应通过完善市场建设，保证要素市场的功能。城市政府公共服务的水平也是影响投资者决策的重要因素，为此提高政府自身建设将对城市经济增长有重要的促进作用。

2. 商业孵化环境的建设。指适宜于创新发展的社会环境。目前世界各地很多城市政府都在营造一种催生有能力企业家的商业孵化气氛。商业孵化氛围有多种形式。多数情况下，是一些高校通过直接兴办技术和商业开发区来促使新技术或商务活动的发展。其目的是想借助学校研究人员的力量更快地把技术和科学发现转化为市场化产品。现在，有关技术和商业开发区的案例研究非常之多，但一个成功的商业孵化基地背后究竟是哪些因素起决定作用，还是需要深入探讨的问题。城市政府应在这方面不断地总结经验。

3. 城市经济增长的公共服务政策。城市经济增长需要大量公共服务，如供水、供电、通讯等公共企业服务和办理各种手续的政府服务。这些服务过去在我国一直是由政府直接提供，随着市场机制的完善，这些功能可以逐步地过渡到民间公共企业和各种中介咨询机构。政府则主要以法律为依据对这些活动实行监督管理。为此，要实施一些旨在提高效率的、促进城市经济增长的民间的公共供给政策。

本章小结

1. 城市经济增长指城市经济的动态演化过程，包括社会产品和生产能力增长两种内涵，可分别以城市国民收入和就业量两个指标衡量。绿色GDP是扣除了自然资产损失后的新创造的城市国民收入价值，代表城市经济增长的净正效应。

2. 城市经济增长模型包括需求指向模型、供给基础模型和投入产出模型。需求指向模型研究来自城市域外的市场需求对城市经济增长的动力和机制作用,主要包括城市基础部门模型和凯恩斯城市经济增长模型;供给基础模型研究城市资源和要素生产能力引发城市增长现象的内在机制,主要包括新古典和累积因果效应的增长模型;投入产出模型将需求和供给两种角度结合起来,研究城市经济增长中的部门作用和要素作用。

3. 城市经济发展(urban economic development)指以城市结构转换为标志的城市经济质量提高和城市社会经济体制结构转换的进程。其实质是:越来越多的人口进入城市,不但参与利益的生产,同时参与利益的分配,共享城市经济增长的成果。

4. 科学发展观是坚持以人为本,全面、协调、可持续的发展观。

5. 城市产业结构指一定质量、一定数量和一定序列的产业部门组合,反映城市经济的增长和发展高度。城市产业结构包括多种产业分类,基础产业与非基础产业的分类,三次产业分类,要素投入分类和主次产业分类。

6. 城市经济增长和发展政策一般追求两个目标:资源配置的帕累托最优与社会福利的公平化。

7. 城市经济增长和发展政策对城市经济增长效果有重要影响,主要包括城市输出部门和地方化部门的产业政策,城市经济增长的要素投入和收益政策以及城市经济增长的公共环境政策。

思考题与练习题

1. 什么是城市经济增长?怎样测度城市经济增长?
2. 试比较国民收入指标和就业量指标表示城市经济增长的特点和各自优缺点。
3. 解释如下概念:城市基础部门,凯恩斯城市经济增长乘数,新古典城市经济增长模型,城市增长的累积因果效应,城市投入产出模型,帕累托最优,城市可持续发展。
4. 城市经济增长模型中所揭示的城市经济增长机制,哪些属于需求拉动的,哪些属于供给基础的?
5. 城市基础部门的经济特征使它在城市经济增长中有什么地位?举例说明其作用。
6. 解释凯恩斯城市经济增长乘数 $1/\{1-[(b-d)+(e-f)](1-t)\}$ 中各项符号的经济内容,你能解释凯恩斯城市经济增长乘数的现实基础吗?试以中国事例为例加以说明。

7. 请尝试在城市劳动力市场框架下将需求层面的城市经济增长模型与供给角度的城市经济增长模型综合起来，描绘出一个更符合现实的城市经济增长模型。

8. 以表3-1、表3-2的数据作为某城市经济的基期数据，如果预期城市在新的一年中制造业部门的输出产品可能上升5%，生产服务业部门的输出产品可能上升2%，试分析这种产出的增加会对城市总产出（收入）带来什么影响？

9. 参考问题8的计算结果，若该城市希望经济增长速度保持7%—8%的增长速度，城市产业的输出产品应当保持多高的增长速度？它对城市就业会带来哪些影响？

10. 累积因果效应模型能够解释中国东西部城市之间存在的巨大收入差异吗？如果答案肯定，请你收集并分析过去二十年里中国制造业某部门的工资水平、相关产品市场需求状况和劳动力迁徙数据，回答：该部门快速发展是否得益于落后地区高技术人才的流入？

11. 如何理解城市经济增长和发展的目标模式？它对城市经济增长有什么影响作用？

12. 如何理解城市经济增长和发展政策？它包括哪些内容？

13. 对于制定促进城市经济增长的产业政策，你有什么建议？请分析一个具体的城市，说明产业政策对城市经济增长的作用。

14. 以具体事例比较城市输出部门和地方化部门产业政策的不同，分析促进二者经济增长的不同目标。

15. 你认为促进城市经济增长，是否有必要和应当制定要素投入和其收益的政策？如果回答是肯定的，谈谈你在这些政策制定上的意见。

16. 从促进城市经济增长和发展的目的出发，城市政府应当如何建设公共环境？它包括哪些内容？我国目前应侧重于哪些方面的政策？

第四章 城市规模经济

学习目标

通过本章的学习，要了解城市化进程所形成的大大小小城市，如何构成了城市体系和城市区域。理解单个城市应当形成多大规模，能够获得规模经济；多少大城市、中城市和小城市所构成的城市体系，能够获得整个区域的规模经济。明确哪些因素影响和决定了城市规模？城市规模的分布有没有规律性？政府应当制定怎样的城市规模政策？深刻理解这些问题与城市化效益之间的关系。

第一节 城市规模经济与适度规模

一、城市规模的形成

城市规模表现在人口和用地两个方面，两者之比可用城市人口密度或人均占地面积来反映。一般来说，城市的用地规模与人口规模成正相关关系，但是，不同地区的城市，同样的人口规模，用地规模差异很大。由于城市社会经济问题主要是在人口规模上表现出来，所以这里用城市人口规模来表明城市规模。

最初的城市人口数量比较少，大城市也较少。公元1世纪的罗马城，人口达到了35万，人口密度为2.5万人/平方公里，就是世界性的巨大城市了。产业革命之后，社会生产力迅速发展，交通运输更加发达，经济型城市逐渐形成，原有的政治、宗教和军事型城市逐渐融入经济因素形成综合型城市，使得城市规模逐渐扩大，全世界进入了一个城市化的时代。这个时代中，出现了大大小小的规模不等的城市，它们或者是沿江沿海的新兴商贸城市，或者是铁路、公路、港口的交通枢纽城市，或者是劳动者密集的工业加工城市，或者是濒临矿区、油田、森林等资源地的某种资源型城市，等等。在这些城市的形成中，有的城市逐渐演变成巨大的综合型城市，有的成为规模差距巨大的工商业的专业化城市，还有一些宜人居住的风景旅游文化城市和政治经济文化中心城市，所容纳的人数不等。

这种城市化过程，在二战后的发展中国家，问题表现得十分突出。由于发展中国家存在大量的农村人口，随着经济发展，出现了一个城市化快速发展的时期，诸如墨西哥城的特大城市，已经和在继续出现，由于发展过度，产生了严重的城市病，于是在理论界出现了要不要对城市化速度进行控制的争论。这种争论实际上是发展中国家要走什么样的城市化道路的问题。于是，对于形成什么样的城市规模比较合适，各个不同区域的城市究竟以多大为宜，就成为发展中国家政府发展政策的研究对象，也是城市经济学的一个重要理论问题。

对于城市的适度规模问题，早在古希腊，柏拉图就曾经提出，一个城市的人口规模不应超过广场中心的容量，大约为5040人。后人继续在这个问题上提出看法。英国经济学家E. 舒马赫认为："可以相当有把握地说：城市合适规模的上限大约为50万居民，十分明显，超出这个规模对城市的价值毫无增进。"另一些人虽不像他那样肯定，但也对城市合适规模提出了大概范围。美国发展经济学家金德尔伯格认为，城市规模以不超过300万人为宜。可见，人们心目中的城市适合规模差异非常之大。事实上，人们在提出他们的观点时，并没有进行相应的理论论证，只不过是他们价值观的一种反映。柏拉图的城市规模标准在性质上是政治性的。因为他认为如果城市人口超过广场容量，就会妨碍公民之间的思想交流，因而不利于民主制的实行。从经济学角度看，柏拉图的思想是要求用民主制的制度成本决定城市规模。由此我们发现，上述人们对城市规模的标准讨论，是基于某种成本的分析，例如，人们从行政管理角度探讨最优城市规模，认为城市规模应该由城市行政管理组织的效率最高，即市政服务的人均费用最低来决定。这些反映了人们对组织城市的某种愿望。

实际上，产业革命后的经济性城市，形成什么样的规模，不是由人们主观臆定的结果，而是社会经济发展和城市区位因素选择决定的结果。一个城市为什么能够长大，为什么有的城市长不大？其根本原因，是城市经济的特性使然。这一特性主要在于城市的集聚经济。集聚经济的内涵和作用在第二章已经介绍过，这里就构成集聚经济效应的内在本质现象——规模经济进行阐述，正是基于不同区位条件的规模经济作用，使得城市形成了大、中、小的不同规模。

二、城市规模经济

城市的规模决定于城市规模经济。规模经济的含义本书第二章已经述及，城市规模经济是指城市非农生产单位和人口恰好适应城市土地承载力和基础设施的容量，使得生产成本和生活成本都达到最低水平，城市发展处于规模经济区间。规模经济效应是通过不断地获得规模经济效益而实现的。规模经济效益指由于城市规模的变化，获得了递增的报酬，而这种规模报酬递增往往体现为城市规模与城市资本数量与效率的同方向变化。那么，城市规模效益是怎样产生的呢？

假定把城市作为一个生产单位，它把投入（如土地、资本、劳动）转化为产出。投入要素具有流动性，一个城市可得到的投入量是变化的，其数量多少取决于其边际产出是否高于其他城市。在图4-1中，给出了大小两种城市的总产出和资本与劳动投入的关系，假设资本与劳动的投入比例在同一规模的城市里都一样，而不同的城市不一样（用L、S分别表示规模较大的城市和规模较小的城市的投入比例系数），那么，两种不同规模城市的投入—产出状况可能有三种不同的情况。

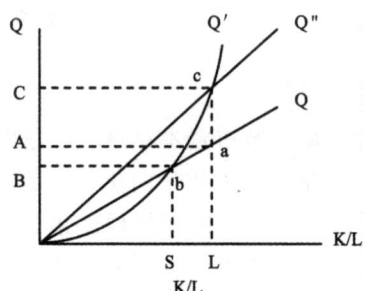

图4-1 不同规模城市的投入—产出差异

其一，当大小城市的产出均在同一生产函数Q上时，由于大城市资本多，人均资本占有量高于小城市，或是因为劳动力的质量高，而使其资本—劳动系数高于小城市（L>S）。这样在线性函数Q上，大城市产出位于a点，而小城市产出位于b点，相对应的产出量为A、B。

其二，当生产函数由曲线Q′表示时，城市收益将随着资本—劳动投入系数的增加而增加，大小城市收益和产出分别位于c、b点和C、B点，其收益展现出规模报酬递增的差异。

其三，当大小城市有着相同的资本—劳动系数（K/L），但是有着不同的投入—产出比例，即相同的投入会带来不同的产出时，二者的生产函数分别表现为Q″与Q。其收益和产出点分别是c、a点和C、A点。这里明显的内在机制是规模经济。

可见，资本效率、规模报酬递增和规模收益是城市规模效益的基本机制。然而，资本效率和规模报酬递增都是建立在规模经济基础之上的。在总投入不变的情况下，更高的资本—劳动比例的产出效果要高于较低的资本—劳动比例的产出效果，是由于城市的生产结构更适于技术进步下的资本最小规模，当城市的区位条件或技术水平适宜于更多的资本量时，这个城市将会迅速长大；而规模报酬递增紧密地依存于规模经济，在实现了最小规模之后，才会出现规模报酬递增。因此，城市规模经济是城市发展的基础。

城市规模经济的具体表现可以从居民个人、企业和城市三个层面分析。

首先，从个人的角度考察，城市规模效益主要表现在居民货币收入和公共设施的便利两个方面。

居民货币收入可以用工资水平来表示。R. S. 戈尔德法布和 A. M. 耶齐以美国的有关数据为基础的研究表明，不同规模城市的工资水平之间的差异，似乎不能用其他因素来解释，而只能是城市规模的一种函数，工资大体上是随着城市规模的扩大而以递减率上升的。假设图 2-2 中的城市生产函数是柯布—道格拉斯（Cobb - Donglas）函数：

$$Q_i = AS^\gamma C_i^\delta K_i^\alpha L_i^{\sum_k \beta_k q_{ik}} \qquad 式（4-1）$$

其中，Q_i 为产出增加值，K_i 为城市资本存量，L 为城市就业人数，α 与 β 分别为资本和劳动的产出弹性，q_{ik} 是劳动力质量向量，C_i 是城市的区位特征，δ 是城市区位特征的产出弹性，A 是参数，S 是城市规模的虚构变量，γ 是它的产出弹性。对式（4-1）求偏微分，可以得出城市工资的估计方程：

$$W_i = \frac{\partial Q_i}{\partial L_i} = \Big(\sum_k \beta_k q_{ik}\Big) AS^\gamma C_i^\sigma K_i^\alpha L_i^{\sum_k \beta_k q_{ik}-1} \qquad 式（4-2）$$

戴维·塞哥尔（David Segal）曾经用美国 58 个大都市 1967 年的统计资料对上述方程作了检验，结果证明，规模变量确实造成了产出的差异，200 万人口以上的大城市生产率要比规模较小的城市高出 8%，即式（4-1）中的 γ 是显著的，约为 0.08。如果规模较小的城市追求规模效益，他们的工人工资将是现状的 $(1+\gamma)$ 倍。据推测，这些收益都是纯规模经济，如果小城市的 S 值为 1 的话，大城市的 S 值将为 e。

城市在一定规模上能够具有的公共设施给城市居民提供了广泛的便利，例如公共交通、商店、剧院、俱乐部、体育设施和文化活动等。这些便利是随着城市规模的扩大而增长的。邓肯曾经指出："在城市人口有 25000 人以上时，出现了擦鞋、女子理发、洗帽子、修皮货商店,而在人口超过50000时,才会出现婴儿服务。"[①]因此,较大规模的城市相对更多的使居民从广泛的便利中得益。

其次,从厂商的角度考察,相应的城市规模效益的主要内容来自生产效率和市场容量两方面。有大量证据证实,生产效率随城市规模的扩大而增加,对私人企业和公共事业都是如此。例如,斯维考特曾经发现,城市人口增加一倍,与之相联系的似乎是劳动生产率增长百分之六[②];而市场容量无疑是与城市规模正相关的。市场容量越大,厂商的生产就可以有足够的需求来支撑,并且市场容量越大,劳动队伍以及这种队伍所擅长的技能范围越广泛,可以迅速获得的服务与物资等的范围也越广阔。所有这些因素,都趋向于增加厂商的利益。

实际上,生产效率和市场容量是互为促进的。与规模经济相联系的生产效率和市场容量主要表现为地方化经济(localization economies),它是一种行业的规模经济,即表现为居于城市中的某行业的单个企业的成本,随着整个行业总产量的提高而下降。行业规模经济的出现主要基于中间投入品的规模经济,生产中的内部范围经济与关联经济[③](丹尼尔·F. 史普博,1999),商品交易中的规模经济与集聚外在性,熟练劳动力市场共享的效率以及信息传递的规模经济和外部经济。这些因素使生产效率提高,并促进了交易效率的提高,进而扩大了市场容量,后者又促进了城市规模的提高。

再次从整个城市的角度来看,城市规模的效益表现为城市化经济。城市化经济(urbanization economies)也称都市经济,是指整个城市范围内的规模经济,即在整个城市区域内,当单个企业的生产成本随着城市总规模的上升而出现了下降的情况。城市化经济出现的原因与地方化经济的原因基本相同,只是在内容上有扩大。(1)从中间投入品的规模经济来看,城市公共投入的非排他性和非竞争性使企业能够共享城市基础设施和公共服务的好处。(2)从范围经济与关联经济来看,单一企业变成企业集团、企业集群和企业网络,这使范围经济和关联经济在更广阔的空间中实现。(3)从商品交易的规模经济看,单店经营发展到超市和连锁经营,

---

① [英] K. J. 巴顿著. 城市经济学:理论与政策 [M]. 中译本,商务印书馆(京),1984.
② A. W. 伊文思. 城市经济学 [M]. 上海远东出版社,1992.
③ 根据丹尼尔·F. 史普博(1999),关联经济不同于规模经济和范围经济。规模经济的成本函数显示递增的规模收益,即:$C(Q) \geq \sum_{l=1}^{m} C_l(Q)Q_l$,范围经济表明产品的独立成本超过追加成本。即:$C(Q_S) + C(Q_T) \geq C(Q_{S \cup T})$,而关联经济指 $C(Q;w) \leq C^U(X;w) + C^D(Q;X,w)$,满足所有的 X 与 w,则技术($C$,$C^U$,$C^D$)在产出为 Q 时显示出关联经济,从而证明纵向兼并或纵向一体化可以使产出在与两段分割生产总产出同样的情况下,实现成本下降。

使消费者节省购物时间的同时享受到商店的规模经济。（4）从共享熟练劳动力市场的效率来看，大城市所提供的劳动力市场的共享服务更完善。（5）从信息外部经济来看，信息和知识的交流由行业内部扩展到行业之间，一方面加深了社会化，使人力资本形成获得正外部性；另一方面交流作用于生产活动，提高了人们的生产力和工资水平。

三、城市适度规模

城市规模经济的确是一种客观存在。那么是否可以说，为了追求和得到规模经济效益，城市规模就可以无限地扩大下去呢？大城市比小城市的工资高，劳动力是不是就会不断地流向大城市，使大城市人满为患形成城市病？

不是的。城市规模经济超过一定限度会转向它的反面，即出现规模不经济。就是说，一定的城市规模，能够带来效益，但是也要付出成本。前面提到的柏拉图实际上是研究了城市规模的政治成本。而城市规模的经济成本主要表现在城市租金上。城市租金是个广义的概念，它既表现为一般的房（地）租房（地）价（居住或场地成本），也表现为一般的空间移动费用（交通通讯、运输和迁移通勤成本），又表现为一般的共享城市基础设施及其公共服务的成本（社会成本），还表现为拥挤和环境污染的成本（集聚成本）。前两种成本的性质一般应是城市规模的私人成本，后两种一般应是城市规模的公共社会成本。在规模经济下，这些成本将随着城市规模的扩大而下降，表现为同样的城市产出量每单位产出的成本下降；当城市规模小于规模经济点时，城市每单位产出中无论由私人还是由社会承担的公共社会成本都会较大，而高于规模经济点时，上述成本又都会急速上升，形成城市规模不经济。从城市经济的角度看，这些城市规模的经济成本现实地表现为门槛成本和外部性成本两种。

城市门槛成本突出地反映了规模经济的特性。城市规模经济要求在提供某些公共服务事业之前，需要有一个最低限度的人口规模。以交通运输业为例，只有几十个人行走的地方，肯定不需开设公共汽车路线，甚至不宜铺设道路。英国政府在规划汽车公路建设时就曾经规定："凡是人口超过25万的城市，应直接同对全局具有重要意义的公路网联结起来，所有超过8万人的城市，则应该处于该公路网十英里以内。"[①] 这些与规模经济要求相适应的投资往往具有一次性巨额投资的特点，这既是城市基础设施建设的技术性要求，也是需求和供给不可分性决定的投资要求，这就是所谓的"门槛"成本。当然，一旦这些投资形成资本发挥效益，就可以通

---

① [英]K.J.巴顿著. 城市经济学：理论与政策[M]. 中译本，商务印书馆（京），1984.

过所获得的规模效益来偿还这些投资成本,然而这是一个较长的时期,城市能否在较短的时期内,筹集大量的资金用于可以使用几十年,上百年甚至几百年的城市设施的建设,这确实是城市发展的一种"门槛"。

城市外部性成本是指一些企业或家庭的生产和生活活动,对其他企业或家庭的生产或生活造成了负面影响,为克服这些负面影响所需承担的费用或福利损失。例如,城市人口增加带来的小区噪音会使某些家庭失去宁静安逸的生活环境,这些家庭也许需要购买一些高质量的隔音材料,把门窗封闭好从而支付相应的费用;或者直接要求其邻居付费,请他们不要制造噪音。又如,当商业区扩展到住宅区时,引起地价上涨,附近居民不得不承担更高的房租(价)。这种外部性成本说到底仍然是由于城市规模引起的,因而是规模成本的一部分。

那么,城市在多大规模上可以保持具有规模经济?这需要通过城市规模的成本效益分析来回答。人口和经济活动在城市中的集聚,一方面可以从中获取多方面的利益,但另一方面又得为此付出一定的代价(成本)。如果集聚的利益大于集聚的成本,聚集过程就会继续,城市规模不断扩张,直到两者相等为止;一旦集聚成本大于集聚利益,那么,满足理性假设的各种行为主体就会从城市迁出,从而出现城市人口分散的过程,城市规模随之将收缩,直至在聚集利益与聚集成本相等时为止。当聚集利益等于聚集成本时,就会形成一个均衡点,这就是城市的适度规模。在图4-2中,由成本曲线C与效益曲线R相交的E点所对应的城市规模A,就是一个适度城市规模(Optimum City Size)。

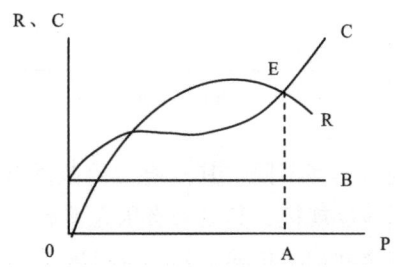

图4-2 城市适度规模

在图4-2中,横轴为由人口表现的城市规模,纵轴为城市收益和成本,B为城市基础设施投入,C是城市总投入成本,R是城市总产出收益。整个坐标系反映了一种理论上的综合,意在说明理论上存在的城市适度规模。图中的A点,从直观上看,表明达到此点城市规模的成本和效益相等,即一定的投入数量价值等于它的产出数量价值;而实际上的经济内涵的意义是指:由一定的城市投入要素比例限定的城市人口规模所体现的成本,与城市的总产出价值或效益相等,这时意味着城市的规模收益不变;在 A 点之左,由于投入的价值小于它的产出价值,这时会出现规模收益持续上升的现象,而在 A 点之右,由于投入的价值大于它的产出价值,这时规模收益下降,如果城市产出不能通过技术进步等因素使城市产出函数上升,城市规模就会停止发展。

在现实中,人们对适度城市规模的考察,存在着千差万别的认识,例如,巴顿列举的几种研究文献对城市最佳行政人口的估算,反映了人们从行政管理角度对城市规模的不同认识。见表 4-1。

表 4-1　　　　　　　　　　城市最佳行政管理人口的估算

研究文献	适度人口规模（千人）
贝克（Baker [1910]）	90
巴尼特住房调查委员会（Barmert [1938]）	100—250
洛马克斯（Lomax [1943]）	100—150
克拉克（Clark [1945]）	100—200
邓肯（Duncan [1956]）	500—1000
赫希（Hirsch [1959]）	50—100
大伦敦地方政府皇家委员会 [1960]	100—250
斯韦美兹（Svimez [1967]）	30—250
英国地方政府皇家委员会 [1969]	250—1000

资料来源:[英] K. J. 巴顿著. 城市经济学:理论与政策 [M]. 中译本,商务印书馆（京）,1984.

由于所考察的城市政府类型不同,其政府支出范围和数量都不同,表 4-1 从行政管理角度探讨的城市适度规模,其见解有很大差异。这些差异,反映了城市管理者考察城市适度规模的角度和对象的差异,也反映了人们对城市规模成本和效益所涵盖的范围的认识差异。

而从经济角度来考察城市规模的适度性,也有许多不同认识。假定城市所需的各种投入都按照相同比例进行,并且是以人口为核心而构成的投入束,它既代表城市的经济投入规模,也表明这种投入规模与城市规模经济的内在关系,我们就可以对城市各种均衡收益决定的规模效益点进行考察。进行这种考察,须要注意的是,要把城市规模和城市规模经济的概念区分开来。城市规模指城市容量的大小,通常以人口数量来衡量;而城市规模经济指在一定城市人口规模下,由于外部性等原因所出现的在既定产出规模时的单位产出的成本下降情况，它只在一定范围内的城市规模水平上出现。强调这一点，是为了能够把边际效益分析和规模经济分析统一起来。人口表现的城市规模，是建立在城市人口与土地资本等其他生产要素的一定投入比例的假定前提下的，就是说，城市人口的一定规模是与一定的土地资本等其他生产要素的投入比例为条件。这样，城市规模是否会产生规模经济，反映的就是城市人口和城市土地资本等各种要素的集合力量与产出之间的关系。把以与城市土地资本等要素一定比例关系为条件的城市人口作为城市投入的集中表现，就可以通过以这一投入为解释变量的城市产出函数的变化，来分析城市各种规模的产出效益。图4-3中，横轴表示城市人口规模，纵轴表示城市效益与成本，根据城市经济各种收益和成本之间的关系，可以考察各种城市规模的适宜情况。

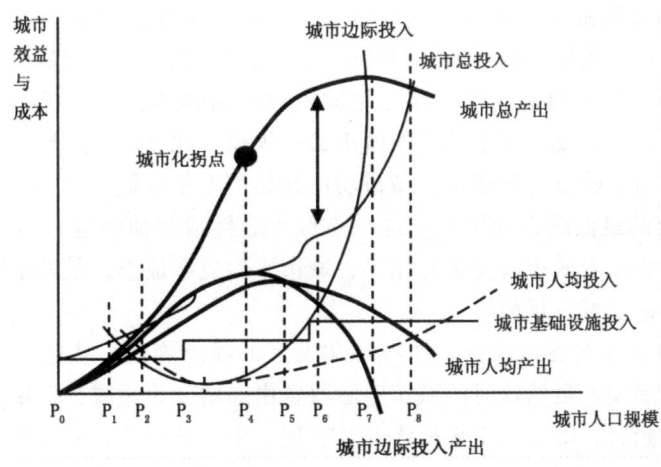

图4-3 城市规模的成本与收益

这里我们把城市看作一个集聚的生产单位，总产出曲线形状呈S型，并存在拐点，在拐点以前，城市总产出随着城市人口的增加呈加速增长（指数增长），在拐点以后，城市总产出随城市人口的增加呈减速增长（对数增长），并最终到达最高点，然后开始下降；而城市总投入曲线与总产出曲线正好相反，在拐点以前，随着城市规模扩大呈减速增长，在拐点以后，呈加速增长，并最终超过城市总产出。城市总投入分为城市基础设施建设投入和一般生产活动投入，它们有不同特征，城市基础设施投入是一种相对固定的城市成本，是在一定时间段有一个较大的提高，而一般生产活动投入与企业投入曲线相似。城市总产出与总投入两者之差是一种规模效益，最初为负值，随着城市规模扩大迅速增加为正值，在城市边际收益等于边际产出时达到最大，然后城市规模效益持续下降，最终下降到零并变为负值。

此外，城市平均（人均）投入曲线，先随城市规模扩大而下降，超过某一点后转为上升。这是城市经济的一般规律，例如城市交通，交通流等于速度乘以密度，当交通系统中的交通流很小时，增加密度并不影响速度，而且可以使道路网得到更有效的利用，因而曲线下降；但是当城市规模扩大到某一程度并且使交通密度过大影响到速度时，就会产生拥挤与堵塞，就需要新的道路网投资，因而曲线上升。即使不新建道路，旧路网拥挤损失也会使曲线上升。而边际成本是每增加一个或减少一个城市人口而使总成本变动的数值，它也给我们提供了大量有用信息。下面把这些投入和产出情况对城市适度规模的影响作综合分析：

以图 4-3 中的 P_0 点为城市发展起点。

P_1 是城市功能基本形成点。这时城市总产出等于基础设施投入存量价值，城市功能开始运行，依托于城市的最初功能，形成城市经济活动的最初规模。

P_2 是城市的最小门槛规模，这点是城市总产出和总投入、城市人均产出和人均投入的左交点，是成本等于效益的城市最小规模。此点之前，城市成本不能得到补充；此点之后，收益超过成本，城市功能开始产生正收益。

P_3 是城市的最低成本规模。在这一点城市边际成本曲线通过城市人均成本曲线的最低点，意味着城市收支正好相等，城市平均成本最小，是城市能够以规模效益吸引企业的最低城市规模。

P_4 是城市边际效益最高点，即城市化发展的拐点规模。从这一点开始城市进入适度规模发展期。虽然这时的城市边际收益由递增变为递减，但城市总产出增长率呈持续上升趋势，因而城市规模将继续发展。中央政府往往从可持续发展的目标出发，希望城市规模以此为核心实行调整。

P_5 是城市人均效益最高规模。这时城市企业的平均效益或城市居民的人均收入最大。在此点之左，人口规模随着城市呈上升趋势的总产出增长率而上升；在此点之右，虽然总产出增长率呈下降趋势，但绝对额仍然增加，因而人口规模仍然增加。可见，此点无论城市总产出还是人均产出，效益都很大，所以是城市居民收入最高的城市适度规模。

P_6 是城市最大经济效益的规模，因为在此规模点上，城市边际产出等于边际投入，即城市总产出减掉城市总投入的收益最大。这是城市生产单位希望的稳定经济环境，这时一般根据城市性质与职能需要扩大城市基础设施供给，以便使城市规模能够进一步扩大。因而它是企业意愿的城市规模。

P_7 是城市最大总产出规模。此点城市总产出规模最高，边际产出为零，超过这一点，城市总产出绝对数量下降，边际产出为负数，因而应当是城市人口的控制规模。但是由于这时的城市总效益仍然为正数，城市规模仍然可以在控制中相应地少量扩大。

P_8是城市的最大人口规模。它是城市人均产出与人均投入的右交点，这时城市总产出等于总投入，城市总效益为零。超过这一点，无论总产出、人均产出其绝对额全部下降，城市总投入、人均投入都不能由相应的产出弥补，因而应当是城市总规模停止增长时期。

以上P_3—P_8的人口规模，都可以在某种程度上称其为适度规模。社会的各个不同经济主体，从各自的目标出发，对于成本最低、期望收益最大，还是城市人口容量最大，会有各种不同的选择。一般来说，中央政府往往希望城市能够实现可持续发展，因而希望城市规模保持在P_4点，在城市化拐点上寻求最大的城市边际收益；而城市政府总是希望总产出最大，愿意把城市规模发展到P_7点，获得城市最大产出；城市居民则希望人均的收益最大，故要求把城市规模保持在P_5点，获得最大的城市平均收入；而进入城市的企业都是按市场规律的要求，期望获得可以得到的全部利润，因而希望城市保持P_6点的社会最大经济效益规模；最后进入城市的农村剩余劳动者为了向城市转移，得到城市社会的共享利益，因而希望发展到P_8点的城市最大规模。

可见，适度城市规模是一个相对的概念，从不同的目标出发会得到不同的结论。如果我们仅仅从迁移者的角度分析城市规模，可以得到一个城市均衡规模的表达式：

$$\overline{M}/P = M\left[\left(\frac{W}{P^*}\right), \frac{M}{P}, A, S\right] \qquad 式（4-3）$$

式中，$\overline{M}/P$是净迁入率，M是净迁入量，$\overline{M}$是它的偏微分$\partial M/\partial t$，P为城市总人口；W/P^*项是城市的真实工资率，P^*是消费者价格的消长指数，用以消除价格变化的影响；M/P是移民存量，即一个城市中移民占人口的百分比；A是描述城市环境舒适与否的向量；S是城市规模变量。假设$\partial(\overline{M}/P)/\partial(W/P^*) > 0$，以保证劳动力供给曲线并不是完全无弹性的，同时$\partial(\overline{M}/P)/\partial(W/P)$据推测也是正值。这样，A的各种不同成分的变化会引起$\overline{M}/P$的变化，变化方向取决于A中各成分的性质，其中的城市便利性会是同向的发展，污染会是反向的发展。最后，$\partial(\overline{M}/P)/\partial S$会告诉我们城市规模系统是否处于均衡。$\partial(\overline{M}/P)/\partial S > 0$说明城市规模经济效益仍然存在，城市规模可以继续扩大，$\partial(\overline{M}/P)/\partial S = 0$说明城市处于均衡规模，人口流动会停止；而$\partial(\overline{M}/P)/\partial S < 0$说明城市规模过大，规模不经济已经超过了规模效益，

应向外移民。

上面只是从理论上以抽象的或泛指的城市为对象讨论了适度城市规模问题。由于考察的角度不同,对成本和效益的确认,从而对适度城市规模有不同的认识。如果引入一些现实因素,即城市赖以生存和发展的基础或条件,它们决定着成本与效益曲线的位置和形状,这样就能够使适度城市规模理论用于城市发展的实际决策。这些现实的因素主要有:

1. 城市区位。城市地理位置是对城市规模有决定作用的一个因素,地理位置有着丰富的内涵。首先,地理位置意味着城市规模扩张的资源可获得性,主要是土地资源和水资源。其次,地理位置还意味着城市的通达性和开放性,这主要是指交通条件,位于江河入海口、铁路公路交汇处的城市规模都在持续增大。

2. 城市基础设施构成城市规模容量的支撑基础。实际的城市规模超过规模容量时,会导致一系列的"城市病",从而降低城市聚集经济效益。而要克服这些"城市病",则必然要跨越门槛成本。基础设施对城市规模的制约作用,不仅表现在总量方面,还表现在结构方面。城市基础设施是由多个小系统组成的大系统,里面存在着性质不同的各类基础设施,不同性质和类型的基础设施之间,必须相互配套、协调发展,否则"短边规则"将起作用。如城市交通系统,如果交通车辆增加了,而道路没有相应拓宽延长,交通堵塞状况就会加剧。

3. 城市内部布局。主要指城市内部土地利用结构,即不同的功能用地在城市内部的配置情况,这个问题在第5章将专门论述,这里要指出的是,城市的内部布局对成本与效益曲线的形状有很大影响:(1)直接影响城市外在成本。良好的城市布局,会减少不同用地单元之间的负面影响。美国在20世纪70年代后兴起的"绩效分区(Performance Zoning)"区划法,在允许功能混杂的同时,要求不同功能的用地单元之间留有起隔离作用的缓冲地带,从而减少由不同功能的用地单元之间相互影响所带来的外在成本。(2)影响通勤成本。过于分散的内部布局,会延长通勤距离,增加通勤成本;而过于集中的内部布局,又会造成交通拥挤和道路堵塞,从而也使通勤成本上升。

在实践中,规划城市的合理规模,必须从兼顾城市经济效益、社会效益和生态环境效益的目标出发,确定城市合理的经济结构、人口结构和用地结构。为此,需要注意的问题是:

1. 合理正确的城市定位。首先要调查分析城市发展条件和在全国或区域的地位和作用,正确评价其地理位置、建设条件、历史发展特点、现有基础和存在问题等。

2. 合理正确的发展目标。其次要根据国家或地区经济发展规划及其自身发展条件，确定其经济社会发展目标，特别是确定城市的性质和发展方向，建立具有自身特色的经济结构。

3. 正确测算城市容量。在上述分析基础上，运用科学方法测算和正确认定城市的环境容量和用地容量。

4. 选择最佳规模方案。最后通过综合平衡，对不同发展规模方案进行比较，均衡得失，确定合理的城市人口规模。

第二节 城市规模分布

一、城市密度与城市规模

从经济本质上讲，城市人口规模可以看作是一个人或企业在这个城市中可得机会的反映，机会越多，吸引力越大，规模也就越大。这种状态是建立与其他城市比较的城市机会上和城市间的距离上。阿隆索教授用美国 211 个城市 1959 年的资料作了一个检验。他定义了一个收入潜能的概念 V_i，表示 i 城市的人或企业接近其他城市的机会。设 i 城市到 j 城市的距离为 D_{ij}，则：

$$V_i = \sum_{j=1}^{n} \frac{M_j P_j}{D_{ij}} \qquad 式（4-4）$$

式中，P 为城市总人口，M 为城市平均收入，V_i 与城市人口和平均收入成正比，与距离成反比。又设 Y 为城市产出，对 211 个城市的回归得出了一个方程：

$$Y = e^{5.07} P^{0.0661} V^{0.0866} \qquad R^2 = 0.26$$

虽然由于上式忽略了资源地理气候等区位优势和社会、经济、政治等因素，使得城市人口和收入潜能这两个独立变量只能解释城市产出的四分之一强，但是却清楚地表明了，城市产出可以是规模和收入潜能的函数。如果大城市规模的不经济性很强，即规模超过了规模经济点，城市要素就会向外移动，大城市周围的小城市就有了发展的机会；而平均收入较高和距离大城市较近的小城市有较高的收入潜能，会先一步得到迅速发展。这一规律的结果就是使 19 世纪的特大单中心城市转变为 20 世纪的多中心大都市区，并形成了星座式的城市群。人们发现，在一个经济区域里，每个城市有着各种不同的经济分工和规模，它们几乎都有十分规律的地理分布。一个国家的主要生产活动，一般都由几个比较大的城市承担了大部分，而这些城市一般都坐落在人口稠密的地方，同时大中小城市呈现出非常规律的降次排列，见图 4-4：

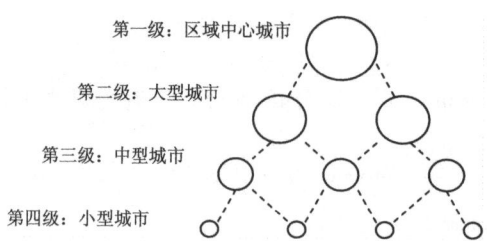

图4-4 一定区域中的城市规模分布

可见，城市规模是与城市密度密切联系的，在一定的区域内，城市密度高的地区城市规模会小些，城市密度低的地区城市规模会大些。不同的分布状况会影响区域的经济效率。这就提出了一个城市规模的分布理论问题。

二、城市规模分布理论

（一）"位序—规模"分布理论

城市非常规律的分布现象早就引起了人们的广泛关注。20世纪初，人们就对城市的规模与它在国家所有城市中按人口规模排列所处位置之间的关系进行了研究。1913年，F.奥尔巴克通过对5个欧洲国家和美国的城市人口数据的实证检验，提出了"位序—规模"分布规律，其表达式为：

$$P_i R_i = K \qquad 式（4-5）$$

式中，P_i是城市i的人口规模，R是所有按人口规模排列的城市中的i城的位序，就是属于第几级，处于第一级的城市通常叫做首位城市；K是一个常数。该式表明，任何一个城市的人口规模与它所处的位序的乘积恒等于某个常数。1925年，A.洛特卡实证了式（4-5）的关系，得出了$P_i R_i^{0.93} = 500000$的估计式，他用美国1920年排在前100位的城市规模进行拟合效果很好。到了1936年，H.辛格给出了关于"位序—规模"分布的一般性关系式：

$$\lg P_i = \lg K - \alpha \lg R_i \quad 或：P_i R_i^{\alpha} = K = P_1 \qquad 式（4-6）$$

式（4-6）中，P_1是首位城市的人口规模，α是位序变量的指数。该式的相关系数R越大，说明该体系越符合"位序—规模"分布；如果相关系数不够大，有可能是首位分布（见后面分析）或者有多个大城市中心并存或别的特殊类型。$\lg K$值是回归线的截距项，它反映了首位城市的规模，α值是回归线的斜率，当$|\alpha|=1$时，是标准的"位序—规模"分布；当$|\alpha|>1$时，说明城市规模分布比较集中，高位城市比较突出，而低位城市发育不够，首位度较高；当$|\alpha|<1$时，说

明城市规模分布比较分散,位次较低的中小城市比较发育,高位次城市规模不很突出。在极端情况下,当$|\alpha|=\infty$时,表示该国只有一个城市,而$|\alpha|=0$时,则表明该国所有城市的规模都相等。对于$|\alpha|$取值有不同的原因,贝里认为,一个国家的经济发展水平、城市发展的历史、人口规模和土地面积等因素都会影响该国的城市规模分布形式。在城市发展的早期,只有一些高位次的大城市,这时的$|\alpha|$值非常大;随着国家经济、政治和社会生活的日益复杂化,低位次的城市不断成长,$|\alpha|$值也不断下降,直到成熟的城市体系形成时,该国的城市规模结构将趋向于"位序—规模"分布,走向城市体系的稳定状态。

这种描述后来被人们总结为帕雷托分布(Pareto Distribution),其表达式为:

$$y = Ax^{-\alpha} \quad 或 \quad \log y = \log A - \alpha \log x \qquad 式(4-7)$$

其中,x为特定人口规模,y为人口规模超过x的城市的数量,A和α为常数。α正如"位序—规模"分布描述的那样,是分布模式的有效测度,一般是大城市化指数;而A是表明城市规模与城市数量关系的参数,它在$\alpha=1$时,常常与大城市的规模是一致的,具体表明了"位序—规模"分布法则。帕累托分布是从顶部开始至某一个门槛规模$\bar{P}$为止的累积频率分布,它与对数正态分布一样都描述了城市规模等级与相应的城市数量之间的关系。

这种"位序—规模"分布定律是通过经验观察得出来的,人们自然也会怀着极大的兴趣去探究隐藏在这个定律背后的支配力量,有意思的是,在过去的几十年中,经济学者几乎都是借助同样的一个理论框架来分析这种由城市规模引起的城市结构的特征,这就是非常有名的中心地带理论(The Central Place Theory)。并且更有趣的是,迄今为止的研究者已经通过许多不同的路径来推导这个重要的结论。

(二)城市规模等级分布理论

"位序—规模"分布是从统计分析中得出、侧重于描述城市规模与它所处的位序之间的关系来说明城市规模分布,城市规模等级分布则是建立在由克里斯塔勒提出,并经勒施和胡佛发展完成的中心地理论(The Central Place Theory)的基础之上、侧重于描述城市规模等级与处于某等级的城市数量之间关系的城市规模分布理论。二者之间可以互相转化。

1. 克里斯塔勒中心地等级分布理论。第二章已经介绍了克里斯塔勒式的中心地理论[①]的基本内容,这里主要阐述克里斯塔勒的城市体系思想。

---

① 勒施和胡佛对中心地理论的贡献可分别参阅 A. 勒施. 经济空间秩序 [M]. 商务印书馆,1995;E. 胡佛. 区域经济学导论 [M]. 商务印书馆,1990.

在具有 N 中不同的产出品、N 类不同的市场区域和 N 中不同的城市中心的经济中，如果根据每种商品的门槛范围和最大销售范围不同，把门槛较低、最大销售范围较小的商品称为低级货物（Low-order Goods），把门槛较高、最大销售范围较大的货物称为高级货物（High-order Goods），那么提供不同等级货物的中心地也就有了等级之分。高级货物由于门槛较高，只有少数地方才能提供；同理，较低等级的中心地数量就会较多。因此，克里斯塔勒认为，所有的中心地都能按其提供货物等级的高低有序地排列成一个等级体系。在这个等级体系中，一定等级的中心地只向同等级别和低层次级别的地方供应货物，较低等级的中心地不能向高等级的中心地供应货物。

根据这种中心地等级体系中的商品流向假定，一定等级的中心地会对数个下一等级的中心地产生影响，这个影响量用 K 值描述。克里斯塔勒认为，由于建立中心地等级体系的原则不同，K 值也不相同。按市场原则组建的中心地等级体系的 K 值为 3，而按交通原则组建的 K 值为 4，而按行政原则组建的 K 值为 7。这样，中心地等级分布的关系可以由图 4-5 给出。

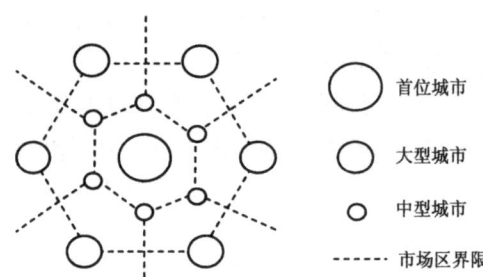

图 4-5　Christaller 中心地等级分布

2. 贝克曼中心地模型。贝克曼于 1958 年建立了中心地模型，试图把中心地、市场区的等级体系与城市规模分布联系起来。他认为，城市为周围的人口服务，由于等级不同，商品的门槛范围和最大销售范围把城市组织成不同的等级体系，并决定了每一等级城市的规模和数量。他首先假设，城市的规模与它所服务的人口数量成正比，即：

$$P_m = kT_m \qquad \text{式（4-8a）}$$

式中，P_m 为第 m 级城市的人口规模，T_m 则是该城市所服务的总人口，k 是比例因子，是零与 1 之间的正小数。接着他又假设，每一级城市都辖有固定数量（S）的下一级城市。这样，由该城市服务的总人口为：

$$T_m = P_m + SP_{m-1} \qquad \text{式（4-8b）}$$

将式（4-8a）代入式（4-8b），经整理可得：

$$T_m = \frac{SP_{m-1}}{1-k} \qquad \text{式（4-8c）}$$

由于最低一级的城镇的服务总人口包括它自身人口和基本农村人口（r_1），因此：

$$T_1 = \frac{r_1}{1-k} \qquad \text{式（4-8d）}$$

经过递推置换和整理可得出第 m 级城市的人口规模，即：

$$P_m = \frac{KS^{m-1}r_1}{(1-k)^m} \qquad \text{式（4-8e）}$$

从式（4-8e）可以看出，$P_m/P_{m-1} = S/(1-k)$，所以城市规模将按它在等级体系中的级别以指数形式增加。因此，贝克曼的模型虽然是从中心地理论出发，但经过演绎推理得出的结论却和位序—规模定律具有一致性。

3. 丁伯根的输出等级模型。这一模型同样也是以中心地理论作为建模的基础的。在模型中，丁伯根假定最小的中心地制造Ⅰ型商品，供应当地居民和农村消费，其他商品则全部从外地输入；稍大的中心地制造Ⅰ型和Ⅱ型的商品，供本地居民需求，并将Ⅱ型商品向较小的中心地输出；更大的中心地则生产Ⅰ、Ⅱ和Ⅲ型商品，并输出Ⅲ型商品，如此等等。他假设每个中心地都输出其最高等级的商品并从中获得收入；所获收入全部花掉，没有储蓄，这样他得出了不同等级的城市数量与其相应的等级序位之间的关系，即：

$$n^m = n_h \frac{a_0}{1 - \sum_h a_n} \qquad \text{式（4-9）}$$

式中，n^m 是序位为 m 的城市数量；n_h 是生产第 h 级产品的厂商数量；a_h 是用于消费第 h 级产品的收入比率。产品的级别越高，需要的厂商越少，城市的数量也越少。

因为使用了收入变量，因此丁伯根的模型既适用于城市的中心地职能（向本地和周围地区供应商品的中心地的经济任务），也适用于非中心地（制造业）职能。但是该模型的隐含假设，仍然是只有较大城市中的厂商向较小的城市地区输出产品，而较小城市则不向较大城市输出，这显然不符合实际情况。

（三）首位分布理论

首位分布是指由少数几个大城市占据主导地位的城市规模分布，在这种城市规模体系中，第一大的城市的作用十分突出。首位分布实际上是"位序——规模"分布的一个特例，在"位序——规模"分布模型中，如果 α 值足够大，表明城市规模分布的集中趋势明显，就是这里所讲的"首位分布"。反映首位分布水平的指标是"首位度"，即首位城市与第二位城市之间人口规模的比率，表达式为：

$$P_c = \frac{P_1}{P_2} \qquad 式（4-10）$$

首位度的内涵是表明最大的城市人口数是次一级的城市人口数的几倍。一般来说，首位度越接近2，城市规模分布越接近"位序—规模"规律。只有在 Pc 足够大时，首位分布才会存在。但是 Pc 应在多大值以上，目前没有定论。这种首位分布的分析更能突出中心地或者城市的结构特点，有较高的应用分析价值。因此，首位分布一经提出，人们便想了解，是什么原因导致了首位城市的形成？常见的原因和解释如下：

1. 经济因素。一些研究认为首位度的高水平直接与经济结构相关，可以用二元经济模型或"核心—边缘"理论来解释首位分布的形成。他们认为，在二元经济条件下或核心—边缘结构中，乡村（边缘地区）居民取得的人均收入较低，而他们花费在市场上的收入又只占他们收入的很小比例，导致乡村市场得不到发展，从而使市场发育表现出空间上的差异。这种差异越显著，倾向于首位分布的力量就越大。

2. 政治因素。一些研究则认为国家的政治导向促进着人口和其他一些活动的集中。J. 弗里德曼曾经宣称："在工业化早期，受到经营欲望强烈影响的区位选择倾向于直接接近相关的政治权力中心。"一般认为，对城市规模分布的集中程度起影响作用的政治变量主要有三个：国家集权的程度，高度集权会使首位度提高；城市政府的类型，"强市长制"往往会使首位度处于较高水平；政策力度，国家政策对某些决策或过程的控制、筛选的程度越高，私人企业紧靠国家行政中心布局的刺激就越强。

3. 文化因素。杰裴逊在发现首位分布的同时，第一个提出用文化因素来解释首位分布。他认为首位分布与民族主义精神的强度相关。而弗里德曼则从另一个角度强调了文化因素的作用，他的分析指出，那些拥有非标准的商业活动的国家将增加面对面交易的需要，这种力量是有利于首位分布的。

4. 国际关系。即运用世界体系模型的观点从国际关系和世界体系的动态性，即国家的开放性角度解释首位分布的形成。这方面最早的研究着眼于殖民主义的行政和政治功能以及输出经济的影响。最近的世界体系模型则强调国际间的相互依赖在决定国家城市规模分布中的作用。例如，麦格里维把人均出口量与首位度的变化相联系，而蔡斯—邓恩则区分了国际经济依赖的三种类型，即援助依赖、贸易依赖和投资依赖，他指出每一种依赖都与首位分布的形成有关，但并未说明三种不同的国际经济依赖对首位分布形成的不同作用机制和过程。

尽管人们在首位分布形成的原因方面有很大的分歧,但这些观点并不是相互对立的;目前有意义的争论是如何看待首位分布所引发的后果。一些研究认为,首位度反映了社会经济方面的区域不平等。因为首位城市代表着一种超国家的力量,它使人口和资源过度集中,阻挠着对全国资源的有效利用,因而对国家的经济发展不利;而相反的研究结论却认为,首位分布具有积极效应:首位城市对资本和人才的更大积累,可以使知识专门化和进行更广泛的思想交流,从而促进技术进步;首位城市的规模效益通常要比一般城市要高,规模成本要低,而劳动生产率往往最高。应该指出,从短期看,首位城市需要集中较多的人口和资源,形成对周边地区的"掠夺",可能会造成周边地区的相对衰退,产生区域的不平等。但从一个较长时期来看,首位城市能够通过产品和技术的扩散以及收入回流等方式对周边地区实行"反哺",带动周边地区的发展,最终对整个国家经济有利。因此,首位分布作为一种自然经济历程,对经济发展具有牵头作用。

三、中国城市规模的分布

我国自改革开放以来,城市化发展迅速,一些原本的小村镇、小渔村,迅速地发展为大城市,使得城市规模分布更体现出经济自然发展的特征。我国许多学者根据城市人口的实际数据,对于中国的城市规模分布作了专门的分析。表4-2是对中国部分年份城市规模与位序关系的研究结果:

表 4-2　　　　　　　　　中国城市规模分布

年度	城市规模分布模型	样本数	相关系数	资料来源
1953	$P_i = 781.80 R_i^{-0.906}$	前100位	0.990	许学强:我国城镇体系的演变与预测,《中山大学学报(哲社版)》1982年第3期;《中国城市发展与教育》,中山大学出版社,1993年
1963	$P_i = 910.87 R_i^{-0.838}$	前100位	0.992	
1973	$P_i = 544.84 R_i^{-0.811}$	前100位	0.991	
1978	$P_i = 713.56 R_i^{-0.762}$	前100位	0.987	
1990	$P_i = 1085.25 R_i^{-0.995}$	前100位	0.995	
1982	$P_i = 1316.21 R_i^{-0.878}$	186(10万人以上)	0.998	顾朝林:中国城镇体系等级分布模型及其结构预测,《城市规划》1988年第3期
1983	$P_i = 1363.25 R_i^{-0.879}$	213(10万人以上)	0.990	
1984	$P_i = 1400.03 R_i^{-0.874}$	228(10万人以上)	0.990	

续表

年度	城市规模分布模型	样本数	相关系数	资料来源
1985	$P_i = 1975.27 R_i^{-0.9255}$ $P_i = 2620.02 R_i^{-0.9988}$	248（10万人以上） 307（10万人以上）	0.996 0.987	
1999	$P_i = 1140.24 R_i^{-0.711}$	236个样本	0.932	曹跃群：中国城市规模分布及影响因素实证研究，《西北人口》2011年第4期
2000	$P_i = 1308.98 R_i^{-0.735}$	261个样本	0.929	
2001	$P_i = 1432.25 R_i^{-0.740}$		0.943	
2002	$P_i = 1659.05 R_i^{-0.751}$		0.961	
2003	$P_i = 1887.48 R_i^{-0.761}$		0.962	
2004	$P_i = 2003.94 R_i^{-0.781}$		0.971	
2005	$P_i = 2435.73 R_i^{-0.789}$		0.974	
2006	$P_i = 2426.00 R_i^{-0.783}$		0.976	
2007	$P_i = 2504.89 R_i^{-0.778}$		0.973	
2008	$P_i = 2790.57 R_i^{-0.789}$		0.975	

根据公式4-6，如果相关系数越接近于1，说明城市规模分布状况越接近于位序—规模分布定律。表4-2中各项研究的相关系数都非常接近1，说明中国的城市规模分布非常接近标准的位序—规模分布。美国区域科学家贝里在检验了38个具有不同经济发展水平的国家和地区的城市规模分布以后，也把中国归入具有位序—规模分布的国家和地区一类。同属此类的国家还有美国、德国、瑞士、比利时等发达国家。显然，经济发展水平在这里不能成为城市规模分布的解释变量。不少学者认为，中国城市规模分布呈现位序—规模分布规律的主要原因在于中国幅员辽阔、人口众多、城市发展的历史悠久，因而城市体系较为完整。我们还可以通过计算首位度来验证上述研究结论。中国的首位度1952年是2.35，1988年是1.30，1993年是1.33，2000年是1.29，2010年是1.12，2013年是1.09，说明中国的首位分布并不明显。但是，中国有些省区还是不同程度地显示出首位分布的特征。如表4-3所示，全国各省区的城市首位度中，西部地区的城市首位度明显偏高，尤其表现为青海、陕西等省份，分别为4.23和4.05。首位度较高的省区，城市等级体系发育不健全，在不同规模等级上存在着断层现象。

表 4-3　　　　　　　　　　2013 年各省区城市首位度

省份	城市首位度	省份	城市首位度	省份	城市首位度
河北	1.20	安徽	1.11	海南	2.83
山西	1.61	福建	1.13	四川	2.87
内蒙古	1.17	江西	1.90	贵州	1.47
辽宁	1.74	山东	1.03	云南	2.99
吉林	2.00	湖北	2.26	陕西	4.05
黑龙江	3.42	湖南	2.15	甘肃	1.86
江苏	1.97	广东	1.29	青海	4.23
浙江	1.98	广西	1.43	宁夏	2.67

资料来源：根据《2014 年中国城市统计年鉴》计算所得。

根据城市规模等级分布模型，位序越高，城市数量越少。就是说，数量与位序的关系呈金字塔型，金字塔的基础是大量的小城市，塔的顶端是一个或少数几个大城市。如果我们把中国的全部城市划分为超大城市（城区常住人口 1000 万以上）、特大城市（城区常住人口 500 万以上 1000 万以下）、大城市（城区常住人口 100 万以上 500 万以下）、中等城市（城区常住人口 50 万以上 100 万以下）、小城市（城区常住人口 50 万以下）五个规模等级，2013 年，中国有超大城市 3 个，特大城市 8 个、大城市 190 个，中等城市 268 个，小城市 189 个，如果我们再把超大城市按人口数量再进行细分，城市规模的等级分布就能得到清晰的体现。见表 4-4。

表 4-4　　　　　　　　　中国城市规模等级分布比较

城镇规模等级（万人）		>700	400—700	200—400	100—200	50—100	22—50	22—2
城镇数目（个）	2013 年	4	10	34	153	268	148	41
	2000 年	2	3	8	25	54	183	380
	1990 年	1	2	6	22	28	125	282
	1977 年	0	2	4	9	19	76	210
	1952 年	0	1	1	5	8	20	118

资料来源：根据《中国城市 50 年》，《中国城市统计年鉴》1991 年、2001 年、2014 年等资料中的市区非农业人口计算。

表 4-4 表明，中国城市规模等级分布不断得到完善，高等级的城市大量涌现，城市发展取得了很大进步。应该指出的是，如果等级规模足够小，那么相应位序的城市数目不是增加，而是减少，城市规模的等级分布也就不再表现为金字塔型，而是表现为对数正态分布。见表 4-5。

表 4-5　　　　　　　　中国城市规模等级分布（2013 年）

规模等级（万人）	1—2	2—4	4—8	8—16	16—32	32—64	64—128	128—256	256—512	512—1024	1024—2048	总计
频数（个）	0	1	5	22	51	211	240	98	18	9	3	658
频率（%）	0	0.2	0.8	3.3	7.8	32.1	36.5	14.9	2.7	1.4	0.5	100

资料来源：根据《2014 中国城市统计年鉴》计算所得。

表 4-5 中，频数是指某一规模等级的城市个数，频率是指该等级城市个数在城市总数中所占的比重，根据表中的频率，可以绘制中国城市规模等级的对数正态分布图（图 4-6）。

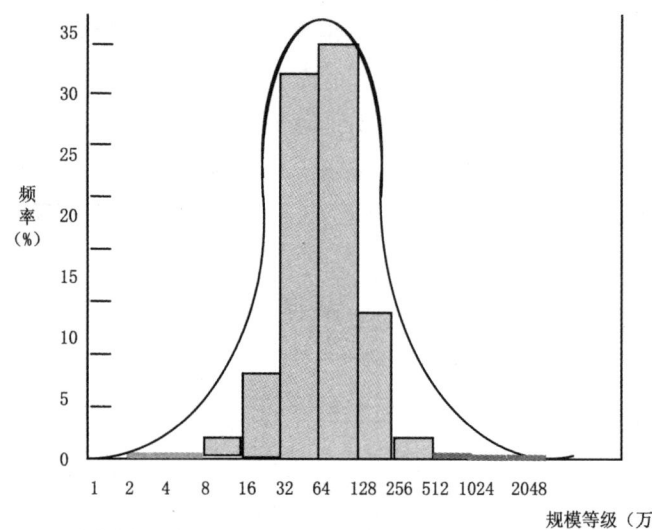

图 4-6　中国 2013 年城市规模等级的对数正态分布

从图 4-6 可以看到，2013 年中国城市数量最多的是 64 万—128 万人口的城市，其次是 32 万—64 万人口和 128 万—256 万人口的城市，它们的总人口占比超过全国城市人口的一半，也是中国城市化发展的潜力所在。而超过 256 万人以上的 30 个超级城市，人口超过 1.5 亿，约为我国城市市区非农业人口的四分之一，是中国城市现代化的领导力量。

第三节 城市群和城市化区域

一、城市群和城市化区域的形成

城市化区域在城市与城市化研究中的一个基础性概念，但是国内学术界对城市化区域方面的研究却非常少，基本上可以说是一个全新的概念。1950 年，美国国情普查局在划分城乡界线和统计城乡人口时，首次使用了"Urbanized Area"一词，指至少包括一个大的中心城市（自治市）和人口密度超过 1000 人/英亩的周边地区，总人口至少要达到 5 万人。

城市化区域是指由一到两个大城市为核心辐射，由多个中小城市的腹地而形成的遍布城市生活方式的人类生活区域。它的内涵表现，一是城市化区域中的城市个数不断增加；二是城市化区域中实现规模经济的城市个数不断增加；三是城市化区域中城市人口密度不断增加；四是城市地区、城郊地区和部分农村紧密地连在一起，形成城市化的生活区域。

随着城市化、乡村工业化、城市区的辐射作用及大量农业人口转变为非农业人口等因素，城镇之间的乡村生活方式和生产方式逐渐城市化，传统的小农经济生产方式逐渐被农业工人和乡村工业化取代；另一方面，随着城市中心的扩散效应及远郊乡村向城市靠拢的集聚效应双重影响，传统乡村的生活方式也逐渐城市化。随着乡镇工业及第三产业的快速发展，传统村落的同质同构性逐渐减弱，传统的乡村聚落由单一的农业生产和村民居住职能逐渐转变成涵盖观光旅游、疗养度假、生态农业、农产品深加工等多元的复合功能。在空间组织上，随着城乡社会经济联系日益紧密，乡村空间面临分化与重组，乡村地区的人口和产业开始逐渐向城镇和中心村集中，村庄呈现集聚发展农业空间组织形式日益向园区集中，农业人口兼业化日益向社区集中，并由此引发了对乡村住区集聚建设的高度需求，由零散的空间布局转向集聚式的社区布局。

随着中国经济的发展与城市化进程的加剧,未来中国势必要形成多个较大的城市化区域。

二、城乡结合部——半城市化区域

"半城市化"(Desakota)来源于地理学的概念。加拿大地理学家麦吉将半城市化区域表示这种一般是在巨型城市的周边形成的,有时是在连接相邻城市的主要公路或者铁路走廊呈现的,城乡之间强烈相互作用的原乡村地区。

半城市化是一种普遍存在的客观现象,半城市化区域是一种介于城市与乡村之间的地域类型,城市用地与农村用地交错混杂其中。在许多国家,半城市化地区是发展最快的区域,其显著的过渡性、动态性和不稳定等较复杂的特征已经得到地理学、城市规划、经济学、生态学等领域学者的广泛关注。半城市化研究可划分成以下 3 个阶段:(1) 20 世纪 60 年代末至 90 年代初,萌芽期,侧重于半城市化现象及半城市化地区的内涵、特征、形成动力机制以及空间演进规律等的辨析;(2) 20 世纪 90 年代中后期,发展期,尽管这一时期时间跨度较短,但研究成果颇为丰富,并逐渐从半城市化的理论探讨转向不同地区半城市化现象的实证研究;(3) 21 世纪初期至今,成熟期,研究成果日益多样化,涉及半城市化地区产业结构升级与竞争优势的重组、土地利用变化与空间重构、基础设施建设以及生态环境问题等方面。特别是针对半城市化地区生态环境问题方面的研究,成果不断丰富,涉猎领域包括区域环境污染及治理、生态空间格局的演变规律及机制以及半城市化与生态环境演变的互动研究等。

根据《2005 中国可持续发展战略报告》,到 2020 年中国城市化率将达到 60%,这意味着在未来 20 年内,中国每年将有 1700 万、共 3 亿多农村人口将转入非农产业和城市地区,在全球化和信息化的新形势下,必将导致城乡结构及社会经济格局发生重大变化,催生大量的半城市化地区,这些地区将吸纳大部分的国外直接投资、中心城区的工业扩散和农村地区的工业集聚,成为中国最重要的加工制造业基地和经济增长活跃区。

三、城市化区域的空间布局

随着人口上升、经济集聚和生产资源越来越多地被挖掘利用,现代社会经济已由以前的只注重时间方面的动态增长,转向更加重视空间结构演化和空间关系优化递进的发展进程。二战结束以来,发展的区域空间结构在一系列的演化中逐渐形成了两大类模式:一类是以美国为代表的经济集聚点和非集聚点的"全国一盘棋模式";另一类是以日本为代表的同构"城市圈"模式。

(一) 宏观空间结构的一般模式要素

形成区域空间模式的一般要素包括社会经济集聚点及其经济力、该集聚点与周边一定范围内的规模较低的集聚点联系的总量和结构关系。前者是一定区域空间中不同规模的城镇，其中规模最大的一两个城市是这一区域的发展核心，核心城市对区域的社会经济发展起着领军作用；后者是规模较大的集聚点和其他集聚点之间的距离关系，它与核心城市的地租地价水平形成替代关系。

(二) 美国全国一盘棋的区域经济模式

美国是世界第四领土大国，人口3亿，平均每平方公里30多人。幅员辽阔，资源丰富，气候适中，平原占国土面积的70%以上，适宜耕作面积高达90%。这种地理特征使美国的产业分布可以不受地理条件制约，全国一盘棋的区域经济模式得以形成。然而，美国的工业和经济的地理分布极不均匀。美国东北部地区的14个州，国土面积只占全国11.5%，人口却占到50%以上，集中了全国制造业从业人数的2/3，产值的3/4以上，是美国最发达的地区。而农业和采掘业主要集中在中部、南部和西部山区。这是由于其自然资源分布不均衡造成的。于是就形成了中部、南部和西部向东北地区长距离运送原料产品，而东北地区向全国地区长距离运送加工工业品的空间结构格局。这种格局使美国具有世界上最长的路网长度和完善、高水平的长途运输条件，这使众多中小城市形成了大城市群，聚合成全国大分工的区域经济结构。

(三) 日本大城市圈的区域经济模式

日本全境由四个大岛和几百个小岛组成，总面积37.7万平方公里，是美国的4%；人口总数1.2亿人，相当于美国的40%，人口密度比美国高出10倍以上；平原面积仅占国土面积的24%，大多分布在河流下游和沿海。最大的平原是东京附近的关东平原，其次是名古屋附近的浓尾平原和京都、大阪附近的畿内平原。人均平原面积，日本只有美国的1/35。这样的地理环境使日本的社会经济高度集中在几个大城市区域，全国人口和经济高度集中在三大平原地带。东京、名古屋和阪神三大都市圈，占国土面积的31.7%，却集中了全国63.3%的人口和68.5%的国民生产总值。各大城市圈之间的运输量很小，而城市圈内的运输量很大，从而形成了世界上最大的集聚同构的城市圈分工格局。

本章小结

1. 城市规模表现在人口和用地两个方面，两者之比可用城市人口密度或人均占地面积来反映。一般城市用地规模与人口规模成正相关关系，但是不同城市，同样的人口规模，用地规模差异很大，故大多用城市人口规模来表明城市规模。

2. 城市规模决定于城市规模经济。城市规模效益可以从居民、企业和城市三个层面分析，个人角度考察的城市规模效益表现为居民货币收入和公共设施便利两个方面；厂商角度考察的城市规模效益主要来自生产效率和市场容量两方面；从整个城市角度来看的城市规模效益表现为城市化经济，即整个城市范围内的规模经济。

3. 城市规模经济是一个指标体系，不同规模效益点反映了不同城市人群的收益。城市门槛成本突出地反映了城市规模经济特性。适度城市规模是一系列城市规模效益点的集合。

4. 影响城市规模经济的因素有城市区位、城市基础设施构成和城市内部布局。控制城市趋向适度规模，在于合理的城市定位和发展目标，正确测算城市容量和选择最佳规模方案。

5. 城市规模与城市密度密切联系，城市密度高，城市规模会小些，反之则大些。不同的分布状况会影响区域的经济效率。研究这些现象的理论有"位序—规模"分布、城市规模等级分布和首位分布理论。

6. 中国城市规模分布呈现位序—规模分布规律，主要原因在于中国幅员辽阔、人口众多、城市发展历史悠久，城市体系较为完整。但是也有首位城市度高、规模等级断层现象。

7. 城市化区域是指由一到两个大城市为核心辐射，由多个中小城市和周边乡村腹地联结形成的人口密度超过一定规模、遍布城市生活方式的人类生活区域。半城市化区域是一种介于城市与乡村之间的地域类型，城市用地与农村用地交错混杂其中。

思考题与练习题

1. 城市规模是如何形成的？它依托于哪些主要因素？
2. 什么是城市规模经济？分析城市规模经济的大小主要应考虑哪些依据？
3. 城市规模经济和城市规模是一回事吗？举例说明二者的区别和联系。

4. 什么是城市适度规模？在这个问题上有哪些不同认识？

5. 如何理解城市经济规模的各种效益点？所谓最佳城市规模存在吗？如何根据实际因素对城市规模进行决策？

6. 理论上的适度城市规模是如何决定的？现实中影响城市规模的因素主要有哪些？

7. 城市规模与城市密度是什么关系？

8. 举例解释克里斯塔勒中心地等级分布理论，这一理论对现实城市发展有什么意义？

9. 位序—规模定律的含义是什么？试用（4-6）式对中国城市规模分布进行回归分析。

10. 请收集东北地区各种城市的数据，用以验证简单的规模——等级规则是否成立？

11. 首位律与位序——规模律是什么关系？首位分布是如何形成的？

12. 首位度高低说明了什么问题？运用这一理论有什么实际意义？

13. 如何从中心地理论推导出位序——规模律？

14. 解释贝克曼中心地模型和丁伯根输出等级模型，你认为它们有哪些优点和不足？

15. 根据城市规模和位序的关系，对中国未来的城市发展趋势进行预测。

16. 什么是城市化区域？什么是半城市化区域？城市化区域的空间布局有哪些？

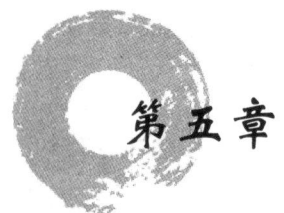

第五章 城市土地经济与空间规划

学习目标

通过本章的学习，明确城市土地既是城市的生产要素，又是城市功能分区的空间载体；了解土地供应状况将直接影响城市空间和发展潜力、发展方向。要从城市土地概况和城市土地地租概念的理解入手，掌握城市土地市场的运行机制和城市土地制度；进而理解土地竞租与城市土地利用问题，包括土地租金与土地区位、不同产业的投标租金模型和城市土地利用的一般均衡；最后要初步形成对城市空间结构与功能分区以及城市空间结构规划的系统认识。

 ## 第一节 城市土地概述

一、土地租金、价值与价格

土地是固定性的社会生产要素之一，它是自然资源，没有劳动价值；但是土地资源的稀缺性和用途的广泛性，导致了土地所有权和使用权垄断的产生，从而取得了纯粹的经济形态，表现为资源性价值。在经济活动中，土地价值根据效用由地租、地价范畴表现出来，地租、地价的水平则决定于土地在一定用途上所产生的产品（商品）的价值。如果土地上的产品（商品）的市场需求上升了，地租、地价就会上涨。

市场经济中的地租（land rent），是土地所有者出让一定时期的土地使用权所收取的土地价值，或者是土地使用者向土地所有者缴纳的使用土地的价值。其实质是土地所有权在经济上的实现。马克思指出："不论地租有什么独特的形式，它的一切类型有一个共同点：地租的占有是土地所有权借以实现的经济形式"。由于地租是通过土地使用权的一定时间让渡来反映土地所有权价值的,故地租是土地所有权在经济上实现的间接形式。

市场经济中的地价(land price),是土地所有权的完整价格——土地资产所有者出售土地所有权时取得的全部土地价值,故地价是土地所有权在经济上实现的直接形式。其经济本质与地租具有同一性。

在土地所有权与使用权分离的条件下,土地的租赁关系可以产生地租(土地纯收益),土地的出让会产生地价(总地租)。土地所有者获得地租(在出让土地使用权情况下)、地价(在出让土地所有权情况下)都是其土地所有权在经济上的实现。可见,土地价格不是直接表现为土地的货币价值,而是"土地所提供的地租的购买价格",是地租资本化的结果。土地的所有权如果出售,就是要出让土地的全部使用权;故地价应当等于土地在能够使用的所有时间内产生的全部地租。而土地被使用时每年产生的地租,可以理解为是土地每年的"利得",相当于资本的利息,这样,用土地每年的地租除以年利息率,就是土地产生的全部收益,其经济性质就是地租资本化价格,也可以称为是土地的资源价格。所以,地价的一般理论公式是:土地价格=地租÷利息率。

在我国社会主义市场经济条件下,土地仍具有商品化、资本化性质,土地资源价值仍然可由地租、地价来表现。因为土地的市场经济属性都存在。但是,与一般市场经济所不同的是,我国土地没有私人所有权,农村土地归集体所有,城市土地归国家所有,故不存在土地所有权的转让,出让的都是土地使用权。然而在一个较长时期中,土地使用权出让的收益近似于价格,故实际经济活动中,人们习惯性地把土地长期使用权出让的收益称之为"地价"。

二、城市土地租金的内涵与特点

(一)城市土地租金的内涵

我国城市土地地租是城市土地国家所有权在经济上的实现形式,也是城市土地收益分配的重要形式。城市土地租金的产生,与农业土地的使用主要着眼于土地"肥力"不同,它的使用主要着眼于土地的"方位"。故城市土地利用和经营所产生的超额利润,往往与土地的位置和其空间形式有关,往往是无形资产的增值和额外所得。

城市地租通常有绝对地租和级差地租两种基本形式。

绝对地租是单纯由土地所有权引起的。由于我国城市土地属于国有,任何单位和个人,即使使用最差地段的城市土地也都要向国家缴纳地租。目前我国城市收取的土地使用费,就是地租的性质。

级差地租是城市地租的主要形式,它与农业级差地租由土地肥沃程度、位置不同和投资差别所形成的优劣等级不同,城市级差地租主要是由土地位置和投资所决定的。城市中的地块,位于市中心还是市郊,其地租水平有极大差异;而任何地块又都可以通过基础设施建设来增加收益,形成级差地租;如果原来的土地区位优势差距消失了,新的更大范围的区位优势差距又会出现。因此,级差地租永远是城市级差地租的主要形式。根据区位和投资的不同,城市级差地租分为两种:级差地租Ⅰ是由城市土地位置的差异引起的超额利润,在我国应当完全归于国家;级差地租Ⅱ是由国家或企业在地块上进行投资使土地增值而形成的。其中由国家投资的部分应当归于国家。级差地租一般都产生于土地经营的垄断特点。

城市级差地租可以分为宏观和微观两个层次。宏观层次的级差地租是从城市在全国分布中的比较而论的,包括以位置差异为基础形成的城市区位级差地租、由产业投资与公共设施投资因素综合形成的城市功能级差地租和依赖城市规模经济集聚的"自然力"形成的城市规模级差地租;微观层次的级差地租主要指一个城市内部的级差地租,一般按形成要素分为区位、产业和公共投入部分,与经济高位区(市中心、副中心、商业繁华街等)的距离是城市内部综合级差地租形成的重要因素。

在完善的市场经济条件下,城市级差地租的存在会使各类选址形成自由竞争,从而导致效益最高的单位占据市中心位置,效益比较高的单位占据市中心以外的位置,而效益较差的产业和居民区则处于接近市郊的地带。

城市土地投资的地租扩散效应强,积累性大,向某一土地投资的土地或附属物建设,都会增加该土地的级差地租,并且会由于该土地建设所产生的外部效益扩散到相邻土地而提高其级差地租水平。因此,通过级差地租可以合理利用城市土地,促进城市产业的合理布局,大幅度增加城市的财政收入,促进城市建设。

在社会主义市场经济条件下,城市地租、地价完全可以转换为国家调节经济的手段。中央政府可以通过在全国范围内实行城市宏观级差地租征收制度,调节城市间土地的使用和产业分布;城市政府可以通过城市级差地租和地价自市中心至市郊区逐渐下降的规律性来调整城市产业结构和布局。

(二) 城市土地租金的特点

认识城市土地租金的特点,有必要先来认识城市土地的特性。城市土地相对于农村土地,其经济特性主要有:(1)稀缺性。城市土地随着经济发展越来越相对缺乏。(2)报酬递减性。城市土地上的建设楼层超过一定限度,投资利润将持续下降。(3)储蓄性。城市土地能起到一种储蓄银行的作用,一般不会贬值。(4)区位性。城市土地的"地段"极其重要,位置常常是决定其租金和价格的关键性因素。(5)交通依赖性。城市土地的交通条件极为重要。

城市地租和农业地租比较,其特殊性主要表现在:

1. 城市地租的形成依赖于社会条件。农村土地的利用,虽然也要投入劳动进行开发,但农作物生长更多地依赖于土地的自然条件,因而农业地租的形成与自然条件的差异关系密切。而城市土地是作为具有城市功能的土地发挥作用的。城市土地则需要人们经过长时间的开发,投入大量土地资本改良原有状态,也就是由社会条件形成的。例如,要使荒地或农业用地转变为具有城市功能的土地,必须进行平整土地、兴建道路、桥梁、供电供水等管道,建立排污、排渍、交通、通讯等基础设施等多方面的土地开发活动。通过对土地的投资,使土地资本与土地物质相结合融为一体,成为适合于建设需要的城市土地。城市基础设施越健全,交通运输越发达的城市地段,其土地资本含量就越高,土地价值和地租、地价也越高。可见,城市地租主要是由社会条件形成的。

2. 城市地租来源于平均利润形成之前的扣除。无论是农业地租,还是城市地租,其实体都是剩余价值,但作为农业地租和城市地租的剩余价值有不同的来源渠道。在农业生产中,由于土地所有权的存在,阻碍着非农业资本向农业转移,使农产品能按照高于生产价格的价值出售,由这种农产品价值高于生产价格部分而形成的超额利润,转化为农业绝对地租。而城市各产业部门,由于资本的转移和利润的平均化,使那些有机构成低的部门的超额利润,不可能转化为城市地租,因而只能在剩余产品的价值中先扣掉地租部分,然后再参加利润率的平均化,最后形成平均利润。

3. 城市地租往往与建筑物租金难以分割。由于城市土地的主要用途是"给劳动者提供立足之地,给它的过程提供活动场所",因而城市土地的开发利用,必然离不开地面建筑物的建设。地产与房产不可分割的特点,决定了地租与房租、地价与房价的密切联系。商品房产权的买卖、租赁,包含着土地产权的买卖和租赁,地租、地价往往隐藏于房租、房价之中,地租、地价的变动又为房租、房价的变动所掩盖。正是由于地租与房租难以分割,在土地产权和房屋产权不清晰的场合,往往造成城市地租被土地使用者所占有,也给城市土地投机提供了可能。

三、城市土地市场

(一) 城市土地市场的内涵

城市土地市场的经济实质是城市地产市场,在我国它是城市政府征用农地变为城市用地、并出让城市土地使用权和城市土地使用权再转让的交易场所和经济关系。城市土地产权构成城市土地市场的客体,所交易的可以是土地所有权,也可以是土地使用权;参与城市土地产权交易的当事人构成城市土地市场的主体;而城市地价是城市土地的交易参数,由于城市土地是土地物质与土地资本的有机统一体,城市土地价格就一方面反映城市土地的内在价值量,另一方面反映土地收益资本化决定的城市地租水平。城市地价不仅是一般的交易参数,还是引导城市土地资源配置、调节人地关系和促进城市土地合理利用的重要经济杠杆。

(二) 城市土地市场的特征

城市土地市场具有一般市场体系的共性,也有不同于一般市场的特性,从我国城市土地市场来看,主要体现在以下几个方面:

第一,垄断与竞争相耦合的特点。城市土地作为一种有限的自然资源,其所有权和经营权具有垄断性,城市土地市场是垄断性市场。在城市土地国家所有的条件下,为了保证城市土地的合理利用,实现非农建设用地的总量控制,我国城市土地一级市场(出让市场)掌握在国家(城市政府)手中,国家授权给土地管理部门对城市土地使用权出让实行垄断性经营。进入土地出让市场的土地数量、用途、出让方式、使用年限等均由政府控制。但是这并不等于排除竞争,其竞争表现为土地使用者为取得土地使用权而展开的土地用途和价格的竞争。在城市土地二级市场(转让市场)上,转让价格主要由市场竞争形成。

第二,很强的地域性。普通商品能够通过完全的空间流通在不同市场之间调剂余缺,可能形成全国统一竞争性市场和市场价格。而土地商品则不同,由于土地位置具有固定性,且不同城市的土地有差异极大的区位特色和功能差异,使得不同城市的土地除了共同性的城市功能不必流动外,其供求差异不可能相互调剂。即使在同一个城市内,不同地段的城市土地也具有各自不同的特点,这些特点不可能通过市场流通而相互替代。这就不大可能形成全国统一的城市土地市场和竞争性价格,而只能成为地方性市场和不完全竞争的市场,土地市场价格和地租也就具有较大的差异性。

第三,交易方式的多样性和市场构成的多层次性。城市土地市场可采取灵活多变的经营方式。从交易方式看，有一次性买卖也有分期租赁，具体形式有协议、招标、拍卖、折价入股、租赁等方式。租赁又可以分为长期租赁、短期租赁、转租等方式。随着城市土地制度改革和国企改革的深化，还会不断出现新的经营方式。城市土地市场构成的多层次性表现在，既有国家征购农村集体土地而形成的土地征购市场，也有国家向土地使用者（或经营者）出让土地使用权而形成的土地使用权出让市场，还有土地使用者之间转让土地使用权而形成的土地使用权转让市场。各种不同层次的城市土地市场的竞争程度与范围存在较大的差异，国家宏观调控的方式和难度也不同。

第四，收益分配的复杂性。在我国城市土地实行国有制的条件下，城市土地的收益分配比较复杂。（1）国家和地方政府之间的分配关系。国家作为城市土地所有者，要获得土地收益，而地方政府受国家委托具体行使土地管理权，也应取得一部分收益。为了以保护和调动地方政府的积极性，增加城市基础设施建设投入，促进城市经济社会全面发展，要求在城市土地收益分配中，协调好中央和地方政府的利益关系。（2）各级地方政府之间的利益关系。省、市、县各级政府根据土地管理审批权限，承担着不同的土地管理任务，从而产生如何合理分配和处理各级地方政府之间的分配关系问题。（3）国家土地管理部门和国有土地开发公司之间的土地收益分配关系，属于国家与企业间的分配。（4）土地收入用途上的较复杂的分配关系。即城市土地收益既要用于城市建设的土地资本折旧费补偿和利息支付，也要用于重新投入城市开发和旧城改造。这些城市土地收益的多元性利益主体和多样性用途需要，要求在土地收益分配中必须兼顾各方面的关系，充分调动各方面的积极性，合理分配土地收益，并促进国有土地资产的保值和增值。

第五，价格的多样性。城市土地价格的形成要比一般商品复杂。由于土地是一种特殊商品，影响城市土地市场价格的因素众多，既有经济因素、物理因素和环境因素，也有政策因素、心理因素等。因而城市土地有特殊的价格形成机制，市场价格也呈现出多样性，构成多层次、多形式的城市土地价格体系。如城市土地出让市场就有协议价、招标价、拍卖价、租赁价、抵押价等形式；转让市场也有转让价、转租价等多种形式。城市土地价格的多样性，决定了政府对城市土地市场管理和监督要比一般商品市场复杂得多。

第六，地产交易与房产交易相交叉的特点。城市土地的使用往往与建筑物的构建相结合，城市开发与房屋建设必须以城市土地开发为前提。因此，地产往往与房产结合在一起，地产交易常常和房产交易互相渗透，融为一体。然而，由于房屋所有权与土地所有权分属于不同的产权主体，在产权关系没有理顺的场合，往往不是房产服从于地产，而是地产服从于房产，导致土地所有者利益的损失。房地产市场的隐形交易也造成大量国有土地收益的流失，成为中国城市土地市场的突出问题。可见，理顺城市地产与房产的产权关系，建立合理的收益分配机制，以促进城市房地产市场健康发展，是需要认真研究和解决的重要课题。

（三）城市土地市场结构体系

城市土地市场是一个多层次的、开放的、运动着的市场体系，其内部各子市场既相对独立，按照各自的特征、功能和运行方式，形成自我循环运动系统；又相互联系、相互依存，构成整个城市土地市场的大循环系统。研究城市土地市场结构，就是要揭示和说明城市土地市场体系内部结构组成状况及相互关系，以促进对城市土地的有效利用。

我国城市土地市场只是土地使用权市场，不存在土地所有权市场。因为城市土地归国家所有，土地所有权不得买卖，市场上允许流通的是土地使用权，因而土地的商品化实质上是土地使用权的商品化。但是，我国城市因建设的需要，要运用国家行政权力向农村集体经济组织征用土地，这里就遇到了土地所有权的改变问题。一般来说，国家征地除了用于国计民生的公共需要通过行政性征地外，对于一般性的公益性用地，也要遵循经济规律的要求，运用经济杠杆调节征地者与被征地者的关系。因而事实上我国也存在着土地所有权的交易关系。可见，城市土地市场是一个包括农地征购市场和土地使用权市场在内的完整的市场体系。我国城市土地市场结构如表5-1所示。

表5-1　　　　　　　　中国城市土地市场结构

市场类型	交易主体	交易客体	交易方式	市场特征
土地所有权市场（农地征购市场）	政府、农村集体经济组织	土地所有权	征购	政府单向购买
城市土地使用权一级市场	政府（土地所有者）、土地经营者或使用者	土地使用权	出让、出租等	政府垄断、纵向流转
城市土地使用权二级市场	土地经营者、土地使用者	土地使用权	转让、转租等	政府调控、横向流转

1. 农地征购市场。土地征用，是指国家为公共目的而强制取得原土地权利人的土地权利并给予合理补偿的行为，土地征用制度已构成我国土地制度的重要组成部分。征地行为是否属于市场行为，征地补偿费是否属于土地价格？这是我国目前

对城市土地利用问题争论的焦点。有的同志认为，土地从集体所有转为全民所有的过程，不是市场行为，其征地补偿费不属于地价。其论据是，我国土地分为集体所有制和全民所有制，均属公有，国家需要时，就可以依法征用集体所有制的土地。征用不是买卖，而是表现为国家的强制力。征用时双方不需纳税，仅需经济补偿和劳动力安排。但是，国家将农民集体所有的土地变为国有土地的前提条件，是依法对农民进行经济补偿，尽管征地行为带有强制性，但不是超经济的强制，而是建立在有偿基础上的强制。就像国家向农民征购商品粮一样，也要符合经济规律，即对农地的征用也要遵循等价交换原则，通过相适应的补偿，切实保护农村集体经济和农民的利益。因此，我国对农地的征购，既表现为国家的强制力，也表现为土地所有权的转让，农地征购市场的存在，征地补偿标准的市场化，已是不容否认的事实。近年来我国城市政府在征地实践中所表现出来的成交征地补偿费随城市土地使用权价格的浮动，并与之保持一定的价格比例关系的事实，已经明显表现出农地征购市场与城市土地出让市场之间存在紧密联系和联动关系。

随着我国工业化和城市化进程的发展，必然有部分农村土地要转为城市土地，以满足城市经济发展的需求。按照国务院批准的《1997—2010年全国土地利用总体规划纲要》，到2010年全国非农建设占用耕地要控制在2950万亩。1997—2000年的4年间，各项非农建设占用耕地达到1050万亩左右，平均每年占用260万亩左右。其中大部分必须通过征购市场转为城市用地。因而，农地征购市场是城市增量土地的源头，是城市土地出让市场的上游，理应将其纳入城市土地市场体系。因此，国家从社会公共利益需要出发，依照法律规定的程序和批准权限，参考市场价值确定征用农地补偿水平，是有利于城乡共赢发展的重要问题。而不承认征地费是农地所有权的交易价格，将不利于改革现有的征地制度，不利于征地补偿安置标准确定的合理化，不利于形成相互配套、相互衔接的城市土地市场结构。

2. 城市土地一级市场（城市土地使用权出让市场）。我国《宪法》和《土地管理法》都明文规定，城市土地属于全民所有即国家所有，国有土地使用权可以依法转让。就是说，城市土地进入流通的只是城市土地使用权，从而奠定了城市土地使用权市场的法律基础。按照我国现行的城市土地使用权交易方式，可将城市土地使用权市场划分为两个层次：城市土地使用权出让市场和转让市场。城市土地使用权出让市场，是城市土地使用权流通的一级市场。在这里，国家通过城市政府把城市土地使用权有偿、有期限地出让给土地经营者或使用者，是城市土地使用权进入流通的第一个环节，故称为城市土地使用权一级市场（简称为城市土地一级市场）。在一级市场上，国家通过城市政府的土地管理部门在服从城市规划、用途管理的前提下，采取协议、招标、拍卖等方式，将一定期限的土地使用权有偿出让给土地需求者，这里体现的是城市土地使用权的纵向流转关系。

3. 城市土地二级市场（城市土地使用权转让市场）。是获得城市土地使用权的经济主体，把城市土地使用权又让渡出去所形成的市场关系。由于这里是城市土地使用权的再次流通，故称为二级市场。在二级市场上，不同的城市土地使用者就城市土地使用权进行交易活动包括对土地使用权的转让、转租、交换、抵押等。这里交易者众多、交易频率高，交易形式多种多样。城市土地二级市场以土地使用权交易为基本内容，但随着土地产权的分解和细化，还可以派生出其他形式的地权交易，进而形成城市土地二级市场内部的多重结构。与一级市场相比，二级市场所显现的经济关系要复杂得多。尤其是土地投机和隐形交易的大量存在，可能会妨碍了土地市场的公平竞争，造成国有土地收益的大量流失，也可能降低土地资源的宏观配置效率。在我国城市土地市场体系不完善的情况下，政府必须加强对土地转让市场的管理力度，逐步完善市场交易规则，规范市场主体的交易行为，引导土地转让市场的健康发展。

 第二节　城市土地利用

一、城市土地边际生产力、级差地租与土地利用

由于土地区位的差异，土地的肥沃程度、交通条件、市场影响等方面会有很大的差距，从而导致单位土地上提供等量产品或服务的成本不同。因此，由于土地区位不同，从等量土地获得的收益也会不同。在市场竞争条件下，追求利润最大化的行为最终会使所有厂商获得正常利润，从而土地使用权价格——地租的支付就会因土地区位不同而不同。根据土地肥沃程度、距离市场区位远近和气候条件等方面所决定的土地生产力的不同，可以将土地分为不同的等级。一般而言，对土地的利用会根据社会产品需求的大小，由优至劣依次进行。生产产品的价格必须不小于最劣土地的平均成本是土地开发的基本前提。如果最劣土地的平均成本等于市场价格，就不会产生级差地租，这种不会产生级差地租的土地在经济学上一般被称为"边际土地"。处于边际土地以上的土地的产品平均成本较低，故可以得到平均成本以外的剩余报酬。这种市场价格与边际土地以上土地产品平均成本之间的差额，就是级差地租。

城市土地的利用从总体上说，是规模逐渐扩大的趋势。那么城市经济活动需要

把城市土地扩大到什么程度最为合理呢？这个经济界点就是"边际土地"。边际土地所以不会产生级差地租，是由于对这类土地的利用，其投入的资金恰好等于土地利用后的收益。土地不能产生剩余的收入，也就不能有高于正常租金的额外收益，即没有级差地租。城市边际土地通常处于与农地接壤的地方，这里用于城市的土地边际生产力通常为零，就应当是城市土地利用的边界。在这个边界之内，土地的边际生产力为正，是城市产业应充分利用的土地范围。

二、城市土地投标租金模型

城市土地投标租金模型是描述城市经济主体依据到市中心的距离及其便利度与区位地租水平而进行选址决策的模型。包括企业选址、居民购房、机构选择办公地点等行为。

通常，企业在市内的选址决策依据利润最大化原则所决定。假定企业之间无差异，影响企业选址的因素可以抽象为区位、地租和企业间的竞争。在不同的区位上，企业获得的便利程度不同，在充分竞争的条件下，不同区位上的企业其支付地租的能力有所差异。所以，企业的区位选择决策本质上可以通过其竞租函数表现出来。竞租曲线则反映了该部门在城市内的土地利用状况。

(一) 制造业的投标租金模型

在完全竞争条件下，企业产品的价格、非土地要素的价格都是既定的，不因区位不同而改变。假定技术不变，市内不同区位的成本不变。在这种情况下，企业的区位选择是市场指向的，每单位产品单位距离的运输成本为一常数 t，均衡产量为 B，产品价格为 P_b，生产成本为 C，地租为 R，土地使用量为 T，则企业的经济利润为：

$$\pi = P_b \cdot B - C - t \cdot B \cdot u - R \cdot T \quad \text{式 (5-1)}$$

式 (5-1) 中，u 为与城市中央商务区 (CBD) 的距离。

在完全竞争市场下，企业经济利润为零，从而有投标租金模型：

$$R = \frac{P_b \cdot B - C \cdot t \cdot B \cdot u}{T} \quad \text{式 (5-2)}$$

对 u 求偏微分可得：

$$\frac{\partial R}{\partial u} = -\frac{t \cdot B}{T} < 0 \quad \text{式 (5-3)}$$

随着离 CBD 距离 u 的增加，制造性企业对土地租金的出价逐渐降低；而随着 u 的缩短，即逐渐靠近 CBD，地租会上升，土地要素会相对变得昂贵。这时企业将更多地投入相对便宜的非土地要素，即通过采用非土地要素对土地的替代，在 R 逐渐增加时减少对 T 的使用。

(二) 服务业的投标租金模型

服务业是位于市中心地区的重要产业部门，具有高速、快捷的信息传递和交流功能，更多地获得市中心的聚集利益。这类企业多以写字间为主，非土地要素与土地的比率较高，就是说，对土地的替代性很强。服务性企业的经营成本主要包括非土地成本、地租和交通成本。与制造业不同之处在于，服务业的交通成本是指写字间所在区位与中心区顾客之间通行的机会成本，除了包括交通费外，更重要的还包括时间成本。所以服务业的交通成本多以时间计量。假定单位距离的通行时间为 t，单位时间的机会成本为 W，业务量为 A 次，则总的交通成本为：

$$TC = t \cdot W \cdot A \cdot u \qquad \text{式}(5-4)$$

于是，企业的经济利润为：

$$\pi = P_a \cdot A - C - R \cdot T - t \cdot W \cdot A \cdot u \qquad \text{式}(5-5)$$

在完全竞争条件下，企业的经济利润为零，从而其投标租金模型为：

$$R = \frac{P_a \cdot A - C - t \cdot W \cdot A \cdot u}{T}$$

式中，P_a 为服务的价格，C 为非土地要素成本。

这一模型表明服务性企业在市内不同区位上所愿意支付的土地费用，也存在要素替代。与制造业相比，服务业中非土地要素对土地的替代性更强。

三、城市土地利用的一般均衡与内部空间结构的形成

(一) 城市土地利用的一般均衡

城市土地利用的一般均衡是指，根据城市不同区位的地租水平和期望到市中心的便利性的综合考虑，城市中各种经济主体分别选择了自己进行生产或生活的适度地址或位置。这些选择使得各经济主体都能获得理想的选址收益和支付适宜的出行费用。这种均衡状态一般要同时满足以下几个条件：

1. 企业选址均衡。在充分竞争的市场机制下，企业选址要在地租水平和运输（出行）费用之间进行权衡。地租高的地方，运输费用会少，反之，地租低的地方，运输费用会高；优越的区位可能节省了生产成本，但租金上升又起到了平衡作用，从而各个区位上各企业的总成本支付总是无差异的。当所有区位上的企业均达到零经济利润状态，企业都没有改变区位的动机时，企业选址就实现了均衡。

2. 家庭选址均衡。居民竞争优越的居住区位就要支付较高的租金，经过不间断地选择调整，最终各个家庭在各个区位上的住房总支出是无差异的。当所有的家庭（无差异的典型家庭）在市内各区位上都获得了同水平的效用，任何家庭都没有再改变居住区位的动机时，就实现了家庭选址均衡。这一状态的实现是由城市地租来调节的。

3. 区位竞价的均衡。在充分竞争条件下，土地总是被出价最高的使用者获得。在同一区位上，不同的企业或家庭的竞租水平不同，只有出价最高者才能获得该区位上的土地。企业的最高租金出价取决于其土地要素的边际生产力、交通费用和产品价格，否则企业将难以达到生产均衡，而家庭的最高地租出价则是由其效用最大化下的消费均衡所决定的。所以，某一区位上具体配置哪种类型的经济部门，是通过土地市场上的竞价均衡来实现的。

4. 劳动力市场均衡。开放的城市模型还必须满足这一条件。就是说，市内工商业的劳动力需求必须与居住区的劳动力供给相适应，否则就会有城市人口的迁入或迁出，从而影响地租乃至土地利用的变动。

5. 土地利用边界的均衡。在两类土地利用的边界，两类土地的地租必须一致，否则边界将会移动。在城市土地利用边界上，城市地租等于农业地租。若前者大于后者，则城市用地必然侵占农用土地而向外扩张；反之，则不能形成城市用地。

满足上述几个条件后，城市用地结构就达到了均衡状态，从而城市内部空间结构就形成了（如图5-1所示）。

一般来说，服务业中非土地要素对土地的替代性较强，在市中心地区土地的边际生产价值较高，从而地租出价较高，故占据了市中心地区的土地。制造业、住房依次次之，故分别居于中间和边缘地带。所以，从理论上，在市场机制下均衡的土地利用形成了同心圆形的分层结构模式。

（二）城市内部空间结构的形成

图5-1所反映的城市空间，是"事物存在的一种形式和一种重要的资源"，其结构可以按性质划分为三种类型：（1）"实体结构（physical structure）"，指一个城市的建筑形式、土地配置、土地使用类别以及所有的基础设施；（2）"结构系统（structure system）"，指各种土地使用类别或分区在经济与社会观点上的功能性关系；（3）"结构过程（structure process）"，强调结构处在一种变化过程中。综合而论，城市空间结构既是城市经济运行的结果，又是城市功能发挥的基础。

从城市硬件系统看，城市功能主要取决于城市底层结构与城市空间的变迁。城市地域空间是一个多维含义的范畴，可以界定为城市内部地域空间和城市外部地域

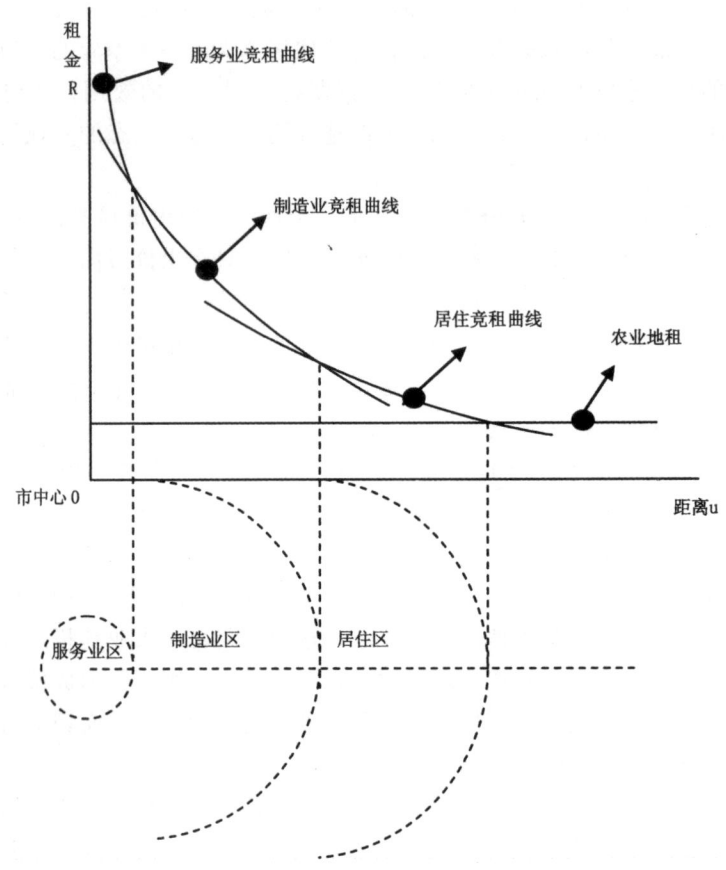

图 5-1 土地利用的均衡与城市内部结构的形成

空间两部分。

  城市内部地域空间是由城市内部功能分化和各种活动所连成的土地利用的内在差异而形成的一种地域结构。随着世界经济一体化、我国经济改革的不断深入和城市化的迅猛发展,影响城市内部地域空间形成的各种因素,如自然资源条件、地理环境、城市规模和发展水平、城市职能和城市管理等诸方面都在发生着巨大的变化,并且不同的城市由于其制度创新、城市管理等方式的不同而呈现出不同的演化现象和结果。城市内部地域空间是其行政空间和经济空间基本一致的结果,故城市经济运行方式的选择对一个城市建成区内的土地功能及分区结构的形成和演化,具有某种意义上的决定性影响。

  我国城市的空间结构,基本上是在原有城市模式的基础上,经过新中国大规模的工业建设和城市改造而形成和发展起来的，基本上形成了工业区、居住区、商业区、行政区、文化区和旅游区等多功能分区组合配置的空间结构布局，形成了一定的圈层分异特征：在一个市中心的圈层，其他功能分区环绕分布。这种仍未脱离同心圆的构造模式，构成了城市的主体部分（如图5-2所示）。

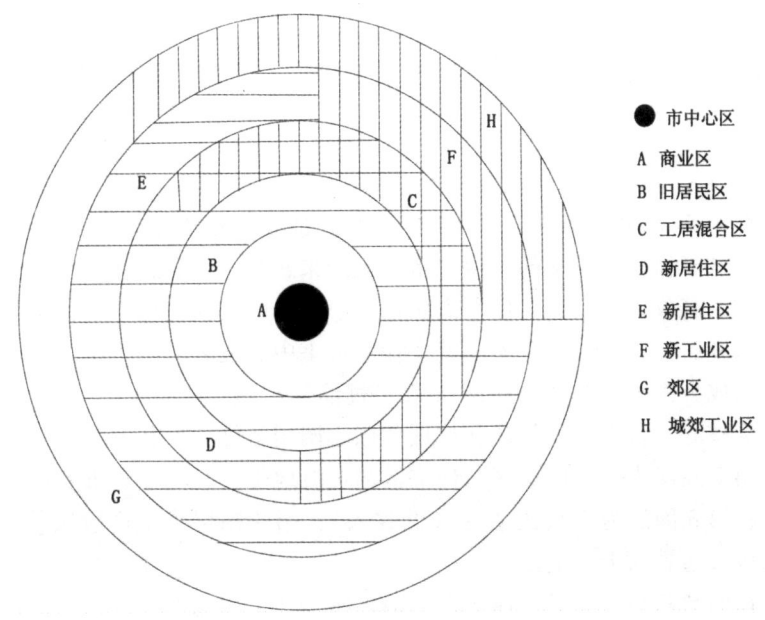

图5-2 我国城市空间结构的基本模式

在传统的单一中心城市中，大部分经济活动集中在中央核心地区，形成以同心圆为基本模式的中心城市。其功能分区表现为CBD、工业园区和居民区等。随着世界范围内城市化的高速发展，城市地域空间由聚集走向扩散，现代多中心城市的兴起和城郊次中心地带得到发展已成为城市空间结构演变的趋势。

第三节　城市内部空间结构的演进与城市规划

一、城市内部空间结构演进理论的基本类型

城市土地空间形态指城市各类用地在空间上的组合关系，是城市土地利用空间布局的特定组合。在市场经济中，微观经济的行为主体——居民，厂商和政府等选址行为，形成了城市中主要用地的不同分布，不同类型用地者，如：政府决策者、家族和种族、企业投资者、交通技术人员、决策精英等，在城市形态形成过程中发挥着重要作用，从而决定了城市内部的空间布局形态。因此，城市内部空间布局形态是城市中各种力量根据自然经济和社会条件为了效用最大化相互博弈的结果。对城市空间结构演化实践的研究，出现了多种理论。

（一）同心圆布局形态

伯吉斯（E. W. Burgess）于1952年总结芝加哥城市土地利用结构后提出这一理论。他是基于社会生态学的入侵和承继概念来解释土地利用在空间上的排列形态和扩展过程。高收入家庭会居住在离城市中心较远的最新住房中，原来的住房由收入较低的家庭居住，最贫困的家庭就住在靠近市中心最老的旧房中，直至市中心的旧房被拆除成为中央商业区，此即所谓"过滤"机制。由此形成城市各功能用地以中心区为核心，自内向外作环状扩展的同心圆用地结构。其中，第1圈层为中心商业区；第2圈层为中心商业区与住宅区的过渡地带：轻工业、批发商业、老式住宅和货舱；第3圈层为工人住宅区（低收入）；第4圈层为中产阶级住宅区；第5圈层为高级及通勤人士住宅区。

该理论的缺陷是忽略了交通、自然障碍物、社会文化和区位偏好的影响。1932年巴布科克（Babcock）考虑交通轴线的辐射作用，将同心圆模式修正为星状环形模式，这一理论更接近单中心中小规模城市的真实状况。

（二）扇形布局形态

霍伊特（Homer Hoyt）于1939年对美国64个中小城市及纽约、芝加哥、底特律等城市的住宅区分析后得出这一理论。该理论的核心是各类城市用地趋向于沿主要交通线路和沿自然障碍物最少的方向，由市中心向市郊呈扇形发展。他认为，由于特定运输线路可达性和定性惯性的影响，各功能用地往往在道路两侧形成。第1圈层为中心商业区。第2层为轻工业和批发商业，对运输线路最为敏感，沿交通干线扩展；第3层工人住宅区（低收入），环绕工商业布置；第4、第5层为中高收入住宅区，沿交通主干道或湖泊、公园向外发展。当城市人口增加用地扩大时，高收入富人从原住区搬到新的声望更高的地方，原高收入住宅区则供贫民使用，由此出现土地利用的演替和滤变。

(三) 多核心布局形态

多核心理论是由麦肯其（R. D. Makenzie）于1933年提出，然后被哈里斯（C. D. Harris）和乌尔曼（E. L. Ullman）于1954年发展而成。该理论强调城市土地利用过程中并非只形成一个商业中心，除此之外还会有多个次中心。城市中心数目的多少及其功能与城市规模大小有关。中心商业区为最主要的核心，其次还有工业中心、批发中心、外围地区的零售中心、大学聚集中心及近郊社区中心等等。多核心理论没有假设土地均质，土地功能分区没有一定顺序，规模大小也不同，空间布局具有较大的弹性，很多大城市都属于这一类型。

二、不同内部空间结构下的土地利用模式

依据上述各种不同的城市土地空间结构和形态形成的理论，人们在对城市土地利用时，分别有不同的考虑和设想。

持有同心圆模式设想的人认为，城市内部空间结构是以不同用途的土地围绕单一核心，有规则地从内到外扩展的，形成圈层式结构。第一圈是中心商业区，属于中央商业区和闹市区的最核心部分。包括商场、办公楼、旅馆等，是城市社交、文化活动的中心；第二圈为过渡地带，靠近市中心，交通也比较方便，这里绝大部分是公用或服务事业，包括学校、博物馆、图书馆、政府机构等，此外，还包括轻工业、批发商业、货仓等一些占地面积不大的部门；第三圈是较低收入居民住宅带，这里租金低，便于乘车往返于市中心，接近工作地，工厂的工人大多在此居住；第四圈是良好住宅带，居住密度低，生活环境好，是中产阶层的住宅区；第五圈已经进入城市郊区，拥有一些独家住宅，此圈以外分布着一些大型的重工业企业（如图5-3所示）。

在宏观效果上，同心圆模式基本符合单中心城市模式。但由于它忽视了道路交通、自然障碍物、土地利用的社会和区位偏好等方面的影响，与实际仍有一定的偏差。

在同心圆圈层布局理论的基础上，产生了扇形模式理论，它考虑了城市对外联系的主要交通干线多是由市中心向四周辐射的，而且各功能区之间存在着不同程度的吸引与排斥关系，因此，各类城市居住用地趋向于沿着主要交通路线和自然障碍物最少的方向由市中心向市郊呈扇形发展。高收入住宅区受景观和其他社会或物质条件的吸引，沿着城市交通主干道或河岸、湖滨、公园、高地向外发展，独立成区，不与低收入的贫民区混杂；中等收入的住宅区为利用高收入阶层的名望，在高收入住宅区的一侧或两侧发展；而低收入的住房被限制在最不利的区域发展。

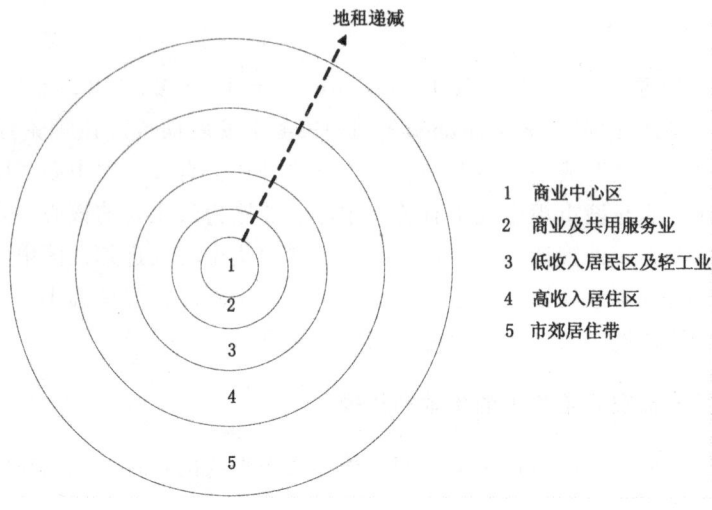

图 5-3 同心圆的圈层布局模型

与上两种模式不同，多核心模式强调城市并不是只有一个核心。随着城市的发展，城市会出现多个商业中心，其中一个主要商业区为城市的主要核心，其余为次中心。这些中心不断地发挥成长中心的作用，直到城市的中间地带完全被扩充为止。而在城市化进程中，随着城市规模的扩大，新的集聚中心又会产生。对这种城市进行规划指导时，不能强求各功能按圈层或扇形布局，而只能适应其具体情况，因势利导地使其在原有基础上发展。

上述各种模式对于城市空间结构的描述具有典型性。然而现代城市类型众多，城市空间结构复杂，变动迅速，要想通过一个简单的模式来描绘出千姿百态的城市空间特征是十分困难的。任何规划结构形态模式都不是先验论的，只有对规划范围的各项历史、现状的认真分析，以及对其发展预测和各种发展空间方案选择比较后，进行具体安排、反复调整，才能得出更趋合理的结论。从土地利用角度来考虑，城市布局结构形态要有利于土地的合理组织和安排，尤其要有利于珍惜和节约每一寸土地。

三、影响城市内部空间结构的因素

土地资源的开发利用，无论是农用地，还是城市建设用地，均是以区域土地资源的自然条件为基础展开的；同时，又受到社会经济发展水平以及生态环境质量要求等方面的影响和制约。这里分别分析自然、社会、经济技术和生态环境质量对城市内部空间布局的影响。

(一) 自然条件的影响

1. 地形条件。地形是构成土地的重要基础，不同的地形具有不同的地势起伏和地面坡度、坡向特征，并通过对热量、水文的地表再分布影响着城市土地的空间布局状况；不同的地表起伏即相对高差，对土地利用方式和土地利用措施有着显著的影响。不同地形部位的土地质量、水分状况和水土流失程度不同，造成土地利用方式不同。地面坡度、坡向等地形条件对城市土地利用的影响是多方面的。从城址选择、用地选择、功能分区、绿地布局无一不受地形的影响。不同的建筑对坡度有不同的要求，不同的坡度可以适宜不同的建设，从而形成不同的土地利用结构，造成城市内部土地利用程度的空间差异格局。

不同的坡度对城市土地利用的影响或限制如表5-2所示。一般来说，大型工业项目的基本建设，最有利的地面坡度在2%以下，当地面坡度在2%—5%之间，就不利于布置横越等高线的建筑物。城乡居民点布局也要考虑地面坡度，一般居民点地势应该高一些，不受洪水威胁，并且最好处于阳坡。不同的坡度、坡向条件从根本上决定了城市土地利用的程度。

表5-2　　　　　不同的坡度（%）对城市土地利用的影响

	5%	5%—10%	10%—15%	15%—45%	45%以上
土地使用	适宜各种土地利用	只适宜住宅小规模建设	不适宜大规模建设	不适宜大规模建设	不适宜大规模建设
建筑形态	适宜各种建筑形态	适宜各种建筑和高级住宅	高级住宅	只适宜阶梯式住宅和高级住宅	不适宜建筑
活动类型	适宜各种大活动	只适宜非正式活动	只适宜自由活动或不适宜活动	不适宜活动	不适宜活动
道路设施	适宜建各种道路	适宜建主要和次要道路	小段坡道	不适宜	不适宜

2. 水分条件。主要包括天然降水、地表水和地下水三部分，它是人类改造利用土地的重要条件，它对土地利用类型的形成、利用方式、作物结构和生产水平均有着重要影响。在城市建设方面，水资源状况的优劣显得尤为重要，充分的水资源条件为城市人们的生活及城市生产建设提供了有力保障，推动了城市土地的集约利

用和城市的发展，水资源短缺则会制约诸多城市发展。

3. 地基承载力。城市土地的地基承载力主要由地基土堆积年代、地基土成因、地基土性质、地下水情况等诸多因素决定，城市土地资源的开发利用在很大程度上受相应区域的地基承载力的影响和制约。地基承载力大，则比较适宜建造高层建筑物，进行高密度、高强度的土地开发利用。

4. 植被绿化条件。绿色植被作为城市生态系统不可缺少的一部分，起着保护环境、改善环境的重要作用，如净化空气、减弱噪音、调节和改善小气候等等，在很大程度上决定了城市生态环境质量的好坏。城市土地利用的提高必须在维持城市生态环境优美的前提下，保证城市土地利用与生态环境条件的相互协调发展。

总之，自然条件是城市空间结构形成发育的自然物质基质，是人们生产和生活所依赖的条件，是地球表层系统城市人地系统运动的自然动力因素。在一定程度上，区域自然条件的优劣程度，直接决定了城市诞生的客观性和可能性。不同地域、不同历史阶段的城市用地，对自然条件的客观要求存在较大差异。然而，自然条件的在很大程度上是不能变化的，这种客观存在的地域自然属性，与相应发展阶段的社会经济条件相结合，就决定了城市用地空间布局的变迁。

（二）社会、经济及技术条件的影响

1. 政府的城市发展战略、规划和政策导向。城市空间结构的优化调控主要是通过城市的规划和管理来实现。规划指向主要是离心化的规划，特别是在城市，要求强化区域整体发展水平，城市的规划在国家规划体系中占据重要地位。城市内部区域之间的结构性、战略性的规划，包括城市各级中心、次中心的规划布局，产业在城市内部地域空间上的合理配置。基础设施网络，包括交通、通讯、供排水等的空间布局以及环境整治和规划等成为规划重点。

2. 产业结构和经济发展水平。产业结构变化引起城市土地资源在产业上的重新分配，导致城市土地利用结构的变化。由于各产业部门的土地生产率和利用率不同，在一定的产业结构下形成一定的土地利用结构。我国城市产业结构不断调整，土地资源不断地从第一产业转移到第二、三产业，城市土地利用的集约化程度在逐步提高。这为城市土地的深度和广度开发利用提供了有力的支撑，促进了各类荒地的开发；同时，带动了社会消费水平的提高，如人们对食物结构和质量有了新的要求，优质高产作物的种植面积扩大并加快了畜牧、水产养殖业和经济林果业的发展；再如人们为了满足较大的居所、更便利的交通等，促使更多的居住、工矿、水利、交通用地增加了，建设用地不断扩大，城市土地利用空间范围也不断扩大，并实现了结构调整。可见，产业结构升级和主导产业部门的置换，推动了城市用地结构的变化,使土地要素的时空配置向高福利目标发展。

3. 交通运输条件。交通运输通过路网密度、运输方式及其运输量等来影响城市土地的开发利用。一方面,交通路线的兴建,刺激了沿路两侧土地的开发利用,改善了土地利用的条件和结构;另一方面,运输条件的变化影响到相应区域土地的区位价值,随着交通沿线两侧土地区位价值的提高,土地利用效益明显提升,促进了周边地区土地资源的高效利用,从而改变土地利用的空间结构。

4. 集聚效应对城市空间结构演化的影响。集聚经济通过同类工业的相互吸引、信息交换迅速、交易成本降低进而生产成本降低以及确定公共区位等过程,使城市空间布局由单峰集聚发展到多峰集聚,形成城市产业和建筑物的簇起状态。这要求城市规划研究城市经济自然经济联系和集聚扩散的走向,使城市空间结构适应集聚经济的要求。

5. 工程技术因素。土地利用工程技术主要指开发和整治土地的工程技术,如农田水利工程、水土保持工程、土地改造与保护工程等等。各项土地利用工程技术措施的推广和应用,在促进农田建设的田园化和水利化,改善了土地的生产条件,使农用地土地资源的高效集约利用的同时,也为城市土地空间资源的开发利用提供了有利条件,大大开拓了城市土地资源的利用空间。如城市建设中钢材、水泥、电力等的投入,高级建筑技术的应用,使高层建筑成为可能,大大提高了城市建筑容积率和土地利用强度。

(三) 生态环境质量因素

城市空间结构的状态依托于一定的生态环境的质量状态。区域生态环境质量状况好,则可考虑进行深度开发,可能会使城市开发密度增大,空间拓展范围广,结构趋于比较复杂的状态;反之,区域生态环境质量状况较差,土地资源开发利用的方式受限,城市空间结构可能就比较简单。可见,生态环境的质量因素将会直接和间接地影响到人们对土地资源的开发利用程度。这里需要注意的是:土地资源的不合理利用是造成环境恶化的最根本原因,因而进行城市空间结构的布局,应当局限在生态环境质量所给予的限度内,不能再通过城市土地的利用加重城市生态环境的负担;不仅如此,还应该采取一定的防护措施,避免因不合理的开发行为活动造成对城市生态环境的破坏。

四、城市内部空间结构的规划

城市内部空间结构是城市各种结构关系的空间载体理性抽象的表现。根据城市内部的多样结构关系,如经济结构、产业结构、社会结构、劳动结构、人口结构等，对城市空间结构的规划方法可以分为以下几类：

1. 经济优化规划。是工业化社会中的主流规划思想，认为城市空间结构的形成与发展是利益集团和个人追求最大经济效益和效用的结果。城市各种经济要素在城市空间不断地集聚、扩张和变迁的物质表现。其中，城市空间集聚效应是城市规划学科一直给予高度重视的主要内容，并且直接影响了相应的规划方法。一种表现为是将同心圆等三大古典模型的归纳性城市空间经济模型直接运用到空间结构规划中去；另一种表现方式是自觉不自觉地将城市规划的基本出发点和最终评价标准放在经济效率或"最小代价原理"上，并运用到城市空间结构的组织上去；在城市地价日益昂贵的情况下，房地产投机商对利润的追求也刺激了城市空间结构向追求经济效益的方向转变。

2. 视觉优化规划。以建筑艺术美为主要目的的早期建筑学思想渊源深刻地影响了城市规划，从而也对城市空间结构的规划产生深远影响。这种规划方法以形式美为原则，认为建筑空间形态是影响社会变化的工具。这种规划思想可以追溯到古代，古代君主视城市为其炫耀统治权利的表演场，崇尚凸现君权威严，这种政治社会背景，使规划是纯美学的、不考虑城市的社会经济功能。在这种规划观指引下，城市空间结构常常体现的是一种对抽象的形式美的追求、对几何形体的追求等。例如，公元前5世纪的米列都城采用方格形道路的系统、广场设在城市中心的城市布局结构，表现出了对形式美的推崇。

3. 社会优化规划。源自人本主义的思想变革促进了对城市内部空间结构规划的方法演进。该思想把人作为研究的出发点，对人的本质进行反思，认为在城市中起主导地位的人不仅仅是"经济人"，更重要的是"社会人"，所以，城市空间结构规划应重视所谓的"城市味"、"人情味"。美国曾旗帜鲜明地提出："保障家家户户拥有体面的住宅和适宜的生活居住环境始终是规划界所奉行的准则和所追求的最高目标"。社会优化规划方法对城市空间结构的影响主要体现在对原有规划结构的批判、反思以及加强群众参与两个方面，但至今始终没有产生和形成较成体系的技术手段。

4. 环境优化规划。其源起是针对城市环境恶化状况而改良的城市空间结构的种种设想，其中"田园城市"是杰出代表，相应的规划方法往往以疏散城市空间结构为主的方法，促使城市与自然环境融合，从而达到环境优化的目的。

第四节 我国城市土地利用制度与政策

一、我国城市土地利用制度及其演变

我国土地利用制度包括土地征用制度，城市土地使用权划拨、出让和转让制度，城市国有土地租、税、费管理制度，城市土地再开发利用制度等。鉴于土地征用制度在土地利用中的重要性，这里仅从土地征用制度考察我国城市土地利用制度及其演变。

（一）改革开放前后土地征用制度的演变

中国实行土地的社会主义公有制，即全民所有制和劳动群众集体所有制。城市土地属于国家所有，农村及城市郊区的土地除法律规定属国家所有的以外，属于集体所有。国家为公共利益的需要，可以依法对集体土地实行征用。所谓征用，是政府为了公共目的而强制取得非国有土地并给予补偿的一种行为，是政府的强制购买。土地征用具有三个要件：政府特有的权力；只用于公共目的；行使这个权力时必须给予合理补偿。征用土地大部分用以发展社会公用或公益事业，如道路、公园、基础设施建设等，小部分用于改善低收入者的住宅建设以及城市再开发。

国家建设征用土地制度在 20 世纪 50 年代已基本确立，我国 1975 年、1978 年、1982 年的宪法都规定了土地征用制度，确立了土地征用的宪法规范。但随着经济建设的不断发展，原来的征用土地办法与新形势已不相适应，一些新情况和新问题亟待有新的法令出台予以规范和解决。1980 年国家颁布《中外合营企业建设用地暂行规定》，是新时期出台的第一部土地利用法律。随后，《村镇建房用地管理条例》于 1982 年 8 月 13 日颁布施行，表明国家对各种建设用地关系开始进行法律调整。

十一届三中全会后，大规模建设的兴起，暴露了原来国家建设征用土地办法的不足。1982 年 5 月 5 日全国人大常委会第 83 次会议批准了《国家建设征用土地条例》，并于同年 5 月 14 日由国务院公布施行。该条例公布施行以后，各省、自治区、直辖市也都相应地制定了自己的建设征用土地实施实例，开始把国家建设征用土地纳入法制轨道。这些法规对于在国家建设征用土地过程中发生的社会关系发挥了积极的调整作用，抑制了乱占、滥用耕地、浪费土地等各种不正之风，保证了国

家建设用地。

1986年从国家制定并于1987年1月1日起施行《土地管理法》开始，又连续出台了一系列关于土地利用的法律、法规，基本上构架了我国现行的土地征用制度。

（二）现存土地征用制度中的问题

我国现存土地征用制度中的问题主要有：

1. 混淆征地概念。我国征地制度的本质是使农用地转为非农公益性建设用地，要得到政府批准。从这一本质出发，不是用于公益目的的土地"农转非"不应通过征地途径。但是，一些地方政府为了促进本地经济发展，新上各种项目（其中很多不是公益性目的）都通过征地环节取得土地，这就改变了国家征地的性质，使农地大量减少。如果不澄清征地的概念，不严格使用征地的概念，就会产生更多的问题。例如征地补偿费用与市场价格的区别、不同征地目的的征地补偿费用的差别等，在没有区分征地与集体土地市场流转的前提下，是无法解释清楚的。对于是否应当区别对待公益性与非公益性用地目的，目前国家法律没有依据，改革实践也没有找到好的解决办法。事实上在征地类型上，客观存在着公益性和非公益性两类不同的征用目的，征用后土地增值相差少则几倍，多则几十倍。这个差价到底归谁，法律没有规定，目前实际情况是全部归政府，这很难说不是对农民土地财产权的侵犯。如果对所有项目一律采取征用取得土地，显然与土地管理法律不符。所以澄清不同用地目的征地界限，是完善我国土地征用制度的一个大问题。

2. 乱用征地手段。我国土地征用自改革以来，其权力的行使存在着"软约束"，地方政府可以做出征地的决策。这使得地方（城市）政府，在城市化和经济发展的竞赛中，盲目匹敌现象严重。虽然单一国家投资的建设项目越来越少，但是地方政府项目（很多是"合资"、"合作"等）越来越多，这些建设项目在实际操作中，动用政府征地权，将经济建设也归为公共项目，广义化了公共利益的涵义，导致了土地征用权的滥用。这种沿用国家建设征用土地的做法，形成了大量非国家建设项目享用国家征地待遇，造成大量土地闲置浪费，不利于控制建设用地规模和保护耕地和损害农民利益的现象。对此，国际上通行的做法是，土地征用权是属于政府的特权，征地应严格限定在公共利益范畴，不允许滥用征地权。然而我国乱用征地手段的做法很普遍。

3. 征地补偿不合理。征用农地要给予补偿，即使是为了公益，如果政府无偿征用土地，实际上是少数特定的个人或群体负担了全民利益，这是不公平的；而若支付补偿就是由公众和被征用者一起来承担这一负担，这样才既承认和保护了个人权利，同时又体现了个人的社会义务，体现了公平合理。因此征用土地应给予补偿。然而补偿多少，如何补偿却是颇费周折的问题。在西方，对土地征用进行补偿的标准通常是依据土地的市场价格，这无论在理论上抑或实践中都是较为合理的。

而我国法律规定，补偿原则是"适当补偿"。根据1999年修改的《中华人民共和国土地管理法》第四十七条规定征用土地的，按照被征用土地的原用途给予补偿。征用耕地的补偿费包括土地补偿费、安置补助费以及地上附着物和青苗补偿费，数量为该耕地被征用前三年平均年产值的6—10倍；征用耕地的安置补助费，按照需要安置的农业人口数计算。但是，每公顷被征用耕地的安置补助费，最高不得超过被征用前三年平均年产值的18倍。相应的，对省级的征地补偿责任作了具体规定。这些规定不是依据土地市场交易价格（在我国即为土地使用权交易价）来确定，严重脱离市场，从而造成现实中在执行补偿标准时往往就低不就高，损害了农民群众利益。有些地方虽然执行了30倍的最高补偿标准，仍然不能保证被征地农民的原有生活水平，而且用地单位实际支付的征地费用落实到农民手中所占比例很小。据调查测算，在用地单位支付的土地成本中，政府得60%—70%，村一级集体经济组织得25%—30%，农民个人只能得到5%—10%。有些地方财政吃紧，就干脆压低补偿安置标准，甚至拖欠被征地农民的补偿安置费，严重损害了农民的合法利益。这种征地补偿方式，往往驱使官吏凭借手中权力以低价征用土地，再以略低于市场的价格出让给商人，获取暴利。

4. 土地征用没有健全的法律法规作保障。一系列完善可行的土地征用法律法规作为保障，是我国香港、台湾地区及国外土地征用社会效益高的主要原因。我国自新中国成立以来虽然先后制定了土地征用法规，但是都不是具体而完整的《土地征用法》，没有专门法律来规范土地征用各权利主体的权利和义务。我国现在土地征用的法律法规仅以《土地管理法》内所规定的为主，其他散见于各部门法或各行政法规之中，且对征地的目的、程序、补偿以及征地纠纷的解决等问题缺乏具体的规范，导致征地的随意性很大，补偿安置存在极大的后遗症，征地中引发的责任无人承担，农村集体和农民利益没有得到完全补偿和法律保护。

5. 征地安置不到位。我国土地征用中，"农转非和用地单位招工"安置模式曾经发挥重要作用。但在市场经济的今天，这种安置模式的弊端已经充分暴露出来。根据土地管理法，我国土地征用补偿项目设置主要包括土地补偿费、劳动力安置补助费、地上附着物和青苗补偿费。其中，土地补偿费是对土地所有人的投资以及土地所有权转移的一种补偿和购买；地上附着物和青苗补偿费是对土地投资的一种补偿；而劳动力安置补助费是对农民由于征地失去土地保障后的社会安置问题进行的补偿，其实质是变相的农民社会保障基金。随着现代企业制度的建立，企业有了较大用工自由，土地征用安置的劳动力容易面临下岗失业威胁。另外，劳动力安置成功与否，主要取决于企业经济效益，如果企业在竞争中被淘汰，劳动力的生活将面临困难。据调查，征地过程中，80%以上的阻拦施工、拒绝让地以及上访都与劳动力安置有关。在现实操作中，通过发放自谋职业费来代替劳动力安置也面临着安置费低、劳动力市场发育迟缓等问题。

6. 征地后对单位用地情况缺乏强有力的监督措施。欧美大部分国家的土地征用程序并不是在将土地交给使用者后就结束了，而是交付使用后政府还要对土地使用情况进行监督，以促使使用者按规定用途使用土地，对没有按照事先用途使用土地的，原土地所有者有优先购买权。而在我国，被征用土地在政府通过划拨、有偿出让等方式把土地交给用地单位后，征地程序即告结束，政府没有对用地单位使用土地情况进行有效监督，也没有对违反土地使用计划的单位采取相应惩罚措施。因而，土地征而不用、多征少用现象在我国许多地方普遍存在，有些单位甚至通过转让多余土地并且改变土地经营方式来获取土地增值收益。

（三）完善我国土地征用制度的对策

1. 明确征用概念，严格限定公益性用地范围。正确理解土地征用的概念，关键是"公共目的"的确定。我国《宪法》和《土地管理法》均明确规定："国家为了公共利益的需要"，可以征用农村集体所有的土地。依据国外经验和我国实际，"公共利益"应严格限定在以下几类：（1）军事用地；（2）国家政府机关及公益性事业研究单位用地；（3）能源、交通用地，如煤矿、道路、机场等；（4）公共设施用地，如水、电、气等管道、站场用地；（5）国家重点工程用地，如三峡工程、储备粮库等；（6）公益及福利事业用地，如学校、医院、敬老院等；（7）水利、环境保护用地，如水库、防护林等；（8）其他公认或法院裁定的公共利益用地。在合理界定"公共利益用地"的前提下，要确保土地征用权只能为公共利益需要而行使。与此同时，非公益性用地不能依靠征用农地，而应当主要依靠调整城市土地存量市场以及开放农村集体非农建设用地市场来解决。

2. 建立市场流转机制。尽快制定非农业建设用地流转的法律、法规。现行法律法规对集体非农业建设用地的流转未作明确规定，而客观上流转已成普遍现象，并有不断加剧的趋势。如果严格禁止对非公益性项目实施征地，那么对于集体土地的取得唯有通过土地市场购买，因此，必须加快建立集体非农业建设用地的市场流转机制并加以严格规范，从而保证征地改革顺利实施。建立市场流转的前提就是加强集体土地产权制度建设。相对城镇国有土地的产权制度，集体土地产权制度的建设是目前普遍存在的薄弱环节。集体土地产权主体是否明确，权利如何设置，是科学合理地确定征地补偿费用标准的关键。目前不少地区，集体土地所有权模糊，乡（镇）、村民委员会、村民小组三级主体不明，在征地实施中，乡（镇）往往替代集体其他经济组织，"越位"行使所有人权利，并且在补偿实施中暗箱操作，严重侵害农民的土地所有权利益。

3. 以市场价格作为确定土地征用费的基本依据。现行土地管理法尽管提高了根据土地产值补偿的倍数，但还远未消除低成本征地的不合理状况。现行的征地补偿标准主要依据是被征用耕地前三年平均年产值，但是耕地的常年产值不能反映土地位置、地区经济发展水平、人均耕地面积等影响土地价格的经济因素，也不能反映同一宗土地在不同投资水平下出现产量差别的真实价值。在市场经济条件下，以耕地常年产值作为基本标准不利于保护农村集体经济组织和村民利益。目前世界大多经济发达国家或地区将土地市场价格作为征地补偿依据。为了建立完善的土地市场，我国征地补偿应当考虑以土地的市场价格为依据。

4. 实行多样化安置，建立农村社会保障体系。社会主义市场经济发展的要求，应蚕蛹农地征用的"多样化安置"模式，建立农村社会保障体系。2004年11月3日，国土资源部发布的《关于完善征地补偿安置制度的指导意见》中明确提出四种被征地农民安置途径：（1）农业生产安置。征收城市规划区外的农民集体土地，应当通过利用农村集体机动地、承包农户自愿交回的承包地、承包地流转和土地开发整理新增加的耕地等，首先使被征地农民有必要的耕作土地，继续从事农业生产。（2）重新择业安置。应当积极创造条件，向被征地农民提供免费的劳动技能培训，安排相应工作。在同等条件下，用地单位应优先吸收被征地农民就业。征收城市规划区内的农民集体土地，应当将因征地而导致无地的农民，纳入城镇就业体系，并建立社会保障制度。（3）入股分红安置。对有长期稳定收益的项目用地，在农户自愿前提下，被征地农村集体经济组织与用地单位协商，可以以征地补偿安置费入股，或"经批准的建设用地土地使用权"作价入股。农村集体经济组织和农户通过合同约定以优先股的方式获取收益。（4）异地移民安置。本地区确实无法为因征地而导致无地的农民提供基本生产生活条件的，在充分征求被征地农村集体经济组织和农户意见的前提下，可由政府统一组织，实行异地移民安置。

5. 设置土地发展权，系统化征地相关制度。土地用途管制制度（以农用地转为非农用地为主）、土地收购储备制度、规划制度、土地使用权出让制度等与征地制度密切相关，共同组成城市土地供给制度体系。而这些制度之间并不是统一的，各个制度之间不论在制定，还是在执行中都存在脱节甚至相互矛盾的地方。借鉴国外的经验，设立土地发展权，有利于诸多制度得到有效整合，减少从征地到出让过程中政府、农民集体、开发商三方博弈的制度成本，确保土地管理体系顺利一体化运行。

二、我国城市土地开发利用的历史演变及其面临的挑战

(一) 我国城市土地开发和城市建设的历史演变

新中国成立以来,我国经历了几次大规模的城市土地开发和城市建设运动。

1. 1949—1978 年:20 世纪 50 年代大规模的城市改造热潮。新中国成立之初到改革开放之前的 30 年间,伴随着由消费城市向生产城市理念的转变及以生产为中心的基本指导原则的确立,城市人口不断增加,城市建设也发生了根本性的变化,兴起了 20 世纪 50 年代大规模的城市改造热潮,特别是 20 世纪 50 年代上半期,大城市成为当时工业劳动力的主要聚集地,城市受到相当一致的好评,控制大城市和分散布局逐渐演化成中国城市建设的基本政策。此时,建成区面积也不断扩大,在城市扩展最快的 1955 到 1965 年间,165 个重点工业项目开展的同时,55 座新城市设置起来,诸多重要的工业城市和节点城市的建成区面积扩张力度大增。而这一时期的城市土地的空间扩张主要沿交通线呈带状发展,土地利用的密度相对较低,这为后来城市土地利用提供了经验借鉴。20 世纪 60 年代中期以后,反城市化观点占据主导地位,大规模的三线建设和上山下乡运动体现了中国逆城市化的现象,城市建设投资锐减,城市化水平不断下降,城市数量增长的速度也不断放缓,城市空间扩张力度相对于 20 世纪 50 年代没有明显的进展,城市土地利用基本上维持在已有的状态,呈现工业区、居住区及文化区的圈层式城市土地利用模式。

这一时期,由于以生产建设为中心和重工业化政策的实施和开展,工业用地占据主导优势地位,并总优先于其他用地,城市土地的国有制及对国有土地对私人土地的扩张为工业化生产提供建设用地。如苏州、无锡、常州三市在 20 世纪 50 至 80 年代工业扩展用地占城市建设扩展总用地的比例达到 52.1%;天津市的城市土地征用中,工业仓储和交通用地占到 83%。① 这都表明了当时工业用地的重要性,并呈现市中心的旧工业区、城乡结合部的混合工业区和城市外围的卫星城工业化并存的场景。本时期,虽然城市以工业用地为主,但是土地利用效率依旧不高,土地闲置浪费明显,这成为以后各时期城市土地利用状况合理化的前车之鉴。

2. 1978—1992 年:20 世纪 80 年代大规模的城镇建设高潮。改革开放以来,我国扭转了以生产建设为中心的指导思想,以经济建设为中心的政策重心走上轨道,我国经济领域的重大改革带来了城市经济社会的空前发展,土地利用状况在维

---

① 朱振国,姚士谋,吴楚才. 土地制约条件下的建设用地优化 [J]. 城市问题,1998 (05):42—45.

持已有的基本状态下，不断趋于优化。进入20世纪80年代以来，我国的城市化水平首次超过20%，到1993年已达27.99%，城市和建制镇相继经过大规模的数量增加和逐渐稳定，城市数量也由1978年的193个增加到1993年的570个，建制镇数量由1982年的2664个增加到1990年的9322个。随着市场经济的深化和对外开放程度的加强，城乡二元户籍制度相对前一时期，稍微有些松动，这为大量的农村人口迁移到城市提供了突破口，导致城市建成区面积不断扩张，从1981年的0.672万平方公里上升到1990年的1.1608万平方公里，十年间增长了一倍。这一时期城市土地空间开始相对分散发展，空间扩张主要是继续沿原有建成区边缘向外继续扩张，或沿规划中的居住或工业走廊向外扩张，同心圆混合用地带状结构仍然是这一时期我国城市土地利用结构的典型模式。虽然城市土地有偿使用已逐步开始实行，但还没有成为城市内部土地空间结构性变化的重要影响因素。

这一时期，由于改革开放所带来的优惠政策和良好的制度环境，我国的工业化水平得到大幅度的提升，工业经济总量也不断增加，用地规模也呈现扩大的趋势。整个20世纪80年代，工业用地及仓储用地占到整个城市用地的26%到27%左右，工业布局也趋于优化，工业用地由城市内部向城市边缘区迁移，特别是高新技术开发区的建设成为这一时期工业建设用地的主要来源。同时，这一阶段以新城市建设为主，居住用地占城市建设用地面积由20世纪80年代初的38%上升到1990年的42%，其用地的扩展以城市外围新建大型成片居住区为主，形成城市中心居住区和城市边缘居住区结合的城乡演化居住地带。

3. 1992年至今：以开发区和大城市建设为主的城市化和民间资本介入城市建设阶段。这一时期，我国改革开放的步伐加快，市场化程度逐步加深，以开发区和大城市建设为主的城市化快速发展，经济社会进入全面转型时期，土地有偿使用制度和各种转让、出让的操作性条例相继出台，然而，土地财政成为各地政府弥补地方财政、增强经济权限的重要手段。20世纪90年代中期以来，我国城市土地利用状况在数量和空间上均发生了重大的变化。1995年我国城市化率为29.04%，城市数量为640个，建成区面积为19264平方公里，到2011年城市化水平上升到51.27%，城市数量达657个，建成区面积为43603平方公里，城市土地的年均增长率为7.9%，远远高于人口城市化的增长率。对于土地成交价而言，21世纪以来增长迅速，从2001年的0.13万亿元上涨到2009年的1.59万亿元，平均每年增长34%。本阶段内，城市土地利用结构表现为城市土地的外部扩张与内部结构重组并存的发展局面。在城市边缘区，开发区建设相对于上一时期而言开发建设力度增强，用地变化较为明显，部分大城市由单一中心结构逐步向多中心结构转变。在城市内部，随着旧城改造的加速，付租能力较强的商业用地等向市中区迁移，而工业用地则迁往城市边缘区域，用地结构更加清晰化。

这一时期，由于受到历史的原因及工业化本身对城市化的推动力，工业用地在城市建设用地中依旧保持较高的份额。伴随着城市化进程的加速，居住用地的面积不断增加，整个90年代中期，维持在39%到40%的水平，整个增长率和城市建成区面积的增长率基本保持持平，而且居住用地不再是单核心的发展趋势，而是受到旧城改造和城市多核心发展及城市外围交通道路发展的影响，空间扩展带有圈层式和跳跃式的双重特性。

（二）我国城市土地利用面临的新问题

城市化过程中由于对城市化内涵的理解错位，出现城市规模的无序扩张和城市土地资源粗放利用的发展场景，城市土地利用效率低，集约性不强，各种土地利用矛盾冲突愈演愈烈成为特征性事实。这也是我国城市土地利用所面临的新问题，具体来讲：

1. 城市建设用地结构性供需矛盾激化。改革开放以来，中国的城市化水平进入快速发展时期，截止到2012年中国城市数量已达657个。1978年到2013年间，城市化水平由17.92%上升到53.73%，年均增长5.7个百分点，城市建成区面积由9386平方公里增加到47855平方公里，年均增长11.71个百分点。据1987到2003年的部分数据资料显示，我国城市化每增加一个百分点，城市建成区面积就增加162平方公里，耕地相应减少44.8万公顷。1998年到2007年间，全国耕地由12955.87万平方公里减少到12173.52万平方公里，减少了约6.04%，四大区域之中，东、中、西、东北部的耕地减少率分别为6.44%、4.71%、9.76%和0.28%，此期间内，城市化水平增长率为5.08%，远低于东部地区和西部地区的耕地面积减少率，这就验证了我国城市化水平的提升往往是靠侵蚀城市周边的耕地面积而获得，在扩张过程中，存在着大量的土地浪费，导致城市建设用地结构性供需矛盾激化，这个势头至今仍未得到有效的抑制。

2. 土地利用结构不合理，效率偏低。中国城市化进程中展现的往往是城市圈层式的向外扩张过程，旧城区普遍存在覆盖率，土地的容积率低，工业用地、居住用地和商业用地的利用结构缺乏合理性，土地的投入产出比与发达国家相比存在着较大的差距。这在我国土地利用效率较高的上海市表现尤为突出，2011年上海市每平方公里的GDP为30029万美元，而1995年的东京则已达到98524万美元，某种程度展示出，与国际发达城市相比，我国城市土地利用效率低下性的事实依旧；1981年到2011年的30年间，城市用地增长弹性系数为2.27，远高于一般意义上

1.12 的合理水平,① 特别是在城市建成区面积的扩张中表现明显,此段时限内,建成区面积年均增加 18.3%,而同期的城市化率由 20.16% 上升到 51.27%,年均增长率只有 5.1%,两者之间存在着较大的差距。与此同时,部分城市还形成了"城中村",土地利用功能普遍混乱,结构不尽合理,严重影响了土地利用效率和集约性程度,成为目前我国城市土地利用的主要问题。

3. 部分城市土地闲置,隐性浪费严重。目前,部分城市土地存在着闲置,开发区的建设过程,土地没有得到合理的利用,部分企业在力争获批政府土地的前提下,并不是把土地立刻投入到使用过程中,而是拥有了使用权之后来赚取利差,这就导致城市土地的闲置,这样的事例屡见不鲜,属于典型的显性土地浪费。然而,在城市化进程中,存在着更为严重的隐性浪费,以城市空置商品房为代表,大部分城市的空置率都呈现递增的趋势,2011 年全国商品房空置率已达 26%,国内有一亿多平方米的商品房空置总量,部分城市,如三亚市的商品房空置率高达 85%,中山区商品房空置面积同比增长 18.76%,上海市 2008 年比 2007 年同比增长 48.4%,高出全国 26.6 个百分点,商品房的空置实质上是城市土地的隐性闲置和浪费,同时,部分城市也出现了烂尾楼,进一步加大了城市土地隐性浪费的规模。

4. 城市土地灰市泛滥,炒地热现象发生。在我国城市土地公有制的背景下,城市国营、集体的工厂、商店和党政机关的用地基本都是通过行政无偿划拨使用,伴随着向房地产市场的暴利追踪,在以 GDP 为政绩考核的时效体制及国家对房地产交易规则未出台的情况下,城市土地灰市泛滥,房地产商通过寻租的形式和政府进行交易,大炒房地产,房价过高,导致地价也居高不下,炒房热演化成炒地热,获取非法暴利,致使城市土地并不能实现市场调控下的利用程度。同时,政府土地的招标和出让过程中也成了表面透明,背后黑暗的权地交易等腐败现象的代名词,人情地、关系地等屡禁不绝,这些炒作行为与城市土地的管理体制有着紧密的联系,仅仅的土地公有或国有,并不能保证土地的合理使用和有效配置,不仅增加了房地产的成本,也造成了土地利用的低效率性。因此,城市化运行中如何合理适度的规避城市土地灰市泛滥及炒地热现象的发生,成为未来城市化发展中需要及时跟踪的重要内容。

5. 征地补偿不合理,政府和农民矛盾深化。受制于"城市化就是城市地区发展和空间扩张"错误理念的影响,城市化进程中,部分城市会盲目地向周边区域拓展,即征地,然而,在这种征地过程中,政府部门并没有按照国家规定的相关条文对所占用的土地给予补偿,特别是部分财政吃紧的城市,干脆把征地当作公益性

---

① 何伟,叶晓峰. 我国城市土地利用状况近观透视 [J]. 现代城市研究,2000 (06): 47—50.

活动不予补偿,或者是即使补偿也会按照低于国家规定的标准适当补偿,严重损害了农民的合法权益。审计署的调查显示,2010 年底政府性债务大概有 40% 左右是要靠土地收益来偿还的。2010 年到 2012 年,国有土地使用权出让收入分别为 29398 亿元、33477 亿元、28886 亿元,占同年政府财政收入的比重分别为 35%、32%、25%,占同期 GDP 的比重分别为 7%、7%、6%。① 给农民的补偿标准一般仅占政府土地出让价款的 10% 左右,2011 年由征地拆迁所引发的群体性事件占到当年群体性事件的 50%,② 同时带来了城市化数量的扩张和被动城市化的危机,也造成政府和农民矛盾的深化。

(三) 我国城市土地开发利用的新挑战

在我国实际的城市土地开发利用中存在着严峻的挑战,主要包括以下内容:

1. 城市规划的挑战。城市规划是实现城市土地合理开发利用的重要手段,其面临的挑战直接关系到城市土地利用开发的效率。就目前而言,尚面临着许多新的挑战。如具体规划缺乏科学性,主要体现在规划工作过于碎片化,对城市现状及未来发展没有一个客观的认识;决策者在规划中发挥着决定性作用,但其专业知识和综合素质往往存在很大缺陷,以至于评判标准太过随意和主观化新的城市规划更为复杂,涉及诸多方面,需要有相关理论加以指导,但目前还未建立起一套较为适宜的系统化理论;规划手段更加先进,需要熟练掌握经计算绘图、仿真模型等现代化手段的操作;规划流程太过繁琐,且没有抓住重点,也没有针对性,应变不够灵活,以至于整体规划效率偏低;新时期对规划者提出了更高的要求,但实际中缺少高素质的规划队伍,很多决策者难以接受新思想,思考方式老化,需要及时转变观念;制定的目标与实际稍有偏离,而实现过程中对各方面又不能很好地控制,致使最终的规划效果出现异化,与目标不符;最后,城市规划是一项政府行为,需要有专门的法律法规约束保护规划管理法规不够完善,难以具体落实。

2. 人口密度提高要求的集约利用挑战。可持续发展是我国需要坚持的一个发展原则,通过可持续发展不但能够满足当代人们的需求,还能对后代人的需求进行满足。城市用地和未利用土地属于宝贵的资源,人们应该合理的对其进行使用,不能过分地进行开发和浪费。在对土地进行开发和利用的过程中应该根据实际情况,遵循集约利用的基本原则,提高城市土地的利用效率。然而,在具体的开发利用过

---

① 中国金融四十人论坛课题组. 土地制度改革与新型城镇化 [J]. 金融研究, 2013 (05):114—125.
② 林默, 李聪. 新型城镇化重划土地利益格局, 地价成关注焦点 [J]. 中国企业家, 2013 (02):80—86.

程中，伴随着城市化水平的提高，大量的农村人口涌向城市，大幅度提高了城市的人口密度，这就对城市土地的集约利用程度提出了更高的要求，不再是对土地的闲置浪费或过度使用，而是集约利用和可持续使用，以此更好地满足转移人口的生存空间需要与生活空间需要。因此，人口密度提高要求的城市土地集约利用也构成城市土地开发利用中的重要挑战。

3. 城市化区域形成要求基础设施城乡一体化的分配挑战。城市连绵体的一体化作用依赖于连接各城市的网络系统（包括硬件和软件）的健全和完善程度。城市化区域的基础设施形成整体力量，会使规模经济、集聚经济在更大范围内发挥作用。故加快城市间在交通网络、信息网络、商流系统和金融系统等方面的一体化建设，是提高区域综合实力的重要物质条件。为此，积极发展城市化区域的统一空间规划和公共基础设施一体化，是国家区域规划和城市政府间合作的重要任务。在城市化区域形成之后，势必要求基础设施城乡一体化的分配，然而这种分配的比例如何，怎样才能更有效地实现分配的效果，进而保质保量的推动城乡一体化进程的实现，成为我们面临的重要问题。因此，从这方面来说，城市化区域形成要求基础设施城乡一体化的分配也构成城市土地开发利用中面临的关键性挑战。

4. 旧城改造和城市边际土地外移的农田保护挑战。城市土地由农村土地发展而来，但增加城市土地供给，不只有把农村土地转化为城市土地这个唯一途径。在我国土地资源稀缺特征显著的情况下，我们无法忽视城市面积的绝对扩张与保护土地资源根本原则之间的客观矛盾。水资源短缺、土地沙漠化等环境因素的恶化对经济增长与社会发展造成的负面影响已清晰地显示出来，警告我们不能以损害人类未来发展权为代价来片面追求现期的经济增长，而应当以审慎态度来确定城市化的步伐，合理控制城市用地规模及其扩张速度。就目前发展现实来看，诸多城市面临着旧城改造和城市边际土地外移的现象，城市圈蔓延侵占了周边大量的农用地，致使农田受到危机。所以，正确处理好旧城改造和城市边际土地外移与农田保护之间的矛盾，成为城市土地开发利用的重要挑战。

三、城市土地收购储备制度

随着中国城市化步伐的加快，城市规模在迅速扩大。在城市化进程中，一方面大量农村集体土地要变为城市国有土地，另一方面大量城市土地需要重新组织以使其得到最有效利用，这些都需要建立我国城市土地储备制度。

（一）国外的城市土地收购储备制度

城市土地储备制度，是指由城市政府委托的机构，通过征用、收购、置换、到期叫收、土地整理等方式，从分散的土地使用者手中将土地集中起来，并由政府或政府委托的机构组织进行土地整治与开发，在完成了房屋拆迁、土地平整等一系列前期开发工作后，再根据城市规划和城市土地年度使用计划，有步骤地将储备土地投入市场的制度安排。国外的土地储备制度最早于1896年在荷兰开始实行，当时因为城市人口迅速膨胀引起住房紧张，政府通过大规模的土地收购储备，为城市人口提供价格低廉、经济实用的住房。后来，土地收购储备的服务范围不断扩大。包括：为公共公益设施建设取得土地，促进各种废弃地的开发利用，推动老工业基地改造以及资源型城市由于资源枯竭的改造等等。土地收购储备制度在提高土地利用规划实施效率、促进社会公平、抑制土地投机、改善土地供给、调控房地产市场等方面起到了积极的作用。后来瑞典、法国、德国、英国、美国、澳大利亚、韩国等国家都不同程度地开展了规模较大的土地收购储备运动，以服务于大规模的城市土地开发和城市建设，其中比较著名的土地收购储备和开发建设项目如荷兰的围海造田、德国的鲁尔工业区改造、美国麻省的军事废弃地改造等等。

当今世界上大多数国家和地区，为了公共利益或城市再开发都建立了具有强制性的土地征购制度，即国家或政府为了公共目的而强制取得私有土地并给予补偿的行为，是政府的强制收购或购买。归结起来，国外城市土地收购储备制度建立的原因主要在于两个方面。

一是在城市建设发展过程中，有许多土地需要用来发展社会公用或公益事业，如道路、公园、基础设施等。还有一些土地需由政府掌握，用来进行住宅建设，房地产市场调控，以改善低收入者的居住条件和进行城市再开发等。但是，由于这类用地的经济效益很难评价，投资难以直接回收，所以多由政府进行投资开发。同时，由于许多国家实行土地私有制或土地被私人或社会组织团体占用，这些需用于公共目的的土地又很难通过市场行为转为政府或公用事业的发展用地，所以即使是实行土地私有制的国家和地区也都建立了土地转为社会公用的收购储备制度。

二是由于土地市场的不完全性，政府为了宏观调控土地市场的需要，可以通过掌握一定数量的储备土地，根据市场需要，有计划地供应土地，保持土地市场的健康发展。

可见，公共利益是构成国家行使土地征用权进行土地储备的唯一合法理由，但是由于公共利益的抽象性、非特定性以及动态性，使得在具体判断时难免带有主观色彩，并且可能存在不同的判断标准。为了防止解释不当导致征用权滥用或不当限制征用权的行使，国外（地区）对公共利益用地范围都做了具体的规定，其立法体例有两种：（1）概括式规定，如德国的《民法典》、日本《土地征用法》中的有关土地征用范围的规定；（2）列举加概括的方式，如韩国的《土地征用法》等。

采用列举式可以明确土地征用权行使的部分具体范围，可最大限度地减少征用权行使的自由裁量权，维护公共利益的权威性，强化征用权行使的操作；附以概括式的方式是为了适应社会发展，落实国家经济政策的实施需要，给予一定的法律空间，在符合公共利益需要的时候由法律授权相关部门确定用地符合公共利益性质而允许行使征用权，是对列举式的补救。

土地征用权在不同国家和地区的法律中有不同的名称：美国称为"最高土地权"的行使，英国称为"强制收买"或"强制取得"，法国、德国称为"征收"，日本称为"土地使用"或"土地收买"。台湾称为"土地征收"，香港称为"官地收回"，但土地收购储备制度本质上可归结为是土地征购权的行使问题。土地征购权，其原意是对土地的"最高权力或统治权"，即"最高统治者在不需要所有者同意的情况下，将财产用于公共目的的权力"。尽管土地征购权定义的理论和称谓不同，国家和地区表述不同，但在各国（地区）的法律几乎都认同下面的三个基本构成要件：土地征购属于政府的特有权力，这个权力一直只用于公共目的；行使这个权力时必须给予合理的补偿（补偿的主体是土地价格）；实施这一制度的机构，不同国家或地区有所不同，大致可分为政府、政府授权的土地开发社和土地银行等。

（二）城市土地收购储备运作的基本模式

城市土地收购储备的运行过程主要由三个环节组成：土地收购、土地储备和储备土地出让。收购者收购土地可以采取四种形式：收、购、换和征。储备包括两部分内容：开发（再开发）和储备；储备时间的长短，则需要根据城市发展对土地的需求和政府财力的承受能力等确定；出让可以采取招投标的方式进行。运行过程如图 5-4 所示。

1. 土地的集中征购。是城市政府先于开发商把土地从分散的土地所有者手中集中起来，从而拥有大量市政待开发土地，这在许多国家都是惯常的做法。如瑞典斯德哥尔市政府曾一度拥有该市周边两倍于市区的土地面积。其中，大多数用地是几十年前仅以农地或相当于农地价格购得的。巨大的土地储备，使斯德哥尔市能以更有秩序、更有效率的方式快速发展，并实现了以合理价位为居民提供大量住宅的目标。到 1964 年，斯德哥尔市 70% 的土地，通过征购成为公有土地。土地征购方式通常是由市政府领导的一个专门机构负责，物色那些在未来有发展潜力的土地，调集资金并支付土地费用。至于土地费用的支付，则由市政府给予土地所有者合理的经济补偿，包括土地现价、建筑物价值和动迁费用等。一些城市政府对于希望征购的土地，一般是先通知土地所有者，并给出一个比较合理的价格。如果土地所有者不接受这个价格，那么由房地产法院来确定该土地的价值。由于许多国家的城市政府都拥有土地的征购权，所以当政府或其代表机构需要土地时，土地所有者或使用者除了将土地出售给政府，别无选择。在土地收购的补偿价格上，虽然不同国家或地区有各自相关的规定，但基本原则是一致的，即以征用之前的市场价格为依据确定，如果有些土地在征用之前，因为要转为公共开发用地而造成地价上涨，原则上补偿不包括这一部分，但一些合理价格上涨则可被列入补偿的考虑范围之内。

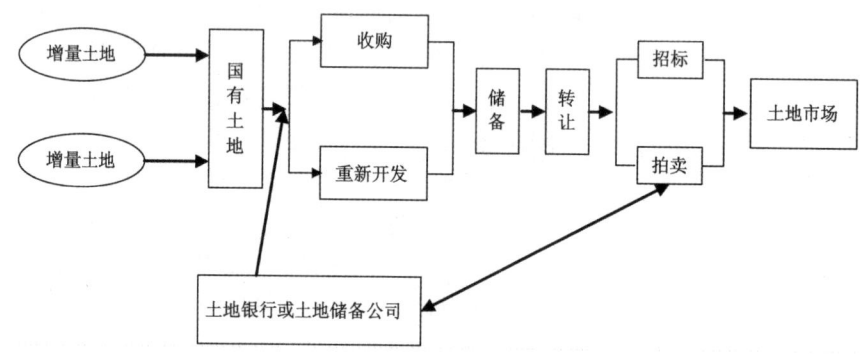

图5-4 土地收购储备机制运行示意图①

筹集购地资金是征购土地的关键所在。一般可供选择的是通过如下的融资渠道来支付土地的征购费用：（1）政府税收的一部分；（2）政府贷款；（3）银行贷款；（4）经国家银行发行的公债。此外，购入土地与土地再开发出让后的增值也可解决部分资金的来源问题。

2. 土地的储备。政府从土地所有者手中购得土地后，一般不会立即出让而是要储备一段时间。一方面，可以期待储备的土地升值，从中获取一部分收益；另一方面，转让出去的土地只是土地储备机构中已进行了前期开发的土地的一部分，大部分尚未详细规划好的土地需要储备起来以备未来之需，而且其中开发条件尚不成熟的农地也需要继续投入使用。通常政府购入的土地与出让的土地在量上保持一定的比率。对于那些已规划好准备投入市场的土地，政府一般是先搞好前期开发，如平整土地、修路、铺人行道，建设好供水、排污等公共市政设施，甚至包括公园和绿地，然后再将这些土地出租或出售。

3. 土地的出让。根据城市规划和城市建设用地的需要，政府将那些经过一段时间的储备并已完成前期开发的熟地，分期分批有步骤地推向市场。土地出让一般

---

① 转引自周伟林、严冀等编著. 城市经济学 [M]. 第1版，复旦大学出版社 2004.

采取出售和出租两种方式。出售一般采用招投标的方式。经过储备后进入市场的土地，其出让价格并不取决于政府在该土地上所投入的实际费用（政府投入的实际费用包括购地费用、贷款利息和前期"开发费用"等），而取决于该土地的使用性质。具体地说，工商业用地的出让价格总是高于政府的投入该土地的实际费用，而资助性住宅用地和公益性事业用地的租售价一般低于市场价格。由于土地的在购、规划和开发需要多种技能，土地征购储备计划的实施，一般由政府或政府授权的专门机构（如土地银行、土地公社或政府控股的土地发展公司等）来执行。如斯德哥尔市政厅的不动产委员会的主要职责即是负责物色合适的土地，确定征购土地的范围，与土地所有者协商定价；负责筹集和使用购地资金，监督管理待开发土地的平整、修路等前期开发过程；为较大的市政项目选择开发商，以及规划落实政府住宅的分布与数量等。

市场经济条件下不同国家（地区）的土地收购储备制度虽具有许多相同之处，但它们之间也有许多区别。诸如，土地征购权虽然都为政府所特有，但哪级政府可拥有并拥有多大的权力则不相同，有些国家还将权力授予某些公用事业团体或公司；在公共利益目的的规定方面，有些国家规定得很窄，有些则很宽；一些国家把政府的意图都看成为公共利益的目的，并可为此而征用土地；在征用补偿方面，有的根据当时的市场价格，有的根据政府特定的低价进行补偿；在被征用者的诉讼方面，有的允许诉讼，有的不允许诉讼，在允许诉讼的情况下，诉讼的环节和诉讼程序也不尽相同。

本章小结

1. 我国城市土地归国家所有，具有商品化、资本化性质，其价值可由地租、地价表现。我国城市土地出让不是所有权，而是使用权。但在较长时期中，土地使用权出让的收益近似于价格，故习惯上称土地使用权出让收益为"地价"。

2. 城市土地相对于农村土地，其经济特性主要有：稀缺性；报酬递减性；储蓄性；区位性；交通依赖性。城市地租和农业地租比较其特殊性为：形成依赖于社会条件；来源于平均利润形成之前的扣除；往往与建筑物租金难以分割。边际土地是不会产生级差地租的土地。

3. 我国城市土地市场有垄断与竞争相耦合性，很强的地域性，交易方式的多样性和市场构成的多层次性，收益分配的复杂性，价格的多样性和地产交易与房产交易相交叉的特点。是一个包括农地征购市场和土地使用权一级、二级市场在内的完整的市场体系。

4. 城市土地投标租金模型是描述城市经济主体依据到市中心的距离及其便利度与区位地租水平而进行选址决策的模型，包括企业选址、居民购房、机构办公选点等行为模型。

5. 城市土地利用的一般均衡是指，城市中各种经济主体根据城市不同区位的地租水平和到市中心的便利性，分别选择的生产或生活的适度地址或位置，都能获得理想效用和收益。

6. 城市土地空间形态指城市各类用地在空间上的组合关系，是城市土地利用空间布局的特定组合。不同类型用地者，如政府、家族和种族、企业、交通技术人员和决策精英等，其选址行为决定了城市内部空间布局形态。研究城市空间结构演化实践，出现了同心圆布局形态、扇形分区理论和多核心布局形态等多种规划理论。依据城市内部的多样结构关系，存在经济优化、视觉优化、社会优化和环境优化等城市空间结构的规划方法。

7. 我国目前土地征用制度中主要问题有：混淆征地概念、乱用征地手段、征地补偿不合理、法律法规不健全、征地安置不到位和缺乏对用地单位监督措施等。因此，要通过明确征用概念、严格限定公益性用地范围，建立土地产权市场和流转机制，参考市场价确定土地征用费，实行多样化安置和设置土地发展权等对策来完善我国土地征用制度。

8. 我国城市建设面临着城市化、旧城改造、城市经济运行和经济、社会、环境三位一体发展的新挑战，为此，要建立城市土地收购储备制度。

思考题与练习题

1. 什么是城市土地？它有哪些特性？我国城市土地的制度特色是什么？
2. 城市地租通常有哪两种基本形式？城市土地租金的特点是什么？为什么说级差地租是城市地租的主要形式？分析我国城市土地使用权出让价格的确定。
3. 城市土地市场的特征是什么？分析我国城市两级土地市场的内在联系与各自特点。
4. 市场经济条件下，城市土地位置与其价格有什么关系？为什么商业集中在市中心？
5. 什么是城市土地投标租金模型？当发生环境污染或交通堵塞时，不同收入的人群的投标租金函数会发生什么变化？
6. 请查阅资料，了解国际上的公认 CBD 有哪些共性？例如，服务业占比、跨国公司总部、金融业的发达程度等。

7. 什么是城市内部空间结构？它主要受哪些因素影响？分析同心圆理论、扇形理论和次中心理论，举例分析我国城市内部空间结构的演变趋势和面临的课题。

8. 完整的城市土地制度包括哪些内容？我国目前的征地制度主要矛盾是什么？怎样进行改革？举例说明我国城市土地制度的现状和存在的问题。

9. 城市土地利用中面临着哪些新问题和新挑战？未来城市发展中如何化解。

10. 国外出现城市土地储备制度的主要因素有哪些？分析城市土地收购储备的运行过程及中间环节容易出现的问题。对我国城市土地储备制度的建设提出建议。

第六章 城市基础设施经济

学习目标

通过本章的学习，首先要掌握城市基础设施的涵义和分类标准，熟悉城市基础设施的基本特性和管理特点。继而要明确决定城市基础设施的供求因素，了解城市基础设施的发展模式，初步掌握城市基础设施建设经济效益的测算方法。在此基础上，了解我国城市基础设施的历史沿革以及发展现状和突出问题，认识到我国城市基础设施建设所面临的挑战。同时根据国内外经验，了解城市基础设施的产业化趋势和其市场化运作模式，掌握城市基础设施政府管制（价格管制、进退管制、质量管制等）的原理和方法。

 ## 第一节 城市基础设施概述

一、城市基础设施的涵义及分类

"基础设施"一词的英语为 infrastructure，它由源于拉丁文的 infra（意为下部、底层）和 structure（意为结构、构筑物）组成。在经济学中，一般指那些为社会生产提供共享条件和服务的公共性行业。"城市基础设施"是限定了空间适用范围的"基础设施"。它既是城市生产、生活的物质基础，也是城市经济体系中的重要产业部门。我国关于城市基础设施的研究始于 20 世纪 80 年代。目前基本认同的概念为"城市基础设施是既为生产又为人民生活提供一般条件的公共设施，是城市赖以生存和发展的基础"。

在西方国家，一般把城市基础设施分为"社会性（福利性）基础设施和技术性基础设施"两类，前者包括居民住宅、医疗卫生、文化教育、幼儿保健等设施，后者包括市政工程、公用事业、环境卫生、园林绿化和电力、通信等。在中国，按照提供服务范围的宽窄，把城市基础设施分为广义基础设施和狭义基础设施。其中，狭义城市基础设施是指向城市提供给排水、能源、交通运输、邮电通讯、环境清洁保护等服务的设施和产业部门。它们构成了城市的主要物质支撑体系，是确保城市经济和社会活动得以正常进行的基本要素。而广义的城市基础设施除了上述内容以外，还包括文化、教育、科学、卫生等部门的设施。

从一般意义上来讲，城市基础设施包含设施、产品（服务）和产业三种形态。其中，设施指城市基础设施自身的物质形态，是城市地区中在地上或地下提供通道等载体和便利服务的实体结构，如道路、给排水管道、电话与电力线路等，有时也泛指物质及社会性的基础结构；产品是指借助于城市基础设施而开展的经济活动所生产和提供的产品或服务；产业是指把基础设施实体或产品（服务）作为经营对象的产业和行业。通讯产业、自来水经营企业，公共交通企业等类企业，一般称为公用事业。

在狭义的城市基础设施概念中，主要由城市地方政府负责组织实施和运营管理的部分又称为市政公用设施，可分为公用事业与市政建设两部分，前者包括市内公交、供水、供气、供暖等部门；后者则包括市政工程（公共照明、道路、排水、防灾、文体等设施）、园林绿化、清洁卫生、环境保护等部门。

按照承担功能和技术的不同，从系统论角度可将城市基础设施分为能源动力、供排水、交通运输、通信信息、生态环境和防灾保障六大系统。

1. 城市能源动力系统，主要包括：城市电力生产、供应子系统；城市燃气（天然气、人工煤气、液化石油气等）生产供应子系统；城市供热生产与供应子系统，城市燃煤等其他城市生活用能源子系统。

2. 城市供排水系统，主要包括：城市取水子系统，有地表水、地下水、城市专供水库和输水管线等；城市净水生产子系统，有城市自来水厂、清水库、输送净水的管网等；城市排水子系统，有雨水排放系统、污水处理与排放系统等。

3. 城市交通运输系统，主要包括：城市航空交通子系统，含城市航空港、市内直升机场以及军用机场等设施；城市水运交通子系统，有海上及内河港口、码头；城市轨道交通子系统，含城际铁路系统和市内轨道交通系统两部分，往往是大城市公共交通的主体系统；城市道路交通子系统，含长途汽车站、高速公路、公交站场、市内加油站、停车场、城区道路以及桥涵、隧道等，它们承担着城区陆上日常客货交通运输的主体功能。

4. 城市通信信息系统，主要包括：邮政子系统，如邮政局所、邮政通信枢纽、报刊销售等；电信子系统，含有线和无线通信两部分；广播子系统，含无线电和有线广播两部分；电视子系统，含无线电视和有线电视台等；网络信息子系统，包括服务器、光纤、云计算中心、智能电网、智慧管线等互联网智慧系统及其运用于整个通信信息系统的软件建设。

5. 城市生态环境系统，主要包括：城市园林子系统，通常由公园、动物园、植物园以及体育设施等构成；城市绿地子系统，有草坪、林带、行道树等；城市大气子系统，含废气整治、烟尘处理等设施；城市环卫子系统，如城市垃圾收集处理场站、公共厕所、公共场所保洁等设施。

6. 城市防灾系统，主要包括：城市消防子系统，如消防队、消防给水管网、消火栓等；防洪排涝子系统，即各类防洪设施；抗震、防震子系统，以及城市人防（战备）子系统等。

这六大系统及其分系统既各成一体、相对独立，又紧密配合、协调运转，共同构成城市经济、社会发展的物质支撑体系。发展滞后或配置不合理的城市基础设施将严重阻碍城市的发展，而适应发展需要，配置合理的城市基础设施不仅能满足城市各项活动的要求，而且还有利于带动城市建设和城市经济发展，保障城市健康持续发展。因此，建设完备健全的城市基础设施工程系统是城市建设最重要的任务。

按照经济特性，从经营管理的角度，还可以对城市基础设施分别按三种标准进行分类。

第一种，按城市基础设施的公共性程度进行分类，可分为纯公共产品、准公共产品和准私人产品。纯公共物品的非排他性和非竞争性极其明显，消费者消费该产品完全不能排斥其他消费者的同时消费，因为实现其排斥的成本极高；消费该产品的支付很低，没有价格竞争性。如生态环境、城市防灾以及城市绿化等；准公共物品介于公共物品和私人物品之间，基本特征是单独消费，具有外部利益，非排他性和非竞争性不完全，供应易于排除。当供给给定时，会出现拥挤而产生产品竞争性，如公交、污水处理、垃圾处理等；准私人物品是终端产品只为单个主体服务的产品，基本特征是单独消费，效用可以分割，存在消费的竞争性和排他性，没有外部利益，供应易于排除，如电力、自来水、电信等。

第二种，按照产品是否能够进入市场，是否可以盈利或获得投资回报，而分为非经营性、准经营性和经营性的城市基础设施。非经营性城市基础设施，指无收费机制、无资金流入的项目，如清洁空气、敞开式城市道路等。经营性的城市基础设施，指有收费机制、有资金流入的项目。以其能否全部收回成本和有无收益（利润），经营项目又可分为纯经营性项目和准经营性项目两类。纯经营性项目（营利性项目）可通过市场进行有效配置，允许获取利润，其投资形成是价值增值过程，如收费高速公路、收费桥梁、废弃物的高收益资源利用等。准经营性项目也有收费机制和资金流入,具有潜在利润,但因福利的政策目标等因素,不能收回全部成本,如煤气、地铁、轻轨、收费不足的公路等。经营性和非经营性分类是公共物品特性分类的延伸。

第三种,按城市基础设施行业的市场结构,根据市场集中度可将其分为自然垄断基础设施和竞争性城市基础设施。前者主要是指由于经济技术原因而只能有一家或很少几家企业提供产品和服务,呈现出垄断或者寡头垄断的特点,比如电力输送、供排水、集中供热等。而竞争性行业则是市场集中度相对较低,产品或服务可以由彼此竞争的不同企业提供,比如燃煤制作、出租汽车、公共汽车等。电力系统的某些环节,比如电厂传统上和输配线一起被认为是自然垄断行业,但现在一般认为,电厂和自来水厂都可以是竞争性行业。

二、城市基础设施的特性和作用

城市内涵中的"城"最初是指一定地域上用作防卫而围起来的墙垣,而它的现代意义就是城市基础设施。"城"与"市"(社会经济活动)是互为因果的。"市"的快速发展呼唤着城市基础设施的系统化、社会化和专门化,而"城"的快速发展成为城市社会经济发展的载体和支撑体系,这种特定意义的城市基础设施在现代化发展中表现出了一系列的城市特性和功能,即城市基础设施在同城市其他构成要素相互作用过程中输出了发展效能。

1. 城市发展的先行基础条件。现代城市作为承载生产和生活的人造空间环境,必须有完备的基础设施建设。不可想象,一个缺乏水源、电力、交通等基础设施、缺乏垃圾处理等公共服务的城市能够保证生产和生活的正常进行。因而,城市必须从平整土地、修筑道路、铺设上下水、煤气和热力网管、通电、通讯线路等"七通一平"建设开始,形成强大的城市基础设施官网。城市基础设施布局决定着城市上部建筑的基本方位;其空间地域规模,决定了城市规模和发展潜力;其数量质量及功能效率是制约城市经济运行的直接因素。这种无可替代的"硬件"是城市发展的先决性条件,生活水平越高,市民对基础设施的依赖性越强。因此,城市基础设施的先进和完善,是决定城市现代化水平的条件和标志,也是城市竞争力的表现和竞争手段。

2. 为生产集聚和生活集聚提供共享条件。现代化大生产,要求生产力和劳动力高度集中,要求有高度专业化协作的生产方式。众多社会经济单位集聚于城市这个空间内实现了高度专业化分工,又形成经济实体、社会实体和物质实体三者的有机结构,从而提高劳动生产率,产生整体性高效益的结果。这种社会化恰是建立在完善而良好的城市基础设施之上的,后者可以使城市各社会经济单位更好地分工协作加强联系，把城市地域内各社会经济要素紧密地聚合在一起，大大提高城市所有部门的经济效益、社会效益和生态环境效益，形成有机整体的城市聚集效益。与此同时，城市居民一方面作为生产者，需要适应城市非农产业的空间特征，也要集聚式地居住在高密度空间内，另一方面作为社会主体，要求一定的城市公交、绿地、园林、游憩等设施，直接为其上下班、休息、出游等服务。由此，城市住房、供水、供电、供热、供气、健身、教育、文化等公共服务设施的空间匹配和质量保证程度，会直接影响居民的生活水平。随着现代化水平的不断提高，城市居民对城市各项基础设施的要求标准将会越来越高。

3. **系统整体性和建设的超前性及阶段性**。城市基础设施是作为一个整体系统来提供其特殊服务的，它涉及两大产业（第二、第三产业）的几十个细分行业，是一个综合性极强的大系统。一方面，城市基础设施的服务能力由各子系统综合形成，缺一不可，因而其开发、建设、运营、管理要全盘考虑、统筹安排；另一方面，城市基础设施的功能发挥，不仅要与城市社会经济发展保持同步，也要其自身内部各子系统之间保持合理的协调比例关系。这是因为城市基础设施，均以网络状管线系统存在，其运转具有强烈的系统协调性和自然垄断性。这种特点对城市基础设施运营提出两方面要求，一是必须具备足够的产品和服务规模，以实现必要的行业规模经济效益；二是需要在一个统一的管理调度体系下运行，以实现系统的协调和高效运转。不难理解，具有规模经济要求的城市基础设施项目，在建设中一般都具有规模大、投资多、施工周期长、地点固定性等特点。某项城市基础设施工程一经建成，其能力和容量在一段时期内就相对固定了，不可能随时调整。故城市基础设施的建设，往往相对于经济发展要具有超前性和阶梯式跳跃增长的特点，呈现出台阶状而不是平滑的发展曲线。为此，城市基础设施要适应城市经济发展的需要，必须考虑其建设的超前性和阶段性。

4. **公共物品的地方性**。城市基础设施绝大多数具有公共物品（public goods）特征，具有相当巨大的外在效益。然而这种公共物品特性，在城市中不是全国性的，而是地方性的，即有地域限制。在城市地域范围内才具有消费的共同性和非排他性。如城市自来水，必须进入到城市房屋内才能使用；城市公交，本市居民可以有优惠乘车待遇等。这正是城市福利差别的一个现实基础。居民和经济主体可以通过对城市基础设施的比较，"用脚投票"，选择适宜于自己发展的城市地区。

第二节 城市基础设施供求和发展模式

一、城市基础设施的供求

(一) 城市基础设施的需求

城市基础设施的需求主要来自城市化率的不断提高,来自城市规模扩大和水平的提高,是城市物质生产发展和居民生活需要不断提高的结果。来自城市化发展引起的城市规模扩大所带来的对基础设施新增需求,在投资上表现为城市新增项目和原有设施的规模不断扩大;来自城市发展水平和城市居民生活水平提高引起的对基础设施服务质量的提升需求,表现为对既定城市基础设施规模的技术进步投资,即更新改造;而临时性、一次性的城市发展重大事件,如举办大型体育运动会、大型博览会,或遭遇重大灾害性事件等情况,会在较短时间内对城市基础设施产生集中性、专门性和高品质需求,这往往需要通过专项建设来满足。

在城市稳定发展前提下,对城市基础设施综合系统需求的决定因素主要有以下内容:

1. 城市人口规模。是决定城市基础设施需求水平的基础性因素。人口增加有三个方面影响:一是对城市基础设施直接服务的需求增加,如自来水、医疗服务设施等;二是对由城市基础设施直接、间接提供的服务的需求增加,如能源、通讯邮政服务等;三是由人口增多导致的城市空间扩张引起的对城市新区配套基础设施需求的增长。

2. 城市性质。城市性质决定着城市基础设施的需求水平和城市基础设施内部的组成比例。一个商业、旅游性质的城市,必然需求更多的直接为人服务的社会性基础设施,而一个工业城市则必须对能源供应、交通运输设施有更高的需求。

3. 城市功能水平。城市功能水平指城市非农产业的发展水平,可以用 GDP 来代表。城市 GDP 水平高,对城市基础设施的数量需求越大,功能需求越全,质量需求越高。例如对高效率的信息、通讯服务,高质量的生活环境和齐全的公用服务等。

4. 城市基础设施存量。城市基础设施的更新是建立在一定存量基础上的,现有城市基础设施存量的负荷能力决定了新增设施的数量和结构。城市基础设施发展的阶段式、台阶状和跳跃式发展，使其存量设施对新增需求的影响更为明显。

5. 科技进步水平。科技进步能引起城市经济结构、布局、功能、体系及城市间关系等发生变革，引起城市对基础设施服务需求的变化。同时，科技进步也使基础设施本身发生变化和飞跃。一个明显的例子是通讯技术的变革，使经济活动对信息交换和传输的需求骤增，从而对城市通讯设施的需求骤增。

6. 城市人均收入水平。对城市基础设施的需求影响不同于前几种因素主要影响生产性设施，它主要影响对城市社会性基础设施（环保、文化、教育等设施）的需求。随着人均收入水平的提高，一方面，人们需求的层次上升，需要更高雅舒适的生活，对文化、教育、园林绿化、公园等设施的需求会增长；另一方面，生命的经济价值增大，人们会更加注意自身健康，对医疗卫生、环境保护类设施的需求增大。

综合以上因素，城市基础设施的需求函数可以表述为：

$$D = f(P, U, GDP, S, T, I) \qquad 式（6-1）$$

其中，D 为城市基础设施水平，P 为人口规模，U 为城市性质，GDP 为城市功能水平，S 为基础设施存量，T 为科技水平，I 为人均收入。具体到构成城市基础设施综合系统内部的各组成部分，由于各类基础设施的性质不同，它们的供给和供求机制有很大差别，不可能用统一的模式来分析。例如，在交通运输子系统中，道路、桥梁由城市政府提供，公共交通由公交企业提供，小公共汽车和出租汽车则可由私人经营者提供。

（二）城市基础设施的供给

长期以来，我国城市基础设施的供给依赖政府，投资资金来自财政，运营管理由政府主管的公营部门（公用事业单位）承担。结果给财政造成较大压力，也导致资源配置和经营管理的低效，城市基础设施建设步伐缓慢。

从 20 世纪 70 年代末开始，随着供给冲击的出现，城市基础设施供给短缺，促使人们的理论认识深化。世界各国开始在城市基础设施领域进行改革，即城市基础设施供给逐步出现了政府和企业分别独自、合作进行城市基础设施产品供给的多元化体系。我国从 20 世纪 90 年代末开始，也逐步进行城市基础设施供给多元化的市场化改革，投资主体日益多元性。

1. 政府投资主体。仍是当前城市基础设施最主要的投资主体。中央政府从实现政治、经济、文化的管理职能，其投资更多考虑维护政治和社会秩序，促进经济增长，实现社会公平，体现国家长远发展利益，主要依据国民经济和社会发展计划由国家财力安排投资，追求较好的社会效益、宏观效益和长期效益。地方政府则更多考虑维护本地区经济和社会利益,促进本地区经济增长和社会发展,根据地方国民经济和社会发展计划依靠地方财力安排投资。政府投资主体可以承担大型非营利基础设施项目建设,但是往往效率偏下、需要加强管理。

2. 公有企业投资主体。投资动机兼顾国家目标和企业目标,追求项目的公益性和资金可回收性。为保障城市基础设施适应城市建设和发展的需要,世界各国都设立有一定数量的公有企业从事城市基础设施的建设和运营。它们以财政资金为资本,在特定领域和行业按照企业原则从事投资经营活动。我国公有(国有)企业,包括国有独资、国有控股或参股企业,虽然已经成为市场主体,但有些仍然缺乏有效的约束和激励机制,忽视投资效益和风险约束,有些地方,仍然受地方政府影响,投资不是从实际需要出发,而是表现为与"政绩"相联的投资冲动,因而难以获得好的投资效益。目前,我国城市基础设施建设领域,国有独资企业占有很大比例,处于主导地位,能够满足城市基础设施大型、关键工程的建设需要。

3. 混合所有制投资主体。指由国家授权的投资机构或部门与私营部门共同投资设立的企业。在我国,混合所有制企业的实力已经比较壮大,它兼有国有独资企业的资金优势和私人企业经营灵活优势的特点。在城市中一些重要的基础设施建设上,发挥着项目攻关和系统化建设的任务。这类公司需要与国家处理好城市基础设施建设的利益和责任关系。

4. 私营企业投资主体。指由私人独资或私人集资而投资设立的企业,一般很少主动进入非经营性城市基础设施领域。但是,随着我国私营企业数量和规模的壮大,经济地位日渐提高,积累起来的资本也已十分可观。它们对进入可经营性城市基础设施的愿望不断增强。于是,吸引私营企业进入城市基础设施建设,成为我国城市经济发展的新趋势。这里的关键问题是:要明确规定私营企业进行城市基础设施建设的成本和收益、责任和义务。

5. 个人投资主体。往往通过间接投资方式参与城市基础设施建设。例如市政府发行市政债券,城市基础设施公司上市、社会机构建立城市基础设施建设基金等,由市民购买债券、股票或基金等,成为城市基础设施建设的个人投资主体。个人资金在我国已经逐渐成为庞大的力量,但是如何使其进入城市基础设施建设领域,却是一直未能很好解决的问题。个人不可能直接投资城市基础设施,只能通过中介机构或投资于城市基础设施相关的金融产品,如何利用好这种资金进行阐述基础设施建设,是当前我国城市政府的一个发展任务。

6. 专业投资机构。指专门通过投资金融产品或进行产业投资获取收益的机构。专业投资机构将社会各部门的资金集合在一起,并依照一定投资策略由专业人员进行投资。由于城市基础设施建设具有收益的长期性和稳定性,故在国内外都是专业投资机构的重点投资方向。我国专业投资机构目前主要包括商业银行、各类型投资基金和专业投资公司。专业投资机构的资金较为雄厚，如果能够充分利用到城市基础设施的建设，将会对城市基础设施长期稳定发展提供很大保证。但是，专业投资机构追求的是资本利润最大化，其经营对象是资本而不是资产。因此，专业机构对城市基础设施的投资，所提供的只能是资本，而很少有经营。

二、城市基础设施的发展模式

城市基础设施的发展模式是现代城市共同探讨的问题。主要内容包括针对供求关系的规模形成时间点模式和建设运营模式。

（一）城市基础设施规模形成时间点模式

世界经济发展史上，城市基础设施从其规模形成的时间点来看，其建设发展模式主要有如下类型：

1. "超前型"发展模式。其典型特点是基础设施的发展超前于工业高速发展阶段到来之时。英国等西欧发达国家大体属于基础设施超前发展一类的国家。一般来说，超前型模式能够有力地促进经济发展。虽然在城市基础设施规模高于城市经济规模的前期阶段，基础设施由于利用效率低而投资效果差，但是由于优良的城市基础设施会引发城市直接生产部门的布局扩大而导致城市经济迅速发展，因而公共资本充足的城市政府，可以采用这一模式。发展中国家相对来说资金能力不足，要慎重采用这一模式。

2. "同步型"发展模式。其内涵是基础设施的发展大致上与直接生产部门的发展同步。美国是这种发展模式的典型代表。由于同步型发展模式使城市基础设施基本上不存在大量的设施闲置和能力多余问题，因而基础设施投资效果比超前型要好；特别是由于它在结构上也能及时保证城市各部门、各环节的协调运转，因而其综合经济效果较好。

3. "滞后型"发展模式。即城市基础设施的发展落后于直接生产部门的需要。这是前苏联、东欧及大多数发展中国家，包括中国以往的城市基础设施建设表现的类型。这种模式，由于城市基础设施滞后于城市经济发展的需要，故会在一定时期内阻碍经济的发展，不利于整体经济效率的提高。这种模式往往是由于资金缺乏，经济发展首先着眼于经济效益较高的直接生产部门，待到有了一定的资金积累，再发展基础设施。但是，实践证明，基础设施滞后会导致国民经济的严重比例失调，并终将变为阻碍经济发展的"隘路"。所以，在资金十分缺乏时采用这一模式，一旦资金允许就要立即转换。

表 6-1 对三种基础设施发展模式进行了比较。

表 6-1　　　　　基础设施规模形成时间点不同发展模式的比较

发展类型	国家代表	基本特点	对经济发展的影响	基础设施投资效果	国民经济效果	综合分析
超前型	英国等西欧发达国家	基础设施发展超过直接生产活动一个时期的需要	促进经济发展	较差	较好	一般
同步型	美国	基础设施与直接生产活动同步发展	与经济协调发展	较好	较好	较好
滞后型	前苏联、东欧、中国	基础设施发展落后于直接生产活动一个时期的需要	阻碍经济发展	较好	较差	一般

资料来源：刘景林："论基础结构"，中国社会科学，1983.1。

一个城市采取哪种基础设施规模形成的时间点模式，首先受客观条件制约。基础设施发展模式能够让基础设施与生产部门同步发展、无疑是最佳选择。但考虑到基础设施建设周期较长的特点，基础设施项目建设最好超前一段时间以便形成同步。当然，基础设施的个别系统、个别部门的建设，由于其本身建设周期较短或紧缺程度较低等特殊原因，在不影响整个基础设施与直接生产部门形成"同步"的总体步调之下，可以采取"随后－同步"混合模式。

所谓"随后－同步"型发展模式，即直接生产部门投资先行，基础设施投资随后紧跟，形成经济高速增长与基础设施迅速发展的亦步亦趋态势。对直接生产部门的投资来说，基础设施发展格局虽迟但不过晚，虽阻而不过滞，既保持"最低限度的必要量（节约型）"，又对经济的发展"不形成阻力"，基本上达到能满足经济发展和国民经济对它的旺盛需求。二战后的日本，就取得了这种基础设施发展的经验，较好地解决了经济高速增长与基础设施不足的矛盾。日本的"随后－同步"型发展模式有两个特征：（1）基础设施紧跟直接生产部门的发展而发展，力求同步。二战后日本紧随经济高速增长来建设基础设施，在国民经济与基础设施发展失调和均衡的矛盾运动中自发形成同步；（2）先生产性设施后生活性设施策略。为了有效利用仅有的一点资源，避免或尽量减少基础设施能力不足给经济增长形成的阻力，日本采取了优先发展生产性基础设施的战略。政府将集中起来的有限资金和资源，优先发展交通运输、电力能源等生产性基础设施，为经济调整与发展扫清道路。而待经济发展、政府财源扩大之后，再拿出较多资金和资源发展生活性基础设施。

显然，在经济增长速度以资金资源的供给程度和基础设施的满足程度为函数的情况下，将有限资金投入到对经济增长影响较大的领域，采取分阶段集约型投资方式，无疑有助于解决资金和基础设施不足的矛盾。

我国是一个发展中大国，各地情况差异很大。政府一般只是在经济发展受制于基础设施、对基础设施投资所产生的边际效益大大超过用于其他方面的等量投资的边际效益时，才会增加基础设施供给。因此，作为国家基础设施中的一个重要组成部分，城市基础设施的发展模式应因地制宜，根据本地资源条件、地方经济实力和周边基础设施状况选择不同的基础设施发展模式。对于东部地区的城市来说，由于其经济实力强，而资源不很充足，因而采用"超前"模式发展高技术含量的基础设施，以吸引域外资金和资源，是优化选择。"超前"的标准应是国际高标准，例如，上海市从建成远东金融经济中心、甚至世界的经济中心的目标出发，加速基础设施高标准一体化建设，实现更大范围内资源的流动和优化配置，从而加速了经济增长。对于中部地区城市来说，由于其经济实力比东部差，但资源条件较好。因而应实行"同步型"基础设施发展模式，或者借鉴日本的"随后－同步型"发展模式。集中力量大力发展生产性基础设施，以提高经济实力为目标；然后再建设生活性基础设施，改善生活条件。对于西部地区来说，虽然其资源丰富，但基础设施建设十分薄弱，经济实力也相对弱小。根据广袤的西部是中国未来经济开发重点、城市是其"发展极"的状况，城市政府应充分利用中央政府的优惠政策，借鉴东、中部经验，加大引资力度，努力实施基础设施的"随后－同步型"发展模式。

（二）城市基础设施的建设运营模式

城市基础设施运营模式是由其产业性质的认同而发生变化的。最初的城市化曾经把基础设施认为应是城市政府提供的社会福利。随着市场经济的发展，人们认识到城市基础设施也是一种产业，可以采用市场化模式运作。于是就出现了在政府指导下的多种市场化运营模式。

1. 特许经营模式。"特许经营"模式，一般是指由政府授予企业特许经营权，即在一定时间和范围内对某项基础设施公用产品或服务进行经营的独家权利。政府通过特许权协议或其他法律规定来明确政府与特许权人之间的特许经营权利和义务。特许经营权的授予，一是通过协商直接授予，二是通过招标选择，招标是通行的运作方式。对暂不具备公开招标条件的，政府可酌情考虑邀请招标、竞争性谈判等其他方式。实施特许经营的目的，在于建立城市基础设施市场体系有效的运行机制，促进城市可持续发展。具体来说，特许经营的好处表现在：一是吸收社会资金（包括外商投资），解决财政资金投入不足问题；二是改革政府或国有企业单一经营模式，通过引入竞争机制和加强政府监管，提高城市基础设施投资和运营效率；三是完善价格形成机制，为城市基础设施融资和可持续发展创造条件；四是保护社会公众利益；五是防止国有资产流失和侵害社会公共利益。

根据特许权取得人所承担的责任和风险的不同，特许经营的运作模式可分为以下两类：

（1）投资型特许经营模式。其主要特征是：承担项目投资和经营责任与风险；自主筹集资金；根据政策从政府或最终用户处取得经营收入；依赖政策。

（2）经营型特许经营模式。其主要特征有：政府主要负责投资与相应的资金筹集，并享有资产所有权；特许权取得人在一定时间内根据委托特许权进行经营，从政府收取管理费和从最终用户处收取使用费。

在实践中，根据具体情况，还可以采取上述两种模式的变形和混合形式。

2. BOT 类模式。BOT 即建设（Build）—经营（Operate）—移交（Transfer），是特许经营的一种典型模式。其基本思路是：国家政府或所属机构对城市基础设施项目建设和经营提供一种特许权协议作为融资的基础，由项目公司安排融资、负责开发建设并承担风险。项目建成后，由项目公司在规定期限内经营该项目以收回其对该项目的投资，以及其他合理的服务费用等，经营期限一般为 15 - 20 年，在规定的经营期限届满时，项目设施无偿转让给东道国政府。以 BOT 为核心，在实践中演化出了一系列政府与私人资本合作的模式，统称之为 BOT 类模式，被国际社会称为"暂时私有化过程"。近年来发展中国家普遍重视并采用这类新的国际技术合作模式。

世界银行在《1994 年世界发展报告》中指出了 BOT 的三种具体形式：BOT、BOOT、BOO。但在 BOT 模式的运行实践中，产生了很多衍生形式，主要有 BTO、DBFO、TOT、FBOOT、DBOM、DBOT 等。（1）BOOT 即建设（Build）—拥有（Own）—经营（Operate）—移交（Transfer），即在规定期限内特许权取得者既有经营权也有所有权，而且拥有时间比 BOT 模式长；（2）BOO 即建设（Build）—拥有（Own）—经营（Operate），项目完成后，特许权人对项目进行经营，不再把项目交还政府。故一般只有一些动力生产项目（如电厂）可能采用 BOOT 或 BOO 模式，而关乎国计民生的项目都不采用；（3）BTO（Build - Transfer - Operate）即建设—移交—经营，是项目建成后并不交给私人部门经营，而是立即将所有权转让给政府，由政府垄断经营或与项目开发商共同经营；（4）DBFO（Design - Build - Finance - Operate）即设计—建设—融资—经营。是从项目设计阶段开始就把特许权授予私人部门，直到项目经营期收回投资，取得投资收益，但项目公司只有经营权而没有所有权；（5）TOT（Transfer - Operate - Retransfer）即移交—经营—移交，指政府把已经投产的基础设施项目一定期限的产权和经营权有偿转让给私人部门，一次性融得一笔资金，特许经营期满后再把该设施无偿移交给政府。TOT 方式与

BOT 的根本区别在于不需直接由外商投资建设基础设施,因而避开了在"B"段过程中产生的风险和矛盾;(6) FBOOT (Finance – Build – Own – Operate – Transfer) 即融资—建设—拥有—经营—移交,比 BOOT 多了一个融资环节,即私人部门必须先融得资金,政府才考虑授予它特许权;(7) DBOM (Design – Build – Operate – Maintain) 即设计—建设—经营—维护,强调项目公司对项目进行规定的维护;(8) DBOT (Design – Build – Operate – Transfer) 即设计—建设—经营—移交,强调特许期终了时,项目要完好地移交给政府。这些模式,现在已转称为 PPP 模式。

3. PPP 模式。PPP (Public – Private – Partnerships) 模式,是指政府、私人营利性企业、私人非营利性组织和非营利性企业基于某个建设项目而形成的相互合作关系的形式。PPP 模式在城市基础设施建设中应用的显著特点在于通过引入私人资本,将市场竞争机制引入城市基础设施建设领域,以提高其建设效率。它与 BOT 类模式的主要区别在于:PPP 模式中私人投资者从项目论证阶段就开始参与项目,而 BOT 模式中私人投资者在项目招标阶段才开始参与项目。因此,BOT 可以作为 PPP 模式的一种操作方式。

虽然现代意义的 PPP 模式至今只有十几年历史,但已普遍应用于世界各国。从 20 世纪 90 年代英国推出 PFI 模式宣告现代 PPP 模式诞生开始,它已经不同程度地被应用在交通、教育、监狱和医疗等领域,甚至是国防建设。从项目构成来看,交通项目占 25%,医疗项目占 15%,国防项目占 15%,其他项目占 25%,包括监狱、环境、IT、休闲等。[①] 由于各国意识形态的差别,各国各机构对 PPP 模式分类不尽相同,主要分类法有:世界银行将 PPP 模式分为六种模式(表 6 – 2);联合国培训研究院只将特许经营、建设—经营—转让、建设—拥有—经营纳入 PPP 模式;加拿大 PPP 国家委员会将广义 PPP 模式细分为 12 种类型(表 6 – 3)。英国则根据设施存在类型将其分为四类(表 6 – 4)。

表 6 – 2　　　　　　　　　世界银行的 PPP 模式分类

PPP 类型	产权	经营和维护	投资	商业风险	合同期限
服务外包(Service contract)	公共部门	公共部门和私人部门	公共部门	公共部门	1 – 2 年
管理服务(Management contract)	公共部门	私人部门	公共部门	公共部门	3 – 5 年
租赁(Lease)	公共部门	私人部门	公共部门	共同分担	8 – 15 年

---

① 吴鸣,陈莹莹. 城市基础设施项目融资模式的探讨 [J]. 工业技术经济,2010 (02).

续表

PPP 类型	产权	经营和维护	投资	商业风险	合同期限
特许经营（Concession）	公共部门	私人部门	私人部门	私人部门	25-30 年
BOT/BOO	私人和公共部门	私人部门	私人部门	私人部门	20-30 年
剥离（Divestiture）	私人部门或私人和公共部门	私人部门	私人部门	私人部门	永久

资料来源：The European Commission. Guidance for successful PPP [R]. 2000.

表 6-3　　加拿大 PPP 国家委员会的 PPP 模式分类

PPP 类型	简写	中文含义
Contribution Contract	——	捐赠协议
Operation and Maintenance Contract	O&M	经营和维护
Design Build	DB	设计-建设
Design Build Major Maintenance	DBMM	设计-建设—主要维护
Design Build Operate（Super Turnkey）	DBO	设计-建设-经营（超级交钥匙）
Lease Develop Operate	LDO	租赁-开发-经营
Build Lease Operate Transfer	BLOT	建设-租赁-经营-转让
Build Transfer Operate	BTO	建设-转让-经营
Build Own Transfer	BOT	建设-拥有-转让
Build Own Operate Transfer	BOOT	建设-拥有-经营-转让
Build Own Operate	BOO	建设-拥有-经营
Buy Build Operate	BBO	购买-建设-经营

资料来源：Allan R J. PPP: a review of literature and practice [C]. // Saskatchewan Institute of Public Policy Paper, 4, 1999.

表 6-4　　英国对 PPP 模式的分类

设施类型	使用的方式
已有公共设施	服务外包（Service Contract）
	运营和维护的外包或租赁（Operations&Maintenance Contract or Lease）

续表

设施类型	使用的方式
已有公共设施的扩建	租赁—建设—经营（Lease - Build - Operate，LBO）
	购买—建设—经营（Buy - Build - Operate，BBO）
	外围建设（Wraparound Addition）
新建公共设施	建设—转让—经营（Build - Transfer - Operate，BTO）
	建设—经营—转让（Build - Operate - Transfer，BOT）
	建设—拥有—经营—转让（Build - Own - Operate - Transfer，BOOT）
	建设—拥有—经营（Build - Own - Operate，BOO）
公共服务	合同承包

资料来源：纪彦军. 我国PPP模式及其发展瓶颈研究［D］. 重庆大学，2007.

结合英国分类方式和我国目前PPP模式的应用情况，可将我国实践的PPP模式分为以下八种典型方式，并根据它们的适用类型和公有化程度从高到低排列如表6-5所示。

表6-5　　　　　　　城市基础设施建设适用的PPP模式

设施类型	已有设施	已有设施的扩建	新建设施
适用方式	服务协议	租赁—建设—经营（LBO）	建设—经营—移交（BOT）
	运营和维护协议	建设—移交—经营（BTO）	购买—建设—经营（BBO）
	——	扩建后经营整体工程并转移	建设—拥有—经营（BOO）

PPP模式的优势在于：第一，有利于减轻政府的财政压力，通过公私合作形式，吸引了社会资本参与城市基础社会的建设，拓宽了项目融资渠道，有效弥补了政府财政投入与实际需求之间的巨大差距，并且有可能增加项目的资本金数量，进而降低较高的资产负债率。第二，提高资金使用效率。政府部门和私营企业在初始阶段共同参与项目可行性研究、融资等过程，保证了项目在技术上与经济上的可行性，有效地节约建设成本，提高资金的使用效率。第三，有效分担风险。在项目的每一个阶段，公共部门和私营企业之间权利义务的划分并非固定，而是随着基础设施项目的具体情况及公私部门的不同特点及优势进行分配。参与合作的各方共同承担责任和风险，更加强调项目资金价值和风险分担机制，使合作各方均可提高责任

而达到比单独行动更为有利的结果。第四，有利于提高基础设施工程建设运营效率。政府垄断投资建设项目，由于缺乏市场机制监督，往往会产生一些弊端。私人资本的参与，将市场机制引进基础设施领域，有利于利用先进技术和私营企业的管理效率。第五，降低成本，提高项目收益率。私营企业在引进低费用、高效技术方面更具有经验，在处理微观事务方面更具有优势，并利用规模效应进一步降低成本，提高项目收益率。同时，由于摆脱了政治干扰和官僚主义式的管理，可以更加灵活高效的降低建设、运营和维护成本。

4. 企业家化治理模式。"企业家化治理模式"是城市政府进行城市基础设施建设的新模式。其主要特征是：（1）政府官员尤其是市长以企业家姿态管理城市，勇于创新，注重实效；（2）以发展地方经济为目标；（3）公共决策的形成和实施是通过"公-私合作伙伴体"来完成的。

城市基础设施的建设在时间流程上可以划分为规划、基本建设和日常运行三个环节。其中，规划是灵魂，建设是主体，日常运行是关键。这是企业家管理项目的通常做法，城市政府也可以从这三个方面入手，进行城市基础设施建设。

首先，科学规划是城市基础设施建设的起点。城市规划作为城市发展战略的重要组成部分，要求从市场需求角度出发，科学确定城市的性质、功能、定位，并为城市建设提供"蓝本"。城市建设的规模、重点及所需资金、技术作为城市经济发展需求的反映，共同形成了城市建设市场空间的大小。这里的城市规划内容与传统城市规划的最大区别在于把城市基础设施建设产品视为商品，并以发展地方经济为目标。这在"分灶吃饭"的分权体制下，城市政府官员尤其是市长以企业家姿态管理城市就十分必要。城市基础设施建设产品本身不能移动，然而在城市人流、物流、资金流、信息流的运动坐标下，它们是处于"相对运动"状态，服务可以竞争、价值可以分割。在这种相对运动的坐标下，城市规划就是一种未雨绸缪的"管理"，它直接影响、决定城市基础设施建设的规模和性质，其实质是对城市基础设施建设市场的"事前"调控，这完全不同于事后的"宏观调控"。这更需要城市政府要以企业家的魄力，高瞻远瞩，使城市基础设施建设能够在科学规划下发挥长久的社会经济效益。

其次，城市基础设施建设的主体阶段，要研究建设的主体模式。按照"企业家化治理模式"，建设过程的公共决策和实施要通过"公-私合作伙伴体"来完成。这种"公-私合作伙伴体"通过充分发挥城建、国土、规划、城管、交通、水电等城市政府职能部门的服务作用和放松管制的同时，实施"谁投资，谁受益"的投资回报机制，鼓励国有资本与其他经济成分资本相互渗透，建立起模拟竞争市场，全面引进竞争机制，形成政府财政、银行信贷、企业和社会投入以及城市基础设施经营收益二次投入的多渠道建设格局，盘活城市资产存量，使城市基础设施实现产业化发展，以达到以城建城、以城养城的城市经营目的。这里，"公－私合作伙伴体"要发挥企业作为市场经济主体的作用，最大限度地开拓城市建设的运作空间。他们可以根据基础设施的规模经济性等经济特征，分别采取国有国营形式、国有民营和私营等形式，既保证基础设施的公益性目标，又保证其市场运作效率。

最后，与高起点规划、高标准建设相匹配的是高效能的管理。日常运行作为城市基础设施运行管理的最后环节，是使城市规划目标得以实现、城市基础设施产品功能得以发挥和建设效益得以提高的最终保证。过去，我国城市建设领域长期存在着重建设轻管理的倾向，城市基础设施建设产品的日常运行效率较低。政府要以"企业家化治理模式"管理城市基础设施，就要从城市经济效益、环境效益和社会效益一体化出发，从小从细入手制定城市基础设施运行的一整套法规。要以法律为依据，实行对城市基础设施服务产业的进入退出、价格收费、投资收益、环境生态等各方面的政府管制。要根据各个城市的具体情况和各个基础设施部门的不同特点，制定各不相同的使用或消费政策，使得城市基础设施的服务在实现其公益效果和人工环境功能的同时，实现其投资资金的良性循环。

三、城市基础设施经济效益评价

经济效益是某项基础设施经营活动所获得的经济收入与各种资源的消耗之比，经营活动的投入与产出之比。城市基础设施的效益评价方法主要有以下几种。

（一）静态评价方法

静态评价方法是指不考虑资金的时间价值，以投资收益率法和投资回收期评价的方法。

1. 投资收益率。又称投资利润率，主要用来评价项目的获利水平。计算公式如下：

$$投资收益率 = \frac{收益额}{项目投资额} \times 100\% \qquad 式（6-2）$$

式中，项目投资额包括贷款利息的总投资；收益额是基础设施经营的收入，如燃气销售收入、设施使用权转让收入等。将计算出来的投资收益与一个事先确定的可以接受的投资收益率标准（基准投资收益率）相比较，便可判定该项目的投资经济效益。如果预期的投资收益率高于或等于基准投资收益率，说明该项目投资经济收益高于或相当于本行业的平均水平，可以考虑接受；若预期的投资收益率小于基准投资收益率，则该项目经济效益尚未达到平均水平，一般不予接受，或要对该项目的投资计划与开发方案重新制订。

2. 投资回收期。是用项目的净收益来补偿全部投资所需要的时间，即项目开发建设投放资金的回收时间。基础设施一般是一次性巨额投入，收益逐期获得，因此，投资回收期对于评价项目投资的经济效益有实用价值。

（1）按平均收益额计算投资回收期。当项目投入经营后，每年的收益额大致持平，比较均匀时，可用项目的年平均收益额作为计算投资回收期的依据。

$$投资回收期 = \frac{项目总投资}{项目年平均收益额} \qquad 式（6-3）$$

式（6-3）中的项目总投资一般应包括投资贷款利息。项目年平均收益额是由项目的年平均营业收入（租金收入）扣除年平均经营成本（不含折旧）及各种税金后的余额。这之所以要从年平均经营成本中扣除固定资产折旧费，是因为折旧费的提取，本身就是用于回收投资的，当计算投资回收期时，为避免重复计算，应将折旧费从中扣除。

（2）按累计收益额计算投资回收期。对于年收益额不太均衡、相差较大的项目，可用累计收益额来计算项目的投资回收期，即以项目净现金收入累计值等于项目总投资所需要的时间为投资回收期。计算公式如下：

$$项目投资总额 = \sum_{t=1}^{n} F_t \qquad 式（6-4）$$

式（6-4）中，F_t 是第 t 年的项目经营净收入，F_t = 年经营收入 − 年经营成本 − 年经营税金；n 为项目投资回收期。

（二）动态评价方法

动态评价方法是考虑资金时间价值的分析方法。即不仅要考虑投资、收入、成本等现金流量绝对值的大小，还要综合考虑它们的发生时间。动态分析法更客观、更科学地反映了项目投资效益的真实情况，有广泛的应用价值。常用的有净现值法和内部收益率法。

1. 净现值法（NPV 法）。将项目每年的净现金流量按统一的、事先选定的基准贴现率折算为项目实施初期（一般规定为项目开始投资的当年年初）的现值，此现值的代数和，就是项目的净现值（NPV）。

$$NPV = \sum_{t=1}^{n} (CI_t - CO_t)(1 + i_0)^{-t} \qquad 式（6-5）$$

式（6-5）中：NPV 是净现值；n 是计算周期；CI_t 是第 t 年现金流入；t = 0 表示第 1 年年初；CO_t 是第 t 年现金流出（已不含固定资产折旧）；（$CI_t - CO_t$）是

第 t 年净现金流量。因为投资者关心的是投资带来的纯收益，因此，在计算每年的净现金流量时，应综合考虑所有的税费和成本费用；i0 是期望（或基准）收益率（即折现率），它是部门或行业的平均利润率，由国家、部门、行业确定。净现值评价标准的临界值是零。当 NPV≥0 时，说明项目可按事先规定的贴现率获利，在所研究的经济寿命期内发生投资净收益，项目或项目开发方案可取。

2. 内部收益率法（IRR）。是综合反映项目获利的常用动态评价指标。内部收益率本身就是一个贴现率，它是指项目在经济寿命期内，各年净现金流量的现值累计等于零时的贴现率，即项目净现值为零时的贴现率。由于资金时间价值的影响，一笔未来资金现值的大小，不仅取决于未来资金本身金额的大小，还取决于贴现时间的长短，以及所取贴现率的高低。在项目投资方案已定的条件下，其净现值计算对贴现率的值是很敏感的。因而，求取一个净现值为零的贴现率（内部收益率）便有着特殊意义。若按内部收益率贴现，则 NPV = 0，即收入现值与支出现值正好相抵，项目盈亏平衡；若按超出内部收益率的贴现率贴现，则 NPV < 0，支出现值大于收益现值，项目亏损；若按低于内部收益率的贴现率贴现，则 NPV > 0，收益现值大于支出现值，项目盈利。因此，内部收益率实际上是一种同时反映净现金流量及其发生时间的综合指标。内部收益率计算公式为：

$$NPV = \sum_{t=1}^{n} (CI_t - CO_t)(1 + IRR)^{-t} = 0 \qquad 式（6-6）$$

式（6-6）中，IRR 为内部收益率，其他符号意义同前。

以上是城市基础设施效益评价的一些常规方法。值得指出的是，在实际工作中，城市基础设施的评价往往不仅要考虑经济效益，更要考虑社会效益、环境效益；既要站在经营者的立场研究项目带来的利益，也要关注项目建设对周围的其他地区经济发展的影响；既要分析项目的直接经济利益，也要研究项目的间接经济利益；既要考虑短期效益，也要重视长期效益。这是由城市基础设施的公益性所决定的。

第三节　我国城市基础设施的建设

一、我国城市基础设施的历史沿革

我国城市基础设施建设与整个城市发展一样，以改革开放为界，经历了两个不同的发展阶段。改革开放以前,城市建设和发展程序是"先生产,后生活",即先建设工厂,后建设生活设施,最后才进行基础设施建设。因此,城市基础设施滞后,特别是环境保护等城市基础设施建设非常落后,不能适应生产和生活发展的需要。改革开放后的前10年,城市中的直接生产发展很快,城市基础设施落后的矛盾越来越突出。特别是经济特区和沿海开放城市,相对于高速发展的直接生产,城市基础设施成为发展瓶颈。于是这些地区开始十分重视城市基础设施建设,作为营造投资环境的重要举措而逐渐趋于完善;20世纪90年代以后,由于城市生产和生活迅速发展,基础设施落后状况成为城市发展的主要障碍和矛盾,各城市政府越来越重视基础设施的建设,使城市的能源、交通及环境设施的建设都提高到一个新水平。

按照城市基础设施投资渠道和资金筹集划分,我国城市基础设施建设经历了四个阶段:

1. 单纯依靠财政投资阶段。我国改革开放前的计划经济时期,地方财政实行统收统支,城市基础设施投资作为城市固定资产投资的一部分,要通过城市建设和城市财政预算计划投资。基础设施建设项目列入基本建设项目,投资列入财政支出预算。建设部门完全按照计划进行建设。在当时的"先生产、后生活"和"把消费城市建设成为生产城市"的思想指导下,认为基础设施是非生产性建设,总得不到足够的投资,造成城市基础设施欠账越来越多,滞后现象日益突出。以上海为例,从1950年到1980年的30年中,固定资产投资占GDP的比例为8.83%,城市基础设施和市政公用事业建设投资仅占GDP的2.35%。而根据国内外经验,城市基础设施投资占国民收入的比例一般应安排在8%—10%。

2. 财政投资与行政收费并行的阶段。改革开放后,城市生产得到很大发展,居民生活水平日益上升,对基础设施的要求不断提高。这时,国家一方面通过设立城市维护建设税、开征车船税等,增加城市财政收入,实行专款专用,增加对城市基础设施建设资金的投入;另一方面对一些基础设施采取使用收费的形式,如收取过桥费、过路费、增容费、排水费、排污费等,以筹集用于桥梁、道路、能源等建设的资金。根据"取之于基础设施,用之于基础设施"和"自愿使用、受益付费、合理负担"的原则,使得用贷款建设的大桥、高速公路等基础设施,多数通过收取过桥费、过路费等方式偿还了建设资金及利息。同时,为了维持运行费用,对公用事业收费,如公交票价、水费、电费、煤气费等相应地作了调整,但还不足于补偿全部公用事业的投资。

3. 以财政投资为主,实物投资为辅的阶段。20世纪80年代末以后,中国城市土地使用制度改革迅速推开,掀起了城市房地产的开发热潮,要求相应配套的基础设施建设。由于城市政府没有财力进行基础设施的配套建设，就把有关基础设施项目交给开发商承担，其建设投资费用经过折算，用土地来支付，以地价来抵补，一般称之为实物地价；或者政府出让土地的地价中包含一部分城市基础设施建设费用。其中，小配套费用指同开发商建设的物业直接相关的基础设施，如小区内的道路、停车场、垃圾场等；大配套是指同开发商的物业并无直接关系的基础设施建设，如自来水厂、城市道路、配变电站的建设等。尽管如此，城市政府仍然承担大部分基础设施和公用事业的建设责任。

4. 开辟多元化的资金筹集渠道阶段。20 世纪 90 年代末以来，一些城市鉴于基础设施建设资金严重不足的情况，开始尝试建立市场经济条件下的城市基础设施建设资金的多元化、多层次的筹集渠道。并由此引发了席卷全国的"城市经营"热潮。城市经营（City Management），指以城市政府为主导的多元经营主体根据城市功能对城市环境的要求，运用市场经济手段，对以公共资源为主体的各种可经营资源进行资本化的市场运作，以实现这些资源资本在容量、结构、秩序和功能上的最大化与最优化，从而实现城市建设投入和产出的良性循环、城市功能的提升及促进城市社会、经济、环境的和谐可持续发展。

二、我国城市基础设施发展现状

经过近 70 年的投资建设，特别是改革开放以来的加速建设，我国城市基础设施得到很大的发展。表 6 - 6 展示了我国 1985 - 2014 年除了通讯设施以外依托基础设施建设的城市公用事业的发展情况。

表 6 - 6　　　　　　　　　　城市公用事业基本情况

项　　目	1985 年	1990 年	1995 年	2000 年	2005 年	2010 年	2014 年
供水、供气及供热							
年供水总量（亿吨）	128.0	382.3	481.6	469.0	502.1	507.9	546.7
#生活用水量	51.9	100.1	158.1	200.0	243.7	238.8	275.7
人均生活用水（吨）	55.1	67.9	71.3	95.5	74.5	62.6	63.4
用水普及率（%）	81.0	48.0	58.7	63.9	91.1	96.7	97.6
人工煤气供气量（亿立方米）	25.0	174.7	126.7	152.4	255.8	279.9	56.0
#家庭用量	10.7	27.4	45.7	63.1	45.9	26.9	14.6
天然气供气量（亿立方米）	16.2	64.2	67.3	82.1	210.5	487.6	964.4
#家庭用量		11.6	16.4	24.8	52.1	117.2	196.9

续表

项　目	1985年	1990年	1995年	2000年	2005年	2010年	2014年
液化石油气供气量（万吨）		219.0	488.7	1053.7	1222.0	1268.0	1082.8
#家庭用量（万吨）	54.7	142.8	370.2	532.3	706.5	633.9	586.2
供气管道长度（万公里）		2.4	4.4	8.9	16.2	30.9	47.5
用气普及率（%）		19.1	34.3	45.4	82.1	92.0	94.6
集中供热面积（亿平方米）		2.1	6.5	11.1	25.2	43.6	61.1
市政设施							
道路长度（万公里）	3.8	9.5	13.0	16.0	24.7	29.4	35.2
每万人拥有道路长度（公里）	3.3	3.1	3.8	4.1	6.9	7.5	7.9
道路面积（亿平方米）	3.6	8.9	13.6	19.0	39.2	52.1	68.3
人均拥有道路面积（平方米）	2.8	3.1	4.4	6.1	10.9	13.2	15.3
排水管道长度（万公里）	3.2	5.8	11.0	14.2	24.1	37.0	51.1
排水管道密度（公里/平方公里）	2.7	4.5	5.7	6.3	7.4	9.0	9.5
公共交通							
公共交通运营车数（万辆）	4.5	6.2	13.7	22.6	31.3	38.3	47.6
每万人拥有公交车辆（标台）	3.8	2.2	3.6	5.3	8.6	11.2	13.0
出租汽车数量（万辆）		11.1	50.4	82.5	93.7	98.6	107.4
城市绿化							
园林绿地面积（万公顷）	15.9	47.5	67.8	86.5	146.8	213.4	252.8
人均公共绿地面积（平方米）	1.37	1.8	2.5	3.7	7.9	11.2	13.1
公园个数（个）		1970	3619	4455	7077	9955	13037
公园面积（万公顷）		3.9	7.3	8.2	15.8	25.8	35.2
环境卫生							
清运垃圾（万吨）	4477	6767	10671	11819	15577	15805	17860
清运粪便（万吨）	1731	2385	3066	2829	3805	1951	1552
每万人拥有公厕（座）	5.8	3.0	3.0	2.7	3.2	3.0	2.8

资料来源：2002—2015年《中国统计年鉴》（中华人民共和国国家统计局，中国统计出版社）。

1. 电力和能源供应发生了根本性变化。新中国成立初期，绝大多数城市能源主要是煤炭，有的城市还依靠薪柴和木炭；即使在改革开放之初，全国许多城市缺电，由于缺电拉闸，不少工厂不得不停产，生产遭到严重损失；缺电也给城市居民生活带来诸多不便。目前我国电力和各种能源供应充足，能源结构日趋合理，洁净能源越来越成为城市的主要能源，煤炭及煤球已在不少城市绝迹。2014年，全国已有4.21亿居民用上了燃气，用气普及率达到94.56%；燃气供应结构出现新变化，人工煤气供气总量减少10.9%，供气管道长度减少4.7%，天然气供气总量增长7.0%，供气管道增长11.9%，液化石油气供气总量减少2.4%，供气管道减少18.2%。集中供热有所发展，供热面积达61亿平方米。①

2. 城市道路、公共交通和通信、网络事业突飞猛进。新中国成立以来，特别是改革开放以来，城市道路、公共交通和通信事业飞快发展。1980年全国实有铺装道路长度3万公里，按当时220个城市计算，每个城市平均实有137公里；到了2014年，城市实有铺装道路长度为35.2万公里，总长度增加11倍；全国有22个城市建成轨道交通，线路长度2715公里，车站数1786个，其中换乘站366个，配置车辆数14654辆；全国在建轨道交通（地铁和轻轨）的城市有36个，线路长度3004公里，车站数2047个，其中换乘站532个。城市交通迅猛发展，其紧张状况得到根本性缓解。

3. 城市供水节水能力和排水及污水处理质量都在提高。2014年年末，城市供水综合生产能力达到2.87亿立方米/日，比上年增长1.1%；供水管道长度67.7万公里，比上年增长4.8%。年供水总量546.7亿立方米，其中生产运营用水162.4亿立方米、公共服务用水73.9亿立方米、居民家庭用水200.5亿立方米。城市自来水普及率97.64%。城市节约用水措施总投资27.4亿元。2014年年末，全国城市共有污水处理厂1808座，排水管道长度51.1万公里，城市年污水处理总量401.7亿立方米，污水处理率90.18%，城市再生水日生产能力2065万立方米，再生水利用量36.3亿立方米。

4. 城市通信事业和网络设施飞速发展。1997年，中国电信网络规模跃居世界第二位。按国际惯例至少要100年到200年才能达到的发展水平，广州仅用了20年。2014年，全国电话用户总数达15.36亿户，其中移动电话用户总数达12.86亿户，有的城市已超过人均1部手机。截至2015年12月，中国大陆31个省份中互联网普及率超过全国平均水平的达14个，网民数量超过千万规模的达26个。2016

---

① 住建部.2014年城乡建设统计公报［O/L］. http：//news.163.com/15/0703/12/ATJM0NGR00014SEH.html. 2015-07-03.

年 3 月，国务院发布"宽带中国"战略实施方案，首次将宽带网络定位为国家战略性公共基础设施。工信部最新统计数据显示，8Mbps 及以上用户在我国宽带用户中占比达到 71.4% 的新高。在"智慧城市"的发展蓝图中，按照工信部规划，2016 年中国全光网城市将由点及面全面推开，基本实现所有社区城市光纤网络全覆盖，100M 光纤覆盖城市家庭比例大幅提升。20M 以上高速宽带用户比例超过 50%，固定宽带全面迈入 20M 时代。

5. 城市市容环境卫生越来越受到重视，环境工程在城市设施建设中处于越来越重要的地位。2014 年年末，全国城市道路清扫保洁（覆盖）面积 67.6 亿平方米，其中机械清扫率达到 50.4%。全国城市共有生活垃圾无害化处理场（厂）819 座，城市生活垃圾无害化处理率达到 91.77%。城市绿化日新月异。2014 年年末，城市建成区绿化覆盖率达到 40.10%，建成区绿地率达到 36.24%，公园绿地面积 57.7 万公顷，人均公园绿地面积 12.95 平方米。

三、城市基础设施建设的突出问题

根据现代化要求，目前中国城市基础设施还有很多问题，其中比较突出的主要是：

1. 城市基础设施发展与城市经济社会发展要求不适应，市政公用基础设施建设规模与城市发展水平不协调。与城市经济社会的快速发展比较，城市基础设施还有很多相对落后和不足。交通拥堵、环境污染、供水紧张已成为城市经济社会发展面临的三大障碍，也是城市管理者与广大市民最为头疼的三大难题。全国人均拥有道路面积同世界 80 年代初的差距并不是很大，然而大城市的水平只及国外的 12%～13%。每万人拥有公交车辆是国外的 12%，人均日生活用水量是国外的 12%，人均公共绿地面积、污水处理率是世界其他一些城市 20 世纪 80 年代初的 12%～15%，垃圾无害化处理的统计数字，也只及国外的 12%～13%。并且，随着我国经济快速发展，城市规模不断扩张，城市集聚人口也快速膨胀，一些特大城市的常规公共交通方式难以满足客运需求，市内交通日趋紧张，加之私家车迅速增加，城区车流不畅、交通堵塞问题越来越突出，缓解大城市尤其是千万人口的特大城市的交通紧张状况，已成为迫切需要解决的问题。这与城市市容市貌的巨大变化形成了鲜明的对比。

2. 城市基础设施设计、布局、质量不合理，规划水平低。目前，中国城市基础设施的规划水平较低，在城市功能分区和定位等方面缺乏统筹安排和控制。主要表现在：城市供水、排水和热力、燃气以及电力和电信等基础设施专项发展规划参差不齐，缺乏统一规划和相互衔接；许多项目不能按规划要求如期施工、建设和投入使用，一些项目未纳入规划和计划，有一定盲目性。项目之间缺少协调和配套，特别是一些居民小区，配套的邮政网络、电信设施、区内道路、商业街区、环境绿化、垃圾处理滞后于住宅建设，不仅给居民生活带来不便，而且造成一定的浪费。布局上也存在不合理现象，路网层次不分明，负荷分布不均衡，造成人为的道路堵塞。此外，工程质量低下，甚至"豆腐渣"工程时有发生，给国家建设、城市发展甚至人民的生命财产造成损失。

3. 基础设施系统发展不平衡。近20多年来，中国城市基础设施重点建设的能源、道路建设，电力、煤气供应的改善十分明显，经济效果也十分突出，然而城市环境治理项目投资不足，居民对环境质量很不满意。城市空气污染、水污染、城市噪声、垃圾围城等现象严重。广州、北京、上海三市氮氧化物污染严重，年均值浓度超过100微克/立方米；我国总悬浮颗粒物年均值浓度超过国家二级标准（200微克/立方米）的有67个城市，占城市总数的72.0%。北方城市年均值为381微克/立方米，南方城市年均值为200微克/立方米等。基础设施系统发展不平衡的一个突出表现是县城供水能力不足，供水安全保障率不高。虽然国家安排国债资金支持各地缺水县城的供水设施建设，切实解决了一些县城居民"吃水难"问题。但仍存在着县城供水能力不足问题。多数县城只有一座净水厂，运行年限普遍较长，工艺简单，虽然陆续投入资金进行改造，但净水工艺仍然落后，再加上供水管网大都存在老化和腐蚀问题，容易引起供水二次污染，供水安全受到威胁。

4. 城市基础设施管理制度不明确，产业化程度低。中国城市基础设施管理同其他经济管理一样，采取了混合管理模式。在实际管理运行中，由于重视建设过程管理、轻视运营和养护，激励和考核制度不健全，并且管理部门间缺乏必要整合，各个部门各自为政，难以协调，工作效率低下。目前虽然建立和实施了许多市场管理模式，然而相当部分的城市基础设施管理还在延续旧的管理方法。具体问题的表现有：一是基础设施管理制度不统一，缺少明确的法律规定；二是管理机构和部门不统一，政出多门，政策不一致，相互扯皮较为严重；三是基础设施产业化程度低，效率不高。在引进市场化原则和经营方式时，没有和政府机制协调好，由于责权利关系模糊不清，经常出现事故和损失浪费现象。

5. 城市之间发展不平衡。我国不同城市间城市基础设施差异明显。大城市基础设施较完善，东部城市高于中西部，沿海城市高于内地。如人均生活用电量，经济特区城市为768.5千瓦小时，沿海城市为339.7千瓦小时，而东部城市、中部城市和西部城市分别为180.8、122.9、123.9千瓦小时，中西部城市的人均用电量不到沿海城市的1/6，最高的深圳市达到1498.1千瓦小时，而最低城市不到40千瓦小时。人均生活用水量最高的城市如广州、南京等达到200多吨，而有的城市只有

20多吨，相差近10倍。造成这种差别现象，有自然条件、地理环境和城市特点方面的原因，但更主要的是城市经济发展实力、特别是基础设施投资力度和管理水平方面的原因。而根本的是受改革开放力度和市场经济发育程度的影响。改革力度较大、市场经济发育成熟的城市，基础设施投资力度就较大，基础设施就较完善，反之则差。

上述问题的存在，除了体制机制问题外，还有一个重要原因是建设资金不足，制约了城市基础设施发展，有待拓宽投资渠道。多年以来我国城市基础设施建设投入，绝大多数城市政府还只是"吃财政饭"，特别是只靠城市建设维护税单一来源，致使基础设施差、历史欠账多，严重滞后于社会经济的发展。而城市基础设施普遍具有固定性、系统性、长期使用性，需要在城市总体规划指导下，做到适当超前，形成建设资金供应缺口。为此，要在使用国外政府贷款和引进外资的同时，发掘国内资金，以解决项目投资和大量国内配套资金问题。这需要通过城市基础设施建设体制的深化改革来实现。

四、城市基础设施现代化建设所面临的挑战

中国的城市基础设施建设将在现代化进程中发挥重要作用，然而在存在上述突出矛盾的情况下，目前正面临着各种挑战，需要各级城市政府认真面对。

1. 人口城市化挑战。中国城市人口将随着城市化进程继续大量增加，同时居民生活水平和生活质量也将要求明显提高，对城市基础设施的要求越来越高。如果每增加一个城市人口，基础设施至少增加1万元投资的话，那么在21世纪最初的20年里，城市人口将增加3.5亿－5亿人，基础设施投资就要达到3.5万亿－5万亿元，这种巨大的资金和建设压力，摆在了国家政府和各种城市机构及市民的面前。据预测，2030年，我国城市人口将增加到9.1亿人，流动人口超过3个亿人。如何适应这种城市常住和流动人口对基础设施的需要，是未来我国城市发展的巨大挑战。

2. 经济市场化挑战。市场经济是企业和个人相互之间紧密联系的经济，是与人的频繁流动相伴和互为条件，故需要大量交通工具、通讯设施和其他便民服务。一座城市只有为企业和居民的经济活动和日常生活提供了良好的经济、社会、生态环境，才能吸引投资者，才能吸引技术人才和居民进入，城市才能兴旺发达，城市经济才能发展。21世纪，国与国之间、企业与企业之间、城市与城市之间的竞争将更趋激烈，因而良好的、优越的基础设施将是城市吸引技术、资金和人才的最重要手段。从这一意义上说，城市之间的竞争是基础设施的竞争，城市面临的挑战，是如何利用市场机制建设城市基础设施优势的挑战。

3. 城市现代化和国际化挑战。城市现代化、国际化的重要内容是基础设施的现代化和国际化。这需要城市要建设先进的基础设施和公用事业，特别是先进的通信事业。目前城市基础设施建设将进入高成本时代，诸如土地成本、拆迁成本、劳动力成本、能源资源成本、环保成本、融资成本、人民币升值或贬值双重成本、税赋成本、安全成本、交易成本，成为影响基础设施建设的重要因素。这些可以由科学技术进步进行补偿。城市基础设施的建设技术、手段和材料是日新月异，可以为城市现代化和国际化提供越来越好的发展条件。为此，能否把握科学技术进步的动力，高质量低成本的建设城市基础设施，以推进城市现代化和国际化，成为我国现代化进程中城市发展的一大挑战。

4. 环境生态化挑战。城市的自然环境和人工环境，都需要日益生态化。生态化是指按照生态规律进行"末端治理"，包括尊重"相生相克"的生态规律，遵循城市建设的生态方法，和基础设施形态的生态化。城市自然环境的生态化是要保护城市的自然环境，叫停任何破坏环境的生产和生活方法；城市人工环境的生态化是要在建设基础设施时，按生态规律要求进行规划、布局和建设。由于我国在20世纪的经济建设中，城市环境遭到破坏，生态建设有很多欠账，因而21世纪的城市环境保护任务非常艰巨，由此，生态环境对城市基础设施建设的挑战也十分重大。

5. 设施智慧化、信息化挑战。随着智慧城市建设的升温，我国已有392个城市开展了智慧城市建设，均提出加快光纤网络、无线网络建设，建设云计算中心、智能电网、智慧管线等智慧基础设施项目。中国城镇化的现状、国家政策和市场趋势导向也都表明，在以后的一段时间内，智慧基础设施是中国智慧城市建设的重点。然而，我国城市发展时间短，存在着宽带网络、通信基站布局不均、城市整体网速较低、测速标准不统一；城市基础硬件（包括城市公共设施、地下管线、电力布线等）老化、智能水平差、融合度低、安全系数差；城市基础软件（平台、支撑硬件的软件）落后、升级难度高、对硬件支撑能力差、信息泄露严重等问题。可见，建设智慧城市，实际上是科技进步与知识经济要求的挑战。科学技术发展一方面为基础设施建设提供技术基础和先进手段，另一方面自身发展也需要良好的城市基础设施条件。因此，如何考虑日益强烈的科学技术进步要求，成为城市基础设施建设中保证基础设施品质和质量的挑战。

6. 城市建设安全化挑战。当代城市基础设施整体上进入了一个高风险期。城市化快速发展打破了传统城市的"超稳定结构"；全球化带来城市要素快速流动，城市结构变得脆弱以至风险不断增加。城市安全呈现四种隐患：危机事件呈高频次、多领域发生；非传统安全问题、尤其是天灾人祸组合而成的新的灾害链成为城市主要威胁；突发性灾害事件极易放大为社会危机；危机事件的国际化程度加大。为此，城市政府要面对基础设施巨大的投资吸引力和脆弱的承载力之间日益加剧的矛盾，针对城市公共安全基础薄弱，地下管网设备老化，投资分散、功能单一、安全欠账多，防灾能力滞后等问题，树立高度的以人为本的城市安全理念，建设起能够形成高效应急联动机制的城市基础设施，以应对城市安全化服务的挑战。

五、完善城市基础设施建设的政策取向[①]

实现城市基础设施供给能力略大于生产和生活的实际需求，使城市基础设施促进各行业均衡发展，是城市发展努力追求的目标。然而，我国最大的经济特点是不均衡，城市发展也是这样，为此，城市基础设施建设现实可以采取的政策取向是：依据各地区城镇发展的不同阶段和发展水平进行分类指导，结合社会经济政策，推进城市基础设施的系统性整体建设。

（一）高级水平基础设施配置的城市政策取向

高水平基础设施配置，是指对一些社会经济发展高水平的城市，为了满足城市信息化、智慧化、生态化、集约化和高质量的生产和生活要求，要使配置的城市基础设施也要实现信息化、智慧化、生态化、集约化和高质量。这种配置在我国适合于现代化水平较高的大中型城市，无论是技术力量、资金力量还是管理水平都可以达到。其配置引导政策主要包括高效集约的空间布局、多元化的社会融资和低碳生态的运行管理三个方面。

1. 高效集约的空间布局和高技术利用引导政策。发达地区的城市都已经建设了规模较大的基础设施，未来城市基础设施配置主要是积极利用高技术，对旧有基础设施实施改造和在扩建中新增技术密集的设施配置，形成集约合理高效的现代化城市空间。目前，发达城市基础设施建设的一个重要任务，是要完成城市地下综合管廊的系统建设[②]。地下综合管廊是指在城市地下用于集中敷设电力、通信、广播电视、给水、排水、热力、燃气等市政管线的公共隧道。推进城市地下综合管廊建设，统筹各类市政管线规划、建设和管理，解决反复开挖路面、架空线网密集、管线事故频发等问题，有利于保障城市安全、完善城市功能、美化城市景观、促进城

[①] 参见严盛虎，李宇，毛琦梁. 我国城市市政基础设施建设成就、问题与对策［J］. 城市发展研究，2015 - 10 - 07。

[②] 参见国办发〔2015〕61号文件：《国务院办公厅关于推进城市地下综合管廊建设的指导意见》。

市集约高效和转型发展，有利于提高城市综合承载能力和城镇化发展质量。由此，基础设施由地下到高空的立体配置，可能是今后现代城市发展的概念模式之一，是未来城市发展现代化的一种趋势。将地下综合管廊和交通网络实现系统化立体配置，能够最大限度地节省城市空间，充分利用土地资源，实现城市的集约化、科学化发展。

2. 多元化、社会化融资引导政策。未来高水平基础设施配置将会需要大量的建设费用，在政府资金的主导和引导下，需要动员民间资本参与市政基础设施建设，可采用第二节阐述的多元化融资建设模式，各种模式可以依据城市特点和发展实际来进行选择。

3. 生态化、低碳化运行管理的引导政策。城市基础设施不仅要满足城市发展需求，更要实现人与自然、城市与资源环境之间的和谐融合，重点体现在人居环境和交通基础设施建设体系上，使城市向着生态化、低碳化方向发展。为此，应逐渐形成以常规公交为主体、以快速公共交通、清洁型电动汽车和轨道交通为助力、出租车为补充的无污染、高效节能、快速便捷的城市绿色公共交通体系。这一体系中，要实现公交与自行车"双零换乘"，真正实现网络化和网格式的城市快速顺畅交通体系。在道路施工管理过程中，积极提倡使用先进的严格执行绿色标准的工程技术，实现节能节材、低碳、环保、高效的交通基础设施体系。生态人居环境建设上，运用生态技术，减少能耗，利用太阳能等可再生能源，广泛布局中水和雨水回收利用设施，缓解城市普遍缺水的重大环境压力。

（二）中等水平基础设施配置的城市政策取向

中等水平基础设施配置的含义是，对一些正处于成长中的大中型城市，为了满足其适应地域特点的城市产业和居民生活发展的需要，未来重点实施"适度超前"网络型的城市基础设施配置模式。一方面强调城市基础设施的实用化、适度超前建设，使之符合城市整体发展趋势；另一方面强调建设与环保相结合，突出地域特色、促进环境友好。这种配置对于我国一些资源型专业化和有特殊地域特色的大中型城市，有实效意义。其配置引导政策主要包括适度超前的网络化空间布局、经营城市的市场化运行两方面取向。

1. 适度超前、网络化的区域空间布局。适度超前的网络化区域空间布局，是指以城市化地区快速发展的基础设施配置理念，一方面通过略有富裕的基础设施建设规模和服务吸引资金和物资，促进城市社会经济集聚发展，另一方面通过超前性跨区域的基础设施建设，实现同区域各相邻城市的紧密联系，形成区域基础设施网络化空间布局，促进区域协同发展。这种政策引导会使大中型城市的地域特色和发展优势，借助于相互连通，互为补充的基础设施服务形成与周边地区广泛联系而得到强势发挥，并促进城市之间的交流与合作，弥补城市过渡地带的公共服务水平，推动区域经济一体化发展。

2. 经营城市、市场为主的融资建设。由于大中型城市往往具有较大的发展空间，城市政府应具有整体性的经营城市理念。经营城市，是指城市政府把城市看成是最大的国有资产，以企业家模式依据城市发展战略，将城区土地、基础设施、公用服务设施等资源及资本推向市场，低成本和高效率运营，使城市资本资源更好地为城市发展服务，实现城市职能分工合理、功能互补、经济产业布局恰当，城乡人口共治和有序、快速流动，促进城市化进程和推动城市化区域整体高效发展。实现这种发展过程，需要市场为主的融资政策。城市政府以城市资产吸引投资提高资源利用，采用股权、产权转让等激励方法，吸引外来资本投资于城市基础设施建设。这种做法能够迅速地建设城市基础设施能力，迅速地实现城市战略目标。

（三）初级水平基础设施配置的城市政策取向

初级水平基础设施配置的含义是，对一些正处于起步发展阶段的中小型城市，为了满足其城市基本功能建设的需要，未来重点是实施城市规划空间和建设实用性的基础设施。其政策导向包括突出"点—轴"扩展式的空间布局、多渠道、政企结合的融资建设和实用化、清洁化的运行管理模式。

1. 突出"点—轴"扩展式的空间布局。我国中小城市城市基础设施系统构建处于初级阶段，应遵从"点—轴"扩展式的空间布局模式，选择区域内经济发展水平相对较高的核心城镇，推进公共服务设施和交通基础设施建设，形成区域公共设施体系的重要核心节点。在此基础上，推动区域间经济要素流动，带动交通沿线经过的低级节点城镇的市政基础设施建设，使公共设施系统沿交通沿线辐射扩展。

2. 多渠道、政企结合的融资建设。即充分发挥国家或地方政府部门与企业或其他投资者的合作动能，合资建设和经营城镇公用事业项目，这种合营模式，公有资本为股东，便于政府调控项目服务收费价格，还可以提高投资者信心，做好建设和经营服务。

3. 实用化、清洁化的运行管理模式。初级基础设施配置水平的城镇，不能盲目追求大而全建设基础设施，应注重实用性，市政基础设施首先应以满足人民群众日常生活需求为切入点，同时做好区域间交通设施、城市道路、上下水系统、供气供热系统、公交系统、照明系统、公共休闲健身系统等与生产、生活息息相关的服务性设施建设。

第四节 城市基础设施产业化趋势与政府规制

如前所述,作为城市生存和发展关键的城市基础设施建设,目前面临着许多压力和困难,而解决这种困难的主要趋势,是实现城市基础设施产业化。为了保证城市基础设施的公益化目标,需要政府良好的规制和监管制度。

一、城市基础设施的产业化趋势

(一)城市基础设施产业化的理论依据与现实需要

城市基础设施产业化,是在市场经济条件下,把城市基础设施建设作为一项产业引入市场机制,通过竞争发展城市基础设施。这一趋势源于人们对基础设施自然垄断性的重新认识。

20世纪80年代以来,西方经济学家用部分可加性(Subadditivity),又译为次可加性、劣可加性,重新定义了自然垄断之后,人们对自然垄断的性质有了重新认识。简单地说,即是把自然垄断分成了强自然垄断和弱自然垄断两种情况。当自然垄断性较弱时,基础设施兼有公共消费和个人消费的特性,处于纯公共产品与纯个人产品之间,即具有很强的"混合产品"性质,可理解为"准公共物品"。城市的地域性又决定城市基础设施的"地方公共物品"特性,使其"准公共物品"特色更加突出。故一些发达国家对自然垄断行业、特别是对城市基础设施的管制,已经由传统的单一法制管理,转变为需要因时制宜。根据其平均成本的升降,企业承受力的有无,分别采取不同管制政策。

城市基础设施作为"准公共物品"兼有公益性、垄断性与收费性、竞争性的特点。公益性与垄断性,决定了公众对基础设施消费不具有竞争性和排斥性;而收费性(私人性)与竞争性,决定了基础设施的建设可以融入市场性,可以采取收费形式来弥补其成本并取得利润。如电讯、电力、自来水等。它们的活动应当按市场规律,采用市场手段进行,引入竞争可以变为现实。

在实践上,最近20年来,随着社会经济科技水平和市场规模的迅速提高,自然垄断行业的垄断性开始逐渐降低;替代技术(能源)的出现使行业细分并出现了相互之间的竞争,如电信业等。因此,过去长期被视为公共物品的城市设施已成为准公共物品或准私人物品。在调查、总结了许多国家特别是发展中国家的经验之后，世界银行 1994 年的发展报告《为发展提供基础设施》中指出，凡是具有如下三个特点的城市基础设施即可进行有效的商业运营：（1）对提供服务有明确的、连贯的目的性；（2）拥有经营自主权，管理者和雇员都对经营效果承担责任；（3）享有财务上的独立性。这样，城市基础设施中的准公共产品和服务，就可以分别由公有公营、公有私营、私有经营和社区及使用者提供等四种不同体制的实体来经营。城市建设本身就已经具备了产业化经营的基础，这已经成为世界一些国家的成功经验。所以，加快我国城市基础设施建设的产业化是促进城市经济功能发挥的重要途径。

改革开放以来，随着我国城市化进程加快形成的城市基础设施短缺问题，为了解决国家财政资金增长速度远远跟不上基础设施资金增长要求速度、城市建设资金存在巨大缺口的现状，国家实施了征收城市维护建设税、城镇土地使用税等制度，同时，各级城市政府采取了多种多样的市场化手段来为城市基础设施筹措资金，并按照市场机制进行运作。比较常见的有：城市国有土地使用权出让；城市基础设施配套资金；调整城市产业布局收取城市土地级差地租；提高基础设施服务价格；承包、租赁、拍卖经营权和使用管理权；授予特许权；对大型基础设施项目进行股份制改造，发行股票，利用股权融资；发行债券；利用外资等多种形式。市场化措施和国家近年的一些专项投资，缓解了城市基础设施建设短缺的燃眉之急。然更为重要的是，在这些探索过程中，城市建设产品产业化经营的观点已经被城市建设管理者接受，城市基础设施建设已形成产业化趋势。

(二) 基础设施产业化是城市经济发展的趋势

城市基础设施作为独立的产业或行业，如能源产业、交通产业、运输产业、通讯产业、环保产业等，带动了其他一系列产业的发展，如基础材料产业、房地产业、汽车产业、装备工业等。因此，城市基础设施产业是城市经济乃至国民经济的支柱产业，是新的经济增长点。其产业化是城市经济发展的趋势所在。

首先，产业化适应了基础设施建设量和投资量不断扩大的需要。社会生产力的发展，经济社会化程度的提高，基础设施内容越来越广泛，城市经济对基础设施的需求日趋扩大，从而对基础设施的依存性也越来越大。城市现代化在很大程度上取决于基础设施现代化。在城市现代化过程中，基础设施建设量迅速增加。只有不断实现产业化，才能适应城市基础设施投资和建设增长的需要；反之，投资和建设的增加，又要求基础设施实现产业化。

其次，产业化有利于提高城市基础设施的使用效率。目前，中国城市中的许多企业效益不高，不能说同城市基础设施落后没有关系。通过市场交换，推行产业化经营，可以使城市基础设施得到快速提高。近几十年来，许多国家把城市基础设施的建设、管理和经营，同其他生产经营领域一样交给企业，实行产业化经营，获取了良好发展效果。事实证明，不少城市基础设施项目由政府投资、建设和管理往往投资很大，效率低下、分配不公，而交给企业家投资、建设和管理后效率明显提高。因而产业化经营是城市基础设施发展的趋势。

再次，城市政府职能转变和有限财力也需要城市基础设施产业化。随着城市急剧发展，城市公共管理任务越来越繁重，但是城市政府机构又受到财力限制，不可能无限制扩大职能。把一部分基础设施建设和管理交给企业（例如城市建设投资公司）去办，变成企业经营活动，一方面会减少政府财力支出，另一方面可使市政府集中精力办好必须办的事。这样，通过更有力、更灵活的筹集资金方式，动员更多社会资金投入城市基础设施建设，将会更好地解决城市基础设施现存问题，推动城市化发展。

最后，科学技术进步为产业化提供了技术条件。一方面，城市基础设施建设已成为科学技术的重要应用领域。据美国"新兴预测委员会"和日本"科技厅"专家预测：未来30年间，全球在能源、环境、农业、食品、信息技术、制造业、生物医学等领域将出现"十大新兴技术"，其中有关"垃圾处理"的新兴技术被排在第二位。垃圾资源化等新兴技术，有力地促进了城市基础设施发展；另一方面，计量技术的发展，为不易分割的城市基础设施消费提供了计量方法，这也为城市基础设施服务的产业化经营创造了技术条件。

随着我国市场经济越来越成熟，我国城市基础设施建设资金，已从单一的国家和城市财政拨款变为多元化和多层次筹集渠道，为城市基础设施产业化提供了条件。但是，近些年来的实践，由于城市基础设施的公益性要求和政府监管的不完善，也出现了地方政府债务高企、存在偿债危机等地方金融风险问题，这需要进一步加强政府公共规制来加以解决。

二、城市基础设施建设的政府规制[①]

（一）城市基础设施建设政府规制概述

政府对城市基础设施运营的公共规制（public regulation），是指政府依据法律，对城市基础设施建设主体的项目定价、投资收益、质量、环保等行为的行政管理，以确保资源配置最优和服务供给的公平性。项目定价和投资收益规制是经济性规

---

① 参见丁向阳．城市基础设施建设市场化理论与实践［M］．经济科学出版社，2005．

制,是在自然垄断和信息不对称的领域,为了防止资源配置低效和不公平利用,政府机关运用法律,通过许可和认可等行政手段,对建设主体的进入和退出市场、项目价格、投资收益和财务会计等有关行为的管理,是针对收益不公平和共享需要的产业纵向制约;而项目质量和环保规制是社会性规制,是针对劳动者和消费者安全保障、健康、卫生以及保护环境、防止灾害等目的,对项目的建设和服务质量及与之相关的各种活动制定一定的标准实施管理,是针对所有可能造成外部不经济或内部不经济企业行为的横向制约。城市基础设施运营的公共规制的目的和原则有:

1. 保护竞争,防止垄断。垄断是市场经济发展的悖论,垄断一旦形成,企业会追求超额利润,而损害消费者利益,因而成为城市政府管制的主要对象之一。

2. 分类监管,保障效率。城市基础设施的同一行业往往会同时竞争性业务和非竞争性业务(自然垄断业务),对此政府应采取不同的市场准入政策和定价方式。对竞争性业务,监管的重点是防止无序竞争,维护良性竞争环境;对自然垄断业务,实行政府管制下的特许权投标经营制度,形成有限竞争。

3. 完善法律,依法规制。政府规制应该根据各基础设施产业的技术经济特征,行业发展要求及城市发展的需要,通过制定相应法规进行管制。要根据政企分开、政事分开和管办分开的原则,明确界定政府管制的内容和范围,通过合理监管组织方式,依法履行监管职能。

4. 独立监管,防止行政垄断。政府作为特定市场监管者,如果不能有效的监管自身则可能形成行政垄断,从而出现政府失灵的严重后果。因此,监管机构最好是独立于政府的公共机构,它应当是法定的、专职专业化的、依法行事的监管组织。

(二)城市基础设施政府规制的主要内容

1. 价格规制。亦称为收费规制。指市政府对城市基础设施规定一定时期的价格水平。其目的有三:一是约束垄断价格,以促进社会分配效率和公平竞争;二是刺激企业优化生产要素组合,不断进行技术革新和管理创新;三是维护企业发展潜力,使企业具有一定自我积累、扩大投资的能力。目前我国价格(收费)规制的内容主要是确定价格水平和价格听证管理。

政府直接确定城市基础设施服务价格,相应于企业产品的市场组织结构,一般有三种确定方式:(1)按边际成本定价(Pp),使产品价格等于其边际成本(MC),即 $Pp = MC$,是竞争性产品的定价方式;(2)按平均成本定价(Pr),使产品价格等于其平均成本,它与边际成本定价的关系是 $Pr = MC/(1 - R/\varepsilon)$,是规制价格的主要确定方式;(3)按垄断成本定价(Pm),使产品价格包含其垄断利润,它与边际成本定价的关系是 $Pm = MC/(1 - 1/\varepsilon)$，是自然垄断产品的定价方式。在三个公式中，$\varepsilon$ 是价格的需求弹性，R 是拉姆塞指数，它是以发明者命名的能够使自然垄断产品价格高于按边际成本定价（幅度为 R/ε）、趋向于按平均成本定价的水平，因为它是以"收支平衡为前提"对边际成本定价所做的一个调整。它即可以使城市基础设施产品不至于以边际成本定价而出现亏损，也不至于以垄断定价而出现超额利润。于是正确确定拉姆塞指数就成为城市政府实施基础设施价格规制的重要工作。

除了直接定价，还可以采用一些价格政策来实施规制。例如，对传统的"成本加成"规制方法，可引入激励性规制手段，促进企业通过提高效率而不是提高价格或减少成本来实现企业盈利。例如，英国电力行业采用以零售价格指数（RPI）和企业生产效率增长率（X）挂钩的最高限价方法，非常值得参考。该方法根据各地资源、基础设施和企业的技术进步等因素，为每个企业确定了一个合理的生产效率增长率（X）。同时，还要确定一个适当的规制价格调整时期，这是与城市基础设施的投资回收期相适应的。这使企业不能随意涨价。

此外，城市政府还可以不断调整城市基础设施的价格结构，按照不同标准对总需求进行细分，形成不同的需求结构，并以此为依据制定与需求结构相适应的价格结构。合理调整价格结构，可以满足不同用户的特殊需求。对超额享受基础设施的企业和个人，根据其价值、服务质量等因素的差别来制定浮动价格，拉开价格差别；如在电力、公交等行业，按照季节、月份和昼夜划分高峰需求和非高峰需求，制定相应的高峰价格和低峰价格。对于价格差异，政府可以采取区域间比较竞争的价格规制方法，根据不同区域间的资源状况、企业成本和技术条件，合理的规范不同企业的价格。

自 2001 年 7 月 16 日原国家计委颁布第十号令，宣布我国正式实施《政府价格决策听政暂时办法》后，我国水、电、煤、电信、铁路等关系到群众切身利益的基础设施服务价格在制定和调整时必须召开听证会，广泛征求消费者、经营者和有关方面的意见，在充分论述其必要性、可行性之后才能颁布实施。《听证办法》是我国《价格法》的重要补充。《办法》规定，公民对公用事业价格、公益性服务价格和自然垄断经营的商品价格制定和调整具有"知情权"，相关部门在价格决策前必须举行听证会，除涉及国家秘密外，听证会一律要公开举行。《办法》指出，如果价格决策部门对相关服务和商品价格未按要求举行听证会，同级人民政府或上级政府价格主管部门将宣布其违反定价程序，决策无效，并责令改正。对在价格决策中徇私舞弊的，除宣布听证无效外，还将追究相关人员的法律责任。《听证办法》的实施打破了以往价格决策部门关起门来定价的方式，建立起了决策部门、申请方与利益相关人共同参与、相互制约的新关系，通过公开听证程序，可以避免因社会调查不充分、论证范围过窄导致的定价不合理、群众意见大的矛盾，有利于提高政府定价的透明度和科学化。

2. **市场准入规制**。是政府为防止资源配置低效或过度竞争，确保规模经济效益，并从整体上提高经济运行效率，通过批准和注册等手段，对市场主体进入市场而进行的管理行为。主要措施包括进入规则和准入领域。

（1）制定行业进入标准，规范市场准入。市场准入标准是调整城市基础设施行业发展的一个重要手段，市场准入规制必须以制定公开规范的市场准入规则为前提。一些市场经济国家利用经济、技术、环境、安全和节约等市场准入标准，促进行业技术进步和实现经济规模。根据我国目前情况，应从制定技术、资源利用效率、安全、卫生和环境等标准入手，建立市场准入规则，加强行业管理。其主要目标：一是促进企业技术进步，调整产业结构；二是适当提高部分行业进入门槛，控制企业数量，提高企业素质；三是保护消费者和公众利益，促进社会稳定发展；四是统一标准，促进公平竞争，加快城市基础设施的发展。

建立市场准入规则，应根据城市基础设施行业的不同特点。竞争性行业主要建立资源利用效率、产品性能和质量、安全设施、环境保护等行业进入标准；垄断行业不仅要制定企业生产条件、设备效率和产出品标准，还要制定政府规制标准。同时，针对不同行业特点应采取不同管理方式，如竞争性行业可实行许可证制度，垄断行业可以实行特许权招标制。

要把市场准入标准与激励和惩罚措施结合起来，加强与土地管理、城市规划、金融等部门的沟通与协调，严格信贷、土地、税制管理等措施，保证市场准入制度的实施。对不符合国家产业政策和发展规划的建设项目，不批准用地和建设，对达不到市场准入条件的项目，不准开工建设；对符合准入条件的企业，要减少政府行政干预，打破行业垄断，放宽市场准入，引入竞争机制，鼓励民营企业投资基础设施行业。

（2）明确界定准入领域，放宽投资限制。目前，在以投资计划为导向的前提下，应放宽市场准入限制，同时加强对市场垄断或恶性竞争的规制。凡是竞争性行业，原则上都应当允许民营资本和外资进入；仍需由国有经济主导或控制的，也需要在一定范围、一定程度上引入竞争机制的某些传统垄断产业，也可以采取适当的方式允许民营资本和外资进入。

3. **质量规制**。是为了保证消费者健康，对产品的安全性、准时性、环境效益等方面的规制。质量规制往往不是单独实行，而常常与价格、投资等规制联系起来。目前，对城市基础设施工程质量的规制主要有三种：行政手段是政府对工程的许可和监督；法律手段是各方责任主体通过严格的民事合同界定各自的权利和义务，并通过司法程序解决纠纷；经济手段是各方责任主体通过保险和担保合同等维护自身利益。

（三）城市基础设施政府规制的基本思路

我国政府在城市基础设施领域中的规制基本思路可以概括为：逐步放松经济规制，不断加强社会规制。

1. 放松经济性规制的政策思路。主要有三层含义。

第一，鼓励民营经济进入城市基础设施产业，实现投资主体多元化。在政府、国有企业财力不足的情况下，通过贴息、提供补贴和担保等政策措施，鼓励民营经济进入城市基础设施产业，充分调动民间资本积极性，增强城市基础设施投资能力。政府通过盘活存量资产吸引民间资本，以向民间资本转移具有可经营性基础设施项目的产权和经营权为突破口，鼓励民间资本以逆向 BOT（先由政府出资完成项目建设，经营一段时间后，再有偿转让给民营投资者）等形式进入基础设施领域。政府部门从转让中获得置换资金，用于新建基础设施项目。同时，还可将公用设施的一些无形资产，如桥梁冠名权、各种广告位置等，以公开拍卖等形式引入民营投资。对营利能力不高，但社会效益较好的项目，政府可通过财政补贴或其他转移支付手段，引导民间资本投入。

第二，创新规制工具，引入市场竞争。在传统规制中，政府规制与经济主体低效率同时存在，故仅仅放松规制并不能解决所有问题。激励性规制和协商性规制作为政府规制的两种创新工具在某些情况下可能起到提高企业绩效的作用。激励性规制是通过引入竞争或明确奖惩方式来给予企业提高内部效率的诱导和刺激。它包括特许权竞标、区域间竞争、价格上限规制、稀缺资源公开拍卖等方式；协商性规制是规制者与被规制者之间就如何进行规制所达成的协约。被规制者在这一规制模式中由原来的被动接受规制转变为主动参与决策，制定规制政策。协商性规制的常见方式是社会契约制度，它是规制者与被规制者双方就社会目标、经济目标、行业进入标准、产品质量标准和违约惩处方式等内容所达成的协议。政府规制的创新同样也会受到市场力量和经济、技术发展的推动。

第三，培育良好的规制法制环境。我国法律体系和法制环境尚处于不断完善中，民法、合同法和公司法等基本法已形成体系，但专门结合城市基础设施相关的法律、法规、条例和规章却还不够健全。在遇到问题时，缺乏法律规范，往往需要行政协调解决，给投资人带来极大不便。为此，亟须加强法律环境建设。在政府规制法制化过程中，为了避免规制部门被规制者"俘虏"，或者政企结成利益同盟操纵立法，必须取消各类规制机构对立法的影响力，建立由各种利益集团代表正式参与的公开透明的立法制度；建立制度化的立法审查机制，提高人大对国务院及其各部门行政行为的监督力度；在涉及申请相对人权利（如特许经营权）的行政审批程序中，除广泛引入公开听证程序外，还必须建立特许权的公开拍卖或竞标制度；此外，还要建立完善的政府信息公开制度。

2. 加强社会性规制的思路。城市基础设施领域易于产生负外部性、环境污染和产品质量低下等社会问题，这需要政府通过立法、执法手段加强对这类社会问题的规制。主要有三方面要点：

第一，完善社会性规制的法律体系，提高执法效果。目前我国城市基础设施领域已出台了一些法律法规，但还不很完善。根据经济发展的实际需要，应不断加以完善。城市执法机构对城市基础设施的社会性规制应加强，特别是针对一些技术性、专业性较强的问题，以便减少由城市基础设施运行造成的负外部性、产品劣质和不安全等社会问题。

第二，培育社会监督体系，发挥社会监督的重要作用。社会监督机构主要是新闻媒体等社会团体和公众个人，他们通过各种渠道，以多种形式对损害社会公益的现象进行监督。社会公众数量众多，分布广泛，容易发现并建议城市基础设施建设中的社会问题；社会团体包括绿色环保组织、消费者协会等组织，在社会性规制方面发挥着重要作用。

第三，依托市场机制加强管理，保证城市基础设施建设质量。我国传统质量规制模式是通过对建设工程实体质量监督，并对最终产品实行等级认证来控制工程质量。这种模式要求监督机构配备基础设施项目所有环节的专业技术人员，并要对工程的所有关键工序和部位实施全程检查，才能保证工程质量。监督成本过高，所需监督机构规模大。所以，政府直接介入工程实体质量监督模式不是一种理想模式。为此，我国在改革中引进了建设工程监理制，旨在建立起专业从事工程质量现场规制的社会中介力量，使建筑市场形成一套可靠的质量自我保证机制。2000年，国务院颁布了《建设工程质量管理条例》，逐渐把规制重点从检查工程实体质量转移到监督工程建设各个责任主体履行法定行为规范或操作规程上，通过处罚违法行为等执法手段来保障建设工程质量。但是目前我国在基础设施领域的法律手段还比较弱，还需要多方面的改进。

本章小结

1. 城市基础设施是既为生产又为人民生活提供一般条件的公共设施，是城市赖以生存和发展的基础。包含设施、产品（服务）和产业三种形态。设施指城市基础设施自身的物质形态，产品是指借助于城市基础设施开展经济活动生产的产品；产业指把基础设施实体作为经营对象的行业。通信、自来水经营，公共交通等一般称为公用事业。

2. 按照承担功能和技术的不同，可将城市基础设施分为能源动力、供排水、交通运输、通信信息、生态环境和防灾保障六大系统。按照经济特性，可分别按其公共性程度、是否可营利性和市场结构三种标准分类。

3. 城市基础设施是城市发展的先行基础条件，具有系统整体性、建设的超前性和阶段性以及地方公共物品特点。

4. 决定城市基础设施需求的因素主要有城市人口规模，城市性质和功能水平，城市基础设施存量，科技进步水平和城市人均收入水平。综合这些因素，城市基础设施需求函数可以表述为：$D = f(P, U, GDP, S, T, I)$。城市基础设施供给和投资主体逐渐多元化。

5. 城市基础设施的建设模式有"超前型"、"同步型"和"滞后型"发展模式。"随后—同步"型发展模式，即直接生产部门投资先行，基础设施投资随后紧跟，是资金短缺国家城市基础设施的建设模式。

6. 城市基础设施运作的市场化模式包括特许经营及BOT、PPP和"企业家化治理模式"，其中PPP模式成为我国城市基础设施建设的主要模式。

7. 城市基础设施效益的静态评价方法包括投资收益率、投资回收期方法，动态评价方法包括净现值法（NPV法）和内部收益率法（IRR）。

8. 我国城市基础设施比较突出的问题包括：城市基础设施发展与城市经济社会发展要求不适应；城市基础设施设计、布局、质量不合理；基础设施系统发展不平衡；城市基础设施管理制度不明确，产业化程度低；地区之间、城市之间发展不平衡；建设资金不足，投资渠道有待拓宽。

9. 中国城市基础设施建设面临的挑战主要是：人口城市化挑战，经济市场化挑战，城市现代化和国际化挑战，环境生态化挑战，设施智慧化、信息化挑战，建设安全化挑战。

10. 城市基础设施产业化，是市场经济条件下的发展趋势。通过竞争发展城市基础设施，适应了基础设施建设扩大的需要；有利于提高其使用效率和促进城市政府职能转变；并充分利用了科学技术进步，有利于城市现代化。

11. 政府规制城市基础设施运营，是为了确保资源配置最优和服务供给的公平性。经济性规制是在自然垄断和信息不对称的领域，政府机关运用法律，通过许可和认可等手段，对企业的进入和退出、价格、服务数量和质量、投资、财务会计等有关行为加以规制，是政府对某些特定产业的纵向制约；社会性规制是为了保障劳动者和消费者安全、健康、卫生及保护环境、防止灾害，对城市基础设施服务质量制定标准或限制特定行为的规制，是针对外部不经济或内部不经济行为的横向制约。

12. 城市基础设施的政府规制，其目的和原则是：保护竞争，防止垄断；分类监管，保障效率；完善法律，依法管制；独立监管，防止行政垄断。目前的基本思路是逐步放松经济规制和不断加强社会规制。

思考题与练习题

1. 什么是城市基础设施？试找出10个身边的城市基础设施，并加以分类。
2. 城市基础设施有哪些特性？试分析其形成原因。
3. 以某一具体的城市基础设施为例，试分析其供求特点。
4. 我国城市基础设施建设主要存在哪些问题？
5. 简述城市基础设施经济效益的评价方法。
6. 为什么说城市基础设施产业化是城市经济发展的趋势？
7. 试找出5个城市基础设施特许经营的具体事例，并分析其运作经验。
8. 比较多种城市基础设施运营市场化的模式，分析其优缺点和适应性。
9. 试述城市基础设施建设投融资市场化，结合实际，谈谈你对这些问题的认识。
10. 搜集城市政府对基础设施建设监管的例子，它的监管目的和原则是什么？运用了哪些监管方法？
11. 你是否参加城市基础设施产品的价格听证会？请你列举三种城市基础设施产品的定价方法，比较一下，分别有哪些优缺点？
12. 试论PPP模式在城市基础设施建设融资中的作用。
13. 我国城市基础设施建设存在哪些问题，具体对策是什么？

第七章　城市住宅经济

学习目标

通过本章的学习，要求学生掌握城市住宅和住宅经济的基本属性，能够运用经济学知识分析城市住房市场的供求现象；从城市经济的视角认识我国过去和当前城市住宅存在的问题，了解国家治理城市住宅问题所实施的住房制度改革和近年来所实施、出台的城市住房调控政策；能够解读我国实施城市住房政策的初衷和目的；重点理解经济适用房和廉租房政策的内容和运行方式；明确城市政府在解决城市住宅问题中的"角色"和应发挥的作用。总之，要在城市经济的框架内认识住宅问题以及我国的城市住房政策。

　第一节　城市住宅经济概述

一、城市住宅的基本属性

（一）住宅的属性

住宅是人类赖以生存的基本物质条件之一，它集生存资料、享受资料与发展资料于一体，和食物、衣服、交通工具合称"衣食住行"，是人们必需的基本消费品。住宅的需求与供给、建设与分配，是国际公认的重大经济和社会问题。

我国正处于城市化时代，城市替代农村成为人们活动的主要集聚地。随着非农产业的迅猛发展，大量农村人口转移到城市，城市规模不断扩大，城市人口密度、建筑物密度越来越高。这在为城市发展提供了条件的同时，也带来了许多城市问题。城市住宅问题就是其中一个最为突出和尖锐的矛盾，也是当前我国政府和广大群众极为关注的重大经济社会问题。因此,发展城市住宅经济,满足城市居民适宜居住的需要,就成为当前我国城市经济理论的重要课题。这一研究应当从认识城市住宅的属性开始。

首先是城市住宅的自然属性。住宅作为一种建筑物,具有耐久性、固定性和附着性的特点。耐久性指住宅具有较长的使用年限,在整个使用年限内,住宅为人们提供服务流量,直至它的寿命终止;固定性指住宅一经开工建设,就在某空间位置上固定下来,这是由土地的固定性决定的[①];附着性指住宅和土地密不可分,犹如寄居蟹一般,离开了用以支撑的土地(包括水面、森林等),住宅就无法存在。

其次是城市住宅的经济属性。住宅是一种特殊商品,它有三种经济特征。作为一般商品,住宅凝结了大量的物力、财力与人力,这是它价值的基础,也是商品的共同性。由此住宅可以买卖,可以按照住宅的不同质量和功能,制定不同的价格;而作为特殊商品,住宅具有很强的外部性和准公共产品属性。住宅是城市居民的基本生计问题,不能将其作为完全的私人产品看待,要求政府从稳定社会公益出发,干预住宅价格或数量;第三,住宅的固定性和耐久性特点,使住宅成为具有价值储蓄性质的不动产,可以用来作为投资或投机的工具。

最后是城市住宅的社会属性。住宅是社会性程度很高的产品。一是它作为满足居民基本生存和发展需要的重要消费品,已经成为提高生活水平的重要追求目标,我国城市居民的食物和衣服消费已不成问题,而居住问题还大量存在,需要国家制定相适应的住房政策;二是城市住宅涉及到多方面的社会问题,例如人口迁徙、城市交通、教育、医疗等公共设施,社区发展和中小企业发展等多方位、多角度的相关利益群体,尤其在全球化和后工业社会的大背景下,与住宅相关的社会问题呈持续上升趋势且越来越复杂。所以,住宅问题不仅对个人具有重要意义,也是一个重大的社会问题。"安居"才能"乐业"。没有基本的住所,人们无法安心工作、学习和生活,社会稳定也将得不到保证。所以,保障居民安居一直是各国政府努力的政策方向之一。

(二)城市住宅经济的特征

上述住宅的基本属性,决定了城市住宅经济的运行特征。主要包括:

1. 城市住宅是投资成本大,投资周期长的经济活动。由于住宅是长期和耐用消费品,一次建成,长时期使用消费。因而住宅建设需要耗费大量的财力物力,需要较长的建设周期和投资回收期。这种投资成本大、周期长的特点,要求城市政府

---

① 蔡晓箴.城市经济学[M].南开大学出版社,1998.

在监管城市住宅建设时要把好规划关和质量关，从战略角度管理城市住宅经济的运行。

2. 城市住宅是具有复杂产权关系的经济活动。城市住宅经济依附于土地经济利益。土地区位好，地段繁华，它上面的住宅也会售出很高价位，故地产和房产被合称为"房地产"。我国城市土地属国有，开发商是在拥有城市土地使用权后建设住房。故住房交易的内涵是土地使用权和住房所有权的交易，整个住房经济牵扯到城市土地国家所有权、开发商占有国土使用权和房屋开发及收益权以及购房者的国土使用权与住房所有权的各种关系。这些复杂的关系要求城市政府管理城市房地产时，要明确和正确处理好相关经济主体的产权关系。

3. 城市住宅经济的产业关联度高。住宅作为最终产品，与多种产业具有较高关联度。房地产开发建设中所需要的建筑材料23个大类，1500多个品种，涉及建材、冶金、机械、化工、电子等50多个生产部门；住房的使用又会对装饰材料、家居、家具等产业提出大量需求。这样，住宅业可以带动大量相关产业的发展。因此，随着我国城市化的快速发展和对城市住宅的高需求，住宅业已成为我国国民经济重要的支柱产业和新的经济增长点。

4. 城市住宅经济强烈地依赖并支持金融业的发展。住宅投资巨大，生产周期长，投资回收期长，所以无论是开发商还是购房者都需要金融机构的支持。开发商向银行借贷以筹集开发资金，购房者向银行申请住宅消费贷款（按揭）。这些贷款对于金融部门是利润丰厚的金融产品，无论是放贷于开发商，还是购房者，都会得到较高的利息率。所以，住宅业既需要金融业的支持，又有力地支持了金融业的发展，而这些又都有力地促进了城市经济的发展。这种与金融业的密切关系，使得城市住宅经济会与金融风险联系在一起，因而需要政府通过金融控制政策来稳定城市房地产经济的运行。

5. 住宅市场是具有竞争和垄断双重性质的市场。一方面，普通住宅市场上的商品房开发商较多，需求者也较多，无论是住宅供给还是住宅需求都具有相当的竞争性；另一方面，由于城市土地的稀缺性，城市住宅是有限供给，同时开发房屋需要大量的垫付资金和其他开发条件，在我国能够在政府供地的招标中中标的开发商也只是少数，因而城市住宅具有垄断的可能。特别是我国的城市住宅需求很大，开发商就能够垄断住宅市场，抬升价格，加剧住宅供应的紧张局面。为此，需要政府采用反垄断措施，平稳住宅市场价格。

6. 住宅的经济特征决定了住宅经济具有消费性、投资性和投机性三重特征。不同性质的住宅需求行为和其所占比例，将会直接影响城市房地产市场的健康运行，故需要国家和城市政府综合的运用宏观调控和公共规制政策，保证城市房地产经济的合理结构。

二、城市住宅市场的需求分析

作为商品出售的住宅，与一般商品一样要受供求规律的支配，形成一定的均衡价格，调节住宅的生产与需求。

决定住宅需求的因素主要是居民收入和财产水平，住宅价格，住房抵押（按揭）贷款利率和通勤费用。住房商品的需求模型是[①]：

$$H_D = f(y, p, i, t) \qquad 式（7-1）$$

式中，H_D 为住房需求量；y 为居民收入和财产水平；p 为住房价格；i 为住房抵押贷款利率；t 为通勤费用。这些因素对住房的需求有不同的影响方式。

1. 收入水平是影响住房需求的一个重要因素。一般来说，城市居民对住房需求大小，同城市居民收入和以往收入形成的财产多少成正比。20 世纪七八十年代以来，西方一些学者致力于研究住房消费支出和收入之间的比例关系以及住房需求的收入弹性，以期总结政策建议。美国经济学家里奥从当年的收入出发进行研究，住房需求的收入弹性为 0.6—0.9。说明住房缺乏弹性，是生活必需品。似乎当年收入高低，影响人们的基本需求不会有太大变化。但是把当前收入积累下来的财产考虑进去，即从相对收入概念和生命周期收入理论角度分析，居民购房需求与当前收入水平和原有的财产以及长期内的预期收入成正比。因此，这里的 Y 很复杂，既有当前收入，也有原有的财产，还有未来的预期收入。

2. 住房价格水平是影响住房需求量最明显的因素，住房价格上升会抑制住房需求，住房价格下降会刺激住房需求。研究表明，人们对住房价格比较敏感，住房的需求价格弹性约为 1.5[②]。但是也有特殊情况。2004 年上半年，我国政府为了稳定住房市场，出台提高房贷利息率政策，引发了大量真实需求的人们的一种预期：如果现在不买房，房价会涨得更高。于是正在打算买房的和原打算过一段时间再买房的人们纷纷加入到住房需求的队伍里，使城市商品房具有了"吉芬"商品的性质，这样随着房价的上升，需求者反倒增多。

3. 住房抵押（按揭）贷款利率。在人们的收入不足时，有时会考虑到通过按揭解决住房费用的支付。我国城市居民收入相比发达国家普遍偏低，房价-收入比很高（10∶1—20∶1）。我国政府为此建立了住房公积金制度。城市居民购买住房的钱不够，参加住房公积金的人员可以申请公积金贷款，没有参加的可以向各家银

---

① 参考饶会林. 城市经济学 [M]. 东北财经大学出版社，1999.
② 参见谢文蕙、邓卫. 城市经济学 [M]. 清华大学出版社，1996.

行申请商业按揭贷款。住房公积金利率是商业按揭贷款利率的起始标准。这样，一般的情况下，住房抵押贷款利率就成为影响居民住房需求量的一个重要因素。抵押贷款利率过高，会抑制居民的住房消费。但是也有特殊情况，当利率水平低于房价上涨水平的情况下，也许不会抑制居民的住房需求。

4. 人们对未来的预期。人们购买住房，既是一种消费行为，也是一种投资行为；人们是期待住房的未来升值而考虑现在购买。如果单作投资看，如果预期悲观，就会减少购买住房；如果预期乐观，就会增加购买住房，从而影响住房需求的变动。这种预期往往会产生一种惯性作用，从而扭曲住房价格。即当人们预测住房价格会上涨时，会增加对住房的即期需求，需求增加确实就推动了价格的上涨，进而导致人们预期未来价格会进一步上涨，这种恶性循环会严重的扭曲住房价格和市场。

5. 通勤费用即居民的交通费用。在单中心城市中，住房一旦购买，其空间位置就固定了，这种固定性决定了它与其他地点的距离，尤其是与中心商务区（CBD）的距离。人们的出行需要花费交通费和时间，到达目的地距离的远近，决定了通勤费用的高低。这样交通费用也是一笔较大的开支，会影响到居民对住房需求的选择。当然，这种选择是综合性的，一般会在房价和通勤费之间进行权衡。

三、城市住宅市场的供给分析

决定住宅供给的价格主要有住房价格，建房资金和国家政策。住宅商品的供给模型是[①]：

$$H_S = f(p,k,l,r) \qquad 式（7-2）$$

式中：H_S 为住宅供给量，p 为住房价格，k 为建房资金，l 为土地供给，r 为国家政策。这些因素对住房的供给有不同的影响。

1. 住宅价格高低是影响开发商是否愿意供给住房的首要因素。因为开发商建设住房就是为了得到尽可能高的利润与收益。住房价格水平高于成本投入，开发商获利，开发商就会向市场提供住房；住房的价格与成本间的差距越大，利润越大，开发商就会愈多的供应商品住房。因此，住房供给与其价格成正比例关系。

2. 建房资金是决定住房建设量的根本因素。住房投资的成本很高，占用资金很大，没有足够的建设资金，就不能有效地供应住房。鉴于住房的双重特性，住房的供给有两类情况。一是对普通商品房，需要开发商首先垫付资金，资金不足，首先是开发商不符合向市政府申请土地的条件，也就不能进行住房开发。住房业是有

[①] 参考饶会林. 城市经济学 [M]. 东北财经大学出版社，1999.

进入障碍的产业，住房供应商必须具备一定的资金规模，才能开发和供应住房；另是对特殊的商品住房，如经济适用房等政府控制的住房，其供应，既需要开发商具备开发资金，也需要政府具备综合配套资金，所以需要开发商和政府分别具备房屋开发的建设资金。故建设资金是住房投资的根本性影响因素。

3. 土地供给是影响住房开发的投入因素。由于土地资源的稀缺性，政府通常控制土地的利用，故城市住房的供给能力，很大程度上决定于政府的土地政策，政府允许使用多少土地的多少直接影响住房在市场上的供应量。政府对土地的控制，不仅影响土地的供应数量，还会影响土地的价格。这都会影响到开发商对住房的供应数量。

4. 政策导向是国家和政府控制住房业健康发展和"住者有其屋"社会目标实现的基本保证。住房的建设是关乎国计民生的大事，国家一般不会放任自流，各国政府都有一套管理房地产业的法律、法规和政策，以调控房地产市场朝着有利于国民经济的方向发展。国家的调控主要有三个方面：一是法律、法规，例如立法规定房地产开发中住房的比例与档次和开发方式；二是行政措施，例如对开发商收取购房者费用的限制条目；三是经济措施，例如用税收和土地出让的不同政策调节住房的供给结构。

此外，住宅供应量还受住宅投资收益以及开发商对未来投资收益预期的影响。

四、城市住宅市场的供求平衡

在市场的作用下，一般的商品住房需求和住房供给达到均衡的价格和数量的情况如图 7-1 所示。

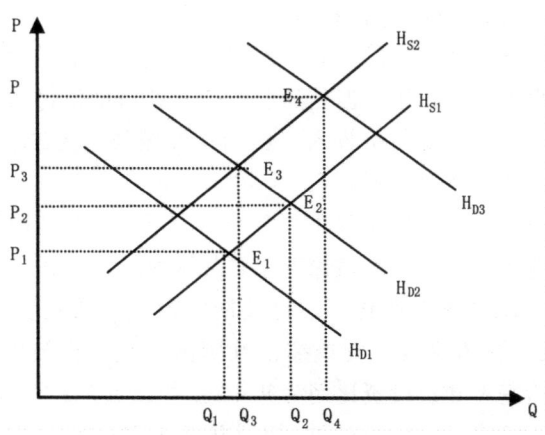

图 7-1 住宅需求与供给均衡变动情况

图中，H_{D1}，H_{D2}，H_{D3} 分别表示不同时期的住房需求量，说明住房需求量和价格成反方向变化关系的，即当其他条件不变时，价格越低，需求量越大。

H_{S1}，H_{S2} 分别表示不同时期的住房供给量，说明住房供给量和价格成正方向变化关系，即当其他条件不变时，住房价格越高，供给量越大。

在第一时期，住房需求和供给均衡点处于 E_1，所决定的均衡价格和均衡数量为 P_1 和 Q_1。随着人民生活水平的提高，对住房的需求量增加，需求曲线会向右移动到 H_{D2}，进入第二时期，新的需求曲线与原来的供给曲线相交于 E_2，产生新的均衡价格和数量 P_2 和 Q_2。除了住房需求发生变化外，住房供给也会发生变化。譬如，房屋生产效率降低、建筑材料价格上涨，或者由于政府补贴减少，都会使得供给曲线向左移动到 H_{S2}。这时进入第三时期，新的供给曲线和 H_{D2} 相交于 E_3。这时的均衡价格和均衡数量为 P_3 和 Q_3。如果这时居民住房需求继续增长的话，那么需求曲线又向右移动到 H_{D3}，随之新的均衡点到了 E_4，均衡价格和数量变成了 P_4 和 Q_4。

第二节　我国城市住房制度的问题与改革

一、我国城市住房福利分配制度存在的问题

新中国成立后一直到1994年，我国除了居民原有住房外，在城市住房制度上基本上实行的是国家或企业建房的福利分配制度。这一制度在稳定城市居民生活，促进社会生产上发挥了很大作用。但是随着改革开放后城市化加速，这种低租金的住房福利分配制度，无法实现住房投入产出的良性循环，无法满足居民居住需要，产生了越来越多的问题。主要表现是：

第一，投资一元化，造成住房欠账过多，总量不足。共和国诞生之初，万象更新，同时也是百业待兴，既要不懈地保卫年轻的国家，又要在几乎是赤贫基础上发展社会主义经济，实现国家工业化，不得长期实行生产性投资倾斜性政策。1979年前的30年里，我国城镇住房投资单纯依赖国家，且一再被压缩挤占。"一五"时期住房建设投资占基本建设投资比例为9.1%，"二五"、"三五"时期分别降到4.1%和4.0%，到"四五"、"五五"时期回升至5.7%和11.8%。30年住房投资总计为基本建设投资的7.5%。而同时期的发达国家，据统计，1953—1979年，日本住房性投资占基本建设投资比重为14%—21%，西德为21%—25%，美国则高

达15%—33%。而我国欠账太多，是这阶段住房紧张的最主要原因。①

第二，低租金削减住房开支、引发畸形消费。新中国成立后很长时期内，城市公有住房租金低得惊人。20世纪80年代中期以前，全国每平方米使用面积的月租金只有0.13元，1989年我国城市居民住房开支仅占生活支出的0.7%，几乎等于免费住房。而国外住房支出占生活支出比重一般都在15%—25%之间。低租金带来的一个后果就是引发畸形消费。改革开放以来，城镇居民收入以两位数率增长，城镇居民储蓄存款余额1993年高达10014.8亿元。如此庞大的存款，使人们提前进入高消费，各种高档消费品、保健品、奢侈品纷纷飞入寻常百姓家，某些指标已接近发达国家水平。这种消费早熟现象，与不合理的住房开支有很大关系。我国房租不仅低于建房成本，而且低于住房维护和管理费用，使国家财政负担很重，同时遏制了在国外被认为是国民经济三大支柱之一的建筑业发展，造成市场和产业结构扭曲。

第三，加重了企业负担，削弱了城市政府的管理职能。福利分房制度在实践中逐渐演变成各企业单位自己建房，然后在内部分配的体制。这使得企业承担了一部分社会职能，这种"企业办社会"的结果，加重了企业负担，产生了房子分配利益协调中的扯皮、闹事等诸多问题。同时，各单位建房只考虑自身情况和利益，不顾及城市整体形象，使得城市政府不能从长远发展考虑城市规划，造成长时期内被外国人说成是"没有城市规划的国家"。

第四，导致城市建设滞后、延误了城市化进程。一是各企业单位自主建房，规划较弱，使城市建筑物参差不齐，影响了市容市貌，并且由于政府资金短缺，旧城改造困难重重，居住环境也得不到改善。二是福利住房建设质量由于资金不足而较差，无法使城市建设达到高水平。于是，城市建设滞后，吸纳劳动力就有限，生产规模很难扩大，财政收入也难以增加。而财政匮乏又反过来进一步加剧城市建设资金的紧缺，从而陷入恶性循环。所以，我国1994年之前的城市化进程一直很缓慢。

第五，分配体制导致住房分配不公平、滋生特权现象。有权者趁机多占抢占好房，无权者分差房、甚至分不到房，造成不同阶层、不同部门、不同级别之间，或者同一阶层的不同群体、同一部门的不同单位、同一级别的不同权属之间，在住房分配上的苦乐不均甚至天壤之别。因此，在物资不足时的分配制度，容易滋生以权谋私、寻租等不良现象。

---

① 参见谢文蕙、邓卫. 城市经济学，清华大学出版社，2008.

二、我国城市住房制度的改革

我国城镇住房制度的改革经历了三十多年,从政策、措施出台及改革深度和广度看,大致经历了如下三个阶段:

(一) 城镇住房制度改革的探索和试点阶段

1978年邓小平同志最先提出了关于房改的问题,1979年国家开始实行向居民全价售房的试点,1982年开始实行补贴出售住房的试点,即政府、单位、个人各负担房价的1/3。截至1985年年底,全国共有160个城市和300个县镇实行了补贴售房,共出售住房1093万平方米。

1986年以后,城镇住房制度改革取得重大突破,掀起了第一轮房改热潮。1986年2月,我国成立了"国务院住房制度改革领导小组",下设办公室,负责领导和协调全国房改工作。1988年1月国务院召开了"第一次全国住房制度改革工作会议",同年2月国务院批准印发了国务院住房制度改革领导小组《关于在全国城镇分期分批推行住房制度改革的实施方案》,标志着住房制度改革进入了整体方案设计和全面试点阶段。具体措施为,公有住房的出售按照房屋的新旧实行不同的价格标准:一是向职工出售新建住房时,按照标准价计算,即按住房本身建筑造价和征地及拆迁补偿费计价;二是向职工出售旧住房时,综合考虑重置价结合成新折扣和环境因素等,以质论价,一般每平方米售价不得低于120元。

(二) 城镇住房制度改革全面推进和配套改革阶段

1991年11月,国务院办公厅下发了《关于全面进行城镇住房制度改革的意见》,是城镇住房制度改革的一个纲领性文件,明确了城镇住房制度改革的指导思想和根本目的,标志着城镇住房制度改革已从探索和试点阶段,进入到全面推进和综合配套改革的新阶段。

1994年7月18日国务院下发了《关于深化城镇住房制度改革的决定》(以下简称《决定》),确定了房改的根本目的,是建立与社会主义市场经济体制相适应的新的城镇住房制度,即实现住房商品化、社会化;加快住房建设,改善居住条件,满足城镇居民不断增长的住房需求;此后形成了房改的热潮。房改的基本内容可以概括为"三改四建"。

"三改"的内容是:(1) 改变住房建设投资由国家、单位统包的体制为国家、单位、个人三者合理负担的体制;(2) 改变各单位建房、分房和维修、管理住房的体制为社会化、专业化运行的体制;(3) 改变住房实物福利分配方式为以按劳分配的货币工资分配为主的方式。

"四建"的内容是：（1）建立以中低收入家庭为对象、具有社会保障性质的经济适用住房供应体系和以高收入家庭为对象的商品房供应体系；（2）建立住房公积金制度，发展住房金融和住房保险；（3）建立政策性和商业性并存的住房信贷体系；（4）建立规范化的房地产交易市场和房屋维修、管理市场。

到 1997 年，住房公积金制度已在全国大中城市普遍建立，租金改革和公有住房出售加快，住房自有率迅速提高，经济适用房建设也在加快，初步形成了住房供应体系和住房金融体系。标志着城镇住房制度改革已进入深化和全面实施阶段，即建立与社会主义市场经济体制相适应的新住房制度。但是，由于房改仍然是在旧体制框架内的浅层次调整，未能冲破传统住房模式，特别是住房政策设计的一整套环节缺乏公平性的制度保证，引发了一些新问题：（1）住房差距有所拉大。房改中建立的住房基金强调单位主导，各单位普遍压低房改房价格吸引现住户购买，而忽视提高缺房户的需求能力和机会改善，形成了新的住房分配偏差，原有住房分配差异没能得到很好调整，住房分配机会不均等矛盾仍然较大。（2）供求不均衡未得到缓解，小步提租改革，只对租住公房的职工发放补贴，租住私房的职工等无公房职工得不到补贴，产生较大政策落差，迫使单位建设公房，形成住房市场化改革的阻力。

（三）城镇住房制度改革全面货币化阶段

1998 年 7 月 3 日《国务院关于进一步深化城镇住房制度改革加快住房建设的通知》发布，宣布从 1998 年下半年开始，全国城镇停止住房实物分配，全面实行住房分配货币化。此文件的出台标志着中国住房体制改革的转折点：住房作为福利以实物形式分给职工的方式彻底停止，今后单位不再建房、买房、分房，同时将单位原来多种用于建房、购房的资金转化为住房补贴，再由职工到住房市场上通过购买或租赁方式解决住房问题。

所谓住房分配货币化，指住房社会再生产中的最终消费（使用）者以有偿货币方式取得住房的分配方式。或者说是"把住房实物分配的方式改革为以按劳分配为主的货币工资分配方式。"它是计划经济体制下形成的福利性实物住房分配制度向与市场经济相适应的住房商品化制度转变的一种过渡政策。住房分配货币化的内涵主要是停止原有的住房实物分配，通过一次性或者分次性发给职工住房补贴，让职工到住房市场通过购买或者租赁方式选择自己满意的住房，实现住房商品化和社会化。

建立和完善以经济适用房为主的住房供应体系是这次改革的主要内容。其要点是：

1. 调整住房投资结构，重点发展经济适用住房，加快解决城镇住房困难居民的住房问题。经济适用住房是为了满足城市居民基本居住需要而供应的政策性住房，其成本只包括征地和拆迁补偿费、勘察设计和前期工程费、建安工程费、住房小区基础设施建设费（含小区非营业性配套公建费）、企业管理费、贷款利息和税金等7项因素。计入房价的企业管理费原则控制在2%以下，并以征地和拆迁补偿费、勘察设计和前期工程费、建安工程费、住房小区基础设施建设费（含小区非营业性配套公建费）4项成本因素为基础计算，其开发利润控制在3%以下，使其价格能与中低收入家庭的承受力相适应。可见，经济适用住房具有保障性质，其建设要严格控制在中小套型，审定销售价格和依法实行建设项目招投标制。

2. 对不同收入家庭实行不同的住房供应政策。除了新建的经济适用住房出售价格实行政府指导价，按保本微利原则确定，保证中低收入家庭的住房需求之外，政府还实行廉租房和其他普通商品房政策。最低收入家庭如果买不起经济适用住房，可以向政府申请租赁房。政府提供的廉租住房，可以从腾退的旧公有住房中调剂解决，也可以由政府出资新建。如果政府没有适宜的住房出租，也可以向最低收入家庭在社会上承租的普通商品房发放租赁补贴。政府可以在实物配租、租赁补贴和租金核减等方法上进行选择。城镇最低收入家庭人均廉租住房保障面积标准原则上不超过当地人均住房面积的60%。廉租住房的租金实行政府定价，由维修费、管理费二项因素构成。对高收入家庭购买、租赁的商品住房，实行市场调节价。

3. 发放住房补贴。职工购房资金主要来源是职工工资，住房公积金和个人住房贷款，政策调控下的房价收入比（本地一套 $60m^2$ 建筑面积的经济适用住房的平均价格与双职工家庭年平均工资之比）一般在4倍以上；财政、单位原有住房建设资金可转化为住房补贴的地区，可以对无房和住房面积未达到规定标准的职工实行住房补贴。

4. 住房公积金制度全面推进。1998年国发〔1998〕23号文件要求，全面推行和不断完善住房公积金制度。到1999年底，职工个人和单位住房公积金缴交率不低于5%，有条件的地区可适当提高；建立健全职工个人住房公积金账户，提高住房公积金的归集率。1999年3月4日，国务院发布实施《住房公积金管理条例》，并于2002年做了修订，扩大了公积金适用单位，设立住房公积金管理委员会，比原先的住房委员会增加了"审议住房公积金增值收益分配方案"的职能。住房公积金是城市中所有单位及其职工缴存的长期住房储金，属于职工个人所有。职工个人可以用自缴公积金或申请住房公积金贷款购买住房。

(四) 我国城市住房改革的政策目标

我国城市住房改革的政策目标，就是要解决好居民住房问题，让广大群众能"安居乐业"。住房制度采取市场化改革方向，是因为福利供给住房严重脱离了我国生产力发展阶段的实际能力。经过 30 多年的改革、实践、总结和选择，现在已基本确立了比较系统的具有中国特色的市场化住房发展框架，并形成相应的制度和政策。在基本住房制度方面，选择了货币化分配方式，推进住房商品化、社会化；在住房商品化方面，选择了区别对象提供普通商品房和经济适用住房的供应体系；在住房社会保障方面，选择了廉租房政策；在活跃交易方面，选择了低门槛政策；在住区管理方面，选择了专业化、市场化的物业管理体制；在住房金融方面，选择了商业性贷款与公积金政策性贷款相结合的体制；在住房生产方式方面，选择了以提高生产率和住房质量为目标，推进住房产业现代化。这些大的方面基本上取得了共识，全国也统一了政策。然而，各地在分散决策和实施过程中做法还有很大差异，在某些具体政策上甚至还有分歧和保留。由此，也产生了很多房改制度不完善导致的一系列问题。房改是一种系统工程，解决这些问题应当通过进一步广泛的调查研究，深入客观的分析比较，更全面更准确地调整和完善我国住房改革制度的策略体系。

三、我国城市住房制度改革中的现存问题

1994 年后，我国城镇住房改革进入实质性阶段。1998 年下半年开始的住房分配货币化改革，取得了非常大的成就，已基本上建立了高收入家庭购买或租赁商品房、中低收入家庭购买限价房或普通商品住房、最低收入家庭租赁廉租房的住房供应体系，逐步推行了公积金制度。但是，由于改革实践经验不足，住房改革中出现了一些新的问题。

(一) 商品房房价虚高，超出居民承受能力

国际上，衡量居民承受房价能力的指标一般用房价—家庭年收入比。发达国家这个比值在 1.8—5.5∶1 之间，发展中国家的平均水平是 4—6∶1 之间，但是在我国，2014 年 35 个大城市中有 25 个城市超出了这个水平，如表 7-1 所示。这对于一个人均经济发展水平还不算高，人口众多的发展中大国来讲，是一个很大的问题。

表 7-1　　　　　2014 年我国 35 个大城市房价—收入比状况

排名	城市	房价收入比	排名	城市	房价收入比	排名	城市	房价收入比
1	深圳	20.2	13	南京	8.9	25	重庆	7.0
2	厦门	15.5	14	兰州	8.8	26	成都	6.9
3	北京	14.5	15	宁波	8.5	27	哈尔滨	6.9
4	上海	11.9	16	合肥	8.1	28	贵阳	6.8
5	广州	11.8	17	西宁	7.8	29	昆明	6.7
6	杭州	10.8	18	郑州	7.8	30	济南	6.4
7	福州	10.8	19	南宁	7.8	31	沈阳	6.4
8	海口	9.7	20	武汉	7.7	32	西安	5.8
9	天津	9.6	21	石家庄	7.4	33	银川	5.4
10	太原	9.6	22	南昌	7.4	34	呼和浩特	5.1
11	大连	9.2	23	长春	7.1	35	长沙	5.1
12	乌鲁木齐	9.0	24	青岛	7.1			

资料来源：吴敏洁，地产中国网 [O/L]．http://house.china.com.cn/wuxi/view/788846.htm，2015 年 6 月 9 日。

在发达国家，如果房价收入比超过 6 就可以视为泡沫区，我国城市房价—收入比 70% 以上的城市超过 6，应不是一般泡沫的表现，而是住房制度改革不完善所致。整体上看，房价收入比呈现 3 种态势：一是呈现出东、中、西梯度递减的态势，且相差幅度较大；二是一线城市明显整体高于二线城市，深圳、北京、上海、广州分列第一、三、四、五位；三是经济发达城市高于经济欠发达城市。

（二）住房供求结构不合理，住房短缺和闲置同时并存

住房供给结构不合理，住房短缺和闲置同时并存，是我国城市住房市场长期存在的痼疾，既与后发国家高速经济发展中的结构不合理有关，也与住房制度改革的市场体系配套不完善有关。其主要表现是：

1. 开发商单纯以利润标准供房，导致低档商品房供应不足、高档商品房空置率较高。房地产开发商往往选择利润更高的商务公寓楼、别墅、高级住房为开发主

项，中低档商品房供应比例偏低，整个住房投资中，经济适用房所占比例小基本在4%以下，小得可怜；而中高档商品房投资比例往往在15%以上，这使广大群众需要的中低价位、中小户型的普通商品住房和经济适用住房供应不足。结果，一方面是很多老百姓买不起房，另一方面是大量高档商品房空置和烂尾楼的产生。空置房的一部分为待售房，另一部分为已出售但长期无人居住的房子。2015年全国商品房待售面积71853万平方米，按照我国人均住房面积30平米计算，"空置"住房可供近2.4亿人口居住。①

2. 城市住房改革未考虑流动人口的需求，城市化人口住房匮乏。城市化人口这里主要指农业剩余劳动力转移到城镇中的非农产业的劳动人口，我国城镇中通常称其为"农民工"，是城镇的外来人口或流动人口。我国在高速城镇化过程中，住房制度改革主要针对城镇户籍人口，基本没有考虑这些无城镇户口的城市化人口的住房需求。他们进入城镇，基本上是租住私人出租房，居住条件十分简陋。尽管这些城市化人口在我国已达1.5亿人，尽管他们从封闭、分散的传统村落聚居形态转化为信息发达的城市聚居形态，促进了劳动力、资本及多种经济要素在空间地域上的合理流动和城镇集聚效益、规模效益的提高，但是却没有获得城镇住房的合理容纳，从而造成农村留守儿童、老人和夫妻分居等严重社会问题。因此，城市住房改革和供应未考虑流动人口的需求，是房改结构不合理的重要表现。

3. 地方城市政府偏重土地收益，廉租房建设滞后。廉租房是由国家出资地方城市政府主导建设的、规格适当、功能实用、面积较小的住房，它以低廉的可以接受的租金向住房弱势群体提供，以实现"住者有其屋"的城市目标。但是，一些城市在住房制度改革过度强调住房市场化作用，在住房保障政策上，重点发展限价房，以只售不租的经济适用房为主要住房保障形式；同时各地城市政府偏重土地收益，认为廉租房供给和房价成反比的关系。由于廉租房土地出让价格很低，城市政府大都对对其表现出异常的"冷淡"，甚至大力"排斥"，从而廉租房建设严重供给不足。这种城镇住房供给的结构偏差，与我国房改制度存在缺陷不无关系，需要通过深化改革来改变。

（三）投机商趁机"炒房"，扰乱住房市场，制约实体经济发展

由于对房地产市场的宏观调控不得力，很多投机者趁机"炒房"，不仅使住房价格虚高，还严重扰乱了住房市场的正常顺序。曾经在全国出名的温州"炒房

---

① 腾讯财经网：中国到底还有多少空置房？http://finance.qq.com/a/20160810/035241.htm，2016-08-10。

团"，有10万人参与，手中有上千亿元的资本，仅温州某房产投资俱乐部，会员就达6000多人。2001—2004年四年间，温州炒房团先后到上海、深圳、南京、杭州等经济较发达城市炒房产，所到之处，房价骤升①。其后果，一方面使得本已很高的房价更加离谱，老百姓深受其苦；另一方面，引发大量游资进入房地产市场，扰乱房地产市场，加重房地产泡沫，金融风险加大，影响了市场体系有序健康的发展。特别是"炒房"造成少数人获得不合理巨额投机性收益，严重影响和制约了实体经济的发展。

（四）城市住房保障措施疲弱，应有的调节城市房地产市场的政策功能不足

我国市场化的房改制度建设，基本政策是高收入者购买商品房，中低收入者购买经济适用房、双限房等限价房，最低收入者租赁廉租房。后两者属于房改中的保障措施。由于房改制度和政策都是在试验中不断推进的，存在一些改革不到位的问题，使应有的城市房地产市场调控政策的功能不足。具体表现是：

1. 限价房的保障对象错位。限价房一般指政府限定房价的经济适用住房和普通商品房，这是为了保证城市中低收入者的居住需要采取的措施。但是根据调查，自1998年以来购买限价房的人群中只有84%属于中低收入家庭，16%是属于高收入者。据业内人士介绍，有不少高收入阶层把购买经济适用房这样的限价房当成了优秀投资项目，借此炒房赚钱。这种限价房的保障对象"富人化"，造成限价房销售对象错位，偏了房改初衷。造成这种现象的原因，一是高收入群体凭借虚假的低收入证明骗购限价房，二是房改相关部门没能准确审查资料，疏于管理出现漏洞，三是个别部门把限价房变成权力寻租对象和权力"自留地"。

2. 廉租房的保障范围过小。目前我国廉租房制度的保障对象是城市低保家庭和民政部门认定的优抚对象家庭，而没有考虑既买不起限价房又不能享受廉租房的"夹心层"居民。据调查，我国城市人均建筑面积在 $10m^2$ 以下的低收入住房困难家庭近1000万户，占城镇家庭总户数的5.5%，因不是城市低保户而不能申请廉租房；进入城市的农民工也不在廉租房的保障范围之内。可见，我国城市化实际上有南美国家城市化道路的成分，农村人口进入城市只能通过城中村、外来人口公寓和城乡结合部的农村土地等非正式渠道解决住房，结果衍生出大量社会问题。这种通过非正式住房解决城市化人口居住问题的途径，已经被证明：几乎所有这类城市都在安全和有效管理上不得不支付更高的社会成本。

3. 部分保障性住房质量不过关，配套设施严重不足。已经兴建的一些保障性

---

① 资料来源：北京晨报，2004年03月30日。

住房，基本都是建在比较偏远的地方，应有的公共配套设施和服务严重"欠债"。即使有一些配套公共设施，由于承租户往往户口在原居住地，这样涉及就医、孩子读书、民政补贴发放等与户口有关的问题都无法解决。还有一些地方只抓开工数量，放松质量检查，诸如使用存在安全隐患的"瘦身钢筋"，材料报验和工序验收把关不严，住房设计、施工、监理、验收质量把关不严等问题时有存在，甚至有些地方的个别工程还使用了不合格的建筑材料，质量安全隐患十分危险。

第三节　我国城市住房政策及其完善

一、城市住房调节政策的意义和目标

保障人民的住房权利，改善民众的居住条件，对于促进经济发展、维护社会安定具有不可估量的作用。为此，建立和完善住房政策体系，有十分重要的发展意义。

经过20多年来的改革、实践、总结和选择，我国设计并试点了多种住房制度改革方案，并形成了相应的制度和政策。在宏观层面，实现住房商品化、社会化，加快住房建设，改善居住条件，满足不断增长的住房需求等目标已经十分清楚。但在微观层面，即具体的政策、法规和实际操作方面，问题还很多。如"天价"房价、住房供应结构不合理、保障措施不得力、投机商趁机"炒房"等。这就需要居于中观地位的城市政府要承上启下，有所作为，在住房制度的大框架下，微调住房市场，保证广大人民群众的住房权利。

这里涉及到两个城市政府不可回避的问题：一是对待城市住房问题的思想观念；二是城市政府在解决城市住房问题中的"角色"或者说其职能。

城市住房的思想观念涉及到对城市住房属性的认识问题。城镇住房改革初期，人们认为阻碍城市住房发展的弊端在于计划经济体制下的福利分房制度，认为只要实行住房商品化，一切问题就迎刃而解。但是实践却向人们表明：住房商品化并不是完全解决我国城市住房问题的灵丹妙药。对此，著名城市经济学家饶会林教授早在1998年就曾指出："……因而把住房商品化完全视为住房福利制度的对立物而提出来，以为只要用唯一的住房商品化制度去代替过去的福利制度，一切问题就可以迎刃而解。……我们知道，就是现在所有资本主义政府……也几乎没有忽视要把住房政策的出发点建立在解决居住困难户和中低收入家庭的住房问题上，对低收入者

给予各种优惠。……有的政府进而提出了'居者有其屋'口号。这种出发点的实质是解决社会公平问题,是一种福利政策的体现,我国住房制度改革自然也离不开这个宗旨。……由此可见,住房商品化与住房福利政策不应该视为两个对立的东西,不要过分贬低社会福利的作用,不能用'商品化'一词完全概括住房制度的改革精神和全部内容。"[①] 虽然已过去近二十年,但饶会林教授对城市住房问题的远见卓识仍有现实意义。诚然,住房商品化是改革的方向,但是城市住房除了具有商品性质外,还具有保障品性质,任何一个国家都不曾忽视住房的这个属性。让广大人民群众都有安身之所,是社会主义国家天经地义的责任和职能。

城市政府在解决城市住房问题中的"角色",应是在国家住房政策与开发商和居民之间的一个承上启下的"桥梁",是国家政策的执行者、城市住房经济的管理者和建设者。其承担的重要公共管理职责有:(1)战略和规划责任。城市政府要制定城市住房的发展战略,规划城市住房的布局。商业性用房、高档住房和普通居民区都应在什么地方建,怎样建?都需要城市政府根据科学理论和城市发展现状及城市发展目标拟定。这种战略和规划将在建设总体上影响城市住房的发展。(2)配置和调节职责。城市政府要对住房资源进行合理配置,在住房供应结构上要有调控。高档商品房、普通商品房和经济适用房、廉租房分别建多少?这都要根据实际情况做出合理决策和调控。(3)法规政策的执行职责。国家对城市住房各种政策所涉及到的问题,在本市内哪些比较严重,哪些比较轻微,要有一个判断。比如,中低收入者经济适用房需求是否能够满足,住房贷款政策可以和其他城市有什么不同,土地批租政策如何影响到住房价格;又如,物业管理、城市住房质量等是否能保障住户的合法权益。这些都需要城市政府进入角色,尽到职责。

城市住房是具有商品性和保障性的双重特征的特殊商品,需要在市场机制运行中,运用公共政策调整住房的保障性质部分,调节的目标就是实现"住者有其屋",这已经是世界各国住房制度的主流。为了实现这一目标,很多国家都由政府和政府委托机构开发"公共住宅",它对稳定城市住房市场作用极大。

二、城市住房保障政策及其完善

我国的城市住房制度改革,在由完全福利型向商品化转变中,为了保证中低收入者的住房需求,实施了一些住房保障政策,主要是廉租住房和经济适用住房政策。

---

① 饶会林. 城市经济理论与实践探索 [M]. 大连:东北财经大学出版社 1998.

(一) 廉租房政策

我国政府 1998 年的《国务院深化住房制度改革的决定》和 1999 年有国家建设部出台的《城镇廉租房管理办法》，把城镇最低收入家庭和住房特困户定位为廉租对象，提供了廉租房办法实施的政策依据。但两个文件都没有把农民工为主体的无城市户口的城市化人口纳入其中，这显然有失公平。这一方面是因为我国城镇低收入家庭较多，政府财力有限；另一方面是因为当时以农民工为主体的城市流动人口的城市化巨大作用，源于传统二元城乡分割体制影响尚未为人们所认识。

针对这种不足，2003 年 12 月 31 日，国家多部委联合发布了《城镇最低收入家庭廉租住房管理办法》（以下简称《办法》），并于 2004 年 3 月 1 日起正式施行。《办法》最大的政策性突破是在保障对象上做出了更显人本化的规定，即规定只要符合市、县人民政府规定的住房困难最低收入家庭即可受到廉租房保障，而没有把进城务工、经商的农民工等城市化人口排斥在保障范围之外；同时充分考虑到了不同地区间的收入差异以及住房保障的地域性特点，也没有把最低收入家庭简单地界定为"低保家庭"。然而，在政策实施中，农民工要想获得政府的廉租房，仍然十分困难。

目前，我国廉租房仍然处于发展中，城市政府建房并以低廉租金出租给低收入家庭，其租金水平一般按所在地的市场价优惠 40%。廉租房主要建在城郊结合部，配备交通、商店、食堂、医疗、文化娱乐以及就业培训、子女就学、环保等设施。廉租房以公寓式集体宿舍为主，同时适当建一些小面积成套住房，如一室一厅、二室一厅等户型，以满足不同层次的需求，为城镇无房户和农民工在城市安家落户创造了条件。

如果说，经济适用房是解决城镇户籍低收入居民住房问题的有效办法，那么廉租房则主要应解决城市化过程中大量农民工在城市的居住问题。所以，建立和完善廉租房制度是关系到城市化进程的大战略，它关系到我国社会主义经济的和谐发展，关系到我国社会的长治久安和稳定，具有重大的社会意义和政治意义。各地城市政府应积极解决廉租房发展中的实际问题，真正使城市化人口享用到廉租房政策的好处。

(二) 经济适用房政策

与廉租房政策类同，经济适用房政策是我国住房保障制度的支柱。从 1995 年的"安居工程"开始，旨在解决城镇中低收入家庭住房问题的经济适用房政策取得了很大成就：(1) 保障了中低收入居民的购房利益，促进了个人买房，解决了职工住房困难；（2）对过高的商品房价格起到了平抑作用；（3）经济适用住房的配套建设和环境建设带动了周边乃至城市商品房开发水平的提高；（4）经济适用房建设与房改的货币化分配、二级市场开放和发展住房金融相结合，互相促进，互相推动，完善了住房金融市场的发育；（5）促进了住房建设投资规模的增加，为住房建设拉动经济增长发挥了积极作用。

在取得成就的同时，也暴露出一些问题，具体表现为：①

1. 部分地方政府片面趋利，导致经济适用房供给忽冷忽热。经济适用房是可享受政府多项土地和税收优惠的政府工程。房改初期，住房市场供大于求、房价较低，一些城市政府把经济适用房作为"德政工程"、"民心工程"，不对区域性市场需求进行调查，盲目上规模，以搞运动方式兴建经济适用房。结果政府项目过多，必然会对商品房市场产生一定的"挤出效应"，造成住房市场销售不畅，普通商品房和经济适用房双双出现积压和空置问题；而随着城市建设的发展，拆迁规模持续上升甚至过大，住房市场求大于供，房价上涨较快，百姓对经济适用房的需求增加了。可许多地方政府却不愿意增加供给，导致经济适用房投资规模和竣工面积均呈下降趋势。因此，政府受政绩和经济利益驱动，导致了经济适用房供给短缺与空置并存的现象。

2. 建筑标准过高、销售对象过泛。经济适用房应是以经济适用为特征的微利商品房。但在一些城市，经济适用房在建筑面积、户型结构上与普通商品房相差无几，甚至在某些城市、某个时段其总价要高于商品房。由于以往政府只对经济适用房的单位价格（元/平方米）进行限定，对单元面积、户型标准无任何限定。开发商受经济利益驱动，将经济适用住房的面积越建越大，档次越来越高。使经济适用房很难体现"经济"、"适用"的特征，与政府初衷背道而驰。此外，经济适用房的销售对象不清，似乎除20%的高收入群体外，80%的中低收入居民都可享受经济适用房，这混淆了商品房与社会保障住房的界线以及市场功能与政府职能的区别。政府的责任只在于保障那些不能按市场价格获得住房的弱势群体。由于经济适用房定位不清、销售对象过泛，结果常常是"让富人占了穷人的便宜"，许多中高收入群体、投资者加入抢购队伍之中，不合理需求增加进一步激化了经济适用房的供需矛盾。有些城市虽制定了收入限定标准但是在我国个人信用制度不健全，收入多元化、透明度低的情况下，收入标准界定既没有客观、公正的依据，也无可操作的方法，还不能有效规范经济适用房的购买对象。

3. "寻租"行为泛滥、政策成本过高。经济适用房由政府划拨建设用地，由

---

① 汪利娜. 对经济适用住房政策的反思［J］，中国房地信息，2005.

于行政划拨透明度低，许多开发商拉拢腐蚀政府决策者，各种"寻租"活动泛滥；而一些政府官员运用手中权力，人为的"创租、抽租"，诱使开发商向他们"进贡"分享住房开发利益，加剧了"寻租"活动的经常性和普遍性。这使得经济适用房的开发和管理成本高、难度大。尽管政府将经济适用房的利润率限定在3%以内，但当这种限定与企业利润预期不相符时，企业会采取各种方式来实现利润最大化。例如：以经济适用住房名义取得开发用地后，转换为普通商品房出售；改变原来的实施方案、降低质量和小区环境标准等，将真实利润隐蔽化；面向集团、中高收入者出售，加快资金周转等。企业追逐利润与政府政策目标的差距，政府自身管理不善，凡此种种，都会增加经济适用房政策的实施成本。

（三）城市保障性住房供应政策的完善①

在我国城市住房制度改革过程中，政府直接参与住房建设不再局限于传统"福利性"住房，而是承载了更为多元的价值导向与政策动机。"保障性住房"建设也表现出不同的行动导向。住房制度改革初期，经济适用房大都通过"安居房"和"统建房"等方式建设，其分配大都延续了以"职位"和"身份"为标准的传统机制。而在以经济效益为主导的发展环境下，地方政府则借助于住房建设推动城市房地产市场的形成和房地产经济发展。由于政府未对"经济适用房"、"安居房"等保障性住房的供给对象、供给渠道、流通环节做出严格规定，大量"保障性"住房最终流入了商品房市场。"经济适用房"开发甚至已经成为商品住房市场的等价替代品。同时，在市场化住房供应体系下，快速城市化背景下的"土地"约束，为地方政府把住房建设纳入城市发展目标提供了条件。在各类城市更新改造与新区建设中，地方政府往往在寻求短期土地收入的同时推进城市建设，改善城市面貌、提升城市形象品质。在实际的政策运作中，地方政府往往将保障性住房建设与拆迁安置住房进行组合安排，并把后者作为城市改造与城市开发的配套措施，与具体的城市建设项目捆绑落实。这样，虽然安置房建设被纳入了城市保障性住房建设计划，但因为选址偏远、建设标准过高、配置门槛不合理等问题，难以与整体的住房市场调节措施相契合。

为了将住房政策落实与城市发展需求紧密结合，新时期地方政府大都将国家宏观政策进行了"本地化"解读，使其与城市自身建设目标相吻合。这使得保障性住房政策的外延得到进一步扩大。例如，上海市从2002年开始就停止了"经济适用房"的建设，转而将城市住房保障的重点放在城市重大建设项目的拆迁安置

---

① 彭敏学.浅论我国大城市住房的发展约束及其政策启示 [J]. 现代城市研究，2013（11）.

"配套房"建设上。广州市则实行了"新社区"建设计划,将旧城拆迁改造与保障性住房建设联系起来。许多城市还推出了"双限房"① 等其他保障性住房供给措施。

此外,农村集体用地征用中的安置住房建设往往也被纳入"保障性住房"范畴。在实际操作中,许多大城市都有针对性地将城市住房政策与农村用地征用拆迁结合起来。② 例如厦门市将保障性住房的建设与征地农民的安置问题结合处理,将被征地农民的安置住房与城市改造拆迁安置住房统一规划建设。③ 尽管这些住房供给名称各不相同,但却都实质性地充当了"保障性"的职能。表 7-2 展现了我国主要大城市"政策性"住房供给形式。

表 7-2   我国主要大城市的"政策性"住房供给形式

城市	住房政策	住房行动
上海	"保障性"住房建设 城市旧住房改造	"配套商品房"集中建设,廉租房保障旧房整治,综合改造,"平改坡"计划等
广州	"新社区"建设计划 保障性住房建设计划	拆迁安置住房 廉租房,经济适用房,普通商品房,限价房
厦门	保障性租赁房建设 保障性住房商品房建设 城市拆迁、危房改造安置 外来人口租赁房建设	社会保障性租赁房 社会保障性商品住房 拆迁安置住房 "阳光公寓"计划

资料来源:根据各大城市土地与房地产管理部门官方网站资料整理绘制。

三、节制住房投机需求的政策

2005 年 5 月 17 日,国务院常务会议出台了被人们称为"国八条"的住房调整政策,拉开了节制住房投机需求的政策。政策重点是降低商品房价格、加强金融监管、规范房地产市场、完善信息披露制度。2006 年 5 月 17 日,国务院又出台了"国六条",其重点目标是重手调节住房结构、严格地产信贷、严打囤地、囤房的

---

① 双限房又称两限商品房或限价房,是指政府为增加中低价房供应而制定的一项新政策,即在土地出让时,写入限房价、限户型、限地价等条款。

② 上海市政府牵头,由相关部委组织区政府部门以及乡镇政府共同完成农村集体用地征用中的拆迁安置。

③ 厦门市的"阳光公寓"计划通过制度创新将外来人口的住房问题与"城中村"改造结合处理,由市政府相关部门与乡镇政府合作或联合建设"外来人口公寓",以解决外来务工人员的住房问题;在解决外来务工人员住房供给的同时也达到治理"城中村"的目的。

现象。一个月后，国务院又紧接着出台了"国十五条"，其中有八条内容直接涉及到开发商，对房地产开发从户型设计、金融信贷、竞买土地、土地开发、营销、招标地块项目售价等方面都做了严格的规定和限制，并对违规企业做出"没收"、"吊销营业执照"、"追究相关责任人"等重罚措施，其政策价值在于，调控重棒实实在在地打在开发商身上，保护了住房消费者利益。

在住房贷款利率方面，国家也出台了一些政策，中国人民银行自 2005 年 3 月 17 日开始施行房贷新政策，调高个人住房贷款利率，实行下限管理。其政策直接影响了贷款购房成本上升，进而抑制需求，改变市场供求关系，最终达到平抑住房价格的目的。但是也有不同看法，在抑制"炒房"需求的同时，也加重了自住购房这种"刚性需求"的负担，还会造成房价上涨的预期。

另一个打击商品房投机的政策是 2006 年 8 月正式实施的"二手房交易个税征收政策"，希望通过征缴二手房交易税，加大投机者倒房的成本，使其知难而退，以此廓清房地产市场，保证普通居民合理的住房需求。但是也有人担忧，这样会加重期望购买相对便宜的二手房的低收入阶层的负担，还会破坏住房业的"过滤机制"。

从 2010 年开始，房地产调控的主要对象由开发商转为购房者。国家出台了针对购房者的限购、限贷、提高首付比例等严厉打击炒房行为的政策，以及针对地方政府的房价问责制、制定保障房建设目标的政策。

综上，我们看到国家在打击房地产投机、稳定房地产市场方面是下了很大决心。满足居民自住需求、抑制投机和投资性购房需求，一直是我国房地产调控的主基调。但是，由于总量政策往往在打击了投机行为的同时，也会伤害真实需求者，因而调节房地产市场，还要从节制投机性需求的政策目的出发，关注结构性政策的效果，例如对购买第一套房和以旧换新、以小换大的购买住房的真实需求者，与购买第二套以上住房的奢侈性消费者和涉嫌炒房者分别制定税收政策，这样会同时实现保护真实住房需求者和打击投机者的两方面目的。而从长远出发，应考虑建设城市房地产的生活性和保障性自住房市场与非自住住房市场的两种市场，对其实施完全不同的调控目标和住房政策，从而使炒房现象不会影响到城市居民的基本居住需要，实现"房子是用来住的、不是用来炒的"的 2016 年末中央经济工作会议的精神。

四、稳定城市住房市场的金融政策

随着我国住房业的迅猛发展，住房市场的进一步完善，城市住房对于住房金融的依赖越来越加深。制定有助于稳定住房市场的金融政策是当今各国政府的重要职责之一。

我国目前的住房金融政策分为两类：一类是关于开发商贷款政策，一类是居民住房需求的贷款政策。前者主要是房地产开发贷款、流动资金贷款、商品房建设贷款、商品房建筑材料、设备补偿贸易贷款等；后者主要是住房公积金贷款和商业银行个人住房消费贷款政策。住房公积金贷款执行优惠利率，商业贷款执行市场利率。

我国城市住房金融政策是和城市住房制度改革相伴而生的，即在有了商品房以后才有了住房金融政策。从1993年开始，我国住房金融政策划分为三个阶段：[①]

第一阶段（1993～1997年）。这个阶段金融政策的特点是以紧缩银根和支持住房制度改革为基调。由于政府实施了坚定的紧缩政策，通过紧银根控制投资者的资金来源、直接房地产信用的信贷限额和信贷质量，很快抑制了房地产投资的过快增长。1994年国家住房货币化改革政策出台后，房地产金融政策就带有浓郁的房改特色。一开始资金运用大多投向了房地产开发领域，没有为住房商品化和住房市场发育培养其有效需求；而随着政府将安居工程贷款列入贷款计划，配合住房制度改革和达到调整房地产投资结构的目的，成为住房金融的一个阶段性特点。政府房地产金融政策的侧重点由单纯配合房改转向了引导资金合理安排住房投资和住房消费的关系以及合理安排公共住房投资的地区配置结构。

第二阶段（1998～2001年）。这个阶段的金融政策从需求和供给两个方面支持包括住房市场在内的房地产市场建设。1998年，国家提出把住房业培育成扩大内需战略的新经济增长点，激励居民的住房消费。于是，金融政策对房地产业的支持，开始由主要支持供给转为同时关注消费需求和供给。这时，央行对商业银行的规模管理转变成为资产负债比例管理，国家决定进一步加大住房信贷投入，支持住房建设和消费，规定所有商业银行都可以发放普通自有住房的个人购房贷款，执行优惠利率。这些政策使房地产市场掀起了波澜，我国房地产市场明显呈现复苏迹象并逐渐转热。

第三阶段（2002～2009年）。这一阶段的金融政策继续从供给和需求两个方面对房地产市场进行调控，但是侧重对房地产市场供给结构的调控，分为两个小阶段的目标。第一小阶段的目标是配合宏观调控，减少对整体经济运行和金融风险的压力，主要手段是总量控制，即以土地和信贷供应为突破口，控制社会资源流向房地产领域，降低房地产在经济中的比重；第二小阶段是各方面达成共识，重点解决房

---

① 巴曙松，华中炜，郝婕. 房地产业发展与金融政策：发展脉络和趋势 [J]. 福建金融，2005（09）：4-10.

价过高带来的社会问题，央行提高了"房地产按揭贷款利率和首付比例"，使房地产差别化调控成为新的突破口。2004年以后国务院陆续出台的"国八条"、"国六条"和"国十五条"里，都有关于房贷政策的相关规定。

第四阶段（2010年至今），这一阶段，主要是控制房价增长过快，提高住房金融政策的公平度，并持续收紧金融政策。2010年1月12日，央行第一次上调存款准备金率；银监会要求二套以上住房不分户型，严格坚持首付不低于40%，加大对房地产贷款业务的监督管理，严密监控国际性投融资活动，避免境外部分热钱进入市场带来冲击；2010年5月10日起，央行共六次上调存款准备金率；到2014年1月国务院办公厅发布的《关于加强影子银行监管有关问题的通知》（国办107号文），不仅禁止信托公司开展非标准化理财资金池业务，而且也禁止私募股权投资基金开展债权类融资业务。而这两类被禁止的影子银行业务的资金原来主要流向了房地产行业。国家对房地产持续的调控迫使房企不得不拓展新的融资平台。2013年起，我国超过30家房企"涉银"，积极拥抱互联网金融，重视房地产私募基金作为"体制外"的融资渠道，发展房地产信托投资基金等；房地产基金还逐渐出现由债权投资走向股权基金的倾向，商业地产、养老地产、旅游地产等近年来快速发展的持有型房地产细分市场适合了这种股权性基金介入，由于其为自己持有，长期经营，在选择合作方时对信用、运营能力、盈利能力等都有更为详尽的调查，因而具有更强的抗风险能力。随着房地产金融的多元化变化，已有建设多层次向房地产业适当倾斜的资本市场的呼声，并以分层管理应对投融资需求风险；同时认为房地产企业自身应转换发展模式，不再完全依托于"买地—盖楼—卖楼"的简单模式，而是考虑将产品加入更多的"智能"、"低碳"、"零排放"等元素，创造新的商业模式，从而为发展多元化的房地产金融市场，创新利用各种金融工具奠定客观基础。对此，国家在严格控制房地产金融风险的同时，也应适应多元化融资的趋势，出台一些结构性房地产金融政策，以供给侧改革的视角实施稳定城市住房市场的金融政策。

总之，为了更好地解决我国城市住房经济运行方面的一些问题，还需要在我国金融市场、金融业进一步发育发展的同时，实施创新型金融政策予以推进。

1. 准确定位房地产宏观调控目标，稳定总量性房地产金融政策。我国房地产宏观调控目标，应和大多数发达国家住房短缺时期强化政府提供公共住房责任一样，要以保障公民住房权利为首要目标，故我国房地产宏观调控目标的定位是：建立一个保障公众基本住房权利并能满足各个阶层多样化需求的多层次住房供给体系。

2. 依据我国发展不平衡的突出特点，用好结构性金融政策。我国城市住宅经济与整个社会经济一样,具有极大的不平衡。由于住宅经济的自然地理环境及人文历史等特点,不同城市的住宅需求有很大的差异,这需要金融支持也要实施差异性政策。以利率政策为例,差异金融政策的主要内容是:(1)不同期限的利率差异。短期内住房贷款利率与住房价格的关系有所不同,住房贷款应区分短期目标和长期目标,根据不同时期目标充分发挥利率政策工具的作用,使其调节效果优化。(2)不同区域的利率差异。不同城市住宅价格受利率影响存在很大差异,我国应推进房贷利率政策区域差异化改革。各地区应结合房地产市场的发展情况,因地适宜,使房贷利率政策能够实现影响购买行为、房价的优化效果。(3)不同购房性质的利率差异。国家从控制不同购房用途的目的出发,对于刚需购房者(一套住房)实施优惠利率政策,对富裕购房者(二套房)实施"升点"利率政策,对投资或投机购房者(三套以上)实施加倍的严格利率政策。此外,在信贷首付、抵押贷款以及其他金融政策上也可以依据上述不同实施差异性金融政策解决好结构性的住宅市场问题。

3. 拓宽调控渠道,优化组合不同类型的金融政策工具。针对我国房地产市场发展不平衡,区域房价差异过大等现实情况,不能仅依赖统一单一的利率政策工具,因为单纯的利率调控是一种需求与供给并重的措施,最终效果会受多种因素影响。鉴于这种实际国情,应优化组合不同类型的政策工具,拓宽政策调控渠道,使政策效率与调控效果最优化。

首先,应加大房地产投融资制度创新。创新地方政府的融资来源,可以在努力降低地方政府对土地财政过度依赖的同时,防止出现财政危机和债务危机。例如探索地方政府通过市场化手段发行债券,以透明公开的融资渠道为其提供资金来源;还可探索按揭贷款证券化和房地产投资信托基金,可在增加流动性的同时,给民间资金增加一个投资渠道;同时可大力发展住房市场的政府和社会资本合作(PPP)模式。

其次,差异化完善保障住房供应体系。未来中国的住房政策要以住房民生为主要政策目标,大力解决城市化中的住房保障需求。在保障住房的建设与管理中,在住房资源配置上仍然要坚持市场为主。同时要逐步发展租售并举的制度,将住房保障方式逐步从实物建房为主转向以货币补贴为主,多种保障方式相互补充,逐步推动住房保障方式转型。

最后,将金融政策与经济政策相结合,创新金融政策体系。调控住房的金融政策和经济调控政策相结合,例如以产业政策加快大城市的产业向中小城市转移,可以增加三四线城市的住房需求;再如改革当前的住房公积金制度,推进公共住房银行的建立,可以构建稳定住房市场的长期政策性融资机制。

4. 完善房地产调控的配套制度。 房地产调控需要一系列配套制度，包括官员考核机制、税收制度、征地制度、土地出让制度、投资监管制度等。因此，解决目前我国房地产业调控存在的问题，必须推动一系列制度的同步改革才能实现。这里，保证政府政策的可持续性及地方政府的执行力度，是完善房地产调控配套制度的重要环节。引导房地产市场健康可持续发展，并非某一条调控政策或者某些细则就能一蹴而就的，理顺"市场"与"规制"，"效率"与"公平"的关系，形成一套关于住房全方位的社会制度才是根本之举。目前，国家对房地产的调控虽早已出台了一系列政策，但有法不依，执法不严的情况比较严重，这使得一连串的调控政策效果不够明显，地方政府的监管、执行不力是出现这种状况的主要原因。因此，提高地方政府的执行和监管力度，是我国房地产调控效果的重要保证。

五、城镇住房保障的租金补贴模式①

发展我国租售并举的城市住房市场，需要在发展住宅租赁市场的同时，制定并实施低收入者的租金补贴政策。

（一）租金补贴模式的内涵

城镇住房租金补贴模式，是指在市场经济体制中政府对城镇中那些靠自身力量买不起房也租不起房的中低收入的困难居民，按一定标准对其租房租金给予全部或部分补贴的财政措施，是政府向困难市民提供住房保障的一种救助或救济。居民租住的房屋，可以是政府建设的公租房，也可以是企业或社会机构建设用于出租的房屋，还可以是市民提供的出租屋。如果市民收入和所租住房面积及租金符合政府的规定，就可以向政府提交租房补贴申请，获得政府补助。

实施城镇租房租金补贴的居住保障方式，合理确定租金补贴标准是一个关键。租金补贴标准的确定，一般要在城镇中按不同区域划出居住低保线。这与收入低保标准的确定有类似之处，但是比后者要复杂。因为它不只要考虑低保对象的收入，还要考虑城镇市场租金水平和居住面积水平。在居民收入上，可参考城镇居民收入低保线来确定申请租金补贴的资格。确定租金补贴标准应使城镇居民把一定比例的可支配收入用于自付部分租金。在居住面积上，可参考城镇居民人均居住面积和生存最低需要的居住面积来划定住房面积等级和居住补贴的面积，使居住面积低保线既低于城镇居民人均居住补贴面积，又能够保障居住的最低需要。在住房租金水平上，可按城镇平均租金水平划定。综合这三种因素，可以参考负所得税原理来规定

---

① 王雅莉．城镇住房保障的租金补贴模式探讨［J］．价格理论与实践，2012（4）．

城镇中低收入居民租房租金补贴额的计算公式。即：

住房租金补贴额 = 租房租金低保标准额 − （实际收入 × 自付租金比率）

在确定合理的租房租金低保标准的基础上，要做好租房租金补贴的居住社会保障方式，还要考虑如下因素：（1）租金补贴标准要考虑出租房市场租金水平的变动，租金上扬时可以多补一些，租金下跌时可以少补一些。这需要根据房屋租赁市场上租金水平的变动，制定上浮或下调标准。一般可参考房屋租赁市场的价格指数来确定。（2）租房租金补贴要考虑被保障对象的工作区位，允许在工作单位附近租房，被保障对象向政府申请居住补贴时可以就住房地点、面积和质量等方面进行选择。这样在有利于被保障对象工作需要和生活需求的同时，可以缓解城市交通压力。由此，补贴额度要考虑城镇级差地租，选出一个标准线并围绕其进行适度划分。（3）政府要根据财力情况和市场情况，从租金补贴的总量上进行成本控制，对补贴对象、补贴比例的总量和结构进行全局掌握，在实施过程中根据量和结构变化及时调整。

（二）我国推行保障住房租金补贴模式的设计

1. 通过政策引导，形成比较完善的城镇住房租赁市场。要分别对城镇居民的住房需求和出租房供给量进行调研和预测分析，了解住房租赁市场的供求状态。如果是供不应求，就需要政府通过政策引导，在国家已建设的廉租房或公租房的基础上，鼓励企业、民间组织或个人进行出租房投资，保证出租房的数量规模；如果是供过于求，可以由市场自行调节租金来平衡供求关系。此外，为了形成完善的城镇出租房市场体系，政府还应完善我国的不动产税收体系。目前，虽然上海、重庆已经开始实施房产税，但这仅仅是针对高档住房和多住房者（二套以上）进行征收，尚未形成完善的房产税收缴体系。若在我国逐步实施房产税的过程中，建立相应的房屋租赁补助基金用于补贴城市低收入群体的补助。明确并完善房产税收政策，加大空置房持有者的成本，从而愿意将住房出租，增加租赁市场上的房源。同时，可以设立房屋租赁补助基金，一方面满足低收入群体的住房需求，另一方面提升房屋租赁市场需求者的支付能力。从供需两端施策加大房屋租赁市场成交量，促进市场发展，形成比较完善的城镇住房租赁市场。由于租赁市场的发展会降低对住房的购买需求，从而抑制房价虚高，大大压缩住房炒作的空间。

2. 建立详细的租金补贴标准和制度，保证补贴资金的来源和及时发放。在具有比较完善的城镇住房租赁市场的条件下，租金补贴方式的居住保障需要一个可行且详细的租金补贴制度，包括补贴资金来源和合理分配的一整套制度。从资金来源看，需要一定规模的连续性资金供给。用于房租补贴的资金来源：一部分可以来自部分土地出让金，一部分要通过每年的城市地方财政预算予以保证。从资金分配看，在标准上首先是租金补贴的数量标准，其次是发放的时间标准。在数量标准上可以参考国际上通行的做法，即住房补贴对象一般必须自行缴纳家庭全部收入的25%—30%作为房屋租金，不足租金的其余部分作为补贴标准，保障部门予以支付；而需要保障的全额住房租金水平要考虑两个因素：居住面积和住房标准。居住面积应当在低于城镇居民人均居住面积而又能够保障居住最低需要的水平。住房标准可以沿用我国的经济适用房标准。根据我国各个城镇的具体情况，可以将保障对象分类制定标准，体现社会公平。如可以分为：享受收入低保的困难居民、刚刚参加工作收入低于某个标准的市民、外来打工者收入低于某个水平的居民等。在发放时间标准上，根据我国住房租赁普遍实行先交租金的情况，应适度提前租金补贴的发放时间。同时，根据租赁合同的不同时间，应分期发放租金补贴，一般可按季度或月份为宜。

3. 成立专门的城镇租赁住房保障机构，形成健全的动态管理机制。租金补贴城镇居住保障的专门管理机构，名称可以定为住房保障中心，配备专业管理人员。城市政府的住房保障机构要把其职能延伸到城市中的每个社区，依靠基层力量做到管理到位，即要在社区层面形成与管理收入低保的类同程序，对租金补贴申报者进行严格核对和把关，确定其是否应否享受补贴，补贴标准是否合理。同时，进行定期审查和随机抽查，对于家庭收入超过补贴标准的，要及时终止补贴和取消保障。如此，逐渐形成动态管理机制，真正解决好城镇居民的住房问题。

本章小结

1. 城市住房具有耐久性、固定性和附着性的自然属性；有商品性、公共物品性、外部性和不动产性以及消费品和投资品的经济属性；有社会性、公平性和福利性的社会属性。

2. 城市住房经济是投资成本大、投资周期长、产业关联度高、垄断竞争市场结构的产业，具有消费性、投资性、投机性、区位性、产权分割性、最终产品性、金融亲密性等特性。

3. 住房商品的需求模型是 $H_D = f(y,p,i,t)$，供给模型是 $H_S = f(p,k,l,r)$。

4. 新中国成立后直至1978年，我国城市住房制度的特征为：低租金、分配制、福利型，难以形成住房投入产出良性循环，城市住房问题越来越严重；我国城镇住房制度改革二十多年来大致经历了探索和试点、全面推进和配套改革以及全面货币化三个阶段。我国城市住房改革的政策目标是解决好中国人的住房问题，让广大群众能"安居乐业"。

5. 随着城市住房商品化、市场化进程，我国城镇住房出现了一些新的问题，即出现了房价虚高，中低收入者买不起房，住房供应结构不合理，投机商趁机炒房，扰乱住房市场等问题。

6. 正确调控城市住房市场，要求城市政府从保障人民住房权利、改善民众居住条件、促进发展出发，解决好对城市住房属性的认识和"角色"职能定位两个问题。

7. 经济适用房的内涵和政策，廉租房的内涵和政策，节制住房投机需求的政策，稳定住房市场的金融政策。

8. 城镇住房保障的租金补贴模式具有准入和退出机制的灵敏性及管理操作的简便性。

思考题与练习题

1. 城市住房有一些什么属性？由此城市住房经济有哪些特性？
2. 城市住房需求有哪些影响因素？试用统计数据分析不同人群住房需求的收入弹性和价格弹性，分析不同特征的人群的住房需求影响因素的差异。
3. 城市住房供给有哪些影响因素？住房开发商在不同的经济条件下，其供给受哪些不同因素的影响？
4. 住房市场为什么会发生房屋空置和过度需求同时存在的现象？如何解决这一矛盾？
5. 住房市场是竞争性市场，还是垄断性市场？为什么？
6. 什么是经济适用房和廉租房？它们与国际上的公共住房有什么联系与区别？
7. 我国城市住房福利分配制度存在哪些问题？简述我国城市住房改革的主要历程。
8. 我国城市住房市场化以来，出现了哪些新问题？为什么？
9. 温州炒房团是怎样发展起来的？房产炒作会有哪些危害？
10. 我国城市住房调节政策的意义和目标是什么？有哪些内容？
11. 结合实例说明，我国城市住房价格近几年为什么会持续上升？
12. 我国城市化进程中住房政策的基本模式有哪些？

第八章　城市交通经济

学习目标

通过本章的学习，在了解了城市交通、城市交通经济、城市交通类型、城市交通系统、城市交通模式等内涵的基础上，尝试理解如何从需求和供给两个方面解决城市交通出现的问题，尤其要掌握拥挤的经济学原理及其政策反应，明确什么叫拥挤税。同时深刻理解为什么要实行"公交优先"战略，以及应怎样发展城市公共交通。最后要理解城市交通的需求管理和供给管理以及相应的政策，清楚城市出租车政策。

第一节　城市交通经济概述

城市交通一直是城市经济学界关注的热点问题之一。早在 20 世纪 20 年代，城市规划学者就将交通与生产、生活、居住并列为城市的四大主要功能。今天，随着城市人口的急剧增加和交通私人模式的发展，城市交通堵塞、出行困难、交通噪音与污染等一系列交通问题，已在世界各国的城市中演化为普遍的病态。人们认识到，现代城市交通，已不单单是一个市政工程或交通技术问题，而是一个综合的社会经济问题。

一、城市交通经济的内涵

交通指人们出行的方式，是承载出行工具的基础设施和出行工具构成的综合体系。交通经济是如何合理有效利用城市的交通资源，使出行者效用最大化的状态。交通模式是否经济，有如下几个主要判定标准：到达目的地的出行时间短、出行费用少；交通设施及其工具的运行所带来的诸如噪音、空气污染等负面效应较少；交通方式耗能较低；交通的基础设施和工具所占空间与其他社会经济设施不发生矛盾或占据很小的空间；交通方式使人感到舒适等。

这些判定标准都可以理解为是交通经济的内涵。综合来看，交通的经济状态在于交通基础设施与交通工具的最佳配合，即单位交通基础设施能够运载更多的交通工具。因而交通经济内涵的主要方面，在于交通基础设施通过能力的大小。于是，人们认为，若满足人们对出行时间、出行成本经济方面的考虑，一个好的方案就是建设尽可能多的交通设施。但是，随着城市化的进程，城市人口大量增加，除了对交通需求大量增加，还有对住房、其他公用设施等需求都在急剧增加。而一个城市的土地资源是有限的，建设交通设施的空间是有限的。同时，交通资源作为公用设施，是公共产品，基本上由政府出资建设，会对城市财政形成很大压力。有人把希望寄托在科学技术发展上，但是技术发展是一个长期的现象，不可能总是能够满足交通建设的需要。因而从现实来看，在空间和其他交通资源允许的情况下，可以尽可能地多建一些诸如立交桥、轨道交通等交通设施，缓解交通压力。但由于土地是有限的，如果空间和其他交通资源不允许的话，就要在提高现有交通资源使用效率和节制需求方面来采取措施。城市交通技术的利用主要面向提高空间的交通效率，对交通需求的限制主要考虑限制私人高档的出行模式，鼓励公共交通，为此，要研究和大力发展智能交通系统等。

二、城市交通的类型及特点

（一）城市交通的分类及特点

根据人们出行的状态标志，城市交通方式可以进行多种分类。

1. 步行。是否采取步行的出行方式，主要受城市功能的密度、各种功能的混杂交叉程度和人们健身观念的影响。如果城市很多功能集聚在较小的空间里，多种功能混杂在一个共同的空间里，或者人们普遍认为应当增加步行的机会，步行出行的比例就会提高。

2. 自行车。这是城市功能相对紧密、功能相对混杂交叉和人们经济发展水平较低的城市里的普遍交通现象。我国很多大城市里，自行车承担了人们出行方式的较大比重，发挥着重要作用。这主要是由于：（1）3—4公里以内的出行距离对于自行车使用者来说在时间上和体力消耗上都可以承受并有利于健身；（2）城市道路有专门的自行车道；（3）在机动车出行道路拥挤的情况下，自形成更为快捷；（4）是费用节省的交通工具。当然在城市道路坡谷不平的情况下，是不能用自行车的。

3. 摩托车。是自行车的替代工具，特别是城市郊区人口到城市就业、经商等出行的便利工具。它比小汽车价格便宜，节约能源和道路，具有较强的竞争力；但是摩托车速度快、方向灵活，故要求驾驶技术高。现实中摩托车的事故率最高，因而被一些城市政府所限制。

4. 公共汽车。是城市交通的主要方式，一般要承担城市公共客运量的75%。但在实行轨道交通的情况下，公共汽车的承运量有所下降。公共汽车容量大，速度稳定，运行灵活；同时价格适宜，投资量小，消耗适中，因而将是城市交通的最主要模式。

5. 轨道交通。是现代城市市内交通的重要形式，分为地下（地铁）和地上（轻轨）两种。地铁不受地面设施的影响，可以充分发挥其便捷、快速的作用，其限制性是一次性投资大，并且运行要有专门技术的系统化的完善管理体系。

6. 出租车。在我国越来越是人们有事需要到城市较远的地方出行时的方便工具。出行者可以在任何时候任何地点"打车"，方便快捷。将是城市灵活交通方式最有竞争力的模式。

7. 私家车。随着我国城市居民生活水平的提高，越来越多的市民购买了私人小轿车，作为出行代步，方便迅速。但是，私家车的限制性是，它是一种占据很大空间服务于私人出行的方式，大量的挤在城市道路上，会严重地影响城市交通速度。为此要受到城市政府的限制。

（二）城市交通模式

从供给的角度看，世界各国的城市交通模式可以分为三大类：

1. "以公交为主体，小汽车辅助"的城市交通模式。主要是发展中国家采用。但是随着经济的发展，小汽车将得到较快发展，在客运中的地位不断提高；同时公交也会发展，这样城市交通的供给结构会处于不稳定的状态。

2. "以小汽车为主体、公交辅助"的城市交通模式。这是发达国家的城市普遍采用的模式。比如美国的波士顿、纽约、洛杉矶，英国的伦敦，法国的巴黎等，小汽车发展处在世界前列。由于没有限制，20世纪60年代就已经处于过盈状态，每千人拥有量在200辆—400辆，城市客运量的60%以上是用小汽车。

3. "以公交为主体，小汽车为主导"的城市交通模式。这是指城市交通主要是公交模式的同时，对小汽车采取有限制发展的策略。小汽车的规模大都保持在"千人百辆"水平，完成的客运量约占城市客运总量的30%左右。对小汽车的发展采取明确而有效的限制，对于一些土地面积小、人口高度集中的城市十分合适。

三、城市交通系统及其意义

城市交通系统是城市社会经济系统的一个子系统。现代城市交通系统已经发育成为一种立体化、综合化的系统,包括城市内部交通系统和城市对外交通系统两个部分。

城市内部交通系统是城市交通系统的主体,城市外部交通系统是城市经济发展的重要条件。城市交通系统主要由以下部分构成:(1)城市交通基础设施系统,包括城市道路、桥梁、轨道、航空和铁路等;(2)城市客货运输工具系统,包括公共汽车、电车、出租车、地铁、轻轨等公共客运系统,自行车、人力三轮车、摩托车、私人汽车等个体客运系统以及城市内部的货物运输系统;(3)城市交通控制系统,包括交通标志、信号系统,交通信息采集、传输、控制等交通管制系统。

现代城市交通问题,是随着城市交通方式的发展而逐渐形成并不断变化的。世界各国的城市交通发展历程并不完全相同,但大都经历了如下四个阶段:

第一阶段,以兽力(马车、牛车等)或人力交通为主的阶段。

第二阶段,机动化的公共交通阶段。汽车发明以后,城市交通逐渐进入机动化发展阶段,但相当长的一段时期内,由于能够拥有私人机动车的居民数量有限,城市交通以公共汽车、公共电车以及大运量的轨道交通为主。

第三阶段,机动化的私人交通阶段。汽车工业的发展使机动化的私人交通工具得以普及,尽管城市公共交通系统的技术条件和技术手段更为先进和丰富,但机动化的私人交通已经在城市交通系统中取得了前所未有的重要地位。

第四阶段,汽车加高速公路阶段。高速公路的发展为汽车交通提供了极大的便利,也极大地扩展了人们活动的半径。

从表面上看,城市交通从一个阶段过渡到另一个阶段,技术手段在不断提高,居民出行的自由度和方便程度也在提高。然而,事实并非如此。西方国家的城市交通发展历程表明,城市交通的每一个不同发展阶段,都有其独特性的问题,不同阶段既有优势也有劣势,不同的国家应该根据具有的国情选择和确定主导城市交通方式,并通过政策和规划引导促进合理的城市交通方式的形成。形成合理的城市交通系统有重要意义。

第一,城市交通不只是为城市服务,同时也构成城市的一部分。城市生活的方式及特点与城市交通系统的性质和服务质量密不可分。例如,城市里轻便快捷舒适的轨道交通,其轨道有的部分架到空中,有的部分钻入地下,有的部分与路面平行。沿途通勤的人们在早晚的一定时间乘坐轻轨,不仅是上班和回家,还能因享受到沿路风光而感到惬意。于是,作为城市生活的一部分内容,乘坐轻轨在某种程度上说，比到公园里乘坐缆车还有意义。因此，选择良好的城市交通模式，不单纯具有交通意义，还有城市景观、舒散心情等城市文化意义。

第二，城市交通作为城市的一个构成部分，对城市发展有重要意义。城市交通把城市中的建筑物、各种市政服务设施以及各种城市活动连接起来。城市交通愈是和后者联系的紧密，愈能达到其服务功能。这种效果的实现依赖于城市规划。因为城市交通设施如何布局，会直接影响到城市的大小及其扩展、影响到城市的布局。故城市交通部门与供水、供电等部门不同，它面临为人们提供多类型的交通方式，从而影响城市空间结构。城市交通与城市布局之间的相互影响使城市交通的功能大大复杂化。

第三，城市交通系统与其他运输系统进行比较，城市交通系统是一个复杂的、相对独立、完整的运输子系统。包括：私人与公共交通方式和各种基础设施（停车、换乘设施、道路、轨道、轮渡设施等）。随着城市轨道交通、小汽车交通的发展，高新技术带来智能交通的发展，国家和地方政府的投资将会更大。城市交通系统除了具有一般运输方式的特点，它还具有自身特点和内在规律。如：面向低收入阶层，公交实行低价格行为；城市交通系统构成国家整个运输系统的枢纽和结点，而不从属为"公路"的一部分等。城市交通这些特点和复杂性决定了它对国家整个运输系统的重要影响作用。

第二节 城市交通的经济学分析

一、城市交通的公共经济属性

城市交通总的来看，有较高程度的公共经济属性，但是分解来看，构成城市交通的各个部分，如基础设施和交通工具部分，其公共经济属性的程度有很大的差异。剖析其公共属性的不同程度，对于城市政府制定相适应的公共规制政策十分重要。

城市交通产品是满足人们联合消费、共同受益的物质产品和非物质产品形态的服务产品。它具有的公共产品属性表现在：(1) 效用一定程度的不可分割性。城市交通基础设施的效用具有共同享用的特点，在其规模范围内，不能将其分割为若干部分，分别归属于某些个人、家庭或企业享用。(2) 部分交通设施消费的非排他性。有些城市交通设施，在技术上很难将没有为之付费的人排除在受益范围之外，诸如路灯、非封闭的道路等，人们都可以使用，如果硬要限制某些人对这样的交通设施的使用将要付出极高的成本。（3）消费的一定非竞争性。一个人在使用或消费交通设施时，不会影响他人也可以同时享用。在交通设施的规模范围内，即一定的使用人数范围内，人们使用交通设施不存在竞争。（4）部分交通设施消费的强制性。有些城市交通设施面向所有城市居民布局，谁都不能拒绝使用它。如道路已经建设，人们可以选择走那条路，但绝对不会选择不走路，再如路灯已经亮了，走在城市夜间的路人不可能不使用，这就是城市交通消费的强制性。

上述属性，对于不同的交通设施来看，程度有所不同。一般来说，城市交通的基础设施部分，即道路、路灯、桥梁、航线、运转站场等，公共物品的属性要高一些；而交通工具部分，如火车、汽车、飞机、电车、出租车等，公共物品的属性要低一些，在超出交通工具的容量时，会使私人物品的属性逐渐加大。即使基础设施部分，也会具有部分的私人产品性质，例如一条道路，在一定的负荷内，每增加单位的使用者并不会有很大的影响，但是当超过其负荷时，随着使用者的增加，道路会变得拥挤，人们出行时间增加，出行成本变大。这就是说，交通产品的效用并不是完全不可分割，消费具有一定程度的竞争性，从而也可以采用排他性的经营方式。因此，城市政府需要对交通产品的不同种类进行具体分析，在正确认清其经济属性的基础上，采用相适应的调节政策。

二、拥挤的经济学分析

当城市交通工具的数量超过城市道路的承载能力时，就发生了交通拥挤现象。二战以来，随着世界性的和平与发展的主题，城市交通发展极其迅速，交通方式的普遍机动化、私家车化，造成了当今世界各国城市内通行困难和交通效率低下的现象。这种"交通拥挤"问题，意味着城市道路容量不足、机动车数量过度膨胀、公共交通系统运行效率降低、居民出行用时加大以及与此相关的停车困难、机动车污染、交通事故上升等众多问题。由于拥挤问题更多的是随着私人汽车交通方式的日益流行和增加而逐渐出现并日益严重的，因此这里研究城市交通拥挤现象，主要分析私人汽车交通方式带来的拥挤问题和相应的治理对策。

城市中的每个私家车主，在计算出行成本时，根据经济学观点，计算的仅仅是个人成本（AC），而不考虑由于加剧了道路拥挤而加在其他驾车者身上的费用。只要他们认为行车所得到的收益（AR）多于其支出（AC）就会选择出行。这样，私人车主出行加剧的道路拥挤而引起的其他驾车者更多的费用与其私人成本之和构成了社会边际成本（MSC）。由于私人成本（AC）小于社会成本（MSC），由私人车主按其私人成本决定的出行量，就会超过按照社会成本决定的交通流量。这就是城市交通拥挤问题产生的经济学原因。图 8-1 解释了这个问题。

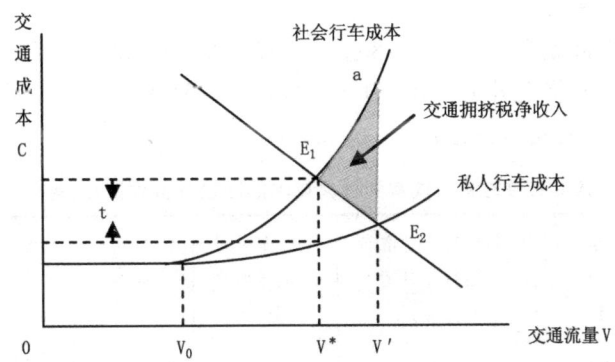

图 8-1 城市交通拥挤的原因——交通私人成本与社会成本的差别

图 8-1 中，纵轴 C 表示交通成本，横轴 V 表示交通流量（车的辆数），它用每小时、每条车道通过的汽车数量来度量；两条曲线分别为交通出行的私人行车成本和社会行车成本。可以看出，交通流量达到 V_0 之前，两条曲线重合，私人成本与社会成本一致，说明 V_0 是道路系统的设计容量。在这个限度内，增加的车辆进入车道并不影响其他车速，不存在外部性。而超出 V_0 点，情况就有了变化，此时新加入的车辆使车道变得拥挤，并迫使所有的机车减速，外部性便产生了。

假定 V_0 前的法定最高行驶速度为 50km/h；当 V 超过 V_0 时，行驶速度将降低，各车辆的出行时间就由经验式 8-1 决定。

$$超出 V_0 出行的时间 = \frac{行程}{V_0 前的法定速度} + \frac{1}{V_0 后的总车量}(行车量 - 设计容量车量)$$

$$+ \frac{15}{V_0 后的总车量^2}(行车量 - 设计容量车量)^2 \quad 式（8-1）$$

8-1 式的右端第一项是没有拥挤时的行车时间，第二项是在 V_0 之后每超过一辆车时产生的直接拥挤而增加的时间，即直接边际时间增量，第三项是行车量每超过 V_0 一辆车时由于行车互相影响而增加的时间量，是边际加速度的时间增量，15 是经验数字，表明拥挤增加的程度。

现在假设 $V_0 = 400$ 辆，行驶旅程为 10km，超过 V_0 出行的车辆所耗用的时间是：

超过 V_0 出行的时间 = $10/50 + 1/1000 (V - 400) + 15/1000000 (V - 400)^2$

为了进行比较分析，假定在 V_0 内的区间出行，汽车运行成本为 2 元，行驶

10 km 耗用 12 分钟，每分钟的时间成本为 0.1 元，货币成本和时间成本之和为 3.2 元，这时私人成本和社会成本相等。当超过 V_0 出行时，比如 V 增加到 600 辆，行驶 10 km 耗用的时间就会增加到 12.8 分钟（$12 + 0.001 \times 200 + 0.00001 \times 540000$），汽车运行的私人成本将上升为 2 元 + 0.1 元 × 12.8 = 3.28 元，可是社会成本却上升到 3.70 元，高于私人成本。见表 8 – 1。

表 8 – 1　城市交通的私人成本和社会成本的比较（假设数据）[①]

交通流量（V）	行车时间（分钟）	每位行车者增加的行驶时间（分钟）	总行车时间的增加（分钟）	外部成本（¥）	私人行车成本（¥）	社会行车成本（¥）
400 辆车以内	12.00	0	0	0	3.20	3.20
600	12.80	0.007	4.20	0.42	3.28	3.70
800	14.80	0.013	10.40	1.04	3.48	4.52
1000	18.00	0.019	19.00	1.90	3.80	5.70

为什么私人出行的社会成本会高于其私人成本呢？先考察当 V = 599 辆时，每辆车的时间成本 T 为：$T_{(599)} = 12 + 0.001 \times (599 - 400) + 0.000015 \times (599 - 400)^2 = 12.793015$，而当 V = 600 时，$T_{(600)} = 12 + 0.001 \times (600 - 400) + 0.000015 \times (600 - 400)^2 = 12.8$。$T_{(600)} - T_{(599)} = 0.006985 \approx 0.007$ 分钟。就是说，第 600 辆车的加入，使得原来的 599 辆车的行驶时间分别都增加了 0.007 分钟，全部车辆增加的时间就是 600 × 0.007 = 4.20 分钟，这将使社会总增加了 0.42 元的外部成本。这时，交通的社会成本就等于私人成本的 3.28 元加上这 0.42 元为 3.70 元。

可见，交通的私人成本仅仅考察其自身时间耗费的状态，等于总行车成本除以行车者数量。既然每位行车者都以同样的速度行驶，那么他们的行车成本相同，所以私人行车成本等于平均行车成本。而社会成本则是考虑了新加入者的边际影响（外部成本）后的成本，因而是社会边际成本。

那么，怎样的城市交通流量为最佳呢？设使用行车道的边际收益由需求曲线 D 表示，私人收益与社会收益相等。根据微观经济学，边际收益与边际成本相等时，为产出的最佳数量。故，图 8 – 1 中的边际社会收益与边际社会成本交于 E_1 点，与

---

① 参见阿瑟·奥沙利文. 城市经济学 [M]. 第四版，中信出版社，2003，(516).

E_1 相应的 V^* 就是从社会效益考察的最佳车流量;而边际私人成本(AC 曲线)与私人边际收益相交 E_2 点,与其相应的 V' 就是从私人角度来看的最佳车流量。因为,从私人角度来看,V^* 处的私人边际收益仍高于私人成本(AC 曲线),出行仍然有净收益,因而仍然会有新的车辆加入车道,直到 D 与 AC 相交,出行的车辆达到 V' 为止。过了 V' 点,私人成本高于私人收益,人们就不会出行了。可见,私人角度的最佳车流量 V' 高于社会角度的最佳车流量 V^*,这就是拥挤产生的根本原因。

三、交通拥挤税

(一)交通拥挤税原理

显然,依靠市场机制的自发调节,是无法消除城市交通拥挤现象的。为了使车流量保持在从社会角度来看的最合理水平 V^* 点,从而解决拥堵问题,根本的途径在于使外部成本内在化,即由私人负担其带来的边际社会成本。实现这一目的的最简捷方法就是征收拥挤税,税额要刚好等于其外部成本,政府可以用这些税收来刚好保证最优公路的养护费用。图 8-1 中的 t 代表应征收的拥挤税,等于社会成本高于私人成本的部分。征收拥挤税后,行车的私人成本将上升到等于社会成本,从而促使私家车出行者改变其出行方式,使机动车道的车流量从 V' 降至 V^*。

征收拥挤税给社会带来了社会净收益,尽管有些人可能受损。在实行了拥挤税后,继续驾车出行的人们一方面得到了通畅道路从而节约了行车时间和成本,另一方面要向政府纳税和损失一些消费者剩余;而改变出行方式者(比如乘公交),虽然损失了使用机动车道的便捷和一些消费者剩余,但是却避免缴纳拥挤税或避免了社会成本而获益。在图 8-1 中,政府从 V^* 处开始征收拥挤税,由于税率是随着交通的拥挤程度而递升的,所以处于 V' 处的驾车者(假定是道路上的第 1000 位出行者),要缴纳最高的拥挤税。如果这位驾车出行者改变出行方式,不再行车,就会省掉最高的高于私人成本的社会成本;如果第 999 位出行者也改变了出行方式或不出行,就省掉了次高的社会成本。这样,政府的拥挤税将会使社会不再付出由 E_1、E_2 和 a 围成的三角形面积的社会成本,从而得到相等面积的社会净收益。对此,原则上政府将会把来自收益方的收入分配给受损方,以保证人人都能从交通拥挤税中受益。

为了提高效率,交通拥挤税必须因时间和地点的不同而不同,越是拥挤的道路,拥挤税越是应当高一些。交通最拥挤的道路在空间上看,通常发生于往返中央商务区和就业中心区的地方,在时间上看通常发生于早晚高峰期。

图 8-2 表明了高峰期和非高峰期的需求曲线和交通拥挤税。在非高峰期,行车的需求相对较低,V_0 的交通量就较低,因而最优交通拥挤税(t)相对也较低;

当随着对道路的需求逐渐增加（需求曲线右移），在高峰期的需求上，交通量迅速提高，交通拥挤税（t′）就要高一些。

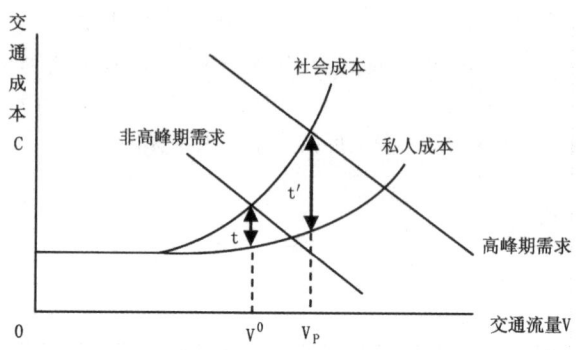

图 8-2 高峰期与非高峰期交通拥挤税

要准确地根据道路的拥挤程度征收拥挤税，在实际操作上存在困难，它不但需要测算税额大小，还须确定车辆何时进入何种拥挤区域。美国目前已设计出机车识别系统（VIS），在这个系统下，每辆车都装了一个异频雷达收发机，当汽车经过时，它能通过沿途的传感器识别出来，系统记录了机车使用交通拥挤公路的次数，并在月底将交通拥挤税单送达行车者。另一种方法是：在每一辆车上装一个装置，用于现金卡或借记卡刷卡：当汽车经过检查点时，卡的价值（插进汽车内装置）将减少与交通拥挤税相等的金额。

新加坡是第一个采用收费来控制交通量的城市。1975 年新加坡划定了城区道路拥挤定价的边界，正式实施城区的区域通行证收费制度（ALS）。起初，主要目的是限制私人小汽车在上下班高峰时段的使用，后来扩大到一整天。这个制度减少了 44% 的交通量，并提高了交通速度。1998 年，新加坡区域执照制度（ALS）被电子公路收费制度（ERP）取代。在电子收费制下，行车者在中心城市地区的不同地点经过时交费不同。一天中的不同地点不同时间的收费也不同，在交通最拥挤的地方的高峰期收费最高。

近来随着许多国家的一些大城市不同程度地实施了拥挤定价的交通管理措施，拥挤现象将会得到缓解。行车者对收费高的应对往往是改变行车方式、减少交通量和提高行车效率。通常的反应措施有：共乘一辆车、改乘公交车、改在非高峰期行车、选择可替代路线、将两个或多个行程合成一个行程等。这些，反映了交通拥挤税可能是城市交通日益机动化和私人化发展的情况下，缓解城市中心区道路交通拥挤的一项有效措施。并且，随着无线移动通讯技术和自动化管理技术的日益成熟，建立功能更加完善、更接近理想状态的城市道路拥挤定价收费系统的可行性也在不断提高。

（二）缓解交通拥挤的其他调节方法

除了拥挤税，还可以采用其他几种方法来改善城市交通的拥挤状态。

1. 征收汽车使用税。是以增加汽车行驶费用来减少汽车使用达到缓解交通拥挤的方法，可以称为"拥挤定价"。明显的例子是实行汽油税和停车税。

汽油税是交通拥挤税的一种替代方法。它的一个简单理由就是，如果行车变得更昂贵，交通量就会降低。问题在于汽油税增加了所有汽车行驶的成本，而不是在高峰期沿交通拥挤线路的行车成本。与交通拥挤税改变了行车时间和路线相比，汽油税并不能鼓励行车者改换成其他的时间和路线行车。

停车税是想通过阻碍人们自己开车上班而减少道路上的车流量。停车税一般是在交通拥挤地点和交通高峰期征收，这使得一些通勤者可能会转而改为小车共享或乘坐公交车，也可能会因此更改行车时间，从而从一定程度上减少了拥挤现象。但是，停车税有三个潜在问题不能使其充分发挥作用：一是与增加了单位行车成本和减少行车距离的交通拥挤税相比，停车税与行车距离无关，因而通勤者没有足够动力通过靠近工作地点居住来节约行车成本；二是由于大量的交通拥挤问题是由不在交通拥挤区停车引起的，因此停车税不能迫使所有高峰期行车者为他们造成的交通拥挤付税；三是在非高峰期也可能发生拥挤现象，此时停车税无能为力。

2. 增加公路运载容量。是应对交通拥挤的另一个对策。拓宽公路增加它的运载容量后，降低了拥挤临界，使所有高于初始拥挤临界的任何一个交通量具有了较低的私人行车成本。图 8-3 表明，较宽的公路在交通量较高时使行车成本下降从而交通量增加，城市交通需求由曲线上的 D 点滑向 E 点，见图 8-3。

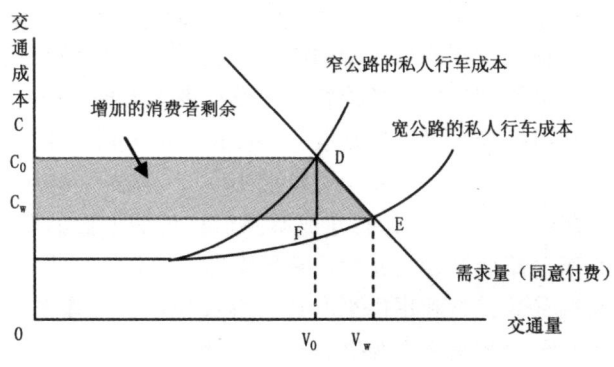

图 8-3　拓宽公路的效果

拓宽公路是否有效率？可以用消费者剩余方法来衡量。消费者剩余等于行车者愿意支付的金额减去行车实际成本。公路的拓宽使私人行车成本曲线向右移动，交通拥挤临界提高，并且在大大提高了交通拥挤临界的交通量的同时，降低行车成本，这将使交通流量从 V_0 点上升到 V_w 点。这使消费者剩余大大增加，其数量为图 8-3 中由 C_0DEC_w 围成的阴影部分。这个增加额包括两部分内容：一是 V_0 以前的行车者，通过私人行车成本的节省（$C_0 - C_w$）增加了消费者剩余（C_0DFC_w）；另外由于行车成本降低所吸引的 $V_0 - V_w$ 的新进入车道的行车者，他们获得了 DEF 三角形部分的消费者剩余。如果消费者剩余的总增加额（长方形部分加上三角形部分）大于拓宽公路的成本，那么拓宽公路的收益就大于其成本（这里忽视了污染成本）。

但是实践证明，完全靠加大道路投资，进而增加公路容量的办法很难从根本上解决城市交通问题。原因在于高峰期行车的需求是高弹性的，最初很多通勤者因交通拥挤、公路的速度慢而放弃使用这段公路，从而形成"潜在需求"现象。一旦公路容量增加，行驶速度就会提高，原来放弃使用公路的那部分人就会转到以前交通拥挤的公路上来。这种潜在需求在高峰期占满了大部分或全部新容量。这一现象引起美国交通问题研究学者安东尼·当斯（Anthony Downs）的注意，他在20世纪60年代提出的新交通设施建设诱发交通量的论点，被交通问题研究学界称为"当斯定律"（Downs Law），阐述了道路建设难以解决交通拥挤的一个重要原因——诱发新的交通量。同时，从城市有限的空间范围看，不断增加道路的办法也不符合城市土地利用和环境保护的要求，城市道路的增加是有限度的。

3. 高利用率机车设施。城市道路是有限的，如何最大程度地运用道路资源，是城市交通经济学研究的重点。一个缓解交通拥挤的道路措施是实行高利用率机车设施，也称之为钻石车道。这种专门车道有的城市是用于快速车道，通过对速度的分类使道路单位时间通过的车辆增多而效率大大提高；有的城市是专用于公交车，使公交车提高车速，从而使道路输送乘客的规模经济大大提高。

钻石车道对坚持自己开车者的通勤者，存在正负两方面的影响。正方面的影响是由于一些自己开车者转到公共汽车或共乘小车上（这些车有专用道，速度较快），私家车交通量减少，使得初始行车成本降低；负的方面的影响是由于划出了钻石道，使原有行车道路变窄，交通拥挤临界降低，使行车成本曲线左移，行车成本会上升。但是总的来看，高利用机车车道对继续使用一般车道的通勤者更有益。因为它使共乘汽车和公汽乘坐率大幅提高，使一般车道的交通量大量分流，自然降低了拥挤程度。

4. 公共交通补贴。对公汽、地铁、通勤列车、轻轨等公共交通实行补贴，会降低公交的价格,使人们更多地利用公共交通,使交通模式集约化,会有力地缓解交通拥挤。公交车和私家车是相互替代的行车模式,公交成本的降低和日益舒适吸引了一些汽车通勤者转换成乘坐公交车,于是公交补贴减少了汽车交通量,缩小了交通均衡量和最优量之间的差距。

第三节 城市交通模式

一、城市交通模式的利弊与选择

(一) 城市交通模式利弊分析

城市交通模式按照共享程度可以分为私人交通、公共交通和共享交通。私人交通主要指私家车,交通工具的使用权归个人独有,通常只为本人及家庭提供交通服务;公共交通包括公汽、轻轨、重轨等,是面向所有城市人群提供交通服务;共享交通指单位公务车或合伙使用的交通工具,其特点是供若干特定的人员共享,是一种介于私人交通和公共交通之间的交通方式。由于共享交通不具有代表性,这里主要对私人交通和公共交通进行比较分析。

私人汽车交通和公共交通各有其相对优势和劣势,最终选择哪种方式,要从两种方式能够提供的特定服务出发,并考虑和比较下面几个重要因素。

1. 满足居民的基本出行需要。城市交通目标是保证全体市民和外来人员拥有最大的可达能力和交通权利,即向市民和外来人员提供能够到达市内任何地方的可达能力和便于步行的道路条件。但是,对于拥有不同的出行条件的人们来说,可能存在着不平等现象。例如,拥有私家车和没有私家车的人在交通能力强弱和对城市福利的利用程度方面存在着明显的差异。如果一个城市缺乏公共交通或者公共交通的服务范围有限,等于剥夺了部分市民从城市提供的福利和机会中获得利益的部分权利。显然,交通权利不可能指望普及私家车来实现,也不可能依赖出租车(公共交通的一种特殊形式)来履行,而只能依赖公共交通。目前,世界上还没有一个城市达到了其所有市民不需要公共交通也能够获得最低可达能力的程度。

2. 选择较低的出行成本。消费者一般往往从两种交通方式的出行成本的比较来决定其选择。表8-3是两种方式成本构成的比较。

表 8-3　　　　　　　　　私人汽车与公共交通的成本比较

	货币成本	时间成本			外部成本
		等待时间	运行时间	分流时间	
私人汽车	高（折旧费、汽油费、道路使用费、保险费、执照费等）	无	较低	无	很高
公共交通	低（票价）	高	较高	高	很低

可见，从货币成本看，私人汽车的货币成本一般高于公共交通，特别是在人口稠密的发展中国家更是这样。当然，在美国，由于享用廉价汽油，私人汽车的货币成本可能并不高于公共交通。但是，由于国情不同，这种状况在世界绝大多数国家并不具有普遍性；从时间成本上看，私人汽车不存在等待和分流的时间，运行阶段的速度也高于公共交通工具，所以，私人汽车方式的时间成本较低。从外部成本看，公共交通方式则占显著优势。公共交通是一种大容量、高效率的交通方式，它的道路使用效率明显高于私人汽车方式。

3. 环境友好和环境安全。噪音、污染、交通事故是比较严重的城市交通环境问题。根据法国的测算，公共汽车每人公里所产生的噪音，外部成本只有私家车的十分之一；轨道交通的噪音虽然比较强烈，但噪音是沿轨道轴线传播的，受影响的人数非常有限，故造成的费用也很低。公共汽车每人公里的空气污染，其外部成本只有私家车的二十分之一，而轨道交通一般都是电气化的，几乎没有这种污染。公共交通每人公里的交通事故，其外部成本也只有私家车的十分之一。因此，公共交通是环境友好和环境安全的交通方式。

4. 节省空间资源。交通是占据城市空间资源的服务行业。在东京，交通设施占城市空间的比例为 18%，伦敦为 21%，巴黎为 23%，洛杉矶为 70%（其中 27% 是道路，11% 是人行道，32% 是停车场）。研究表明，在一定的技术条件下，城市分配给交通系统使用的土地，包括道路与停车场的占地比例，一般以总面积的 15%—25% 较为合理。交通用地比例偏低会造成交通网不足，过高则会浪费城市空间资源。因此，交通在拓展城市空间的同时，要尽可能降低自身占有率，提高城市空间的净增量。一般，公共交通单位供给的空间占有量约为私家车的十分之一。

5. 降低能源消耗。这里的能源主要指非再生性能源，属于短缺资源，不能简单地用货币表示。城市中的交通工具仍是目前重要的能源消耗大户。目前，每人每公里的公共交通，所消耗的能源不到私家车的三分之一，因而是节能的交通方式。

(二) 城市交通模式的选择

从上述比较中可以看到,从社会经济效益即外部性、规模经济、环保、节能、节省空间等方面来看,公共交通模式有着不可替代的优势;而从私人效益诸如节省时间、方便快捷、时尚美观等方面来看,私家车有着绝对的优势。它们的优势分别是对方的缺点,城市交通模式的选择,就要研究这些优势分别依托的社会经济环境的容许程度。如果城市空间很大,能源充足,且人口较少,可以发展小汽车模式;如果相反,人口稠密、城市空间紧张、能源不足,就要发展公共交通模式。我国国情决定了我们不适合采用"小汽车为主体、公交辅助"的模式,而应该选择"公交为主体,小汽车辅助"向"公交为主体,小汽车为主导"的城市交通模式过度。这是因为:

第一,我国大多数城市的成长历程与欧美发达国家主要城市的成长有本质区别:首先,我国大城市在机动车化之前,就已经形成了高人口密度的城市结构;其次,我国城市在开放经济后突然面对是一个完全成熟的跨国汽车工业。这两点意味着我国城市将没有机会像伦敦、纽约、波士顿等城市那样,有一个相对较缓慢的城市交通系统与小汽车发展相互适应与进化的过程。更不可能出现像洛杉矶那种专门为小汽车化社会设计的城市。

第二,我国人口众多,人均国土面积,尤其是人均耕地面积,人均石油储量都很低,远不到世界的平均水平。这决定了我国的城市化将更多地表现在人的工作性质的改变,而不应该是土地使用功能的大规模改变;城市建设将更多地向空间展开,而不应该在平面上大规模展开。这样,用于城市道路建设的土地将十分有限,决定了小汽车在我国的发展将受到限制。

第三,我国城市化来得较西方国家晚,但速度快。农村剩余劳动力在短时间内快速拥入城市,促使城市建设往往措手不及。城市空间拓展跟不上城市发展,自觉不自觉地走了一条"被动交通规划"的道路。城市建设先天不足也要求小汽车在我国实行限制发展。

但是,限制发展不等于不发展,世界上以"以公共交通为主体"而著称的城市,经过长时期的发展,其小汽车完成的客运量还是占到了城市客运量的较高比例:香港为26%,新加坡为30%,莫斯科为31%,东京为32%,圣保罗为35%,墨西哥为46%。这些资料说明小汽车发展具有强大的内在动力。因此,绝对的严格限制是不合适的,正确的策略应该是根据城市的实际情况,实行限制加引导的办法。可以对城市的空间资源、人口包括流动人口、能源供应等方面进行测算,估计小汽车的合理规模比例,制定其相应的政策。

二、"公交优先"战略

(一)"公交优先"的战略思想

发达国家在经历了私人化的机动交通大规模发展之后,面对交通拥挤和交通污染的种种问题,重新认识到公共交通系统对解决城市地区尤其是大城市地区交通问题的重要性和有效性。优先发展公共交通系统,已成为许多城市居主导地位的战略思想。这种战略思想,是基于人们对城市交通问题的以下两个方面反思而确定的:

1. 以人为本。城市交通的首要目的是实现人的移动而非车辆的移动。城市是人口高度聚集的地方,城市中繁忙的交通运输是城市高度发达的社会化的经济交流功能的反映,而从事经济交流的主体是人,人也是各种信息和物资交流的最终载体。但是,机动化和机动车私人化的发展一度使人们淡忘了这一要点,城市的道路建设和交通组织似乎都是在围绕如何满足私人小汽车的移动需要,仿佛发展城市交通的目的是单纯为了应付汽车的增长。公共交通具有运量大、运行线路规律的特点,在人口集中的城区内部,实现以人为主的移动,公共交通的比较效率显然高于私人交通。通过科学规划和组织,建立高效、快捷的现代化公共交通系统,是解决城市交通问题的最现实、最经济的途径。

2. 集团经济优势。公共交通系统能够最经济地满足市民的经常性、集团性、必须性的刚性出行需求。城市交通流量一般由两部分组成,一部分是"固定的"刚性出行量,另一部分是"随机的"弹性出行量。前者主要包括工作、学习通勤出行和日常生活如购物出行,它们基本上是每日必不可少的交通量,无论道路交通拥挤状况如何,也不会有太大的增减变化,因而是刚性的交通需求。后者包括外来流动人口的交通量和城市居民的其他出行量,这部分交通量具有无限增长的潜力,但是会因其出行诱因的变化而变化,因而是弹性的。城市交通规划首先需要满足刚性的出行需求,因为这是人们的基本生活需要;其次再最大限度地提高道路利用效率,使有限的道路设施尽可能多地满足随机的弹性出行的需求。

基于上述两方面考虑,城市应坚持"公交优先"战略。这一战略的本质是要求充分发挥公交的规模经济效益、正外部性效应和环境友好、资源节约特点,为人们提供方便快捷、经济舒适的交通方式。因此,在公共交通系统的建设上,要坚持如下两方面的战略原则。

一是优化选择原则。公共交通系统本身是一个包含多种交通方式的复杂系统。公交优先的发展战略,并不意味着公共汽车、地铁、轨道交通等多种方式不加选择的共同发展,也不意味着发展地铁、轻轨等先进的公共交通方式就可建立起现代化的高效公共交通系统。公交优先战略取得成效的关键，是需要针对城市的实际情况（人口规模、空间环境、财政能力、交通需求等）选择居主导地位的公共交通方式。这种主导方式既要适应城市特点，宜空则空，宜地下则地下，不能强求某种公交方式；又要坚持经济原则，少花钱、多办事。

二是管理原则。再好的公共设施，如果管理不善，利用不充分，也不会达到经济实用的目的。因此，城市公共交通系统，必须有科学的交通规划组织，对各个交通环节加强管理，实现不同环节之间的良好衔接与协调，才能充分发挥出胜于私家车的比较优势。

（二）"公交优先"战略的策略保证

公共交通与私人交通都需要占用公共设施、发生资源消耗和给环境增加负担，但是它们的程度是不同的。私家车在耗能、占据空间资源、噪音和废气污染等方面，远超过公共交通工具，却与公共交通享受同样的国家城市道路补贴，甚至优于公交。因为大多数城市公共交通得到的补贴，远低于私家车所获得的"暗补"，从而导致城市交通结构不合理。比如，城市道路、停车场等大都由公共投资建设，相当于是给这些设施的使用者提供的补贴，私家车也方便地使用这些设施，意味着得到了"暗补"，就会助长人们对小汽车等低效率交通工具的过度利用，导致公共设施拥挤和短缺。可见，通过税费等形式回收道路和停车场等公共设施成本，将它们反映到交通工具的使用成本中去，是非常必要的。

为此，要按照交通方式实际享受到的公共福利，收取相适应的税费，贯彻"谁使用谁支付"的原则。这种公平城市交通经济环境的做法，就是"公交优先"战略的策略保证。

在实践中，通过相应的税费提高私人交通的使用成本，同时对公共交通进行适度补贴，其具体做法可区分三种情况制定政策：（1）道路能力有闲置，比如环境的"质量潜力"（污染消化能力）大，道路资源可以再生等，这时可以顺其自然地发展公共交通和私人交通，不必有很多限制；（2）道路能力基本饱和，例如环境"质量潜力"趋于零，私人交通与公共交通的发展必须以各自生产单位产品所占用的公共设施和破坏的环境量以及资源消耗量为衡量标准，征收相应的税费；（3）道路能力不足，如环境"质量潜力"为负值，资源不可再生，私人交通与公共交通的发展不仅要以各自生产单位产品所占用的公共设施、破坏的环境量、不可再生资源的消耗量为衡量标准，征收相应的税费，且要在政策上向公共交通倾斜。

(三) 公共交通的补贴

无论是在发达国家还是发展中国家，实施"公交优先"战略，对公共交通补贴是普遍的现象。补贴公共交通有三个理由：

1. 公交存在着相当大的规模经济效应，因而有自然垄断的性质。图 8-4 中的长期边际成本（LMC）和长期平均成本（LAC）曲线均向右下方倾斜，斜率为负是因为：（1）建立公交系统需要一大笔初始投资形成固定资本；（2）每增加一个乘客的边际成本较小。

长期边际成本与由需求曲线（D）表现的边际社会收益曲线相交决定的 R^* 是最优的乘客量。为了满足 R^* 乘客的乘车要求，价格必须处于 P^* 水平。P^* 低于平均生产成本（C），故存在亏损。为了维持不亏损，就需要补贴，补贴数量为 S 的高度，补贴面为图 8-4 中的阴影部分。若不进行补贴，公交系统若要维持收支平衡，就只能把价格定在 P_0 位置，运载 R_0 的乘客量，这就会造成公交价高运量小的行车难问题。所以，适度补贴有助于提高公交的效率。

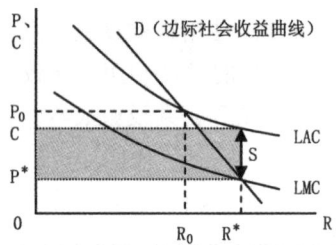

图 8-4 公共交通的自然垄断性质

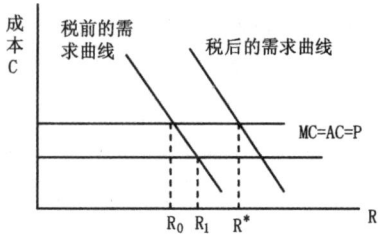

图 8-5 补贴与征税对公共交通的影响

2. 补贴有助于提高公共交通对私人汽车的竞争优势。公共交通在多数国家的城市交通中竞争不过私人汽车方式，关键是私人汽车方式的外部成本没有被内在化。如果将外部成本内在化，公共交通方式就会在竞争中显出应有的优势。改变公交方式竞争劣势的措施有两个方面：一是对私人汽车征收拥挤税，推动公共交通需求曲线右移；二是对公共交通给予补贴，扩大其需求。在图 8-5 中，两条水平线分别代表补贴前后的供给曲线，由于票价固定，票价（P）等于其边际成本（MC）和平均成本（AC）。可见，补贴使公共交通量由 R_0 增长为 R_1；而征拥挤税则使需求曲线右移，使流量增至 R^*。这里 $R_1 R^* > R_0 R_1$，表现了征收拥挤税的效果要大于公共交通补贴的效果。两种方式的共同效果是都增加了公交需求量，不同的是补贴主要是降低了公交价格，拥挤税则主要导致人们改变出行方式，减少行车辆以提高交通系统的效率。因而补贴的效果可能低于拥挤税，这里的关键问题是，补贴量应限于使其收益高于或者等于其成本。

3. 补贴体现了公共经济的转移支付原则。一般来说，公共交通乘客的收入水平大部分较低，公交补贴作为一种转移支付手段改善和提高了他们的福利状况，从而从交通方面提高了城市经济的质量。

三、其他城市交通模式

兼顾公共交通的低外部成本和私人交通高便利性的优势，在城市交通模式上，发达国家还创立了其他一些同时兼有低外部成本和高便利性的交通模式。

（一）德国自行车模式

自行车曾经是我国城市中最主要的交通模式，中国自行车拥有量世界第一，是名副其实的"自行车大国"。然而，由于国内"汽车热潮"方兴未艾，人们不断地实施汽车替代，自行车模式受到高度挤压，其交通分担率不断下降。反观地球另一端的德意志联邦共和国——世界上第一辆汽车的诞生地及汽车制造业大国，其自行车交通体系却十分发达，自行车出行比率稳步提高，自行车交通法规完善，这些方面都值得我国思考与借鉴。

1. 德国自行车交通基础设施建设。由于自行车出行环保低碳无能耗，有助于缓解城市交通拥堵，德国政府支持并大力发展自行车交通，投入大量资金进行自行车相关基础设施建设。2002 年德国政府曾专门投入 2 亿欧元在全国范围内建设自行车专用公路。目前全德 3.8 万公里的公路中，接近半数都修建有自行车道，德国的乡村及风景区也多有自行车道，山区甚至有专门为自行车设计的登山道路。根据德国汽车俱乐部 ADAC（Allgemeiner Deutscher Automobil – Club）统计，截至 2004 年，德国特别标识的自行车道总里程已达到 5 万公里。

德国城市城建区的人行道旁均设有自行车道，自行车道高于机动车道，略低于人行道，自行车道路面铺装多采用彩色沥青混凝土，部分采用彩色砌石结构。在老城区路段，当路面宽度受限而无法分隔设置时，则将自行车道与人行道设置在同一平面上，并通过颜色涂料的方式将两者进行区分。

德国还借鉴阿姆斯特丹、哥本哈根等城市经验，在西部鲁尔工业区筹建一条全长约 60 公里，串联起鲁尔区数个城市的自行车高速公路，自行车高速公路路面宽 5m，最高速度可达 40 公里/小时，全线无交叉口，不设信号灯，同时配备有夜光照明标识。更有德媒报道称，该国正在研发一种全新的封闭式自行车高速公路，不但能够消除雨雪等恶劣天气的影响，并且骑行时可靠气流获得助力。目前德国的自行车,已获得与机动车平等的主体交通模式地位。

2. 德国自行车交通发展分析。德国自行车交通高水平的发展,与该国政府、社会及国民的作用是分不开的。

(1) 政府引导。早在20世纪70年代,重新发展自行车交通就得到德国政府的重视,并在政策上予以支持。1979年,联邦德国环境委员会提出了"适宜自行车的城镇"发展策略,并在德国130多个城镇开始实施。2002年,德国政府提出《全国自行车交通规划2002－2012》,目的在于增加自行车交通分担率,推进自行车交通基础设施建设,并提高自行车交通安全。2008年德国又通过《国家自行车交通发展计划》,部分大城市依此制订了自行车交通发展目标。在一系列规划的基础上,德国政府陆续对《城市道路设施指南》(RASt)、《州县公路设施指南》(RAL)、《交通信号控制指南》(RiLSA)、《城市道路交通秩序法》(StVO),以及《城市道路交通秩序总体管理法》(VwV－StVO)等法规进行修订,逐步形成一套系统而完善的体系。自行车交通作为德国综合交通政策之一,已成为国家减少温室气体排放、实现可持续发展的战略。

(2) 社会推动。德国各类自行车协会、组织,以及各大企业对推动自行车交通发展同样功不可没。以德国最大的自行车俱乐部ADFC(Allgemeiner Deutscher Fahrrad－Club)为例,该组织成立于1979年9月,总部位于不莱梅,成员总数已超过13.3万。ADFC在促进德国自行车交通发展,改善自行车交通环境方面做出了相当大贡献。为响应政府号召,德国各大企业也相继推出系列自行车促进项目,如德国铁路公司(Deutsche Bahn)在柏林、法兰克福及慕尼黑等城市开展自行车电话租借服务,可轻松实现自行车与轨道交通的接驳;德国联邦银行等大型企业积极参与"骑车上班"(Mit dem Rad zur Arbeit)活动,鼓励员工采用自行车作为通勤工具;谷歌德国公司更因向员工赠送新自行车而获得德国环保贡献奖。骑车上学、购物和旅游等项目也在德国各地陆续展开,其目的都是为了保护环境和促进身体健康。

(二) 荷兰先进交通模式

荷兰交通运输模式有独到之处。发达的先进性交通运输模式支撑了荷兰全国社会经济的高效发展。总体来看,有如下构成内容:

1. 公平的城市交通文化模式。荷兰交通模式首先表现在其先进的交通文化上。在中心城区,阿姆斯特丹的交通发展遵循轨道交通、路面公交、行人、自行车、出租车和小汽车的依次排位顺序。作为绿色低碳的自行车交通有很高的地位和"待遇",相比之下小汽车交通受到一定限制,例如在中心枢纽500米范围内无小汽车停车位。荷兰以"轨道交通为纲"的交通文化十分普遍。轨道交通以"冰糖葫芦串"的形式向外发展,即以每一个轨道交通站作为一个核心,形成半径约为1—2公里的"糖葫芦",距离交通枢纽由近至远依次为商业区、办公服务区、居住区和绿化带。在交通枢纽内,提供有住宿、休闲、学习、商业、购物、用自行车等都很方便。在边缘地区的农村小镇,为了鼓励开小汽车的人换乘轨道交通,专门设置了 K + R(Kiss + Parking)停车场,通常为夫妻护送到车站而做的准备,由于轨道交通车次间隔约半小时左右,停车场在30分钟内免费。在阿姆斯特丹市,不论是主干道、次干道还是支路上,自行车和公交车专用道随处可见,体现了公众交通的权益。

2. 城区非机动化交通模式。包括自行车出行和步行2种方式,这种可持续化的绿色交通出行模式具有健康、环境友好、便利、廉价以及有益于缓解城市交通拥堵的优势。荷兰具有完善的非机动化交通基础设施,建立了持续的政策和一系列有效的措施,鼓励非机动化交通模式的发展。在荷兰的一些路口、路段,自行车通常享有优先通行权,机动车必须让自行车,在交通枢纽,自行车交通语言极为普遍,在自行车指路标志上,采用白底红字表明地点、距离及方向等信息。荷兰最近十几年来大力建设自行车停车场,在阿姆斯特丹还设置有自行车专用桥和自行车专用街道。这种非机动化交通模式,为城市和出行人带来了多种好处。

3. 政府对交通运输的投入模式。荷兰的港口、机场、公路、铁路、航道等交通基础设施,都是政府无偿投入建设和管理与维护的。仅鹿特丹港,政府每年就投入约4亿荷兰盾,全国每年用于公路管理与维护的费用高达30亿荷兰盾。如果私营企业要在内地货物配载中心或中转站场,只要符合国家规划,并经政府批准,政府也可以对其公用部分进行投资。目前政府的交通投资,在所有城市都设有相当规模的货物集散中心,在8个枢纽城市还设有铁路集散中心,在莱茵河上有3个具有相当规模的中转场站。

4. 高效、统一的交通运输管理模式。荷兰政府的交通运输部,是综合管理各种运输方式的管理部门,其履行的主要职能包括:交通运输设施规划与建设,交通运输政策,国际间的交通协调;水路、公路、铁路、航空等安全交通规则,建立高效海陆空交通系统;减少由运输引起的噪声以及对空气、水和土壤的污染;运输方式的协调发展等。这种机构集中设置的模式,避免了各种运输方式之间的不平衡发展,减少了扯皮现象,提高了工作效率。

5. 交通多式联运模式。多式联运是一种跨部门、跨行业经营,突破单一形式的联合运输方式。其运作方式是海、铁、公、内河等专业运输公司,在各自经营主业的同时,可以租赁经营另一种运输业务。如海运经营铁路、铁路经营公路等。国内外运输企业除经营本国的运输业务外,也可进行跨国、跨行业租赁经营运输业务或另一种运输业务。政府对多式联运市场行为和标准进行第一规范,实行一票制,并有多种优惠政策。如免收铁路租金、税费减免,允许从事多工联运的卡车夜间行驶,从事联运的集装箱卡车不作为重载车辆、而只按普通车辆收取税费等。

6. 所有权与管理权、经营权分离的管理体制模式。荷兰的港口、机场、公路、铁路、内河、水路等都实行所有权与管理权、经营权分离制度,形成了一个面向市场的高效率的管理机制。交通基础设施所有权属政府,但管理形式有不同。如鹿特丹港由政府职能部门港务局管理,史基浦机场的所有权属国有董事会,下设执行董事负责管理机场各方面的日常业务。在经营管理上,实行管理与经营分开。日常的运输、装卸业务由企业自主经营,不受政府干预,盈亏由企业自负。

7. 简便、快捷的海关通关模式。荷兰之所以能成为欧洲的货物集散中心,除了优越的地理位置,一流的内陆联运网络外,还取决于简便、快捷、灵活的海关制度。荷兰利用欧盟边界取消的便利,不断改善服务质量,以简化、精确的海关系统给海外商人提供了极大方便。客户只需要报一次关便可以自由地在欧洲分配货物,货物可以随时结关,海外保税货物可以免税入关,在货物储存、转运、处理及分拨上无需与海关接触。转口货的缴税方面,可通过报关文件、保税单得到保证。

第四节 城市交通政策

一、城市交通的需求政策

(一) 城市交通的需求管理和政策

交通需求管理,是通过一定的经济和行政手段,对城市各类交通需求量的增长进行有效调控,以保证城市交通量与其基础设施系统之间的均衡。交通需求管理是进入20世纪90年代之后,随着人们对现代城市交通经济问题认识的深化而形成的一种城市交通管理理念,它实际上是针对城市交通日益普遍和突出的现实矛盾,在拥挤定价对策的基础上进一步发展的一种更全面、更系统的针对城市交通经济问题的综合对策。

按照交通需求管理的理念,任何国家和地区的城市交通发展政策和规划都必须根据当地的经济基础和实际情况,符合四项判别标准:(1) 经济可行性;(2) 财政可承受性；(3) 社会可接受性；(4) 环境可持续性。

交通需求管理的具体政策措施很多，主要可归纳为两大类，一是通过优先发展公共交通使有限的城市交通资源和交通设施达到最高的能力和效率；二是通过对机动车拥有和使用的限制来控制城市地区机动交通总量的增长。前者已经在交通模式选择一节论及，这里主要就后者的政策方式进行分析。

1. 机动车使用限制政策。是解决城市地区交通拥挤等系列问题的重要方法，也是世界各国普遍采用的城市交通需求管理的主要措施。控制机动车使用的政策措施主要有如下三类：

(1) 基本价格（Basic Pricing）控制。指对城市地区所有车辆普遍征收某种税（费）的政策，例如一些国家征收的燃料税、车辆使用税等。这种税费征收只与机动车的使用有关，若拥有机动车但较少使用或不使用，就不会被征收这些费用。所以，基本价格控制只从整体上起到限制交通需求量的作用，不会对车辆集中地区和路段直接发挥特别的限制作用。

(2) 地区价格（Area Pricing）控制。是交通拥挤税的应用和发展。地区价格的含义，指对城市指定的特别区域内的道路上行驶的车辆进行收费，或者对特定路段的特定时间内的车辆收费。费用标准依拥挤程度而定，最拥挤的地区或时间段里收费最高。而不进入指定区域行驶的车辆不收费，经常在指定区域的繁忙道路上行驶的车辆将被征收很多的费用。地区价格控制措施可以促使人们尽量避开高收费的拥挤地区，或合理选择出行时间，这样可以分流繁忙地区的道路交通流量，有效缓解局部地段过度拥挤的现象。地区价格控制的操作方法有：设出入口收费，颁发收费特许证，电子化自动计费，等等。

(3) 非价格通行控制（Nonpricing Access Controls）。是常规的城市交通管理控制办法。例如，禁止某种类型车辆在某路段或某时间段内行驶，以消减交通量，就是典型的非价格通行控制手段。这种措施的优点是简单易行，目的明确，效果明显，且控制范围具有灵活性，定时、定线、定车型、单双号分时行驶、完全禁行等多种方式可以单独或结合使用。但是，非价格通行控制不能简单地采用，需要在全面了解城市的交通流量、种类构成和科学测算禁行的成本—效益基础上实施，否则，随意采用，将会冲击城市交通的正常运行。这种方式一般多用于敏感地区（文教区、高级办公区、步行者集中的繁华商业区等）的出行环境保护。

2. 机动车拥有限制政策。是采用经济、技术、法律的手段，对城市地区私人购置拥有机动车数量施加的一定限制，以达到减少道路交通量的目的。人们对这种方法有不同看法，有人认为从拥有方面控制车辆不完全符合公平原则，也有人认为这会带来许多副作用。但是，在道路交通设施严重不足或财政资金匮乏的城市，车辆拥有控制是必要的，因为它一方面间接缓解道路拥挤，另一方面具有筹集资金的作用。具体控制政策包括：

（1）征收机动车拥有税费。机动车拥有税，包括通常征收的购置附加税、汽车牌照年费等，在一定程度上提高了购买力要求，能直接影响城市地区机动车注册的数量，会间接减缓拥挤道路的交通量。

（2）限定车辆标准与等级。许多国家实施的汽车年检客观上就具有限定车辆等级从而控制机动车总数的作用，此外，还可以对城市地区的注册车辆的标准等级做出其他限定，如环境标准、安全性能、行驶性能等，这些要求均能起到控制机动车总数的作用。

（3）车辆定额配给。包括两种方式：一是对每年颁发的车辆注册证书（牌照或其他许可证件）的总数加以控制，另是对某些特殊车型的数量增长设定额度。这些做法可以使城市地区机动车数量的年增长速度控制在一定的水平上。

（二）城市交通需求模型

为了有效实施城市交通的需求管理政策，有必要在作政策分析时，研究城市交通的需求模型，以便把握居民的交通需求行为，制定准确的控制政策。

城市交通需求有两个方面，对交通量的需求和对交通方式的需求。前者可以用人/公里指标来测度，后者可用对某种交通方式选择的概率来表示。一定的交通量和一定的交通方式的概率分布，构成了具体的交通需求。交通量需求函数可由式8－2表示：

$$V = f(C, I, D) \qquad 式（8-2）$$

式8－2中，V为交通量，I为收入水平，D为人口密度，C为交通成本。在城市交通需求函数中，当交通成本、人口密度上升时，交通需求量下降；反之，当收入水平上升时，交通量随之上升。当收入水平和人口密度一定时，交通量需求是交通成本的函数。即：

$$V = f(\bar{I}, \bar{D}, C) = f'(C) \qquad 式（8-3）$$

依存于交通成本的交通量函数，实际上由四个部分构成，相应地要有需求形成模型、需求分布模型、交通方式模型和线路分配模型四种城市交通需求模型。为了简化分析，在模型中将所考察的地域划分为大小适中的若干区域，并视每个区域为一个点，这样，任何交通行程都可简化为两点之间的交通。

1. 需求形成模型，是测算交通量需求的模型，是8－3式的具体化。由于考察地域已简化成若干区域，故只需测算每一区域的交通需求量，然后将各区域的数量加总即可得出总需求量。测算各区域交通需求量可用如下公式：

$$V_i = aP_i + bI_i + c \qquad 式（8-4）$$

其中，V_i 为区域 i 的日常交通量，P_i 为区域 i 的人口数量，I_i 为区域内人均收入水平，a、b、c 为常数。

2. 需求分布模型，是测算交通量在不同方向上分布的模型。所谓不同方向，即交通出行指向不同的区域。分布模型的作用是将交通量具体到不同的区域之间。对任意两个区域交通量的测度，可以参照牛顿的万有引力模型构造如下的"引力模型"：

$$V_i = N_i \frac{\dfrac{A_j}{d_{ij}^b}}{\dfrac{A_1}{d_{i1}^b} + \dfrac{A_{i2}}{d_{i2}^b} + \cdots + \dfrac{A_{in}}{d_{in}^b}} \qquad 式（8-5）$$

式 8-5 中，V_{ij} 为区域 i 产生的至区域 j 的交通量，N_i 为区域 i 产生的全部交通量；A_j 为区域 j 的吸引力，一般可以用购物或各种城市活动的面积表示；d_{ij} 为区域 i 和 j 之间的距离；b 为经验计算得到的系数，它表示随距离增加交通量的衰减程度。需求分布模型表达了城市中的不同地方由于某种吸引力所导致的与其他地方的交通量。

3. 交通方式模型，是测算各种交通方式使用概率的模型，本质内涵是测度对交通方式的需求。其测算函数如式 8-6：

$$q_{ij} = f(pC_{ij}, pH_{ij}, pD_{ij}, tG_{ij}, tH_{ij}, tD_{ij}, I_i) \qquad (j = 1, 2, 3 \cdots \cdots n)$$
$$式（8-6）$$

式 8-6 中，q_{ij} 为出行人 i 选择交通方式 j 的概率，可由 N_{ij}/N_i 计算，N_{ij} 为区域 i 中的人选择交通方式 j 的数量，N_i 为区域 i 的总人数；C、H、D 分别表示由出发点到登上交通工具、交通工具的运行和离开交通工具到目的地的时间；P 为各时间段的价格或费用支付；t 为各时间段耗用的时间，I 为收入水平。交通方式模型通过考察某区域出行人选择某种交通工具的概率，可为规划交通方式的选择提供依据。

4. 线路分配模型，是需求分布模型的进一步具体化。前面的分析一直视区域为点，两点间只有一条线路，实际生活中对应两个区域间交通线路则不只一条。对于任意两个区域而言，分布在这个方向上的交通量还将进一步分配到不同的交通线路上。影响这种分布的主要是各条线路的交通时间、成本、舒适性、服务水平和频率（如公汽的密度）。其中时间是最主要的决定变量，而且后四个变量一般都与时间这个变量强烈相关，实际测算中常常可以单独用时间变量来确定交通量在不同线路上的分布。

城市交通需求是城市交通经济问题的主导因素，它推动着城市交通设施的建设和交通能力的形成。任何城市交通建设和改进都要考虑需求的变化。只有明确了需求的规模和分布，才能形成合理的交通能力布局和交通方式构成，为城市经济发展提供更好的系统交通服务。

二、城市交通的供给政策

城市交通的供给管理，是通过一定的经济和行政手段，对城市各类客货交通供给量的增长和供给方式进行有效的调控，以构成最佳的交通结构和组织方式，保证城市交通系统快速、安全、可靠、舒适、低污染的运行。交通供给管理也是在进入20世纪90年代之后，随着人们对现代城市交通经济问题认识的深化而形成的一种城市交通管理理念，它实际上是针对城市交通问题日益普遍和突出的现实，在提倡"公交优先"理念的基础上，对各种交通供给方式实施的公共规制政策。

交通运输业具有公共性，是社会资本集中的行业，为了确保公共利益，政府必须对交通运输业市场进行干预。交通运输管制涉及多个方面，主要包括交通市场的进入限制（实行线路经营许可证制度、审批制度等）和交通市场的行为限制（如价格管制、交通方式规定等）两方面。目前在世界范围内，城市交通，尤其是公共交通都是一种带有福利意义的公共性服务，纯粹由市场机制调节供求并不可行。在完全自发的市场机制下，要么会抛弃公共交通的福利性，增加出行者的费用支出，促使出行者改用私人交通；要么会降低公共交通的覆盖率，降低公共交通的服务水准，迫使大众放弃公共交通或无法利用公共交通。无论哪种情形都将破坏公交优先的原则，增加城市交通的压力。因此，城市交通始终是城市政府关注的领域，通过大量的财政补贴维持公共交通的规模和水平。然而，自20世纪70年代以来，由于"供给冲击"等资源环境问题，城市交通资源受到很大影响，特别是北欧的一些福利国家，高补贴导致的低效率，受到资源方面的严重挑战。为此，一些发达国家首先对交通运输业实行了放松管制，交通运输政策转向更多地依靠市场，依靠竞争，减少政府干预的供给管理政策。县棉介绍的两个方面的改革：通过签订服务合同让私人提供公交服务和允许自由进入城市交通市场，具有突出的代表性。

1. 签订公汽服务合同，允许私人提供公交服务。即城市政府与私人公司签订合同，允许其提供特定线路的公共交通服务。在合同中，当地政府详细列出公共交通系统的服务要求（例如，车间时距、行车时间、站点位置、车票价格），然后接受私人公司对公共交通服务的投标。对以最低成本提供服务的公司给予公交专营权。

公交服务的合同制可以节约营运成本,这是这项改革的一个最重要的依据。据美国联邦公交管理局估计其节约的营运成本约在25%至30%之间,而其他的研究也表明其在15%至35%范围间。私人公司提供的公共交通服务成本较低的原因有三:(1)支付的工资成本低;(2)私人公司的工作制度灵活,他们可采用轮班制并使用兼职工人;(3)他们在交通方式的选择上更具经济头脑,比如,在人口低密度地区使用小公汽。

2. 取消控制并采用辅助运输系统。取消对城市交通市场的控制,允许自由进入城市交通市场并自由竞争。这种改革将使许多城市的交通服务出现多样化。目前的体制存在着两个极端:单一乘客的出租车和庞大的公交机车(大公汽和轨道列车),这种系统分布于城市交通供给的两个极端,不能满足各种不同的乘客对时间、方式、舒适度和费用的不同要求,而新的体制让乘客有更多的车型选择和更多的服务种类选择。

辅助运输系统指介于私人与传统公共汽车之间的一种广泛的服务形式,包括共用小汽车、共享出租车、电话订车、预约通勤客车和公汽等。以共用小汽车为例,它是指供某个群体共同使用或共同拥有的小汽车。一般的做法是在一个社区、住宅区或街道内,组织一个车队或俱乐部,参加者可随时使用车队或者俱乐部的任何一辆汽车。英国南部的一个城市,组织了一个俱乐部,参加者交纳少量会费便可一天24小时内随时使用俱乐部的汽车。使用车辆的费用由微型计量仪根据里程、燃料消耗和使用时间自动计算。法国的蒙特泊黎尔市设立了一种"自己驾驶租用车"俱乐部,它是由志愿者组织在一起的使用组织,为参加者提供小汽车。每个成员可领到能使用俱乐部任何车辆的钥匙,钥匙上有使用者的编码,一旦用它发动汽车,自动计量仪马上把钥匙的编码记录下来,以正确确定每个会员的使用费。"共用小汽车"比出租车更接近私家车的特性,对私家车具有强大的替代性,但它的效率比私家车要高得多。可见,这些辅助运输系统填补了单人出租车与大型公共汽车之间的空缺。辅助运输系统的经验表明,它们在取消控制的公交市场上可以发挥重大作用。

三、城市出租车政策

出租车是城市公共交通的重要形式之一。随着经济发展,出租车在公共交通中的地位越来越重要。许多城市的出租车完成的客运量占到公共交通的10%以上,有的城市高达20%、30%。因此,合理的出租车政策是城市交通水平提高的重要保证。

管理城市出租车的政策重点是对出租车供给规模与其服务价格的控制。

（一）出租车供给规模控制

控制出租车供给规模即限定城市的出租车数量，一般是通过控制出租车营运牌的投放量来实现的。出租车营运牌作为一种资源已为人们普遍接受，这一资源的利用好坏直接关系到出租车市场的健康发展。世界各国城市投放出租车营运牌的制度，主要有审批制（即签发）和拍卖两种方式。前者的营运牌是通过政府审批取得，一般不收费，或象征性收费；后者的营运牌是通过竞价方式投放。长期实践证明，审批制容易滋生腐败，应尽量不采用。但是，完成竞价过程的招投标制需要有发育良好的市场环境作为支撑，缺乏成熟市场的竞争公平，就不能真正实现公平的招投标。因此，一般来说，对于出租车市场发育良好的大城市及部分中等城市，出租车需求较大，营运牌的"资源含量"较高，就要实行公平的招投标制；对于那些出租车市场发育还不成熟的中小城市，可以实行审批制。

（二）出租车服务价格控制

出租车服务价格控制是运输价格规制中最严格的一种。世界上绝大多数城市的出租车都实行由政府核定的统一价格，且没有浮动幅度。出租车价格的一般采用的是行程运价，即起步价+行程运价。这种定价的具体实施方式，很大程度上取决于对出租车服务的定位。一般有三种情形：（1）把出租车服务看成是公共交通的一种普遍形式，因而运营的宗旨是尽量满足需求，但是不像其他公共交通形式那样给予补贴。制定出租车价格的依据是完全成本，即等于成本+正常利润；（2）把出租车服务看成是公共交通的一种"高档"形式，因而补贴是不必要的。制定出租车价格的依据是均衡价格，即随行就市，由供求关系最终确定价格；（3）把出租车服务看成是一种"享受"型的公共交通，相对于一般性的公共交通方式，出租车是一种"奢侈品"。因此不仅不应补贴，还有必要通过它实现转移支付。因而出租车的价格既不考虑完全成本的大小，也不考虑均衡价格的高低，而是按这类乘客的"负担能力"收费，即以乘客负担能力大小为依据制定出租车服务价格。

本章小结

1. 城市交通是交通基础设施和出行工具构成的综合体系。根据出行状态，可分为步行，自行车，摩托车，公共汽车，轨道交通，出租车，私家车等方式；城市交通模式有"以公交为主体，小汽车辅助"，"以小汽车为主体、公交辅助"和

"以公交为主体，小汽车为主导"三种模式。现代城市交通系统已发育为立体化、综合化系统，包括城市交通基础设施系统，城市客货运输工具系统，城市交通控制系统等。

2. 交通经济研究如何合理有效利用城市交通资源，使出行者效用最大化。判定交通模式是否经济的基本标准有：时间短，费用少，环保，低耗能，占空间小，舒适等。

3. 城市交通有较高程度的公共经济属性，但交通系统各构成部分的公共性程度差异很大。准确认识这种差异，对于城市政府制定适应的公共规制政策十分重要。

4. 城市交通工具数量超过城市道路承载能力，就会发生"交通拥挤"问题。产生的根本原因是私人交通成本与社会成本不一致，按照私人成本决定的均衡交通流量超过了按照社会成本决定的最优流量。这种现象可以称为是城市交通外部性，将这种外部性内部化；从而解决"拥挤"的基本方法是征收交通拥挤税，使私家车的出行成本提高到社会成本。

5. 缓解城市交通拥挤的其他措施主要有：征收汽车使用税，包括汽油税和停车税；增加公路运载容量；高利用率机车设施；公共交通补贴。

6. 城市交通按共享程度分为私人交通、公共交通和共享交通，最终选择哪种方式，要看其是否（1）满足居民出行的基本需要，（2）出行成本低，（3）环境友好和环境安全，（4）节省空间资源，（5）降低能源消耗。我国国情决定了应该选择"公交为主，小汽车为辅"的城市交通模式。这是基于以人为本和集团经济优势两方面的考虑。保证公交优先战略的策略，是要通过税费等形式收回道路、停车场等公共设施成本，使公交能够与私家车公平竞争。

7. 公交优先战略要求实施公交补贴，因为公交有自然垄断性质，要形成对私人汽车的竞争优势，要体现公共经济转移支付原则。

8. 城市交通的需求管理，是运用经济和行政手段，对城市交通需求量增长进行有效调控，保证城市交通量与其设施系统之间的均衡。交通需求管理的政策包括公交优先和控制机动车拥有和使用量两大类。

9. 城市交通的供给管理，是对城市交通供给量增长和供给方式的有效调控，以构成最佳的交通结构和组织方式，保证城市交通系统快速安全低污染的运行。为此要对交通供给方式实施公共规制政策，主要包括市场进入限制（实行线路经营许可证制度、审批制度等）和市场行为限制（如价格管制、交通方式规定等）两方面。

10. 近期世界各国政府对交通运输业实行放松管制，具有代表性的做法是：允许私人进入公交领域,签订公汽服务合同;允许交通服务的辅助运输系统。

11. 出租车是城市公共交通的重要形式之一。管理城市出租车的政策重点是对出租车规模数量和价格水平的控制。

思考题与练习题

1. 假定交通量与行车时间的关系式为:

行车时间 = 12.0 + 0.001 × (交通量 − 400) + 0.00001 × (交通量 − 400)2,交通量为 200 时的边际收益(需求)为 22.12 元,并且每增加 200 位行车者其收益下降 2.48 元。

(1) 利用这个等式绘出一个如表 10 − 1 的图表。
(2) 什么是交通均衡量?什么是最优量?
(3) 什么是合适的交通拥挤税?

2. 图 8 − 3 表明,公路扩宽将减少行车成本并增加交通量。

(1) 如果 C0 = 5 元,CW = 4 元,V0 = 1600,VW = 1800,计算消费者剩余增加量;
(2) 如果每辆汽车使用公路产生价值 2 元的大气污染,你的答案有何变化?
(3) 从这个练习中可得出什么结论?

3. 某城市计划扩宽辐条状公路,一个普通行车者的需求曲线为 T = 40 − P。T 等于每月行车次数,P 等于每次行车成本。如果修了公路,行车成本就从 30 元钱降到 20 元钱,并且每月的交通拥挤税要增加 125 元,那么这个行车者会支持修建新公路吗?为什么?

4. 讨论公交补贴对于小汽车交通量和公交汽车乘客量有什么影响?

5. 你认为优先发展公共交通的战略是否符合中国国情?中国应该采取怎样的城市交通发展模式?

6. 放松对城市交通的管制会产生怎样的结果?

7. 城市出租车服务价格由政府核定是否合理?为什么?

8. 我国可以从德国和荷兰的城市交通模式中得到哪些启示?

第九章 城市福利经济

学习目标

通过对本章的学习，要在掌握福利、城市福利、公共产品、贫困线等重点概念的基础上，理解城市公共资源配置原理与公共事业的内容、产品供应方式、运营目标和原则及城市公共服务和城市福利均等化思想，明确我国政府的城市福利政策体系，特别是对城市贫困人口的解困政策。与此同时，了解我国城市贫困人口的状态和社会保障内容，初步形成对城市经济福利和相应的城市社会保障内容的系统认识。

第一节 城市福利概述

一、城市福利的概念与内涵

福利是对所获得的物品与服务的满足感，这些物品或服务来自市场上的自由购买和社会的转移支付两部分。著名经济学家庇古认为，一个人的福利寓于他自己的满足之中，这种满足既可以是由于对财物的占有而产生的，也可以是由于其他原因（如知识、情感、欲望等）而产生的；一个人的全部福利则应该包括所有这些满足。

福利作为个人生活的幸福满意程度，其大小可以用个人消费的效用来衡量，但二者在使用上有差异。一般来说，"效用"一词用于个人消费时的主观满足的评价，"福利"一词用于整个社会每个成员的生活状态的评价。但在一般情况下，二者可以相互通用。

城市福利可以理解为是城市中每个居民个人福利的总和，它充分地表现为市民的各种各样的欲望或需要得到满足和由此感受到的生理的或心理的幸福或快乐。它由物品或服务的使用价值或效用来表现,来自人们对物质和文化生活的需要,诸如居住需求的满足、音乐艺术的享受、家庭的天伦之乐、夫妻朋友的爱情和友谊,以及"自由"、"平等"、"公正"、"安全"乃至宽松和谐的社会环境等。

由于城市福利的实现,分别要通过市场的公平竞争和社会的转移支付,故维持公平有序的市场结构和市场秩序,兴办各种公益性设施和提供相关服务,以及对特定的人们实现转移支付,就成为城市政府保证社会福利的基本职能。这些,构成了城市福利的广义内涵。由于人们一般把福利理解为是直接感觉到的利益和满足,因而,狭义的城市福利往往被理解为兴办各种公益性设施及其服务和对特定的人们实现转移支付。城市政府兴办的各种公益事业,包括教育、卫生、文化体育康乐、休闲以及住房福利等,而转移支付的内容包括最低保障、困难补助、社会救济、价格补贴、安置费等。

城市福利的水平一般是通过福利均等化和公共服务水平来表现的,故了解城市福利的概念与内涵,要明确城市福利均等化和公共服务的具体内涵。

二、城市福利均等化与公共服务

在西方学术界,公共服务均等化的内涵与福利经济学的研究范畴存在着交集,社会福利理论从多方面证明了公共服务均等化有利于增进社会福利,缓和社会矛盾,会促进经济社会发展。为此,要明确福利经济学的社会福利和公共服务均等化的内涵。

1. 庇古命题与服务均等化理论。庇古著名的两个命题是:国民收入总量越大,社会经济福利就越大;国民收入分配越是均等化,社会的经济福利也就越大。城市公共服务是国民收入和社会福利之间的媒介,其作用的机理是:国民收入增加带来城市公共服务总量上升,进而带动社会福利增大。

2. 帕累托最有和均等化理论。新福利经济学把帕累托最优视为社会福利最大化的状态,这种最优是通过一系列的帕累托改善而获得的。对于城市公共服务资源的配置而言,如果能够在不损害任何一个人的公共服务受益的情况下,至少有一个人的受益情况得到了增进,就可称之为发生了帕累托改善。城市公共服务在产品属性上更接近于纯公共品,它在一定范围内符合受益的非排他性和消费的非竞争性特点。如果扩大城市公共服务对象的范围不会有人受损,而一定会有人受益,那么就会使城市福利接近最大化。

3. 卡尔多补偿原则与公共服务均等化。卡尔多认为,在市场竞争机制的作用下,现实生活中的任何一项经济变化总会有一些人在不同程度上受损,实现帕累托改善的可能性并不大。为此,他提出了被称为"卡尔多改善"的补偿原则。即:在改革过程中整个社会福利得到了改善,而且受益总量大于某些集团的损失时,应该设计出一种机制来补偿受损害的一方,从而使所有人都得到不同程度的改善。卡尔多改善有两个要点:第一,产出是增加的,由此具备了提高整个社会福利的基础;第二,特别要注意在变革中可能会遭受损失的人,设法对他们进行补偿,化解改革的阻力。在城市运行中,公共服务均等化无疑是补偿环节的重心。城市公共服务,尤其是基本公共服务是覆盖全体城市公民的,满足城市公民对于公共资源最低需求的公共服务,其特点是公平性、普惠性、补偿性和保障性。

4. 社会福利函数理论与公共服务均等化。伯格森和萨缪尔森(1947)开创了社会福利函数的研究,他们认为,社会福利和影响社会福利的各种因素之间存在着一定的函数关系,而这些因素可以被划分为公平方面的因素与效率方面的因素。其中,与公共服务均等化密切相关的是罗尔斯的社会正义论福利函数。罗尔斯(1971)认为,社会福利水平取决于社会中效用最低或境况最差的那部分社会成员的福利水平。如果现实社会不能做到平均分配,就应该致力于使福利最低者的个人福利能够增加。现代城市中不同收入阶层的民众对于城市基本公共服务的需求程度各不相同,城市弱势群体对城市公共服务的依赖性更强一些,保证城市公共服务的均等化能提升他们的个人福利,进而增强城市的整体福利水平。城市农民工社会福利的增进,是我国学者专注较多的问题,可以依托"三地",即出生地、身份证初次领受地和常住地来实现人口的有效管理和服务,并基于身份证实施常住地登记制度,享受政府提供的管理和服务,从而实现市场化、城市化和公共服务均等化。

5. 阿玛蒂亚·森的理论与公共服务均等化。阿玛蒂亚·森(1985)提出了"能力"中心观,他认为创造福利的并不是商品本身,而是它带来的那些机会与活动,这些机会和活动是建立在个人能力的基础上的。所以,社会福利水平的提高来自于个人能力的培养和提高。城市公共服务供给结构和规模保证了城市公民个人生存和发展的现实状态。只有城市公民享有基本的、大致均等的公共服务,才会从起点上保障每个市民近似的发展机会。为此,中国城市化过程中,尤其应关注教育社会福利均等化的制度建设,使在城市居住的人们,无论有无户籍,都要享受到公平的教育机会和政治文化活动的机会,这样,才能促使城市居民特别是农民工,有基本素质提升的可能,从而更好地在所在城市中做出贡献。

三、城市福利的政策体系

根据城市福利的广义内涵,可以把城市福利的政策体系分为维护市场效率的政策、兴办城市公益事业的政策和城市转移支付政策三类。

(一) 维护市场效率的福利政策

维护市场效率的福利政策是保证市场最大可能地实现社会福利、防止市场弊端的政策体系，根据对市场调控内涵的不同，分为弥补市场缺损、抑制市场过渡、替代市场无能和熨平市场波动周期的调控政策。

1. 弥补市场缺损的调控政策，主要包括：(1) 防止公共物品供给不足，实施公共投资、举办社会公共服务事业等弥补市场缺损的政策，如城市财政公共投资、市政垄断等政策；(2) 防止市场不公平竞争、保证市场竞争效率、纠正企业不正当行为的政策，如反垄断法，反不正当竞争法，以及保护中小企业利益的财政、金融政策等；(3) 防止垄断弊端，保护公共利益的市政政策，如对公益事业等领域的进入、退出、价格、投资等规制政策；(4) 防止市场内部不经济、提高市场交易效率的市政政策，如通过城市工商行政管理，保护市场公平交易的市场合同政策，以及产品质量、安全生产等方面的政策。

2. 抑制市场过渡的调控政策，主要包括：(1) 防止市场盲目导向、促进城市经济协调增长、增强城市竞争力的政策，如对衰退和夕阳产业实行结构调整的产业政策，保护知识产权等科学技术振兴政策，以及相应的价格、投资等政策；(2) 防止浪费城市资源、保证城市资源有效利用的政策，如城市劳动要素、土地要素、资金要素和自然资源利用等政策。

3. 替代市场无能的调控政策，主要包括：(1) 防止市场信息偏在、保护消费者利益的政策，如公开信息，检查广告和商品销售说明，确认赋予知识产权等政策；(2) 防止市场外部不经济、保护外部正效益、打击外部负效益乃至非价值性物品的政策，如城市环境保护、基础教育供给、产业组织、产品结构调整、禁毒等方面的政策；(3) 防止出现城市贫困现象、保证城市公平分配的市政政策，如城市财政福利性转移支付等政策。

4. 熨平市场波动的调控政策，即防止市场出现较大的波动，保证经济稳定发展的市政政策，如城市财政、税收、金融等政策；

(二) 兴办城市公益事业的政策

兴办城市公益事业的政策是弥补市场缺损和替代市场无能的调控政策的延伸。主要的内涵包括：

1. 兴办城市公益事业的投资政策，在城市财政保证一定的预算拨款的基础上，广开社会融资渠道，鼓励社会各界进入城市公益事业领域，参与公益设施的建设和服务活动。

2. 城市公益事业的价格政策,应当兼顾城市福利和公益事业举办单位收益双重目标,以低利或无利为原则,既要保证单位财务的正常运转,又要顾及市民的福利需要。

3. 城市公益事业的就业政策,主要有三种情况:(1)技术性就业岗位,应当通过考试考核方式录用职工;(2)一般性服务工作岗位,可以优先安排社会失业人员或家庭困难人员,并给予这些人员的专业培训;(3)专门为残疾人就业设置的福利企业政策,即企业若吸收了30%以上的残疾人就业,可称为"福利企业",享受政府的免税免费待遇。

(三)城市转移支付政策

城市转移支付政策是针对城市里的具体困难人员,通过预算拨款资助其解决具体困难的政策体系。一般包括如下内容:

1. 最低生活保障政策。指市中的低收入人群,由于自身收入不足以维持基本生活需要,由政府给予低收入补贴,达到最低生活保障线水平。

2. 失业和养老保险政策。指市民失业或退休之后,分别要享受城市政府提供的失业保险和退休养老金。

3. 医疗保险政策。指城市中的每一位就业者和学生,分别由政府建立相应的医疗保险账户体系,除了个人和所在单位要在账户里存款外,城市政府要从预算中给予一定的补助。

4. 专项补贴政策。是国家和城市政府为了顺利实施经济改革和保障市民在某方面的社会公平,发放的专项补助。例如,改革开放初期放开农副产品市场肉价上升,为了使居民不降低对肉类的消费,国家发放了肉食补贴;后来随着水、电、公交、暖气等方面的市场化改革,国家又发放了这些产品的价格补贴,保证了职工的消费水平。

5. 城市社会救济、社会优抚和专门性的社会福利政策。例如事故伤害救济、军烈属优抚、复转军人安置、见义勇为补助、残疾人补助等等。

第二节 城市公共资源与公共事业

这里的城市公共资源是指城市公共物品和公共财力,公共事业是指提供公共物品的社会组织。城市公共资源和公共事业的规模大小,是决定城市福利水平的经济基础。然而,在同样的城市公共资源和公共事业规模的情况下,其资源配置方式和事业的运营状态不同,将会影响到城市福利水平的重大差异。因此,研究城市福利的经济运行,构成城市经济学的前沿课题之一,主要包括城市公共资源的内涵,其资源配置的目标和运行机制,城市公共事业的内容和产品供应方式,城市公共事业的运营目标和原则。

一、城市公共资源的配置

(一) 城市公共资源的内涵

城市公共资源指城市土地、矿产、森林资源,城市生态环境,城市基础设施,城市文物古迹和旅游资源等有形资产,以及依附于其上的名称、形象、知名度和城市特色文化等无形资产的使用权、经营权、冠名权等相关权益。它们的定义可以从两个不同的角度形成:一是从所有权角度,城市公共资源是属于公有制的人们共有财产;二是从资源的职能角度,指能够产生公共服务职能的城市资源。

城市公共资源是社会资源的一部分。社会资源来自于自然界和社会产品及国民收入的初次分配与再分配。它的具体形态可以是物质形态,也可以是货币形态。以货币形态表现的城市公共资源是城市社会的价值资源及其配置和周转及运行的全过程,是城市经济力的重要表现,在城市社会经济运行中起着一定的导向作用。

城市公共资源包括当年新生产出来的社会产品(劳务)和资金的相互对应,也包括以前的财富积累与库存物资的相互对应;因此不仅仅是增量的概念,同时也是存量的概念。存量概念的累积性属性深刻反映了资源的发展性质,对于城市经济增长及其潜力和发展效应等方面问题的研究有重要意义。

我国城市公共资源大致包括的内容见图 9-1。

城市公共资源依据不同的标准可以有不同的分类。以是否从事经营为标准来划分,可以划分为经营性资源和非经营性资源;以公共资源是直接还是间接为国家或公众服务,可分为行政资源和普通资源(以本身经济价值及收益间接为公益服务的资源);以公共资源所有权的归属,可分为地方国有资源和集体资源。

(二) 城市公共资源的配置目标

城市公共资源如何配置将直接影响到城市社会福利的水平,是提高城市福利的

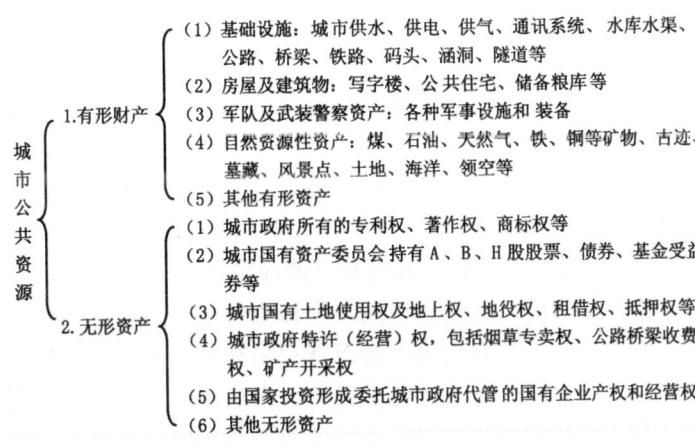

图 9-1　城市公共资源的构成

经济基础。城市政府对城市公共资源的配置主要通过三种机制来完成：城市公共预算、地方国有资产管理和城市公共项目建设。城市公共预算侧重于流量状态的资金筹集和分配，形成公共资源的来源和使用；地方国有资产管理机制侧重于影响存量状态的城市公共资源的使用方式，保证国有资产的正确使用决策和保值增值，从而增进社会福利；公共项目的运行机制侧重于投资状态的城市公共资源的运行，通过公共项目的可行性研究和正确的建设决策，不断地提高城市社会福利。

城市政府公共资源的配置目标，一般是保证公共资源使用的效率目标、公平目标和稳定目标的联合实现。

1. 公平目标是城市公共资源利用的首要目标。通过对公共财力资源的使用，有效地对国民收入、财富和社会福利进行再分配，即通过城市政府主持或控制的城市财政预算的转移支付，公共项目的建设和地方国有资产在社会上的投资（独资、控股或参股），缩小居民收入及财富积累上的差距，为社会最贫困阶层提供基本生活保障，实现社会相对公平。

2. 效率目标是城市公共资源利用的重要目标。通过对公共资源使用的多种方式，使市场机制能够发挥调节资源效率的作用，实现城市政府支配资源的有效配置和市场效率损失最小化的有机结合，使有限的城市资源发挥较高的运行效率，满足城市社会的公共需要。

3. 稳定目标是城市公共资源利用的保障性目标。即通过对城市公共资源的使用，能够有利于实现充分就业、稳定物价及城市财力的收支平衡；同时协助中央政府维持经济景气，避免经济波动，有效地保持社会总供求的基本平衡。

(三) 城市公共资源配置的运行机制

城市公共资源一般由公共部门直接支配，也可以根据合同与社会部门合作使用或委托给市场主体代理运用。

由城市公共部门直接支配的城市公共资源，其物力和财力资源的配置分别有其不同的渠道。对物力资源的配置，对一些公共程度极高的公共物品，如图9-1中的有形资源的第（4）部分，一般是通过城市的经济与社会发展规划安排其使用的数量和方向，并通过城市的公共资源使用政策检查发展规划的完成程度和效果，具体的管理部门一般是由城市政府的国土资源管理局和其他相关管理机构做出规划草案，经城市政府平衡后报国家批准实施。可见，对这些资源的配置，主要是通过国家计划的渠道，当然这些计划要建立在市场分析的基础之上；而对一些公共程度较低的公共物品，如图9-1中的大部分资源，可以采用市场机制与计划机制相结合的方式来进行配置，比如第6章阐述过的实行国有民营、中外合资、特殊法人、政府委托经营、合资合营、承包、代理等方式，实现这些公共资源的有效率的配置。当然，城市政府要根据合同紧密监督这些资源运行的社会目标，保持其应有的公益性目标的实现。

对财力资源的配置主要是通过城市政府的财政分配渠道，运用地方预算配置公共资源。这种分配过程是对城市国民收入的再分配，即所谓"二次分配"，包括各种形式的转移支付、社会保障支出和公共产品的投资支出。其基本目的是满足居民对公共产品的需要和保障公民基本生活权利、缩小贫富差距。当然，这些公共产品供应和保障措施的具体方式要和运用一定的市场机制促进这些资源的利用效率结合起来，以避免公共资源的浪费。

可见，城市政府在公共资源的配置活动中应该把两种机制结合起来：通过对公共资源的计划配置是要坚持公共资源配置的公平原则，而通过一定的市场机制配置方式是要保持资源利用的效率原则。因此，城市公共资源的配置方式，实际上就是如何把握公平与效率这两大政策目标的问题。我们不能为了公平，不要任何的效率，也不能为了效率，不要任何公平。当然实际上，没有丝毫公平的效率和没有任何效率的公平都是不存在的。因而在城市公共资源的配置上要对公平与效率进行统筹兼顾，分别在不同的发展阶段和发展领域采取不同的公平与效率的政策。某个阶段可能要强调公平，另一个阶段可能要强调效率，而最终的目标和原则都是要为了实现城市社会的福利最大化。

二、城市公共事业的内容和产品供应方式

（一）城市公共事业的内容与社会福利

通常认为那些供城市居民（包括自然人和法人）集体消费或使用的具有程度不同的非竞争性和非排他性商品的产业都属于城市公共事业的范畴。城市公共事业的产品具有公共产品和私人产品的双重特性，其经营体制具有市场机制和政府机制的混合体制属性，它既不同于一般竞争性产业，又不同于一般公共福利部门，是介于二者之间的混合性产业。具体来说，城市公共事业可按其经济属性划分为四个基本区域：一是竞争性和排他性都比较弱的混合性商品区域，如城市排水和污水处理系统、城市道路、街道照明、环卫环保、防灾系统等；二是排他性较强而竞争性较弱的俱乐部商品区域，如城市电力传输系统、邮电通讯设施、自来水、管道煤气、城市公交等；三是排他性较弱而竞争性较强的拥挤性商品区域，如城市卫生设施、医疗保健、园林绿化系统等；四是排他性和竞争性均较强的拥挤性俱乐部商品区域，如公共游泳池、高等教育等，接近于私人物品区域。目前，我国城市公共事业的内容按管理体制一般包括四大部分：

1. 市政工程设施及其服务。包括城市供水排水节水、城市燃气、供热、公共交通、垃圾处理、城市园林绿化、城市市政设施（路桥，污水处理，防洪等）、环境保护设施等。这部分公共事业的涵义和运营方式已经在第6章做过阐述；这些市政工程设施及其服务的水平，是城市公共福利水平高低的重要表现。

2. 城市科、教、文、卫、体等"事业单位"提供的公共服务。随着城市和城市化的快速发展，随着人们全面发展要求面的日益扩大，这部分公共事业将不断地发展壮大，并对城市政府不断地提出新要求。它一般由两部分组成：一是公共性程度极高的公共事业，如基础义务教育、公共卫生、基础科学研究、公共体育场、公共图书馆等设施和服务，城市政府要从市民的基本需要出发，由城市发展计划全面安排；二是公共性程度不太高的公共事业，如各种专业学校、技能培训、专业医疗、专项科技、欣赏文化、专业体育等的设施和服务，可以在城市政府指导下，由市民组织或企业组织自主发展，以适应各种不同市民的专门性需求。两类社会事业的发展程度，反映了城市发展性福利的程度和水平。

3. 城市养老院、幼儿园、托儿所、孤儿院、康复机构、残疾人服务、福利工厂、救助所等社会保障性行业。这部分公共事业都是从救助角度出发形成的社会机构，可以为不能自理的或自己无力解决所存在的各种困难的人们提供多方面的服务。这方面的发展规模，表明一座城市生存性福利的到位程度，反映了城市的经济

潜力和公共政策的民生倾向。

4. 城市各种中介组织的公共性服务。例如会计师事务所、律师事务所、内部审计咨询、项目论证服务、房屋中介、汽配站、职业介绍所、婚姻介绍所、信息数据公司、出国留学咨询中介、心理咨询、家政公司等等，为人们提供各种不同的信息、社会交往和决策服务。这种中介机构，有的是政府办的，以便民和增加市民福利为宗旨，有的是民间办的，反映了城市福利建设的公众参与程度。

（二）城市公共事业产品的供应方式

前已述及，城市公共事业的产品都是公共产品或半公共产品，但是由于其公共性程度的不同而在供应方式上存在差异。

城市公共事业的产品及其供应方式，按其公共性程度的不同，可以分为四类：

1. 纯粹公共产品。如城市安全、路灯地名、行政区划、社会风尚、法律规范、基础教育等。纯粹公共产品一般由政府提供，市场上私人一般不愿也不能提供这种产品。因为纯粹公共产品既无排斥别人消费的能力，也没有排斥别人消费的可能，而只能由人们自然消费。比如城市安全，只要你在这个城市里，你就自然会享有城市的安全环境。因此，城市政府必须承担起纯粹公共产品的供应责任，当然，具体供应可由政府企业或专门公共机构负责。

2. 准公共产品。如高速公路、海滨浴场、供水、供电、供暖、环境卫生等，介于纯公共产品和私人产品之间，具有一定的经营性，可以采取一定的竞争性和排他性的供应方式。比如对收费公路、公园、体育场，按使用数量计算的煤、水、电、暖、物业收费，公共教育学费等准公共产品，其供应方式，既可以由政府或公共机构根据国家政策实行垄断供应，也可以由合同约定公共服务条款委托企业或由企业承包经营，还可以采取 BOT 类的分责任供应方式和其他各种合作方式，个别情况下还可以由私人供应，如个人购买治安和消防器材。可见，由其公共性程度不同所决定的多样化和多元化的供应方式，是准公共产品供应的突出特点。

3. 俱乐部产品。即只有在一定的使用规模范围内才是非竞争性的产品。诸如高速公路上的众多车辆、海滨浴场的众多游泳者，增加到某一界限后，会出现拥挤甚至危险现象，这时产品属性向私人产品转化，这就是俱乐部产品的基本特性。这类产品由于已经确切地知道，如果放开使用将引起需要超过供给，因而从一开始就需要采用一定程度的排他性利用，比如球迷只有按规定缴费获准成为俱乐部成员，才可以一块儿观看球赛，评论球员，分享经验感受，由于人数规模适当，没有不舒适感；但是如果人数太多，就会拥挤、嘈杂，影响观球、评球和享受；诸如一定规模的游泳池、电影院等，都有这种特性。因此，为了使俱乐部产品能够更好地为消费者服务，就需要把消费者数量限制在一定的规模内。于是，要求消费者先付会员费取得会员资格而后随意消费，并把会员数限制在一定规模内的方式，就成为俱乐部产品的一般供应方式，这种方式就是会员制供应方式。可见，由于俱乐部产品的公共性程度更低一些，一般由民间的各种经济主体组织俱乐部或共同消费组织，并提供俱乐部产品供会员消费，政府只进行政策指导。

4. 间接的或隐形的公共产品的优效品。优效品是指政府以"家长"身份，教育和指导某些不能辨别是非和能力低下的人们，必须消费的公共产品。例如基础教育、禁毒、严禁枪支等。这种产品从直接受益人来看，是竞争性和排他性的；但是从间接受益人来看，却是非竞争性和非排他性的。比如基础教育，直接受益人是学生，间接受益人是全民的文化教育水平和全民族的竞争力，故具有间接公共产品特征；又如社会保障，直接受益人获得的是私人物品，因为社保是针对每一个具体个人发放补贴；但是落到实处的社会救助和社会保障，却由于能避免贫困导致的社会混乱和动荡，会使整个社会受益而具有隐性和间接公共产品的特征。这类产品具有消费上的竞争性，但有时却不要求消费者付费，是政府免费提供的优效品，以帮助消费者避害获益。这类产品的供应，虽然原则上应由个人出钱购买，但当个人不具备理性或理性不充分时，或者个人财力不够时，政府也出面参与供给。对于个人理性不充分但有支付能力的人，政府往往强制个人花钱购买，例如政府强制个人参与社会保险，强制个人戒除黄色污染等；而在个人财力不足时，不管个人是否理性，政府都会免费提供优效品，如最低生活救助，贫困老人的福利养老，贫困病人的福利就医，贫困学生的义务教育等。

三、城市公共事业的运营目标和原则

从上述分析可知，城市公共事业的基本特征是公共性、政府性、社会性、长期性、不可分性、经营性、收支平衡性等。这些特征使城市公共事业部门要经常面对运营中的一对矛盾：既要保障市民公共利益的实现，又要保障市政企业的运营实现收支平衡。如何协调这一矛盾，是世界各国的城市公共事业面临的一个共同问题。在我国，探索适应社会主义市场经济运行规律和行业发展特点的公共事业运营原则，已成为城市经济中的一个重要课题。

我国城市公共事业运营的总目标是：力求为实现城市福利最大化做出贡献。为此，要坚持如下的基本指导思想：以市场作为资源配置的基础手段，以市民的发展性需求为导向，以法制化原则、规制性运营、产业化进程和企业化管理为策略，以服务社会、服务市民为宗旨，以社会化服务为本质，与城市的社会经济形成协调发展并适度超前，获取社会效益、经济效益、环境效益相统一的最佳产出。根据这一

总目标和指导思想，我国城市公共事业要借鉴世界发达国家公共事业的运营管理经验，坚持以下运营原则，以保持公共事业的有效发展。

1. 政府目标与企业目标同时兼顾的原则。根据国家的经济发展水平和社会文化特征，寻找表达公共利益的政府目标和表现企业经济利益的企业目标之间的平衡点，这是世界各国普遍遵循的城市公共事业运营原则。世界各国的实践表明，城市公共事业的运营管理，无论忽视社会公众利益还是忽视企业经济利益，都将产生不良后果。如果单纯强调公共性，国家或城市财政可能会背上沉重的包袱；单纯强调企业利益，可能会引发社会经济问题。发达国家和多数经济增长比较快的发展中国家，都主要采取一方面强化政府对城市公共事业的规划、建设、管理方面的职能，建立更为科学、规范的价格、产品与服务质量监督控制机制，以保证政府目标的实现；另一方面，则通过制定灵活、优惠的产业政策，在公共事业的运营管理中引入市场机制，发挥市场功能，以提高其运营效率，减轻政府的财政负担和补贴额度。例如，20世纪70年代开始，英国推行基础设施行业的私有化，但并不放弃政府的行政干预，城市供水企业私有化后，政府设立了自来水监管局，对供水价格、水质、水压等实行严格的政府监管。美国的一些城市对城市公共事业产品的生产和供应实施专营权制度，政府掌握专营权的支配以确保公益目标，同时对专营权招标出让，选择富有效率的经营者和运营方式。

2. 收支平衡的原则。指城市公共事业运营主体要在实现其社会目标的同时尽量实现自身的收支平衡。公共事业企业要同时兼顾社会公众利益和企业自身利益。单纯追求企业利益而违背政府目标、损害公众利益，或者不讲求经济利益、给国家或城市财政造成严重负担，都是不合适的。为此，城市公共事业应当遵守收支平衡的原则。我国长期以来，公共事业一直以低于生产成本的价格为公众提供产品和服务，这实际上是财政对城市居民的一种"暗补"，这种做法不利于城市资源的高效率利用和企业提高经济效率。城市公共事业虽具有公益性和公共产品性的特征，但并不意味着城市公共事业产品能够无成本或极低成本的提供，在社会生产力不高的情况下，这种成本还是显化为好。因而事实上，世界上绝大多数国家的城市公共事业均实施平衡有偿使用制度，制定合理的产品价格和服务收费标准，以维护再生产的继续。而从市场经济中消费者的角度来考虑，消费公共事业部门的产品和服务，获得了效用的满足，就应按照"受益者负担"的基本经济原则支付使用费。

3. 市民原则。指城市公共事业的各种决策都要从"以人为本"的原则出发，在因地制宜的前提下，根据城市经济主体的多样化需求提供多样化的服务。城市公共事业发展所以特殊提出市民原则，首先是因为城市各种生活与生产活动对城市公共产品和服务具有高度依赖性，要求公共事业部门全天候运转；其次，经济活动的社会分工与专业化程度日益提高，科技的进步与管理手段的提高要为满足经济主体的个性化需求服务；最后，市民期望优质的公共事业服务，城市的公共事业部门必须以"顾客是上帝"的服务理念，保证城市公共产品的生产与供应实现"即时服务"。

第三节　城市贫困与解困对策

一、城市贫困人口与贫困线

（一）贫困的内涵

自工业化成为全球经济、社会发展的主流方向后，相伴随而来的贫困问题成为人类社会的一大隐患。世界银行在《1990年世界发展报告》中对"贫困"是这样描述的：贫困是指缺乏达到最低生活水准的能力，即我们通常所说的绝对贫困。联合国开发计划署在《人类发展报告1997》中给贫困下的定义是：贫困是指人们在寿命、健康、居住、知识、参与、个人安全和环境等方面的基本条件得不到满足，而限制了人的选择能力，即人文贫困。这一方面强调政府有义务为人们提供更好的条件，以消除贫困；另一方面更注重贫困的"质量"，即贫困可以是国民普遍幸福条件下部分人生活改善相对滞后的表现，即相对贫困的概念。

我国城市贫困人口是随着城市的经济和社会转型而产生的。由于城市产业结构的调整，经济体制改革等，使得城市社会引发了诸多经济、社会矛盾。譬如，1993—1996年连续4年物价上涨，1993年以来国有企业经济效益继续下滑、资源型城市的资源枯竭等，加上中国的社会保障安全网本身的脆弱和不足，危机时刻难以担当重任。于是在20世纪90年代中的短短几年，就形成了以失业人员、下岗职工、停产半停产企业职工和一部分被拖欠养老金的退休人员及他们赡养的人口为主体的城市贫困群体。一些城镇绝对贫困人口连年增加，贫富差距日渐扩大，越来越多的人陷入相对贫困之中，形成绝对和相对贫困并存的城市贫困局面。

（二）贫困线及其测度

贫困线是确定贫困率的基础，因而是研究贫困问题的关键一步。贫困线反映的是在一定的社会经济条件下社会可以接受的最低生活标准，贫困线划定了，贫困人口的范围就确定了。近几年来，一些从事国际贫困研究的学者在对贫困进行国际比较时，倾向于采用根据各国货币购买力平价制定国际统一的贫困线的估计方法。该方法首先利用购买力平价将各国的人均收入换算成按某一年度的美元值衡量的购买力平价收入。然后确定国际统一的贫困线，并以此来估计各国的贫困人口的规模。

贫困线分为绝对贫困线和相对贫困线。

绝对贫困线是指按维持劳动者及其所赡养人口的生存所需的人均最低生活费用，亦称最低生活保障线。我国目前广泛采用的绝对贫困线测量方法有四个步骤：（1）根据营养部门专家的意见选择最低热量摄入量；（2）选择合理的食物消费项目和数量；（3）结合调查得来的相应的价格水平，计算出最低食品费用支出；（4）用最低食物费用支出除以合理的恩格尔系数，所得的商即为贫困线。

相对贫困线是指个人或某群体、某地区相对社会上其他个人、群体、地区的收入水平或实际生活水准而确定的贫困线。

2015年10月，世界银行宣布将国际贫困线标准从此前的一人一天1.25美元修订为按照2011年购买力平价（PPP）每天1.9美元，吸收了关于各国生活成本差异的最新信息。这一修订的贫困线保留了世界最贫困国家的老的贫困线（按照2005年价格每天1.25美元）的实际购买力。世界各地也根据本国的实际收入与消费水平确定了相应的贫困线。2011年11月29日，我国国务院将农民年人均纯收入2300元作为国家扶贫标准（2010年不变价）。每年还将根据物价指数、生活指数等动态调整。2014年贫困标准上升至2800元，按购买力平价计算，约相当于每天2.2美元，略高于世界银行1.9美元的贫困标准。

二、城市社会保障的内容

（一）社会保障的涵义

社会保障是国家和社会通过立法，采取强制手段对国民收入进行再分配而形成的专门社会消费基金及其运营必需的一系列有组织的措施、制度和事业；它给予由于年老、疾病、伤残、死亡、失业及其他灾难发生而使生存出现困难的社会成员以物质上的帮助，保证其基本生活需要。它包括以下几层涵义：

1. 实施社会保障的责任主体是国家。社会主义国家代表全体人民利益，对发展社会保障事业，积极干预社会经济生活，关心人民疾苦，为人民谋福利，是义不容辞的职责。

2. 社会保障的受益者是社会成员中离退休者，因生病或意外遭遇而暂时或永久丧失劳动能力者，失业者，以及鳏寡孤独等生活无依无靠者。

3. 社会保障水平是满足社会成员在遭遇困难时的基本生活需要，即生存性需要，而不是发展性和享受性需要。

(二) 我国城市社会保障的内容

我国城市社会保障体系目前的基本框架由下面的四个方面内容构成：

1. 社会保险。包括养老、失业、医疗、工伤、生育保险，由国家立法强制实行。

(1) 基本养老保险制度。是国家和社会根据一定的法律和法规，为解决劳动者在达到国家规定的解除劳动义务的劳动年龄界限或因年老丧失劳动能力退出劳动岗位后的基本生活而建立的一种社会保险制度。亦称国家基本养老保险，是按国家统一政策强制实施的为保障广大离退休人员基本生活需要的养老保险制度。

(2) 失业保险制度。是国家立法强制实行、由社会集中建立基金、对因失业而暂时中断生活来源的劳动者提供物质帮助的制度。它是社会保障体系的重要组成部分，是社会保险的主要项目之一。

(3) 医疗保险制度。是以社会保险形式建立的，为公民提供因疾病所需医疗费用资助的一种保险制度。具体来说，这一保险是通过国家立法，强制由国家、单位、个人集资建立医疗保险基金，当个人因病获得必需的医疗服务时，由社会医疗保险机构提供医疗费用补偿的一种社会医疗保险。

(4) 工伤保险制度。即国家对国家机关、企事业单位的职工在因公负伤、残废时，为解决其医疗和医疗期间的生活、救济、抚恤、护理支出以及退休、退职等问题而规定的物质帮助待遇（根据劳动鉴定委员会鉴定的暂时或永久性、全部或部分丧失劳动能力的标准）。

(5) 生育保险制度。是对女职工在生育子女而暂时停止工作的休假期间，获得物质帮助的社会保障制度。这种保障的内容包括怀孕检查和分娩实行公费医疗，产假假期及产假工资，生育补助费等。

2. 社会救济、社会福利、优抚安置。

社会救济包括两部分：(1) 自然灾害救助，即对遭受自然灾害生活严重困难的灾民进行救助；(2) 社会救济，是对无劳动能力、无生活来源及其他原因造成生活贫困者的专项保障。

社会福利指由民政部门主管的社会福利事业和社区服务，主要是对孤、老、残、幼等有特殊困难的社会成员实行基本生活保障。

优抚安置包括：(1) 优抚，其保障对象是为革命事业和保卫国家安全做出牺牲和贡献的特殊社会群体，包括现役军人、革命伤残军人，复员退伍军人，革命烈士家属及军人家属等。(2)安置,其保障对象是退伍义务兵、职业志愿兵、复员干部、军队离退休干部以及无军籍退休、退职职工等。

3. 最低生活保障制度(最低生活保障线)。包括四个内容:(1)最低工资制度;(2)城市居民最低生活保障制度,是对无生活来源、无劳动能力、无法定赡养人或扶养人的贫困居民和城市中家庭人均收入低于所在地最低生活保障标准的居民的定期保障;(3)国有企业下岗职工基本生活保障;(4)城镇最低收入家庭住房保障。2015年,上海、北京、南京等国内城市相继调整城乡居民最低生活保障标准,实现城乡低保标准并轨一体化,如表9-1所示。

表 9-1　　　　　　2015 年我国城乡居民每月低保标准　　　　　　单位:元

地区	城市低保标准	农村低保标准	调整时间	地区	城市低保标准	农村低保标准	调整时间
上海	790	790	2015年4月1日	西安	480—510	255—265	2014年10月
北京	710	710	2015年7月1日	昆明	475—530	215—295	2015年4月1日
天津	705	540	2015年4月1日	太原	453—505	288—505	2015年1月1日
南京	700	700	2015年7月1日	南昌	450—480	280	2015年1月1日
杭州	660	660	2014年12月1日	长沙	450	450	2015年7月1日
拉萨	640	204	2015年	海口	450	360	2013年7月1日
广州	600	560—600	2014年1月1日	贵阳	425—530	200—530	2015年1月1日
武汉	580	320	2015年1月1日	成都	400—500	400—500	2014年11月1日
郑州	520	290	2015年7月1日	兰州	387—515	204	2015年5月30日
呼和浩特	515—565	304	2015年1月1日	银川	380	200	2015年
合肥	510	510	2015年1月1日	乌鲁木齐	380	195	2015年
哈尔滨	510	250	2014年10月1日	西宁	373	195	2015年1月1日
沈阳	505—580	295—355	2015年7月1日	重庆	365—385	215—225	2014年10月1日
济南	500—550	300	2015年4月1日	长春	350—435	221—225	2014年10月1日
石家庄	500	225	2013年12月	南宁	250	103	2014年1月1日

4. 三条保障线制度。是我国有关部门从国情出发,制定的具有中国特色的社

会保障体系，包括下岗职工基本生活保障制度、失业保险制度和城市居民最低生活保障制度三条线，以保障相应群体的生活。

总的说来，最低生活保障制度作为最后的"安全网"，在我国城市反贫困制度体系中具有重要的地位。从长期发展看，应一方面积极完善这项制度，另一方面将低保制度与再就业工作等积极的反贫困行动更好地结合起来，使其在城市反贫困行动体系中发挥更加积极作用。

三、城市解困政策

城市解困政策是国家和城市政府确定的有助于解决城市贫困人口生活困难各种措施的指导思想和方法规定。从我国城市社会经济运行的实际来看，目前主要有以下重点方面：

（一）促进就业是解决贫困的根本措施

就业是使有劳动能力的城市贫困者解困的根本措施。国家通过政策调整增加就业机会，开拓市场，引进外资，大力发展个体、私营经济和第三产业，特别发展吸纳劳动力较多的社区服务业，并落实各项优惠政策。使得城市能够提供更多的劳动岗位，为失业者拓展解困途径。为此，政府需要做好以下工作：（1）作好促进就业的组织协调，如加强职业介绍、职业指导、职业培训等工作；（2）提倡灵活的用人制度，组织失业和下岗人员以临时工、小时工、弹性工时等灵活就业形式搞劳务承包，并解决好从业人员的劳动保护和社会保障等问题；（3）实行就业扶持政策，对中西部欠发达地区，政府应从财力、物力上支援，振兴当地经济，为失业者创造就业机会；（4）提高贫困人口的文化素质，除了对失业人员进行职业技术培训、增强就业能力外，还应对其子女的教育费用进行资助或采取减免特困生学杂费、建立贷学金制度等，保证贫困学生受教育机会；（5）鼓励下岗职工和失业者改变观念、自主择业。

（二）建立完善的社会保障体系，调整社会福利制度向贫困者倾斜

实现全民保障，首先要应加强基本生活保障、失业保险和最低生活保障的三条保障线制度，尽可能相对提高低收入者的收入水平；其次，应逐步调整现有社会福利政策，在住房补贴、退休金、医疗保险、义务教育等方面向低收入者倾斜，通过社会保障的再分配，起到缩小贫富差距的作用。再次，要建立和健全覆盖全社会劳动者的社会保障体系，使各种经济类型的劳动者覆盖在安全网内，这不仅能增强劳动者的安全感，也有利于劳动者的合理流动；最后，要解决社会保障资金严重不足的问题，政府应广开资金来源，例如可以考虑从国有资产中划出一部分用作养老金；最后，要加快社会保障的立法进程，尽快出台有关社会保险的法律法规，明确国家、企业和职工的权利和义务，使社会保障制度有法可依。

(三) 建立城镇扶贫的检测体系

为了社会稳定，应把解决失业问题和城镇扶贫纳入宏观调控之内，应准确掌握失业率，下岗职工的动态情况和劳动争议、劳动关系的紧张程度等，有必要在劳动和社会保障部门建立一套监测指标体系和预警制度，以便及时调控和采取对策。在此基础上，要由政府牵头形成统一的城镇扶贫管理体系，使扶贫工作制度化、社会化。

(四) 提高贫困人口解困参与能力

国际及我国反贫困实践证明，如果没有贫困人口普遍、积极地参与，政府反贫困计划就难以有效实施。因此，要十分重视为贫困人口主动参与反贫困创造条件。具体措施包括：(1) 引导和鼓励贫困人口建立以摆脱贫困为目标的各种经济合作组织，通过有组织的集体参与，有效的配合政府反贫困计划，并通过组织内部的互助、合作来增强反贫困能力；(2) 建立贫困人口主动参与反贫困决策和计划的有效渠道，使其监督政府反贫困计划的运作，积极发表反贫困意见，提高反贫困的针对性和效率；(3) 通过深化农村改革，为贫困人口提供参与反贫困的制度依据和法律保障，消除贫困人口参与反贫困的种种制度约束。

(五) 广泛动员社会各界扶贫济困

从 20 世纪 80 年代末期开始，我国政府动员社会力量参与扶贫行动，组织了几项声势浩大的反困扶贫的社会行动——希望工程、春蕾计划、幸福工程和光彩事业等。其中影响最大、成效最为显著的是希望工程。到 2006 年底，希望工程共资助失学儿童 290 万余名，资助希望小学建设 12559 所。在争取有关国际组织的合作与支持方面，最成功的是与世界银行的合作。这些项目不但使贫困人口直接受益，而且为新的创造性扶贫方式提供了试验场所，项目设计是先进的，实施的组织和管理是成功的，值得总结经验和进行理论研究。

本章小结

1. 福利是人们所获得物品与服务的满足感，后者分别来自自由购买和社会转移支付。其大小可以用个人消费效用的总和来衡量。

2. 城市福利是城市中每个居民个人福利的总和,可由物品或服务的使用价值或效用来表现。狭义的城市福利以城市公益性设施及相关服务和社会转移支付为载体,广义的城市福利还包括维持公平有序的市场结构和市场秩序。

3. 城市福利理论源于福利经济学中公共服务均等化思想。公共服务均等化有利于增进社会福利,缓和社会矛盾,促进经济社会发展。

4. 城市福利政策体系分为维护市场效率、兴办城市公益事业和转移支付三类。维护市场效率政策,根据市场调控内涵不同,分为弥补市场缺损、抑制市场过渡、替代市场无能和熨平市场波动的政策;兴办城市公益事业政策包括其投资、价格和就业政策;城市转移支付政策包括最低生活保障,失业、养老和医疗保险,城市社会救济、优抚及专项补贴政策等。

5. 城市公共资源指城市公共物品和公共财力,包括有形资产和无形资产,所有权上是公有制共有财产,资源职能上是形成公共服务职能的城市资源。包括存量和增量两种内涵。其配置目标,是效率目标、公平目标和稳定目标的联合实现。其配置方式可由政府直接支配,也可以根据合同合作使用或委托给市场主体代理运用,坚持市场机制和政府机制相结合。

6. 公共事业是指提供公共物品的社会组织。包括城市供排水、燃气、供热、公交、垃圾处理、园林绿化、市政设施、环保、社保等行业。其产品一般分为四类:纯粹公共产品、准公共产品、俱乐部产品和间接的或隐形的公共优效品。

7. 城市公共资源和公共事业规模大小,是决定城市福利水平的经济基础。其资源配置方式和事业运营状态不同,将影响到城市福利水平的重大差异。因而研究城市福利的经济运行,即城市公共资源和公共事业的运营方式,是城市经济学的前沿课题之一。

8. 城市公共事业的运营和服务原则包括:政府目标与企业目标同时兼顾的原则;收支平衡的原则和市民原则。

9. 绝对贫困指处于最低生活水准以下的状态;相对贫困指普遍幸福条件下部分人生活改善相对滞后的表现;人文贫困指客观环境(包括自然的和制度的)限制了人的选择能力而出现的生活困难。贫困线反映一定社会经济条件下社会可以接受的最低生活标准,分为绝对贫困线和相对贫困线。

10. 社会保障是通过立法,采取强制手段对国民收入进行再分配形成的社会消费基金,对由于年老、疾病、伤残、死亡、失业及其他灾难发生而使生存出现困难的社会成员,给予物质帮助,以保证其基本生活需要的一系列有组织措施、制度和事业的总称。我国城市社会保障体系包括社会保险;社会救济、社会福利、优抚安置；最低生活保障制度和三条保障线制度四个内容。

11. 城市解困政策是国家和城市政府确定的解决城市贫困人口生活困难的指导思想和方法规定。包括促进就业、社保体系、扶贫检测体系、贫困人口参与能力和扶贫济困等方面的政策。

思考题与练习题

1. 什么是城市福利，城市福利政策体系包括几类？其内容有哪些？
2. 卡尔多补偿原则与公共服务均等化的关系？
3. 如何做好城市公共服务？公共服务均等化思想如何在城市经济运行中落实？
4. 什么是城市公共资源？它的配置目标、配置方式和配置原则是什么？
5. 什么是城市公共事业？它的产品有几种类型？请举例说明并比较其运营特点。
6. 按照城市公共事业运营的基本指导思想，我国城市公共事业发展应遵循哪些原则？
7. 确立贫困线的目的是什么？如何测度一国的贫困线，我国与国际上的测度方法分别是什么，有什么区别？
8. 社会保障的涵义是什么？我国城市社会保障的内容有哪些？
9. 结合本章关于城市贫困的解困政策的相关内容，谈谈你对解决我国城市贫困问题有什么建议。

第十章 城市安全经济

学习目标

通过对本章的学习,了解城市安全和安全经济的定义及其内容,掌握安全经济的收益成本分析方法;明确城市突发事件的界定和影响,了解城市公共预案和应急机制建立的必要性和内容,掌握我国应急机制建设和智慧应急管理系统建设的内容;理解城市犯罪的类型和社会经济影响,掌握城市犯罪最优量的推导方法,理解警察生产函数的内涵和意义。

 第一节 城市安全经济概述

一、城市安全与安全经济

城市安全指城市在生态环境、经济、社会、文化、人身健康、资源供给等方面保持一种动态稳定与协调状态,以及防止自然灾害和社会与经济异常或突发事件干扰的抵御能力。从社会承载角度讲,安全指能根除导致人员伤害、疾病或死亡,引起设备或财产破坏和损失,以及危害环境的条件。城市安全包含的内容十分广泛,从大的领域来看,有城市生态环境安全、经济安全、社会安全;从具体方面来看,有生产安全、设备安全、交通安全、治安安全、居住安全、医疗药品安全、食品安全、家电安全等。

安全的作用和目的是多方面的。在城市中,可以从生产和生活两个方面划分。从生产来看,首先是避免或减少劳动者的事故伤亡及职业病;其次是使设备、工具、材料等免遭毁损减除伤害以及保障和提高劳动生产率,维护生产发展;再次是消除或减小环境危害和工业污染,使人的生存条件免遭破坏,促进人类整体利益增大。从生活来看,首先要保证城市居民的吃、穿、住、用、行的基本安全,保障民生；其次要保障居民的人身和财产安全，减少犯罪；再次要加强环境保护和公共卫生，实现健康安全。

安全经济指在一定的城市人力财力物力条件下，能够提供的最好的安全服务；或者说，达到一定的城市安全水平所花费的人财物力最省。安全经济活动及其功能分析所依据的基本原理包括以下内容：

1. 安全的有限性原理。安全的供给需要投入技术和人财物力，一定的投入水平与其提供的安全水平成正比。由于人类进步、技术发展是逐步的，人财物力也是有限的，因而，不可能消灭所有的不安全事件。经过人们的努力，事故或危害事件带来的损失和事故率可以无限地趋向于零，但无法绝对等于零，所以控制事故或突发事件损失和危害的一个基本原理在于：要使安全达到一个"合理"的或"可以接受的"的水平。

2. 安全的相对性原理。安全状态是在一定的环境、条件和情形下的现象，和具体的环境条件和状态密切相关。在一定条件下被认为是安全的状态，在另一条件下就不一定是安全的，甚至可能是危险的状态。这就是安全的相对性原理。这一原理要求人们认识安全问题不能脱离具体的自然的和社会的背景、各种生产的或生活的状态。

3. 安全的极向性原理。安全是对各种伤害的避免和消除，而各种伤害往往是在人们（不包括对自然状况了解的科学家和犯罪者）的意料之外，从而使安全效应往往表现为极大或极小。就是说，意料之外的伤害发生了，会造成极大的社会经济影响，安全效应极大；反之，没有发生，安全效应极小，人们不会为此投入更多。可见，安全科学的研究对象及其特征都具有极大或极小的可能，这一特点包含了3个含义：（1）安全所涉及的事故或危害事件其发生的可能性很小，而后果却极为严重。危害事件的事故源范围很小，但其危害和影响涉及的范围却很广。（2）安全特征可以描述为：安全性 = 1 − 危险性，若危险性趋向极小，安全性就趋向极大，反之亦然。（3）人们从事安全活动，总是希望以最小投入获得最大的安全。

二、安全的成本与收益分析

安全作为城市居民的一种社会"需求"，需要通过"供给"行为来实现。"生产"安全，就要研究安全的成本和收益问题。

安全成本指实现安全所消耗的人力、物力、财力和时间的总和，包括实现某一安全功能所支付的直接和间接费用，是衡量安全活动消耗的重要尺度；安全收益（产出）具有广泛的意义，它等同于安全的产出。安全的实现不但能减少或避免直接的伤亡和损失，而且能通过维护和保护生产力，实现促进经济和生产增值的功能，但是这种功能的展现是事后的、长期的。因此，安全收益具有潜伏性、间接性、延时性、迟效性等特点；安全效益是安全收益与安全投入的比较，反映安全产出与安全投入的关系,是安全经济决策所依据的重要指标之一。

分析安全的成本与收益,要从安全的两大经济功能开始。

(一) 安全的两种功能模型

安全具有两大经济功能:(1) 直接避免或减轻事故、突发事件等危机给人、社会和自然造成的损失与危害,保护生命财产;(2) 保障劳动条件和环境安全,直接维护生产力发展和间接实现经济增值过程。

第一种功能是"避危降害"作用,可用损失函数 $L(S)$ 来表达,表明安全的损失效应(L)是随着环境原有的安全隐患基础(L_0)和危险与安全相对的期望值 $[L\exp(l/S)]$ 的变化而变化的(式10-1)。就是说,发生危害的数量和大小,一方面来自原有基础的安全隐患,一方面来自危害与安全相对的期望值,即人们对实现安全的努力程度。

$$L(S) = L\exp\left(\frac{l}{S}\right) + L_0 \qquad L>0,\ l>0,\ L_0<0 \qquad 式(10-1)$$

第二种功能表现为对生产和经济活动的"保值增益"作用,可用增值函数 $I(S)$ 来表达,表明安全的经济效应大小是随着期望的危害事件冲击既定安全度的状态的反方向变化的。就是说,人们期望发生危害事件冲击安全状态的概率越低,安全的经济效应就越大,反之就越小;安全的增值函数见式10-2:

$$I(S) = I\exp\left(-\frac{i}{S}\right) \qquad I>0,\ i>0 \qquad 式(10-2)$$

上两式中的 L、l、I、i、L_0 均为统计常数。两式的图像汇集于图10-1中。

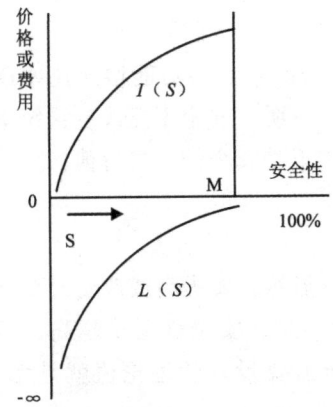
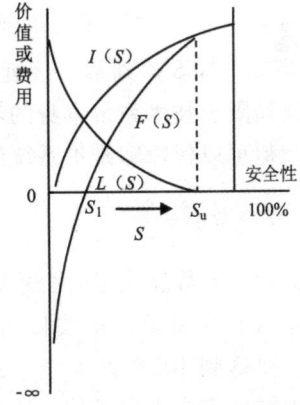

图10-1 安全的减损函数与增值函数　　图10-2 安全功能函数

图 10-1 中的横轴，表示安全性或安全度，是对安全的度量；纵轴表示安全带来的价格收益或不安全造成的损失费用。从两条曲线的走向可以看出：

(1) 增值函数随安全性 S 的增大而增大，然而是有限的，它的最大值（M 点）取决于技术系统本身的功能；

(2) 损失函数 $I(S)$ 随安全性 S 的增大而减小，当系统无任何安全性时（$S=0$），理论损失值趋于无穷大，具体值取决于机会因素；当 S 趋于 100% 时，损失趋于零。

无论是"保值增益"即安全创造的"正效益"，还是"避危降害"即安全减少的"负效益"，都表明安全创造了价值。后一种可谓是"负负得正"，或"减负为正"。

(二) 安全综合分析模型与推论

综合安全的两种基本功能，构成了安全的全部经济功能，可以用安全功能函数 F(S) 来表达，它等于增值函数与损失函数之差，反映了安全的产出或收益：

$$F(S) = I(S) + [-L(S)] = I(S) - L(S) \qquad 式（10-3）$$

将损失函数 L(S) 乘以"-"后，就可将其移至第一象限表示，并与增值函数 I(S) 叠加，得到安全的功能函数曲线 F(S)（图 10-2）。观察图 10-2 中的几条曲线走向，可以推论：

(1) 当安全趋于零，即技术系统毫无安全保障时，系统不但毫无利益可言，还将出现趋于无穷大的负利益（损失）；

(2) 当安全性到达 S_L 点，由于正负功能抵消，系统功能为零，此点是安全性的下限。当 S 大于 S_L 后，系统出现正功能，并随 S 增大，即功能递增；

(3) 当安全性 S 达到某一接近 100% 的值后，如 S_u 点。功能增加速率逐渐降低，并最终局限于技术系统本身的功能水平。由此说明，安全不能改变系统本身的创值水平，但可以保障和维护系统的创值功能，这正是安全的自身价值。

(三) 安全效益分析

安全的功能函数反映了安全系统的输出状况。显然，要提高或改变安全性，需要投入（输入）来保障，即要付出代价或成本；并且，安全性要求越高，需要成本也越高；要达到 100% 的安全（绝对安全），所需要投入的理论值就是无穷大。由此，可以推出安全成本函数 C(S)：

$$C(S) = C\exp\left(\frac{c}{1-S}\right) + C_0 \qquad C>0, \ C_0<0 \qquad 式（10-4）$$

把安全成本函数 C（S）的曲线绘于图 10-3 中，可以观察到安全成本函数的运行原理：

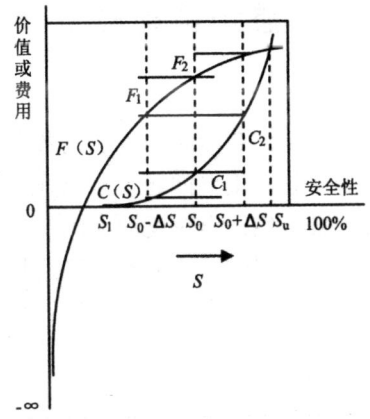

图 10-3　安全功能与成本函数　　　　图 10-4　安全功能与效益函数

（1）要实现系统的初步安全（较小的安全度），所需要的成本是较小的；随着对 S 要求的提高，成本将随之增大，并且其递增率越来越大，当 S 趋向于 100% 时，成本趋向 ∞。

（2）当 S 达到接近 100% 的某一点 S_u 时，安全的经济功能与所耗成本相抵消，使系统没有收益；安全性超过 S_u 点时，安全的成本超过了收益，这是社会所不希望的。

（3）因此，S_L 和 S_u 是安全经济的盈亏点，它们决定了 S 理论值的上下限。在 S_0 点附近，能取得最佳的安全效益。由于 S 从 $S_0 - \Delta S$ 增至 S_0 时，成本增值 C_1 小于功能增值 F_1，因而当 $S < S_0$ 时，提高 S 是值得的；当 S 从 S_0 增至 $S_0 + \Delta S$ 时，成本增值 C_2 数倍于功能增值 F_2，因而 $S > S_0$ 后，增加 S 就不合理了。

可见，安全功能函数 F（S）与安全成本函数 C（S）之差就是安全效益函数，可用 E（S）来表达：

$$E(S) = F(S) - C(S) \qquad 式（10-5）$$

将 E（S）曲线绘于图 10-4 中，可以看到，在 S_0 处，E（S）取得最大值。

以上对安全经济的几个特征参数规律进行了分析，其意义不在于定量的精确与否，而在于表述了安全经济活动的某些规律，有助于正确认识安全经济问题，指导安全经济决策。

第二节 城市突发事件与公共应急预案的经济分析

在全球政治经济形势动荡起伏的背景下，经济繁荣的背后暗含着引发各种危机的不确定因素，危机管理已成为世界各国城市发展面临的重要问题。改革开放使我国国民经济得到了迅速发展，加入世界贸易组织、融入经济全球化的大潮又为我国带来了新的发展机遇，但是在快速发展、获得新机遇的同时，遭遇经济风险甚至经济危机的可能性也在不断加大，城市作为全球经济腾飞的主力军和主战场，其突发事件也越来越多。

一、城市突发事件的经济影响

（一）突发事件的内涵

对于"突发事件"一词，比较有代表性的相关定义是欧洲人权法院对"公共紧急状态"的解释，即"一种特别的、迫在眉睫的危机或危险局势，影响全体公民，并对整个社会的正常生活构成威胁"。据此，判断紧急状态可以根据以下几个特征：（1）必须是现实的或者是肯定要发生的；（2）威胁到人民生命财产的安全；（3）阻止了政权机关正常行使权力；（4）影响了人们的依法活动，必须采取特殊的对抗措施才能恢复秩序等。

美国国土安全部也为"突发事件"下了专门的定义："一种自然发生的或人为原因引起的需要紧急事态应对以保护生命或财产的事故或事件。它包括比如重大灾难、紧急事态、恐怖主义袭击、荒野和城区火灾、危险物质泄漏、核事故、空难、地震、飓风、龙卷风、热带风暴、战争相关灾难、公共卫生与医疗紧急事态，以及发生的其他需要紧急事态应对的事件"。

我国《国家突发公共事件预案体系》则认为：突发公共事件是指突然发生，造成或者可能造成重大人员伤亡、财产损失、生态环境破坏和严重社会危害，危及公共安全的紧急事件。

根据引起紧急状态的原因不同，一般可以把"突发事件"分为两类：一类是自然灾害引起的紧急状态，一类是由非自然因素引起的紧急状态。

根据突发公共事件的发生过程、性质和机理，突发公共事件主要分为四类：（1）自然灾害。包括旱涝、气象危机、地震、海洋地质生物变异和森林草原火灾等灾害。(2) 事故灾难。包括工矿等企业各类安全事故，交通运输事故，公共设施和设备事故，环境污染和生态破坏事件以及不明经济危害等。(3) 公共卫生事件。包括传染病疫情，群体性不明原因疾病，食品安全和职业危害，动物疫情，以及其他严重影响公众健康和生命安全的事件。(4) 社会安全事件。包括恐怖袭击、社会犯罪、民事纠纷和涉外突发事件等。

根据突发事件涉及的公共安全领域，可以分成八类：即公共事故、自然灾害、城市生命线、重大工程、公共活动场所、公共交通、公共卫生和人为突发事件。

突发性是各类安全事故、灾害与事件的共同特点。各类突发公共事件按照其性质、严重程度、可控性和影响范围等因素，一般分为四级：(1) Ⅰ级（特别重大），(2) Ⅱ级（重大），(3) Ⅲ级（较大），(4) Ⅳ级（一般）。

(二) 城市突发事件的经济影响

随着我国经济社会的快速发展，在我国的一些重要城市先后都发生过诸如污染气体泄漏、地质灾害、火灾以及其他一些突发性事件。特别是在北京、上海、广州等大型城市，以生产安全、食品安全、突发自然灾害、公共卫生突发事件等为代表的公共安全形势日益严峻，对社会经济发展产生了重大影响。这是由安全的极向性原理所决定的，这种影响一般是通过突发事件的不确定性、所引起的人们的危机感程度和面对危机的积极与消极态度而发生的。

首先，突发事件的不确定性影响经济的长期发展。在凯恩斯经济学里，"不确定性"被定义为不能被保险的风险。这些不确定性风险，人们无法根据事件造成的实际损失对突发事件作判断；虽然突发事件是突然发生的，但是其影响往往是长远的，由于对突发事件多长时间才能控制的预期一般充满不确定性，导致对经济后果的预估也充满了不确定性。这些不确定性，使突发事件可能在较长的时间内对经济发展产生持续性的影响。

其次，突发事件引起的人们的危机感，会由于突发事件的危害程度和人们的关注程度而不同程度的影响经济增长。一些突发事件将影响一些高级商务活动的开展与效率，外商直接投资增长幅度会有所减缓；有些突发事件发生后，人们外出消费将减少，"假日经济"拉动效应将明显降低，对相关行业，如旅游、商业和交通运输业等将产生不同程度的影响；在局部地区，甚至会出现少数行业生产要素供求关系再度紧张，市场消费增长偏慢，进而影响人员、资本和商品的流动等情况。

最后，人们对突发事件造成的危机，存在着积极的与消极的不同态度。如果突发事件后，人们的消费信心和商业信心很快得以恢复，突发事件对经济的影响就不过只是局限于延迟人们的消费，消费需求和消费力将再趋活跃，经济增长虽然可能低于原来的预期,但仍会保持较高的增长速度;但是如果突发事件后,人们参与经济活动的信心受到很大的打击,居民的消费心理和观念趋向于保守,就会使消费者行为发生变化,进而影响到生产者行为的变化,并最终对经济结构产生影响。一些产业可能面临明日黄花的局面,而一些原来并不为人们看好的产业却可能迎来一个春天。为此,对由突发事件引起的经济结构变化,必须采取积极的心态,及时转变观念,抓住商机;政府也要出台刺激和拉动相关产业的政策,使之摆脱突发事件的影响或把握突发事件造成的新的商业机会。

二、城市公共应急预案

(一) 城市公共应急预案的涵义

应急一般是指针对突发、具有破坏事件所采取预防、响应和恢复的活动和计划。应急工作的主要目标是:对突发事故做出预警;控制事故灾害发生与扩大;开展有效救援,减少损失和迅速组织恢复正常状态。应急救援对象是突发性的和后果与影响严重的公共安全事故、灾害与实践。由此,构成一个复杂的巨系统。

城市公共应急预案指面对城市突发事件如自然灾害、重特大事故、环境公害及人为破坏的应急管理、指挥、救援计划等,它一般应建立在综合防灾规划之上。其几大重要子系统为:完善的应急组织管理指挥系统;强有力的应急工程救援保障体系;综合协调、应对自如的相互支持系统;充分备灾的保障供应体系;体现综合救援的应急队伍等。

应急预案确定了应急救援的范围和体系,使应急准备和应急管理不再是无据可依、无章可循;制定应急预案有利于做出及时的应急反应,降低事故后果;应急预案成为城市应对各种突发事件的响应基础;当发生超过城市应急能力的重大事故时,便于与省级、国家级应急部门的协调;有利于提高全社会的风险防范意识。

为了提高政府保障公共安全和处置突发事件的能力,最大程度地预防和减少突发公共事件及其造成的损害,保障公众的生命和社会稳定,促进经济社会全面、协调、可持续发展。2006年1月9日,我国国务院发布了《国家突发公共事件总体应急预案》,预案分总则、组织体系、运行机制、应急保障、监督管理及附则等六大部分。国家应急预案框架体系初步形成,包括面对突发公共事件时的国家总体应急预案、专项应急预案、部门和地方预案、企事业单位应急预案等,基本涵盖了现代社会随时都有可能发生的各类突发公共事件。我国突发公共事件应急预案体系包括:(1) 突发公共事件总体应急预案;(2) 突发公共事件专项应急预案;(3) 突发公共事件部门应急预案;(4) 突发公共事件地方应急预案;(5) 企事业单位根据有关法律法规制定的应急预案；（6）举办大型会展和文化体育等重大活动的主办单位应当制定的应急预案。

（二）城市公共应急预案的本质与运行

城市应急预案，其经济本质是城市政府供应的公共产品；其经济对象，是控制产生突发事件的危险源。公共产品前已述及，危险源则是引起事故和不安全的因素。传统的危险源一般指纯粹的物、能量载体，或是危险物质，是事故发生的物质性前提和物质根源，它影响事故发生后果的严重程度；第二类危险源包括物的故障、物理性的环境因素和个体人的失误，这类危险源是事故发生的出发条件和必要条件；第三类危险源指不符合安全的组织因素，包括组织程序、组织文化、规则、制度等，它不同于个体的人，是第一类、尤其是第二类危险源的深层原因，是事故发生的组织性前提，是危险的充分条件。例如，高速行驶的汽车本身是一个危险源。它里面的汽油等物质是第一类危险源；司机违章、汽车部件失灵、天气不好，能见度比较差等，属于第二类危险源；而安全文化理念缺失，交通规则、安全培训缺失，交通安全管理松懈，司机单位的汽车维护管理和司机配备方面的问题，都是第三类危险源。

我们过去比较重视第一类和第二类危险源，而往往忽视第三类危险源。我国前总理朱镕基先生曾经说过：中国的问题第一是管理，第二是管理，第三仍然是管理。预防事故必须要靠两个方面，一个是硬件，技术手段，另外还必须依靠软的支撑，就是安全文化、安全管理、一些规则、制度方面的东西，安全的硬件支撑出问题，我们容易想到，但是安全的软支撑方面出问题，或者说第三类危险源方面出问题，我们往往认识不够，或者是没有这方面的认识，所以要提出管理风险的概念。管理风险和其他风险一样，也需要辨识和控制。重视第三类危险源，可以督促和激发组织领导层对安全生产的重视和关心，使人们认识到危险源的源物与非物源的界限，有利于把握事故的本质和基础原因，从而做到关口前移，消灭事故于萌芽状态，落实预防为主，科学安排有关制度和加强安全的科学管理，例如使用第三方认证式的监督检查，以获得理想的安全监督检查的效果。

为了防止这些危险源形成的危害，必须制定和运行城市公共应急预案，主要有如下程序：

1. 预测与预警。根据预测分析结果，对可能发生和可以预警的突发公共事件进行预警。预警级别依据突发公共事件可能造成的危害程度、紧急程度和发展势态，所划分的四级紧急程度依次用红色、橙色、黄色和蓝色表示。预警信息包括突发公共事件的类别、预警级别、起始时间、可能影响范围、警示事项、应采取的措施和发布机关等。预警信息的发布、调整和解除可通过广播、电视、报刊、通信、信息网络、警报器、宣传车或组织人员逐户通知等方式进行,对老、幼、病、残、孕等特殊人群以及学校等特殊场所和警报盲区应当采取有针对性的公告方式。我国各级城市的管理部门针对各种可能发生的突发公共事件,正在完善预测预警机制,建立预测预警系统,开展风险分析,做到早发现、早报告、早处置。

2. 应急处置。首先是信息报告,突发公共事件发生后,要立即报告,最迟不得超过4小时,同时通报有关地区和部门,应急处置过程中,要及时续报有关情况;其次是先期处置,发生突发公共事件,在紧急向国家报告信息的同时,要根据职责和规定的权限启动相关应急预案,及时、有效地进行处置,控制事态;再次是应急响应,对于先期处置未能有效控制的特别重大突发公共事件,应急指挥机构要及时启动相关预案,负责现场的应急处置工作;最后是应急结束阶段,即突发公共事件应急处置工作结束,或相关危险因素消除后,现场应急指挥机构予以撤销。

3. 恢复与重建。具体的内容是:(1)善后处置。积极稳妥、深入细致地做好善后处置工作。对突发公共事件中的伤亡人员、应急处置工作人员,以及紧急调集、征用有关单位及个人的物资,要按照规定给予抚恤、补助或补偿,并提供心理及司法援助。有关部门要做好疫病防治和环境污染消除工作。保险监管机构督促有关保险机构及时做好有关单位和个人损失的理赔工作。(2)调查与评估。对特别重大突发公共事件的起因、性质、影响、责任、经验教训和恢复重建等问题进行调查评估。(3)恢复重建。根据受灾地区恢复重建计划组织实施恢复重建工作。(4)信息发布。要在突发公共事件发生的第一时间向社会发布简要信息,随后发布初步核实情况、政府应对措施和公众防范措施等,并根据事件处置情况做好后续发布工作。信息发布应当及时、准确、客观、全面。信息发布形式主要包括授权发布、散发新闻稿、组织报道、接受记者采访、举行新闻发布会等。

我国正处于社会急剧转型和城市化加速发展时期,自2003年非典型肺炎引起的社会危机以来,我国城市政府开始普遍关注突发事件的严重影响;开始探讨和研究应对各种突发事件的长效应急机制。几年来,我国城市先后取得了应急机制建设的丰富经验,逐渐形成了具有特色的城市应急系统模式,使应对各种突发事件的管理能力大大提高。

三、我国城市应急机制的建设

(一)城市应急机制的意义

应急机制是针对突发事件而设立的,它的总体目标是以"三个代表"重要思想和科学发展观为指导，贯彻以人为本、预防为主的方针，坚持统一领导、分级负责，强化法制、依靠科技，协同应对、快速反应，加强基层、全民参与，整合资源、加强保障的原则，形成党委领导、政府管理、部门协同、社会动员、公众参与的应急管理新局面，提高应对突发公共事件的能力，最大程度地预防和减少突发公共事件及其造成的损害，促进社会的全面、协调、可持续发展，建设和谐社会。

应急管理机制的建设有重要意义：(1) 它是创建和谐社会的重要内容。落实科学发展观，创建和谐社会，必须以社会稳定和公共安全为保障。只有保持社会稳定，打造"平安城市"，才能促进城市经济的持续发展、社会全面进步和人民群众的安居乐业。(2) 在统一领导、分级负责的基础上，建立城市统一指挥、结构完整、功能齐全、反应灵敏、运转高效的应急机制，有效防范和及时处置各类突发公共事件，是现代化城市管理的重要任务。(3) 它是提高政府行政能力的客观要求。城市规模扩大、城市人口增加、城市中自然灾害和事故灾难的经常性发生和各类不稳定因素的增多，导致城市公共安全形势十分严峻。这是对政府行政能力和管理水平的一种新考验。城市政府必须加强薄弱环节，弥补体制机制上的缺陷，扭转手段单一、技术落后的局面，增强危机感和责任感，创新应急管理体制和机制，真正把保障公共安全摆到政府工作的重要位置上来。

(二) 城市应急机制的内容

应急管理机制的内容包括应急领导和指挥体制、应急管理日常办事机构、突发公共事件应急指挥中心、编制应急预案、应急管理专家咨询组织、预警信息系统、应急管理信息网络、应急管理保障系统、应急管理资金、应急机制建设发展规划、应急管理政策法规体系、应急管理宣传教育和培训演练、应急管理的科学研究和人才培养。

目前中国建设城市应急机制，应充分注意两个方面的问题：

一是城市综合减灾系统存在的问题。城市具有人口集中、产业集中、财富集中、建筑物与构筑物集中的特点，从而也带来了各种灾害集中的特点。灾害的一个核心特性，就是一种灾情的形成多是由几种灾因复杂叠加而形成，表现为主灾发生后往往伴随着多种次生灾害发生，从而造成严重恶果。这种城市灾害的连发性、共生共存的复杂性、社会影响的广泛性和破坏的残酷性，使人们认识到，把握城市灾害发生的特点和规律，必须要形成一套城市综合减灾系统，提高综合减灾的自觉性和主动性，以尽量把灾害造成的损失降到最小程度。

二是城市公共安全应急联动系统存在的问题。城市危急事件一旦产生，影响是多方面的，要求的专业处理能力也是多方面的。例如，火灾危急事件的处理，不仅要求消防部门出动，还会要求卫生急救部门、交通部门、起重部门、供水部门、供电部门等部门的联动，如果后者跟不上，很可能会引起次级灾害。这就需要一个完善的整合处理流程，其主要内容包括事件信息接收、评估、决策、发布和反馈等环节。支撑这一事件处理流程的平台就是城市应急联动指挥系统，它不仅涉及到电话系统、视频监控、交通控制、GPS、车载ABL、局域网等IT技术，还涉及到政府体制、城市自然条件、管理模式和认识等问题。因此，城市应急联动系统是一个巨大的系统工程。从我国应急联动建设实践情况来看，遇到的首要问题不是技术问题，而是体制问题。

解决这两大方面管理问题依托于一系列的制度性建设，正是应急机制的建设内容。

1. 基本法律建设。虽然国家已经颁布了一系列与处理突发事件有关的法律，例如《防震减灾法》、《防洪法》、《传染病防治法》、《安全生产法》、《戒严法》等，但都是针对不同类型突发事件的分别立法，这种单类型的立法往往存在着不同法律规范之间的矛盾，使得发生综合性危害时无法可依。同时，各部门都针对自己所负责的事项立法，"各扫门前雪"，很难保证沟通和协作；而"以邻为壑"，会大大削弱处理突发事件的协作与合力。为此，建设我国城市综合应急机制的法律，是城市公共安全管理的重要任务。

2. 信息制度建设。信息管理系统对突发事件的处理起着极其重要的作用，一为决策者提供及时和准确的信息，二为民众传递信息，避免民众情绪失控。目前发生各类突发事件时，政府管理都是以部门为单位逐级汇报，快捷、有效的沟通渠道还不完善；信息分散和部门垄断，无法在危难时刻统一调集，迅速汇总；一些城市虽然建设了应急指挥系统，提高了协同程度和应急反应速度，但由于信息获取与协调指挥效率与指挥中心不匹配可能形成所谓的"指挥孤岛"，而由于应急管理人员不可能"全知全能"、而可能引发"指挥风险"；也可能由于系统可靠性问题产生"清零危机"，等等。为此，尽快形成城市应急管理的综合信息系统和运转机制，是城市公共安全机制的重要建设内容。

3. 公共服务保障体系的建设。目前我国应对社会变动和市场经济波动起抗衡和缓冲作用的综合社会保障体系还很不完善，公共卫生服务的覆盖面还很低。一旦发生突发事件，往往不能够尽快地消除危害，这就需要加快社会保障的综合体系的建设。

此外，中国城市对公众的危机教育不足，防灾应急教育还没有纳入城市教学体系中；市民警觉性较差，缺乏自救、救护的防灾意识和能力。这方面与发达国家还存在着明显的差距。

四、城市智慧应急管理系统建设

(一) 智慧应急管理系统的涵义

2015年4月21日,在北京召开了"智慧城市公共安全与应急管理研讨会",与会专家指出在推进智慧城市与智慧社区建设过程中,要从城市与社区公共安全与应急管理角度出发,充分利用互联网、大数据、云计算等新技术,通过对城市与社区的整体感知,增强物与物、人与物之间的联系,实现人与技术的充分融合,全面、精确、实时掌握各类风险动态,信息共享、协调联动,使城市与社区的应急管理更智慧、更高效、更安全。

智慧应急是智慧城市建设中形成的产物,智慧应急管理系统又称为智慧应急综合系统、智慧应急指挥系统,其含义是指运用新一代信息技术和知识社会创新2.0理论对城市突发事件进行预警、防范、化解和善后等全程规划管理的一种复杂大系统。这里的应急管理是指政府及其他公共机构在突发事件的事前预防、事发应对、事中处置和善后恢复过程中,通过建立必要的应对机制,采取一系列必要措施,应用科学、技术、规划与管理等手段,保障公众生命、健康和财产安全,促进社会和谐健康发展的系列活动的总称。这里的突发事件是指突然发生,造成或者可能造成严重社会危害,需要采取应急处置措施予以应对的自然灾害、事故灾难、公共卫生事件和社会安全事件。

依据突发事件的种类和不同级别,智慧应急管理系统可分为自然灾害类的、事故灾难类的、公共卫生事件类的和社会安全事件类的智慧应急管理系统。

(二) 智慧应急管理系统的内容

智慧城市将对城市应急管理起到以下几个方面的作用:(1) 全面感测:遍布各处的传感器和智能设备组成物联网,在城市应急管理中对城市运行的核心系统进行测量、监控和分析。(2) 充分整合:物联网与互联网系统完全连接和融合,将数据整合为城市核心系统的运行全图,为城市应急管理提供智慧的基础设施。(3) 协同运作:基于智慧的基础设施,城市里的各个关键系统和参与者进行和谐高效地协作,在城市应急管理中达成城市运行的协同状态。(4) 激励创新:促使政府在智慧基础设施之上进行城市应急管理的创新,为城市应急管理提供良好的制度保障和完善城市应急管理系统。

为了使城市应急管理系统更好地发挥效用,应加强如下几个方面的工作:

1. 做好城市应急管理系统的数据支撑。数据是信息系统的"血液",许多政府信息系统花巨资建成后成为摆设，其中很大一个原因是缺数据或数据更新不及时。"灭火找不到消防栓"屡见报端，就是消防人员没有掌握消防栓的地理位置数据。今后应进一步完善城市应急管理相关数据库，整合相关部门的数据资源。

2. 理顺应急管理体制机制，实现应急管理O2O。许多地方设立了应急办，但应急办与相关部门之间的协调机制还不完善，城市应急管理工作没有实现线上和线下的联动，使城市应急管理系统在实战中表现较差。今后每个城市应确立一个适合自己的应急管理模式，加强部门联动，实现线上线下一体化。

3. 物联网、云计算、移动互联网、大数据技术的集成应用。近年来，物联网、云计算、移动互联网、大数据等新一代信息技术快速发展，在城市应急管理领域具有广阔的应用前景。例如，物联网可以用于灾害监测，为城市应急管理系统采集实时数据；城市应急管理系统可以部署在云平台上；灾害预警信息可以短信群发，人们可以使用应急类App实时掌握突发公共安全事件进展；通过大数据分析，可以掌握突发公共安全事件发生和发展的规律，以便采取有效的防范措施。

（三）智慧应急管理系统的建设模式

智慧城市是数字城市升级版，是城市信息化的更高发展阶段；而智慧应急管理系统是未来智慧城市时代的工作重点与关键领域。因此，选择什么样的建设模式至关重要。

常见的智慧应急管理系统的建设模式主要四种。一是独立运行模式，是指单独的、专门的从事应对突发事件的一种智慧应急管理系统建设模式。这种模式的优点在于专业决策，系统力强，应急效果高。但是主要缺陷是成本太高，重复建设，鞭长莫及、力不从心；政府、企业、事业单位之间互不配合。二是主辅模式，是指以政府智慧应急管理系统为主，以企业、行业、事业单位智慧应急管理系统为辅的一种建设模式。这种模式优点是集中决策，发挥不同部门的作用，而主要缺陷是政府居高临下、负担过重，企业、行业、事业单位责任轻，疏于防范，政府与其他单位之间缺少统一协调，合力不突出。三是分散模式，是指各个政府、企业、事业单位自行负责应对各个区域内突发事件的一种智慧应急管理系统建设模式。优点是可以充分发挥不要同部门的积极性，但缺陷是行政性分散、行业性分散与区域性分散，无法应对解决跨区域、跨行业的突发事件。四是主辅统筹模式，是指以政府智慧应急管理系统为主，以企业、行业、事业单位智慧应急管理系统为辅，并有政府统一协调指挥的一种建设模式。与其他模式比较，主辅统筹模式具有明显优势，它成本较低、责任明确、统一协调、互相配合，形成合力，共同应对突发事件。依据科学的智慧应急管理系统的建设理念，是以需求为导向，资源共享为动力，技术创新为核心，所以我国城市安全管理，应采用主辅统筹模式的智慧应急管理系统。

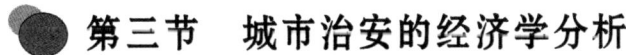 第三节　城市治安的经济学分析

一、城市犯罪的类型与影响

城市犯罪的类型包括人身罪和财产罪。

人身罪是指人身罪的受害者受到生理上的威胁，包括两种类型：一是罪犯的目的是伤害受害者的身体（杀人、强奸、恶意伤害）；二是在实现偷盗财产的罪犯目的的同时，对受害者采取了暴力手段（抢劫）。

财产罪是指偷窃罪，而没有使用暴力，例如：盗窃（非法进入建筑物）、偷窃（偷钱包、扒口袋、偷自行车）以及汽车偷盗。

犯罪量的高低用犯罪率衡量。大多数犯罪发生在大城市地区，并且中心城市的犯罪率最高，家庭对犯罪率很敏感，他们在区位选择时受到当地犯罪率的影响。换句话说，犯罪影响城市内人口的空间分布，犯罪率相对于较低的地区，其房价就会相对较高。中心城市的犯罪率相对较高，许多家庭和人口就迁居到郊区以逃避中心城市的犯罪。

犯罪的经济影响可以用犯罪的成本来衡量。犯罪的社会成本可以分为受害成本和防止成本。财产罪的受害损失财产，有时还会受到人身伤害。受害总成本为盗窃次数的函数，其成本曲线斜率为正且呈线性分布，这反映了受害成本与盗窃次数有关，如果盗窃的次数增至两倍，那么受害成本也会增至两倍。社会可以通过降低盗窃的净收益来减少犯罪，但防止犯罪很昂贵。防止犯罪有很多方法，例如：(1) 加强防范。受害者可以通过降低盗窃成功的概率来减少预期掠夺物；(2) 增加逮捕的概率。警察可以通过增加逮捕的概率来增加犯罪的预期成本；(3) 增加监禁的概率。犯罪审判系统可以通过提高定罪的概率来提高犯罪的预期成本；(4) 加强惩罚的严厉性。罪犯审判系统可以延长监禁时间；(5) 提高合法机会的价值。社会可以通过提高潜在罪犯的工作技能来提高其参与合法活动的吸引力，从而提高他们的合法工资。总之，增大犯罪的机会成本，和减少盗窃的净收益，都能够抑制犯罪。防止成本曲线的斜率为负，随着盗窃次数减少，防止成本曲线的斜率增大；因为犯罪防止得愈多（犯盗窃罪的次数愈少），防止成本就会愈高。例如，将盗窃次数从100减少到99相对较容易，而要将盗窃次数从11减少到10则困难

得多。受害成本和防止成本曲线分别绘于图 10-5 中。

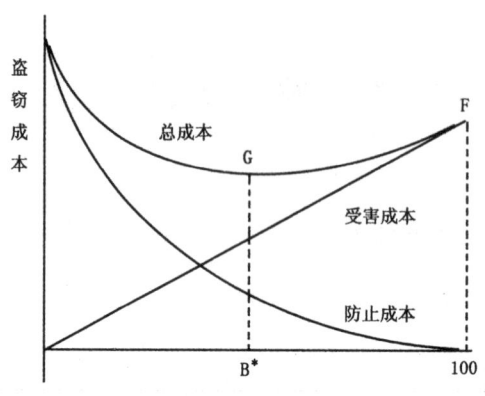

图 10-5 盗窃的最优量

在图 10-5 中，受害成本与防止成本的总和构成呈 U 形的总成本曲线，城市控制犯罪可以根据总成本的最低水平确定受害成本与防止成本的水平，从而寻找控制犯罪的最佳水平。

二、城市警察生产函数

维护城市治安的主要措施是进行警力投入，而政府财力是有限的，投入警力多大为合适，需要研究犯罪的最优量。

（一）犯罪的最优量

仍然考察图 10-5，假设一个城市的防止成本从 0 开始，如果每天发生盗窃 100 次，其一天的犯罪总成本就等于其受害成本，即 F 点。为了减少这种受害成本，可以通过花费防止成本（例如：加强防范、延长判刑时间、增加合法机会等）来减少盗窃次数。这样做，会使犯罪的总成本降低。从点 F 开始，陆续的增加防止成本，受害成本就降低，节约下来的受害成本还会超过防止成本的增加，因此城市总成本曲线将会下降。直到 G 点，犯罪总成本达到最小，相对应的 B^* 点就是最优犯罪率水平。

那么，如何才能让盗窃处于最优量（B^*）呢？城市可以利用它的防止资源来减少盗窃的净收益，直到盗窃犯每天只犯 B^* 量的盗窃罪。换句话说，城市从盗窃供给曲线（受害成本）中挑选一点进行资源投资，从而使净收益降低到某一必需的水平。

最优犯罪率也可以从图 10-5 中隐含在总成本曲线里的边际成本曲线中得到。在图 10-6 中，较低的水平线表示盗窃的边际受害成本，即每增加一次盗窃，其受害成本的增加（图 10-5 中总受害成本曲线的斜率），水平成本曲线反映了每次受害的成本都是不变的。斜率为负的曲线表示的是边际防止成本，即犯罪数量每变化一个单位，其防止成本发生的变化（图 10-5 中防止成本的斜率），它的斜率为负是因为防止受害的收益减少，防止犯罪的第一个单位（将犯罪次数从 100 减少到 99）有一个相对较低的边际成本；防止犯罪的最后一个单位（将犯罪次数从 1 减少到 0）有一个相对较高的边际成本。

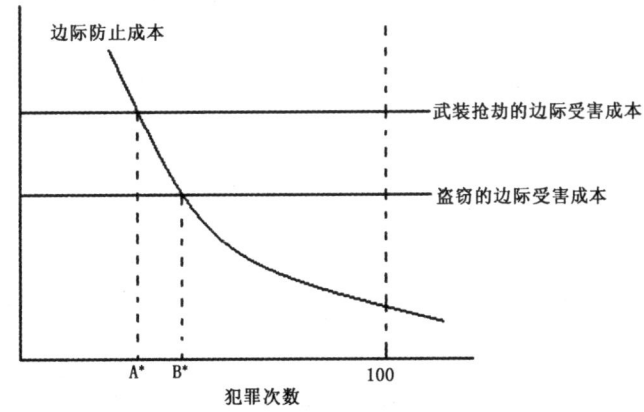

图 10-6　边际受害和防止成本与最优犯罪量

犯罪的最优量用边际受害成本曲线和边际防止成本曲线的交点来表示。从 100 次盗窃罪开始，盗窃的边际受害成本超过了边际防止成本，因此阻止第 100 个犯罪是很明智的。只要边际犯罪成本超过边际防止成本，防止都是有效的，因此最优犯罪率为 B^*。边际成本曲线解释了最优犯罪率为什么会因犯罪类别的不同而不同。假设盗窃罪和武装抢劫都有着相同的防止成本，但受害成本不同，武装抢劫的受害者常常会在犯罪过程中受到人身伤害，因此武装抢劫就有着更高的边际受害成本，图 10-6 中的最优犯罪（A^*）比盗窃的最优犯罪率要小。更多的资源投入到防止抢劫中去，是因为防止抢劫所节约的受害成本更高。最优犯罪率也会因为防止成本的不同而不同，在其他的条件相同时的边际防止成本高，最优犯罪率就高。

上述分析可以用于解释中心城市的犯罪率为什么比较高。中心城市有更多的贫困者和失业者，犯罪机会成本相对较低，潜在犯罪量相对较多。由于犯罪充足，如果边际受害成本在整个大城市地区相同，而边际防止成本相对较高，那么最优犯罪率在中心城市就会较高。

（二）警察生产函数

警察生产函数是描述投入的警力和产出的城市安全之间的数量关系。产出的城市安全可以用对犯罪分子的逮捕率或破获的刑事案件数量来反映；而投入的警力可以用警察人数或投入警事的资金量来反映。如果用 A 表示逮捕率或破获的刑事案件数量，P 表示警察人数，S 表示警事支出，T 表示花费的巡逻、调查和破案的全部时间，C 表示犯罪的数量，那么警察生产函数可以表示为：

$$A = f(P, S, T, C) \quad\quad 式（10-6）$$

式（10-6）中的逮捕率（A）由逮捕的次数除以犯罪的次数得到，以罪犯的观点，就是犯一项罪而被逮捕的概率，这种概率越高，犯罪的报酬就越低，因而它反映防止犯罪的效果。据美国的资料，抢劫罪和盗窃罪的犯罪率与逮捕率的弹性大约是 -0.3，意味着逮捕率每提高 10%，犯罪率就会下降约 3%。逮捕率的高低，一般与所投入的警察人数、警事支出和出警时间量呈正相关。例如，据泰成的研究[1]，警事支出每增加 10%，一个普通青少年成为守法市民的概率就会增加 4.7%。而逮捕率与犯罪数量往往呈负相关，因为犯罪量特别大的城市，整体社会治安不好，逮捕率也不高；犯罪量很小的城市，反映其社会治安总体状况好，逮捕率会很高。

本章小结

1. 城市安全指城市在生态环境、经济、社会、文化、人身健康、资源供给等方面保持的动态稳定与协调状态，和对自然灾害、社会经济突发事件的抵御能力。其内容十分广泛，包括城市生态环境安全、社会经济安全、生产设备安全、交通治安安全、居住安全、医疗药品安全、食品安全、家电安全等多方面内容。

2. 安全经济指一定的城市人力、财力、物力条件下能够提供的最好安全服务；或者是达到一定城市安全水平所花费的人、财、物力最省。安全经济活动及其功能分析所依据的基本原理包括安全的有限性原理，安全的相对性原理和安全的极向性原理。

3. 安全成本指实现安全所消耗的人力、物力和财力的总和，包括实现某一安全功能所支付的直接和间接费用，是衡量安全活动消耗的重要尺度；安全收益等同

---

[1] Tauchen, Helen; Ann Dryden Witte; and Harriet Griesinger. "Criminal Deterrence: Revisiting the Issue with a Birth Cohort." *Review of Economics and Statistics* 76 (1994), pp. 399-412.

于安全产出。具有潜伏性、间接性、延时性、迟效性等特点；安全效益是安全收益与安全投入的比较，是安全经济决策所依据的重要指标之一。

4. 安全的经济功能有"避危降害"和"保值增益"两种，分别可以用损失函数 $L(S)$ 和增值函数 $I(S)$ 来表达。综合起来，可以用安全功能函数 $F(S)$ 来表达，它等于增值函数与损失函数之差，反映了安全的产出或收益。

5. 城市突发公共事件指突然发生，造成或者可能造成重大人员伤亡、财产损失、生态环境破坏和严重社会危害，危及公共安全的紧急事件。分为由自然灾害引起非自然因素引起的两类和四各级别。

6. 城市公共应急预案指对突发事件的应急管理、指挥和救援计划等，一般应建立在综合防灾规划之上。我国应急预案体系包括：总体应急预案、专项应急预案和部门应急预案。城市应急预案的经济本质是城市政府供应的公共产品；其经济对象，是控制产生突发事件的危险源。

7. 城市应急管理机制包括应急领导和指挥体制和日常办事机构、编制应急预案、应急管理专家咨询组织、预警和应急信息系统、应急管理保障系统、应急管理政策法规体系和宣传教育培训等体系。目前我国城市应急机制的建设，应充分注意城市综合减灾系统和城市公共安全应急联动系统两个方面的问题，加强应急系统的基本法律建设，信息制度建设、公共服务保障体系建设和危机教育体系的建设。

8. 智慧应急管理系统可分为：自然灾害类、事故灾难类、公共卫生事件类和社会安全事件类的智慧应急管理系统。

9. 城市智慧应急管理系统，应做好城市应急管理系统的数据支撑，理顺应急管理体制机制，实现应急管理 O2O，集成应用物联网、云计算、移动互联网、大数据技术。

10. 智慧应急管理系统的建设模式主要有独立运行模式、主辅模式、分散模式和主辅统筹模式。适应现阶段中国城市发展实际，智慧应急管理系统应选择主辅统筹模式。

11. 城市犯罪包括人身罪和财产罪。犯罪的经济影响可以用犯罪成本来衡量。犯罪总成本分为受害成本和防止成本，是犯罪次数的函数；控制犯罪可以根据总成本的最低水平确定受害成本与防止成本的水平，从而寻找犯罪的最佳水平，它是边际受害成本曲线和边际防止成本曲线的交点。

12. 警察生产函数是投入警力和产出的城市安全之间的数量关系，可以用逮捕率或破获刑事案件数量与投入的警察人数或警事经费量来反映。

思考题与练习题

1. 什么是城市安全和安全经济？列举安全和不安全的现象，并分为不同的种类。

2. 搜集实际数据，建立安全的经济模型，进行安全的成本收益分析。

3. 什么是突发事件？什么是应急机制和应急预案？试结合实际讨论我国现有应急机制和系统的不足与改进的方法。

4. 什么是智慧应急管理系统？请举例说明智慧应急在突发状况中发挥的积极作用，并结合现实状况分析智慧应急存在哪些急需改进的薄弱环节。

5. 考虑一个城市的富裕区和贫困区。假定两个城市有相同的边际受害曲线（MVC）和边际防止曲线（MPC），两曲线相交点为 B^* 的地方。又假定富裕区的犯罪率为 B_w 而贫困区的犯罪率为 B_p；给定的两地间的警力分配为 $B_w < B^* < B_p$。

    （1）请绘图表示这个状态。

    （2）当前的资源分配是否有效？如果不有效，应当如何对资源进行再分配？请在你的图上表明资源的再分配可以为社会带来净收益。

    （3）如果两城市有相同的 MVC 曲线，但是有不同的 MPC 曲线，请描述一个在贫困地区犯罪率较高（$B_p > B_w$）是有效的状态。

6. 假定你所在的城市对十个警察局区域间的分配有固定预算，而您负责这一分配。

    （1）假定您的分配决策将受到某些反犯罪目标的引导，那么您的目标是什么？

    （2）您将搜集什么信息，如何使用这些信息？

7. 某城市保险公司对持有他们公司保险单的住户打算提供免费的入室盗窃警报器，请估算这一政策的好处。您认为这个公司会比那些不提供警报器的公司多得还是少得利润？

8. 美国 1983 年的商业欺诈（白领犯罪）造成的财产损失平均到每一美国家庭合 600 美元，而抢劫造成的损失为每一家庭 90 美元，夜盗为 93 美元，汽车盗窃为 56 美元。然而，白领犯罪所受到的注意远远低于其他类型的财物刑事案件，请研究这是为什么？

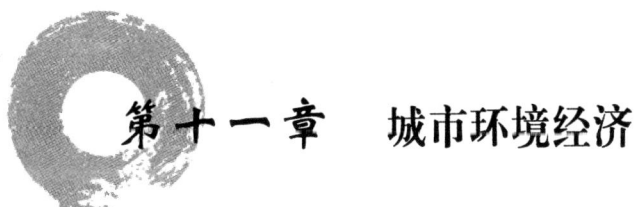

第十一章　城市环境经济

学习目标

通过本章的学习，使学生了解城市环境特征和城市生态环境危机的严重性；能够运用城市环境经济理论解释城市环境问题，理解城市环境与城市经济的作用关系和协调发展，掌握城市环境问题的治理对策；掌握生态城市的内涵与特征，了解国内外生态城市的发展趋势，把握生态城市创建的内容、步骤、指标，明确生态城市创建对实现城市环境可持续发展的重要意义。

第一节　城市环境与城市环境问题

一、环境概述

（一）环境的概念

环境是一个相对的概念，总是作为某项中心事物的对立面而存在。它因中心事物的不同而不同，随中心事物的变化而变化。对于人类来讲，环境指的是以人类为主体的外部世界，是指围绕人群的空间和作用于人类这一对象的所有外界影响与力量的总和。

通俗地讲，所谓环境，即我们每个人在日常生活中面对的一切。我们每天从早到晚的生活，吃穿住行，无一不需要外界环境的供给。如果失去了外界环境的供给，人类就会失去生存的条件。

我国环境保护法所规定的环境定义与通常意义上所说的环境有所不同，它是有一定范围的，是能够通过法律手段来保护的环境。我国《环境保护法》给环境所下的定义为:"本法所称的环境,是指影响人类生存和发展的各种天然的和经过人工改造的自然因素的总体,包括大气、水、海洋、土地、矿藏、森林,草原、野生生物、自然遗迹、人文遗迹、自然保护区、风景名胜区、城市和乡村等。"

(二)环境的分类

人类生存环境是庞大而复杂的系统,根据不同原则,有不同的分类方法。这里介绍两种常见的分类。

按照人类对环境的作用,可分为自然环境、人工环境和社会环境三类。

自然环境是"天然的自然因素的总体",其特点是天然形成,无人工干预。自然环境是人类赖以生存和发展的物质基础。自然环境包括大气环境、水环境、生物环境、地质和土壤环境以及其他自然环境。

人工环境是"经过人工改造的自然因素的总体",即在天然的自然因素基础上,人类经过有意识地劳动而构造出的有别于原有自然环境的新环境。如人文遗迹、风景名胜区、城市和乡村等。人工环境的形成,表明人类技术因素对自然的作用,人工环境随着社会生产力水平的提高而不断演变和发展。

社会环境是人类在长期生存和发展的社会劳动中所形成的,是人与人之间各种社会联系及联系方式的总和。包括经济关系、道德观念、文化风俗、意识形态和法律关系等。

自然环境、人工环境和社会环境共同组成了各级人类生存环境结构单元。而按照人类生存环境的范围,由近及远,由小到大,环境又可分为聚落环境、区域环境、全球环境、星际环境。

聚落环境,是人类群居生活的场所。可分为居室环境、院落环境、村落环境、城市环境等。居室环境,是人类居住的场所,是人类最直接、接触时间最长的生活环境;院落环境,是由功能不同的建筑物以及同它们相联系在一起的场院组成的基本单元。如北京的四合院、西南地区的竹楼、我们学习生活的大专院校等等;村落环境主要是指农业人口聚居的地方,一般由村落、农业区、自然环境及乡镇企业四部分组成;城市环境,是人类利用和改造自然环境而创造出来的高度人工化、社会化的环境。它是人类社会发展到一定阶段的产物,是工业、商业和交通事业等非农业人口聚居的地方。

区域环境,是包括人工环境在内的占有一定地域空间的自然环境。以自然为主体的区域环境,如森林、草原、沙漠等类型;以人工环境为主体的区域环境有城市、农村、工业区、旅游区等类型。

全球环境,又称地球环境,包括大气圈中的对流层和平流层的下部、水圈、土壤岩石圈和生物圈。

宇宙环境,指大气层以外的环境,也称空间环境。

(三)环境的属性

环境系统是一个复杂的动态系统和开放系统。无论从何种角度分类,环境都具有一些共同的特性。

1. 整体性。我们所探讨的环境是一个以人类社会为主体的客观物质体系。人与地球环境是一个整体,人类环境各个组成部分之间存在相互联系、相互制约的关系。局部地区的环境污染或破坏,总会对其他地区产生危害。例如,全球的温室效应、跨区域的水体污染等等。环境保护是没有地区界限、省界和国界的。

2. 有限性。人类环境的稳定性有限,资源有限,环境容量有限,自净能力有限。环境容量是指在人类生存和自然环境不致受害的前提下,环境可能容纳污染物质的最大负荷量。环境的自净能力指污染进入环境后,环境可以自动清除污染的能力。当人类产生的污染进入环境的量超过环境容量或环境自净能力时,就会导致环境恶化。

3. 有机性。环境是一个有机的整体。构成环境整体的各个独立的、性质各异而又服从总体演化规律的基本物质组分称为环境要素。环境要素有其重要的属性:(1)最差限制率。整体环境质量不由环境要素的平均状态而定,而是受环境诸要素中与最优状态差距最大的要素控制。这很像我们日常所说得"木桶定律",决定木桶盛水量的恰恰是最短的那块木板。因此,在改进环境质量时,必须遵循由差到优的顺序,依次改造各个环境要素,才能达到整个系统的最佳状态。(2)整体性大于各个体之和。也就是说,环境的整体性,不是等于各个环境要素的和,而是比"和"丰富、复杂得多。集体效应是个体效应的质的飞跃。(3)依赖性。各个环境要素通过能量流、物质流相互联系、相互制约。

二、城市环境的特征

今天,世界上有许多人都居住在城市中。楼房林立、马路纵横的城市面貌被不少人看作是"现代化生活"的标志。从生态学角度来说,城市是一个容人物景为一体,生产生活相互制约,不断新陈代谢的有机整体。城市环境是一个巨系统,由城市自然环境、城市人工环境和城市社会环境三个子系统构成。城市集聚了大量人口、资源,呈现出不同于乡村环境的突出特征。我们能直接感受到的城市环境特征是城市人口密集、供水供电设施配套、污水、垃圾处理集中、交通系统便捷等等。我们可以将城市环境特征抽象为以下几点:

1. 高度人工化。城市环境中，最显著、最基本的特征就是高度人工化的"自然——人工"复合环境。自然环境是城市环境的基础，人工环境是城市环境的主体。城市是人口最集中，社会、经济活动最频繁的地方，也是人类对自然环境干预最强烈的地方。人工控制对城市系统的存在与发展起着决定性的作用，有些过程甚至是不可逆转的。例如，城市的建筑、道路、设施等，使城市的降水、径流、蒸发、渗漏等都产生了再分配，使城市水量与水质发生较大变化。

2. 以人为主体。城市生态系统中，人口高度集中，其他生物的种类和数量较少。人是城市生态系统中主要的消费者，在城市生态系统中，生产者、消费者所占的比例，与其在自然生态系统中正相反，是以消费者为主的倒三角形营养结构。

3. 高度开放性。城市每时每刻都进行大量的物质、信息的流动和转化加工，包括各类资源、废弃物等等。所以，城市的环境与周围的区域的环境密不可分，与周边环境保持着物质、信息交流，呈现出高度的开放性。

4. 脆弱性。城市内部分工越来越细，系统功能复杂，一旦某一环节失效或比例失调，都会造成污染物流失。可以说，城市环境因其复合的性质而更显脆弱；城市环境的污染源头很多，生活性污染、工业性污染等等。污染源的复杂性会使城市环境问题更趋复杂。

5. 公共品特性。城市环境具有典型的公共品特性，既具有共同性，又具有排他性。城市的自然环境，人工环境和社会环境很多不能被单独使用，而是作为公共品被大众共享。城市环境的公共品特性，容易引发"公有地的悲剧"，导致城市环境问题的发生。

三、城市生态环境危机

从公元前 3500 年两河流域的城市出现至今，世界城市化经历了 5500 多年的发展历程。城市在推动人类社会文明和进步的历程中发挥着越来越重要的作用。但是，随着城市化的迅速发展，人们在感受到城市化带来的丰富的物质和精神生活的同时，也面对着日益严峻的城市生态环境危机。20 世纪 30—70 年代西方国家的一些城市，曾经发生过触目惊心的公害事件①，为人类单纯追求经济增长模式敲了警

---

① 公害事件（public nuisance events）是指因环境污染造成的在短期内人群大量发病和死亡事件。公害事件的发生在人类历史上留下了惨痛的教训。最著名的八大公害事件分别是：马斯河谷烟雾事件（1930 年，比利时）、多诺拉烟雾事件（1948 年，美国）、洛杉矶光化学烟雾事件（1943 年，美国）、伦敦烟雾事件（1952 年，英国）、四日市哮喘事件（1961 年，日本）、米糠油事件（1968 年，日本）、水俣病事件（1953 -1968 年，日本）、骨痛病事件（1955 -1972 年，日本）。

钟。城市固有的基本特征决定了城市生态环境的脆弱性。今天的城市环境问题，既存在着城市传统的生态环境危机，也面临着许多新的生态环境问题。这里主要分析传统的城市环境问题，主要包括大气污染、水污染、噪声污染和固体废弃物污染四个方面。

(一) 城市大气环境污染

我国城市大气污染现象相当严重。城市大气污染的污染源多数是人为因素造成的，如工业生产与交通运输所致，燃料燃烧所致等。目前冬季中，我国中北部地区的城市大范围出现雾霾天气，部分地区出现的酸雨频率与范围增加，都是与人们的生产和生活方式密切相关。加上人们的环保意识不足，缺乏对城市大气的治理，使得二氧化硫、粉尘、悬浮物等超标排放，致使城市大气污染加剧。可见，我国大气污染现状已不容乐观，应引起全社会高度重视。

大气污染的主要成因之一就是工业生产中废气、废物的排放，尤其是在我国工业飞速发展的情况下，这种经济发展与环境不相适应的现状也就越发地明显。我国近年来已针对大气污染的现状，倡导节能减排，但粗犷型的工业生产模式仍不顾城市大气污染严重的现状，只是注重经济效益的增长，却忽略了环境的保护。而在我国的产业发展中又以第二产业为主，工业生产过程中消耗的能源也较多，因此这种工业布局不合理的情况进一步加剧了城市的大气污染。此外大气污染源的另一污染源为交通运输过程中尾气的大量排放。随着人们生活水平的提高，交通运输业的发展，汽车已进入了普通百姓的家中，我国城市居民的汽车购买量急剧增加，而汽车的普及也就意味着更多汽车尾气的排放，造成城市空气中的二氧化硫及二氧化氮含量的增加，使得城市的大气环境进一步恶化。最后能源利用结构不合理也是一大成因，这主要表现为清洁能源的使用还未推广，而煤炭的大量使用，造成大量的污染气体的排放，影响城市的大气环境。

(二) 城市水环境危机

城市的水环境危机主要表现在水资源短缺和水体污染严重。城市的水体污染包括点源污染和面源污染。城市的点源污染主要指城市中工业污染源和生活污染源通过管道集中排放的水污染，城市的面源污染主要以雨水径流冲刷地面的垃圾、沉积物等而形成。点源污染目前是城市水污染防治的重点，城市污水处理厂的建设、运营已成为城市水污染防治的重要方面，但是，目前城市污水处理情况并不乐观。我国国家环保总局和质检总局发布的相关数字信息表明，在城市的水污染中，地表水质堪忧，地表水污染严重，这与城市居民日常排放污水、工业生产废水乱排放有关，尤其是一些含有特殊化学物质、有毒有害物质的污水，未经处理就直接排放。这种情况不仅严重影响了城市居民的日常用水，还直接影响了城市本身及其周边环境的生态平衡，带来严重的负面影响。

目前，我国城市水源过度、超标开发的情况十分严重，尤其是北方缺水地区，比如海河、淮河的开发早已突破了国际警戒线。这种做法，不仅提高了城市地面下陷、管网漏损率，还使得城市周边地区各类工厂经常出现严重的化工石化污染等情况。上海黄浦江死猪事件、山西长治苯胺泄漏污染河流事件、昆明东川小江变"牛奶河"事件、北京密云水库上游垃圾污染事件、广西贺江水污染事件和兰州自来水苯超标事件等，都表明了水污染的严重性。

水属于自然资源，其更是对社会可持续发展产生影响的重要因素，如果水资源被污染，其对人类生产生活所造成的影响是巨大的。随着城市化进程的快速发展，城市的用水量和废水排放量也随之增加，这对城市水体安全产生了直接影响。因此，消除城市水污染，净化人类生产生活用水已刻不容缓。

（三）城市噪声污染

当前的城市发展速度较快，并且投入的工业建设比较多。在日常的工作中，噪声的污染范围、污染程度都在不断地扩大，如果在将来不进行有效的防治，那么即便城市变成最现代化的地方，依然不是理想的生存环境。当前的城市噪声污染中，工业噪声污染非常严重，且对城市的日常发展构成了严重的威胁。首先，工业噪声污染的范围特别大。很多城市为了避免工业噪声污染的恶化，特别设计了一些工业区划，由此将工业企业集中到一起。但从城市发展的角度来看，人口的增加和物质需求的提升，势必会导致工业区与生活区的距离不断拉近，工业噪声污染的控制还是需要有待加强。其次，工业噪声污染的严重程度突出。与一般的噪声污染有很大差别，工业噪声的持续时间特别长，特别是一系列的"24小时加工设备"，长久的运转导致噪声的控制非常不容易。即便有些地区出台了明文规定，依然没有达到理想的执行效果，导致工业噪声污染的恶化程度进一步加重。

建筑施工噪声污染也是城市噪声污染的常见表现。与工业噪声污染不同的是，工程建设完全是在城市的内部建设，商业办公楼、高档住宅小区等等，都属于当前的主流工程类型。工程建设的时间并不是很长，但很多工程都是持续到半夜，其产生的噪声污染严重影响到周边居民生活。伴随着居民生活水平的提升，城市噪声污染中，生活噪声污染也在不断地加重。主要表现在家庭装修声音较大、商业店铺高音喇叭招徕顾客以及超时间段经营等层面。

(四)城市垃圾污染

城市规模日趋庞大、城市人口迅速增加,城市垃圾问题已经成为影响城市环境的主要问题之一。城市垃圾主要包括生活垃圾和工业垃圾两类。工业垃圾中还包括危险废物。城市垃圾数量庞大,而且我国城市垃圾一直没有实行分类管理。中国最常用的垃圾处理方法就是掩埋、堆肥和焚烧。掩埋是最常用的垃圾处理方法,但是受到土地利用的制约。焚烧也会造成对大气的二次污染。到2011年末,全国657座设市城市生活垃圾清运量已达到1.64亿吨。根据已建成的垃圾处理设施数量和处理能力测算,无害化处理率已达到79.7%。过去几十年,我国大量城市生活垃圾曾经露天堆放或简易填埋,对环境造成巨大危害。近年来,该状况得到了显著改善。但直到2011年末,全国城市生活垃圾中仍有大约20.3%的比例采用堆放和简易填埋的方式进行处理,无害化处理处置能力相对不足。城市生活垃圾处理已经成为影响人们生存环境和可持续发展的重要因素。

在许多传统的城市环境问题还没有得到基本解决的同时,许多新的城市环境问题又接踵而来。城市环境污染边缘化问题日益显现。城市周边地区更多地承担着来自中心城区生产、生活所产生的污水、垃圾、工业废气等污染,影响了城市区域和城乡的协调发展。城市自然生态系统受到了严重破坏,"城市热岛"、"城市荒漠"等问题突出。城市自然生态系统的退化,进一步降低了城市自然生态系统的环境承载力,加剧了资源环境供给和城市社会经济发展的矛盾。

第二节 城市环境的经济分析

一、城市环境与城市经济的关系

表面上看,城市环境与城市经济似乎是一对互斥的矛盾。在一些城市中,为了追求经济的发展,人们不惜以牺牲环境为代价。城市经济的发展,是直接导致城市环境恶化的原因。但是,城市经济的发展又是城市发展唯一有效的途径。是追求经济发展?还是追求环境良好?这是很多城市管理者难以抉择的问题。有没有第三条途径来描述城市环境与城市经济的关系呢?我们首先从环境经济学中一条非常著名的曲线——库兹涅茨环境曲线(EKC)谈起。

(一) 环境库兹涅茨曲线

环境库兹涅茨曲线，是一条倒 U 型的环境曲线。1995 年，美国经济学家格鲁斯曼（Grossman）和克鲁格（Krueger）在环境经济学研究中，受诺贝尔经济学奖获得者西蒙·库兹涅茨经济收入差距库兹涅茨曲线的影响，在对全球 60 多个国家的不同地区多年污染物质排放量的变动情况分析研究后提出，大多数环境污染物质的变动趋势与人均国民收入水平的变动趋势间呈现倒 U 形关系（就像反映经济增长与收入分配之间关系的库兹涅茨曲线那样），即污染程度随人均收入增长而先增加，后下降的趋势。据此，他们提出了环境库兹涅茨曲线。

环境库兹涅茨曲线通过人均收入与环境污染指标之间的演变模拟，说明经济发展对环境污染程度的影响。在经济增长、产业结构和技术结构演进的过程中，资源与环境问题先出现逐步加剧的特征，但到一定拐点时环境质量又随经济进一步发展而逐步好转。也就是说，经济发展和资源、环境的关系的变化很可能是从互竞、互斥逐步走向互补、互适。

"环境库兹涅茨曲线"这种先恶化后改善的变化趋势，曾经是不少工业化国家在经济发展过程中走过的道路，但是，学界并没有认同从部分环境污染指标分析所得出的"环境库兹涅茨曲线"是一个环境污染的普遍规律，更没有认同"先污染后治理"是经济发展过程中不可改变的规律。

(二) 城市环境与城市经济的相互作用

城市环境与城市经济的关系可以是互竞、互斥或者互补、互适。西方发达国家工业化道路，曾经使得环境与经济呈现互竞、互斥的矛盾，发展中国家的城市在发展的初期也同样经历着这个矛盾，但是不是每一个城市都必须走"先污染后治理"的道路。对于发展中国家的城市来说，走出与过去发达国家发展不同的道路是可能的，即坚持城市可持续发展战略，走新型工业化发展道路，在发展经济的同时，把环境保护提到与经济同等重要的位置，使经济持续、稳定、健康的发展。

城市环境保护与城市经济发展之间既相互制约，又彼此依托、互相推动。城市环境问题时常因经济和社会的发展而引发，同时又反过来影响和制约经济与社会发展。城市经济和社会发展了，就可以为解决环境问题提供一定的经济成本，同时，也能为保护环境、防治公害提供相应的物质基础。从某些工业化国家先污染后治理的历史经验来看，环境变迁过程与环境库兹涅茨曲线非常吻合，环境库兹涅茨曲线是工业化国家"先经济，后环境"发展路径的真实写照。

在城市经济发展初期，城市经济发展水平和工业化水平相对较低，对城市环境的影响也有限；随着工业化进程的加快，城市经济的发展对于自然资源的耗费与废物的排放量加大，超过了城市环境的自净能力，容易造成环境问题。此时，城市发展经济与保护环境的矛盾较为突出，二者为负相关关系，即经济发展越快，对生态环境破坏就越大。随着产业结构的升级，生产技术水平的改进及人们环保意识的不断提高，生态环境随着经济发展而产生的问题逐渐得以改善，经济发展与生态环境之间渐渐呈现正向相关关系，这时社会的发展开始走向生态文明型发展道路。如今，我国的经济快速发展，受到环境建设的影响也越来越突出，正确看待两者之间的关系，不仅关系到我国城市的经济发展与生存环境是否能协调发展，同时也为解决环境问题提供了线索。

（三）城市环境与城市经济协调发展

城市环境与城市经济的协调发展是指环境系统与经济系统在结构和数量方面所组成的有机整体，其内部各要素之间能配合得当，有效运转，以达到提高城市经济发展水平，并将城市经济发展对城市环境的影响控制在城市环境的可承载范围之内的目的，使得经济与环境能够协调发展。这里强调的协调发展不仅指经济增长速度快，还表示在经济数量增长的同时，质量与效益也要得到相应地提高。城市环境与城市经济发展是否协调可以分为以下4种情况来理解（如图11-1所示）。

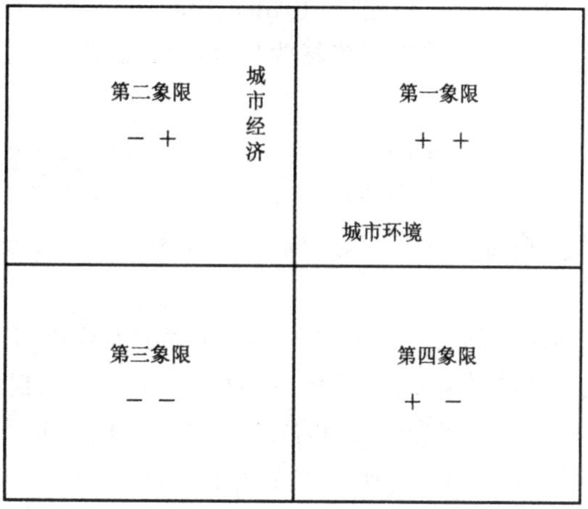

第二象限 － ＋	城市经济	第一象限 ＋ ＋
	城市环境	
第三象限 － －		第四象限 ＋ －

图 11-1 城市环境与城市经济发展坐标

城市经济发展状况若位于第一象限，则城市经济发展水平较高，城市环境良好，这时认为城市经济发展与城市环境相对来说是协调而健全的。

第二象限对应的是城市经济发展水平比较高，但城市环境的状况却不是很好，这时的经济发展与城市环境建设的发展不协调。

位于第三象限的城市经济发展水平不高，而城市环境水平也不好，此时城市经济发展与城市环境是协调的但两者的发展却是不健全的。

而位于第四象限的对应的是城市经济发展水平较低，无论其城市环境是否良好，城市经济发展与城市环境也是不协调的。

二、有关城市环境问题的经济理论

城市环境问题研究由来已久，引起许多学者的关注。早在17世纪中叶，在传统经济学的开创初期，W.佩帝和J.格兰特等人由于伦敦空气污染严重曾提出过环境问题；约翰·穆尔（John Stuart Mill）早在19世纪就做过增长极限的分析。

环境经济早期的研究侧重于外部性和公共物品经济学。有关环境经济问题的主流理论，源于20世纪20年代英国经济学家庇古（Arthur Pigou）关于外部性的思想，之后便形成了以外部性理论为核心的环境理论基础，进而制定相应的环境政策。20世纪40年代，前苏联经济学家斯特鲁米林提出过环境、生态、资源和经济结合起来进行研究的观点。

将环境经济理论进行应用主要是在20世纪50年代和60年代，20世纪50年代自称为制度学派的K.W.卡普对公害问题进行过全面地探讨。由于新的环境法规的刺激，美国未来资源研究所A.克尼斯（Allen Kneese）等人对环境项目的经济成本和收益以及政策进行评价，并把以市场为依托的刺激手段，如排污收费制度同环境法规的作用相比较。

20世纪60年代后期，经济学家运用经济理论对环境污染的经济原因进行了深入研究，发现传统经济理论在分析环境问题时存在着两个缺陷，一是不考虑外部不经济性，二是经济增长指标不能真实地反映经济福利，经济学家开展了经济发展与环境质量关系的研究。

环境问题与可持续发展问题密切相关，1987年，世界环境与发展委员会经过近四年研究，发表了《我们共同的未来》（Our Common Future）。该报告第一次明确给出了可持续发展的定义，即"既满足当代人的需要又不危及后代人满足其需要的发展"。

环境经济学理论已逐步成为现代城市规划的基础理论之一[①]。主要表现在：第一，可持续发展的环境经济观。可持续发展观作为处理人类代际关系的准则，应该是比"经济人"理性层次更高的规范。第二，均等的环境伦理观。均等的环境伦理观涉及到代内均等和代际均等。代内均等是指在对城市环境资源的占用和消费

---

① 赵民，何丹. 论城市规划的环境经济理论基础［J］. 城市规划学刊，2000（02）：54-59.

上，当代的每一个社会成员都应具有相同的权利和义务；特别要注重社会中的弱势阶层。代际均等是指我们社会的每一个人都有责任不让城市环境恶化而对地球上未来居住者的生存和福利造成威胁。

三、城市环境的外部性及其治理对策

（一）城市环境外部性分析

"外部性"概念于1890年由马歇尔在其名著《经济学原理》中提出。外部性指某一经济主体的活动对于其他经济主体产生的一种未能由市场交易或价格体系反映出来的影响，从而导致资源配置不能达到最大效率，即不能达到"帕累托最优（Pareto optimality）"。它反映的是私人收益与社会收益、私人成本与社会成本不一致的现象。

外部性分为两种：一种是负外部性（外部不经济），如城市工厂在生产过程中烟囱排放的烟雾影响了周围城市居民的身体健康；城市的交通节约了时间，使生活便捷，但是却带来了汽车尾气污染和噪声污染，等等。另外一种是正外部性（外部经济），如城市居民庭院的绿化，给路过的行人带来心情的愉悦和感官的享受，但是行人却不用为此付费。

在分析城市环境问题时，人们更关注城市环境问题的负外部性。如图11-2所示：理论上的最优点是Q_1，市场的均衡点是Q_2。外部性理论提醒人们，不禁要注意经济活动本身的运行和效率问题，而且要注意，生产活动或消费活动所引起的不由市场机制体现的对城市环境造成的影响。

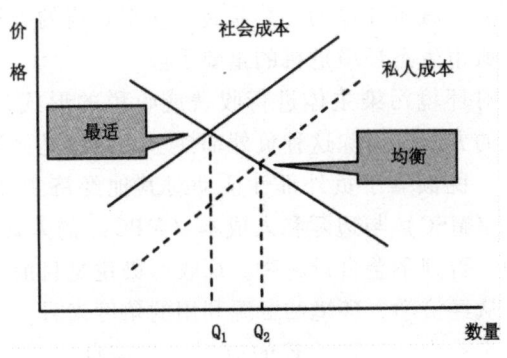

图11-2 负外部性的表现

对城市环境外部性认识的不足，是产生环境问题的重要原因。城市环境具有典型的外部性效应。城市环境的改善，带动了城市品位的提升，促进投资和旅游等

行业发展，能够促进经济增长。这是正外部性的表现；但是，城市在开发过程中对资源、环境的过度利用，特别是环境污染，会造成外部不经济。

城市环境还拥有公共品的属性，具有非排他性和非竞争性的特点。公共物品问题是极端形态的外部经济。城市环境的公共品属性表明，城市环境无法通过等价交换的机制在供应者和消费者之间建立联系，如果采用市场资源配置方法进行环境供应，势必导致市场失灵，这就是城市经济中产生城市环境污染问题的根本原因。

(二) 城市环境问题的治理对策

城市环境问题的治理对策，主要是城市环境外部性内在化问题。负外部性内在化的一般途径主要有：政府管制、市场机制和社会监督等。

1. 政府管制。即由政府直接干预经济部门的决策，以达到资源的最佳配置。分为强制性管制和诱导性管制两种。

强制性管制是指政府发挥城市环境管理者的职责，强制性的对城市环境问题制定规则、进行管制。例如，宏观角度，科学确定和适当控制城市发展规模、合理进行城市规划和布局、加强城市环境基础设施建设和强化环境管理，或以政府部门的行政命令或法规条例的形式向污染者提出具体的污染物排放标准，从而直接或间接限制污染物的排放以达到改善环境的目的。微观角度，指环境管理部门的行政管制。环境行政管制的方式很多，如，明令禁止某些生产经营活动或资源利用与排污；规定只有持有政府行政主管部门颁布的生产经营许可证才能生产或排污；强制性地规定企业必须使用或不使用某些生产要素。行政管制对城市环境问题来说往往在短期来说是最有效的。城市环境的公共品属性使得政府的干预极其重要，强化政府的环境管理是解决城市生态环境危机的重要手段。

诱导性管制是指对环境污染主体进行收费或收税的形式，对负外部性进行补偿。通常是用庇古税的方式，消除这种负外部性。其做法是：污染者必须对每单位的污染活动支付税收。税额等于负外部性活动对其他经济主体造成的边际外部成本，即边际社会成本（MSC）与边际私人成本（MPC）的差额。可见，"外部性"必须由政府实施干预，否则不会自行解决。征收污染税是目前各国政府采纳的一种最普遍的控污措施。从经济学、环境和资源利用的角度来看，税收和收费是一种效率较高的手段，但在实践中，这种途径的应用由于信息不对称，最优税（费）率难以确定及管理成本较高等原因受到很多局限。

2. 市场机制。运用市场机制解决外部性问题，突出代表是科斯提出的产权协商定理。科斯认为：只要市场交易的费用为零，无论产权属于何方，通过协商交易的途径，都可以达到同样的最佳效果。就是说，在交易费用为零的条件下，效率结果与产权有关。

著名经济学家戴尔斯在科斯定理引入产权和价格机制的基础上，结合政府的作用提出了著名的"污染权"概念。政府可以在专家的帮助下，把污染废物分割成一些标准的单位，然后在市场上公开标价出售一定数量的"污染权"，每一份权利允许其购买者可排放一单位的废物。排污权交易制度是环境管理当局制定排污量的上限，按此上限发放排污许可证，许可证可以在市场上买卖。在产生外部性的污染者之间，政府也应允许其对污染权进行竞购。在竞争中，企业会在控制污染成本和排污许可证价格之间进行衡量比较，一些能用最少的费用来处理自己污染问题的公司则都愿意自行解决，使之内部化，剩余的份额可以拿到市场交易。同时，也有一部分企业自己控制污染成本较高，更愿意到市场购买一定份额，这样就形成了交易市场。排污权一旦发放，即可以按照规则自由交换。该手段的实质是运用市场机制对污染物进行控制管理，它把环境保护问题同市场机制的运作有机地结合起来，与我国现阶段所采用的排污收费（相当于征税）的措施相比，实施排污权交易制度具有一定现实性和实用性。

3. 社会监督。指除政府和市场之外的民间社会力量，如家庭、学校、社会舆论监督机构、民间绿色组织和环境资源保护协会等，监视负外部性的机制。实践证明，这种由社会道德教育和舆论监督构成的第三种社会力量，对抑制外部不经济具有不可替代的作用。

第三种力量可以在一定程度上有效地防止甚至制止负外部性的产生。报刊、广播、电视等新闻媒介对环境及资源的破坏者进行广泛深入的跟踪报道，可形成对外部不经济制造者的外部约束监督机制。

总之，政府管制、市场机制和社会监督三种力量，对于纠正负的外部性问题各有千秋。在实际操作中，应针对不同类型的负外部性问题有针对性地采取对策或把三类办法有机地结合起来，从而有效地矫正城市环境中的负外部性问题。

 第三节　生态城市建设

一、人类生态环境思想的演变

人类生存繁衍的历史可以说是人类社会同大自然相互作用、共同发展和不断进

化的历史。选择什么样的发展模式，一直是困扰着人类的重大命题。从对大自然的顶礼膜拜到对技术的自信和对"人定胜天"的执着，进一步到对协调发展的认识和对可持续发展的认知并着手实施，这是一个艰难的认识、实践、再认识、再实践并且仍在继续着的过程。文明是人类改造世界的物质成果与精神成果的总和。人类进入文明社会演替至今，大体经历了采猎文明、农业文明、工业文明和后工业文明这几个阶段（见表 11-1）。

表 11-1　　　　　　　　　人类文明发展形式的几个特征

文明类型	采猎文明	农业文明	工业文明	生态文明
时段	公元前 200 万年至公元前 1 万年	公元前 1 万年至公元 18 世纪	公元 18 世纪至今天	今天至子孙后代
对自然的态度	依赖自然	改造自然	征服自然	善待自然
环境问题	不明显	森林砍伐、地力下降、水土流失	从地区性公害到全球性灾难	公害与全球性灾难待解决
人类的认识	听天由命	牧童经济	环境保护	可持续发展

资料来源：转引自陈复. 中国人口资源环境与可持续发展战略研究 [M]. 北京：中国环境科学出版社，2000.

人类生态环境思想的演变随着文明进程的发展而发展。从对自然的态度以及人类的认识可以看出，人类从最初的听天由命，质朴的牧童经济，再到工业文明阶段，对政府自然改造自然的反思，最后走向善待自然，可持续发展之路，生态思想的演变经历了一场痛定思痛的过程。工业文明阶段，发达国家传统工业化道路，使人类社会付出了过量的资源消耗、环境污染、生态破坏的沉重代价。如果任这种状况持续下去，地球将不堪重负，经济发展也将难以为继。面对全球生态破坏与环境污染，世界上不少国家致力于发展新型工业文明，以实现生态、经济、社会三者共赢的目标。21 世纪中叶以来，从处理环境问题的实践中，人们逐步认识到，单靠科技手段或用工业文明的思维定式去修补环境，这是不可能从根本上解决问题的，必须在各个层次上去调控人们的社会行为和改变支配人们行为的思想。人类终于认识到，环境问题也是一个发展问题，是一个社会问题，是一个涉及到人类文明的问题。人类经过努力和探索，终于认识到：必须走可持续发展之路。这是人类生态思想演变的一个新阶段。

二、生态城市的内涵与特征

(一) 生态城市的内涵

城市作为人类聚居的一种重要形式，是人类政治、经济、社会和科学文化发展到一定阶段的产物。随着城市化进程的不断加快，城市数量和规模迅速膨胀。进入 20 世纪中叶，生产力迅猛发展、人口急剧增加、资源极大消耗以及生态环境的变迁，促使人们对城市问题的研究更加深入。为了解决这一重要课题，人们提出各种各样的方式和途径。其中，最引人注意的是将生态学思想和原理引入城市发展，提出建设"生态城市"的崭新模式。

生态城市是生态文明的必然产物，生态文明强调人与自然的和谐发展，重视自然的生存与发展，追求人与自然之间的平等。"生态城市"尽管在 20 世纪 70 年代初提出，80 年代以来才被国际社会愈来愈广泛地接受，但其理念渊源却很久远。由于国际上并未有真正意义上的生态城市出现，所以生态城市的概念并没有达到统一。以下介绍几种具有代表性的观点。

英国学者霍华德（E. Howard）早在 1898 年就提出了"田园城市"的概念，充分表现出使城市与乡村相结合的思想和对理想城市的向往。他倡导用城乡一体的新社会结构形态来取代城乡分离的旧社会结构形态，强调建设田园城市，提出不能忽视城乡一体的主题思想，要把一切最生动活泼的城市生活的优点与美丽的乡村环境和谐地组合在一起，从而为人们展示了城市与自然平衡的生态魅力。

生态城市概念产生于联合国教科文组织 1971 年发起的"人与生物圈计划"，前苏联城市生态学家尤尼斯基提出了"生态城市"这个理想城市模式。他按生态学原理试图建立起一种经济、社会和自然三者协调发展，物质、能量和信息高效利用，生态良性循环的人类聚居地，即高效、和谐的人类栖境。

1987 年，美国生态学家理查德·雷吉斯特（Richard Register）对生态城市提出了一个十分概括的解释：生态城市追求人类和自然的健康与活力。他提出了生态城市的原则，这些原则从最初简单的包括土地开发、城市交通和强调物种多样性的自然特征，发展到涉及城市社会公平、法律、技术、经济、生活方式和公众的生态意识等多方面的更加丰富的原则体系。

20 世纪 90 年代，国际城市生态组织认为"生态城市"应包括：重构城市，停止城市的无序蔓延；改造传统的村庄、小城镇和农村地区；修复被破坏的自然环境；高效利用资源；形成节省能源的交通系统；实施经济鼓励政策；强化政府管理。

国内著名生态学者马世骏、王如松 1984 年提出"社会—经济—自然"复合生态系统理论，指出城市是典型的复合生态系统。1991 年又指出生态城市建设应满足以下标准：人类生态学的满意原则、经济生态学的高效原则、自然生态学的和谐原则。强调经济发达、社会繁荣、生态保护三者保持高度和谐，技术与自然充分融合，城乡环境清洁、优美、舒适，能够最大限度地发挥人的创造性。

综合中外学者的各种观点，生态城市是运用生态学原理和方法，指导城乡发展而建立的空间布局合理，基础设施完善，环境整洁优美，生活安全舒适，物质、能量、信息高效利用，经济发达、社会进步、生态保护三者保持高度和谐，人与自然互惠共生的复合生态系统。生态城市是由经济、社会、自然构成的复合生态系统。其中，自然子系统是基础，经济子系统是条件，社会子系统是目标。生态城市的本质是追求人与自然的真正和谐，实现人类社会的可持续发展。

近年来，对于城市发展的定位，出现很多类似的提法。如"山水城市"、"园林城市"和"可持续城市"等。

"山水城市"、"园林城市"注重强调城市建设的"形"，对城市的社会和经济属性论述较少，但是这种提法符合某些城市和区域的实际特点，易于操作；"可持续城市"以城市的可持续发展为目的。按照世界环境与发展委员会在《我们共同的未来》中的定义，可持续发展是"既满足当代人的需要，又不对后代人满足其需要的能力构成危害的发展"，"可持续城市"强调城市当代人与后代人的代际之间，以及当代不同地域之间，在地球资源和环境问题上的公正、公平和平等，并要处理好城市或区域内经济、社会、人口、资源和环境之间的协调关系，强调城市或区域的持续发展状态。

生态城市理念把城市作为一个复合生态系统来看待，在复合生态系统内，实现经济发达、社会进步、生态保护三者高度和谐，物质、能量、信息高效利用；生态城市要求构成城市的各要素要高效、和谐和循环，包括自然生态化、经济生态化和社会生态化。一般认为，"生态城市"比"山水城市"、"园林城市"和"可持续城市"涵盖的内容更多、更广泛。"山水城市"、"园林城市"和"可持续城市"可以作为实现生态城市的具体操作步骤。可持续发展是生态城市的明显标志，生态城市是未来理想的城市形态，是可持续发展的最终形态。

（二）生态城市的特征

从生态学的角度来看，城市是一个独特的生态系统。生态城市是可持续的、符合生态规律和适合自身生态特色发展的城市。城市的生态化模式是人口控制、社会、经济持续发展和资源与环境的节约、保护与恢复相统一，追求城市社会、经济与环境整体效益最好的模式。

城市的生态化表现为环境生态化、城市经济的生态化、社会的生态化。环境生态化强调保护生命支持系统，发展以保护自然为前提，发展以环境的承载能力相适应，合理利用自然环境和自然资源；经济生态化强调低消耗、高效益、低投入、高产出的经济增长方式，对经济增长不仅重视质量，更追求质量的提高，提高资源的再生和综合利用水平；社会生态化采用可持续的生产、消费、交通和住区发展模式，强调生态意识，保证生活质量、人口素质、健康水平等，创造和谐的社会环境。

一般说来，生态城市具有以下几个共性的基本特征：

1. 和谐性。和谐性是生态城市概念的核心内容，主要是体现人与自然、人与人、人工环境与自然环境、经济社会发展与自然保护之间的和谐，目的是寻求建立一种良性循环的发展新秩序。生态城市是营造满足人类自身进化需求的环境，充满人情味，文化气息浓郁，拥有强有力的互帮互助的群体，富有生机与活力。

2. 高效性。生态城市将改变现代城市"高能耗"、"非循环"的运行机制，转而提高资源利用效率，物尽其用，地尽其利，人尽其才，物质、能量都能得到多层分级利用，物流畅通有序、住处快流便捷，废弃物循环再生，各行业各部门之间通过共生关系进行协调。

3. 持续性。生态城市以可持续发展思想为指导，公平地满足当代人与后代人在发展和环境方面的需要，保证城市社会经济健康、持续、协调发展。

4. 均衡性。生态城市是一个复合系统，是由相互依赖的经济、社会、自然生态等子系统组成，生态城市不是单单追求环境优美，或自身繁荣，而是兼顾社会、经济和环境三者的效益，各子系统在"生态城市"这个大系统整体协调下均衡发展。

5. 区域性。生态城市本身是一个区域概念，建立在区域平衡基础之上，而且城市之间是互相联系、相互制约的，只有平衡协调的区域，才有平衡协调的生态城市。生态城市同时强调与周边区域保持较强的关联度和融合关系。

三、生态城市的创建

（一）国内外生态城市的发展

20世纪70年代以来，以城市可持续发展为目标，以现代生态学的观点和方法来研究城市，逐步形成了现代意义上的生态城市理论体系。目前已经召开过5届国际生态城市大会；美国伯克利市（1990年）、澳大利亚阿得雷德市（1992年）、塞内加尔约夫市（1996年）、巴西库里蒂巴（2000年）和中国深圳市（2002年）。

创建生态城市已经成为21世纪国际上更多城市发展的方向和目标。生态城市思想提出后,有关的示范建设也在世界上广泛展开,目前国内外已有不少城市取得了建设生态城市的经验和效果。国际上有许多城市正在按生态城市目标进行规划与建设。在城市格局、基础设施和社会文化等方面已经具有生态系统或可持续发展能力的特征。

1992年,美国在加州伯克利实施了生态城市计划,其理念和做法在全球产生了广泛的影响。位于美国西海岸的滨海城市伯克利的"生态城市"建设实践卓有成效,有人认为它是全球"生态城市"建设的样板,也可以认为是生态城市建设的一个试验。它将生态城市建设的整体实践建立在一系列具体的行动之上,如建设慢行街道,恢复废弃河道,沿街种植果树,建造利用太阳能的绿色居所,通过能源利用条例来改善能源利用结构,优化配置公交线路,提倡以步代车,推迟并尽力组织快车道的建设,召开有关各方参加的城市建设会议,等等;伯克利还具有典型的城乡一体化的空间结构,在住宅区内,每隔一栋独立住宅就有一块占地有数个住宅面积之大的农田,农田上种植的蔬菜和水果作为"绿色食品"很受当地居民及附近城区居民的喜爱。

澳大利亚的哈里法克斯生态城项目不仅涉及社区和建筑的物质循环规划,还涉及社会与经济结构,它走出传统商业开发的老路提出了"社区驱动"的生态开发模式,具体战略要点包括:评价土地的生态承载力;使建筑物与景观植物完美结合并与环境协调;建筑物规划、建设过程中从材料选择、结构设计到施工等对环境不产生负作用;调动居民生态环境意识使居民参与社区的规划,设计,建设、管理和维护全过程。

新加坡经过几十年努力,已建设成为举世公认的花园城市和生态型城市。新加坡实施"区域通行证政策"、"电子道路收费系统"等措施贯彻"公交优先"的政策,以公交出行的人数占出行总人数的46%。另外,新加坡为促进生态城市建设还成立"花园城市行动委员会"(Garden City Action Corrmmittee)主要负责城市园林绿化的建设和管理,规定道路及各种公用场所必须预留充分空间用于绿化并种植适于市区环境生长的热带植物;建设生态化公园,在公园内开展社会公益活动各公园之间由生态廊道连接;制订政策法规依法管理公园。①

此外,巴西的库里蒂巴以可持续发展的城市规划典范而享誉全球,其公交导向式的交通系统革新与垃圾循环回收项目、能源保护项目曾荣获国际大奖;德国 Erlangen 市率先执行21世纪议程有关决议,采取多种节地、节能、节水措施,修复

---

① 李孔燕,黄民生,何国富.国外生态城市建设实践对上海的启示[J].现代城市研究,2006 (01):25-28.

生态系统，进行综合生态规划，成为德国生态城市先锋市；西班牙马德里与德国柏林合作，重点研究、实践城市空间和建筑物表面用绿色植被覆盖、雨水就地渗入地下、推广建筑节能技术材料、使用可循环材料等，改善了城市生态系统状况；日本的九州市从20世纪90年代初开始以减少垃圾、实现循环型社会为主要内容的生态城市建设，提出了从某种产业产生的废弃物为别的产业所利用，地区整体的废弃物排放为零的构想。

总结国外影响较大的生态城市建设案例，其成功的经验主要在于明确而具体现实的目标体系、具体的项目、突出的重点领域、城市建设与生态建设的一体化、详细的分工实施体系、广泛的公众参与，加上具有明确法律地位和角色定位的推进和实施机构及完善的法律条例、市场化的管理体制等作为支撑条件。[①]

为实施可持续发展战略，推动区域社会经济与环境保护协调发展，国家环保总局在全国组织开展了生态省（市、县）建设工作，全国生态省（市、县）建设发展迅速。截至目前，已有海南、吉林、黑龙江、福建、浙江、江苏、山东、安徽、河北、广西、四川、辽宁、天津、山西等14个省（区、市）开展了生态省建设，另有5个省正在启动中。一批市（县、区）开展了生态市（县、区）创建工作，受到社会广泛关注，产生了积极影响。2006年，江苏省张家港市、常熟市、昆山市、江阴市被命名为国家生态市，上海市闵行区为国家生态区，浙江省安吉县为国家生态县。目前，全国有超过1000个县（市、区）开展了生态县（市、区）的建设，并有38个县（市、区）建成了国家生态市（区、县），1559个乡镇建成国家生态乡镇，238个村建成国家生态村。相对于国外的生态城市建设，国内的生态城市建设仍然要努力缩小差距，尤其应注重城市与区域特色，创建符合自身特点生态城市。

（二）创建生态城市，实现可持续发展

1. 生态城市建设的基本内容。创建生态城市、实现城市与区域的可持续发展已经成为各国的共识。各城市由于具有不同经济基础、自然环境和地理位置，采取的措施既有相似之处，也各有侧重、各具特点。

根据联合国的标准，生态城市至少包括6个方面的内容：（1）有战略规划和生态学理论做指导；（2）工业产品是绿色产品，提倡封闭式循环工艺系统；（3）走有机农业的道路；（4）居住区标准以提高人的寿命为原则；（5）文化历史古迹要保护，自然资源不能破坏，处理好发展与保护关系；（6）把自然引入城市。

美国生态学家 Richard Register 在全面分析和总结生态城市建设理论与实践的

---

① 侯爱敏，袁中金. 国外生态城市建设成功经验［J］. 城市发展研究，2006（03）：1—5.

基础上，提出了生态结构革命的倡议，并提出了生态城市建设的10项计划：（1）普及与提高人们的生态意识；（2）致力于疏浚城市内部、外部物质与能量循环途径的技术和措施研究，减少不可再生资源的消耗，保护和充分利用可再生资源；（3）设立生态市建设的管理部门，完善生态城市建设的管理体制；（4）对城市进行生态重建，力求为居民创造多样的自由生存空间；（5）建立和恢复野生生物的生境；（6）调整和完善城市生态经济结构；（7）加强旧城、城市废弃土地的生态恢复；（8）建立完善的公共交通系统；（9）取消汽车补贴政策；（10）制定政策，鼓励个人、企业参与生态城市建设。

澳大利亚城市生态协会（UEA）提出生态城市发展原则为：修复退化土地；城市开发与生物区域相协调，均衡开发；实现城市开发与土地承载力的平衡；终结城市的蔓延；优化能源结构，致力于使用可更新能源；促进经济发展；保护历史文化遗产；纠正对生物圈的破坏……

在我国，学者们普遍认为生态城市的规划与建设应遵循自然生态规律与城市发展规律，以可持续发展为目标、以生态学为基础、以人与自然和谐为核心、以现代技术为手段，综合协调城市及其所在区域的社会、经济、自然复合生态系统，促成健康、高效、文明、舒适、可持续的人居环境的发展。在新一轮的城市规划中，更多城市提出了建设生态城市或生态型城市的规划目标。生态城市建设是立足于城市市域范围，综合考虑城市用地布局、环境资源保护和污染控制、园林绿化建设、城市基础设施建设等方面的生态环境影响因素，使城市人工环境与自然环境浑然一体。生态城市建设的基本内容主要包括[①]：（1）城市用地布局。土地利用的空间配置，直接影响到生态环境质量的优劣，在城市生态系统内尤为重要，故无论是建设新城还是改造旧城市都必须因地制宜地进行城市土地利用布局的研究，除应考虑城市的性质、规模和产业结构外，还应综合考虑用地大小、地形地貌、山脉、河流、气候、水文及工程地质等自然要素的制约。（2）城市绿地系统建设。绿地系统应保证城市自然生态过程的整体性和连续性，减少城市生物生存、迁移和分布的阻力，给生物提供更多的栖息地和更便利的生境空间，改善生物群体的遗传交换条件，为生物群体的发展创造更好的生存和繁衍环境。（3）城市的自然保护。即对城市自然资源和自然环境的保护，包括对土地、矿产、水资源、自然历史遗迹和人文景观的保护和管理。（4）城市基础工程建设。是建设城市物质文明和精神文明的物质基础，保证城市生存、持续发展的支撑体系，和保障优良的生活质量、高效的工作效率、优美的城市环境的条件。（5）环境污染控制工程建设。从根本上说，

---

① 转引自吴金星．生态城市建设理论与实证研究［D］．吉林大学硕士学位论文，2004．

城市生态与环境问题的产生来自于能源和资源的流失与浪费，因此，基本对策应是改变能源结构，更新与改造技术设备，提高能源与资源的利用率，建立一套完整的环保系统工程，加强城市"三废"及噪声污染的综合整治。

2. 生态城市建设的步骤。生态城市建设可分"三步走"，即三个阶段：

第一步：起步期（初级阶段）。大力宣传、倡导生态价值观，唤起人们对生态城市建设的重视，制定行动计划，建立示范工程，加强能力建设，对社会经济组织结构、功能进行初步调整，为建设阶段做好准备、打下基础。

第二步：建设期（过渡阶段）。重在逐步调整、改造社会经济组织结构，提高生活质量，改善环境质量，加强生态重构和生态恢复，增强城市共生能力，进一步增强人的生态意识，使之自觉广泛参与生态化建设。

第三步：成型期（高级阶段）。这一阶段生态城市并不是处于"静止"的理想状态，而是自觉地通过各种技术的、行政的和行为诱导的手段实现其动态平衡、持续发展，自组织、自调节能力强。但若其正负反馈失衡或自我调控失灵也会导致衰败。

3. 生态城市建设指标。根据国家环保总局《生态县、生态市、生态省建设指标（试行）》，生态市（含地级行政区）是社会经济和生态环境协调发展，各个领域基本符合可持续发展要求的地市级行政区域。生态市的主要标志是：生态环境良好并不断趋向更高水平的平衡，环境污染基本消除，自然资源得到有效保护和合理利用；稳定可靠的生态安全保障体系基本形成；环境保护法律、法规、制度得到有效的贯彻执行；以循环经济为特色的社会经济加速发展；人与自然和谐共处，生态文化有长足发展；城市、乡村环境整洁优美，人民生活水平全面提高。生态市建设指标包括经济发展、环境保护和社会进步三类，共19项（见表11-2）。

表11-2　　　　　　　　　生态城市建设指标

	序号	名　　称	单　位	指　标	说明
经济发展	1	农民年人均纯收入 　经济发达地区 　经济欠发达地区	元/人	≥8000 ≥6000	约束性指标
	2	第三产业占GDP比例	%	≥40	参考性指标
	3	单位GDP能耗	吨标煤/万元	≤0.9	约束性指标
	4	单位工业增加值新鲜水耗 农业灌溉水有效利用系数	m³/万元	≤20 ≥0.55	约束性指标
	5	应当实施强制性清洁生产企业通过验收的比例	%	100	约束性指标

续表

	序号	名称	单位	指标	说明
生态环境保护	6	森林覆盖率	%		约束性指标
		山区		≥70	
		丘陵区		≥40	
		平原地区		≥15	
		高寒区或草原区林草覆盖率		≥85	
	7	受保护地区占国土面积比例	%	≥17	约束性指标
	8	空气环境质量	——	达到功能区标准	约束性指标
	9	水环境质量	——	达到功能区标准，且城市无劣Ⅴ类水体	约束性指标
		近岸海域水环境质量			
	10	主要污染物排放强度	千克/万元（GDP）		约束性指标
		化学需氧量（COD）		<4.0	
		二氧化硫（SO_2）		<5.0	
				不超过国家总量控制指标	
	11	集中式饮用水源水质达标率	%	100	约束性指标
	12	城市污水集中处理率	%	≥85	约束性指标
		工业用水重复率		≥80	
	13	噪声环境质量	——	达到功能区标准	约束性指标
	14	城镇生活垃圾无害化处理率	%	≥90	约束性指标
		工业固体废物处置利用率		≥90 且无危险废物排放	
	15	城镇人均公共绿地面积	m^2/人	≥11	约束性指标
	16	环境保护投资占GDP的比重	%	≥3.5	约束性指标
社会进步	17	城市化水平	%	≥55	参考性指标
	18	采暖地区集中供热普及率	%	≥65	参考性指标
	19	公众对环境的满意率	%	>90	参考性指标

资料来源：中华人民共和国环境保护部．生态县、生态市、生态省建设指标（修订稿），http：//sts. mep. gov. cn/stsfcj/ghyzb/200801/t20080115_116249. htm.

建设生态城市要符合以下基本条件：(1) 制订了《生态市建设规划》，并通过市人大审议、颁布实施。国家有关环境保护法律、法规、制度及地方颁布的各项环保规定、制度得到有效的贯彻执行。(2) 全市县级（含县级）以上政府（包括各类经济开发区）有独立的环保机构。环境保护工作纳入县（含县级市）党委、政府领导班子实绩考核内容，并建立相应的考核机制。(3) 完成上级政府下达的节能减排任务。三年内无较大环境事件，群众反映的各类环境问题得到有效解决。外来入侵物种对生态环境未造成明显影响。(4) 生态环境质量评价指数在全省名列前茅。(5) 全市80%的县（含县级市）达到国家生态县建设指标并获命名；中心城市通过国家环保模范城市考核并获命名。

本章小结

1. 城市环境是一个巨系统，是由城市自然环境、人工环境和社会环境三个子系统构成。城市环境的突出特征是以人为主体、高度人工化和开放性、脆弱性、公共品特性。其公共品特性，容易引发"公地的悲剧"，导致城市环境问题的发生。随着城市化的迅速发展，人们面临着日益严峻的城市生态环境危机。

2. 城市环境与城市经济的关系可以是互竞、互斥或互补、互适。西方发达国家工业化道路，曾经使环境与经济陷入互竞、互斥的矛盾。但是，环境库兹涅茨曲线并不总成立，对于发展中国家的城市来说，走出与过去发达国家完全不同的发展道路是可能的。坚持城市可持续发展战略，实现城市环境与城市经济的"双赢"成为城市发展的新选择。

3. 城市环境与城市经济的协调发展是指环境系统与经济系统在结构和数量方面所组成的有机整体，其内部各要素之间能配合得当，有效运转，以达到提高城市经济发展水平，并将城市经济发展对城市环境的影响控制在城市环境的可承载范围之内的目的，使得经济与环境能够协调发展。

4. 城市环境具有典型的外部效应，对城市环境外部性认识的不足，是产生环境问题的重要原因。城市环境的公共品属性，是极端形态的外部经济。城市环境无法通过等价交换的机制在供应者和消费者之间建立联系，市场失灵是产生城市环境污染问题的根本原因。

5. 城市环境问题的治理对策，主要是城市环境外部性如何内在化的问题。负外部性内在化的一般途径主要有：政府管制、市场机制和社会监督等。强化政府的环境管理是解决城市生态环境危机的重要手段，运用市场机制解决环境问题也会获得灵活的效果。此外，社会道德教育和舆论监督具有不可替代的作用。实际操作中，可针对不同的城市环境问题有针对性地采取对策，或把三类办法有机地结合起来。

6. 生态城市是未来理想的城市形态，是可持续发展的最终形态。它是运用生态学原理和方法，指导城乡发展而建立的复合生态系统——空间布局合理，基础设施完善，环境整洁优美，生活安全舒适，物质、能量、信息高效利用，经济发达、社会进步、生态保护三者高度和谐，人与自然互惠共生。它具有和谐性、高效性、持续性、均衡性和区域性。

7. 创建生态城市、实现城市与区域的可持续发展已经成为各国共识。国内的生态城市建设要努力缩小与国外的差距，注重结合城市与区域特色，实施具有可操作性的规划。

思考题与练习题

1. 简述城市环境的含义及特征。查阅相关资料，调查你所在城市最突出的生态环境问题是什么？

2. 结合国内外相关案例资料，论述城市经济与城市环境的关系。

3. 实地调查城市垃圾处理、城市污水处理的基本流程、管理体制，找出存在或尚待改进的问题和不足，初步给出解决的对策。

4. 查阅资料，结合实例阐述目前我国生态城市建设中存在哪些亟待解决的问题？

5. 调查你所在城市的生态环境状况，和生态城市的一般目标相比，有哪些优势和不足？

6. 某城市的环境污染曲线 $MDC = 1/2 (P^2)$，污染治理曲线 $MCC = 1/2 (P-10)^2$，请以图示说明如何确定城市最佳污染控制水平？

7. 如何理解城市的可持续发展？请举例说明。

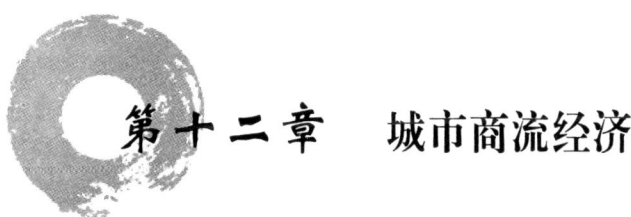

第十二章　城市商流经济

学习目标

通过学习本章,深刻了解城市市场与流通的关系及其在城市经济发展中的重要作用;熟知城市市场经济中的商流是商品所有权的转移、物流是商品自身转移的定义,深入理解商务流的广义内涵;掌握物流系统、物流网络和物流平台的城市功能性质;明确城市资金流的城市经济血脉本质和各种资金渠道对城市经济的贡献;熟悉城市劳动力市场的供求关系及其均衡,深刻理解我国农村剩余劳动力向城市流动的历史意义和对城市经济发展的作用,能够联系实际分析我国城市的失业现象和解决措施;掌握城市信息流和信息经济的概念与内涵,了解城市"互联网+"的经济意义及与智慧城市建设的关系。能够理解城市物流、资金流、劳务流和信息流政策的制定和运用方法。

第一节　城市商流经济概述

一、城市商流经济的涵义和内容

商流,是商务流的简称。狭义的商务流,是指用于商品或要素如何配置的决策交往活动所形成的价值流流动;广义的商务流,除了包括狭义的商务流活动外,还包括作为商务决策支撑的商品和要素通过交换而实现价值形态的变换和所有权转移的经济运动过程。它是商品等各种形式的价值量进行流动的运动形式,反映着商品价值运动的本质要求。商流运行的结果是:商品价值补偿和创造的所有权效应。概括而言,城市商流,就是以城市为经济背景和依托的实物的、劳务的、资金的和产权的价值流的运动。

商流实现产权的转换，是依托于包括物流、资金流、劳务流、信息流等价值量的流动的过程中。这些商品和要素，在流动的情况下，实现了它的价值补偿、转移和增值，从而进一步地形成商流。可是在很多情况下，人们往往将商流等同于物流等商品或要素的流动，这是有误解的。商流是对商品和要素所有权或产权转移的决策活动和所有权或产权转移本身，而物流通过商品的转移、资金流通过货币的转换、劳务在不同地区的流动以及信息的扩散，可以是所有权或产权的转移，也可以不是所有权或产权的转移，而仅仅是要素在不同生产地点的位置移动，或者是为了完成某一个生产过程而需要的生产资料的空间移动，也可能是为了满足消费目的而需要的消费品的空间转移。因此，二者是不同的。二者的关系，一方面，商流是物流、资金流、劳务流和信息流的起点，也可以说是后"四流"的前提，没有商流一般不可能发生物流、资金流、劳务流和信息流；另一方面，没有物流、资金流、劳务流和信息流的匹配和支撑，商流也不可能达到目的。

这种商流的经济活动，在城市中表现得十分突出。很多城市的起源，就是基于市场中心、交通枢纽、信息转换地的职能而发展起来的。发展到现代，大城市愈来愈成为各种商务活动的决策中心，从而成为商流经济的发展中心。

二、城市商流与城市市场

城市商流构成了城市市场核心内涵。城市商流规模大，城市市场规模必然大；当然，城市市场规模也会反过来影响城市商流的规模。城市商流和城市市场的关系，集中地表现为城市社会产品在生产、流通和使用（消费与投资）的再生产过程中的流通阶段的相互影响和制约。在市场经济中，商品的生产和最终使用之间存在着各种间隔，只有解决这些间隔，才能使商品的价值得到实现。这个解决过程只能在商品流通过程中。商品生产和最终使用之间存在的间隔以及连接这些间隔的解决方法有三种情形：

1. 社会间隔：商品的生产者和消费者不是同一主体，需要通过商品的交易沟通做出交换的决策。

2. 场所间隔：商品的生产场所和消费场所不在同一个地方，需要通过商品的运输实现其在不同场所间的转换。

3. 时间间隔：商品的生产日期与商品的消费日期不尽相同，需要通过商品的保管来衔接供给与需求的关系。

图 12-1 表明了"流通"把商品的生产和消费加以连接的过程，以及在这一过程中，城市市场和商流之间的关系。

人们通过"商务流"消除了商品的社会间隔，通过"物流"和"劳务流"消

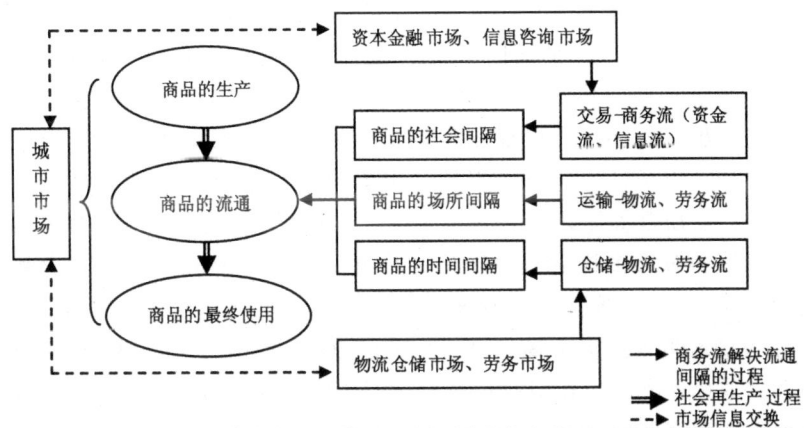

图 12-1 城市商流与城市市场的关系

除了商品的场所和时间间隔，最终结果完成了商品的所有权（产权）和商品实体的转移。这正是城市市场的运作形式。在这一过程中，城市商流的效率高低，会直接影响到城市经济的发展快慢。而要提高城市商流的效率，需要城市政府通过对城市市场的管理规范市场行为、保证良好的市场秩序，以实现城市市场经济功能的不断地发展与完善。

三、城市市场功能的发展和完善

加强城市市场功能的建设，是提升城市现代化水平的重要标志。完善的城市市场功能能够反映资源的稀缺性，引导资源的高效率流向，从而实现资源的优化配置。它具体表现为城市市场的"商务流"功能（交易活动的高效率实现）、"物流"功能（交换价值的高效率实现）、"人力流"功能（人的智力体力资源的高作用率）和"信息流"功能（准确对称的市场决策）的充分作用。中国城市政府的职能，与老牌发达市场经济国家不同，鉴于我国市场经济体制的年轻性和中国特色的社会主义市场经济体制的规范，肩负着培育市场的特殊管理职能。城市政府在促进城市经济发展中，既要直接干预市场的建设，又要帮助企业开拓外部市场，更要规范市场行为、保证良好的市场秩序，创造优良的市场环境吸引外面的资源技术进入。

（一）在直接建设市场中发展和完善城市市场功能

发展和完善城市市场功能，首先依存于对城市各种市场的建设。这些市场建设的主要内容是：（1）提升消费品市场。我国改革开放以来的城市消费品市场容量迅速扩大,消费心理与消费结构由简单迅速趋向复杂,消费层次多样化,但是仍然存在着很大的拓展空间,需要根据市民消费结构的变化不断地开发新产品市场。

(2) 完善生产资料市场。城市生产资料市场作为"中间市场"在衔接产需、调节供求方面的作用越来越突出。然而很多物资市场虽然流通渠道增多,价格趋于灵活,但市场信号、市场竞争、市场组织、市场秩序很不合理,物力分散、库存过大、物流不畅;条块自称体系、分割封锁、价格多轨等。为此,必须深入城市物流管理体制的改革和对城市物质交易与流动机制的建设,形成现货、期货和合同市场,做到物尽其易、货畅其流,使城市成为区域的物流中心和物资交易市场。

(3) 积极培育金融资本外汇市场。目前我国金融资本市场的范围和交易量还很小,融资手段和方式也不多。应在国家政策引导下增加金融交易工具、交易方式和交易金额,不断扩大和完善短期金融市场和发展长期资本市场,发展一级市场和扩大完善二级市场。通过这些改革,培育城市的金融中心功能,带动区域共同发展。

(4) 进一步发展信息、技术、人才劳务等市场,逐步使这些市场的功能完备,形成全面的城市市场体系。使其成为城市的引力源,增加城市的集聚力。

(二) 在开发市场中发展和完善城市市场功能

开发市场,增加城市市场的功能,表现为帮助本市企业扩展销售渠道和城市经济容量两个方面。

开发扩展本市企业的销售途径,是通过增强企业活力提高其产品的竞争力来提高城市辐射力。城市发展首先依托于城市的支柱产业(城市基础产业)。改革开放以来,我国城市政府逐渐认识到城市支柱产业发展与城市发展息息相关的关系,不断组织企业到城市外部招商引资,扩大了企业和城市的知名度和影响,开辟了城市外部市场,增强了城市辐射力。开发城市外部市场可以使城市与外部形成优势互补关系。一个城市不可能什么都生产,有自己的优势和劣势。如有的城市自然资源丰富,有的劳动力成本较低,有的具有资金优势,有的具有技术优势等,但不是哪个城市都具备所有的优势。所以通过发掘其他城市具备而自己缺乏的优势,并通过联合达到优势互补,共同促进城市发展,是城市现代化的途径之一。例如,两个城市通过商品交流、人才交流等活动,可以促使企业相互了解,在发展中找到理想的合作伙伴,不仅促进了企业活力,还会加深城市间的友谊。

通过市场开发扩展城市经济容量,增强城市吸引力,也会扩展城市市场功能。城市经济实力不仅表现为本市企业的发展,还表现为城市对外部的人才、技术、资金等生产要素的强大引力。这种引力可以使城市利用广泛的资源和要素,从而扩大城市经济规模,以利于更大规模的城市输出。我国城市政府出面组织的"引资"

活动十分活跃，就是这一规律的具体表现。这一规律迫使城市必须搞好基础设施建设和软环境建设，以便具备优良的市场交易环境。

（三）在规范市场行为中发展和完善城市市场功能

市场功能的正常发挥，离不开市场制度和法规的规范，加强法制建设，理顺市场秩序是保证和发展城市市场功能的重要内容。

首先，要健全各种市场活动法规，做到有法可依，执法必严，违法必究。规范市场活动的法律诸如《价格法》《公司法》《银行法》《审计法》《保护消费者利益法》《禁止不正当竞争法》《社会商业管理法》《商品储运法》等等都应是健全有效的。

其次，加强城市市场管理，对市场行为实行有效的监督。城市市场管理机构主要有三部分内容：（1）城市市场交易管理机构，例如工商、税务、物价、审计、统计、财政、银行、经济法庭等部门；（2）市场物流技术管理机构，主要包括计量、测试、质量管理、商品检验、物价检查、环保等部门；（3）群众监督机构，如产品质量监督协会，消费者协会等民间组织。

再次，城市政府要坚决拥护国家关于统一市场规则，打破条条块块分割、封锁和垄断现象，促进和保护公平竞争的政策。为此要按商品流通规律的要求，首先在本市从整体利益出发，扬长避短，发挥优势，扫除各种形式的关卡壁垒，为全国统一市场的建设做出贡献。

（四）在改革城市市场信号形成机制中发展和完善城市市场功能

价格、工资、利率等市场信号形成的机制，是市场发育程度的标志。城市发展和完善市场体系重要的一环，就是理顺这些市场参数的形成机制。我国过去比价关系扭曲，不反映商品或劳务的生产成本和供求状况，造成各种摩擦和资源的损失浪费。虽然我国社会主市场经济体制的建立，使价格参数已极大的决定于市场基础，成为内生变量。但从广义价格来看，如利率，其水平在相当程度上还主要决定于政府的决策。这是由我国市场发育程度所决定的。为此，城市政府必须根据城市发展的实际情况，监督市场参数水平对城市经济发展的影响，及时提出调整城市市场参数水平的建议，并创造市场决定参数水平的机制条件，从而使城市市场功能逐步增强并发挥良好的调节作用。

第二节 城市物流经济

一、城市物流的主要特征和对城市经济的影响

(一) 城市物流的主要特征

物流是解决市场商品供求空间间隔而形成的经济现象。城市物流既是发生在城市内的物流，又是以城市为依托的一定区域内的物流。由于城市是一个区域的经济、政治、文化与生活中心，是社会生产、流通、消费的聚集地，也是商品、人员、信息等的高度密集区域，因而城市也是实现社会供求关系而需要的生产资料、消费品等有形商品运输和保管的一个区域内的物流中心。实践证明，物流的集中度愈高，城市在区域中的经济与社会发展作用愈重要。

城市物流的组成要素包括物质要素和运营要素两方面：（1）物质要素主要由道路、物流设施与网点、物流设备与工具以及各种物流信息系统构成；（2）运营要素首先指构成城市物流系统的要素，主要由节点物流与路线物流构成。其次指运营的服务主体的要素，包括企业物流与消费者物流两个子系统。与其他产业相比，城市物流在主体、客体和功能上有自身的明显特征。

从主体特征来看，城市物流是流通企业整合交通环境、能源消耗和简易加工等资源，全面优化城市区域的物资运输、仓储、装卸、包装和简单加工的管理行为过程，是物流主体充分运用城市市场功能合理配置城市物流资源的过程。

从客体特征来看，城市物流介于宏观物流和微观物流之间。宏观物流是在全国形成的物流格局和主要路线的状态；微观物流是某类企业在专业生产活动中进行原材料购进和产品销售必须发生的物质流动。城市物流作为中观层次，可以看作是众多企业的微观物流向城市之间的宏观物流的过渡。与平常的物流概念相比，城市物流多了一个边界，即需要考虑物流诸多方面上的地域限制和城市属性，它涉及到城市的交通运输、仓储、装卸、包装、信息传递及制造业、加工业、流通业、居民生活水平、产业结构等物流的核心和外围的方方面面。

从物流自身功能的特征来看，城市物流包括生产功能、生活功能与社会功能。生产功能是城市物流对企业生产经营活动做出的贡献。无论是制造企业还是流通企业、服务企业，都离不开城市物流系统的支撑，城市物流不仅是企业价值实现、降

低成本的重要手段，也是企业提高顾客服务水平、创造价值的竞争战略；生活功能是城市物流对消费者购物、生活效用的贡献，高效率的城市物流可以为消费者低价、及时购物与消费提供条件，可以为消费者提供各种生活上的便利，如搬家物流、消费者之间的"速递"物流、生活废弃物的回收物流等；社会功能是城市物流对全社会的贡献或影响，主要体现在对城市交通、环境、能源消耗等方面的贡献与影响。城市物流系统的组织运行越好，对缓解城市交通拥挤、减少交通事故、减少环境污染、节约能源消耗的贡献就越大，反之，则会加剧交通与环境的恶化，降低整个城市的福利水平。

(二) 城市物流对城市经济的影响

现代市场经济，是以经济流量、主体行为和市场结构三大方面内容构成的社会经济系统。其中经济流量及其方向在城市中集中地表现为"市"的表征状态，研究城市经济流量如何在各个经济环节、阶段以及主体间流动、如何转化为经济存量，形成城市财富，是研究"市"的经济运行的重要内容。这一过程中的主要行为对象，包括城市国民财富的再生产过程、城市国民收入的运动过程和城市社会资金的循环与周转过程。这些过程都离不开物流的基本运动。不管是以商品使用价值交易为目的所形成的物流引导资金流，还是以资本交易为目的所形成的资金流引导物流，都需要借助于物流来实现其交易的目的。在这一进程中，物流的规模、速度和结构将对城市经济产生重要的影响。

首先，城市作为工业集中地，需要大量的原燃材料（中间产品）输入和产品（包括中间产品和最终产品）的销售输出，城市基础部门产业正是依托强大的物流而成为城市经济发展的支撑的。目前，物流的运费已经成为工业产品成本中的重要组成部分，物流业若形成集聚规模，以较低的成本提供生产运输的服务，就可以大大降低工业生产成本，从而提高城市工业产品的市场竞争力。

其次，城市作为人口的集聚社区，需要大量的生活用品。除了城市自身生产的以外，还需要各种各样的外地产品进入。城市的物流业发达，市民将会享受到多种消费品的功能效用，城市的物流业高效率，市民将会以较低的支出享受到多种外地消费品的使用价值。因此，城市物流水平的高低对市民生活具有重大影响。

再次，城市物流环境优劣是引进内外资、进出口贸易能否正常进行和能否进入全球采购系统的重要条件。随着经济全球化的发展趋势，生产性采购不是简单地根据物质距离的长短进行决策，而是根据经济距离的长短做出决策。经济距离是指物流的实际费用。有些物流虽然物质距离较长，但是由于物流渠道畅通，总的运输费用较低；而另一些物流尽管物质距离较短，但由于物流渠道不畅通，总的运输费用较高。这就要以经济距离为根据来决策。可见，一个城市有没有物流优势，不是完全地决定于自然地理位置的优势，而是决定于物流的技术条件和组织能力。如果城市形成了强大的物流系统，不同行业、再生产的不同环节、不同的销售渠道、不同的小区域的物流供求，都可通过共同的信息处理、调度、运输、配送、组织和共同管理，使城市物流整体最优，形成对其他城市的物流优势，就会形成现代化的城市物流中心，不仅吸引国内的物流，还会吸引国际的物流，从而会对城市的国际化发展产生巨大的推动影响。

最后，城市物流的发展，可以起到对周边城市的辐射作用和对农产品物流的带动作用；物流业作为一个新兴的服务业，将会全面地替代过去的运输产业。它是全面适应市场经济需要，在批量、种类、容积、包装方式以及集装箱方式的全方位多样化的服务。它不是单纯的物资流动，还要有仓储、包装、简单加工等方面的系统配套。因而物流业的发展，可以带动城市的产业结构调整，增加就业，吸引农业剩余劳动力的进入，提高城市化率。这些方面对城市经济发展在发生经济影响的同时，还会产生重要的社会进步的影响。

二、城市物流系统和物流网络

（一）城市物流系统及其功能

城市物流系统一般包括物流园区、物流中心和两者之间的配送中心。

1. 物流园区。物流园区是由分布相对集中的多个物流组织设施和不同的专业化物流企业构成的具有产业组织、经济运行等物流组织功能的规模化、功能化物流组织区域。其功能除了一般的仓储、运输、加工（工业加工和流通加工）等功能外，还具有与之配套的信息、咨询、维修、综合服务等服务项目。它与布置在其中的不同功能的物流企业之间的关系可以是租赁、资产入股、合作开发与经营等。物流园区大致可分为四种类型：（1）国际型物流园区，主要指紧靠港口、机场和陆路口岸，与海关监管通道相结合的大型转运枢纽；（2）全国枢纽型物流园区，是多种运输方式骨干线网交汇的中转枢纽；（3）区域转运型物流园区，是跨区长途运输和城市面上配送体系的转换枢纽；（4）城市配送型物流园区，指保障商贸与城市生产的物流园区。

2. 物流中心。我国国家《物流术语》标准给物流中心下的定义是：从事物流活动的场所或组织，应符合下列要求：（1）主要面向社会服务；（2）物流功能健全；（3）完善的信息网络；（4）辐射范围大；（5）少品种、大批量；（6）存储、吞吐能力强；（7）物流业务统一经营、管理。可见，物流中心的主要功能是大规模集结、吞吐货物，因此必须具备运输、储存、保管、分拣、装卸、搬运、配载、包装、加工、单证处理、信息传递、结算等具体功能，同时应具有贸易、展示、货运代理、报关检验、物流方案设计等一系列延伸功能。

3. 配送中心。配送中心是从事货物配备（集货、加工、分货、拣选、配货）和组织对用户的送货，以高水平实现销售或供应的现代流通设施。配送中心是社会经济发展和社会化分工的产物，随着社会经济发展需要的变化而变化。根据配送中心的作用，配送中心的分类可以有许多种，如专业配送中心、柔性配送中心、供应配送中心、销售配送中心、城市配送中心、区域配送中心以及储存型配送中心、流通型配送中心、加工配送中心等。比较起来看，国外和我国的发展趋向都在向以销售配送中心为主的方向发展。

（二）城市物流平台的结构

物流活动所需要的基础条件为物流平台。它是把物流作为一种新兴的业态、一种先进的组织方式和管理技术，使之在城市经济运行中充分发挥其效用的基础环境和基本条件。它涉及铁道、水运、公路、仓库、场站、管理体制、信息水平等相关因素。构成了城市物流系统结构的主框架。城市物流系统的基础结构主要包括：(1) 商品从供应商流向消费者的市场流通渠道；(2) 城市物流系统运转必需的公路、铁路、车站、机场和港口等基础设施；(3) 政府为规范和调控城市物流系统而确立的产业政策和规章制度；(4) 城市物流发展战略的制订；(5) 与实物流通同步进行的虚拟供应链渠道和多媒体等物流信息系统的运转。

作为城市物流系统结构主框架的城市物流平台，包括三个层面：

1. 物流概念平台。主要包括物流概念体系的设计、确立、发展、完善与普及。这一平台将随着城市经济的发展、企业竞争力的增强、信息技术水平的提高以及市场环境的逐步完善而日益成熟。

2. 物流硬件平台。包括物流基础设施平台、物流信息平台和物流技术研发平台，三者构成城市物流系统有效运转的硬件支撑体系，主要作用是为城市物流系统发展创造一个良好的硬件环境。

(1) 物流基础设施平台是由各类物流结点（如物流园区、配送中心等）和线路（如公路、铁路、海运航线等）有机结合配置而形成的物流网络。构筑物流基础设施平台的过程，是一个在现有运输、仓储等基础设施的基础上进一步调整完善的过程，既要解决既有资源对物流系统的适应性问题，又要挖掘和发挥既有资源整合后的潜力，增强各种基础设施之间的兼容性和协同性，追求系统的最优。

(2) 物流技术研发平台的主要作用在于为各类物流主体的运作、物流各层面的运作提供技术支持，包括各项物流软、硬件技术的开发、试用和推广工作，以及完备的物流技术认证体系的确立和升级工作等。

（3）物流信息平台是要解决各种物流信息系统之间的信息共享、系统集成以及各类信息通道之间的互通互联问题，包括进一步提高生产企业、流通企业尤其是各种类型物流企业的信息化水平、建立物流信息输入、加工与输出的公共服务平台等。物流信息平台最终是为实现城市物流系统数字化而服务的，同物流基础设施建设一样，城市物流系统的数字化建设也需要大量的投资，尤其是在信息技术、控制技术和智能技术本身还在不断发展的情况下，仅依靠独立的企业或个体，是无法承担巨大的开发和升级费用，使用和维护成本也会相当高。因此，在数字化的初期，有必要通过系统规划，构筑区域物流信息平台，为最终实现城市物流系统的数字化创造良好的运行条件。

3. 物流软件平台。主要指物流发展政策平台，其作用是为城市物流系统发展提供一个理想的软环境，确立城市物流产业持续健康发展的政策保障体系，包括理想的投资环境和产业运营环境，以及针对运营主体的市场准入政策、融资政策和具体的市场管理政策。详见本节第三目。

（三）城市工业物流网络的形成与变迁

城市物流网络是由城市物流系统纵横交织形成的网状社会组织机构。它的形成主要来源于工业物流和商业物流的需求，并随着城市中工业设施和商业设施的空间变迁而发生变迁。

在城市发展的早期，城市工业企业在城市聚集所形成的物流网络相对简单而固定，其基本特点是：地理跨度不大（地理上接近）；运行具有规律性（供货企业及商品、数量、时间相对固定）；公路运输是主要运输手段（短途运输）。但随着企业生产条件的不断变化，城市工业物流网络也在不断地发生变迁。

1. 企业郊区化的影响。从 20 世纪初开始，随着城市中心地带的环境要求和交通系统的发展，工业企业开始向城市郊区扩散。城市物流网络也相应地发生了变化：（1）物流网络的规模扩大。随着企业郊区化的趋势，大量仓库建立在城市边缘，且多建在靠近交通网的地区，通常周围有多种运输方式可资利用。这些仓库不仅承担周边地区的货物运输，而且还承担城市其他地区，甚至区域的货物运输，促使物流网络复杂化。（2）货物运输方式多样化。在向郊区分散化的过程中，作为城市政府规划的产物，物流园区开始在一些大城市的边缘产生。由于物流园区可以把企业大量散乱分布的物流设施集中起来，从而使物流网络变得易于控制。

2. 企业生产柔性化的影响。随着卖方市场向买方市场的转变，消费个性化、多样化趋势日益明显。以准时制、精益生产等为代表的新型生产方式相继产生，企业开始由大批量生产方式转向以多品种、小批量为主的柔性化生产。这种柔性化生产方式相应改变了原来专职从事大量运输、大量储存的物流活动，给城市物流网络带来了新的变化：(1) 物流网络节点大量增加。货物运输从起点到终点要经过许多在途节点以满足规模运输的需要。(2) 物流网络复杂性大大增强，迫切需要加强网络的协调运行。对于多品种、小批量物品的运输，物流网络的规模、节点数目都大大增强。此时，单个企业难以保证经济而又及时地把货物送到客户手中，因此，迫切需要将物流服务社会化，把多个企业的物流服务进行集中整合。

3. 制造社会化的影响。随着品牌营销时代的到来，企业要将非核心业务外包给专业、高效的供应商，形成所谓"贴牌"生产的社会化体系，货物运输极其复杂，给城市物流网络又带来些的变化：(1) 物流网络密度增加；(2) 专业企业参与物流网络运行和维护工作。显然，其中的专业企业即第三方物流企业。

(四) 城市商业物流网络的形成与变迁

随着社会经济的进步和人们消费行为、观念的变化，城市商业形态日益趋于复杂化。不同业态的商业企业具有不同的市场定位和地理定位，它们互为补充地共存于城市之中，物流活动贯穿于其业务活动的全过程，决定并影响着城市物流网络。

1. 百货商店业态下的物流网络体系。百货商店是传统商业业态的代表，其经营特征表现为经营规模大、商品品种多、商品相对高档等，空间特征表现为集中于城市中心地带。为其配套的物流网络体系一般有如下特征：(1) 物流网络节点相对较少，货物从起点（物流中心或大型仓库）一般直接到达终点（百货商店的配套仓库），实现规模运输相对容易；(2) 物流网络结构呈中心发散型（百货商店通常位于城市中心地带），货物流向明显向城市中心集中，容易给交通造成压力；(3) 为避开人流高峰，百货商店的货物运输往往集中在白天的人流非高峰时段或夜晚。

2. 连锁超市业态下的物流网络体系。超市采用顾客自我服务方式，经营商品以大众化食品和日用品为主，空间上位于居民区附近。在规模上一般小于百货商店，价格较为便宜。连锁超市成功的核心在于采用中央配送制。采用中央配送制的优势在于能使零售商增强对供货商的议价能力，同时也容易实现运输规模化；另外，中央贮货还可以大大减少零售仓储点。在这种商业业态下，城市物流网络主要特征是：(1) 连锁超市企业一般自建配送中心，货物从供应商处先运至配送中心，再由配送中心向各连锁超市送货；（2）物流网络规模较大，由于连锁超市主要分布在居民聚集区，空间分布比较分散，故物流配送网络覆盖面较大；（3）物流网络运转密度较高。由于连锁超市经营生鲜食品、时令菜蔬比重越来越大，要求每日送货或几小时送货，从而对货物配送频率的要求大大提高，并且，为保证商品新鲜度，配送要求采用冷藏等特殊手段。

3. 便利店业态下的物流网络体系。便利店在空间上遍布城市的各个角落，以经营速成食品、小百货为主，一年365天的24小时都营业，主要满足顾客的即时消费、应急消费等便利性需要。基本上是通过配送，而不是仓储来补充商品，需要进行高频度、小单位、高效率的商品配送。在这种商业业态下，城市物流网络主要特征有：（1）网络覆盖面广，空间上遍布城市的各个角落，且网络节点众多；（2）支持24小时便利店物流网络运行的基础在于实行共同配送，通过集中多家便利店的小量订货来一次性共同配送以实现规模经济，因此，网络运行中的协调性要求较高；（3）网络运转密度高，一方面便利店采用即时订货制补充货物，另一方面，其经营的生鲜食品等对时间的要求苛刻，从而造成配送频率高。从当今零售业物流系统的发展看，最具代表性的零售企业是24小时便利店，其物流系统的设计、管理已成为零售业物流发展战略的标志。

4. 购物中心业态下的物流网络体系。随着城市化进程的加快，以住宅郊区化为先导，引发了城市市区各职能部门郊区化的连锁反应。再加上更多的消费者将购物、娱乐、康体休闲等结合在一起的购物行为变化，产生了集商业与服务业功能为一体的新型购物中心业态。它占地面积广，提供的商品服务种类多。一般位于城郊，以巨型市场或仓储式卖场为核心，一些专卖店、休闲中心等聚集在其周围而形成郊区商业中心。其经营特征、选址定位使其配套的物流网络体系呈现如下特征：（1）郊区购物中心由于地价便宜，一般都配有面积较大的仓库，特别是仓储式商场，它集仓储与销售功能为一体，不需要专门配备配送中心配送货物；（2）由于地处郊区，并且多在交通要道口，交通方便，因此，物流网络运行相对简单，网络运行质量较高；（3）除了一些生鲜食品对货物运送频率要求较高外，郊区购物中心总体对货物运送频率要求不高，货物可以大批量采购和运输。

5. 电子商务业态下的物流网络体系。电子商务是以计算机网络为基础，通过电子网络方式进行商品交换的商业模式。与传统商业经营相比，在购物方式、货币支付方式和货物运输方式上存在着很大差别。在配送对象上，传统商业业态为各商店，而电子商务业态则是分布在城区的零散客户。这种对象的差别决定了它们配送模式的明显不同，见表12-1。

表 12 - 1　　　　　　　传统店面配送与电子商务配送的区别

	传统店面配送	电子商务中的家庭配送
配送数量	批量大	批量小
配送频率	基本稳定	不稳定
配送批次	较少	多
配送点	较集中、固定、点少	分散、不固定、点多
包装单位	大	小（一般用包裹）
货物聚类	大量同宗货物	货物同类性低

由表 12 - 1 可见，电子商务作为一种全新的商业业态，它对城市物流提出了诸多挑战。在这种商业业态下，城市物流网络主要有以下新的特征：（1）物流网络不稳定，处于不断变化之中。由于购买者的需求无法保证稳定的连续性，货物配送路线处于不断的变化中，物流网络结构、空间范围也处于不断变化之中。（2）网络运行呈现不规则的频度变化。零散客户的需求千百万化，使货物配送时间无法统一、固定，配送频率无规则。（3）由于货物配送直接面对成千上万的零散客户，其所形成的物流网络在空间上覆盖城市的所有工作、居住角落，物流广度、节点数目都远非传统商业物流可比，因此，城市物流网络错综复杂，网络运行的难度非常高。

三、城市物流经济政策

物流政策对于推动和保护城市物流业健康发展具有很大的作用，特别是在城市物流的发展前期，政府的推进与支持作为起始点的推动力，有利于城市物流在较高的发展起点起步，使之在较短的时间内完成社会资源的前期整合，形成协调发展、物畅其流的城市物流平台；在较长的时期能够保持良好的城市物流运行轨迹。物流政策体系包括适当的产业政策、合理的管理体制、协调的政府管理机制、公平有序的市场环境、创新整合的企业发展战略和科学的物流人才战略等内容。

（一）支持城市物流业发展的产业政策

我国城市物流产业仍然属于经济发展之初的阶段，物流产业政策的重心在于物流产业的组织和市场结构政策，主要包括开拓城市物流市场、构筑物流产业圈、吸引大型物流企业等方面的政策。

1. 培育和拓展物流市场的产业政策。现阶段我国城市物流的服务内容还比较单一，存在着巨大的市场潜力，城市政府有必要通过制订相关政策措施，提出明确计划，造就新的物流市场空间，引导企业通过技术和管理竞争进入这一新的市场领域。物流市场建设的起步初期，可以关注如下两方面政策：

(1) 重点扶持，实现物流资源的优化组合。政府培育物流业的重要策略之一是集中精力重点扶持培育几个现代化物流龙头企业，通过示范性企业带动大批后续发展企业，使得物流业的资源优化。

(2) 建立和培育时效性的区域运输服务体系。区域性的时效性运输服务体系，是由城市间的时效运输网络及延伸到城市内部的物流集配送中心所组成。建立这一时效运输体系，能够增强城市物流服务对城市及其周边地区的辐射能力。

2. 构筑物流服务圈的产业政策。物流服务圈是以物流服务提供者为中心，物流服务所能覆盖、辐射的区域范围。城市物流可以通过高等级公路和干线铁路向全省以及临近的省和地区辐射。这种辐射能力的定位需要通过制定有关产业政策来支撑。

(1) 完善交通运输系统，增强城市物流服务圈的辐射能力。交通运输业实际上是物流业的有机组成部分，运输费用低、运输时间短、运输频率快、运输能力大、运输安全、运输时间可靠性、运输可获得性、网络及运输方式的衔接便利性和信息的及时与准确性等状态，是保证物流业快速发展的坚决条件。因此，建设城市物流服务体系，必须加强运输枢纽各项设施和综合运输网络服务内容的建设，以提高枢纽的集疏运能力。

(2) 以物流园区为支撑，大力发展区域物流。城市应建设和形成以区域物流服务为定位的物流园区，这是城市物流业发展的基础。有了城市物流园区，才能进一步的形成区域物流。

(3) 积极引导和扶持专业运输企业，组建专业化运输程度较高的运输体系。城市物流业的发展，是以高度专业化的物流服务为支柱的，这需要城市政府对物流企业进行合理规划和引导，使得城市物流服务水平不断提高，市场不断地得到开拓和扩大。

3. 引进大型物流企业的产业政策。吸引国内外大型物流企业进入，应是城市物流产业政策的重要内容，主要的做法是：

(1) 积极完善本地物流企业经营网络和服务内容，鼓励本地物流企业与国内外企业结盟。例如，可以以货运代理业特别是国际货代为突破口，通过企业联盟或兼并等形式，实现其与其他物流企业的资源整合。

(2) 加强对大型国际物流企业的吸引力，为国际物流企业落户创造有利条件。在规划物流园区时，应考虑完善物流园区的国际物流功能，如设立海关监管、保税功能、建立国际物流信息交易系统等，并以此提高整个物流业的国际吸引力。

(3) 大力推进物流标准化工作。我国物流行业现在普遍存在物流设施和装备的标准化程度低的问题。主要表现为各种运输方式的装备标准不统一；物流器具标准不配套；物流包装标准与物流设施标准之间缺乏有效的衔接；企业独立开发的物流信息系统因开发方法、组织管理功能、系统结构等存在较大差异，信息的共享和传递客观上存在障碍等。城市物流业要与国际接轨，必须一方面在物流用语、计量标准等方面做好基础工作。另一方面，要加强标准化工作的协调和组织工作，使各种相关的技术标准协调一致，提高物流产业中货物和相关信息流转的效率。

(二) 城市物流的市场和行业规范化管理的政策

城市物流的发展需要公平开放竞争有序的市场环境，这需要城市政府通过市场管理机制的建设和政策实施来保证一个完善的市场体系和市场机制的正常运行，以达到促进物流资源的有效配置、维持物流市场的公平竞争环境、防止垄断和恶性竞争、增强企业运营动力的目的，保证物流业健康发展。

1. 物流市场管理政策。城市政府管理物流业市场，从把城市物流作为一个新兴的产业理念出发，首先要坚持（1）以市场为资源配置基本手段、鼓励物流业充分竞争的原则；（2）管理政策的制定要符合 WTO 规则和国际惯例的原则；（3）防止垄断又防止过度竞争的原则；（4）有利于市场稳定的原则。其次，政府对物流市场管理的内容，主要是通过制定市场制度来进行。市场制度是市场经济运行的内在机制及其与之相联系的一系列组织形式、运行规则和管理制度的总称。市场制度主要包括：充分发挥作用的市场机制，严密完整的市场法规体系和严格的市场管理制度。

2. 行业规范化管理政策。是指对物流技术规范和服务标准的要求。促进物流系统的标准化，提高各个物流环节之间的兼容性，是使物流系统作业合理化、规范化，物流活动高效、顺畅、提高物流企业竞争能力的必要条件。物流服务的标准化包括：服务质量标准；物流企业对客户的反应速度和配送速度标准；物流企业为客户提供的货物跟踪与查询服务；对例外运输、紧急运输等非常规运输实施标准化；在运输中交通事故、货损、丢失与发送错误和在保管中变质、丢失、破损等的赔偿标准等。物流技术标准包含硬件、软件标准化。硬件标准是指物流运作过程中的相关机具、工具的标准及配套标准，从一个作业程序转向另一个作业程序的衔接标准，如仓库、堆场、货架的规格标准、信息系统的硬件配置标准等；物流软件标准是指物流信息系统的代码、文件格式、接口标准等，以及物流的操作程序与规范等。

(三) 城市物流管理的协调机制政策

与物流业直接相关或者对物流业有较大影响的政府管理部门有交通、规划、内外经济与贸易（商务）、物价、港务、航空、铁路、税务、工商、工业园区、市政等政府管理部门，涉及面十分广泛，并且行政隶属关系复杂。各部门都有自己的分工和职责，物流管理只是其中的一小部分，存在着分头管理、各自为政的弊端。然而物流深入到生产、流通、消费等社会生活的各个方面，由一个部门管理也是不可能的。所以有必要对政府各管理部门进行协调，形成对物流业管理的协调一致的机制，包括政府管理机制和行业协会机制。

政府管理机制可分成物流管理的两种类型部门：(1) 由某部门负责牵头的涉及物流行业全部相关部门协调机制的管理机构。如汕头市组建市政府直属的物流办公室，管理协调的相关单位涵盖了公路、水路、铁路、港口、民航、邮电通信和口岸相关部门（如海关、检验检疫部门），形成大交通的综合协调管理运行机制。(2) 政府直接指定某一个部门负责全部物流相关的管理工作。如上海市由市发改委负责对全市现代物流业发展中的有关问题进行牵头协调，相关委办和区（县）政府根据规划要求，制定实施细则，组织实施规划。

物流行业协会，是根据发达国家经验和我国市场经济发展、政府职能转变的实际，特别是物流产业复合性强、关联性大的特点而出现的很有作用的社会中介机构。物流行业协会机制，将会在如下几个方面发挥激励和制约作用：物流的标准化体系建设、现代物流基础研究和技术推广，物流人才的教育培训与知识普及，行业企业的自律和协调等。政府部门应充分发挥行业社团组织去做这些工作；行业协会组织也要积极转变观念，打破门户之见，加强联合与合作，改进工作作风和方法，牢固树立为企业服务、为行业服务、为政府服务的观念；以出色的工作成果增强凝聚力和权威性，祈祷政府与企业之间的桥梁和纽带作用，成为推动城市物流产业发展的重要力量。

 第三节　城市资金流经济

一、城市资金流的内涵与网络系统

（一）城市资金流的内涵

在商品流通中，资金流是商品货币形态的流通，资金流的运动形式主要为两类，一是现金货币形式，二是非现金货币形式，一般有支票、商业汇票、银行承兑汇票、信用卡等。目前，资金流正从现金货币向非现金货币发展。

城市资金流是指流经城市区域的商品价值所借以表现的法定货币和货币等价物即各种金融工具形成的经济流量。表现为城市社会资金的循环与周转过程，是城市财富的再生产和国民收入的运动统一的过程。城市资金的循环是城市资金根据再生产需要经过准备、生产和销售三个阶段而相应地表现为货币资金、生产资金和商品资金三种形态，并依次转化，最后又回复到原来的形态；城市资金周而复始的循环过程中，三种资金的循环是同时并存，依次进行的，否则，将会引起一系列不良后果。社会资金的周转指社会资金循环的周而复始，不断反复的周期性运动过程。社会资金周转快慢，反映着城市资金的利用效果。

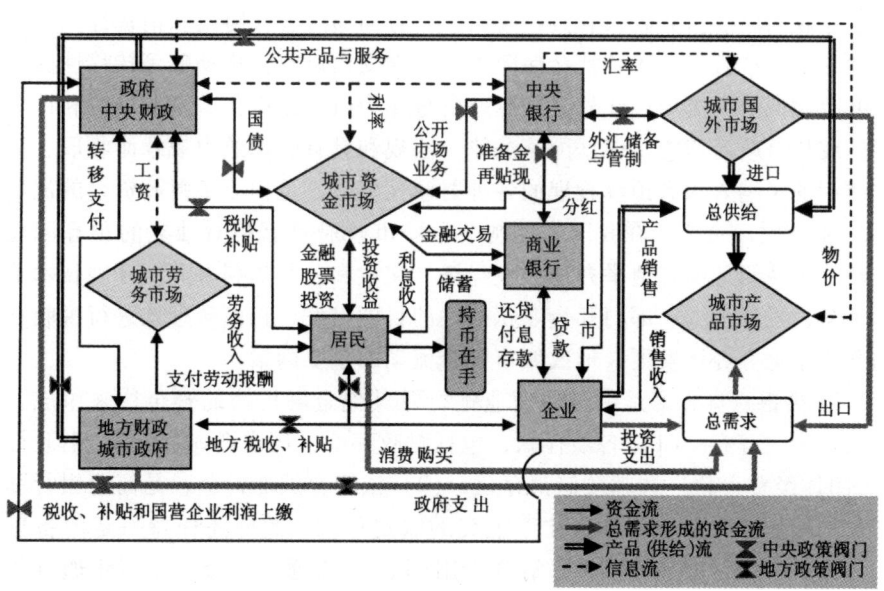

图 12-2 城市资金流

图 12-2 是一个国家经济中的城市资金流，它通过七个行为主体在四大市场上的交易行为而发生、接续和转化。七个行为主体的行为过程有如理论经济学的原理，由四大社会需求形成支出性的资金流量，由四大社会供给形成收入性的资金流量，由银行系统和资金市场形成交易性的资金流量，包括储蓄和利息收入，金融投资和收益，企业上市、股票买卖和股权分红。这些资金流量在运行中，可能会由于供求关系、信息畅通程度和社会决策效率等因素而出现快速流动、缓速运行、堵塞、断流等状况，这时需要中央政府和城市地方政府运用政策措施（图 12-2 中的各种政策阀门）进行调整，以保证资金流的匀速畅通。

(二) 城市资金流的网络系统

图 12-2 展现了城市的社会资金流,它由七个不同经济主体的收入和支出的行为形成,在纵横交错的交易中,形成城市资金流的网络。了解这个网络,需要分析资金七个组织部分的具体构成。

1. 中央财政资金。也称为国家预算资金,是国家为了行使经济管理职能对社会产品和国民收入进行集中性分配的重要工具,也是国家有计划地组织、调节、控制社会资金运动的中枢。财政预算资金一方面通过来自各项税收、国有资产收益和国营企业收入以及债务收入和其他收入,一方面通过公共财政和消费性支出、公共投资性支出、科教文卫体和社会保障等事业性支出以及价格补贴等转移性支出,形成了财政性资金的流动;此外,预算外资金作为由国家机关、事业单位和社会团体为履行或代行政府职能,依据国家法律、法规和具有法律效力规章而收取、提取和安排使用的未纳入国家预算管理的各种财政性资金,也构成了财政资金的流动。

2. 地方财政资金。在我国分税制下,城市政府具有相对独立的预算职能。地方财政资金从因地制宜地举办地方性经济、文教和公共福利事业,开展技术革新和技术革命,发挥地方、部门和企业积极性的目的出发,积极合理地进行税收和收费活动并用于地方经济发展,形成城市资金流动的重要因素。

3. 中央银行资金,是由与各商业银行及其他金融机构的资金往来组成。资金来源项目的内容有:(1) 各项存款,包括财政存款(国家金库存款)、财政性存款(机关团体经费存款)和邮政储蓄存款;(2) 法定存款准备金,是商业银行和其他金融机构按规定将存款的一定比率上交的法定存款。此外还保持一定的备付准备金,作为业务备付金和应付转账清算之用;(3) 流通中现金,是历年通过货币发行投入流通中的现金所构成的经常性资金来源,是影响社会资金总量的重要内容;(4) 自有资金,是财政历年拨付的信贷基金和银行本身结益的转化。资金运用的项目主要有:(1) 再贷款,是对商业银行和其他金融机构的贷款,是中央银行最主要的资金运用项目;(2) 金银外汇占款,是国家收购黄金、白银和外汇所占用的人民币资金;(3) 财政透支和借款,是对财政发生赤字所提供的贷款。

4. 商业银行资金,主要有两个组成部分:一是银行信贷资金,二是非银行金融机构资金。银行信贷资金动员和集中了居民和企业的储蓄资金和暂时闲散资金,是一种化零为整的重复性社会资金,在存款约定期间内作为贷款由市场主体使用。它作为国民收入再分配的一种形式,关系到资金收益在不同社会成员上的实现。因而具有政策控制性、物资保证性和偿还性的特点。商业银行的资金来源最主要的是存款,其次是自有资金和从中央银行的借款,后者要受再贴现率的影响,最后是同业拆借，用于资金的临时性周转。商业银行的资金运用主要是贷款，包括信用贷款、抵押贷款、贴现等多种形式。非银行金融机构资金是我国进入市场经济体制后的新现象，其性质与商业银行资金一样，其资金运作模式可以与银行信贷资金一样，但是其运用的金融工具更为复杂。

5. 外汇资金，是以外国货币表示的用于国际间结算的支付手段和其他经济工具。外汇收支与国内资金周转和货币流通息息相通，从外汇收入看，最主要来源是出口外汇收入，但需要国内先垫付人民币资金，用于组织出口产品的生产、收购和运输，最后销售到国外才能取得外汇收入，故出口所得外汇实际上是人民币资金的转化形态。此外目前有较大的非贸易外汇收入和外资流入，由于国际收支是"双顺差"，我国的外汇储备较大。从外汇支出看，进口是主要用汇方式，也需要配套的人民币资金，因而要考虑外汇资金与国内资金的平衡关系问题。此外，还包括科技交流，团体互访，私人汇款，旅游支票等支出。我国外汇收支活动日益增多，呈现逐渐增长的趋势。

6. 企业资金，包括税后未分配利润和上市溢价收入。随着企业成为完全的市场经济主体，这部分社会资金增长迅速。公司制企业的税后利润成为社会财力的重要组成部分，上市溢价收入成为企业扩大规模的重要财力。对此，国家主要通过各种经济杠杆，引导其遵循国家产业政策和符合社会总供求平衡的目标。

7. 居民货币收支，是国民最终收支的主体。在社会主义市场经济条件下，居民收入以劳动报酬为主体的包括投资收益、利息股息收入、分红等多种收入形式构成。相应的居民支出形式主要是生活消费支出，剩余收入用于储蓄和投资支出。

这些社会资金在各种经济目的的流动中，形成了交易网络。其中预算资金作为国家集中性财力占主导地位，金融资金起重要的中介作用，居民和企业资金成为最终的归宿。这些资金的流动，基本上在城市中进行，它们会直接影响城市经济的效率。

二、城市资金流的经济效果分析

考察城市资金流的经济效果，可以通过考察资金对经济发展的促进作用和计算资金占用效率、流动效率等指标两方面的方法来检验和评价其经济效果。

（一）城市资金流对经济发展的作用分析

在现代市场经济中，资金流是经济发展的一个重要因素，没有发达的资金渠道就没有发达的经济，资金渠道、金融资源成为现代经济增长与发展的关键性约束条件，这已经成为一种普遍现象。因此，对当代经济发展因素的分析就必须运用新的眼光，认定资金渠道也是经济发展和经济增长的重要变量：资金流动带来资本再配置，资本配置促进了经济发展。历史上，有些经济学家把资金渠道等金融变量看作是条件，而不作为增长因素。但实际上，随着市场自愿交易的规模、种类和范围的不断扩大，货币、资金和金融的因素起到了十分重要的作用；货币、资金与金融在现代经济中不但已成为一个发展因素，而且成为一个非常重要的发展因素。熊彼特指出，功能良好的银行，通过识别并向最有机会在创新产品和生产过程中成功的企业家提供融资而促进了技术进步，并以此带动了经济发展。由此，如何发挥城市的资金渠道机制在区域经济发展中的调整作用，促进区域经济的协调发展，是发展中大国所面临的难题。

从资金流动的效果首先应支持经济发展和经济增长的目标出发，可以设定如下的区域生产函数：

$$Y = \kappa B^{\alpha} M^{\beta} LG^{\lambda} CG^{\sigma} FI^{\delta} \qquad 式（12-1）$$

对方程（12-1）两边取对数，并全微分，得到：

$$\frac{dY}{Y} = \alpha \frac{dB}{B} + \beta \frac{dM}{M} + \lambda \frac{dLG}{LG} + \sigma \frac{dCG}{CBG} + \delta \frac{dFI}{FI} \qquad 式（12-2）$$

上两式中，B、M、LG、CG、FI 分别代表银行资金渠道、市场资金渠道、地方政府资金渠道、中央政府资金渠道、外资资金渠道，α，β，λ，σ，δ 分别为银行资金渠道、市场资金渠道、地方政府资金渠道、中央政府资金渠道、外资资金渠道的弹性系数，表示这几个资金渠道对区域经济增长的贡献力度。综合起来，各种资金渠道对城市经济发展的作用可通过式（12-3）的计算得出：

$$LnY = c_0 + c_1 LnB + c_2 LnM + c_3 LG + c_4 LnCG + c_5 LnFI + u \qquad 式（12-3）$$

运用式（12-3），通过对城市经济发展的资金渠道和流量的分析，可以判定不同资金渠道对城市经济运行的发展作用。

（二）城市资金流的经济发展效果指标

测算城市资金流的经济效果，可以使用如下的经济指标：

1. 流动资金周转率（次数），是反映流动资金使用效率的指标。流动资金周转率（次数）越快，说明资金使用效率越高。计算公式是：

流动资金周转率 =（流动资金周转额/流动资金平均余额）

　　　　　　　 =（流动资金周转额/期初流动资金余额 + 期末流动资金余额）

2. "流动资金周转期（天数）"，是考察一定的流动资金周转一次所用的时间。一般来说，资金的周转时间越短，说明流动资金使用效率越高。计算公式是：

流动资金周转天数 =（360/流动资金周转率）

3. 银行信贷资金履约率，是反映信贷资金是否根据约定时间进行流转的效率考核指标。如果人们百分之百的履约，就能够保证资金的有计划流动，提高资金市场的运作秩序。

三、城市资金流经济政策

资金是城市经济的血脉，在城市中流动的资金，可以带来多种生产要素，合理完善的经济政策可以优化资金的流通和配置。因而，为了吸引和促进社会资金在城市的流动，城市政府可以采取如下的经济政策：

1. 金融产业政策。资金融通是市场经济的润滑剂，而促进资金融通的部门是金融部门。一座城市的金融部门若很发达，市场也会很发达。城市政府要以我国入世后金融服务业对外开放为契机，鼓励和吸引国外金融组织设立分支机构，开展人民币业务和保险、证券等业务；积极支持国内商业银行和保险、证券机构在本市拓展业务；要加大优质规模企业的上市力度，争取有更多的上市企业向海外股市融资，以产业的发展促进金融业发展，以金融业的发展带动产业发展；采取积极的金融产业政策，在符合国家政策的前提下，允许各种所有制的金融机构进入，允许广大市民广泛参与金融经济活动，以便能够不断地扩展包括资本市场和货币市场（外汇市场）在内的城市金融市场。

2. 城市投资政策。市场经济中，资本总是向利润最高的区域流动和转移，投资活动是形成资金流的一个主体内容。城市政府只有创造更好的投资获利环境和产业发展环境，使城市始终成为获利的高地，才能广泛的吸引外部投资促使资金向本市流动。为此，要加强对本市的硬环境（城市基础设施）和软环境（城市公共服务体系）的建设，吸引人们到本市投资，同时给予各种投资优惠政策，就能够通过吸引投资扩大本市的资金流量。

3. 储蓄政策。随着社会生产力的发展，人们的收入日渐增多，每个家庭用于储蓄的剩余资金也日益增多。城市应当在国家储蓄政策的基础上，一方面制定既方便又实惠的储蓄政策，一方面要推进各商业银行间结算的网络化、规范化，实现金融服务现代化，就会使得城市内外的储蓄资金源源不断地流向城市的金融机构，城市就会成为一个金融中心。

总之，城市政府通过着力开拓多种渠道的资金流，如各种项目建设带来的大规模资金流，外资外贸活动带来的外商资金流，广泛开辟小商品市场形成的民营经济资金流，以及金融市场发达造成闲余资金多种获利机会而形成的居民储蓄资金流，都将促进城市资金流经济的发展。

第四节 城市劳务流经济

一、城市劳务流的内涵和作用

劳务,即劳动服务,包括生产实物产品的劳动和提供无形服务的劳动,是重要的经济发展要素之一;在以人为本和可持续发展为理念的现代城市发展中,人口和劳动力及其与城市经济和社会发展的关系,是城市发展的基础和归宿。劳动力流动、劳动力供求、劳动力市场建设及劳动力资源配置问题成为城市经济发展的基本问题之一;特别是在我国这样一个人口规模庞大、劳动力资源异常丰富的发展中国家,处理和解决好劳动就业问题,包括劳动力在城市中的合理流动和劳动力资源的优势发挥,都是促进城市经济良性运行的重要课题。

城市劳务流指在市场经济体制中,随着资本的高利润取向的运动,劳动力也会趋向工资报酬最高的地区而形成的劳动力流动。由于我国正处于经济发展的城市化进程中,城市劳务流就现实地表现为农村剩余劳动力向城市非农产业的流动,形成庞大的劳动力转移大军。这种劳动力的流动,对提高农业边际收入和劳动生产率、对供应非农产业低成本劳动力、对满足城市多样化的需求、对由劳动平均收益提高而形成的居民生活收入水平提高、对转移劳动者素质提高,都有着极为重要的发展意义。农村劳动力流对发展的促进影响,可能呈现出倒 U 型的阶段性特征的轨迹。

1. 极化效应阶段。当城市产业集聚处于规模效益递增阶段,城乡收入差距会吸引农村地区劳动力、资金、产品等要素向城市二三产业极化与集中,形成技术、知识、信息传递、人力资本积累等方面的优势,促使城市生产率不断提高。在农村劳动力转移过程中,虽然城乡居民收入的增加均受到城市集聚空间外部性的作用,但受距离和技术等因素的影响,城市居民收入增加速度高于农村居民,城乡收入差距持续扩大,会吸引农村劳动力不断向城市产业集聚,直到城市产业集聚的规模效益达到最大。

2. 平衡效应阶段。当城市产业集聚处于规模效益稳定状态,这时城市化的集聚效应、回程效应与扩散效应基本均衡。农村劳动力虽然仍向城市产业大量集聚,但城乡之间的生产率与人均产出的差异基本稳定,从而转移劳动者对城乡居民收入的影响也处于稳定状态。

3. 扩散效应阶段。当城市产业集聚处于规模效益递减阶段,这时城市化的扩散效应占据主导地位。由于城市集聚已达较高规模,可能引起环境恶化、交通拥堵等城市病,城市生产率开始下降,城市化扩散效应不断增强并占主导,劳动力、产业、知识、技术等要素开始向周边低成本的中小城镇和农村地区扩散外溢,辐射带动周边地区发展。这时城市居民收入增加的速度开始小于农村居民,城乡收入差距趋于缩小。

二、城市劳动力市场供求分析

分析劳务流对城市经济发展的影响,需要建立在对城市劳动力市场供求关系的分析基础之上。当城市劳动力市场供求不均衡,无论是需求大于供给,还是供给大于需求,都会引起劳动力的流动。前已述及,我国劳动力流动的主要趋向是有重大社会发展意义的农村剩余劳动力向城市和非农产业流动。为了使这些流动劳动者能够发挥更好的社会经济效益,必须把握城市劳动力市场的供求状态。

(一) 城市劳动力需求

对劳动力的需求(labor demand)一般是由人们对商品的需求引致的,是一种引致需求或派生需求。城市劳动力需求的主体通常包括企业、政府(社会)和个人(自我雇用),其中企业是最重要、最基本的劳动力需求主体。

市场中的企业是如何需要劳动力的呢?这要分短期需求和长期需求来分析。

1. 短期劳动力需求曲线。在短期中,企业需要劳动力是从利润最大化出发,根据劳动力的边际收益和其收益与成本的比较而决定的。

假设资本投入不变,用 MRL 代表劳动力的边际收益,是劳动力边际产出或边际产品 MPL 的货币表现;用 MCL 代表劳动力的边际成本。企业对劳动力的需求通常面临三种情况:(1) 当 MRL > MCL 时,企业增加劳动力投入;(2) 当 MRL < MCL 时,企业减少劳动力投入;(3) 当 MRL = MCL 时,企业会维持劳动力投入水平不变。通常,劳动力的边际成本 MCL 应等于企业向每一单位劳动力提供的工资率,即 MRL = MCL = w。图 12-3 中,横轴表示经济活动使用的劳动力(L)数量,纵轴表示劳动力的边际产品 MPL 或实际工资率(W/P,W 为名义工资,P 为产品价格,以价格调整的工资就是实际工资);向右下方倾斜的曲线为实际工资率下的短期劳动力需求曲线。当市场的实际工资水平为 $(w/p)^*$、社会所用劳动力为 L^* 时,所需要的劳动力达到均衡。如果企业起初投入的劳动力数量是 L'(任一比 L^* 多的劳动力投入水平),此时劳动力的边际产出低于实际工资率,劳动力所获报酬相对于产出较高,企业就会减少劳动力投入量,以使劳动力边际产出 MPL 与实际工资率相符,并最终使二者相等;如果企业起初投入的劳动力数量是 L''(任一比 L^* 少的劳动力投入量),由于此时劳动力的边际产出高于实际工资率,企业就会增

加劳动力投入，最终会导致劳动力边际产出与实际工资率相等。可见，企业在短期内的劳动力需求应与其自身的劳动力边际产出曲线相重合，即使 $D_L = MP_L$。

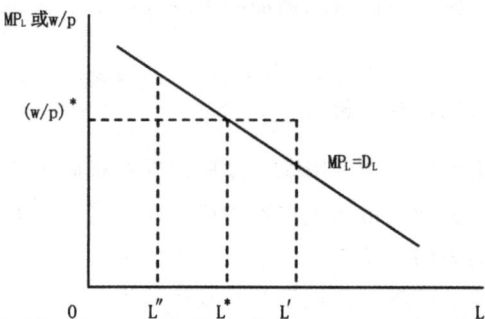

图 12-3 实际工资率下的短期劳动力需求曲线

上述分析是假定在竞争市场结构中，如果在不完全竞争市场上，比如只有一个企业的情况下，厂商若增加劳动力投入，只能提高工资率。其结果：所有劳动者的工资率均提高。就是说，在独买情况下，雇用劳动者的劳动力边际成本是超过一般市场工资率的。这样，为达到利润最大化，厂商投入劳动力的数量应达到所投入的最后一单位劳动力的边际收益产品（MRP_L）等于劳动力边际成本（MC_L）的程度，见图 12-4。显然，由于劳动力独买的存在，厂商获取利润最大化的劳动力使用量为 L′，这时 $MRP_L = MC_L$，相应的工资率为 w′。

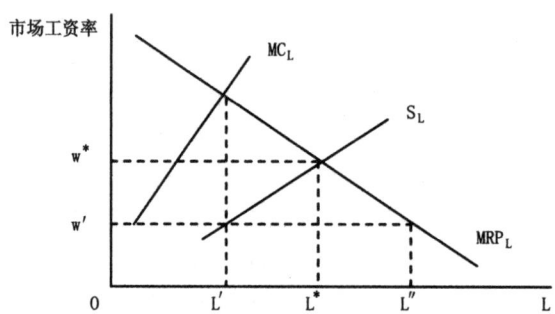

图 12-4 不完全竞争市场对劳动力需求的影响

2. 长期劳动力需求曲线。在长期内，企业的生产要素组合会发生变化，即由劳动密集技术转变为资本密集技术，工资率将会提高，这种变化可以在等产量线上表示。等产量线是表示可用于生产同一产出数量的劳动力和资本等生产要素的所有组合，其形状一般随企业特定产品所存在的各种不同技术的性质而不同，见图 12-5 所示。

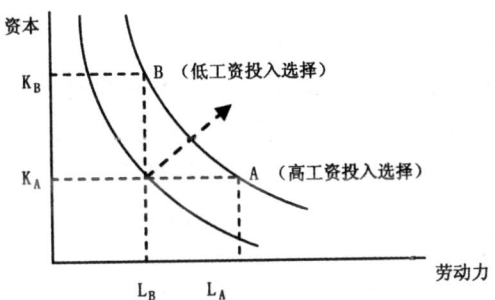

图 12-5　等产量线与投入选择组合

如果以资本要素替代劳动力要素的替代效应发生，会使劳动力数量减少，在本例的图 12-6（a）中由 L_A 减至 L_B；而同时带来的工资率上升，即由 W_0 提高至 W_1，意味着企业生产成本相应提高，受此影响，企业用于生产的资本投入将相应减少，从而企业生产规模受到影响，产出也会出现一定程度地减少。最终会使等产量线后移，要素组合点由 B 移至 C，这时使用劳动力的数量进一步减至 L_C，工资率也下降，由 W_1 降至 W_2，产出效应发生。

可见，在长期中，由于企业生产过程中的生产要素组合变化，导致企业劳动力的使用量由 L_A 减至 L_C，在此过程中，替代效应和产出效应（联带作用）同时发生作用。由此分析，可推出劳动力长期需求曲线 D_L 如图 12-6（b）所示。

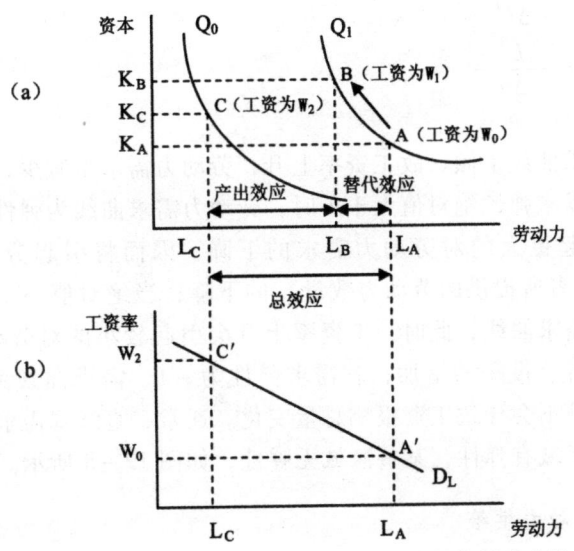

图 12-6　替代效应、产出效应和劳动力长期需求曲线

当市场上的产品价格和资本价格（银行利率）即定时，若工资率为 W_0，企业选择使用 L_0 的劳动力和 K_0 的资本，即 A 点，此时工资率为 W_0。短期内，资本变动将造成沿 D_S（短期需求）曲线的移动，即由 A 至 B 或由 A 至 C 的滑动，工资率相应地由 W_0 提高至 W_1，或由 W_0 下降至 W_2；而长期内，企业有足够的时间来调整资本使用。当工资率降至 W_2 时，劳动力使用量增加至 L_2，当工资率上升到 W_1 时，劳动力使用量减少至 L_1。可见，长期劳动力需求曲线总是比短期劳动力需求曲线要平缓些。见图 12-7。

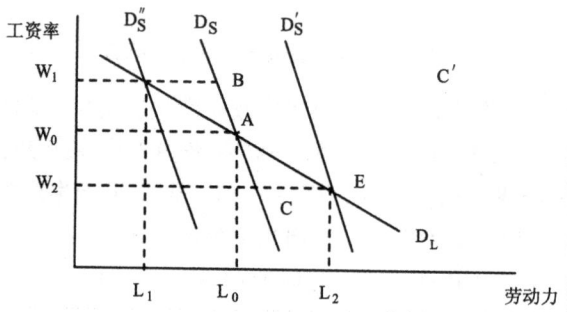

图 12-7 短期的和长期的劳动力需求曲线比较

3. 劳动力需求弹性。劳动力需求弹性是指劳动工资率增长 1% 而引起的对劳动力需求量的百分比变化，即：

$$\eta = \frac{\Delta L^D \%}{\Delta w \%} = \frac{\frac{\Delta L^D}{L^D}}{\frac{\Delta w}{w}} \qquad 式（12-7）$$

因劳动力需求曲线下倾，故工资率上升，劳动力需求量减少，需求自身的工资弹性为负值。当需求弹性绝对值大于 1 时，劳动力需求曲线为弹性需求曲线，此时工资率上升会引起更大的对劳动力需求的下降，因而将引起劳动者工资总报酬（工资率乘以劳动者所提供的劳动力数量）的下降；当绝对值小于 1 时，劳动力需求曲线为无弹性需求曲线，此时，工资率上升会引起较小的对劳动力需求的下降，因而将引起劳动者总报酬的增加；若需求弹性为 -1，需求曲线为单位弹性曲线，此时，工资率上升不会导致工资报酬总量变化。通常，直线式需求曲线上端弹性要大于下端，某些区域有弹性，某些区域无弹性，如图 12-8 所示。

（二）城市劳动力供给

城市劳动力供给（labor force supply）是城市经济发展的要素支撑，同时也是

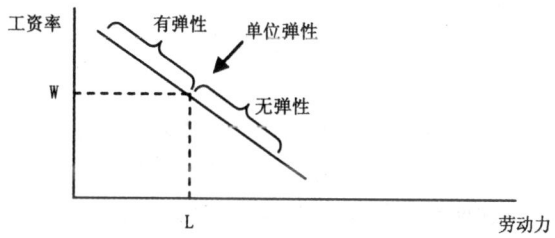

图 12-8 劳动力需求曲线的弹性差异

城市劳动力市场得以正常运行的重要方面。城市劳动力供给受城乡人口再生产、劳动适龄人口规模、劳动力参与率和劳动力流动等多方面影响,其中劳动者愿意提供的劳动时间起决定作用。

1. 劳动力参与、劳动时间与工作决策。劳动力参与率（labor force participate rate）是指有工作者和正在寻找工作者占相应人口的百分比,它是影响劳动力供给的重要方面。工作决策可视为劳动者在闲暇和有酬工作间进行选择的过程。闲暇的价格是劳动力的市场工资率。

一般来说,当工资率不变时,若收入增加,劳动者愿意工作的时间会减少;反之,若收入下降,劳动者愿意工作的时间会增加。这种在工资率不变情况下,因收入变化而考虑是否工作从而对闲暇时间需求的变化,称为劳动力供给的收入效应。它既可用闲暇时间的需求来表示,也可用工作时间的供给来表示。其定义为:工资率（W）不变,收入变化（ΔY）引起的工作时间的变化（ΔH）,即:

$$收入效应 = \frac{\Delta H}{\Delta Y}\bigg|_{\overline{w}} < 0$$

由于工作时间的增减决策是与收入的增减成反方向变化的,故收入效应为负值。

除了收入会影响人们的劳动供给决策外,工资率也会影响人们是否找工作的决策。在收入（$\overline{Y}$）不变的情况下,工资率的变化（Δw）引起人们的工作时间的变化（ΔH）称为劳动力供给的替代效应。用数学公式表示为:

$$替代效应 = \frac{\Delta H}{\Delta w}\bigg|_{\overline{Y}} > 0$$

由于工作时间的增减决策是与工资率的增减成正方向变化的,故替代效应为正值。收入效应通常是工资率提高后财富或潜在收入增加的结果;而替代效应则是因工资率上升引起闲暇的机会成本提高的结果。一般情况下,收入效应和替代效应往往同时存在,但二者发挥作用的程度却往往不同。若收入效应占优,市场工资率将上升，劳动者的个人反应是减少劳动力供给，劳动力供给曲线斜率为负；而当替代效应占优时，劳动者的个人劳动力供给曲线斜率为正，即劳动力供给随工资率提高而增加。

工资率变化对工作小时数的影响表现在：替代效应大于收入效应时，若市场工资率上升，将会引起劳动者工作时间随之增加；而当市场工资率下降，劳动者的工作时间则会随之减少。这两种情况下，劳动力的供给曲线均呈正斜率。在收入效应大于替代效应时，若市场工资率上升，劳动者的工作时间将会减少；而当市场工资率下降时，劳动者的工作时间将会增加。上述两种情况下，劳动力供给曲线均表现为负斜率。

2. 劳动力供给曲线。从微观角度考察，个人劳动力供给量与劳动者所具有的人力资本（决定劳动力的质）及其愿意在市场上提供的劳动时间多少有关。在不考虑劳动者所拥有的人力资本因素前提下，个人劳动力供给量仅与劳动者欲提供的劳动时间有关。假定劳动者把时间用于一种或两种事情上，即工作或享受闲暇，那么工作和闲暇间存在如下关系：用于工作的时间越多，则享受闲暇的时间势必越少；反之，享受闲暇的时间多，则工作时间必然较少。个人劳动力供给与工作时间呈同向变化，与闲暇则表现为反向变化关系。在经济学上，闲暇通常被视为一种消费活动，因为劳动者享受闲暇而不去从事有酬劳动的结果，将使其损失相当于闲暇时间的劳动报酬（它等于市场工资率乘闲暇时间），但它对劳动者人力资本积累可能是有利的（假如人们把闲暇用于学习、体育锻炼等有宜于健康改良、智力开发和技能增进的活动中的话）。闲暇是一种机会成本。工作则有利于劳动者物质和精神消费水平的提高，因为工作意味劳动者将自己劳动力的使用权让渡给他人，同时按市场工资率及其所提供的劳动时间获取报酬。在市场工资率一定或有所提高情况下，劳动时间越长，所获取的劳动报酬则越多，劳动者越可能获得充足的供自己和家人消费的物质和精神商品。一般说来，市场工资率越高，劳动者愿意提供的劳动时间也往往越多，但并非说劳动者愿意提供的劳动时间将随市场工资率提高而永续增加下去，实际上，在工资率提高过程中，闲暇对劳动者来说将变得越来越有价值，而在达到某一工资水平后，市场工资率的提高不仅不会引致个人劳动时间的进一步增加，反而会引起个人劳动时间的减少，即通常情况下个人劳动力供给曲线是一条向后弯曲的曲线，如图12-9所示。

从宏观角度考察，社会劳动力供给量主要受人口规模、劳动力参与率和平均工时的影响，而一定时期的人口规模又由基期的人口规模和人口的时期增长率所决定。如果用 P_0 代表基期人口，以 g_P 表示一定时期 t 的人口增长率，用 $LFPR_t$ 表示劳动力参与率，那么，一定时期的劳动力供给量 S_{it} 为：

$$S_{Lt} = P_0 \cdot (1 + g_P)^t \cdot LFPR_t \qquad 式（12-8）$$

如果用劳动时间表示，上式则变成：

$$S_{Lt} = P_0 \cdot (1 + g_P)^t \cdot LFPR_t \cdot T_A \qquad 式（12-9）$$

式中，T_A 表示时期 t 的劳动力平均工时。

由式（12-9）可见，一定时期内的人口增长率越高，劳动力参与率越高，劳动力平均工时越长，则社会劳动力供给量越大。但从目前发展中国家的情况分析，人口增长率较高已成为经济发展的阻滞性因素，多数国家都在致力于降低人口出生率，以控制人口的过快增长。而随着二战以来发展中国家政治地位和经济状况的改善，人口死亡率尤其是婴幼儿死亡率迅速降低，人口平均预期寿命普遍延长，较高的人口增长率、较高的劳动力参与率和较长的劳动时间导致这些国家劳动力供给量相对增加，劳动力过剩问题比较突出。宏观角度的劳动力供给曲线通常存在四种类型，即水平型、正倾斜、垂直型和向后弯曲型，如图12-10所示。

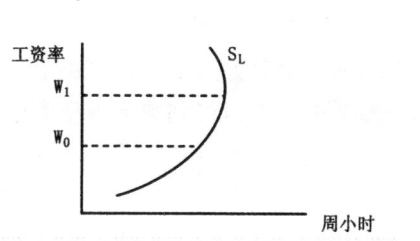 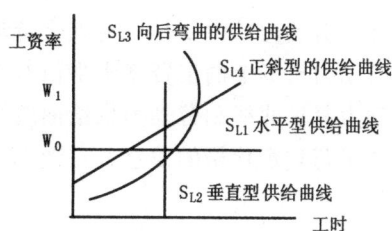

图 12-9　向后弯曲的个人劳动力供给曲线　　**图 12-10　劳动力供给弹性与劳动力供给曲线**

图12-10中的供给曲线有着不同的存在条件。水平型劳动力供给曲线通常存在于二元经济社会，垂直型供给曲线存在于劳动力已得到充分利用的社会，而向后弯曲的供给曲线则存在于经济得到相当发展，居民生活已达到较高水平的社会，在这种社会中，工资可能已不再是个人和家庭获得收入的唯一方式。与上述三种类型相比，正倾斜的社会劳动力供给曲线被认为是一种更常见、更合理的类型。因为对有些人来说，工资增加会引起替代效应，他们虽然不愿在较低工资下工作，但随着工资率上升，他们觉得寻找工作变得越来越值得，这样，他们愿意提供的劳动时间将会增加。

需要指出的是，向后弯曲的劳动力供给曲线（图12-9），从个人来说，曲线哪一点上将向后弯曲，要视劳动者的个人偏好而定；而从整个劳动力市场的劳动力供给来看，情况也许有所不同。因为劳动力市场的供给曲线是个人劳动力供给曲线之和。在工资率为 W_0 情况下，劳动力供给为从劳动者 a 到劳动者 z 的加总，随着工资率上升或其他原因（如继承财产等），虽然有的劳动者工作时间减少，但是对大多数人来说，仍会增加工作时间。特别是工资率提高只能引起替代效应时，一些不愿在低工资率条件下工作的人，也会感到寻找工作是值得的。

（三）城市劳动力市场及其均衡

劳动力市场是劳动力的供（劳动者个人或劳动者组织）求（企业）双方，就寻找工作和提供工作机会进行协商的场所，经过讨价还价，最后达成有关劳动力使用权出让数量和时间的合约，双方各得其所。由于劳动力市场上一般都会有众多的买者和卖者存在，因而决策往往要受他人决策和行为的影响。例如，某企业为保持和提高其在劳动力市场上的竞争力，吸引和留住员工，在其他企业提高报酬的情况下，该企业也会这样做。

城市劳动力市场是进入城市的劳动者和城市的生产单位之间就劳动力使用权进行交易的场所。在我国，城市劳动力市场上，除了本市的居民外，每天还要接纳大量的外来劳动力，主要是农村剩余劳动力。

劳动力市场上的工资率水平由对劳动力需求和供给双方力量的比较决定。如果将劳动力需求曲线和劳动力供给曲线绘在同一图形中，可以得到关于劳动力市场的均衡数量与均衡价格的信息，见图12-11。

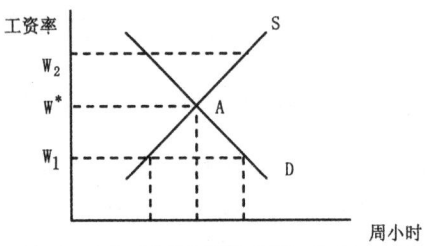

图 12-11　劳动力供求与市场均衡

劳动力需求与供给相等时的工资率，称市场均衡工资或市场出清工资。图12-11中的 W^* 点即为均衡工资点或市场出清工资点。在此点，劳动力供求相等。市场出清工资是市场中的最终通行工资率，低于或高于该点的工资率都不会成为通行工资率。因为劳动力短缺将导致企业或雇主提高工资率，而劳动力过剩则促进企业或雇主降低工资率，从而市场工资率会向均衡工资或出清工资靠拢。

在劳动力市场上，需求曲线或供给曲线的移动将会打破劳动力的均衡状态，引起均衡工资和均衡就业数量的变动。假设社会由于对产品或服务的需求量增加而使企业对劳动力的需求增加，劳动力需求曲线将右移，从而会形成新的高于原来的均衡工资水平；反之，则会形成新的低于原来的均衡工资水平。

技术进步会推动整个城市的劳动生产率提高，此时劳动力供给曲线将向左移动，市场均衡工资将提高。因为在产出规模一定的条件，劳动生产率提高将导致劳动力的需求量减少，技术替代了劳动力。这时，较高质量的劳动力以较高的劳动力边际产出率，会迫使市场工资率提高。

三、城市流动劳动力及其经济影响

(一) 城市流动劳动力的内涵和分类

城市流动劳动力形成城市劳务流，是市场经济体制中随着资本高利润取向的运动而引起的劳动力向工资报酬最高地区的流动，这种流动产生了一系列的社会经济影响。

从劳动力流动的主体来看，城市流动劳动力在我国是指不具有本城市户籍而在该城市工作的劳动者，可分为专业技术人才流动、应届毕业大学生流动和农民工流动三类。专业技术人才流动，一般指具有中专及以上学历，或取得初级及以上专业技术职称的已就业人员的流动；应届毕业大学生流动，指大学毕业后获得学籍学位文凭后在非本人户籍的城市找到工作就业；农民工流动，指以获取高于农业收入的城市收入为基本目标，同时兼顾工作条件改善、提高技能、获得教育等城市福利等动机而进入城市工作或在不同的城镇中流动。

从劳动力流动的客体来看，流动劳动者可分为工作流动、地区流动和国际流动三类。工作流动指劳动者在不同社会单位之间更换岗位，寻求更好的职位匹配的行为，其影响因素包括工资、培训、健康保险和工作特征等；地区流动指劳动者在国内跨越较大的区域更换工作，主要受工资、年龄、性别、迁移距离、家庭状况、社会关系网络、失业率和政策制度等因素影响；国际流动指劳动者到另一个国家进行工作，收入差别、工作条件、社会福利等是引起国际流动的基本因素。

(二) 城市流动劳动力的经济分析

城市流动劳动力对城市经济发展产生的影响，是市场经济发展的重要动力。然而，城市中的流动劳动力能否充分地发挥作用，又依赖于城市制度和发展状况。

1. 城市劳动力的经济影响。我国正处于城市化进程中，流动劳动力、特别是来自农业剩余劳动力的转移，对城市经济发展起到了很大作用。首先，他们填补了城市劳动要素的空缺。农村剩余劳动力进城，往往承担着工作环境差，职业声望低，工资收入少，城里人不愿意从事的脏、累、差的工作。而这些工作又是城市的经济社会发展和日常生活所必需的，因而他们是在填补着城市劳动力供给的空缺。

这种补缺性就业、特别是一些非正规就业，对城市是十分有益的。其次，流动劳动力使城市发展节约了人工成本。农村剩余劳动力进城就业，往往工资较低且能够吃苦耐劳，城市用人单位很愿意雇用他们，因为可以大大降低劳动成本，有利于经济效益的提高。特别是近年来许多国有企业原有的劳动成本较高，使用了农村进城劳动力来替代国企职工就业，大大降低了企业的人工成本，有助于企业维持生产和取得经济效益。再次，流动劳动力参与城镇某些就业岗位的竞争，促进了城市企业要素组合的变化，推动了城市劳动力市场的发展。农村进城劳动力对城市就业有多方面的影响。除了对工作岗位拾遗补缺的作用，同时也对城市原有的劳动力形成了挑战。农村进城劳动力中，有一些人具有一定的文化水平，专业职业技能，能与城镇中的一些劳动力形成竞争。这种竞争促进了城市劳动者的创业精神，推动劳动力资源合理配置和城市劳动力市场的发育。最后，劳动力集聚产生了溢出效应。进入城市的农村流动劳动者在城市中学到了大量的知识和劳动技能，在他们候鸟式的迁徙就业中，大量的城市文明带到了农村，促进了农村的生产发展，对于建设社会主义新农村发挥了重要的作用。

2. 城市劳动力流动的三大壁垒。劳动力是否流动，受制于流动的成本。诺贝尔经济学奖得主克里斯托弗·皮萨里德斯（Christoper A Pissarides）曾指出：由于受到住房成本、福利无法转移及教育不足等三大因素制约，劳动力从农业流向工业、服务业存在摩擦和壁垒。首先，劳动力的流动，直接受住房成本的制约。为此，实施合理的因地制宜的城市住房保障政策极为重要。城市中不仅要对户籍人口供应住房，也应对无城市户籍的流动人口供应住房，这样才能有利于城市化进程。其次，由于福利具有无法转移性，分配不均会存在。劳动力会加速向社会福利水平高的城市转移，这对在制度上就存在福利差异的城市，会对福利水平高的城市造成社会福利制度上的压力。为此，在改革中建立完善的、社会公平的福利政策机制很有必要。第三，披萨里德斯表示，很多国家在发展中都会遭遇"刘易斯拐点"。当经历第一次改革，大量来自农村的廉价劳动力，会进入工业领域。然后生产力逐渐提高，工资相应提高，廉价劳动力开始减少。但是由于产业技术在不断进步，经济仍在发展，若工资成本不断上升，廉价劳动力枯竭，生产力将会需要更多的资金、技术、产业经验和受过高等教育的劳动力，工业和服务业转移到更高阶段，教育就会成为产业转移必须越过的一大壁垒。我国仍有大量潜在的廉价农村劳动力。中国农村劳动力流向城市的比重是非常大的，大概超过40%，也许今后会降到10%，但还远远没有到转移完毕。但是，随着产业技术升级，会要求流动劳动力技能水平的提高，对此，向流动劳动者提供公共培训的教育极其必要。

3. 劳务市场的分割现象。劳动力流动的效率受劳务市场效率的影响，其中一个重要现象是劳动力市场上的分割现象。劳动力市场,自然地受到城市劳动力技能水平的制约而分为高技能劳动者市场和低技能劳动者市场。高技能劳动者是指受过专门教育并积累了相当的人力资本存量的城乡劳动者,低技能劳动者指受教育年限较短、人力资本存量较少的城乡劳动者。两种劳动力市场的工资水平有较大差异。劳动力市场,还由于制度和体制上的原因而划分为城市劳动力市场和乡村劳动力市场。我国长期的城乡分野的户籍制度,严重地影响着城乡互动的就业。乡村劳动力到城里就业,受到户籍、住房、保险、就学等等方面的限制。即使是个人技能条件与城里人一样,也无法到只招收城市户籍人员的单位工作。可见,城市户籍成为城市和乡村劳动力市场的分水岭。如果说,由劳动者技能差异形成的劳务市场分割,是一种市场经济的自然现象的话,那么,由户籍等制度和体制差异形成的劳务市场分割,是超越市场经济的政策现象。这种分割应当随着生产力的发展和城市化的需要,逐渐的通过改革来变化,使人为的劳务市场差异尽量消除,并在此基础上通过公共供给,尽可能缩小劳务市场分割造成的就业差异。

四、劳动力流动和城市失业治理政策

(一) 城市劳动力的存量和流量模型

就某一城市劳动力市场而言,某一时期的劳动者就业人数(E)、失业人数(U)和非劳动力人口数(N)之间的关系可用图 12-12 表示。设某一时期由失业者变成就业者的劳动力流量为 UE,由失业人口变为非劳动力人口的流量为 UN。图 12-12 中,这两部分人数的总和为 0.7 万人,即约有 7% 的失业人口脱离失业状态;又设从就业人口存量中进入失业队伍的劳动力流量为 EU,从非劳动力人口存量中进入失业队伍的流量(即各种学校的毕业生没有找到工作的人数)为 NU。本例中这两部分人数为 0.8 万人,即增加了新的失业者约为 8%。进入失业状态的流量大于脱离失业状态的流量,这意味着本时期的失业人口存量增加。

根据图 12-12 中的关系,可建立城市失业率函数 u:

$$u = f(\overset{+}{P_{en}}, \overset{-}{P_{ne}}, \overset{+}{P_{nu}}, \overset{-}{P_{un}}, \overset{-}{P_{eu}}, P_{ue}) \qquad 式(12-10)$$

式 (12-10) 中,P 表示各种劳动力流量的百分比,例如 P_{en} 为就业人员变为非劳动力人口所占的比重 (5/200 = 2.5%),P_{ne} 为非劳动力人口中进入劳动者队伍并已找到工作的人员比重 (1/15 = 6.67%) 等。变量顶部的"+"表示该变量增加将提高失业率,"-"则表示该变量增加将降低失业率。

图 12-12 和式 (12-10) 表明,城市社会对任何既定失业率水平的关注都应

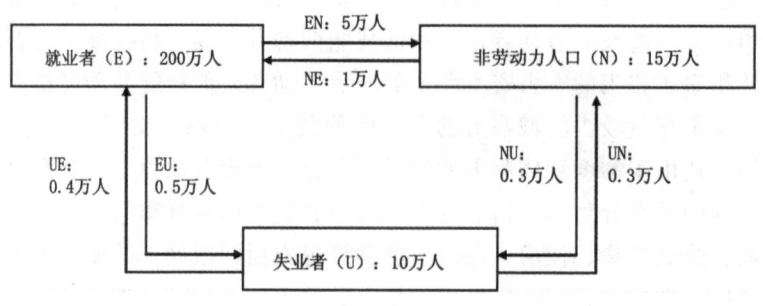

图 12-12 城市劳动力的存量与流量

集中于失业的影响因素以及失业的持续时间两个方面。

(二) 失业治理

失业无论对个人还是对社会,都会带来大量的消极影响,因而城市政府必须关注对失业的全方位治理。

1. 破除劳动力市场的地域和条块分割,建设城乡一体化的劳动力市场,实现劳动力供求信息的网络化、科学化管理。我国目前城市中的劳动力市场,在配置劳动力资源时存在着明显的缺陷和不足:(1) 劳动力供求信息传播范围小、传播速度慢,使得临时性失业的比重较大;(2) 劳动力供求信息的准确性、可靠性不高,劳动力供方与需方不易或不能直接"见面"和"对话",使实现就业的交易成本很高;(3) 市场在配置劳动力资源时,人为因素和主观因素过多,使劳动力较难达到最优或较优的使用,劳动力资源的开发利用效率较低;(4) 由于我国劳动力数量较多,城市劳动力市场总体上还是买方市场,劳动力资源配置的总体效率偏低。

这些问题的存在,主要原因是我国城市劳动力市场不完善和缺乏劳动信息系统。

完善我国城市劳动力市场,首先必须要消除制度壁垒、地方和企业障碍以及其他人为障碍,形成全国范围内的、城乡一体化的劳动力市场,促进劳动力流动实现劳动力资源优化配置。这需要以优良的制度环境、组织环境和人为环境为前提的。其次,要积极推进劳动力市场的信息化、网络化和现代化建设,适应知识社会发展的趋向,从信息化、网络化、现代化及全国"一盘棋"的高度,构建全国统一、城乡统一的劳动力资源配置系统,为劳动力供求信息的快速、准确传播,实现劳动力资源与物质资源的有效配置,提供物质前提和技术保证。

2. 建立科学、严格的劳动力资源社会测评制度和评价体系,优化劳动力资源的配置。劳动力市场往往以劳动者的专业学历或文凭作为劳动力定价的依据和交换标准。这种将劳动力供给方的"学历"或"文凭"作为"个人能力信息"的做法，导致了 20 世纪 70 年代以来困扰许多国家的"文凭膨胀"问题。根据筛选假设理论的观点，教育通常被视作一种"筛选装置"，教育水平被认为是反映个人能力的有效信号，通过求职者的专业学历或文凭，来识别不同能力的求职者，按其专业和受教育水平高低来安排工作岗位，确定劳动力价格。然而筛选假设理论同时也警示人们：教育若不能发挥提高劳动生产率的效用，那么过分依赖教育为选聘依据，将会带来许多不良后果。为此，必须对现行体制中的人才培养和选拔制度进行改革：

（1）建立科学、严格的劳动者能力的社会测评制度和评价体系，对劳动者个人能力（包括个人特长和综合能力等）进行全面、综合地测评，一方面用于指导劳动者的择业和培训，另一方面为劳动力需求者（企业或雇主）提供科学、有价值的劳动者个人能力信息，提高劳动者个人能力信息在劳动力市场上的信度和透明度。

（2）以市场为导向推进教育体制改革，建立素质教育体系，建立学生平时档案制度加强对学生平时表现和能力的考核，并结合学生个人志向、兴趣和爱好等进行科学综合测评。对学生平时档案内容及其考核要求、办法和标准，应立法来严格规范，责任到人，强化监督，避免营私舞弊和不负责行为的发生；力求做到对学生的考核公开、公正、公平。

3. 建立严格的职业培训制度，加强对劳动者的职业技能培训，提高劳动力资源的开发水平和利用效率。劳动者的科学文化素质低，其专业技术知识不能适应社会生产力的要求，是我国产生失业问题的重要原因之一。我国 2015 年 11 月提出"供给侧结构性改革"概念，其中，"员工安置与再就业"是焦点问题之一。而职业培训是劳动力资源开发的主要形式之一，具有明确的目的性、指向性和灵活性特点。它的重要性会随着未来社会经济走向对劳动力需求由体力型向知识型、技术型转变而更加显著。目前我国城市劳动力供给体力型比重偏大，难以满足国内外劳动力市场及未来社会生产力发展的要求。所谓"中国劳动力资源丰富"是就人口或劳动力人数而言，如何将贮量丰富的潜在劳动力资源转化为现实劳动力资源乃至社会财富，是摆在我们面前的重要课题。为此，应在重视正规学校教育的同时，逐渐建立起符合中国国情的职业技能培训制度，加强对在职职工和社会失业人员的职业技能和知识培训。

4. 建设并完善劳动力市场法律规范，加强劳动力市场管理，增强企业和劳动者的法制观念，规范劳动力市场行为，维护企业和劳动者的正当权益，逐步建立起公开、公平、公正的劳动力市场竞争机制。我国城市劳动力市场信息不完善的一个重要原因是法律不健全。就调查，一些社会中介机构往往"乘人之危"，对于急于求职的劳动者索要"保证金"、"安置费"、"押金"等不法收费，甚至存在欺骗现象。为此，加强劳动力市场法律建设十分重要。依法管理是市场经济的基本特征之一，法律规范的作用不能由任何社会规范替代。我们要借鉴和吸收世界法制国家的经验，建立起一套有效管理劳动力市场的严格完善的法规体系，使劳动者权益受到保护的同时，劳动力资源的配置得到优化。

5. 加强行业、企业内部的劳动力市场建设，降低劳动力的搜寻成本。同一部门、行业、企业和职业内部的运行往往有相近的规律，对劳动力情况有比较深入地了解。因而充分发挥部门内的不同劳动力市场的信息交流，实现劳动力同行业、同企业和同职业间的内部调剂，互调余缺，互通有无，这对我国二元经济条件下供过于求的劳动力市场建设，对节约社会资源，减轻下岗、失业的社会压力，现实意义重大。为此，应鼓励部门内的人力资源管理机构相互融通，形成内部劳动力市场。

6. 健全并完善社会保障制度，尽快实现社会保障基金的国家级统筹，加速建设与劳动力市场相配套的社会服务体系。社会保障制度的建设和完善是社会主义市场经济发育发展的基础，同时也是城镇劳动力市场发展的基石。没有完善的社会保障制度和社会服务体系，不实现社会保障基金的国家级统筹，劳动力就不能实现顺畅流动，资源配置的有效性和效率也就难有保证，中国的劳动力市场就永无完善和成熟之日。因此，国家应逐步完善社会保障制度，实现社会保障制度的城乡统一，推动社会保障基金尽快实现省级乃至国家级统筹。此外，还要加速建设与劳动力市场相配套的社会服务体系，例如人才公司、社会诚信体系、医疗保险、养老保险、失业保险等服务机构。

7. 以经济社会的全面发展广开就业门路，疏通就业渠道。解决我国城市就业的途径是多方位、多层次的。从城镇发展和社会进步的角度看，不断提高第三产业的产值率和就业比重，大力扶持和培育非国有经济，大力发展社区服务，积极鼓励劳动密集型行业的发展，都会促进劳动力就业；同时，在提高劳动者整体素质和调整劳动者知识技能结构的同时，不断推进国内和国际的劳务合作和劳务输出，开源畅流，是缓解城镇就业压力、解决城镇就业问题的可行性措施。

第五节　城市信息流经济

一、城市信息流的涵义与通信系统

信息的涵义有广义和狭义之分：广义信息是指对事物存在的方式和运动状态的

反映,是对一切事物相互联系和运动变化的客观描述;狭义信息是指对事物的客观描述中,能被人类理解、接收和利用的信息和情报。而信息流是指从信息出发到被接收所组成的运动形态,在商品流通过程中,商品的供给、需求、价格和流通政策等在经营者之间相互传递,组成源源不断的商品流通的信息流。在流通过程中,信息流分为预测和反馈两种。

从商品流通的上游流向下游的信息流叫预测。生产者和流通者收集市场信息,进行生产销售预测。预测最终变为实施计划,通过媒体广告等传播手段,作为促销信息传递到消费者和使用者;交易的结果成为库存的数据。而信息流从商品流通的下游向上游的流动称为反馈。生产者和流通从业者参照反馈信息,进行结果分析,做出下一个预测。见图 12 - 13。

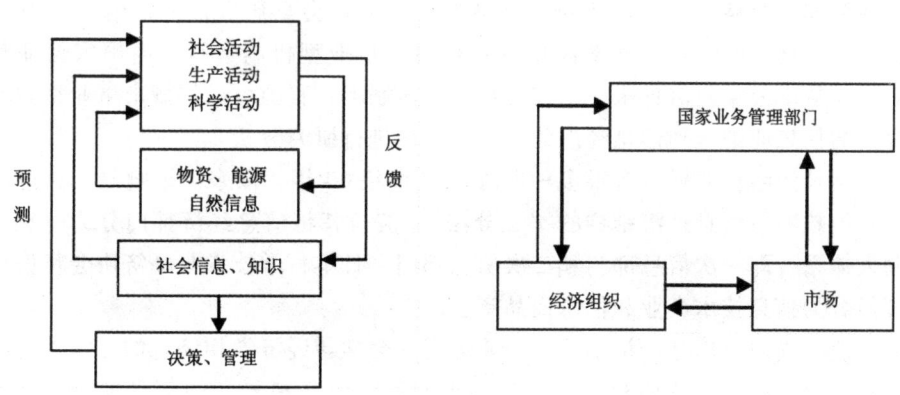

图 12 - 13　信息循环图　　　　图 12 - 14　社会主义市场经济中的信息流

图 12 - 14,是我国社会经济信息流的模式,外圈的信息环流主要是预测过程,而内圈的信息环流主要是反馈过程。每一个信息流过程都经历图 12 - 15 的具体环节,这些环节构成了通信系统。

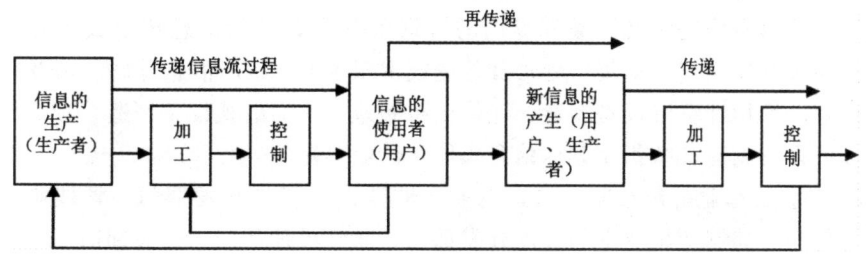

图 12 - 15　信息流过程

二、城市信息经济

（一）城市信息经济结构

城市社会经济可以分为两大领域：一是包含物质和能源的转换领域；二是包含从一个模式到另一个模式的信息转换领域。这两个领域互相交融，不可分割。第二个领域就是城市信息经济。组成信息经济的一个基本要素是信息资本，所谓信息资本，不仅包括信息经济方面的投资，而且包含了信息产业物质设备和其他相关要素。如果将一个国家的经济视为一个整体，它必然包括产业经营部门和事业部门两部分，虽然后者的经济效益是间接的，但是从经济对社会的作用观点看，这两方面可以视为同一范畴。在我国市场经济体制中，从社会全局看，一些信息部门（如图书馆、广播、电视和一些新闻单位）仍应按事业型机制运行，由国家保证其经济供给，从事公益性信息服务。在市场经济体制下，我国可以将城市事业型和产业型在内的信息业纳入到信息经济的范围，全面进行研究分析。

社会经济结构的划分有很多种方法，20世纪60年代以来，影响最大、应用最广的是波拉特对信息经济结构的"二分法"。波拉特将信息经济部门分为一次、二次两大体系，即一次信息部门和二次信息部门；日本科学技术与经济协会将信息经济部门分为信息技术产业和信息商品产业。

目前，国内外信息经济学研究主要运用社会学与经济学相结合的方法进行经济结构的划分，即从产业的社会作用机制出发进行广义和狭义的信息经济分析。据此，对信息结构作如下区分：

1. 一次信息业。具体包括：（1）科学、文化与教育业：包括自然科学研究与技术开发、社会科学研究与社会管理、文化及教育等行业。（2）信息服务业：即狭义的信息产业，包括信息大众传媒服务业（含邮政通信、广播、电视、新闻出版社等）、信息资源开发服务业（含信息发布与提供服务、信息检索服务、信息中介服务、数据通信与网络服务和专门的咨询服务业等）和信息技术服务业（主要指信息系统开发、信息采集、处理和控制技术服务）。（3）信息基础设施及物质产品生产业：系指计算机设备制造、通信设备制造、广播电视设备制造、音像设备制造、印刷设备制造、纸张及其他信息媒体生产业等。

2. 二次信息业。包括非一次信息业中的知识生产与开发部门、管理业务部门和相关部门：如制造企业中的技术开发部门、业务经理部门、公关部门、社团组织中的业务部门等；和非一次信息业中的信息服务部门：如制造业内部的图书馆、信息（情报）所等。

（二）信息生产力及其社会作用

在现代社会发展中，信息经济的发展水平是衡量社会发达程度和信息化水平的一个重要依据。在计划经济体制中，我国长期以来一直把信息业作为"社会事业"来看待，大部分信息产品（包括物质产品、知识产品和信息服务）未能以商品的社会形式进行流通、消费以实现其商品价值，以至于限制了其社会作用的发挥，影响了信息生产力的发展。

我国经济体制的改革和社会主义市场经济体制的确立，从根本上解决了信息产品生产、流通、分配、消费的市场化和各部门信息工作的社会化问题，极大地促进了社会信息生产力的发展。

当前，信息生产力的发展不仅推动着信息经济的变革，而且决定着整个社会生产力的发展水平。信息生产力使社会生产力要素的组合发生质的变化，使劳动者、生产对象和劳动工具三者之间的作用方式不断优化；使社会产业结构随生产力的发展得以协调，使社会不断进步。我国近几年的研究成果表明，我国的信息生产力的成长主要表现为经济信息化发展、科学技术进步、社会信息素质和信息生产结构的改善，由此引起了社会形态的变革。

（三）城市"互联网+"

1. 城市"互联网+"的经济意义。随着互联网加速从生活工具向生产要素转变，互联网与其他产业的结合更加紧密、以互联网为基础的新兴业态密集涌现，互联网在经济社会发展中的地位不断提升。"互联网+"则进一步凸显了新时期、新形势下，互联网在经济发展中的重要作用。

（1）"互联网+"是新业态的铸造器。互联网具有渗透性强、支撑引领作用突出等特点，与各个行业领域的融合，能够不断形成性的行业形态。电子商务、互联网金融、位置服务等新业态的出现，都是以互联网为依托的。未来，随着互联网与工业、农业、服务业的结合更加紧密，必然会铸造出更多新兴业态，推动各传统行业向数字化、网络化、智能化转型升级，打造出更具活力和影响力的新兴业态，助力我国经济实现转型升级、创新发展。

（2）"互联网+"是新消费的催化器。我国经济正进入消费为驱动的发展阶段，互联网在催生和培育新的消费需求方面的潜力与影响力越来越清晰。随着互联网与经济社会各个行业领域的关系日益密切，与人民工作生活各个层面的结合更加紧密，"互联网+"必将在个人数字娱乐生活、工业智能化生产、现代农业升级、智慧城市建设等方面催生出巨大的消费市场，为我国经济的持续、创新发展提供强大动力。

(3)"互联网+"是新模式的孵化器。以互联网为依托和纽带,能够实现涵盖技术研发、开发制造、组织管理、生产经营、市场营销等方面的全向度创新,为驱动国民经济提质增效发展提供重要驱动力量。特别是以互联网为纽带,能够为产业发展和经济发展创造更加优化的环境、提供更加高效的工具,进而推动创新创业活动的开展,使新理念、新模式得以付诸实践,由梦想变为现实。

(4)"互联网+"是新经济的连接器。整合共享、跨界融合是新经济发展的重要特征和发展基础。互联网天然具有交互性特征,具有集聚和分享资源的重要功能,已使得许多企业和行业依托平台经济模式实现了创新发展。随着互联网将越来越多的行业、企业及政府与公共服务单位连接起来,能够实现全社会创新资源与发展资源的大整合、大流通、大共享,进而推动经济发展方式发生重大变革。

2. 城市信息经济与"互联网+"。

(1)大数据和云计算的商务平台。通过大数据和云计算可以实现智慧城市,创造一个新的商务平台,可以进行服务共享,在公共平台、互联网和公网上的二次开发可以提供各种交通、导航、旅游、文物、购物等服务系统,实现人与人、人与机器、机器与机器的互联互通,实现智慧城市的各种应用。在大数据和云计算时代,大数据可以看作是一种资产,利用大数据来创建更多新的业务,通过新的业务产生新的价值,建立现实世界与数字世界的融合,以实现对人和物的感知、控制和智能服务。

(2)城市智慧化的信息经济。城市智慧化是信息技术高度集成、信息资源深度整合、信息应用更加普及的网络化、信息化和智能化城市。这样的城市必然有更强的能力,包括:具有更强的集中智慧发现问题、解决问题的能力,因而具有更强的创新发展能力。在城市智慧化发展中,土地和资本与各种物质资源依然重要的同时,信息资源正在成为城市智慧化建设最重要的资源基础。信息技术和信息资源使城市的生产力结构发生巨大变化,包括产业结构、地区经济结构和一、二、三次产业结构的变化,促进了城市社会经济体系的全球化。随着全球物联网、新一代移动宽带网络、下一代互联网、云计算等新一轮信息技术迅速发展和深入应用,信息化发展正酝酿着重大变革和新的突破,向更高阶段的智慧化发展已成为必然趋势。

(3)智慧城市的建设。"智慧城市"的概念逐渐被全球越来越多的国家和社会公众所接受。智慧城市是数字城市建设的延续,也是城市信息化发展到更高阶段的必然产物。同时,智慧城市是一种看待城市的新角度,是一种发展城市的新思维。"智慧城市"的理念提供了城市创新发展的新思路,开辟了认识城市、发展城市的新视角,其本质是以物联网为重要基础之一,以先进信息技术、智能技术和多网融合为依托，以智慧技术、智慧产业、智慧服务、智慧管理、智慧人文、智慧生活等为重要内容的城市发展新模式和新形态。总之，智慧城市是以互联网、物联网、电信网、广电网、无线宽带网等网络组合为基础，以智慧技术高度集成、智慧产业高端发展、智慧服务高效便民为主要特征的城市发展新模式。智慧化是继工业化、电气化、信息化之后，世界科技革命又一次新的突破。利用智慧技术，建设智慧城市，是当今世界城市发展的趋势和特征。

三、城市信息制度规范政策

目前，我国的信息服务供给和公共信息资源开发利用仍以政府为主。为了"盘活"庞大的政府公共信息资源，实现信息资源开发利用市场化，充分发挥其资源价值，满足经济社会发展对公共信息日益增长的需要。

（一）以需求为导向，推进信息的市场化进程

信息作为一种资源，其价值是根据被利用的状况来决定的，其中用户评价是衡量信息价值的主要因素。政府公共信息资源开发利用市场化必须围绕创造信息的使用价值进行。

对于个人用户而言，由于其年龄、职业、文化程度和所从事的工作性质等特征的不同，在获取政府公共信息资源时有不同的选择和要求。而对于企业用户，由于其性质、类型、企业领导的信息意识以及企业的发展状况等要素的差异，同样对信息有着不同的需求和选择。因此，推动政府公共信息资源市场化，不仅要看信息资源本身的性质和功能，更要看用户的需求。用户需求是政府公共信息资源市场化的前提和最强劲的推动力。只有当信息资源与用户需求相适应时，才能充分激发用户的信息需求；而没有需求的供给只能是无效供给。

（二）转变政府信息服务机构职能，选择适应市场化要求的行政范式

目前我国各级政府及其职能部门几乎都设立了自己的信息机构，成为政府信息资源供给的主体，负责本部门信息化建设和信息资源系统的开发应用。信息技术的先进性、广泛性和复杂性决定了政府部门一般不可能配齐各类专业人员；政府自身网络的狭隘性也使信息机构难以留住一流的信息技术人才，造成运行维护人员的专业化程度不足，直接影响政府信息化建设的科学性、系统性和经济性。此外，我国政府信息机构基本上都属于事业单位，对政府部门通常是提供无偿服务。这种模式是过去计划经济体制下的产物，已经不适应今天市场经济条件的要求。政府信息机构没有经济上求生存的压力，也就缺乏走向市场提供有偿服务的动力，不利于信息

商品化、信息服务社会化和信息机构企业化。

在电子政务建设中，随着信息技术的飞速发展和信息系统开发应用日益走向标准化、市场化和规模化，政府信息机构面临着重新定位、调整和改组的任务。以往人们只注意用政府来改善市场，却忽视了相反的做法——用市场的力量来改善政府。实际上，市场力量是促进政府转变职能的基本手段之一。通过在政府管理中注入一些市场因素（如用户需求），可以有效地推进机构改革。同时，政府信息机构在改革中应选择适应市场化要求的行政范式。

（三）制定相应的政策法规和管理办法，规范市场化运行

目前，许多人主张公共信息资源管理法治化，即通过立法确立政府信息资源共享的地位、原则和保障措施，以保证在安全保密范围之外的政府信息资源的共享利用。但目前的法律法规也许只能做出一些框架性规定，对于具体领域和各种细节的限定则很难做到。制定尽可能完善的法律法规十分必要，但这是一项长期而艰巨的工作。

因此，实现公共信息资源开发利用市场化，除了依靠法律外，更多地要依靠社会力量，如行业协会、企业等。而政府除了承担公开政府信息资源的重任，还应在这一运行体系之中扮演综合管理的角色，规范市场化运行，包括制定相应的政策措施和管理办法，扶持多元化信息服务主体，维护信息服务竞争秩序，监管信息服务效果，尤其是加强对资源开发利用过程中不正当行为的监督，保证信息的客观性、准确性，防止信息加工中的污染，以及防止信息资源的网络化共享造成对信息主体权益的侵犯和利益的损害等。

（四）建立社会征信体系，形成健康的社会信息流

社会征信体系是高水平市场经济体制的突出表现。我国城市正在建立和完善社会征信体系。首先要通过普及信用管理基本知识，建立信用征信体系，鼓励信用保险，完善信用担保机制和信息披露机制，从而规范城市经济的金融信用体制；其次要通过广泛的诚信教育逐步建立城市居民个人的信息体系。每个人在市场经济中的行为都要有一个记录，以便于鼓励公共道德，抵制不法行为。在这样的建设中，使城市社会信息流健康并有价值。

四、信息高速公路与城市电子政府

在各国积极倡导的"信息高速公路"的应用领域中，"电子政府"被列为第一位，可见政府信息网络化在社会信息网络化中的重要作用。在政府内部，各级领导

可以在网上及时了解、指导和监督各部门的工作，并向各部门做出各项指示。这将带来办公模式与行政观念上的一次革命。在政府内部，各部门之间可以通过网络实现信息资源的共建共享联系，既提高办事效率、质量和标准，又节省政府开支、起到反腐倡廉作用。另一方面，政府也可以在网上与公众进行信息交流，听取公众意见与心声，在网上建立起政府与公众之间相互交流的桥梁，为公众与政府部门打交道提供方便，并从网上行使对政府的民主监督权利。

信息高速公路基础建设应该成为如公路、铁路、机场等一样的国家工程建设，可以降低运营建设成本，有利于打破信息孤岛之间的隔离墙，我国对信息高速公路建设应该从以下几个方面着手：第一，加强网络信息基础设施建设投资。中国正在实施"宽带中国"战略，预计到2020年，中国宽带网络将基本覆盖所有农村，打通网络基础设施"最后一公里"，并积极推动全球网络基础设施建设。工信部为贯穿落实《"宽带中国"战略及实施方案》等文件精神，亦在大力推进城市通信基础设施规划建设；第二，重点扶持光纤、高速宽带和云计算中心等领域。互联网"十三五"规划将更多关注和完善信息基础设施的建设。构成信息高速公路的核心，则是以光缆作为信息传输的主干线，采用支线光纤和多媒体终端，用交互方式传输数据；第三，打造智能化综合网络服务平台。通过信息高速公路建设，提升政府综合服务的能力，通过运行APP互动，利用移动互联网等资源提升服务效率，实现便捷的职能运维。

本章小结

1. 商流指用于商品或要素如何配置的决策交往活动所形成的价值流流动，和作为商务决策支撑的商品和要素通过交换而实现价值形态的变换和所有权转移的经济运动过程。它反映着商品价值运动的本质要求，依托于物流、资金流、劳务流、信息流等价值量的流动过程。商流运行的结果是：商品价值补偿和创造所有权效应。城市商流，就是以城市为经济背景和依托的实物的、劳务的、资金的和产权的价值流的运动。

2. 完善的城市市场功能具体的表现为城市市场的"商务流"功能、"物流"功能、"人力流"功能和"信息流"功能的充分作用。加强城市市场功能建设是中国城市政府的特殊职能，其实现途径包括直接建设、开发城市市场，规范市场行为和改革城市市场信号形成机制。

3. 物流是解决市场商品供求空间间隔而形成的经济现象。城市物流是市场主体综合交通环境、交通阻塞、能源消耗等因素，优化城市区域物流和交通行为的过程。它由物质和运营两方面要素组成,物质要素主要由道路、物流设施与网点、物流设备与工具和各种物流信息系统构成,运营要素包括城市物流系统和服务主体要素,城市物流系统由节点物流与路线物流构成,服务主体分为企业物流和消费者物流两个子系统。城市物流在主体、客体和功能上有自身的明显特征。

4. 城市物流体系一般包括物流园区、物流中心和两者之间的配送中心。城市工业物流网络和商业物流网络分别经历了比较复杂的历史变迁过程。物流政策体系包括物流产业政策、物流的市场和行业规范化管理的政策和协调机制政策。

5. 资金流是商品流的货币和资本形态,其运动形式分为现金货币和非现金货币(支票、商业汇票、银行承兑汇票、信用卡等)两类。城市资金流指流经城市区域的商品价值借以表现的货币和资本流量。后者表现为城市社会资金的循环与周转,是城市财富再生产和国民收入运动过程的统一。资金周转快慢,反映城市资金的利用效果。城市资金流网络是由七个经济主体相互交叉的收入和支出行为构成。

6. 考察城市资金流的经济效果,可以通过资金对经济发展作用的模型分析和计算资金占用效率、流动效率等指标来检验和评价。资金是城市经济的血脉,城市政府可以采取金融产业政策、投资政策、储蓄政策等来吸引和促进资金在城市的流动。

7. 城市劳务流指市场中劳动力向工资报酬高的地区运动而形成的流动。我国的城市劳务流很大部分是农村剩余劳动力向城市非农产业的流动,形成庞大的劳动力转移大军。

8. 为了使流动劳动者能够发挥更好的社会经济效益,必须把握城市劳动力市场的供求状态。劳动力需求是由人们对商品的需求引致的,劳动力供给是劳动者根据其收入效应和替代效应的对比决定的。

9. 流动劳动力填补了城市劳动要素空缺、节约了城市人工成本、推动了城市劳动力市场的竞争与发展、使大量城市知识和劳动技能扩散到农村,对经济发展起到很大作用。

10. 城市失业率是多种劳动者流动的函数。城市政府治理失业可采取的措施:建设城乡一体化的劳动力市场,实现劳动力供求信息的网络化;建立劳动力资源社会测评制度和评价体系,建立严格的职业培训制度,建设并完善劳动力市场法律规范,加强行业、企业内部的劳动力市场建设,健全并完善社会保障制度,广开就业门路疏通就业渠道。

11. 信息流指信息出发到被接收所组成的运动形态,在流通过程中,信息流分为预测和反馈两种。我国城市信息经济包括事业型和产业型的信息业,后者又分为一次信息业和二次信息业。

12. "互联网+"是新业态的铸造器、是新消费的催化器、是新模式的孵化器、是新经济的连接器。

13. 我国信息服务供给和公共信息资源开发利用仍以政府为主。为了满足城市发展对信息日益增长的需要，城市政府推进信息经济的措施包括：以需求为导向，推进市场化进程；转变政府信息机构服务职能，选择适应市场化要求的行政范式；制定规范市场化运行的政策法规和管理办法；建立社会征信体系，形成健康的社会信息流。

思考题与练习题

1. 全面解释商务流的含义，结合第二章的部分理论，分析为什么城市是各种价值形式流通的中心？

2. 人们常认为商流就是物流，这种说法正确吗？如果不正确，请分析商流与物流之间的区别。

3. 请阐述物流经济对城市经济的影响。

4. 为什么啤酒厂通常位于市场附近，距离原料产地较远；而葡萄酒厂通常位于其原料产地，距离市场很远？

5. 分析图12-2中各种政策阀门对城市资金流的影响。

6. 考察城市资金流的经济效果？请设计一组数据，运用区域生产函数模型说明各种资金渠道对城市经济发展的贡献？

7. 请思考农村剩余劳动力对城市经济会造成哪些影响，如何治理城市失业？为了使流动劳动者能够发挥更好的社会经济效益，城市政府应当做哪些事情？

8. 在20世纪60年代，奥克兰港快速发展各种配套设施，以便利用新出现的可以节省劳动力的集装箱运输技术，其结果是，奥克兰港从旧金山（海湾对面）挖走船运业务。在什么条件下，采用集装箱运输技术可以提高奥克兰的就业总量？

9. 试结合图12-12的资料，运用城市劳动力的存量和流量模型分析城市失业率的状态。

10. 结合实例分析，城市政府应采取怎样的和如何运用城市物流政策、城市资金流政策、城市人力流政策和城市信息流政策？

11. 区别信息流和信息经济的含义，分析信息流与城市经济发展的关系。

12. 城市"互联网+"的经济意义包括哪些方面？与智慧城市建设存在怎样的关系？

13. 城市政府推进信息经济的措施包括哪些内容？

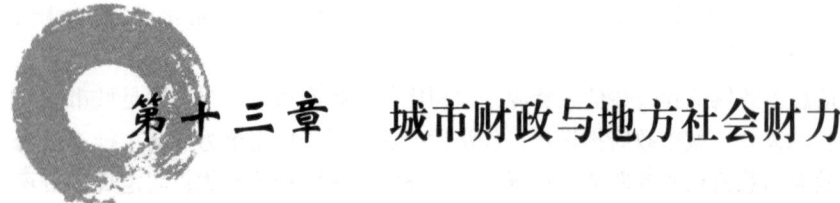

第十三章 城市财政与地方社会财力

学习目标

通过学习本章,深入了解城市地方社会财力的内涵和调控意义,明确财政和良好的社会融资环境是城市政府的重要经济职能。重点掌握城市财政的收入和支出项目、原则及其政策力度如何影响城市经济发展的公共经济效应,学会对城市财政政策效果的经济分析方法。同时明确城市融资活动、融资体制和融资模式的内涵及其在我国城市中的现状,分析城市公共产品建设的融资问题、城市社会融资问题和地方政府债务问题,了解我国城市投融资体制的改革目标和发展趋向。

第一节 城市地方社会财力概述

一、城市地方社会财力的内涵与结构

(一)社会财力与城市财力的概念与意义

社会财力来自于社会产品和国民收入初次分配与再分配而归属于不同社会利益主体的货币资金,在市场经济条件下,这些财力是引导社会资源配置的源头,是影响社会经济运行的主导力量。

财力作为社会在一定时期内创造的以货币形态表现的可以支配和使用的价值,是相对于人力和物力而言的。人力和物力集中表现为自然力和经过人们劳动生产出来的社会产品的物质形态,而财力则是这一物质形态相对伴行的货币状态。这是财力的第一个属性,如果财力没有一定的人力和物力相对应,则不称其为真实财力。虽然在市场经济中,由于价值和使用价值的运动可以相互分离而使其数量在某些环

节不一定相互对应，但在一定时期内的总量上一定要对应，否则便会造成社会总供求的失衡，这也是总量财政政策的意义所在。

这种财力与人力、物力的对应关系，并不仅仅指当年新生产出来的社会产品（劳务）和资金的相互对应，也包括以前的财力积累与库存物资的相互对应。因而财力不仅仅是增量货流量的概念，同时也是存量的概念，存量的累积性特征形成了财力的第二个属性，它深刻地反映了财力的发展过程和动态性质。从这一属性出发，财力成为财力资源，对于财力增长、财力潜力、财力发展效应等有重要意义。

财力的存在形式分为静止状态和运行状态两部分，静止状态的财力指仅仅进入生活消费过程的财力，由于最终被消费掉了，有人认为这部分可以不算社会财力。但是，财力的静止状态会经常地转化为运动状态，因而仍然会进入财力研究者的视线范围。运动状态的财力进入再生产过程成为广义的社会生产资金。其中，进入简单再生产过程的财力是社会总产品的分配结果，在经济运动中分别采取货币资金、生产资金和商品资金三种形式，在形式变换中实现增值，是能够带来新增价值的价值，构成社会生产资本的内涵；而进入扩大再生产过程的财力是在经济运动中分别采取投资资金、建筑材料资金和技术设备固定资金三种形式，在形式变换中实现新的社会生产能力，是扩大再生产的源泉，构成社会投资资本的内涵。这种不同运动状态的财力具有不同的性质，是财力的第三个属性，可称为财力的状态属性。它是研究财力结构作用的核心内容，是据以制定财政结构政策的研究范畴。

综合而论，社会财力就是以货币形态表现出来的社会价值资源、社会价值配置、社会资金周转及运行的全过程，它是一国国力的重要表现，在市场经济运行中起着主导作用。

城市社会财力是发生于城市地区、具有地方性质的社会财力。其经济属性与全国财力的属性一样，也具有与物力人力的对应性、累积性和状态性特点，但是这些属性的空间表现与全国财力有区别。城市社会财力的运行空间仍然是全国，但是其作用空间只在城市，作用的程度可以由城市的资金流以及商务流（第十二章）来反映。

（二）城市地方社会财力的结构与公共财力

城市地方社会财力包括中央财力、地方财力、银行金融财力、企业财力、非营利机构财力、居民财力、国外财力等种类。其中相当部分构成城市公共财力资源，为城市的公共经济发展提供资金条件。在这个过程中，不同的财力主体和财力范围，对城市社会经济运行和提高公共产品的作用方向和作用力度影响不同。

1. 预算内财力。指公共预算资金，它直接构成公共财力资源，是为了行使公共管理职能而为市场经济提供公共服务的资金分配行为。在我国二阶财政体制下，公共预算分为中央政府预算和地方政府预算。根据分税制体制，城市公共财政有相对独立的管理职能。

2. 预算外财力。是我国历史上延续下来由国家机关、事业单位和社会团体为履行公共职能或代行政府职能，依据国家法律、法规和具有法律效力的规章而收取、提取和安排使用的未纳入国家预算管理的各种财政性资金，包括地方财政部门按国家规定管理的各项附加收入，事业、行政单位依据国家法规自收自支的不纳入国家预算的资金。它形成公共财力资源的重要组成部分。预算外财力由于涉及面广，同预算、信贷和现金收支有着密切的联系，并且收支又比较分散，如果管理不当，会影响到城市发展的各个方面。从长远发展方向来说，预算外资金应逐步转为预算内资金和非营利机构的社会基金，这将随同我国政府机构和事业单位的深化改革而逐步转化。

3. 金融财力。主要有国有银行信贷财力和非国有金融机构财力两个组成部分。前者属于广义的公共财力的构成部分，但与预算完全不同，它所动员和集中的是各企业单位和居民个人的储蓄资金和暂时闲散资金，只能在存款约定储蓄期间内集中使用；这种化零为整的社会财力，在用于公共产品的建设时，构成了公共财力资源的性质。非国有金融机构财力是市场经济下民间力量分配社会闲散资金的重要工具，一般不具有公共财力的性质。

4. 外汇财力。外汇财力是本国具有的外国货币的数量。作为公共财力资源性质的外汇，主要指国家外汇储备和公共组织在提供公共产品活动中形成的外汇收入，城市政府组织要直接或间接的干预外汇财力的运行。

5. 企业财力。指企业利润收入。随着我国社会主义市场经济的发展，这部分社会财力增长迅速。目前我国企业财力中的税收部分，是公共财力资源的重要来源，国家通过各种经济杠杆的运用，引导企业实现增产增收，从而增加公共财力资源的基础。

6. 居民货币收入。是国民收入的主体。在社会主义市场经济条件下，居民收入是以劳动报酬、财产性收入和其他收入形成的多种收入总和。在这些居民收入中的个人所得税税收部分，也是公共财力资源的重要来源。

7. 外汇财力。是城市各个经济主体拥有的外汇资源。

8. 地方政府性债务。是地方政府及地方机关事业单位专门成立的基础设施性企业为提供基础性、公益性服务直接借入的债务和地方政府机关提供担保形成的债务，分为直接债务、担保债务和政策。包含地方政府负有偿还责任的债务、负有担保责任的债务和其他相关债务。其来源为银行借款、债券、政府公共资金借款等。

可见，公共财力资源与社会财力的八大部分都有关系，其中预算内财力占主导地位。由于对不同财力管理的方式不同，支配的程度不一，公共财力资源可以划分为集中性和非集中性的两种：集中性公共财力是一定时期内财政部门直接支配使用和调节的那部分社会财力。主要由预算内资金及地方财政所掌握的不列入预算的机动财力两个部分构成；非集中性公共财力是不由政府直接支配的那部分财力，包括国有资产收益，事业行政单位的预算外财力，和除了财政存款外的国有银行信贷资金等。这部分财力随着社会主义市场经济的发展，其比重有逐渐扩大的趋势。

上述财力在城市地区具有两种概念，一是地方财力，指由城市政府所辖各经济主体的财力总和，另是地区财力，指除了地方财力外，还包括流经城市地区但不由城市政府控制的社会财力，是资金流的重要构成。一般来说，地区财力的计算公式是：

地区财力＝本地区GDP生产额－国家税收和其他上缴中央财力
　　　　＋中央财政补助－向区外流出财力＋区外流入财力

二、城市政府对地方社会财力的调控

城市政府对地方社会财力的调控是建立在对地方经济和财力的性质认识的基础之上。

从客观上看，地方经济具有相对独立的性质。城市地方在经济发展中总是力求运用本地比较优势，积极开展与外界的经济联系以求得本地区尽快发展，形成具有地方特色的经济运行规律；地方经济组织和管理机构，从寻求地方经济相对独立的经济利益出发，实行功能性的管理，使城市地方经济产生协同效益；并通过调节，使城市本地化供求比重不断上升。可见，地方经济发展在客观上要求地方具有相对独立的经济管理调控权。正确运用这种权力，将会在兼顾宏观经济利益和微观经济利益的同时，形成地方的稳定效益，并对全国经济发展起到基础作用。

从主观上看，地方经济政策是城市发展的重要保障。地方经济运行出现供求不平衡时，需要经济调节，要从研究地方社会财力的供求方开始；地方财力的分布、趋向及结构状态意味着城市经济的优化状态，据此可以寻找和把握地方经济生长点的战略性措施；地方社会财力的分配状况是否合适，将会直接影响城市经济主体的发展积极性；等等。这些，都需要从城市社会财力出发研究城市政策的制定。

城市政府在中央政府政策的基础上，对城市地方社会财力的调控主要内容有：

1. 正确运用地方财政资金，保证城市安全运行和社会公益事业支出。如城市地方行政管理、法制建设、地方社会治安维护支出；城市基础设施建设支出，城市教育、科研、卫生等事业费支出，城市社会保障支出等。

2. 通过经济政策鼓励资金引进推动城市经济发展。例如，城市政府鼓励招商引资，可以制定相关的城市产业政策、进出口政策和地方税收政策等，在保护城市生态环境的前提下，积极吸引外部资金、推动城市经济发展。

3. 控制城市不同主体和社会机构的收益以优化城市市场结构。城市是自然垄断产业和公共产品集中的地方，也是大垄断公司集聚的地方。城市政府可以通过公共规制调节垄断性收益增加城市生产公共产品的资金来源。

4. 制定城市居民收入调节政策。从公平城市收入分配目标出发，城市政府要制定使市民实现起点公平（机会均等）、规则公平（按要素分配）和结果公平（基本生活保障）的收入调节政策，兼顾城市财力配置的公平与效率，为建设和谐城市创造条件。

三、地方融资平台

地方融资平台，是指由地方政府发起设立，通过划拨土地、股权、规费、国债等资产，迅速包装出一个资产和现金流均可达融资标准的公司，必要时再辅之以财政补贴作为还款承诺，以实现承接各渠道资金的目的，进而将资金运用于市政建设、公用事业等城市建设项目。其主要表现形式为地方城市建设投资公司（简称"城投公司"）。其名称可以是某城建开发公司、城建资产经营公司等。

地方融资平台对促进地方经济发展、加快城镇基础设施建设、推进城市化进程，特别是在应对国际金融风险，保增长、扩内需、调结构中发挥了积极作用。民间投资和居民消费的启动需要漫长的时间，地方政府启动融资平台投资却能立竿见影，这是银行资金大量流向各级地方政府融资平台的客观原因。这种状态，使地方融资平台在发挥作用的同时，也引发了地方领导干部的扭曲负债观，在地方政府负债机制转换和体制改革相对滞后情况下，使预算法禁止地方财政负债的"明规则"，被事实上的普遍负债"潜规则"强制替代，催生了地方政府盲目举债行为和地方融资平台的较大风险，例如，把地方政府基础建设和公共事业产生的债务信贷化。

对此，国家积极部署加强地方政府融资平台公司管理。对地方政府及其部门和机构等设立的融资平台公司，出现的规模增长过快、运作不够规范等问题，要进行有效防范，抓紧清理核实并妥善处理融资平台公司债务，按照分类管理、区别对待的原则，妥善处理债务偿还和在建项目后续融资问题，分类清理规范地方政府已设立的融资平台公司，划清职能，规范运作，坚决制止地方政府违规担保承诺行为，以保持地方融资平台的安全有效的运行。

第二节　城市财政

一、城市政府的公共经济职能

一般来说，在市场经济体制下，财政的经济职能有稳定经济、公平收入分配和资源配置三大方面。对于城市财政来说，这三大方面有不同的表现：

（一）稳定经济职能

传统观点认为，稳定经济的作用主要应由中央政府来担当。即单个地方政府几乎控制不了其辖区内的物价、就业和经济活动的总水平。原因主要是因为：（1）地方政府没有货币制造权；（2）地区经济间具有高度开放性，要素和商品流动性很大，严重限制了地方政府使用财政政策的能力。经济学界在承认地方政府在稳定经济方面局限性的同时，也有人对传统认识表示了异议。格兰姆里奇（Edward Gramlich）认为，地方财政政策在稳定经济方面是完全必要的。因为如果个人并不因经济原因而流动，并且增长的支出份额是用于购买地方性劳务的，流动性将很少发生，地方财政政策在辖区内就会有较大作用。此外，格兰姆里奇论证，宏观经济总是日益变得地区化而不是全国化，这是因为特定的产业总是受特定经济要素的影响。当某些地区正在推行紧缩政策的时候，某些地区可能正在执行扩张性政策。在这种情况下，地方财政政策是必要的。事实上，传统观点可能过于强调地方政府在其辖区内影响总需求的能力，地方财政决策的总和对于国民经济运行的影响是不容忽视的。

（二）公平收入分配职能

分配政策是指政府获得和维持社会偏好的收入分配格局的职能，在绝大多数情况下是把高收入者的收入再分配给低收入者。对于这一职能，传统观点一直与稳定问题相类似，认为在劳动力等要素能够充分流动的条件下，地方政府重新分配收入的努力会因为纳税人的流动与受益人的迁移而受阻，即城市富裕居民会迁出征收高累进税的城市，流入有较少福利方案的地区居住，从而导致城市税收总量的减少；而一些贫困家庭则大量迁入高福利计划的城市，从而导致受益人人均转移支付的减少。富有者的迁离和贫困者的迁入共同削弱了城市的再分配计划，是地方政府都不愿进行大规模的再分配计划。因此，流动性的存在限制了地方政府进行收入再分配的能力。当然，这一观点并不排除地方政府履行再分配职能，由于搬迁是有成本的，如果再分配政策的税收低于搬迁成本，就不会影响地方政府的再分配职能，因而很多地方政府在实际操作中仍然提供少量的再分配政策。

（三）资源配置职能

大多数经济学家认为，城市政府应当担负起地方资源配置的主要职能，即负责提供地方公共产品和公共服务，其中包括教育、公路、安全防护、消防、公园和污水处理等等。大量事实证明，与中央政府统一提供公共产品相比，城市政府能够提高资源配置的效率。公共产品因受益范围不同供应主体会不同。诸如国防、外交等公共物品，其受益范围不受地域限制，称为全国公共物品；而诸如消防、供能等公共物品，只使其具体服务的地区内居民受益，而称为地方公共产品。与特定的地理位置相对应，地方政府更接近当地居民，了解当地居民偏好，能依据这种居民偏好及环境做出快速反应，最大限度提供满足居民需要的公共产品和服务，故能够提高资源配置效率。如果由中央政府统一提供，对各地需求差异不可能考虑周全，就只能提供一个全国范围内的平均水平，由此会产生效率和社会福利的损失。

城市政府如何运用相对独立的城市资源配置权力最有效地配置资源呢？美国经济学家查尔斯·蒂博特于1956年提出一个假说，即蒂博特模型（Tiebout Model）。这一模型认为，地方政府只对所属纳税居民提供公共物品和服务，那么居民就会根据各个城市地方政府提供公共物品的情况，选择一个特定地方政府辖区内的地点居住，以便消费自己想要得到的公共物品和服务的数量质量。换句话说，众多地方政府，如何配置资源，是受居民"用脚投票"行为约束的。由于税收支出组合在地方政府间差异极大，居民可以从一个社区搬到另一个社区，使自己的消费偏好与政府的税收支出组合相符。对这一假说，西方学者做了大量检验，证实了这一模型的正确性。有代表性的是华莱士·奥茨的研究，通过对美国新泽西州郊区住宅的地方财政部门的价格反映证实：住宅选址决策者受到服务好、税收低的社区的吸引。

二、城市地方财政收支的内容

城市财政是城市政府为实现其职能需要而筹集资金与使用资金所形成的财政分配关系。它的基本内容包括城市财政收入与财政支出两大方面。

（一）城市财政收入

城市财政收入的形式，主要有税收（预算收入）和收费（预算外收入）两种。

1994年分税制改革以前，我国城市政府财政收入类型与中央财政基本一致，只是收入结构受城市地区经济结构影响而与中央财政有所区别；实行分税制后，城市财政收入来源发生了很大变化，其独立性也日渐增强。概括来讲大致有以下几种来源：

（1）税收收入。作为国家凭借政治权力无偿参与社会产品分配的形式，税收具有无偿性、强制性和固定性三大特征。城市财政收入在西方国家主要包括财产税、销售税和地方所得税等，其中地方所得税比重最大，是根据个人和公司收入稽征的税种，主要采用累进所得税方式。我国在分税制改革后，在总共18个税种中，属于地方性固定收入的有：营业税（不含铁道、银行、保险总公司等部门）、城市企业所得税、个人所得税、城镇土地使用税、固定资产投资方向调节税、城市维护建设税（不含铁道、银行、保险总公司等部门）、车船使用税、房产税、土地增值税、印花税、契税、屠宰税、遗产和赠与税等；属于与中央共享的收入有：增值税、资源税和证券交易税等。增值税中央分享75%，地方分享25%；资源税按不同的资源品种划分，海洋石油资源税作为中央收入，其他资源税作为地方收入；证券交易税中央与地方各半。

（2）国有资产收益和利润（亏损）收入。是市属国有资产收益和市政企业税后利润规定留成后的剩余。市属国有资产收益通过市属国有投资公司提供，是对国有资产的运营收益；而市政企业主要是自然垄断性质的提供城市公共产品和公益服务的经营单位。在公共规制情况下，市政府往往规定市政企业的财务目标是收支平衡，因而城市财政利润收入的比重很小，甚至更多的时候是亏损补贴。

（3）上级财政转移支付。是城市建设和发展的重要资金来源。在美国，转移支付有两种形式，一是对称补助金，即地方政府为某项目筹措部分资金，不足部分由联邦政府提供；另一种是计划补助金，一般是有条件限制的为某项特定事业提供的资金。我国1994年以后，中央财政对地方的转移支付以1993年为基数逐年递增，递增率按全国增值税和消费税增长率的30%确定，是一个相对稳定的数字。

（4）政府公债。有外债和内债两种，由于对外举债关系到国际收支平衡和币值稳定，只有经中央政府特别授权的城市政府才可对外发行公债。城市政府为特定财政目标发行某种特定政府债券，用以筹集民间资金来促进城市建设与发展的财政活动，也需要经过中央政府授权后实行。近年来，城市政府发行公债越来越多，已成为财政收入的一个重要来源。

以上四项均属于一般预算收入，它是通过一定形式和程序，有计划有组织的国家分配，城市政府一般没有独立决策权。此外，还有城市政府独立决策的预算收入，主要内容有：

(1) 收费收入。包括公共事业使用收费、土地使用费、管理费、事业费、资金占用费、租赁费等等。收费收入一般是城市政府通过市政管理向城市主体提供市政公共设施和公共服务,而向受益者收取的费用。它是市政公用事业投入成本的一种回收方式,既要讲究社会效益,又要兼顾经济效益;既要讲究效率,又要兼顾公平,因而不同于税收。需要指出的是,城市土地是国有土地,对其市场化运作,必须收取地租。在我国目前体制下,地租是通过土地出让金和使用费形式收取的,已构成城市财政收入的重要来源,有的城市称其为第二财政。

(2) 基金预算收入和专用基金收入。随着城市相对独立作用的增强,城市针对特殊的用途,在国家批准下,可以通过建立社会基金和专用基金形式来满足城市发展的需要。专项社会基金的年度预算可以成为市政建设资金的来源。这里,预算外资金可以看成是一种特殊的社会基金。由于各个城市发展很不相同,专项基金和预算外资金的收入在不同城市的差异很大。此外,只在地方财政中列示而未进入预算的社会保障资金,呈现逐年增长的趋势。

(3) 行政收入。指政府或公共机关提供公共管理服务的收入,一般包括规费、特别课征、特许金与罚金。规费指公共机关为个人或企业提供某种特定服务的特定报偿,一般按填补主义标准(即根据公共机关提供服务所需费用而定)和报偿主义标准(即以公民从公共机关服务所得利益为准)两个标准确定;规费通常分为行政规费(如护照费、会计师执照费、商标登记费等)和司法规费(如诉讼费、出生登记费、结婚登记费等)两类;特别课征是政府对公共目的的新增设施或改良旧有营建,根据受益大小按比例进行的课征,以充实工程费用的全部或部分,如修建沟渠、公园等费用;特许金是政府公共机关对给予个人某种行为或营业活动的特别权利课取的一定金额,例如在美国汽车驾驶执照费是特许金中最大的一种。罚金是政府公共机关对于个人违反法律以致危害国家利益或公共利益行为课以处罚的金额。

(二) 城市财政支出

城市财政支出的形式,主要有一般预算支出,基金预算支出,专用基金支出,收费支出以及其他支出等。在内容结构上,正随着我国社会主义市场经济体制的逐步完善,趋向于现代城市财政支出结构。西方国家城市财政支出主要由以下五部分组成:(1) 公用事业支出。包括城市给排水、污水处理、电力供应等方面。(2) 社会服务支出。包括教育、医疗保健、社会福利以及公共住房的建设等方面的支出和对低收入阶层的房租补贴等。(3) 城市交通支出。包括道路、桥梁、车辆等城市交通设施的投资支出以及对城市公共交通的营运补贴等。(4) 一般城市服务支出。包括垃圾收集、公园建设和管理、公共建筑投资、土地开发计划、消防、执法等方面。(5) 其他支出。如一般行政管理支出等。

我国城市财政支出结构在市场化的进程中基本形成了以下六个方面的内容：

(1) 城市经济支出。包括城市国土整治、城市公益事业基本建设支出、技术改造支出、对国有工商（市属）企业的援助性投入、市管县体制下对农业的援助性投入等。

(2) 城市维护和建设支出。包括城市公用设施、市政基础设施等的建设与维护支出等。

(3) 教科文卫事业支出。是指除基本建设支出、技术改造资金、流动资金和科技三项费用以外的各项文教事业费，科学事业费支出。包括文化、出版、体育、教育、卫生、计划生育等共计15项事业费支出。

(4) 行政管理费用支出。即城市行政管理部门的管理费用。包括市政府、人大、政协、公检法、人民团体、直属机关、事业单位的办公费、设备费、业务费、工资、基建开支等。

(5) 社会保障和社会救济支出。即用于城市人民生活保障的费用，如社会救济费、公共医疗保健费、残疾人费用、劳动保护费用以及社会灾害补助费等等。

(6) 价格等补贴支出。即用于国家政策性生产补贴和消费补贴的支出。

由于城市政府的经济职能各有不同，其财政支出结构也有较大差异。表 13-1 提供了比较分析的资料。

表 13-1　　　　　　　　中外城市财政支出结构比较

国家或城市	城市财政支出（%）							
	基础设施工程	教育等事业费	卫生保健福利	公检法和行政管理	其他	房屋建设维修	旅游与交通事业	支农和企业改造
英国	8	40	44			8		
法国			12	33	22	20	13	
美国	10	40	14		36			
北京	18	25	3	15	26			13
上海	23	23	3	10	31			10
杭州	18	27	7	15	33			

资料来源：根据周围林、严冀等编著：《城市经济学》第354页图归纳，复旦大学出版社2004年11月。

三、城市地方财政政策分析

城市财政的收入与支出，能否取得良好的发展效果，与城市财政政策密切相关。

（一）城市财政收入政策分析

城市财政收入要获得良好的效益，一般要贯彻如下几个原则：

1. 发展经济的原则。即财政收入不能损害经济发展，要积极支持城市工商业发展，实施"保护税率"。这样，城市财政才能够激励生产力发展，不断扩大税源。

2. 税收效率原则。即征税要有利于资源有效配置和经济机制的有效运转，降低管理成本，提高税收的行政水平。

3. 公平分配原则。其内涵是指每个纳税人的税收负担要与其经济实力（纳税能力）相适应，从而做到税负均衡，这包括横向公平（纳税能力相同的人应缴纳相同数额的税收）和纵向公平（纳税能力不同的人应当缴纳数额相异的税）两项内容。区别对待，才能缩小贫富差距，保证城市社会分配的公正性，体现社会进步。

城市财政收入是否体现了上述原则，可以通过政策分析来检验，其方法主要采用税收收益弹性和税收负担转移来分析。

税收收益弹性是城市政府税收收益变化的百分比与相应的纳税者收入变化的百分比的比值。税收收益的收入弹性若小于1，表明税收收益的增长率低于市民收入的增长率，政府税收收益缺乏弹性；若等于1，表明政府税收收益与市民收入的增长率相等，为单位弹性；若大于1，表明税收收益的增长率大于市民收入的增长率，政府税收收益是富有弹性的。把税收收益与地区总产值（GRP）联系起来，可以得到与GRP相对应的收益弹性，即政府收益变化百分比与GRP变化百分比的比值。GRP反映经济增长情况，而经济增长在很大程度上决定着政府收益的变化。根据美国60年代的研究，财产税的收益弹性在0.82—1.3之间；一般销售税的收益弹性常常是1.0；货物税的收益弹性在0.4—0.7之间。研究还表明，州级的个人所得税收益弹性可能高达1.7—2.0，而自治市的所得税收益弹性在1.3—1.4之间。使用费是高度非弹性的，收益弹性少于1[①]。

税收负担转移是付税者的逃避行为造成的。在流通领域，税收负担转移是纳税

---

① 孟晓晨. 西方城市经济学——理论与方法 [M]. 北京大学出版社，1992（63）.

人减少应税活动，或改变贸易的名称以逃税，把税收负担转移到他人身上。一般来说，在局部均衡条件下，当政府对一种商品或服务征税时，它的价格就上升，而购买量将减少。负担分布将取决于经济系统对这一变化的反应，而经济的反应又受到市场结构、市场调节时间长短和供求条件的影响。雷阿德（Layard，P.R.G）和瓦尔特斯（Walters，A.A）指出：（1）一项税收对相对价格和购买量的影响与政府是对购买者还是对卖者征收无关。（2）当商品的需求价格弹性小而供给弹性大时，一项给定的税所引起的买方付出价格的提高大于卖方收到价格的降低。在生产领域，税收负担转移的程度取决于征税资源对于某一地区、某一工业或某一具体工程的专用化程度。资源转移有用途转移和地理转移之分。前者为转向非纳税用途，后者为迁出纳税地区。前者的转移可能性取决于资源的专用化程度，后者的转移可能性取决于资源的地理特殊性（如土地就无法转移）。一项资源的专用化程度越高，它改变用途所获得的价值就越低，税收负担转移的可能性就越小。具有地理特殊性的资源转移的可能性较小，因而不得不承担较大的税收负担。

（二）城市财政支出政策分析

城市财政支出在贯彻执行中央财政政策的基础上，其性质是城市政府如何向市民提供公共产品和服务的政策选择问题。进行这种选择，一般要坚持如下城市财政支出原则。

1. 统筹兼顾、全面安排原则。这一原则要求做到重点与一般相结合；当前与长远相结合；城市经济与城市社会环境发展相结合，以便合理地使用城市财政资金。

2. 量入为出与量出为入相结合的原则。量入为出是以收定支，根据收入的多少来安排支出；量出为入是以支定收，按支出的多少来安排资金筹集的规模。从财政角度看，量入为出的主动权在于自己，而量出为入则受着事权上的局限（但也并非毫无余地，如通过财政手段筹集某些资金等）。有人认为量入为出是计划经济时代的财政观，这一财政观念正被以支定收的财政观所取代①。但是，对于城市财政支出而言，一般情况下还是应坚持收支平衡、减少赤字，当然也不能单纯追求和满足静态平衡，要能够适应和有利于城市经济发展，充分反映城市政府提供公共产品的优势。因此，应把两方面的支出思想结合起来。

3. 讲究效益的原则。城市财政支出，应尽量按预算进行，既要讲究经济效益，

---

① 高培勇．"量入为出"与"以支定收"[J]．财贸经济，2001（3）．作者同时认为，"以支定收"并不完全等同于"量出为入"。

也要讲究环境效益和社会效益，力求节约，避免盲目投资和重复建设。对于一些大的建设项目，要进行深入细致的可行性研究、财务分析和方案评估。对支出效益的评价可用"成本—效益"分析法和"最低费用选择法"，前者详列各种方案的全部预期成本和预期收益，通过分析比较，选择最优投资项目；后者是对于不能用货币单位计量社会效益的项目，只计算每项备选项目的有形成本，并以成本最优为标准选择。

4. 取之于民、用之于民原则。即城市财政资金来源于城市，除了上缴国家以外，其余都要用于城市建设与发展。这里要紧紧围绕提高市民素质和提高城市人民生活水平来使用财政资金，以加快城市现代化的步伐。

根据上述原则确定的城市财政支出，数量和结构是否合理，实质上是确定城市公共产品和公共事业的合理规模问题。规模过小，不能满足城市经济发展需要；规模过大，则会加大纳税者负担。如何确定城市公共产品的适度规模呢？需要分析公共产品和公共事业需求的社会总收益和社会总成本以及城市公共事业规模与居民消费水平的关系来确定。

从公共事业规模与边际成本的关系来看，短期内一次性投资所形成的产品的产出规模的边际成本可看作是不变的，社会最佳产出规模是由需求曲线（D）和边际成本曲线（MC）的交点（Q）决定的。按照边际成本等于边际收益的原则，私人供给将选择 Q_2（边际收益曲线与边际成本曲线的交点）的规模；而非营利的政府将选择 Q_1（需求曲线与边际成本曲线的交点）的产出规模（见图 13–1）。在长期，边际成本不可能保持不变，一般会随着产出规模的扩大而上升，而需求也会随着时间而增长，此时，第一次投资形成的产出能力不能满足需求，出现了供给不足，这会使人们愿意支付的价格上升，当人们愿意支付的价格超过了长期边际成本时，就具备了进行新的投资来扩大产出能力的条件，公共事业规模也会随之扩大。

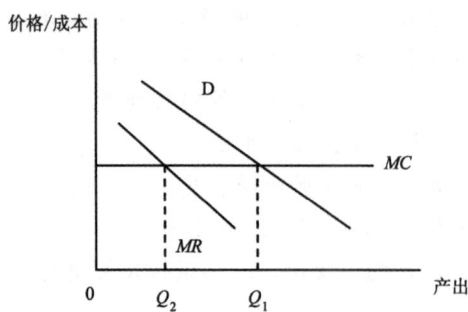

图 13–1　公共事业规模与边际成本的关系

从公共事业规模与居民消费水平的关系来看,城市居民的消费水平依存于公共产品的产出规模。假定城市经济运行中只有一种公共产品 G 和一种私人最终消费产品 X,城市总产出 Z 由这两种产品构成,并假定它是城市劳动者人数或人口数 N 的递增凹函数:

$$Z = f(N) \qquad f' > 0, f'' < 0 \qquad \text{式}(13-1)$$

假定城市劳动者或人口的消费偏好都是相同的,可以得到城市总产出的生产约束条件:

$$Z = XN + G = f(N) \qquad \text{式}(13-2)$$

在城市既定资源的条件下,所生产的城市产品对于固定的城市人口 N,消费的机会集合可以由图 13-2 列出。

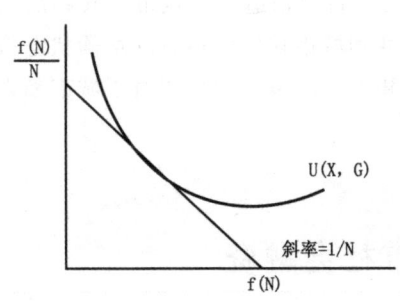

图 13-2 固定人口下的消费机会集合　　图 13-3 可变人口的消费机会集合

城市消费相同的个人偏好可以由效用函数 U（X，G）表示,假定 U 是拟凹的。如果政府希望在给定 N 下的 U 达到极大,即达到图 6-1 中的切点,必须遵循使 U 达到极大的条件:

$$U_X = NU_G \qquad \text{或} \qquad NU_G / U_X = 1^① \qquad \text{式}(13-3)$$

就是说,这时的城市资源用于生产的公共产品和私人产品,每一位城市居民对这两种产品的消费,其效用都是一样的,这时就实现了两种产品的生产均衡。

但是,对于固定的城市人口 N,城市政府可以确定 G 的多种不同的初始数量,从而可以有不同的城市产出函数。

当城市人口 N 增加时,城市产出及公共物品的最大水平相应增加（因为 $f' > 0$）,但人均消费的最大水平（$f(N)/N$）下降。可变 N 的消费机会轨迹是固定 N 的消费机会轨迹的外包络线（如图 13-3 所示）。取 G 的一个固定值作为初始值,

---

① 这是边际替代率之和等于边际转换率的通常结果,即 $\sum MRS = MRT$。

然后改变 N 使 X 达到极大，就可以得到这种包络线①。

根据城市生产函数 Z，由于 X = [f(N) - G]/N，f' = X，或 G = f - Nf'，使我们得到一个启示：使人均消费达到最大的人口数量是使租金与公共物品支出相等的人口。因为 f' 可以理解为是劳动的边际产品，而 f - Nf' 可以理解为是扣除了相当于劳动成本的消费产品的其余产品，即公共产品，对于这部分公共产品的供应，如果是全部来自公共支出，并假定它不变，那么，要想使居民消费水平达到最大的城市人口就是使租金与公共物品支出相等。因为，土地税是资助公共物品的"单一税"（萨缪尔森，1998）②。当随着城市经济增长，需要扩大的城市公共产品的资金来源，基本途径是通过确定适度的土地租金控制城市经济的增长。

可见，在城市化进程中，如何根据居民消费水平的增长速度，确定适度的城市土地增值（城市批租或单一税），是供应与私人产品量相适应的城市公共物品量而要求城市政府考虑的大问题，它对城市发展速度和城市化经济运行的均衡状态将产生直接的重要影响。由此决定了城市土地政策和租金政策是保持相对于城市私人产品的城市公共产品生产量均衡的基础性政策。

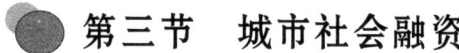

第三节　城市社会融资

一、我国城市社会投融资及其体制现状

（一）城市社会融资的内涵

融资是指为了投资活动正常进行而事先筹集社会资金的活动，投资则是指项目建设整个周期的经济活动，投资的结果是资本（包括固定资本和流动资本）形成。我国正处于城市化快速发展时期，在城市社会中，无论是私人产品生产，还是公共产品生产，都存在着日益增长的大量社会需求，从而导致对投资资金的日益增长的

---

①　参见［英］安东尼·B·阿特金森，[美] 约瑟夫·E·斯蒂格利茨著. 公共经济学 [M]. 中译本，上海三联出版社、上海人民出版社，1994.

②　单一税指对纯经济租金（例如城市化导致的城市土地增值形成的租金）征税不会导致经济扭曲或非效率，这一现象首先由美国记者亨利·乔治所发现，因而已经被称为"亨利·乔治"定理。见 Paul A. Samuelson & William D. Nordhaus: Economic - 16th ed Copyright ©1998 by The McGraw - Hill Companies inc P249 - 250。

需要。我国过去的资金供给，一般是在政府控制下，由财政或国有银行提供，资金供给渠道单一。进入市场经济体制以来，供应渠道尚未充分展开，城市社会融资面临很多问题。如中小企业融资难问题，城市公共产品建设资金问题等。为此，如何对现有投融资体制进行改革，采取何种社会融资方式，以便满足城市社会主体对投资资金的需求，就成为当前我国城市化进程中的一个现实经济问题。

(二) 投融资体制的内涵及其多元化改革

投融资体制是投融资活动的组织形式、投融资方法和管理方式的总称。主要内容包括投融资主体的确定，投融资决策制度，投融资资金筹措实施方式及运作，投融资收益分配结构，以及投融资监督体系和调控方式等。

我国过去的投融资体制，在投资主体、投资决策、资金筹措、投资收益分配、投资监督体系、调控方式等方面，由于都由政府单一化管理，制约了我国资金配置效率的提高。主要问题包括：(1) 资本市场不健全，融资渠道较窄，主要依赖银行贷款。使城市基础设施建设资金严重不足。(2) 公共产品投资主体地位不明确，产权关系不明晰，投融资机制不顺。一些公共产品建设主体的公司（作为高新区建设主体的多为管委会下属的公司），只承担建设任务，既不承担资金筹集职能，又不承担还贷责任，缺少约束机制；而作为资金管理部门的政府部门（例如开发区管委会）既不能直接贷款，又不能提供担保，在管理和协调上存在很多困难。而社会投资主体市场准入标准模糊，审批代价太大。这样仅靠财政一家扛，难堪重负，于是出现工程款大量拖欠、施工企业无奈垫资等普遍现象。(3) 资产存量迅速膨胀，而资本运作成效不大。主要表现为大量社会资金闲置，如某开发区自建区以来，用在城市基础设施和社会公益事业方面的投资已达50多亿元，但投资回报率很低，有些存量资产可以通过市场运作变现收回投资，但因政府精力不足而迟迟未能决策。此外，由于决策失误，运作不当，财政投资不足，出现了一些因财政后续资金供应断档而涌现出的一批城市"半拉子"工程。(4) 投融资中介服务体系不健全，无法适应现代市场经济投融资要求。主要是难以建立独立可信的社会评估监督机制和完整的社会信用体系和投资者很难从市场上获得满意的投融资中介服务两方面问题。(5) 政府对投融资活动管理不力，主要是以缺乏约束的行政审批为主的项目管制方式，和国家金融机构不良资产增长两方面。这种管理使低水平重复建设、中小企业缺乏应有投融资支持等问题普遍存在。(6) 政府直接投融资活动缺乏社会监督，财政投资资金存在大量损失浪费。主要表现是：投资决策"暗箱"操作，当投资大量集中表现为政府财政性直接投资，并由一个或几个政府部门主持操作时，使招投标失去有效监督。政府各种"寻租"行为随之产生，开发商为了以低价打败竞争对手或为谋取暴利，会对"寻租"行为给予积极配合，进而导致腐败。

我国《中共中央关于完善社会主义市场经济体制若干问题的决定》，是对中国投融资体制改革寻求突破的战略性文件。我国已经开始的对投融资体制的深化改革，融资主体除了企业和居民外，政府融资主体包括1个国资委、31个省资委、265个（地）市资委，以及它们下属的国企（投资公司）。300家出资人代表机构站在同一起跑线上开始，经过一段时期的资信竞争后，将会出现地方政府融资资格和能力的分化。某些地方政府投资功能只局限于做出项目规划，而另一些地方政府资本可能脱颖而出，成为跨地区甚至跨国投资主体。这是正常的发展结果，所以在运行中，可以不强调出资人代表机构的区划性或行政隶属关系。对于投融资决策制度，投融资资金筹措方式及运作，投融资收益分配结构等方面都要正确地处理好行政配置与市场运作和行政干预与市场规则之间的关系。

城市投融资体制改革的核心，是要建立对政府投融资行为的市场化约束激励机制，建立权责清晰的出资人的多元投融资制度。这对于政府职能转变、国企改革、国资管理体制改革以及金融体制改革都有极其重要的意义；而建设投融资多元化的运行机制，提高社会直接融资比例，降低间接融资比例，对于预防信贷风险也有重要意义；最后实施投融资体制多元化，将激励社会各种人员的投资意识，积极培育市场经济的多元投资主体，既广泛吸引社会闲散资金用于现代化建设，又使投资者增加收益，获得双赢的经济增长效应。

二、城市社会多元化融资模式的建立

进入新世纪以来，我国城市投融资模式随着改革的深化正处于一系列重要的转化过程中，呈现出一种新旧模式交替、效果和问题并存的复杂局面。

在市场经济条件下，融资模式一般可以分为如下几类：（1）直接融资（企业上市等）与间接融资（通过银行等中介）；（2）企业融资（企业债券等）与项目融资（项目债券等）；（3）政府融资（公债等）与民间融资（民间借贷等）；（4）公共产品融资（税收、收费或债券）与私人产品融资（上市、合资、债券、信托、租赁等）；（5）长期融资（资本性融资）与短期融资（货币性融资）；（6）吸引内资与利用外资等。

由于市场机制的推动，我国城市投融资模式随着城市化进程的加速，已经和正在如下几个方面不断地推进改革，形成一种多元化的城市融资模式：

（一）正在逐步形成的城市公共财政的投融资模式

我国财政体制正在向公共财政体制转化，这对整个投融资体制将带来巨大影响。因为公共财政的本质要求政府投资和管理职能明晰，职责到位；允许多元投资主体和融资方式多样化，要求具有完善的间接宏观调控体系。这样，公共财政取向的改革过程，也是投融资体制重新构建的过程。这一改革首先对作为投资主体的政府影响最大，它要求政府职能要实行彻底转变，从集权组织者、全民生产资料所有者、生产经营指挥者和组织者三位一体向市场体制下的社会管理者转变。政府在进行公共产品的投融资活动中不必大包大揽，财政资金要发挥带动效应，以"四两拨千斤"的气势撬动社会投资来满足社会对公共产品和准公共产品的需要；其次，公共财政为社会投资主体提供了大量新机遇。政府将从竞争性和营利性领域退出，为社会投资主体介入这些领域充分发挥自身优势腾出空间，与此同时公共财政为社会投资主体提供税收优惠、财政补贴和信贷担保等条件，并鼓励有效竞争，在充分发挥社会投融资主体积极性的同时，使投资效果不断提高；第三、公共财政体制允许民间投资主体介入准公共物品的投资领域，这样社会投资主体的投融资介入范围将更加扩大，使其投融资活动有了更广泛的选择空间，这就为社会资金的有效利用创造了体制上的条件。

（二）国有商业银行和城市商业银行交融发展的城市银行投融资模式

银行信贷资金是传统的融资方式，它通过传统的负债业务和资产业务发挥融通社会资金的作用，并通过中介业务（结算、信托、租赁、信用卡等）为社会资金的良性流动服务。我国城市中，国有商业银行一直是城市融资的主渠道。改革开放以来，许多城市为了灵活地运用社会资金，成立了城市商业银行，为地方生产和建设服务发挥了重要的作用。但是，由于这些银行机构还没有脱离国家机构的运行模式，在向市场经济转化的过程中，由不计资金使用效益却变为不敢承担风险而惜贷。当前我国城市银行融资的主要问题是：银行资金富裕，却难以对接高技术创新时代的资金需求，银行资金转化为高技术创新的通道存在着机制创新的不足，结果银行被动的跟在其他融资方式的后面，已经不适应高技术创新已成为竞争核心的国际形势。因此，银行贷款有必要建立新的融资机制体系，如连接、锁定、参与、投资高技术投资组织和风险投资基金，或者成立风险投资基金并委托给开展风险投资比较好的银行或者风险投资公司，或者提供占总贷款额度 1%—5% 之间的用于风险投资项目的特别贷款，或者购买高比例的信用保险等。这样，高技术创新就能通过银行的外部机制、隔离机制、低风险收益机制和风险补偿机制，得到政府性组织的程序性和采购性的优先扶持。

高技术贷款的中介专业化和相应的政策支持，以微小比例的银行资金设立为高技术创新的风险贷款特别基金，都能充分降低风险且有合理补偿。充分利用信用体系、风险投资网络体系，银行业务的创新和机构创新，促进高技术企业融资。上海近10个亿的创新基金的专业化国际集团的外包式管理的设计，银行与国家科技部等合作解决高技术创业难的问题有了新进展，这些都已初步奠定了高技术的创新融资方式发展的架构。

（三）企业上市融资模式

企业上市是直接融资模式，可以减少金融风险。目前我国的股份资金市场包括主板市场和二板市场。主板市场是我国为了适应国有企业深化改革（改制）、解决企业运行矛盾对社会资金的大量需要，而设立的资金（股份）市场。上市国有股份公司（国家控股51%以上）是在一定的企业资金条件下，由国务院直接审查和批准。这些企业通过面向公众发行股票的公募形式，直接向社会融资，获得良好的社会资金支持；而一些暂时还不能上市的企业和有良好发展前途的项目，还采取了私募的形融资式，实践表明这也是企业（通过券商）融资的有效选择途径。2004年6月，我国根据一些高科技企业发展融资的需要和一些冒险家对资金交易的需要，设立了创业板市场，其市场主体是高新技术企业、民营企业和中小企业。它不是现有市场的补充，而是与现有市场并行发展的服务于不同领域的新市场。与主板市场比较起来，它具有上市门槛较低，监管体系严格，券商保荐的重大责任和股本全额流通的特点。目前创业板市场已经对中小企业融资发挥了重要作用。从金融领域的改革和资金需求的发展趋势看，中国城市还需要发展一些地方性的小交易所，以进一步地形成投资市场多元化的格局，人们把这种股市称为三板市场。

（四）BOT类融资方式

BOT类融资指以政府和私人机构之间达成协议为前提、政府向私人机构颁布特许、允许其在一定时期内筹集资金建设某一基础设施并管理和经营该设施及其相应产品与服务的融资方式。政府对该机构提供的公共产品或服务的数量和价格有所限制，但保证私人资本获取利润的机会。风险由政府和私人机构分担。当特许期限结束时，私人机构按约定将该设施移交给政府。这是建设城市公共产品充分利用社会资金的有效方式。具体种类可以包括：

1. BOT（Build – Operate – Transfer，建设—经营—转让）；
2. BOOT（Build – Own – Operate – Transfer，建设—拥有—经营—转让）；

3. BOO（Build – Own – Operate，建设—拥有—转让）；
4. BLT（Build – Lease – Operate，建设—租赁—转让）；
5. TOT（Transfer – Operate – Transfer，转让—经营—转让）。

这种方式在发达国家的城市化过程中得到充分利用，它自出现至今已至少有300年历史。早在17世纪，英国就给予私人建造海上航线灯塔的特许权。这种私人建造灯塔的投资方式与现在所谓BOT如出一辙。即私人首先向政府提出准许建造和经营灯塔的申请，申请中必须包括许多船主签名以证明将要建造的灯塔对他们有利并且表示愿意支付过路费；在申请获得政府批准以后，私人向政府租用建造灯塔必须占用的土地，在特许期内管理灯塔并向过往船只收取过路费；特权期满以后由政府将灯塔收回并交给领港公会管理和继续收费。到1820年，在全部46座灯塔中，有34座是私人投资建造的。迄今为止世界上最庞大的BOT项目当数英法海底隧道工程。它实际投资愈百亿美元，特许期长达55年，皆为世界第一。该工程有两大显著特点：（1）如此巨大的融资没有依靠海外而采取就地融资，从而避免了外汇风险；（2）如此巨大投资和特长的投资期，使有关私人部门承担了巨大风险，而英法两国政府承担的风险却异乎寻常的少。可见BOT模式在投资效率上远高于政府直接投资。这一方式是市场机制和政府干预相结合的混合经济的突出特色。

在BOT投融资方式中，政府是BOT项目的控制主体，业主是BOT项目的执行主体，所有关系到BOT项目的筹资、分包、建设、验收、经营管理体制以及还债和偿付利息都由业主负责。大型基础设施项目通常专门设立项目公司作为业主，同设计公司、建设公司、制造厂商以及经营公司打交道。BOT项目实施过程包括立项、招标、投标、谈判、履约5个阶段。一般而言，法规健全，政策透明度高，市场竞争有效，将为BOT的发育提供良好的土壤。BOT管理方式大体上分为两种模式：一是国内所有BOT项目都适用的通用法规管理模式，另是针对单个BOT项目订立单独的具有法律效力的合同或协议的管理模式。

发展中国家运用BOT方式较晚，这与经济立法不完善、市场秩序效率低有关。目前BOT投资管理尚不规范，不同BOT项目间的条件差异较大。泰国、菲律宾和印度等发展中国家政府由于急于解决基础设施严重落后问题而饥不择食，其共同问题是以政府名义做出承诺太多，这种实践既不能普遍推广，又遗留了许多问题。中国在1994年5月由国家计委主办了中国首次BOT投资方式国际研讨会，半年后又在北京举办了促进外商直接投资和加强基础设施建设的国际研讨会，此前我国第一家专业从事BOT项目投资的商业实体——北京博拓投资开发公司正式成立。这三件事迅速推进了BOT在中国的运用。各级政府部门有很高的积极性。广东、上海等地目前已经有建成的 BOT 项目和在建的 BOT 项目，正在谈判中的不计其数。人们预计 BOT 项目的高潮将在中国出现，但是并未显现。虽然原因是多方面的，但是没有吸引国内非国有经济成分参与是最重要的原因。中国私营经济在 BOT 上施展才能是完全有可能的。据不完全统计，全国私营经济1600万户，其中最大的42万户注册资金3000亿元之巨，一些个人资产超过2亿元。城市政府要引导私营经济建设发展方向，私营经济就可以独当一面。这种做法同时也可避开汇率风险。因此，BOT 融资方式是我国广泛利用社会资金，有效建设城市基础设施的良好途径。

（五）证券类融资模式

是以发行各种证券向社会融资。除了企业上市发行股票外，各种银行等金融机构、企业或政府部门获得国家有关部门批准，可以发行专门的证券融资，用于国家批准的专门项目建设。随着体制改革的深化，在地方政府有可能具有独立融资权时，可以考虑发行地方政府证券用于城市基础设施建设。某些城市特殊企业在国家特批下，也可以发行企业债券用于特殊的建设活动。这里值得提出的是，ABS (Asset – backed – Securitization) 融资方式，是以资产为支持的证券化，指以项目所属的资产为基础，以该项目资产所能带来的预期收益为保证，通过资本市场发行证券来募集资金的一种项目融资方式。它通过一个严谨有效的交易结构来保证融资成功。其交易结构由原始权益人（政府）、特设信托机构和投资者构成。原始权益人（政府）将自己拥有的财产（如大桥）以"真实出售"方式过户给特设信托机构，特设信托机构获得该资产，发行以资产的预期收入流量为基础的资产支持证券，并凭借对资产的所有权确保未来的现金收入流量首先用于证券投资者的还本付息。这是城市政府建设基础设施的一种有效方式。在日本还出现一种可转换的抵押证券形式，例如日本的地价指数债券。

（六）社会基金和基金会类融资方式

社会基金是国家政府、社会团体或企业为了支持某种社会公益类活动而建立的专用基金，由专门的社会基金组织负责其保值增值和资助使用活动。例如著名的洛克菲勒基金、福特基金等。我国进入市场经济以来，原有的社会福利由于公共管理体制取向的改革而发生了极大变化，许多公益事业和准公共物品的生产要靠社会资金。在这一背景下，鼓励富人捐资建立各种社会基金，资助公益性事业或慈善事业是实现社会收入转移支付的有效途径。这种基金一旦建立便成为一种社会所有财产，由专门的基金管理委员会管理，按照基金章程规定的用途运作，可用于资助科学研究、文化、教育、医疗、卫生等事业，或用于扶贫帮困、助学、救难等慈善事业。因而是我国城市发展社会文化等公益事业的良好途径。

而基金会类的社会融资组织，是以营利为目的专门营运社会资金的金融类组织。这类组织的资金来源于社会存款，其资金使用十分灵活，也可以作为城市建设和企业融资的一种形式，但是它的资金成本往往很高。

（七）信托类融资模式

现代信托已日益演变为一种营业化特殊金融形式，是由委托人将其合法拥有的财产转移给受托人，受托人以信托财产的名义持有人运营资金，信托财产不受任何信托关系当事人的绝对控制，具有超然独立的法律特征类融资模式。它是一种高度专业化理财工具。信托机构不仅接受土地、房屋等有形财产委托而进行财产管理，而且接受金钱、有价证券的委托，从事投资和融资活动。已经与银行业、证券业、保险业一起构成了现代金融业的四大支柱。

信托方式可以避免社会集资的高交易成本和非专业股东干预的投资风险，土地使用者将待开发土地的使用权以信托方式交付给信托投资公司，在整个地块上进行开发建设，最后按照信托文件规定，向土地原使用者交付房产或出售房产的资金。由于信托不但可以满足不同土地使用者的各种合理要求，而且能够吸纳小投资者参与房地产开发，从而获得充足的地产和资金，有效地进行城市改造。因此，相对于银行贷款和企业债券等融资方式，信托融资具有自身的优势和特点。是城市建设融资的一种可选途径。

此外，租赁融资方式也可以是城市经济主体融资的必要方式，通过产品租赁、土地租赁以及劳务租赁，满足经济主体供给和需求的各种意愿。

三、城市社会投融资体制的改革

我国城市投融资体制改革的方向，是建立起直接融资与间接融资，短期融资与长期融资，吸引内资与利用外资相结合的多层次、多渠道融资体系。要达到融资决策科学化、融资主体多元化、融资渠道多样化、项目建设法人化、项目监管法制化、资源配置市场化。具体来说，要进行如下探索：

1. 充分调动投融资主体的积极性，积极探索建立多元化投融资模式。按照"谁投资、谁决策、谁受益、谁承担风险"的原则，充分利用外资、国内贷款、地方自有资金，同时制定优惠政策吸引民间资金投资于国家基础设施建设。

2. 在基础设施和公益事业领域，建立适宜于市场化经营的投融资方式，鼓励各级政府通过贴息方式支持公益性项目建设。推进投资主体多元化和融资方式多样化，大胆创新融资方式。如转让部分基础设施收益权，运用BOT方式吸引国内外资金，申请发行地方债券，对高新区整体包装上市等。

3. 对投资项目进行分类管理，明确投资主体，理顺产权关系。对于一般投资项目完全放权给企业投资主体；对于基础设施建设项目，政府要创造条件，利用特许经营、投资补助等多种方式，吸引社会资本参与。对于具有垄断性的项目，试行业主招标制度，开展公平竞争，保护公众利益。已建成的政府投资项目，具备条件的经过批准，可以依法转让产权或经营权，以回收的资金滚动投资于基础设施建设，提高资金使用效率。

4. 国家审批投资项目按性质实行分类管理：（1）对需要利用国家财政性投资等政府投资项目，不论项目规模大小，仍然维持现有审批制管理办法；（2）对不需要国家财政性资金支持，但项目建设涉及国家安全、重要资源开发、产业布局的重大项目，实行核准制管理办法；对不需要国家投资、能够自行平衡建设资金和落实建设条件的一般竞争性产业项目，实行备案登记制管理办法。逐步缩小纳入政府投资审批的范围。从长远来看，应逐步以立法形式代替行政管制。

5. 在国家完善国有资产管理委员会作为出资人职能，完善对国有资产市场化绩效考核和保值增值评价体系的基础上，城市政府要加快基础设施投资及经营管理体制的创新：改组改造现有基础设施经营管理机构成为真正独立核算的经营企业；对存量资产明晰产权关系，通过公开招标等手段委托企业负责经营，提高运行效率；引入市场竞争机制，积极探索实行公用产品供应和销售的分开经营、独立核算，形成开放式、多元化、竞争性的建设运营格局。

6. 放松民间资本进入金融行业的限制，加快银行体系的市场化改革，为中小企业发展培育一个良好的融资环境。

7. 发展和完善资本市场，促进股票市场发展，促进证券市场融资能力的提高和资源配置效率的改进。放松对利率等金融杠杆的管制，推进整个金融市场的发展。

8. 在国家推动信用体系建设的同时，城市政府要在国家政策指导下，建立政府、企业、个人的信用征信制度和信息披露制度，树立崇尚诚信的社会风气，形成区域性的信用安全区。同时推动综合授信活动，在诚信互利基础上建立银政、银企、银区的合作。建设地区性融资活动的长期稳定的绿色通道。

9. 积极推进政府融资管理方式，缩小审批范围，简化程序，将投融资决策权力归还给企业，逐步以立法形式代替行政管制。

10. 城市政府要当好融资活动的管理者，创造适宜于融资的社会大环境。政府不是具体地为每个项目去考虑筹资方案，而是使好的项目、合格的投资者能够得到资金；使坏的项目、不称职的投资者难以筹资。因此，融资管理重点，要从项目管理转向资本市场管理；融资管理职责，是建立针对出资人的资信评价体系，实施对出资人融资能力的宏观调控；最终形成投资决策、资本决策和信贷三权鼎立、相互制约、各负其责的投融资管理格局。

本章小结

1. 城市地方社会财力是发生于城市地区、具有地方性质的社会财力。与全国财力一样具有与物力人力的对应性、累积性和状态性三个属性，但其空间表现与全国财力有区别。城市地方社会财力包括中央财力、地方财力、银行金融财力、企业财力、非营利机构财力、居民财力、国外财力等。其中相当部分构成城市公共财力，为城市公共经济发展提供资金条件。

2. 城市财政是城市政府为实现其职能需要而筹集资金与使用资金所形成的财政分配关系，与中央财政同样具有稳定经济、公平收入分配和资源配置三大经济职能，但表现有不同。分税制后的城市财政的相对独立性日渐增强。

3. 城市财政收入的形式主要有税收（预算收入）和收费（预算外收入）两种。城市财政支出包括一般预算支出、基金预算支出、专用基金支出、收费支出和其他支出。在内容结构上，正趋向于现代城市财政支出结构。城市财政收入原则包括发展经济的原则、税收效率原则和公平分配原则；城市财政支出原则包括统筹兼顾、全面安排原则，量入为出与量出为入相结合的原则，讲究效益原则和取之于民、用之于民原则。

4. 税收收益弹性是城市政府税收收益变化百分比与相应的纳税者收入变化百分比的比值，可以反映税收与城市经济发展之间的关系；税收负担转移是反映人们对税收政策反应行为的结果，可以据其调整城市税收政策。

5. 城市财政支出数量和结构是否合理，实质是城市公共产品和公共事业规模是否合理问题。确定城市公共产品的适度规模，需要通过分析公共产品和公共事业需求的社会总收益和社会总成本以及城市公共事业规模与居民消费水平的关系来确定。

6. 融资是指为了投资活动正常进行而事先筹集社会资金的活动。我国正处于城市化快速发展时期，城市投资资金的需求从而融资需求在日益增长。

7. 投融资体制是投融资活动的组织形式、投融资方法和管理方式的总称。包括投融资主体、决策制度、资金筹措方式、收益分配结构以及监督体系和调控方式等内容。投融资体制改革的核心，是要建立对政府投融资行为的市场化约束激励机制，建立权责清晰的出资人多元化投融资制度。

8. 地方政府债务资金主要来源于银行借款、债券和政府公共资金借款。加快财税体制改革，增强地方政府的自主财源；国开行回归政策性，使之成为专门为地方政府融资平台提供贷款的政策性金融机构；建立起有效的约束机制成为化解地方政府债务的主要策略。

9. 我国城市投融资模式改革正在趋向多元化，包括公共财政、商业银行信贷、企业上市、BOT类、证券类、社会基金类和信托类等多种方式。我国城市投融资体制改革的方向，是建立起直接融资与间接融资、短期融资与长期融资、吸引内资与利用外资相结合的多层次、多渠道融资体系。

思考题与练习题

1. 什么是城市地方社会财力？举例说明它的意义。
2. 什么是分税制？中央和城市政府在城市建设中各有什么责任？这种职责分工随着城市发展是否会有变化？
3. 市场经济中城市政府的一般经济职能有哪些？试根据实例分析这些职能。
4. 你认为蒂博特模型的中心思想是什么，它对地方公共物品的生产有何启示？
5. 城市财政经济的主要内容有哪些？试分析其与中央财政的区别。
6. 城市财政收入有哪些原则？通过什么方法来检验城市财政收入符合了这些原则？
7. 什么是税收收益弹性和税收负担转移，它们说明了什么样的城市财政问题？
8. 城市税收是再分配的一个杠杆，这会导致高收入者离开城市，低收入者涌入城市，两者之间的矛盾应该如何解决？如何才能确定一个恰当的税收水平来保持一定的税基？保证再分配手段的有效？
9. 我国现行法律指出，除法律和国务院另有规定外，地方政府不得发行地方政府债券，但处于转型时期的中国城市发展特别是基础设施建设对政府资金的投入还十分依赖，而城市财政有限，该如何评价"地方政府不得发债"的规定？
10. 比较国内外城市财政支出结构的差异，说明各自的利弊，从城市财政支出结构的角度分析各个城市政府职能的异同。
11. 我国城市财政支出应当坚持哪些原则？为什么？如何对城市财政支出的经济效果进行评价？
12. 什么是城市社会融资？如何理解城市投融资体制的内涵？
13. 我国现存投融资体制有哪些问题？改革核心是什么？怎样对投融资体制进行改革？应建设一个什么样的投融资体制？

14. 现代市场经济条件下，有哪些融资方式，各种融资方式各有什么利弊？

15. 什么是 BOT 方式？请寻找本地城市政府 BOT 项目的资料，并对其进行评价。

16. 地方政府债务资金来源包括哪些？如何化解地方政府债务？

17. 试论述我国城市融资体制改革的方向。

第十四章 城市发展战略与政策

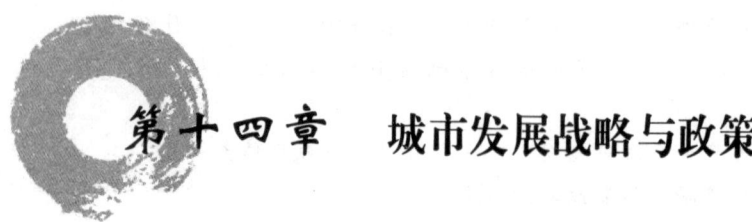

学习目标

通过对本章的学习,要掌握城市发展战略的内涵与特征以及制定;理解城市现代化战略、城市国际化战略、城市竞争与合作战略的内涵及相应特征、指标体系及战略要点;了解城市现代化的内涵与特征、主要标志与指标;明确城市国际化的内涵与特征、主要标志与指标;掌握国际性城市的涵义与功能;全面、深入了解新型城镇化的战略内涵、战略意义、规划原则、规划任务和发展内核;熟知城市竞争力的涵义,掌握城市竞争与合作战略。

第一节 城市发展战略体系

一、城市发展战略的内涵与特征

(一)城市发展战略的内涵

战略原指对战争全局的筹划和指导,而今这一概念被广泛应用于经济社会领域,城市发展战略,是指人们从一个较长时期的城市各种因素、条件和可能变化的趋势预测出发,所做出的关系到城市经济社会建设发展全局的根本谋划和对策,是城市经济、社会、建设三位一体的统一的发展战略①。城市发展战略可以分为两个层次:宏观层次和微观层次。前者是国家指导全国城市协调发展的总体战略,要回答我国东、中、西部,大、中、小和不同主导功能的城市的长远发展方向、目标、

---

① 饶会林. 城市经济学 [M]. 第 1 版, 东北财经大学出版社, 1999.

比例结构和地域分布问题；后者则是城市政府做出的关于本市自身发展的方向、目标和措施等问题。城市发展战略的内涵一般包括如下内容：

1. 城市发展战略依据。是城市制定发展战略时的发展条件，包括城市环境、经济、社会的资源情况和城市在整个国民经济发展中的战略地位，它们需要通过认真的调查研究和充分论证来确认，是定位城市性质的基本依据。

2. 城市发展战略目标。是发展战略的具体指向。在我国总体战略指导下，我国城市发展战略一般表现为城市现代化目标，主要包括四个方面内容：（1）经济发展指标。一般用人均国内生产总值、社会劳动生产率、三次产业结构、R&D占GDP的比例、进出口比例、外资产值比重等指标来表示。（2）社会进步指标。可用城市化水平、人均道路面积、公共教育支出、信息化程度、社会保险覆盖率、法律化程度等指标来表示。（3）生活质量指标。可用市民可支配收入、恩格尔系数、人均住房、人均用电、人均拥有文化体育设施面积、万人医生数、人均寿命等指标来表示。（4）生态环境指标。可用地均产出、水资源产出率、能源产出率、绿化覆盖率、三废处理率、环保投入占GDP比例等指标来表示。

3. 城市发展战略重点。是实现战略的关键、主导性而目前发展又比较薄弱、需要特别加强且在发展方面具有显著优势的经济环节或产业部门。城市发展战略的重点，一般指城市的基础部门、基础设施产业和战略性要素。战略重点的确定，必须考虑与一般的关系，要以重点带动一般，以一般的发展为重点发展创造条件。

4. 城市发展战略步骤。是实现战略目标顺序、过程的时间界定。实现战略目标需要把发展过程分成几个阶段，制定其阶段性目标，通过几个步骤来完成总目标。划分战略阶段和分解战略任务是踏踏实实实现城市现代化的策略，通过保证过程的有效性来保证总目标实现。

5. 城市发展战略措施。是针对实现战略过程中的矛盾所采取的策略和具体措施。由于矛盾性质和内容不同，策略和措施有很大差异。需要面对具体城市问题，采取总体性的、局部性的、体制性的、产业性的、国际性的、国别性的、渐进性的、突变性的等各种类型的对策。

（二）城市发展战略的基本特征

1. 主动性，是城市发展战略的本质特征。城市是典型的人工系统，未来如何发展，要靠人们制定规划。在市场经济下，人们呈现理性经济人假设的行为特点，即追寻既定约束条件下的效用或产值最大化。城市发展战略和规划的制定也表现为人们以理性力量为基础，追求城市总体福利最大化。人们从理性出发，正确认识城市发展的约束条件和改变可能，并积极创造条件突破某些约束，力争实现城市总体效益最大化。从这一意义上讲，城市发展战略是人们在发展中主动与城市资源环境相协调的过程。

2. 公共性，是城市发展战略的杠杆支点。在市场经济条件下，城市发展战略是通过公共经济、公共政策的间接作用实现的。公共物品、公共服务、公共政策是城市发展战略的杠杆支点；杠杆的动力点是公共物品和公共服务的提供方式，杠杆的作用力点是市民的整体利益，也是城市发展战略的目标所在。如果通过引入市场机制来运作公共物品和公共服务的供给，就是通过混合机制的运作形成战略杠杆的动力。在战略实施过程中，当牵涉到市民的财产利益时，必须依照市场交换原则做出相应的补偿。

3. 公开性，是城市发展战略的存在方式。为了获得民众广泛的社会力量的认可和支持，城市发展战略应当积极营造战略实施的优良环境，一方面吸引本市市民的广泛参与，另一方面吸引外部资源、资本不断流入，使城市内的各种社会经济活动都纳入到战略的实施过程中。为此，城市发展战略要广开言路，欢迎和鼓励各种创新性的思考。

（三）我国现阶段城市发展战略的主要内容

根据我国跨世纪三步走现代化发展战略，城市发展战略的现实内容是关于城市现代化的具体蓝图。从当前我国东部沿海城市提出的率先实现现代化的战略部署看，主要有如下内容：

1. 国际化战略。即根据WTO规则，改善城市管理，建设国际性城市。

2. 信息化战略。即一方面按照产业发展顺序，积极发展高层次产业，以产业结构升级推进城市现代化；另一方面，推动城市运行各个环节的信息化，以信息化促进城市现代化。

3. 科教强市战略。即为了适应初见端倪的知识经济的挑战，积极增加人力资本资源。

4. 协调发展战略。即贯彻可持续发展战略，以建设生态型城市为目标，保持城市社会、经济、环境协调发展的综合性战略。

我国城市是由大、中、小城市组成的庞大体系，不同等级城市的发展战略各有不同：

第一，超大城市、特大城市及部分大城市的发展战略，要符合市场经济下城市国际化、现代化的要求。主要内容应包括：（1）以新技术改变城市原有社会经济结构和产业结构，大力发展为生产和居民生活服务的第三产业和以知识经济为核心的高新技术（第四）产业；（2）以高新技术建设城市基础设施，使城市建设全面现代化；（3）大力发展科学、文化和教育事业，提高市民素质，建设和培育城市精神；（4）实施全面开放政策，加强对外经济技术交流；（5）发挥大城市经济中心作用，建设卫星城、带动腹地，辐射全国甚至世界。

第二，大中等城市的发展战略，要符合区域经济发展网络的要求，立足于地方社会经济和资源条件，突出优势，成为区域性的发展中心。具体来说：（1）从地区资源条件和城市性质出发，考虑到原有的工业基础、交通运输条件和国家生产力布局规划，找准战略重点。形成一业为主、兼顾它业、突出优势的产业结构。（2）从城市支柱产业出发，兼顾国家人才需要，发展有特色的高中等专科教育，使城市在某一专门科研和技术水平上保持领先地位。（3）建设适度优质的城市基础设施，保证城市特色产业需要。（4）规模较大的大中城市，应注意调整经济结构，积极发展第三产业，重视智力开发，实现内涵式增长。规模较小的中等城市，应实施优化城市特色或扩大城市规模战略，使城市在不同发展方向上具备充足的发展潜力。

第三，我国小城市发展战略，要突出表现在"靠山吃山、靠水吃水"，依托大城市辐射，在充分发挥大城市卫星城和城乡联结作用的同时发展有效城市功能。具体来说：（1）大力发展商业、市场，成为疏通和稳定地方商品的供销渠道；（2）大力发展有地方特色的劳动密集型工业，成为农产副品加工和农业生产资料产品的生产基地和吸收农村剩余劳动力的桥头堡；（3）大力发展城镇服务业和完善城镇基础设施，前者如仓储、运输、信贷、保险、技术咨询、生活服务等，后者如道路、住宅、供电、供水、通讯等，逐渐形成一定的城市功能。

为了实现这些战略，很多城市提出建设四个城市体系作为对策：即着力建设区域创新体系、培育完善的现代市场体系、形成优质的城市软硬件环境体系和完备的社会保障体系。

二、城市发展战略目标的选择

（一）城市性质定位分析的理论与方法

城市性质是反映城市本质特征的由城市内部矛盾性所决定的某种属性，是城市主导功能的组合反映。不同城市的主导功能各不相同，综合性功能强的城市，城市性质多样化程度高；专业化功能强的城市，其性质单一性较高。城市性质定位分析就是要确定一个城市未来发展的方向，其实质就是在区域社会经济发展的坐标系中，在综合地确定城市承担的各种功能基础上筛选出对城市发展具有重大意义的主导性和支配性的城市功能。

确定城市性质的理论依据，主要是劳动地域分工理论①。劳动地域分工是社会分工的空间表现，是城市相对于城市地区和其他区域的专业化生产。一个城市的专业化部门就是该城市向全国或其他城市、其他地区提供商品的部门，也成为城市的基础部门。由于城市的基础部门不同，就形成了不同性质的城市。

确定城市性质的方法，对于新建城市来说，必须从全局出发，从整个地区着眼来考虑问题。在具体确定城市性质时，首先要依据一个有科学根据的国民经济与社会发展的中长期计划和区域计划，其次要认真考虑城市的本质特征，例如发现了足够开采量的煤矿，就要以煤炭为主要经济活动来确定城市的性质。旧城市性质的确定难度较大，因为这些城市都有一定的发展历史，已经形成多种功能，这些功能可能多数是在性质不明的情况下发展起来的，情况复杂。重新确定城市性质就要根据劳动地域分工理论，采取定性分析法、定量分析法、区域对比法、综合分析法等方法具体分析研究。具体来说：(1) 从定性入手，分析城市发展现状、城市区位特点、城市变化形势等重要因素，在众多的城市特征中，找出其主要、本质特征，确定城市的主导产业和主导功能。(2) 进一步做定量分析，从该城市经济的规模、作用等方面分析认定城市主要特征，其中经常运用统计数据计算一些指标来判定城市性质，如专业化部门个数，专业化部门的职能强度，专业化部门职能规模，城市产业集中化系数等。(3) 将城市特征与同类型的不同城市进行对比，进一步观察其主要特征，如果其主要特征不如其他同类城市，应当兼顾其他特征统筹考虑城市性质。(4) 将定性、定量、比较等几种方法的研究结论结合起来，最后综合决定城市性质。总之，城市性质的确定，一要看历史沿革，二要看城市发展的自然、经济、社会条件，三要看人们建设城市的设想与规划。

(二) 城市发展战略选择与决定的依据

城市发展战略决策的质量，首先取决于对发展战略的基础研究，即掌握足够的决策依据，正确分析城市发展的内部条件和外部环境。

1. 城市发展的内部条件。是确定城市发展战略的主体依据，城市发展的历史背景，城市自身内部的自然、经济、社会现状条件，一般需要从如下方面进行评估：(1) 城市地位。其目的在于明确城市在地域分工中所处的位置，在社会经济发展中能起的作用和适宜扮演的角色。(2) 城市发展阶段。即明确城市所处的产业结构高度和社会结构高度，这对确定城市未来发展方向、经济结构和近期战略重

---

① 关于劳动地域分工理论，有五种经典的理论模式：亚当·斯密绝对优势理论，大卫·李嘉图的比较成本理论，约翰·穆勒的相互需求理论，赫克歇尔—俄林的资源禀赋理论，巴朗斯基的地理分工理论。

点有重要意义。(3) 城市容量。主要分析城市的自然资源、能源动力对城市发展的限制和门槛水平。(4) 城市优势和劣势。即分析城市自身内部和在城市之间比较的区位、资源、技术、产业方面的优势和劣势，并以相对的、变化的观点，探讨本市潜在优势及其转变成现实优势或将劣势转化为优势的基本条件，分析的目的在于扬长避短。(5) 创新活动与扩散活动。在城市发展战略抉择中，要认真研究本市创新活动的条件，能力及其与创新源的关系，研究本市对外部创新活动的吸收模仿能力和再生能力。这非常重要，因为创新是城市经济发展根本性的内在潜力因素；同时要研究城市主导产业、特别是名牌产品在区域中的扩散能力和地位，这也非常重要，因为扩散是城市发展的基本形式和动力。

2. 城市发展的外部环境。城市现代化要求城市发展战略应立足于全球战略的高度来选择和决定。国际经济的区域化、集团化和经济竞争日趋激烈，使城市不可能封闭孤立发展，而必须应对全球的挑战，寻求更为广阔的发展空间。因此，确定城市发展战略必须了解世界发展变化的总趋势，掌握诸如技术进步、资源利用、市场份额、成本比较等具体发展动向；同时要了解全国的经济发展形势，接受全国和区域的战略性制约；要了解城市周边地区的情况，分析本市与周边农村、城市的关系，明确本市与所在区域的关系。此外，还要分析城市已有的或预定的主导产业和重点产业的外部环境，分析这些产业的机会和障碍。城市产业环境分析的内容有产业结构、生产状况、产品状况、商品市场状况、产品生产环境等。

(三) 城市发展战略选择与决定的原则

正确做出城市发展战略决策，依存于如下基本原则：

1. 把握全局的原则。即把握国内、国际的全局，使战略决策的实施能够进一步加深城市的战略地位。

2. 综合判断的原则。即在保证基本政治目标的前提下，两利相衡取其大，两弊相权取其轻。

3. 民主集中的原则。即符合民主性和科学性要求。决策过程中，要广泛听取专家和市民意见，最后由城市领导综合各方面意见，按法定程序集中决策。

三、制定城市发展战略的方法和要求

(一) 制定城市发展战略的方法

制定城市发展战略的最常用方法是 SWOT 分析法。SWOT 分析的基本点，就是战略的制定必须使其内部功能（优势和劣势）与外部环境（机遇和威胁）相适应，以获取发展的顺利进行。通过 SWOT 分析，确定了城市发展战略可能的方向，按可能性和最优性原则确定城市发展战略。表 14-1 是一个简要的 SWOT 分析框架，它提供了 SO、WO、ST 和 WT 四种战略。SO 战略是关于发挥优势，利用机会的分析，WO 战略是关于利用机会，克服劣势的分析，ST 战略是关于利用优势，回避威胁的分析，WT 战略是关于减少劣势，回避威胁的分析。

表 14-1　　　　　　　　　　城市发展战略的 SWOT 分析框架

	优势 S：Strengths	劣势 W：Weakness
机会 O：Opportunities 1. 2. 机会描述	SO 战略 1. 2. 发挥优势，利用机会	WO 战略 1. 2. 利用机会，克服劣势
威胁 T：Threats 1. 2. 威胁描述	ST 战略 1. 2. 利用优势，回避威胁	WT 战略 1. 2. 减少劣势，回避威胁

（二）制定城市发展战略的要求

城市发展战略的制定的要求，主要要有两个方面：一是战略要充分地表现市民愿望和市民利益，二是战略要体现协调性与个性化，符合科学发展观的要求。

城市战略与规划是对城市未来发展趋势的预先确定，一旦实施，将会对市民的生产和生活产生重大影响，直接关系到市民福利的水平，因而一定要充分体现市民愿望和市民利益。这就需要广泛地市民参与和征求社会公众意见。公众参与不只体现在规划制定时，还应包括对规划实施情况的监督与检查等内容。

城市战略与规划的制定涉及资源、环境、经济和社会等多个方面，需要多学科的综合研究，才能保证它的正确性。制定的最终结果要体现协调性与个性化，符合科学发展观的要求。

协调性主要体现在城市社会、经济和建设的战略和规划相协调；总战略、总规划同分战略、分规划之间相协调；发展战略和规划资金需要同经济实力及财政能力之间相协调。

个性化主要体现在城市特色，应按照城市区域民族、风情、地理、气候等条件，同时吸取国内外建筑设计的精华，建设个性化的建筑和街区布局，力戒雷同和硬性模仿，避免千城一面和城市形象趋同。

第二节　新型城镇化战略与政策

一、新型城镇化及其发展意义

(一) 什么是新型城镇化

新型城镇化是我国政府镇对新时期的发展任务提出的城市化战略与政策。新型城镇化战略的内涵是坚持以人为本，以新型工业化为动力，实现农村与城市、人口与产业、经济社会环境全面协调可持续发展的城市化。其战略要点包括：(1) 遵循经济发展的自然历史进程，以经济自然进程加速城市化；(2) 以制度和机制创新打破城乡壁垒，使空间行政体制建设与城市化市场需求紧密结合；(3) 城市由单极向多极发展、城市化区域由单个城市向组团式城区和城市群发展，城乡实现统筹协调发展，不断推进城乡经济一体化进程；(4) 农村剩余劳动力的转移兼顾其产业性和空间性，理顺非农化、城镇化的发展阶段；(5) 保护城市集聚经济效益，引致城市的吸引力和辐射力，充分发挥中心城市的发展极作用；(6) 做大城市基础输出部门，形成城市化地区的产业链和产业集群，推进城市产业结构高级化；(7) 根据区域不同的自然和社会条件，建立各具特色的人口、资源、环境协调机制，实现城市循环经济和高质量城市化过程。

新型城镇化的任务主要包括：推进户籍制度改革和基本公共服务均等化，优化城镇化布局和形态，提高城市可持续发展能力，推动城乡发展一体化，改革完善城镇化体制和机制。新型城镇化战略的实施过程表现为城乡统筹、城乡一体、产城互动、节约集约、生态宜居、和谐发展，其核心是实现城乡基础设施一体化和公共服务均等化，促进社会经济发展，实现共同富裕。

(二) 新型城镇化战略的意义

新型城镇化战略，要求按照建设中国特色社会主义五位一体总体布局，顺应发展规律，因势利导，趋利避害，推进集约、智能、低碳、绿色的城镇化，对全面建成小康社会、加快社会主义现代化进程、实现中华民族伟大复兴的中国梦，具有重大现实意义和深远历史意义。

1. 新型城镇化是实现现代化的必由之路，是保持经济持续健康发展的强大引擎。工业革命以来的经济社会发展史表明，一国要成功实现现代化，在工业化发展的同时，必须注重城镇化发展。当今中国，城镇化与工业化、信息化和农业现代化同步发展，是现代化建设的核心内容。我国在经济建设中，要不断地满足人们日益增长的需求，实行新型城镇化是核心保障。目前我国常住人口城镇化率为53.7%，户籍人口城镇化率只有36%左右，不仅远低于发达国家80%的平均水平，也低于人均收入与我国相近的发展中国家60%的平均水平。距离21世纪中叶的30余年中，我国还会有大量农民通过转移就业提高收入，通过转为市民享受公共服务，城镇消费群体会不断扩大，消费结构会不断升级，会引致城市基础设施和公共服务的巨大投资需求，从而要求新型城镇化作为我国经济发展的强大引擎。

2. 新型城镇化是加快产业结构转型升级的经济机制。产业结构转型升级实现经济发展和转变经济发展方式的基本途径，新型工业化和新兴服务业是产业结构优化升级的主攻方向。目前我国技术密集产出占工业生产总值的比重较低，服务业增加值比重仅为46.1%，既低于发达国家74%的平均水平，也低于中等收入国家53%的平均水平。转变这种结构，城镇化是一种有效的经济机制。城镇化过程导致的人口集聚、促进了思想交流和创新以及生产要素的优化配置，社会分工会细化，三次产业会联动，在城镇化提供的低成本共享空间内，人们的生活和要素的利用都会事半功倍，高新技术和新兴产业得到集聚式发展，城市产出效益日益增高。

3. 新型城镇化是解决三农问题的根本途径。我国农村人口多、农业水土资源紧缺，人均耕地仅0.1公顷，农户户均土地规模约0.6公顷。在城乡二元体制和现行家庭联产责任制下，土地规模经营难以推行，"三农"问题无法从根本上改变。城镇化使农村人口向城镇转移，农民人均土地资源相应增加，为现代农业集约式发展提供了土地空间。随着农业规模化、机械化生产，农业效率大大提高，农民收入增加，农村面貌改观，城乡差距将逐渐缩小乃至消除，三农问题将在根本上得到解决。

4. 新型城镇化是推动区域协调发展的社会动力。我国城镇化的一个突出特点是不平衡。东南部沿海地区率先改革开放，常住人口城镇化率达到62.2%，形成了珠三角、长三角、京津冀等城市群，城市极化作用十分突出；而中西部地区城市数量少、发育不足，城市化率分别只有48.5%、44.8%，社会经济发展相对滞后。只有推进新型城镇化，形成新的增长极，才能使西部大开发、中部崛起等战略推向纵深，提升中西部地区的资源环境承载能力，推动人口经济布局更加合理，实现区域之间协调发展。

5. 新型城镇化是促进社会全面进步的推进器。城镇化的进程不仅仅促进了经济集聚力的形成和发展，还会促进社会全面进步。特别是我国新型城镇化战略，是对走向现代化的经济、社会和环境协调发展的基本方针。在新型城镇化战略指引下，在城镇生态环境得到改善的同时，会促进人的全面发展的相对独立性，形成人与人之间互相联结、互相知会的社会环境。从而，城市能够在使人们提高物质生活水平的同时，提高其文化生活水平和质量，人们会在共享城市文明成果的同时，有更多丰富多彩的精神追求，社会和谐进步得到实现。

二、我国新型城镇化规划

（一）新型城镇化规划的原则和目标

2014年，国家出台新型城镇化规划。规划的基本原则是：（1）以人为本，公平共享。（2）四化同步，统筹城乡。（3）优化布局，集约高效。（4）生态文明，绿色低碳。（5）文化传承，彰显特色。（6）市场主导，政府引导。（7）统筹规划，分类指导。规划的目标是：

1. 城镇化水平和质量稳步提升。城镇化健康有序发展，常住人口城镇化率达到60%左右，户籍人口城镇化率达到45%左右，户籍人口城镇化率与常住人口城镇化率差距缩小2个百分点左右，努力实现1亿左右农业转移人口和其他常住人口在城镇落户。

2. 城镇化格局更加优化。"两横三纵"为主体的城镇化战略格局基本形成，城市群集聚经济、人口能力明显增强。东部地区城市群一体化水平和国际竞争力明显提高，中西部地区城市群成为推动区域协调发展的新的重要增长极。城市规模结构更加完善，中心城市辐射带动作用更加突出，中小城市数量增加，小城镇服务功能增强。

3. 城市发展模式科学合理。密度较高、功能混用和公交导向的集约紧凑型开发模式成为主导，人均城市建设用地严格控制在100平方米以内，建成区人口密度逐步提高。绿色生产、绿色消费成为城市经济生活的主流，节能节水产品、再生利用产品和绿色建筑比例大幅提高。城市地下管网覆盖率明显提高。

4. 城市生活和谐宜人。稳步推进义务教育、就业服务、基本养老、基本医疗卫生、保障性住房等城镇基本公共服务覆盖全部常住人口，基础设施和公共服务设施更加完善，消费环境更加便利，生态环境明显改善，空气质量逐步好转，饮用水安全得到保障。自然景观和文化特色得到有效保护，城市发展个性化，城市管理人性化、智能化。

5. 城镇化体制机制不断完善。户籍管理、土地管理、社会保障、财税金融、行政管理、生态环境等制度改革取得重大进展，阻碍城镇化健康发展的体制机制障碍基本消除。

(二) 新型城镇化规划的任务

新型城镇化规划的总任务是，在21世纪的前半叶，以可持续发展为原则，建设生态宜居和经济集聚城市，通过集聚和辐射充分发挥中心城市的带动作用，使城镇化成为发展的战略节点和政策结点。具体来说，新型城镇化的任务包括：

1. 推进户籍制度改革和基本公共服务均等化。按照尊重意愿、自主选择，因地制宜、分步推进，存量优先、带动增量的方针，以农业转移人口为重点，兼顾高校和职业技术院校毕业生、城镇间异地就业人员和城区城郊农业人口，统筹推进户籍制度改革和基本公共服务均等化。使符合条件的农业转移人口落户城镇，不仅要放开小城镇落户限制，也要放宽大中城市落户条件，特大城市可采取积分制等方式设置阶梯式落户通道调控落户规模和节奏，并逐步解决在城镇就业居住但未落户的农业转移人口享有城镇基本公共服务问题。同时建立健全全国中小学生学籍信息管理系统，为学生学籍转接提供便捷服务，将农民工随迁子女义务教育纳入各级政府教育发展规划和财政保障范畴，推动各地建立健全农民工随迁子女接受义务教育后在流入地参加升学考试的实施办法。实现就业信息全国联网，为农民工提供免费的就业信息和政策咨询。鼓励有条件的地方将符合条件的农民工及其随迁家属纳入当地医疗救助范围。采取廉租住房、公共租赁住房、租赁补贴等多种方式改善农民工居住条件。

2. 优化城镇化布局和形态。即根据土地、水资源、大气环流特征和生态环境承载能力，优化城镇化空间布局和城镇规模结构。《全国主体功能区规划》，要求城镇化地区，要按照统筹规划、合理布局、分工协作、以大带小的原则，发展集聚效率高、辐射作用大、城镇体系优、功能互补强的城市群，使之成为支撑全国经济增长、促进区域协调发展、参与国际竞争合作的重要平台；构建以陆桥通道、沿长江通道为两条横轴，以沿海、京哈京广、包昆通道为三条纵轴，以轴线上城市群和节点城市为依托、其他城镇化地区为重要组成部分，大中小城市和小城镇协调发展的"两横三纵"城镇化战略格局。在此基础上，新型城镇化规划要求东部城市群必须加快经济转型升级、空间结构优化、资源永续利用和环境质量提升。京津冀、长江三角洲和珠江三角洲城市群，要以建设世界级城市群为目标，在制度创新、科技进步、产业升级、绿色发展等方面走在全国前列。中西部城镇体系要在严格保护生态环境基础上，引导有市场、有效益的劳动密集型产业优先向中西部转移，吸纳东部返乡和就近转移的农民工，加快产业集群发展和人口集聚，培育若干新的城市群。中部地区是我国重要粮食主产区，西部地区是我国水源保护区和生态涵养区。

要依托陆桥通道上的城市群和节点城市，构建丝绸之路经济带，推动形成与中亚乃至整个欧亚大陆的区域大合作。统筹制定实施城市群规划，明确城市群发展目标、空间结构和开发方向，明确各城市功能定位和分工，统筹交通基础设施和信息网络布局，推进城市群一体化进程。同时发展特色小镇，促进大中小城市和小城镇协调发展。

3. 提高城市可持续发展能力。提高城市可持续发展能力，要加快转变城市发展方式，优化城市空间结构，增强城市经济、基础设施、公共服务和资源环境对人口的承载能力，有效预防和治理"城市病"，建设和谐宜居、富有特色、充满活力的现代城市；要根据城市资源环境承载能力、要素禀赋和比较优势，培育发展各具特色的城市产业体系，改造提升传统产业，淘汰落后产能，壮大先进制造业和节能环保、新一代信息技术、生物、新能源、新材料、新能源汽车等战略性新兴产业，提高特大城市和大城市形成服务经济为主的产业结构。强化城市间专业化分工协作，增强中小城市产业承接能力，构建大中小城市和小城镇特色鲜明、优势互补的产业发展格局。推进城市污染企业治理改造和环保搬迁。支持资源枯竭城市发展接续替代产业。发挥城市创业平台作用，充分利用城市规模经济产生的专业化分工效应，放宽政府管制，降低交易成本，激发创业活力。完善扶持创业的优惠政策，形成政府激励创业、社会支持创业、劳动者勇于创业新机制。按照统一规划、协调推进、集约紧凑、疏密有致、环境优先的原则，统筹中心城区改造和新城新区建设，严格新城新区设立条件，防止城市边界无序蔓延。统筹生产区、办公区、生活区、商业区等功能区规划建设，推进功能混合和产城融合，在集聚产业的同时集聚人口，防止新城新区空心化。加强现有开发区城市功能改造，推动单一生产功能向城市综合功能转型。

4. 提升城市基本公共服务水平。首先是加强市政公用设施和公共服务设施建设，增强对人口集聚和服务的支撑能力。一是要加快构建以公共交通为主体的城市机动化出行系统，强化交通综合管理，推动各种交通方式、城市道路交通管理系统的信息共享，科学有序地推进城市轨道交通建设。二是要建设安全高效便利的生活服务和市政公用设施网络体系。优化社区生活设施布局，健全社区养老服务体系，完善便民利民服务网络。统筹电力、通信、给排水、供热、燃气等地下管网建设，推行城市综合管廊。统筹布局建设学校、医疗卫生机构、文化设施、体育场所等公共服务设施。其次是加快绿色城市建设，构建绿色生产方式、生活方式和消费模式。加快建设可再生能源体系，推动分布式太阳能、风能、生物质能、地热能多元化、规模化应用，提高新能源和可再生能源利用比例。实施绿色建筑行动计划，实施大气污染防治行动计划，完善废旧商品回收体系和垃圾分类处理系统，合理划定生态保护红线，扩大城市生态空间。再次是推进智慧城市建设，统筹城市发展的物质资源、信息资源和智力资源利用，推动物联网、云计算、大数据等新一代信息技术创新应用，实现与城市经济社会发展深度融合。促进跨部门、跨行业、跨地区的政务信息共享和业务协同，强化信息资源社会化开发利用，增强城市要害信息系统和关键信息资源的安全保障能力。最后是注重人文城市建设，发掘城市文化资源，强化文化传承创新，把城市建设成为历史底蕴厚重、时代特色鲜明的人文魅力空间。在旧城改造中要保护历史文化遗产、民族文化风格和传统风貌，促进功能提升与文化文物保护相结合；在新城新区建设中要融入传统文化元素，与原有城市自然人文特征相协调；要加强历史文化名城名镇街区、民族风情小镇文化资源挖掘和文化生态整体保护，保存城市文化记忆；培育社会主义核心价值观，提升城市公共文化服务功能。

5. 加强和创新城市社会治理。树立以人为本、服务为先理念，完善城市治理结构，创新城市治理方式，提升城市社会治理水平。顺应城市社会结构变化新趋势，创新社会治理体制，鼓励和支持社会各方面参与，实现政府治理和社会自我调节、居民自治良性互动。坚持依法治理，和综合治理，强化道德约束，规范社会行为，协调社会关系，解决社会问题。健全社区党组织领导的基层群众自治制度，推进社区居民依法民主管理社区公共事务和公益事业。建立健全源头治理、动态协调、应急处置相互衔接、相互支撑的社会治安综合治理机制。完善城市应急管理体系，加强防灾减灾能力建设，强化行政问责制和责任追究制，并发挥社会力量在应急管理中的作用。

新型城镇化规划的任务，向我们展现了我国未来城市化发展的核心内容。一是加快农业剩余劳动力转移和城市就业，做好产业化转移和空间性转移。二是提升智能型城市化的战略地位，促进城市产业升级和经济转型，推进高新技术产业、信息化发展和城市智能中心及教育中心建设。三是推进包容性城市化与新型城市化的道路，坚持以人为本原则，包容性发展农民变市民的进程，推进城乡一体化和均衡发展。四是关注中心城市的首位度和建设城市化区域，中心城市首位度关系到中心城市拉动城市化区域形成的能力和后者的建设水平。中心城市首位度的自然提升，有助于其发挥集聚效应和扩散效应，有助于整合城市体系的城市化区域的形成，使其在利用城市化规模优势的同时，发挥市场机制的联系效应，使城市化区域不断扩大，不断改善全国角度的社会经济空间结构。

三、新型城镇化政策

中国共产党第十八次大会报告指出，"坚持走中国特色新型工业化、信息化、城镇化、农业现代化道路,推动信息化和工业化深度融合、工业化和城镇化良性互动、城镇化和农业现代化相互协调,促进工业化、信息化、城镇化、农业现代化同步发展。要加大统筹城乡发展力度,增强农村发展活力,逐步缩小城乡差距,促进城乡共同繁荣。着力在城乡规划、基础设施、公共服务等方面推进一体化,促进城乡要素平等交换和公共资源均衡配置,形成以工促农、以城带乡、工农互惠、城乡一体的新型工农、城乡关系。"这是对新型城镇化战略的总体说明,也为如何实现新型城镇化提出了具体要求。2013年《全国老工业基地调整改造规划》政策,进一步指出了新型城镇化战略的详尽政策见解及实际运用范畴。(1) 规划首次把城市化战略和工业化战略进行结合,以推进城区老工业区改造、完善城市服务功能、优化城市内部空间布局及推动城乡协调发展来全面提升城市综合功能。试图通过分散下游发展产业,带动下一级城镇化建设和发展,扭转城市内部发展的不均衡格局。(2) 十八届三中全会提出"推进城镇化,既要坚持使市场在资源配置中起决定性作用,又要更好发挥政府在创造制度环境、编制发展规划、建设基础设施、提供公共服务、加强社会治理等方面的职能"。都说明了新型城镇化政策的具体内涵,明确了新型城镇化和区域经济协调发展、构建资源节约型和环境友好型的"两型社会"、促进民生改善和经济发展的政策原则。具体来说,国家陆续出台了推进城市群建设政策,农业剩余劳动力转移者由农民变市民的政策,优化城镇布局和形态政策,提高城市建设用地使用效率的政策,提高城镇设施建设水平政策,建立城镇化多元资金保障体制政策,加强对城镇化管理的政策。

第三节　城市现代化战略与政策

一、城市现代化的内涵与特征

（一）城市现代化的内涵

城市现代化一般指摆脱传统落后的社会经济因素,以现代科学技术发展生产力,使劳动生产率不断提高、人民生活达到较高质量的发展过程。国际知名现代化理论家、美国哈佛大学教授塞缪尔·亨廷顿认为,现代化意指社会有能力发展起一种制度结构,它能适应不断变化的挑战和需求。他对现代化过程概括为9个基本方面:即现代化是革命的、复杂的、系统的、全球的、长期的、有阶段的、同质化的、不可逆转的亦是进步的过程。

不同时代的现代化有不同的发展模式和特征：19世纪现代化的实质是工业化，是以物质投入密集替代劳动投入密集、以物质资本替代劳动的粗放式的追求利润最大化的非均衡发展模式；20世纪现代化的精髓是广义服务化，即以广义服务投入密集替代一般物质投入密集、以金融资本替代物质资本的集约式的追求长期稳定发展的均衡发展模式；而21世纪现代化的内核则是知识化，是以知识投入密集替代一般服务投入密集、以人力资本替代金融物质资本的追求协同效应最大化的网络式协调发展模式。美国密执根大学教授殷格哈特（Inglehart）把1970年以来先进工业国家发生的变化称为后现代化。他认为，后现代化的核心是社会目标，不是加快经济增长，而是增加人类幸福，提高生活质量。

对于我国这样的发展中国家，一般认为实现现代化就是要达到世界中等发达国家的发展水平，如人均GDP达到8000—10000美元以上，农业劳动力低于10%、产值低于5%，城市化率超过60%，预期寿命75岁以上，大学生占同龄人口比重25%以上，医生人均负担人口在800人以下，等等。我国城市发展目前的基本特点是：（1）已经进入到工业化后期，技术密集型产品比重呈上升趋势；（2）已经进入到城市化加速发展时期，城市化相关产业比重呈上升趋势；（3）知识经济初见端倪，知识性经济活动比重呈上升趋势。这些特点要求我国城市尽可能采用21世纪现代化发展模式，实现可持续的协调发展。在继续采用服务性密集投入的集约式、追求长期稳定发展的均衡发展模式的同时，在一定程度上采用追求协同效应最大化的网络式协调发展模式，以大量节约物质性投入，提高资源集约效益、城市生态效益和社会协同效益，在可持续发展中实现现代化。

（二）城市现代化的特征

城市现代化同我国的现代化一样，通过三大基本特征表现其时代内涵：

1. 现代化的动力特征，表现为用什么样手段、方法、技术路线和产业层次来获得发展。我国目前大多数城市的现代化，表现在工业化水平指数是否实现了在倒U形增长曲线上从左侧向右侧的转移。这也是衡量处于知识经济时代现代化进程动力转换的明显特征。

2. 现代化的公正特征，表现为城市"共同富裕"的水平及其对于贫富差异和城乡差异的克服程度，目前我国城市现代化表现为社会公平程度指数是否实现了在倒U形增长曲线上从左侧向右侧的转移，包括人均财富占有的人际公平、代际公平和区际公平。是现代化进程衡量其社会公平能力（共同富裕）的明显特征。

3. 现代化的质量特征，表现为城市"文明程度"和"生活质量"及其对于理性需求（包括物质的和精神的需求）的相对差距，其中包括物质支配水平、环境支持水平、精神愉悦水平和文明创造水平的综合度量。我国目前的城市现代化表现为生态环境质量指数是否实现了在倒 U 形增长曲线上从左侧逐渐上升经过其顶部的临界区后再落入右侧不断下降，这个转移过程是衡量现代化进程质量状态的明显特征。

此外，城市现代化还表现在 5 大辅助特征上：（1）人口总量（规模）是否趋于稳定，即人口自然增长率是否接近"零增长"和人口素质是否有很大提高（例如，全国平均受教育年限可否达到中等发达国家的 14 年以上，人口年龄结构和知识结构是否趋于合理）；（2）能源消耗、资源消耗的弹性系数是否接近零，即随着经济的增长和社会财富的积累，能源和资源的消耗速率是否呈现"零增长"或"负增长"；（3）在促进科技进步的 R&D 投入中，是否实现了政府投入份额由高到低和企业投入份额由低到高的转换；（4）国家信息化水平是否实现了信息技术对传统工业改造和升级的力度；（5）社会腐败指数稳定下降，社会物质文明和精神文明均有显著提高。

依照上述城市现代化的动力、公平和质量三个最基本的和五个辅助特征，就能够对城市现代化做出基本的判定标准，据此做出战略决策进行统一的监测和正确引导。

二、城市现代化的主要标志和指标

1. 先进的生产力水平和高度的物质文明，是城市现代化的首要标志。城市经济要达到具备先进生产力水平的发达的现代经济，人均 GDP 及居民收入达到世界中等以上的发达水平。先进生产力和高度物质文明，不仅反映在产品数量与质量的提高，还表现在高度发达的社会分工与协作，产业结构合理化、高级化，以及对周围地区的辐射力与吸引力上。

2. 完善配套和高效的城市基础设施，是城市现代化的基础标志。基础设施是城市的骨架，必须骨架强壮，才能肌肉丰满（经济发展）和血气充沛（精神文明）。因此，城市基础设施是城市现代化不可缺少的重要条件。城市基础设施包括便捷的交通、通讯，水、电、气的充足供应，完善的住宅、医疗、文体设施以及污水、垃圾处理等。

3. 优美的、适于人居的城市环境，是城市现代化的形象标志。城市环境包括自然环境与人工环境，前者的现代化要求有周全的环卫设施和优美的园林绿化，无污染、无公害，保持生态平衡和良性循环；后者的现代化主要指城市建筑设计做到既有民族化，又有时代性。

4. 丰富的城市文化,是城市现代化的深层标志。随着城市社会生产力的逐步提高,文化功能日益发展,城市居民对精神文化的需求越来越高。城市文化是城市发展的根基,是城市气质的表现,文化使城市成为信息传播中心,适应知识经济发展的要求。

5. 高水平的城市科学管理,是城市现代化的政府标志。城市现代化不可缺少高水平的科学管理,要求城市政府拥有高效率的行政机构、高水平的管理手段、高层次的公众参与,以及科学决策系统和民主监督方式。

6. 精神文明和高素质的城市人口,是城市现代化的市民标志。市民素质,是城市现代化发展的灵魂。新世纪城市现代化发展和竞争,实质是人的素质的提高和竞争。没有高水平、廉洁奉公的管理者,没有高质量的城市人口和文明的城市风尚,不可能有良好的现代化城市。

对于城市现代化的指标,美国现代化研究专家英格尔斯(Alex lnkeles)在20世纪70年代初曾提出10项现代化社会指标,后来在国际上较为通用。这十大指标是:(1)人均国民生产总值3000美元以上;(2)农业产值的国民生产总值比重不超过12%—15%;(3)服务业产值的国民生产总值比重超过45%;(4)非农业就业人口在总就业人口中所占的比例超过70%;(5)文化人口在总人口中占比要超过80%;(6)青年适龄年龄组中上大学的人数比例要超过10%—15%;(7)城市人口占总人口比例要超过50%;(8)平均每名医生负担的人口为1000人以下;(9)平均预期寿命在70岁以上;(10)人口自然增长率为1%以下。

三、城市现代化政策

根据城市现代化的三个判定特征,城市现代化政策需要关注三大方面问题:(1)城市智力开发与产业结构高度化进程;(2)城市社会公正机制与经济、社会、环境协调发展进程;(3)城市福利与居民生活质量提高过程。与此相应有三方面的城市现代化政策:

(一)城市智力开发、技术进步和产业结构高度化政策

1. 城市智力开发政策。包括基础教育、职业培训、人才培养和相应的社会基础设施建设。在基础教育环节,要坚持德、智、体相结合、智力开发为经济建设服务的原则;在职业培训、人才培养环节要坚持普及与提高相结合、历史现实与未来相结合、开发与保护相结合的原则;在社会基础设施建设环节,要有计划地建设学校、图书馆、科技馆、实验室、博物馆、文化馆、电视台、广播电台、报社、体育场、影剧院、计算机网络等方面设施。要分别制定扩大知识存量、扩大技能存量和

扩大健康存量的投资计划。采用补贴、免税等激励机制、技术产权机制、创新人才流动机制、技术项目开发机制、技术产品市场交易机制、技术风险投资保障机制、智力开发的资金投入机制和城市智力开发成果重奖机制的政策。同时配合以人才供求信息收集、整理和预测工作，市场和网上的人才数据库建设和人才市场的法规建设。

2. 城市技术进步政策。主要内容包括：确定科学技术发展战略和计划；新技术推广项目管理；国外新技术引进管理。政策具体干预项目与课题的选择，人力资源仪器设备的保证，经费预算；签订项目合同与实施方案，项目经费划拨与管理，项目计划检查与验收；科研计划完成情况，人员仪器设备使用情况，科学技术成果转化，科研管理体制深化改革，大力促进产学研合作，发展和完善技术市场等。

3. 产业结构高度化政策。主要是通过城市产业政策来表现。内容包括：（1）城市产业结构政策，主要是支持高技术产业、信息产业、节能环保产业和国际竞争力强的产业；（2）城市产业组织政策，主要是支持实现规模经济效益、支持企业合理并购、支持合法竞争、支持潜力企业上市经营；（3）城市产业贸易政策，主要是支持开发区潜力商务活动，连锁贸易机构，大型零售商和出口规模政策。此外对于农村，除了发展农业外，为了促进农村产业结构的转换，进而有力地推动农村小城镇的发展，也要发展一定程度的二、三产业，为此要制定有效合理的农村产业政策。

（二）城市社会公正与经济、社会、环境协调发展政策

实施这类政策要坚持三个利益导向：

1. 城市聚集利益导向。既要充分发挥城市经济特有的集聚特性，在不增加投入的情况下增加城市市场产出效益。

2. 国际市场竞争优势导向。即要充分发挥城市的国际竞争优势，如空间优势包括资源优势、区位优势等，时间优势包括传统优势、先发和后发优势等，资本优势即城市的"洼地效应"吸引大量资金的优势，人才优势包括专业人员、管理和教育优势，信息技术优势包括生产、传播、占有、使用信息的优势，市场优势包括交易规模优势、机会优势等。

3. 制度创新导向。包括对市场制度、产权制度、公共物品、外部性控制、政府行为等方面的制度改革。

（三）城市福利和居民生活质量提高政策

本书在第九章已详细阐述了城市福利的政策体系，提高城市居民生活质量的政

策主要包括人均主要生活消费品的政策水平，人均 GDP 水平，人均寿命、文化水平，营养水平等发展性指数的制定与实施。

此外，制定城市现代化政策必须把握五个方面的指导思想：①以严谨的态度做好规划；②用开放的思维设计政策；③立足于优势构造功能，避免重复建设；④站在人文高度营建城市设施；⑤以体制建设作为保证。

第四节 城市国际化战略与策略

一、城市国际化战略的内涵与特征

（一）城市国际化战略的内涵

城市国际化是指城市的辐射力和吸引力以及其新产生的聚散影响所波及的范围。城市国际化战略包括如下基本内涵：

1. 金融国际化。即在金融行业无差别非歧视性原则诱导下，按金融国际惯例和基本程序实施公平竞争，达到金融机构和业务中心集聚并向外发展、开拓和延伸。同时使保险、证券等金融行业同步发展，并使银行资本流动与汇兑业务自由化，形成金融大系统的良性循环。

2. 贸易国际化。在与国际市场密切协调相联的基础上，形成完整的统一大市场。其中中介贸易在贸易总量中具有举足轻重地位，多边复式贸易日益增加，无形贸易（如信息、专利、技术、商标）不断开拓，比重日趋提高。同时，具有国际影响的商交会、博览会、招商会、洽谈会定期召开。

3. 生产国际化。在参与国际产业分工和合作基础上实施社会化大生产，并使其产品市场向多元化、全天候、国际化方向发展，同时，使生产流程与质量、技术标准走向国际化，或至少采用能被国际社会认可的标准，从而使产业的至少某一方面具有一定的国际竞争力，并在世界经济大系统中产生一定影响。

4. 信息国际化。即在以经济为核心的综合信息资源独立成网并与国际计算机网络并网运作前提下，使地域网和空间网相融合，有线网与无线网互补，实现信息资源的存储、转换、加工、反馈的现代化和迅捷化。并使信息资源商品化，作为生产要素融入世界经济大循环。

5. 科技国际化。首先是科技成果完全商品化，使科技生命力在商品化过程中体现其社会性和实用性价值。其次是使科学技术有专利而无国界，使知识产权得到法律保障和社会尊重。第三是实现科学技术的国际水平分工和合作开发，实现共同科技进步。

6. 产业国际化。第三产业的高度化使国际性城市的金融、保险、商贸、会计、广告、法律、信息等行业比较发达，交通、运输、通讯、网络咨询等设施齐全，各种服务行业都能提供高效，准确、便捷、舒适的服务。同时具有与国际交往相匹配的行政构架及管理体制，从而保障物资流、资金流、技术流、信息流的顺畅。

7. 开放国际化。国际性城市的社会经济对众多的国家和地区开放，对外贸易和资本国际往来在城市 GDP 中占较大比重，国际交往人员往来频繁，出入境手续简便，经济体制和运行机制与国际经济体系兼容，是国际政治、经济、文化、旅游等活动的优选场所。

（二）城市国际化战略的特征

城市国际化战略着眼于跨国社会经济联系的建立，寻求在国际合作中获得发展。它具有以下特征：

1. 全局联结性。国际化城市经济高度发达，拥有雄厚经济实力，一般是制造业中心、商贸中心、金融中心、交通中心、通讯中心、信息中心和管理中心等，对世界各城市的进化起着强烈的示范效应。国际化战略就要着眼于其诸多城市中心功能的综合，从而表现出全局联结性的特征。

2. 国际指向性。国际化城市地理位置优越，区位优势明显，与国内市场与世界大市场高度关联，是世界市场链条体系的中心环节。它们接受国际市场供求关系的调节，根据国际市场的需求变化来安排生产、经营，从而成为连接国内外经济的桥梁和枢纽。城市国际化战略就要表现出国际指向性特征，注重城市在国内外经济中的结合点，突现其集散牵头功能。

3. 实施策略性。国际化城市是全方位开放的城市，面临着各种复杂的问题。为此，城市国际化战略在实施中要体现其策略性，针对不同的问题采取不同的措施。

二、国际性城市的等级分类与衡量指标

经济全球化为国际性城市的发展创造了极好的条件。由于跨国的经济联系，出现了跨国的中心城市——国际性城市。这使得人们与原来认识到的大城市区域（metropolitan area）、大城市带（metropolis）的概念相联系，产生了一些标志着更大功能和更广阔领域的城市概念——国际城市（international city）、国际大都市

(international metropolis)、世界城市（world city）和全球城市（global city）。这些概念促成了对国际城市的不同分类。目前，分析国际性城市的等级体系可以相互参照以下五种方法来确定城市能级。

1. 科恩的城市国际等级体系。即美国经济学家科恩的"跨国指数"和"跨国金融指数"方法。跨国指数指全球最大500家工业公司在某一城市所发生的海外销售额占这500家公司海外销售额的比重以及它的销售总额占500家公司总销售额的比重。如果这个指数大于1，该城市就属于国际中心城市，大于0.7、小于0.9，则该城市是国内经济中心城市。跨国金融指数则指全球最大的300家银行在某个城市发生的海外存款与国内存款的比重。

根据科恩的方法，按照20世纪70年代的数据，从"跨国指数"分析，够得上国际制造业生产中心的城市是纽约、旧金山、东京等城市。同样，从"跨国金融指数"分析，得出的结论是：属于国际金融中心城市的是芝加哥、达拉斯、巴黎、苏黎世等。将这两个指标综合评估，结论是：从全球范围看，纽约、伦敦和东京在两项指标中居前三位，则属于全球城市。

2. 弗里德曼的城市国际等级体系。美国学者弗里德曼采用"核心—边缘"的方法，对国际性大都市进行等级划分，他将全球30个主要城市，按照其所在国家的经济社会发展水平分为两个部分：核心国家（发达国家）和半边缘国家（新兴工业化国家），然后按照城市的金融能力、制造业能力、交通能力、跨国公司总部数量、国际组织数量和人口规模等6个指标，将国际性城市分为"第一级城市"和"第二级城市"两个档次，由此得出核心国家的第一、二级城市和半边缘国家的第一、二级城市。最终，弗利德曼在他的城市国际等级体系中将纽约、伦敦和东京置于枢纽位置。同时，他在前人研究基础上提出划分国际城市的两项标准：(1) 城市与世界经济体系联结的形式与程度，既跨国公司总部区位的作用、国际剩余资本"安全港"的地位、面向世界市场的商品生产者的重要性、作为意识形态中心的作用等；(2) 由资本控制所确定的城市空间支配能力，如金融及市场控制的范围是全球性、国际性的还是国家性的，是国际城市的显著标志。

3. 沙查的城市国际等级体系。英国学者沙查采用了16项涉及政治、经济、文化和人口规模的指标对欧洲41个主要城市进行分组分类，结果名列前10位的是：伦敦、巴黎、米兰、马德里、慕尼黑、法兰克福、罗马、布鲁塞尔、布鲁塞尔和阿姆斯特丹。

4. 萨森的城市国际等级体系。1991年，美国经济学家萨森在研究了霍尔、弗里德曼等专家对国际性中心城市的描述和等级评定后，从经济全球化的角度认为，作为国际性大都市应当是各类国际市场的复合体，是外国公司的主要聚集地和向世界市场销售生产性服务的主要集散地,同时,由于这些城市在全球经济的运行中发挥出如此重要的作用,所以,国际性大都市也应当是国际性不动产市场的最重要的所在地。为此,他们提出国际性城市应该是"主导性的金融中心"、"主导性的国际货币交易中心"和"国际性不动产市场"三项要求。萨森用这三项指标比较的结果是:纽约、伦敦和东京三大城市在各项指标比较中,均名列前茅,是名副其实的国际性城市。

5. 中国学者的城市国际等级体系。1995年,中国学者提出,用国际城市的类型、金融中心地位和城市或城市圈的人口规模对国际性大都市的等级进行分类,理由是,城市人口规模越大,功能越多,城市的等级也越高。根据这种方法得出的结论是:第一级国际性中心城市为纽约、伦敦、东京,均为综合性的国际性中心城市,人口在1000万人以上,同时是国际金融中心。第二级国际性中心城市有巴黎、法兰克福、芝加哥、洛杉矶、香港、新加坡、大阪,这些城市均为区域性的国际中心城市,人口规模在500万人到1000万人,是重要的国际金融中心。第三级国际性中心城市,有休斯敦、多伦多、慕尼黑、阿姆斯特丹、苏黎世、悉尼等12个城市。它们均为区域性国际性城市,人口规模100万人到500万人。

6. 饶会林教授的国际功能量城市等级理论。1999年,饶会林教授提出,衡量国际城市,应在弗里德曼的城市经济功能基础上,加入城市文化、信息的功能①,于是选取金融资产数量、跨国公司总部分布、国际组织总部分布量、举办国际会议、发表科学论文和邮政信件总量六项指标表达城市类别和在世界经济文化联系中的地位和作用。按照可能获得的城市数据,计算了有关资料,根据指标的重要性程度和排序打分,得出了世界最著名的49个城市三个层次的国际功能量级(城市后面括号里是量值),认为第一层次的全球城市有伦敦(159),纽约(156)、巴黎(155)和东京(138)4个;第二层次的世界城市有22个,第三层次的国际性城市有100多个。

这些分类都是一定时期的状态,随着发展,各类国际性城市的变化很大。2009年,国际"全球化和世界城市研究小组"将全球242个世界城市分成5级12段。② 处于顶级的世界城市被公认的有纽约、伦敦和东京三个;其次,处于顶级B段的世界城市有:巴黎、芝加哥、法兰克福、香港、北京、上海、首尔、洛杉矶、新加坡等。世界城市相互关联、互为依存,但由于各个世界城市自身制度、文化结构的差异,以及全球化经济格局中职能分工的差异,世界城市在类型上也表现出多样性

---

① 饶会林. 城市经济学 [M]. 下卷, 第1版, 东北财经大学出版社, 1999 (642–646).
② 京华时报记者采访吕斌教授:世界城市包含五要素, 2010年01月25日.

或差异性，其城市职能不尽相同。例如纽约、伦敦、东京、巴黎都是综合型中心，但是纽约和伦敦是资本吸收型或称资本管理型，东京则是资本供给型或称产业中心型；阿姆斯特丹、香港是金融中心；芝加哥、米兰、法兰克福是物流信息中心；马德里、罗马、柏林是历史文化中心。

三、国际性城市的功能和政策

国际性城市是一个城市由国内城市走向国际城市的过渡阶段，它的国际影响比国内城市要高，比国际城市要低。国际性城市是在逐渐具有了一定的和不断地增加国际因素而形成了国际性的城市功能后发展为国际城市的。为了扩展这些国际因素以促使国际性城市的功能形成，国家也出台政策支持这些功能。

1. 生产要素的国际配置中心和政策。生产要素的国际配置中心是一个广义概念，属于生产性服务的范畴，包括资金配置中心、商品配置中心和人力资源配置中心三大内容，其运行方式是通过各类有形或无形市场对生产要素进行合理配置，按照它的配置能力可以区分为全球性或区域性的。资金配置中心表现为国际货币、资本、外汇和金银的交易中心，如纽约、伦敦、东京和新加坡、中国香港的离岸证券市场、同业拆借市场、外汇市场；商品配置中心表现为各类商品期货和期权市场；人力资源配置中心表现为各类人才，特别是高知识含量人才和其他专门人才的集散地，具体表现为来自国外的就业人员的数量和质量。如纽约是全世界雇佣外籍人员最多的城市，洛杉矶好莱坞是世界电影业从业人员的中心。我国城市政府在支持生产要素国际配置中心的建设上，有城市 CBD 建设、智慧城市、海绵城市、生态城市等城市建设政策，有区域金融中心、人才市场等要素市场建设政策。

2. 经营决策管理的国际中心。指国际性城市是各类全球性或区域性的政府性或非政府性国际组织总部的驻地。如纽约是联合国总部的所在地，对世界政治、经济具有重大影响；华盛顿是世界银行和国际货币基金组织的所在地，影响着世界金融的发展。为了推进我国城市的国际化，各地城市政府也相继出台了总部经济、国际会议组织和各国政府机构建设政策。

3. 知识和技术创新型的国际中心。是指在国际性城市内，既集中了著名的高等院校、科研机构和医院等知识技术创新的基础设施，又因众多的国内外优秀人才聚集在此就业，使得这里成为新知识、新技术和新思想的发祥地和集散地，对世界社会的发展起着指导作用。如纽约就是美国生活方式的集散地，巴黎是现代思潮的发源地和集散地。我国还缺乏知识和技术创新型的国际中心，2017 年 4 月国家公布的"雄安新区"建设规划体现了这样的国际性城市建设的各种政策。

4. 信息国际枢纽。是指城市作为信息业的聚集地，拥有强大的、覆盖全球的各类通信网络和传播媒介。如伦敦是全球的通信枢纽之一,纽约是美国传媒最集中的城市。我国的信息国际枢纽还没有形成,城市的信息业,包括信息集合、信息产品制造、信息服务还都比较落后,需要出台有力的支持政策推进其发展。

5. 娱乐休闲国际中心。是指拥有古典或现代化剧场、戏院、音乐厅、博物馆、俱乐部等文化基本设施以及豪华的宾馆、饭店和各类餐饮场所的国际性城市,这类城市承载着国际性的娱乐休闲功能,对促进国家间关系十分重要。我国从增进国际间交往的目的出发,在一些发达的开发区内,有一些国际娱乐休闲的功能建设,但仅仅是初步。随着国家的国际化发展,将会有一些国家政策促进城市娱乐休闲国际中心的建设。

第五节 城市竞争合作战略与政策

一、城市竞争力的内涵与评价指标

城市竞争力指城市经济功能的强弱,它的内涵是一个城市所能获得的市场权力的大小,表现为城市在集聚生产要素和创造财富以及辐射城市所在地区和国家发展方面的能力。城市竞争力是一个综合概念,它既包括在某一时间段上吸引并集聚资金、人才、技术、品牌、市场的能力,同时又表现为在更长的时间里的发展潜力,后者决定了一个城市在较长时期内的发展地位和竞争水平。

城市综合竞争力一般包括六大要素:经济实力、服务功能、发展环境、创新能力、管理水平和市民素质,对这六个要素进行分解,可以得到评价城市竞争力的操作性指标,见表 14-2。

表 14-2　　　　　　　城市竞争力评估指标体系

评价要素	指标
经济实力	城市 GDP 总量、人均 GDP、最近 5 年 GDP 年递增速度、第三产业比重、科技进步对经济增长的贡献份额、进出口总额、国外对本地直接投资总额
服务功能	公路网密度、通讯光线长度、每万人互联网户主数、移动电话普及率、报纸出版量、年货物运输量、股票市场交易额、年末居民储蓄存款余额、保险保费总额、每千人拥有医生数
发展环境	公路网密度、通讯光纤长度、人均居住面积、人均道路面积、人均公用绿地面积、三废治理达标率、失业率、犯罪率

续表

评价要素	指标
创新能力	研究与开发经费占 GDP 比重、每万人申请专利数、每万人拥有科技人员数、每万人在校大学生、科技人员净增加量、科技人员净增加量、科技论文发表量、新产品产值比重
管理水平	政府领导交办重大事务办结平均天数、人大政协提案复办率、外商投资项目审批平均天数、政府官员经济案件立案数
市民素质	市民平均受教育年数、人均报纸杂志消费额、人均保健支出额、平均预期寿命

表 14-2 是通过采用层次分析法筛选出来的、由 40 项指标构成的评估体系。首先把城市竞争力总目标，系统地分解为不同层次的组成因素，然后围绕经济实力、服务功能、发展环境、创新能力、管理水平、市民素质这六个方面具体分解出不同的操作措施，与这些操作措施所对应的统计指标，可作为评估城市竞争力的预选指标。每一个操作措施所对应的统计指标可以是一个或多个预选指标，最终的指标将从这些预选指标中筛选出来。在确定评估指标时，单个指标一定要遵循客观性、独立性、可比性、可行性的原则，而指标体系则要体现综合性、全面性的原则。

二、城市竞争合作战略与政策

城市竞争与合作战略是建立在对城市竞争力分析的基础之上、采取理性博弈、合作博弈态度而确定的城市发展战略。一般作用于城市群体系，有如下几点特征：

1. 动态性。经济发展是一个复杂的动态变化过程，与城市化水平存在着内在关联规律。一般而言，区域的城市化水平达到 20% 时，经济竞争与合作处于孕育阶段，进入 30% 以后开始提速，城市竞争与合作境况复杂，达到 70% 以后逐渐趋向于稳定关系。

2. 整体性。城市竞争与合作的宗旨和动因应当是寻求获得城市化区域的整体发展，提升城市群的整体竞争力。这本身要求城市群内部的城市应当从整个城市群经济系统的角度来审视自身发展战略和方向，确立符合整体利益导向下的局部发展。

3. 关联性。经济发展程度越高，城市间的联系就会加强。全方位、多层次、宽领域的城市竞争与合作便是以核心城市之间日益增强的经济联系所产生关联效应为出发点来构建全新的发展理念。

4. 持续性。城市若缺乏整体性发展思路，过分追求自身利益，可能会破坏城市群整体的持续发展。为此，各个城市应不断调整竞争与合作的力度与广度来适应城市群经济的可持续发展要求，之间城市群经济整合是一个持续发展的过程，随着城市群经济的发展。

5. 可控性。在某种程度上，城市竞争与合作也是一种政府行为。以市场经济发展规律为基础，特别是在 WTO 的框架下，通过政策、制度的调整与制订对城市群经济发展展开有效的调控、规划以及调整，从而引导城市群经济实现从无序到有序、从局部到整体的发展。

城市间的经济竞争与合作的政策措施一般包括：（1）建立城市政府间的合作协调机制。一是建立国家的区域合作领导小组，二是促进城市间的市长联席会议制度的建立，三是制订区域经济合作政策。（2）实现城市间的交通设施网络化，以促进区域经济一体化。（3）建立城市间的统一市场，促进要素合理流动。（4）建立区域性中介机构和相关组织。一是设立区域行业协会联合会，二是建立技术指导和管理咨询中心，三是建立产业协作信息中心。（5）促进城市间的银企合作，支持企业产业转移。

三、城市合作的区域一体化战略与政策

城市合作的区域一体化战略是本着大中小城市因地制宜、各城市之间优势互补、区域可持续发展的原则，最大程度地降低城市之间的经济交流成本，促进生产要素跨区域流动和生产力布局的调整，促进城市与区域的相互作用。从微观角度讲，城市一体化战略至少要考虑形态、市场、产业、交通、信息、制度、生态环境七个方面：

1. 形态一体化。区域城市在空间形态上聚焦，成为各种要素流动的枢纽和创新的孵化器。由于核心城市的聚集效应，会在空间形态上形成多核心的人和生产要素高度密集的星云状结构的大都市带，因而形态一体化的含义，就是要形成有利于发挥要素流动枢纽和创新孵化器两大功能的空间布局结构。

2. 市场一体化。市场机制通过"无形的手"自发调节资源分配和商品供求，通过平均利润调节资本在各生产部门的分布。城市一体化的市场战略，就要消除区域合作的各种市场障碍，形成城市区域的统一市场，从而实现区域经济的一体化。

3. 产业一体化。城市合作讲求分工，即根据比较优势形成产业分工，实现区域内产业结构合理化，以提升产业的整体竞争力。产业整合的方向，应该根据各个城市的工业化水平，形成垂直与水平一体化；对于处在不同梯次的地区，可以通过垂直分工来加强产业联系；而对于处在同一梯次的地区，则可以通过地区之间互补

性的水平分工来加强产业联系。最终实现资源优化配置的目标。

4. 交通设施、基础设施一体化。即以区域高速公路等快速干道建设为契机，加快城市通道的配套与衔接，共同完善交通、物流网络。加快区域内各省市间基础设施的连接，形成发达的地区交通枢纽，发挥其对区域经济的巨大带动作用。

5. 信息一体化。即消除信息封锁现象，强调信息公开、透明，强化信息资源的互通共享，提高工作效率，降低社会交易成本。

6. 制度一体化。规范各地政策和制度，为城市一体化提供制度规范和保障。

7. 生态环境一体化。即从可持续发展要求出发，努力形成人和自然和谐发展的生态环境。

当前国内区域经济合作的重要趋势是以中心城市带动区域经济网络的发展，区域节点城市的空间权利日益扩大，并成为参与国际竞争的重要方式。同时，全球价值链升级的背景下，我国区域经济合作与产业升级呈现出了一些新的特点，使得区域的竞争日益体现为产业竞争。为此，从价值链视角关注区域产业升级与区域经济合作的内在机制，推进城市间的一体化合作。对此，城市政府应从产业结构、创新能力、经济实力等方面对促进区域经济合作与产业升级，制定和实施城市间的互利合作政策，城市化区域政策，城市劳动地域分工政策和城市合作的区域一体化政策。

四、城市化区域协调发展与政策

（一）城市化区域的形成

第四章阐述了城市化区域的形成过程，是由产业在城市的集聚、扩散和随之出现的区域组织网络化的社会动力推动而形成的，表现为城市郊区化并出现城市间的空间联结状态。其具体动力机制包括：

1. 产业集聚效应的驱动。在集聚效应的作用下，不同等级规模的同类和相异配套的生产企业在某一区域大量集聚，这种产业集聚，推动着城镇密集区的形成。区内城镇之间通过产业关联或其他方式逐渐建立了密切的联系并形成了合理的劳动地域分工体系，涌现了一大批大、中、小城镇，它们之间分工明确、联系紧密从而形成了城镇高度密集的城市区域。例如德国鲁尔区城市区域、我国辽中南城市区域和珠江三角洲城市区域等。

2. 产业扩散效应的驱动。随着技术和社会经济的不断发展，集聚效应使城市规模不断膨胀，产业迅速集中，并进一步促发了人口的大量集中，不可避免的产生了许多城市负载问题。当城市生产成本高于一定限度时，城市产业开始向周边扩散，产业扩散的结果是在大城市周围形成了若干个新兴生产基地进而形成新兴的中小城镇。同时，当城市由于工业产生环境问题，会使人们逃离市中心选择空气清新的郊区居住，形成郊区化。于是，城镇之间的产业密切关联，郊区化把乡村和市中心联结起来，最终以特大（大）城市为核心形成了城市化区域（或都市圈）。

3. 区域网络化组织发展的驱动。区域内的网络化组织包括由交通运输、通讯电力等物质性线路组成的物质性网络和由市场中各种要素资源流动形成的非物质性网络两种。物质性网络组织对城市区域形成的促进作用可以分为两种情形：（1）工业化发展的初中期，一些交通运输业发达的港口城市，凭借其发达的交通运输网络发展石油、化工、钢铁工业等相应的传统产业，大量不同规模的产业、配套产业，前后相关联产业和服务产业在区域集聚，导致区域大批城镇的迅速发展。如美国大西洋沿岸或五大湖区重要港口城市波士顿、费城、纽约、巴尔的摩等城市，就是凭借方便的交通运输条件形成，并最终借助方便的交通运输网络形成了波士顿—华盛顿大都市连绵带；（2）相互邻近的城镇之间，通过空间相互作用而逐渐形成由铁路、公路、管道、通讯线路、电力等各种线路形成的物质性网络组织，借助于这些现代化网络组织，各城市之间既可以沿相应的轴线进行产业布局又可以开展分工合作，增加区域城镇之间的相互联系，形成各具特色的劳动地域分工体系。如长江三角洲众多的中小城镇，都是依水而建、依水而兴，区内一些大中城市包括上海、南京等都是凭借优越的交通运输区位而迅速发展起来的。各种要素资源流动形成的非物质性网络主要表现为由初始的集市贸易发展为以商贸城市为核心的集加工城镇、交易城镇等为一体的城市区域的大商务圈，例如我国以广州为核心的商务城市圈，吸引了国内大部分的劳动要素、原材料要素。

4. 企业区位选择行为的驱动。企业共同的区位指向会直接影响城镇的兴起和发展，并会进一步影响城镇之间的相互联系程度和城市化区域的发展。如果大量的企业向某一区域集聚，在集聚效应和扩散效应的作用下，将驱使区域经济快速发展、区域城市化进程加快，大批的城镇将在这一区域形成、发展、集聚，最终将导致城市区域的形成。如韩国的首尔大城市圈和我国的珠江三角洲城市区域。

5. 政府宏观调控行为的驱动。政府对全国生产力的布局，是综合考虑各大区域性的元素、使区域经济协调发展的宏观调控行为，分为引导性行为和强化性行为两种。政府的引导性行为是指政府通过对区位环境和政策环境的建设，如政策制定、基础设施建设、人才培养等投资软硬环境的改革和完善而对城市发展施加影响；强化性行为是指政府运用区域资源规划和区域环境保护的若干法律而对城市主体行为的强制要求。这些宏观调控措施形成了一定的区域性的行为规范，产生了一些特殊行为区域。例如沙漠绿化区，耕地保护区等。

6. 城市功能集聚与扩散的驱动。城市的集聚与扩散发展了城市功能。城市发展之初往往以少数几个功能为主,如政治或者军事功能。随着城市中的要素和产业集聚,要求集聚性共享城市功能不断增多,从而要求城市空间的不断扩大。当城市空间容量达到极限时,城市一些功能会向城市近远郊区和临近的城市扩散,形成城市的功能扩散。这些集聚与扩散的城市功能,使城市本身和其郊区及邻近的小城镇都得到快速发展,形成了新城镇乃至城镇密集区,最终形成规模巨大的城市化区域。

(二) 城市化区域的协调发展

城市化区域的大量出现,要求城市政府尊重区域发展规律,形成城市之间的协调发展。首先要求城市政府要在政策和制度层面进行一系列改革与创新,打破传统的行政体系,实行全新的网络社会的组织体系;其次,要按照市场经济原则,通过市场力量实现企业之间自然的分工与协作,力求资源的优化配置;再次,要鼓励经济主体跨区域合作与合资,鼓励中心城市的产业实现异地发展,进而推动要素资源按市场需求而不是按行政需求实现跨区域整合;最后,要建立城市区域的共同市场。即要打破地方壁垒,大力整顿区域内市场竞争秩序,营造一个诚信公平的市场环境,为城市间互利互惠打下良好基础。

本章小结

1. 城市发展战略,指人们依据城市较长时期的因素、条件和趋势,所做的城市经济社会建设长期发展的全局谋划和对策,是城市经济、社会、环境三位一体协调发展的总纲。城市发展战略主要有国际化战略、信息化战略、科教强市战略、协调发展战略等。大、中、小不同等级城市的发展战略各有不同。城市发展战略制定要充分表现市民愿望和市民利益,体现协调性与个性化,符合科学发展观的要求。

2. 城市现代化一般指摆脱传统落后的社会经济因素,以现代科学技术发展生产力,使劳动生产率不断提高、人民生活达到较高质量的发展过程。它具有动力、公正、质量三大表现特征;由人口规模、能源消耗、科技进步、信息化和社会腐败方面的水平决定。城市现代化的主要标志:先进生产力和物质文明;高效城市基础设施;优美的人居环境;丰富的城市文化;城市科学管理;精神文明和高素质城市人口。

3. 城市国际化指城市辐射力和吸引力的影响范围跨出国界,其战略包括金融、贸易、生产、信息、科技、产业和开放等国际化战略。其特征为：全局联结性、国际指向性、实施策略性。确定国际性城市等级体系可参照五种方法。国际性城市的国际功能有：生产要素的国际配置中心；经营决策管理的国际中心；知识和技术创新型的国际中心；信息国际枢纽和娱乐休闲国际中心。

4. 新型城镇化，是我国城市化的战略和政策，其内涵为：以人为本，以新型工业化为动力，以信息化为手段，首先农村与城市、人口与产业、经济与社会环境全面协调可持续发展的城市化。其进程表现为城乡统筹、城乡一体、产城互动、节约集约、生态宜居、和谐发展过程。其核心是实现城乡基础设施一体化和公共服务均等化，促进经济社会发展，实现共同富裕。新型城镇化的意义在于：是现代化的必由之路，是保持经济持续健康发展的强大引擎，是加快产业结构转型升级的重要抓手，是解决三农问题的重要途径，是推动区域协调发展的有力支撑，是促进社会全面进步的必然要求。

5. 新型城镇化的规划原则有：以人为本，公平共享；四化同步，统筹城乡；优化布局，集约高效；生态文明，绿色低碳；统筹规划，分类指导；文化传承，彰显特色；市场主导，政府引导。其规划任务包括：推进户籍制度改革和基本公共服务均等化，优化城镇化布局和形态，提高城市可持续发展能力，提升城市基本公共服务水平，加强和创新城市社会治理。发展内核包括：农业剩余劳动力转移和城市就业；智能型城市化与城市战略地位；包容性城镇化道路；中心城市的首位度与城市化区域。

5. 城市竞争力是一个城市能获得市场权力的大小，表现为城市在集聚生产要素和创造财富以及辐射城市所在地区和国家发展方面的能力。城市综合竞争力一般包括经济实力、服务功能、发展环境、创新能力、管理水平和市民素质六大要素。城市竞争与合作战略具有动态性、整体性、关联性、持续性和可控性五大特性。区域一体化战略是城市合作战略的必然选择，至少要考虑形态、市场、产业、交通、信息、制度、生态环境七个方面。

思考题与练习题

1. 将SWOT分析法作为城市发展战略的制定方法，优点是什么？
2. 搜集一个城市的资料，请对该城市如何发展制定一个发展战略。
3. 城市现代化的主要标志和指标有哪些？你对你所在城市的现代化战略有什么意见或建议？
4. 请任选一案例，对在城市区域合作中，小城市与周边大城市的发展方法与发展定位给出自己独到的见解。

5. 什么是城市竞争力？其指标体系如何？

6. 什么是新型城镇化？发展新型城镇化有什么重要意义？

7. 新型城镇化的规划原则和任务如何？发展内核主要体现在哪些方面？

8. 举例说明城市竞争与合作战略的内涵与特征。

9. 国际性城市的功能有哪些？对于目前我国几十个城市争建"国际化城市"的现象，你有什么看法？

参考文献

[1] [美] 沃纳·赫希. 城市经济学 [M]. 第1版, 中译本, 北京: 中国社会科学出版社, 1990.

[2] 马克思恩格斯选集. 第1卷, 北京: 人民出版社, 1972.

[3] 列宁全集. 第19卷, 北京: 人民出版社, 1959.

[4] [美] Arthur O'Sullivan. Urban Economic [M]. 4e Copyright© 2000, by the McGraw-Hill Companies. Inc.

[5] [英] K·J. 巴顿. 城市经济学——理论与政策 [M]. 第1版, 中译本, 北京: 商务印书馆, 1984.

[6] [日] 山田浩之. 城市经济学 [M]. 第1版, 大连: 东北财经大学出版社, 1991.

[7] [美] Thomas J, Holmes. How Industries Migrate When Agglomeration Economics Are Important [J]. Journal of Urban Economics, 1999.

[8] 饶会林. 城市经济学 [M]. 第1版, 大连: 东北财经大学出版社, 1999.

[9] [瑞士] 保罗·贝罗克 (Pawl Bairoch). 城市与经济发展 [M]. 肖勤福等译, 第1版, 南昌: 江西人民出版社, 1991.

[10] [英] 保罗·切希尔, [美] 阿德温·S. 米尔斯. 区域和城市经济学手册第3卷——应用城市经济学 [M]. 第1版, 北京: 经济科学出版社, 2003.

[11] [美] 埃德加·M. 胡佛. 区域经济学导论 [M]. 第1版, 北京: 商务印书馆, 1990.

[12] [德] A. 勒施. 经济空间秩序 [M]. 第1版, 北京: 商务印书馆, 1995.

[13] 王雅莉. 城市化经济运行分析 [M]. 第1版, 上海三联书店. 2004.

[14] 谢文蕙, 邓卫. 城市经济学 [M]. 第1版, 北京: 清华大学出版社, 1996.

[15] 蔡孝箴. 城市经济学 [M]. 第2版, 天津: 南开大学出版社, 1998.

[16] 周伟林, 严冀等. 城市经济学 [M]. 第1版, 上海: 复旦大学出版社, 2004.

[17] 周一星. 城市地理学 [M]. 第1版, 北京: 商务印书馆, 2003.

[18] 刘国光. 中外城市知识辞典 [M]. 第1版, 北京: 中国城市出版社, 1991.

[19] 许学强, 周一星, 宁越敏. 城市地理学 [M]. 第1版, 北京: 高等教育出版社, 1997.

[20] 饶会林. 城市经济理论与实践探索 [M]. 第1版, 大连: 东北财经大学出版社, 1998.

[21] 王辑慈等. 创新的空间——企业集群与区域发展 [M]. 第1版, 北京: 北京大学出版社, 2001.

[22] 张文忠. 经济区位论 [M]. 第1版, 北京: 科学出版社, 2000.

[23] 孟晓晨. 西方城市经济学——理论与方法 [M]. 第1版, 北京: 北京大学出社, 1992.

[24] 冯云廷. 城市集聚经济 [M]. 第1版, 大连: 东北财经大学出版社, 2001.

[25] 吕玉印. 城市发展的经济学分析 [M]. 第1版, 上海: 上海三联书店, 2000.

[26] 冯云廷. 城市经济学 [M]. 第1版, 大连: 东北财经大学出版社, 2005.

[27] 王雅莉. 市政管理学 [M]. 第1版, 北京: 中国财政经济出版社, 2002.

[28] 魏后凯. 现状区域经济学 [M]. 第1版, 北京: 经济管理出版社, 2006.

[29] 张曾芳, 张龙平. 运行与嬗变——城市经济运行规律新论 [M]. 第1版, 南京: 东南大学出版社, 2000.

[30] 程红. 城市市场与经济发展研究 [M]. 第1版, 北京: 华文出版社, 2001.

[31] [英] 亚当·斯密. 国民财富的性质和原因的研究 [M]. 郭大力、王亚南中译本, 第1版, 北京: 商务印书馆, 1979.

[32] [英] 马歇尔 (A-Marshall). 经济学原理 [M]. 朱志泰译, 第1版, 北京: 商务印书馆, 1964.

[33] A.W. 伊文思. 城市经济学 [M]. 第1版, 上海: 上海远东出版社, 1992.

[34] 王雅莉. 城市经济学 [M]. 第1版, 北京: 首都经济贸易大学出版社, 2008.

[35] 杨小凯. 经济学原理 [M]. 第1版, 北京: 中国社会科学出版社, 1998.

[36] [美] 密契尔·托达路. 经济发展计划化——模型与方法 [M]. 第1版,

北京：中国社会科学出版社，1979．

[37] [美] 丹尼尔·F. 史普博. 管制与市场 [M]. 余晖等译，第1版，上海：上海三联书店，上海人民出版社，1999．

[38] [德] Christaller, W (1933). Die Acntralen Orte in Suddeutschland, Fischer, Jena, by C. W. Baskin (1966), Central Places in Southern Germany, Prentice – Hall, Englewood – Cliffs, NJ.

[39] [英] M. Auronsseau. The distribution of Population: a contructure Problem [J]. Geographical Review, 1921.

[40] [美] C. D. Harris. A functional classification of cities in the United States [J]. Geographical Review, 1943.

[41] [美] Friedman, Milton. Capitalism and Freedom [M]. Chicago: The University of Chicago Press, 1962.

[42] [美] Coase, Ronald H. The Problem of Social Cost [J]. Journal of Law and Economics, 1960.

[43] [美] Jacobs, Jane. The Economy of cities. New York: Random House, 1960. Discusses why many innovations are developed in urban areas.

[44] 张明斗. 新型城镇化与城市可持续发展 [M]. 第1版，北京：中国财政经济出版社，2016.

[45] 周天勇. 城市发展战略：研究与制定 [M]. 第1版，北京：高等教育出版社，2005.

[46] 孙志刚. 城市功能论 [M]. 第1版，北京：经济管理出版社，1998.

[47] 胡欣，江小群. 城市经济学 [M]. 第1版，上海：立信会计出版社，2005.

[48] 简德三，王洪卫. 房地产经济学 [M]. 第1版，上海：上海财经大学出版社，2003.

[49] 张永岳，陈伯庚. 新编房地产经济学 [M]. 第1版，北京：高等教育出版社，1998.

[50] 杨吾扬，梁进社. 高等经济地理学 [M]. 第1版，北京：北京大学出版社，1997.

[51] 耿莉萍，陈念平. 经济地理学 [M]. 第1版，北京：机械工业出版社，2006.

[52] 高洪深，杨宏志. 知识经济学教程 [M]. 第1版，北京：中国人民大学出版社，2001.

[53] 王延辉. 城市经济制导管理 [M]. 第1版, 北京: 社会科学文献出版社, 2000.

[54] 罗云等著. 安全经济学导论 [M]. 第1版, 北京: 经济科学出版社, 1993.

[55] 刘铁民. 应急体系建立和应急预案编制 [M]. 第1版, 北京: 企业管理出版社, 2004.

[56] 夏保成. 西方公共安全管理 [M]. 第1版, 北京: 化学工业出版社, 2006.

[57] 纪良纲. 商品流通学 [M]. 第1版, 北京: 中国五家出版社, 2002.

[58] 郭国荣. 流通先导 [M]. 第1版, 北京: 经济科学出版社, 2004.

[59] 蔡得久. 经济运行中的资本流通 [M]. 第1版, 大连: 东北财经大学出版社, 2002.

[60] 李贤沛等. 工业经济学 [M]. 第1版, 北京: 经济管理出版社, 1994.

[61] 文贯中. 城市化: 经济增长的重要源泉 [N]. 经济学消息报, 2000.

[62] 谭克虎, 赵坚. 报酬递增思想的演变及最新发展 [J]. 经济学动态, 2001.

[63] 李佐有, 王圆圆. 城镇房屋知多少 [J]. 中国房地信息, 2004.

[64] 宋春华. 我国住宅发展策略中的若干问题 [J]. 四川建筑, 2004.

[65] 洪银兴. 城市功能上的城市化及其产业支持 [J]. 经济学家, 2003.

[66] [美] A. Young. Increasing Returns and Economic Progress [J]. The Economic Journal, 1962.

[67] 汪丁丁. 知识沿时间和空间的互补性以及相关的经济学 [J]. 经济研究, 1997.

[68] [美] Neal R. Peirce with Curtis W. Johnson and John Stuart Hall. CITISATES – How Urban America Can Prosper in a Competitive World [M]. Seven Locks Press Washington D. C.. 1993.

[69] [美] Gaspar, Less, and Edward L. Glaeser. "Information Technology and the Future of Cities." Journal of Urban Economic 43 (1998), pp. 136 – 56. Explores the issue of whether telecommunications and face – to – face contact substitutes or complements.

[70] 李怀, 高良谋. 新经济的冲击与竞争性垄断市场结构的出现——观察微软案例的一个理论框架 [J]. 经济研究, 2001.

[71] 廖英敏. 2006年1季度: 房地产市场矛盾突出, 宏观调控须有的放矢 [J]. 价格理论与实践, 2006.

[72] 李明, 杨继瑞. 当前我国房地产市场发展的问题与政策建议 [J]. 价格理论与实践, 2006.

[73] 刘光宇. 论中国快速人口城市化进程中的公共住宅问题 [J]. 社会科学家, 2004.

[74] 汪利娜. 对经济适用住房政策的反思 [J]. 中国房地信息, 2005.

[75] 李斌. 中国住房改革制度的分割性 [J]. 社会学研究, 2002.

[76] 康萍. 我国住房补贴的理论分析与对策研究 [J]. 企业经济, 2004.

[77] 巴曙松, 华中炜, 郝婕. 房地产业发展与金融政策：发展脉络和趋势 [J]. 福建金融, 2005.

[78] 沈莉莉. 我国房地产金融存在的问题及对策建议 [J]. 经纪人学报, 2005.

[79] 周刚, 吴洁微. 我国个人住房贷款业务的发展历程 [J]. 西部论丛, 2006.

[80] 王雅莉, 陈立军. 智能型城市：我国新时期城市经济发展的战略取向 [J]. 中国软科学, 2000.

[81] 梁兴辉. 关于城市发展战略的思考 [J]. 现代城市研究, 2004.

[82] 王东堂. 国际化——义乌会展业的必由之路 [J]. 信息导刊, 2004.

[83] 林先扬, 周春山. 论城市群经济整合内涵、特征及其空间过程 [J]. 经济地理, 2006.

[84] 杨波. 迎接城市区域化的春天 [J]. 中国城市经济, 2004.

[85] 王雅莉. 京津冀大城市化区域的协同性与发展对策 [J]. 城市, 2014.

[86] 蒋巨峰. 加快城市化进程, 建设现代化新温州 [J]. 浙江经济, 1999.

[87] 侯天琛. 中原城市群空间一体化的形成机制和发展布局 [D]. 河南大学, 2006.

[88] 王雅莉. 我国城市化战略的演变及政策趋势分析 [J]. 城市, 2008.

[89] 王雅莉. 城市化经济的产业集群效应分析 [J]. 城市发展研究, 2007.

[90] 吴鸣, 陈莹莹. 城市基础设施项目融资模式的探讨 [J]. 工业技术经济, 2010.

[91] 王灏. PPP 的定义和分类研究 [J]. 都市轨道交通, 2004.

[92] 严盛虎, 李宇, 毛琦梁. 我国城市市政基础设施建设成就、问题与对策 [J]. 城市发展研究, 2015.

[93] 简德三, 王洪卫. 房地产经济学 [M]. 第1版, 上海：上海财经大学出版社, 2003.

[94] 冯俊. 住房与住房政策 [M]. 第1版, 北京: 中国建筑工业出版社, 2009.

[95] 宋春华. 我国住宅发展策略中的若干问题 [J]. 四川建筑, 2004.

[96] 廖英敏. 2006年1季度: 房地产市场矛盾突出, 宏观调控须有的放矢 [J]. 价格理论与实践, 2006.

[97] 李明, 杨继瑞. 当前我国房地产市场发展的问题与政策建议 [J]. 价格理论与实践, 2006.

[98] 陈斌开, 林毅夫. 发展战略、城市化与中国城乡收入差距 [J]. 中国社会科学, 2013.

[99] 刘光宇. 论中国快速人口城市化进程中的公共住宅问题 [J]. 社会科学家, 2004.

[100] 蔡昉. 中国人口劳动问题报告, 转轨中的贫困问题 [M]. 第1版, 北京: 会科学文献出版社, 2003.

[101] 汪利娜. 对经济适用住房政策的反思 [J]. 中国房地信息, 2005.

[102] 彭敏学. 浅论我国大城市住房的发展约束及其政策启示 [J]. 现代城市研究, 2013.

[103] 巴曙松, 华中炜, 郝婕. 房地产业发展与金融政策: 发展脉络和趋势 [J]. 福建金融, 2005.

[104] 沈莉莉. 我国房地产金融存在的问题及对策建议 [J]. 经纪人学报, 2005.

[105] 王雅莉. 城镇住房保障的租金补贴模式探讨 [J]. 价格理论与实践, 2012.

[106] 周宏, 韩良峰. 城市交通: 走绿色环保发展之路——荷兰城市自行车交通建设的经验和启示 [J]. 经济问题探索, 2011.

[107] 刘涟涟, 陆伟, 蔡军. 基于绿色交通系统的德国城市环保交通管理策略 [J]. 城市发展研究, 2012.

[108] 刘涟涟, 蔡军. 德国自行车交通复兴: 法规、规划与政策 [J]. 国际城市规划, 2012.

[109] 王伊鸣, 程婉. 德国自行车交通特点及分析 [J]. 交通运输, 2013.

[110] 段里任, 毛利增. 从交通文化角度看荷兰绿色交通发展的启示 [J]. 综合运输, 2011.

[111] 王小鲁. 中国城市化路径与城市规模的经济学分析 [J]. 经济研究, 2010.

[112] 张明斗, 王雅莉. 城市化包容性发展的综合测度及驱动因素研究 [J]. 社会科学研究, 2016.

[113] 余华义. 城市化、大城市化与中国地方政府规模的变动 [J]. 经济研究, 2015.

[114] 王雅莉, 张明斗. 中国民生型城镇化的框架设计与优化路径研究 [J]. 城市发展研究, 2013.

[115] 金荣学, 解洪涛. 中国城市化水平对省际经济增长差异的实证分析 [J]. 管理世界, 2010.